Joh. Chr. Blumhardt d. Ä.

Ausgewählte Werke für die Gemeinde

Band III

JOHANN CHRISTOPH BLUMHARDT

Ausgewählte Werke
für die Gemeinde Jesu Christi, ihre Hirten und Lehrer

herausgegeben von
Norbert Kotowski und Martin Latteier

Band III

Das Bessere in Christus

Epistelpredigten

bearbeitet von
Anneliese Böhringer

»Daß die arme Menschheit je länger je mehr ihren Heiland
finde und an Sein Herz gezogen werde, muß unser erstes
und letztes Bestreben sein.«   Joh. Chr. Blumhardt

DAS BESSERE IN CHRISTUS

Johann Christoph Blumhardt

EPISTELPREDIGTEN

Advent bis Trinitatis

mit einem Geleitwort von
Martin Wittenberg

1982
© by Flacius-Verlag, 8510 Fürth/Bayern
Alle Rechte vorbehalten
Printed in Germany by Freimund-Druckerei, 8806 Neuendettelsau
Buchbinderarbeiten: Georg Gebhardt, 8801 Schalkhausen bei Ansbach
ISBN 3-9800587-0-0

Zum Gedächtnis an
Frau Anneliese Böhringer
† 5. Februar 1980

Inhaltsverzeichnis

Blumhardt und Franken – ein Geleitwort

Gebeten, dieser Veröffentlichung einige Notizen über Blumhardts Beziehungen zum fränkischen Luthertum mitzugeben, möchte ich allererst eine literarische Verbindung nennen. Man hat in den auf das Neuendettelsau Wilhelm Löhes, seiner Mitarbeiter und unmittelbaren Nachfolger blickenden Kreisen etwa im letzten Drittel des vergangenen Jahrhunderts, von einer Löhe-Vilmarschen oder Vilmar-Löheschen Richtung in Kirche und Theologie gesprochen. Ihr entsprachen mancherlei persönliche Beziehungen zwischen den hessischen Landen und dem Neuendettelsau insbesondere der Diakonissenanstalt. Unter diesem Gesichtspunkt sei erwähnt, daß an den von Vilmar von 1861 bis 1866 in zwölf Halbjahresbänden herausgegebenen »Pastoraltheologischen Blättern« nicht nur Löhe als Mitarbeiter beteiligt war, sondern auch Johann Christoph Blumhardt. Ich finde Löhe in Band II (1861) mit drei größeren Beiträgen vertreten; Blumhardt erscheint zunächst in einem längeren Zitat seiner »treffliche(n)« und »leider von der Versammlung damals nicht gründlich weiter verfolgte(n)« auch angeblich im Berichtband »nur sehr unvollständig« referierten Worte auf dem Stuttgarter Kirchentag, vom Herbst 1857 durch einen Dritten (Bd. I, 1861, S. 171f.). Der gleiche Band aber bietet (S. 303–317) seine Auslegung von 2. Kor. 12, 7: »Der Pfahl im Fleisch.« Sodann finde ich zwei Beiträge von ihm in Bd. IX (1865): »Über die Lehre von den Engeln...« (S. 3–35) und »Das Evangelium nach Johannes...« (S. 177–190). Soweit Vilmars Zeitschrift in Franken gelesen wurde (was einige Jahre nach ihrer Einstellung gewiß verstärkt geschah, als der Vilmar hochhaltende Hesse Friedrich Meyer nach Löhes Heimgang die Leitung der Diakonissenanstalt Neuendettelsau übernommen), haben Blumhardts Beiträge gewiß Aufmerksamkeit gefunden. Übrigens erschienen die pastoral-theologischen Blätter bei Samuel Gottlieb Liesching in Stuttgart, der eine Reihe wichtiger Löhe-Werke verlegt hat.

Neben diese literarische sei eine persönliche Beziehung Blumhardts zunächst zu Neuendettelsau gestellt! Hans Kreßel, der Vater der wissenschaftlichen Löhe-Forschung, bezeugt, daß Löhe sich zu Blumhardt hingezogen fühlte (H. K., Löhe als Katechet und als Seelsorger, 1955, S. 82). Er spricht davon im Zusammenhang mit seiner Darstellung von Löhes charismatischer Begabung und der »Wunderzeit« in Neuendettelsau und meint wohl, daß Löhe sich gerade von daher Blumhardt zuwandte. (Mehr über Löhe als Charismatiker in [Joh. Deinzer]: Wilhelm Löhes Leben, aus seinem schriftlichen Nachlaß zusammengestellt, Bd. II, 1935², S. 201–213.) Obschon es nicht seine Art war, berühmte Persönlichkeiten aufzusuchen, benutzte Löhe die Rückreise von einem Kuraufenthalt im schweizer Bad Ragaz zu einem Besuch bei Blumhardt in Bad Boll. Seine Tagebuchnotiz darüber ([Deinzer], Löhes Leben..., Bd. III, 1892, S. 308; nach Kreßel geschrieben am 16. 8. 1861) läßt deutlich spüren, daß er Blumhardt gegenüber gewisse Reserven hatte. (Sie könnten etwa mit Blumhardts Beteiligung an den von Löhe abgelehnten »Kirchentagen« zusammenhängen, oder auch mit dem Unterschied zwischen dem »Klassiker« Löhe und Blumhardts Formlosigkeit, wie Kreßel andeutet.) Aber es heißt dann doch: »Es gefiel mir der Mann besser, als ich gefürchtet hatte. Gott sei Dank für diese Freude.« Dementsprechend kam es im Oktober 1863 zu einem Gegenbesuch Blumhardts in Neuendettelsau, wo Löhe ihm im Abendgottesdienst im Diakonissenbetsaal seine Kanzel zu einer Auslegung der Lektion (Hesekiel 34, 1–12) anvertraute. (Die Aufzählung von Wirkungsorten Blumhardts, die Gerhard Weber im Vorwort zu Bd. II von Blumhardts »Ausgewählten Werken für die Gemeinde« gegeben hat, wäre also noch zu ergänzen.)

Gehen wir über Neuendettelsau hinaus! Eine gewisse, wenn schon äußere Verbindung Blumhardts mit Franken war dadurch gegeben, daß seine Gattin der seit 1814 in Bad Windsheim, seit 1819 in Würzburg lebenden Familie Köllner entstammte, die allerdings schon 1821 in den Schwarzwald verzogen war. Wichtiger ist das Beispiel, das wir der 1864 in zweiter Auflage anonym erschienenen, von keinem Geringeren als dem damaligen Leiter der lutherischen Kirche Bayerns, Adolf von Harleß, bevorworteten Lebensskizze einer bayerischen Pfarrfrau entnehmen. »Krankheit und Heilung«, 1860 niedergeschrieben, erzählt von einer schwer Augen- und Nervenleidenden, zeitweilig total Gelähmten und der Sprache Beraubten. Als Pfarrwitwe in Gunzenhausen hörte sie um 1850 von Blumhardt. 1852 aber mußte sie eine Reise zu ihm, die sie selber gewünscht, unterwegs wegen unerklärlicher Hemmungen abbrechen. (Auch Löhe hat sich seelsorgerlich um sie bemüht, als sich zu ihrem Nervenleiden tiefste geistliche Verfinsterungen gesellten; darüber Bd. I der Blumhardt-Gemeindeausgabe, S. 11 ff!). Schließlich kam es 1853 doch zu einer Reise nach Bad Boll und zu einem mehr als zweijährigen Aufenthalt dort. Zwar brachte er keine völlige leibliche Genesung. Unter Blumhardts Einfluß aber ward das seelisch-geistliche Leiden gänzlich vertrieben. Diesem Aufenthalt in Boll verdanken wir ausführliche Charakteristiken Blumhardts durch ihre sie begleitende Schwester, ihren sie öfter aufsuchenden Bruder und einen weiteren Verwandten. Ihre eigenen geistlichen Erfahrungen in Boll aber ließen sie es als ihre Aufgabe empfinden, dafür zu arbeiten, daß der dort geschehende Anbruch einer neuen Zeit im Gottesreich auch in ihrer fränkischen Heimat erkannt würde. Sie verstarb am »Hirtensonntag« des Jahres 1859, daran neun Jahre zuvor auch ihr Mann abberufen war. Ihre letzten Lebensjahre waren voll Dankens und Lobens gewesen. Ihre weitverzweigte Familie aber und ihr von ihrem Bruder geschriebener, durch Harleß ausführlich gewürdigter Lebensbericht (der übrigens auf den Seiten 81–83 auch einen vollständig wiedergegebenen Löhe-Brief enthält, ein Dokument von hohem geistlichem Rang) haben Blumhardts Namen weiten Kreisen der fränkischen Christenheit wert gemacht.

Ich begnüge mich mit diesen Erinnerungen aus dem vorigen Jahrhundert. Vielleicht wird es einmal möglich sein, aus *unserer* Zeit zwei Namen aus Franken ins Licht zu setzen, die uns Heutigen Blumhardt wichtig gemacht haben: Die Namen von D. Georg Merz und von Frau Anneliese Böhringer. (Beide lebten und arbeiteten lange in Neuendettelsau; ich habe, über ein Vierteljahrhundert dort lehrend, mit beiden zusammengearbeitet.) Mir ist es eine große Freude, daß Frau Böhringer zwei junge fränkische Theologen mit der Betreuung ihrer Blumhardt-Arbeiten testamentarisch betraut hat, die, wennschon erst nach meiner Dettelsauer Zeit, meine Hörer und Freunde geworden sind.

Gräfenberg, in der Trinitatiszeit 1981   Prof. Dr. theol. Martin Wittenberg

Christoph Blumhardt,
Pfarrer in Bad Boll.

„Wenn der HErr die Gefangenen Zions erlösen
wird, so werden wir seyn, wie die Träumenden."

Psalm 126, 1.

Eingang ins ganze Buch

Wir beginnen wieder einmal ein neues Kirchenjahr. Sooft das der Fall ist, hebt sich etwas unser Geist, unsre Sehnsucht, wohl auch unser Mut. Wenn etwas neu wird, fühlt man immer das Bedürfnis, es neu aufzufassen, um mit neuer Frische in dem zu stehen, was not tut.

Nun sollen wir denn alles wieder hören, was das Evangelium uns erzählt, was es mit Jesus ist, geworden ist und werden wird. Damit solches nicht tot-liegend in uns werde, muß es alles von Anfang an uns immer wieder nahegelegt werden, und zwar Jahr für Jahr. Damit das in guter Ordnung geschehe, sind von unsren Vätern schon seit vielen Jahrhunderten bestimmte Feste angeordnet worden; und die Sonntage dazwischen hinein haben gewisse Namen erhalten, wie ihnen auch bestimmte Abschnitte aus der Schrift für die Betrachtung zugewiesen sind. Diese Feste und Sonntage erneuern sich der Reihe nach jedes Jahr mit ihrem eigenständigen Charakter. Denn unsre Väter haben es für gut angesehen, das Wichtigste, das zum Glauben und Leben der Christen gehört, immer wieder in Jahresfrist den Gemeinden in den Kirchen vortragen zu lassen, damit desto gewisser ihnen nichts vorenthalten werde von alle dem, was zum Leben und zur Seligkeit führen soll.

Man sehnt sich auch darnach, alles wieder frisch zu hören, weil denn doch gegen das Ende jedes Kirchenjahres vieles uns in den Hintergrund getreten ist. Weil das so ist, werden die großen Dinge nie alt und ziehen immer wieder neu an – und das, je öfter wir den Anfang machen, desto mehr. Denn wir fühlen stets einen Mangel bei uns: daß unsre Herzen noch nicht stark genug in alles hineingezogen sind, um wirklich noch etwas zu werden »zu Lobe der herrlichen Gnade« und den rechten Halt auf Leben, Leiden und Sterben zu bekommen.

Wir beschäftigen uns freilich diesmal nicht mit den *Evangelien* des Kirchenjahres, welche uns erzählend die Taten Gottes durch Christus geben, sondern mit den *Episteln,* welche die Geschichten (Historien) voraussetzen und meist Ermahnungen enthalten, wie wir uns zu dem (in den Evangelien) Erzählten mit unsrem ganzen Wandel zu stellen haben, damit wir nicht das heilbringende Evangelium umsonst und vergeblich empfangen. Eben darum, weil von unsrer Stellung zu den Heilsgedanken Gottes alles abhängt, sollten wir mit desto größerem Ernst hören, was die Epistel uns zur Beherzigung vorlegen.

Wir wollen unsren HErrn bitten, uns durch Seinen Geist nachzuhelfen, damit alles in der Ordnung und recht gesagt werde, was zu sagen ist, daß wir das wieder recht frisch in uns werden lassen und so unser inwendiger Mensch gefördert, unser Heil in Christus fest gemacht werde und wir uns zu tatkräftiger Hoffnung erheben auf die herrliche Zukunft des HErrn!

(Aus einer Adventspredigt zu Röm. 13, 11–14 und aus »Fünfzehn Adventspredigten«, 1 § 1: Das Kirchenjahr.)

Advent

Die Hoffnung der Zukunft des HErrn soll ganz besonders gleich am Anfang des Kirchenjahres von uns beherzigt werden in der sogenannten Adventszeit. Es wird uns die Vorbereitung zum Kommen des HErrn vergegenwärtigen sowie das Warten darauf. Dieses bestand in alter Zeit im Warten auf das erste Kommen des HErrn; und jetzt besteht es im Warten auf Sein Wiederkommen.

Was man einst erwartete und jetzt wieder erwartet, ist das H e i l. Heil und Rettung und Seligkeit erwartete man in der alten Zeit – wie schon Jakob auf dem Sterbebett seufzte (1. Mose 49, 18): »HErr, ich warte auf Dein Heil!« Zu diesem Heil ist der Anfang gemacht mit dem ersten Kommen des HErrn. Da ist dasselbe gewiß geworden für alle, die an Ihn glauben – jedoch erst nur in der Hoffnung. Wir hoffen's – aber wir sehen's noch nicht. Demnach sind wir wieder so gestellt, wie es die in der Vorzeit waren. Nur ist uns die Hoffnung jetzt sicher gemacht – während es jenen schon um den Anfang bange gewesen ist. Doch sind wir oft so mit Dunkel umhüllt, daß es uns bange werden kann, ob die Vollendung des Heils wirklich komme – wenn wir auch dazwischenhinein durch den Heiligen Geist eine freudige Empfindung von der gewissen Verwirklichung haben dürften.

Eine Hoffnungszeit bleibt auch eine Kampfzeit; und die Kämpfe sind oft so groß, daß selbst das Gewonnene uns unter den Händen zerrinnen will. Darum haben wir bei der Feier der Adventszeit besonders darauf zu achten, daß die Hoffnung in uns aufs neue angefacht wird. Und wir haben weiter darauf zu achten, daß wir die Aufgabe verstehen und üben lernen, die wir haben, damit das verwirklicht wird, wonach alles seufzt.

Wann kommt das Heil?, so fragen wir immer wieder. Wir sollten es uns nimmer eigentlich ferne denken. Wir sind der Zukunft Christi oder dem Heil um soviele Jahre näher gekommen, als zwischen unserer Bekehrung und dem Jetzt liegen.

Aber freilich, der HErr ist noch nicht mit dem Heil gekommen! Wir dürfen nicht anders denken, als daß ein Aufenthalt dazwischengekommen ist und daß der ganze Plan Gottes verändert worden sei um deswillen, was die ersten Christen es an sich haben fehlen lassen. So ist die Wiederkunft Christi hinausgeschoben worden und bis heute noch nicht erfolgt. Es fehlte wohl an dem, daß man trotz des gekommenen Lichtes doch nicht »vom Schlaf aufgestanden« ist.

Jedenfalls stehen jetzt die Sachen so, daß es nimmer ferne sein kann, und wir tun auch wohl daran, uns das, was kommen soll, recht nahe zu denken. Und weil der Schluß die Vollendung des Heils ist, sollen wir mit Sehnsucht und mit verlangender Freude auf die Zeit der Entwicklung der Dinge warten – so hart und schwer dieselbe auch andererseits sein mag.

Aber man will immer nur an den Zukunftsdingen kalt und herzlos herumträumen und eine Zukunftsgeschichte nach unberechtigten Schriftauslegungen machen! So tun es viele in unserer Zeit – ohne auf die Erneuerung der Herzen zu zielen. Dabei denken sie sich alles rein mechanisch nach einem Zahlengerüste kommend, ohne dem echten

Glaubensleben einen neuen Schwung zu geben, mit dem wir eigentlich das Heil herbeizuziehen haben. Aber unberechtigte, gewagte, eigenmächtige und falsche Auslegungen können entsetzlich irreführen!

Ach, daß der Geist Gottes uns triebe, nüchtern zu werden, um offene Augen zu bekommen für das, was in unsrem Herzen und Leben anders werden muß, damit das Heil kommen könne und zu uns komme!

Kommen wird es freilich zuletzt, und es wird nicht auf die Säumigen alle warten. Aber du, Volk des HErrn, das du deinen Gott kennst: Auf, ermanne dich, daß du es ausrichtest! (Dan. 11, 32)

(Aus einer Adventpredigt zu Röm. 13, 11–14, gekürzt)

1. Advent
Das Wachen zum Heil
Röm. 13, 11–14

(11) »Und das tut, weil ihr die Zeit wisset, nämlich daß die Stunde da ist, aufzustehen vom Schlaf, denn unser Heil ist jetzt näher, als da wir gläubig wurden. (12) Die Nacht ist vorgerückt, der Tag aber nahe herbeigekommen. So lasset uns ablegen die Werke der Finsternis und anlegen die Waffen des Lichtes. (13) Lasset uns ehrbar wandeln als am Tage, nicht in Fressen und Saufen, nicht in Wollust und Unzucht, nicht in Hader und Neid; (14) sondern ziehet an den HErrn Jesus Christus und wartet des Leibes nicht so, daß ihr seinen Begierden verfallet.«

Paulus hatte im Brief an die Römer gar schön von der »Rechtfertigung durch den Glauben«, allein aus Gnaden, gesprochen und hatte gelehrt, wie der, der durch den Glauben gerecht sei, Frieden habe mit Gott durch unsern HErrn Jesus Christus (5, 1). Im weiteren lag es ihm aber sehr an, es den Gläubigen und Auserwählten ans Herz zu legen, wie sie nun ihre Leiber (d. h. sich selbst) zu begeben hätten zum Opfer, das da lebendig, heilig und Gott wohlgefällig wäre, welches wäre ihr vernünftiger Gottesdienst, bei welchem sie sich nicht dieser Welt gleichstellen dürften, sondern sich verändern müßten durch Erneuerung ihres Sinnes (12, 1 f.) Daran hatte er viele besondere Ermahnungen geknüpft. Und zuletzt war er auf die Liebe zu sprechen gekommen, die des Gesetzes Erfüllung sei (13, 10). Dies alles nun, so fährt er fort, auf unsren Text übergehend, sollten sie befolgen, weil sie ja wohl wüßten, daß die Zeit des Heils nahe sei. So kommt er auf den Grundgedanken unsres Textes, »*Das Wachen zum Heil«,* den er auf folgende Weise ausführt:

1) wie die Zeit schon vorgerückt sei (V. 11 f.)
2) wie wir daher aufstehen müssen vom Schlaf (V. 11)
3) was wir ab- und was wir anlegen sollten (V. 12)
4) wie wir ehrbarlich wandeln sollen als am Tage (V. 13)
5) wie wir Jesus anziehen sollen (V. 14)
6) wie wir auch des Leibes in rechter Weise zu warten haben (V. 14)

1) Wie die Zeit schon vorgerückt sei

Hier weist Paulus auf die Gnadenzeit des Neuen Bundes hin, welche die Zukunft des Heils wie des Gerichts nahegerückt hat. Diesbezüglich sagt er zuerst: »Ihr wisset, daß die Stunde da ist, aufzustehen vom Schlaf«, nämlich die Zeit, von der es sonst auch heißt (2. Kor. 6, 2): »Sehet, jetzt ist die angenehme Zeit, jetzt ist der Tag des Heils!« Dann sagt Paulus, wieder die angebrochene Heilszeit meinend: »Die Nacht ist vorgerückt«, d. h. noch nicht ganz vergangen, »und der Tag hat sich genaht«, d. h. er ist noch nicht ganz herbeigekommen, aber im Kommen begriffen, ist dämmernd. Das ist mit dem *ersten* Kommen des HErrn geschehen. Da ist das Licht des Morgensternes, das den Tag, das volle Heil verkündigt, aufgegangen. Die Nacht nämlich der Unwissenheit, Trostlosigkeit, Hoffnungslosigkeit ist jetzt im Verschwinden. Oder vielmehr, sie sollte im Verschwinden sein, jene grausige Nacht, welche bisher alle Völker der Erde bedeckte, da sie gar nichts vor sich sahen, von dem aus ihnen Trost oder Hilfe zuteil werden konnte.

Christus aber ist gekommen und hat die Liebe des Vaters im Himmel an Seiner Person vergegenwärtigt. Er selbst hat sich hingegeben für die Menschen in all ihr Leid und Weh bis in den Tod, um eben diesem unsrem Leid und Weh zu steuern. Wer an Ihn glaubt, lebt auf und sieht nun hinaus und kann fröhlichen Mutes warten, bis sich alles vollends macht, was zur Verwirklichung des Heils gehört. Er fühlt den Tag nahegekommen, weil jetzt seit Christus Hoffnung da ist, daß allem Seufzen der Kreatur in Bälde gewehrt sein werde.

Diese Hoffnungszeit ist eingetreten; in aller Welt wird's nun gepredigt, daß jeder zum Glauben und Hoffen kommen und dadurch in einen Stand gesetzt werden könne – als hätte er bereits alles, was er braucht. Denn er bekommt Frieden mit Gott in Gewißheit der Vergebung der Sünden – so sehr er auch noch mit den letzten Dunkelheiten der Nacht zu kämpfen hat. Er sieht hinaus, und das ist und kann ihm genug sein, sich aufzurichten und sich des kommenden Heils zu freuen.

Das Entschwinden der Nacht und der Anfang des Tages wurde den ersten Christen um so fühlbarer, als sie die Fülle des Heiligen Geistes bekamen und Kräfte von oben hatten wider die Gewalt und den Einfluß der satanischen Finsternis. Eine Macht von oben war über sie ausgegossen, so daß es war, als hätten sie alles in der Hand, um zum völligen Tag, zur Vollendung des Heils, sich hindurchzuringen. Überraschend schnell verbreitete sich auch das Evangelium nach allen Seiten. Und je weiter es kam, desto heller wurde es und desto mehr konnte man sich den vollen Tag denken, der Christus wieder vom Himmel herniederbringen würde. Wie war's doch damals im Gang! Drum darf man sich nicht wundern, wie einem Paulus – der die ausgedehntesten Erfolge des Evangeliums vor sich sah und bereits sagen konnte (Röm. 10, 18): »Es ist ja in alle Lande ausgegangen der Schall der Predigt und in alle Welt ihr Wort« – die Nähe der Vollendung des Heils so vor der Seele stand, als bräuchte er nur mit einer geringen Anzahl von Jahren zu rechnen, bis alles vollends werde. Um so nachdrücklicher sagt er auch: »Ihr wisset die Zeit, nämlich daß die Stunde da ist, aufzustehen vom Schlaf.«

Aber ein Weh erfüllt uns, wenn wir bedenken, wie schnell die Ausbreitung des Evangeliums nachgelassen hat! Man bekommt den Eindruck, als hätten die Christen bald die Möglichkeit, die sie in der Hand hatten, fallen lassen, so daß mit einem Male alles stillstand oder sich nur mühsam langsam fortbewegte. Da sind denn die Kräfte des Geistes gewichen, ist auch gewichen die überwältigende Macht des Worts; es ist ferner alles verweltlicht worden, was göttlich sein sollte – und so ist auch die Nacht wieder gleichsam rückwärtsgegangen. Daher kommt's, daß wir uns jetzt fast in der tiefsten Mitternacht fühlen ohne jede Spur des kommenden Heils, da nur etliche Sternchen – die Lichtlein in wenigen Gläubigen – die Nacht ein wenig erhellen und vor dem schwärzesten Dunkel schützen. So können wir jetzt kaum mehr sagen: »Die Nacht ist vorgerückt, der Tag hat sich genaht.«

Dennoch kann alles schnell wieder anders werden, wenn neuer Eifer erwachte, neuer Ernst aufkäme, neue Rührigkeit für die Sache des HErrn und das Evangelium entstünde – und vor allem neue Kraft von oben durch den Heiligen Geist oder Erneuerung der Ausgießung des Heiligen Geistes käme, damit dies wieder würde wie im Anfang oder wie es Gott will nach dem es unsre Zeit bräuchte. Spuren sind da, daß eine solche Zeit wieder kommen werde. Aber ehe diese Zeit kommt, scheint auch der Tag des HErrn fernegerückt.

Wir haben also zunächst auf kein anderes Zeichen der Nähe des Heils zu achten, als auf das, daß die Nacht wieder gegen den Tag hin vorrücke durch Gnadenheimsuchungen des heiligen Geistes von oben. Seufze und bete darum, wer kann! Gewiß ist's, daß sie bald kommen wird. Und dann, dann: wie tut's dann not, daß alles sich aufraffe, seine Seele zu retten, fürs kommende Heil tüchtig zu machen!

2) Wie wir aufstehen müssen vom Schlaf

Hat die Predigt des Evangeliums zunächst nur eine Dämmerung gebracht, noch nicht den wirklichen Tag, mit dem das Heil selbst sich ankündigt, so sollen wir nicht warten wollen, bis gleichsam der volle Tag angebrochen ist oder bis die großen Zukunftsdinge kommen. Wer fortschlafen und fortträumen will, bis alles wirklich kommt: wie sehr wird's dem fehlen! Schon die Morgendämmerung mahnt aufzustehen. Und wer es hört, daß ein Heiland gekommen ist und eine Leuchte und einen Vorschmack des Heils gebracht hat und daß Er demnächst wiederkommen werde: der soll sich nicht lange besinnen, sondern sich aufraffen und sich der dargebotenen Leuchte bedienen, um schnell gerüstet dazustehen als einer, der auf den HErrn wartet. Den Gläubigen vornehmlich gilt es, daß sie aufhören sollen, einer müßigen Ruhe zu pflegen.

Wir haben vorhin bemerkt, daß wir eigentlich wieder in eine tiefe Mitternacht gekommen sind. Damit aber sollte nicht gesagt werden, daß man nun jetzt sich wohl wieder hinlegen und sein Schläfchen machen dürfe, bis es mehr Tag werde! Wehe, wenn wir die Sachen nur so liegen ließen, wartend, bis uns weiteres gegeben würde! Wehe, wenn wir keine Mission mehr treiben wollten, bis die rechte Missionszeit käme! Wehe, wenn wir keine Arbeit am Reiche Gottes versuchen wollten, nicht einmal an uns selber, bis es durch neue Kräfte von oben gleichsam ein Stück gäbe und man nicht mehr (wie jetzt) fast unnütz seine Kräfte verzehren würde! Wehe, wenn wir so denken! Denn mindestens ist doch das Morgenlicht da, solange wir das Evangelium hören, das Wort hören, das uns zum Glauben treibt, das uns viel Trost bietet – wenn auch mitunter mäßiger – und das unsre Seelen selig machen kann.

Darum heraus aus dem Schlaf, wenn du nur deinen Heiland rufen hörst: »Wachet und betet, daß Ich nicht über euch komme wie ein Fallstrick, wie ein Dieb in der Nacht zu der Stunde, da ihr's euch nicht versehet«! Der du das hörst, stehe auf vom Schlaf und ruhe nimmer in Sicherheit! Denn plötzlich kann sich alles ändern. Und auch dein Wachen zum HErrn mit rüstigem Eifer – selbst mitten in der Nacht um dich her –: wieviel kann's dir, wieviel kann's andern dienen! Wieviel kann's sogar auf eine neue Gnadenzeit und so auf das Kommen des HErrn wirken! Allezeit ist das der größte Jammer gewesen, daß alles nur immer schlafen, niemand recht sich erheben wollte von seinem Traum und daß auch jetzt noch alles ruhenwill, sich das Evangelium nur wie im Schlaf halb gähnend sagen läßt! Wieviel dadurch aufgehalten worden ist, wird einst offenbar werden. Gleiche du, der du dies liesest, solchen nicht, sondern bedenke, daß es wahrlich Zeit ist, aufzustehen vom Schlafe.

Fragst du etwa: »Wie soll ich denn aufstehen?«, so wisse, daß der Schlaf den Zustand der *Sicherheit* vorstellt, da man ein Ernstes, das kommen soll, nicht erwartet und darum sorglos sich der Ruhe überläßt. Wenn wir aufstehen sollen vom Schlaf, so ist's das, daß wir unter allem, was wir tun und treiben, die rechte Erwartung der Zukunft des HErrn im Auge behalten, um durch sie nüchtern und in allem recht zu werden. Der ganze Mensch wird anders, wenn er mit Ernst an das Kommen des HErrn denkt: Wie vorsichtig wird sein Wandel, sein Verkehr mit anderen! Wie wachsam wird er gegen die Tücke der Welt und die geheimen Netze der Finsternis! Wie aufmerksam wird er, um nur ja keinen Anstoß zu geben, der dem kommenden Heiland mißfallen würde!

Also auf, erhebe dich und bereite dich durch alles hindurch beizeiten zu, ehe das Geschrei vernommen wird: »Der Bräutigam kommt!«, damit du gerüstet stehest – wann es auch sei –, mit Freudigkeit dem Heilande entgegenzugehen!

3) Was wir ab- und was wir anlegen sollen

Paulus vergegenwärtigt sich den Augenblick des Aufstehens, da die Nachtkleider abgelegt und die Tagkleider angelegt werden, und nimmt es dann bildlich: daß das, was zur Nacht und zur Finsternis gehört, aus- und ab-, und das, was zum Tag und zum Licht gehört, angelegt werden müsse. Er sagt: »So lasset uns ablegen die Werke der Finsternis und anlegen die Waffen des Lichts.« Wir sollen, so will er zunächst im allgemeinen sagen, wenn wir erwachen, wenn wir aufstehen und am Tage wandeln, anders gestellt sein, als wenn wir ruhen und schlafen. Der Wandel darf nicht so sein, als wäre es noch Nacht, als wären wir noch hoffnungslos, haltlos, unsicher. Wir sollen uns bezüglich dessen, was unsre Hoffnung ist, ins Licht stellen. Und wie mit dieser Hoffnung zuletzt völliges Überwinden der satanischen Finsternis verbunden ist, so soll jetzt schon alles Nachtgeschäft entfernt werden. Im Finstern oder im Verborgenen geschieht im Grunde alles Böse; und wer gerne geheimtut mit seinem Wesen und etwas Verstecktes an sich hat, wobei er sich nicht durchscheinen lassen will, der bleibt nicht unberührt von Werken der Finsternis. Alles heimliche Wesen hat etwas Unrechtes an sich und muß abgelegt werden; es ist ein Unrecht und eine Lieblosigkeit gegen den Nächsten, ein Werk der Finsternis – zumal wenn der andere ein Recht hätte, ein offenes Verhältnis zu fordern. Was alles kann nicht auch bei einem solchen Heimlichtun mit unterlaufen! Offenbar und geradeheraus zu sein, was das Ablegen der Werke der Finsternis in sich schließt, bewahrt den Menschen vor dem Bösen. Dagegen kann der, der sich versteckt, leicht ein gottloses, ja ein schmutziges Wesen mit in sein Versteck nehmen, so daß ein Ablegen der Werke der Finsternis fast nicht möglich ist.

Statt dessen sollen wir »anlegen die Waffen des Lichts«, nämlich die *Waffen* gegen die Versuchungen, die aus der Finsternis auch am Tage an uns kommen können. Eine Waffe dagegen ist schon das *Licht* selbst, wie oben bemerkt wurde. Wer sich sehen läßt, wer frei unter die Menschen tritt und mit ihnen verkehrt, offen vor jedermanns Augen sein Tagewerk treibt, ist hierdurch allein schon gewappnet, daß er in der Unschuld bleibt und nichts Böses tut. Er sieht auch alles. Er sieht die Netze, die der Feind legt; er sieht die drohenden Versuchungen und kann sich schnell helfen, daß er bewahrt bleibt. Wer aber Schlupfwinkel sucht, dem kann der Teufel auf allerlei Weise nahen und die Sinne verrücken, so daß den bösen Lüsten Eingang verschafft wird. Im übrigen muß man auch am Tage gewaffnet sein, denn wer von jedermann gesehen wird, auf den kann auch jedermann Angriffe machen; und damit solches nicht geschehe, muß er sich versehen. Als Waffen des Lichts aber, mit denen er abwehren könne, dienen ihm Gebet und steter Aufblick zum HErrn, fromme Wachsamkeit, damit er nicht gedankenlos dahingeht, auch sich nicht in alles mischt, nicht gierig auf alles ist, sondern besonnen und überlegt bleibt. Ferner dient ihm Aufmerken auf das Wort Gottes, das er bei sich bewegt, und Achtsamkeit auf alles, was zum Guten führt, und Scheu vor jeglichem Abwege.

Wer in solcher Weise Waffen des Lichts anlegt, der wird der sein, der sich in nichts versieht und in nichts hineinkommt, das sein Stehen in der Gegenwart des kommenden HErrn schwer macht.

4) Wie wir ehrbarlich wandeln sollen als am Tage

Paulus geht noch weiter darauf ein, was von denen, die zum HErrn und Seinem Heil wachen, einzuhalten ist. Er liebt es, in seinen Ermahnungen nicht bei allgemeinen Ausdrücken stehenzubleiben, sondern nennt die Sachen, auf die der Wachende zu achten hat, gerne beim Namen.

Viel zusammenfassend sagt er, er soll »ehrbarlich« wandeln als am Tage. Verständig, sittsam, liebreich, freundlich soll er sich bezeugen, wie es sich für einen ehrbaren Menschen geziemt. Er soll auch Ernst gegen alles Ungöttliche, Unverständige, Sündliche zu erkennen geben, das ihn umgibt. Ehrbar ist es nicht, alles Gottlose lesen und hören zu können, ohne sich eine Erregung dagegen anmerken zu lassen. Der Ehrbarkeit entgegen ist es auch, wenn man im Rat der Gottlosen wandelt, hingeht, wo die Sünder ihr Wesen treiben, sitzen bleibt, wo die Spötter sitzen (Ps. 1, 1). Ehrbar ist es nicht, mit leichtfertigen Leuten zu lachen, Possen zu treiben oder sich von ihnen gar Schmutziges ins Angesicht sagen zu lassen – als hätte man doch eine geheime Freude daran. Wider die Ehrbarkeit läuft's, sich nachlässig in Kleidern, Mienen, Gebärden und Worten zu erzeigen, Anstand und Schicklichkeit nicht zu beachten, sich nur so gehen zu lassen, wie es geht. Gegen die Ehrbarkeit ist's, wenn man sich eigensinnig, störrig, ferner stolz und hoffärtig oder schmutzig im Mein und Dein, also ehrgeizig, geldgierig, lüstern überhaupt finden läßt. In allem unserm Wandel soll's sein als am Tage, wie es vor jedermann, dem man zu Gesicht kommt, taugt, wobei man sich nicht schämen muß oder gar ein geschlagenes Gewissen bekommt.

Paulus führt noch Besonderes an, was wider die Ehrbarkeit läuft. Der Wandel solle nicht in Fressen und Saufen, nicht in Wollust und Unzucht sein. Alles Wesen, das nach dergleichen lüstern ist, muß gänzlich aufhören bei dem, der zum HErrn und Seinem Heil wacht. Wenn der Apostel so stark vor Fressen und Saufen warnt, so richtet er damit das oft auch bei Gläubigen die Grenzen des Anstands und der Furcht Gottes übersteigende Zusammensitzen zu Gelagen aller Art. Wohlleben überhaupt und Sich-gütlich-Tun zieht außerordentlich stark vom HErrn ab. Man sollte doch eher fasten und beten, ja im Sack und in der Asche einhergehen, sich aller leichtfertigen Art begeben, wenn man den Ernst erwägt, der dem Kommen des Heils vorausgeht!

So warnt Paulus auch vor Wollust und Unzucht, um anzudeuten, wie auch solche, die das Heil liebhaben, leicht dazu kommen, doch noch den Lüsten des Fleisches nachzugehen, und sich ungescheut in Abgründen von Sünden hineinlocken lassen, die dem HErrn ein besonderer Greuel sind. Ach, daß sie's merken würden, wie sehr sie damit – so sehr sie sich etwa sonst ein geistliches Ansehen zu geben verstehen – etwas aussäen, wovon sie nur Verderben ernten können, Verderben wohl bis in die Hölle hinab!

Paulus warnt endlich noch vor Hader und Neid. Das viele Zanken und Streiten und Neiden, das bei vielen schon mit dem Aufstehen angeht, ist auch wider die Ehrbarkeit und ist lauter gefährliches Werk der Finsternis. Abgesehen davon, daß es herzzerrüttend ist und den Frieden der Seele stört oder nicht aufkommen läßt, wiegt es in einen Schlaf ein, bei dem man ganz des HErrn und Seiner Zukunft vergißt.* Was für ein gro-

---

* Parallel-Auslegung: Statt dessen sollte nichts als Liebe, Freundlichkeit, Sanftmut in allem an uns zu sehen sein. Auch sollte immer wieder alles bereinigt werden, was wir gegeneinander haben, damit nichts die besseren und ernsten Gedanken hinderte und störte, bei denen wir uns im Blick auf das Kommende fürchten und bange werden.

ßes Übel ist auch der in unseren Tagen so heiß brennende Kirchenhader, der geradezu das Widerspiel ist von dem, was es vor dem Kommen des HErrn sein sollte! Wie sollte man doch gegen Andersdenkende lieber stille sein und sich fügen, ohne ihnen Liebe und Gemeinschaft zu entziehen, damit doch ja kein Hader und Neid wäre und ein erquickender, alles beschwichtigender, am Ende auch – wenn man Geduld haben mag – ausgleichender Friede werde! Nur Friedfertige sind es, die Kinder Gottes heißen werden (Matth. 5, 19).

So hat uns denn Paulus allerlei gesagt, was von denen, die zum Heil wachen, zu beherzigen wäre. Befolgen wir's, so kommen wir nur dem Wort Jesu nach, wenn Er sagt (Luk. 12, 35): »Lasset eure Lenden umgürtet sein und eure Lichter brennen und seid gleich den Menschen, die auf ihren Herrn warten!«

5) Wie wir Jesus anziehen sollen

Nachdem Paulus mancherlei Winke gegeben hatte, wie die Wachenden und Wartenden sich in ihrem Wandel zu halten hätten, will er's ihnen noch in einem Gesamtbilde gleichsam zur Anschauung bringen. Wie kann er das besser tun, als wenn er sagt, ihre ganze äußere Erscheinung sollte etwas an sich haben von der Erscheinung Jesu Christi in den Tagen Seines Fleisches, sollte ein Abbild von Ihm sein!

Er fährt daher fort: »Sondern ziehet an den HErrn Jesus Christus«, wie wenn Er, Jesus Christus, das Tageskleid sei, nachdem sie das Nachtkleid abgelegt hätten. Ihn sollten sie anziehen als ein Kleid, das vom Kopf bis zum Fuß sie überdecken würde, so daß man überall und in allem Jesus an ihnen sähe und erkenne. So sollte es doch wahrlich sein, wenn Jesus sie bei Seinem Kommen als die Seinen erkennen soll. Und wenn da die Engel ausgesandt werden, daß sie »versammeln sollten alle Auserwählten von dem Ende der Erde bis zum Ende des Himmels« (Mark. 13, 27), sollte das ihnen gleichsam leicht gemacht sein; es sollte auch anderen zu einem Kennzeichen dienen, wenn die Auserwählten alle einerlei Art und einerlei Tracht hätten – und zwar dieselbe, welche bei Jesus zu sehen war. Diese Auserwählten sollten ja gesammelt werden, um alsbald zu der himmlischen Verwandlung zu kommen, nach welcher sie dem HErrn entgegengerückt werden sollen in der Luft (1. Thess. 4, 16 ff.)* Da müssen's doch lauter Jesus-ähnliche Gestalten sein, die sich im Nu unter die Engel und Heiligen mischen können und unter die eben Auferstandenen, die mit dem HErrn zu gleicher Zeit offenbar werden sollen!

Um das Bild Jesu zu bekommen, tut's vor allem not, Seiner Gerechtigkeit gewiß zu sein nach dem bekannten Verslein: »Christi Blut und Gerechtigkeit, das ist mein Schmuck und Ehrenkleid.« Allezeit in der Vergebungsgnade stehen und sich immer wieder durch Buße in diese hereinzukämpfen, wenn's eine Störung gegeben hat: das macht vor allem Jesus-ähnlich, weil dann Seine Unschuld, Seine Reinheit, Seine Heiligkeit dabei ist. Diese Vergebungsgnade müssen wir uns also hienieden nicht als eine

---

* S. auch Predigt zum 25. S. n. Trin. (drittletzter Sonntag).

einfürallemale geschenkte denken, solange wir noch mit der Sünde zu kämpfen haben. Sondern wir müssen uns ihrer täglich durch Buße und Glauben und Besserwerden versichern, um uns allezeit versöhnt und entsündigt zu fühlen für Seine Gegenwart. Andrerseits sollen wir Seine ganze Art, wie wir sie von Ihm wissen – und die eigentlich das »Kleid« ausmacht, das wir als »Jesus« anziehen sollen –, Seine Demut und Sanftmut, Seine Liebe und Barmherzigkeit, auch gegen Sünder und Feindselige, anziehen; dadurch wird unsre Ähnlichkeit mit Ihm vervollständigt. Mehr und mehr kann die ganze Erscheinung eines Gläubigen, der ernst ist wider die Sünde und im Ernst bleibt, sich ins Jesus-Ähnliche verklären. Dies schließt aber aus die Steifheit, Schroffheit, Heiligkeitssucht in Worten, Mienen und Gebärden, die mehr abstößt als anzieht; es streift an die Heuchelei der Pharisäer, welche dem HErrn ein Greuel war. Der HErr hat neben Seinem Ernst soviel Anziehendes, Liebenswürdiges und Umgängliches gehabt für Leidende und nach Höherem Verlangende, daß wir es uns wohl zu merken haben, daß eben die Anfaßbarkeit und Zugänglichkeit ein Hauptzug in der Erscheinung Christi war.

Ach, daß wir's träfen und sich's bei uns mehr durch Treue im Guten zum Jesus-Ähnlichen machte! Wie werden sich doch die Engel im Himmel freuen, solche Jesus-Gestalten ihrem HErrn und Meister Jesus Christus einst in die Arme führen zu dürfen!

6) Wie wir des Leibes in rechter Weise zu warten haben

Mit etwas Eigenartigem schließt der Apostel, das im ersten Augenblick befremden kann. Doch sollte es milder übersetzt heißen: »Traget nicht Fürsorge für das Fleisch« (d.h. den Leib) »bis zur sündlichen Begierde.« Gehet in der Fürsorge für den Leib nicht so weit, daß Begierden in ihm rege werden. Man sieht es wohl, daß Paulus solche Fürsorge selbst anbefehlen will. Den Leib darf man nicht zu niedrig halten. Man muß ihn auch heilig nehmen. Und weil bei der Zukunft des HErrn und Seines Heiles es eben der Leib ist, der einer Verwandlung ins Himmlische gewürdigt werden soll, so ist es klar, daß dieser nicht als ein durch die Schuld der Menschen verderbter, mehr oder minder zugrunde gerichteter erscheinen sollte. Eine »Heiligkeit« also, die es auf ein Herunterbringen (Verachten und Schädigen) des Leibes abhebt – wie das in früheren Zeiten häufig vorgekommen ist, da man alles getan hat, um sich ja wehe zu tun und bis zu einem Schattenbild abzumagern ist durchaus wider die Ehre, die auch dem Leibe gebührt, den doch Gott mit besonderem Bedacht gebildet hat (1. Mose 2, 7). Eine Entehrung des Leibes paßt nicht im mindesten zu dem, wozu Gott denselben einmal würdigen will. Es soll also dem Leibe seine gebührende Ehre werden, indem man mit Vernunft seiner pflegt durch Nahrung und Kleidung und Schonung, wie er's zur Erhaltung braucht. Man hat darauf zu sehen, daß ihm kein Leid geschieht, zumal jede Verderbnis des Leibes verderblichen Einfluß auch auf die Seele hat.

Umgekehrt ist freilich eine Verderbnis des Leibes durch übermäßige Genüsse jeder Art viel gefährlicher, und wir erfahren's ja, wie tief es geht, wenn die Leute den Leib also verderben, verunstalten, vergiften, krank machen, ihn einem frühen Hinsiechen entgegenführen. Unter allen Genüssen mithin, die dem Leib zu seiner Erquickung gestattet sind, ist allezeit darauf zu achten, wieweit sie ihm, vor allem in seinem Verhältnis zur Seele, zuträglich sind. Die Lüsternheit darf nicht maßgebend sein für die Fürsorge. In gleicher Weise ist es nicht recht, dem Leibe zuviel zuzumuten, über die Kräfte zu arbeiten, ihm keine Ruhe zu gönnen, sich eine übertriebene Unempfindlichkeit anzugewöhnen, bei der man nur immer sich selbst hart ist, ohne Überlegung, welchen Schaden man sich zuziehen kann. Übertriebene Arbeiten, bei denen man sich auch beständig den Schlaf entzieht, haben schon viele ruiniert, so daß mit ihrem ganzen Leben alles verkehrt gegangen ist. Überall ist Überlegung und Maß notwendig. Denken wir doch daran, dem HErrn einmal mit einem möglichst in der Ordnung erhaltenen Leib entgegenzugehen, wenn Er kommt! Auch für die Auferstehung an jenem Tage hat's eine Bedeutung, wie das anderswo Paulus lehrt (1. Kor. 6, 13 ff.), da er den Leib als »dem HErrn angehörig« angesehen wissen will, und hinzufügt: »Gott aber hat den HErrn auferweckt und wird uns auch auferwecken durch Seine Kraft.«

In unserm Text aber sagt Paulus noch ein Besonderes: daß wir nämlich des Leibes nicht bis zu sündlichen Begierden warten sollen. Das Schlimmste ist es freilich, wenn man unter der Fürsorge des Leibes vergißt, was ihn in ungebührlicher Weise zu sündlichen Begierden reizen könnte. Was nur entfernt den Leib zu einer gefährlichen Fülle bringt, bei der er brennt von Lüsten jeglicher Art, sollte Kinder Gottes besorgt und ängstlich machen. Gibt sich's dann, daß auch sonst fleischliche Lüste regsam und mächtig werden, so ist's das Gefährlichste für den Menschen, weil er zu tiefem Fall kommen kann.

Da wäre denn uns vieles gesagt, was wir nicht vergessen dürfen als solche die zum HErrn und Seinem Heile wachen. Üben wir uns darinnen!

Und wenn wir zum Himmel blicken, von da Christus herniederkommen soll, so lasset uns auch Einblicke in uns selbst tun, damit da alles recht werde – um von dem HErrn, wenn Er kommt, ob wir lebendig oder tot sind, aufwärtsgeführt werden zu können nach der Verheißung!

Ach, daß wir's erreichen möchten, einst zu Ihm zu kommen, um bei Ihm zu sein allezeit! Amen.

2. Advent
Vom Zusammenhalten der Starken und Schwachen
Röm. 15, 1–13

Einleitung: *Die Situation des Textes*

Wenn unsere Epistel von »Starken« und von »Schwachen« redet, so bezieht sich das zunächst auf Judenchristen, von welchen die einen sich der Speiseunterscheidung des Gesetzes entschlagen hatten, die andern nicht (Röm. 14). Jene, sofern sie alles essen konnten, ohne sich ein Gewissen daraus zu machen, nannten sich die Starken. Und sie beschuldigten die anderen der Schwachheit; denn diese waren nicht so weit und enthielten sich darum alles Fleischgenusses in der Fremde, wenn sie das Fleisch nicht nach jüdischen Gebräuchen bekommen konnten. Die »Starken« fühlten sich viel gegründeter in der unverdienten Gnade Gottes durch Christus und waren unzart genug, es die andern fühlen zu lassen, daß sie nicht weit genug in der Erkenntnis Christi seien; sie bezeigten sich auch mit ihrem Tun nur um so freier jenen gegenüber. So gab es allerlei Mißhelligkeiten und gegenseitige Beschuldigungen zwischen beiden, was um so mehr Nahrung im Heidenlande fand, da das Einhalten der mosaischen Gesetze schwieriger war.

Im Grunde hatten die Starken recht nach der Erkenntnis – aber nicht nach der Liebe. Statt den Schwachen Anstoß und Ärgernis mit ihrer Freiheit zu geben, hätten sie vielmehr sie schonen und nicht gleichsam durch ihr Benehmen sie nötigen sollen, sich auch als die Starken zu bezeigen und alles zu essen – trotzdem ihr Gewissen, das auch ein Gewissen zu Gott war, es ihnen verbot. Eher hätten sie, so sagt Paulus (14, 13), alles Genusses von Fleisch und anderem sich enthalten sollen, um die Gewissen der Schwachen zu schonen. Denn dem, der etwas tut mit Zweifeln, d. h. ungewiß, ob's vor Gott recht sei oder nicht, also gegen sein Gewissen ißt, kann dies zur Verantwortung dienen. Hierauf bezüglich sagt nun Paulus in unsrer Epistel (V. 1): »Die Starken sollen der Schwachen Unvermögen tragen.« Sie sollen sie gewähren lassen, ohne sie im Gewissen zu stören – wenn ihnen auch an der Erkenntnis etwas fehle.

Wir müssen hierbei wohl beachten, daß die Schwachen mit ihrer Bedenklichkeit nicht zu verwerfen waren, sofern dieselbe auf das Wort des Alten Testaments – also doch auch auf Gottes Wort! – gegründet war. In ihrer Ängstlichkeit lag eine wirkliche Furcht Gottes. Wenn wir uns recht hineindenken, war es für gewissenhafte Juden keine ganz leichte Sache, mit einem Male sich von allem, was Gott einst verordnet hatte, ganz freizustellen. Denn dadurch schien ihnen die Achtung vor Gott und Seinem Wort verletzt. Viele konnten sich nur langsam an solche Freiheit gewöhnen – wie es auch einem Petrus, noch zu der Zeit, da er zu Kornelius kam, »ein unerlaubtes Ding war, mit einem Fremdling (Heiden) umzugehen oder zu ihm zu kommen«, da er sogar noch einer besonderen Weisung vom HErrn bedurfte, um das zu tun. Wenn daher Judenchristen gegen ihr Gefühl – etwa durch das Beispiel der Starken oder sonstwie – sich wirklich freier machten, so konnte es bei ihnen als wirkliche Geringschätzung Gottes und Seines Wortes angesehen werden. Es war ihnen, als dürften sie solches um des HErrn willen nicht – und doch taten sie's! Daher kommt das starke Wort des Paulus (14, 23): »Wer aber darüber zweifelt – und ißt es doch, der ist verdammt«, d. h. er hat etwas Verdammliches, vor Gott Verwerfliches getan, »denn es geht nicht aus dem Glauben«. Nur wenn sie so standen, daß sie nach dem Geist des Evangeliums den gewissen Glauben hatten, sie dürften essen, ohne Gott und Seinem Gebot zuwiderzuhandeln, galt ihre Freiheit vor Gott. Wo aber dieser Glaube fehlte, wurde einfach mit einer gewissen Leichtfertigkeit – weil's eben auch dem natürlichen Menschen bequemer war – Gott und Sein Gebot zurückgestellt. Und das konnte Gott unmöglich gefallen. Die Starken, die das erkennen konnten, hätten daher nur um so schonender gegen die Schwachen sein und durch sie zur Selbstprüfung kommen sollen, ob sie auch wirklich in der Furcht Gottes und nach dem Glauben sich bisher ungewohnte Freiheiten erlaubten.

Dies wollen wir der Auslegung unsres Textes voranstellen.

Auslegung

Übersehen wir nun den Inhalt des Textes, so will Paulus ein Wort reden an die Starken und an die Schwachen zum Zusammenhalten:
1) Alle sollen einander unter Schwachheiten tragen (V. 1)
2) Sie sollen einander zur Besserung dienen (V. 2–4)
3) Sie sollen untereinander einerlei gesinnt sein (V. 5f.)
4) Sie sollen einander aufnehmen (V. 7–12),
worauf noch ein Segenswort des Apostels folgt (V. 13).

(1) »Wir aber, die wir stark sind, sollen der Schwachen Unvermögen tragen und nicht uns selber zu Gefallen leben.«

1) Von Starken und Schwachen im Sinn des Textes kann nun bei uns in jetziger Zeit nicht mehr die Rede sein. Indessen mag es doch auch bei uns in anderem Sinn »Starke« und »Schwache« geben. Schwache im Glauben können viele sein, sofern sie den Stand ihres Gewissens zu Gott von allerlei Äußerlichkeiten und Gewohnheiten abhängig machen, die zu halten sie innerlich Bedürfnis haben und die sie nicht lassen können ohne zu meinen, daß sie sündigen würden. Sie können sich auch allerlei zur »Sünde« machen, worin andere nicht ebenso denken. Solche Seelen müssen auch geschont werden, und man muß ihnen ihre Art und Gewohnheit lassen, ohne sie ihnen ausreden oder sich darüber bei ihnen ereifern zu wollen. Es hat auch sein Gutes, wenn jemand seine bestimmten Normen hat, unter denen er sich sammeln und Gemütsruhe bewahren kann – auch wenn sie mitunter anderen lästig sind. Sie können sich unter gewissen

Formen leichter in eine Gemeinschaft mit dem HErrn versetzen. Und wenn man ihnen diese Formen nimmt, so kommen sie aus dem Geleise und haben Unruhe, eine Störung ihres inneren Lebens fühlend. Andere, die nichts Derartiges haben und freier von
jeder Sitte und Form sind, haben vielleicht doch oft nicht denselben Ernst, sie verflüchtigen sich gerne geistlich und kommen weniger zu einer stillen Sammlung, in der
sie sich Kräfte holen wider die verschiedenen Anfechtungen des Lebens. Ist bei jenen
manches zu viel, es bedenke man, daß man ihnen alles nimmt, wenn man ihnen ihre
Gewohnheit nimmt, weil sie nur unter dieser sich innerlich zu sammeln verstehen.

Mit Unrecht werden ferner wieder manche schwach genannt, die sich weniger mit
Dingen dieser Welt befassen können, ohne Gewissensunruhe zu empfinden. Sie fürchten Gefahren für sich bei Teilnahme an jederlei Gesellschaft, an Schauspielen, an Tän-
zen u. a. – andere dagegen meinen stark zu sein als die, die durch dergleichen nichts
einbüßen würden, sondern alles wohl vertragen könnten. Vielleicht aber sind gerade
die letzteren die Schwachen, die sich nichts versagen können und sich nur vorheu-
cheln, als schadet ihnen nichts – währen sie unvermerkt doch in allerlei hineinkommen, daraus sie nur mit geschlagenem Gewissen herausgehen. Wenn sie denn die anderen als Schwache oder Engherzige geringschätzen oder mit ihrem Beispiel zu Gleichem
reizen wollen, können sie Ursache zum Fall der letzteren werden. Diese mögen sich
denn nur schwach nennen lassen und wegbleiben, wo ihnen Gefahr drohen würde!
Die freier Gesinnten aber mögen sehr vorsichtig sein, daß sie ihre Freiheit nicht anderen aufdrängen, sondern diese ihren Gang in der Stille ungestört gehen lassen, wenn es
bei ihnen nicht etwas Krankhaftes wird – was auch vorkommen kann! Im übrigen
aber sind auch die weniger Freien diejenigen, die sich gegen die Freien und Weitherzi-
gen rühmen, als wären sie selbst frömmer als diese. Sie machen sich oft aus diesem und
jenem ein Gewissen, auch »aus Gefallen an sich selbst«, wie es im Text heißt, und legen's auch anderen ins Gewissen, wo es gar nicht nötig wäre. Wer aber unnötigerweise
anderer Gewissen einengt oder beschränkt, bringt sie leicht aus der Einfalt oder stem-
pelt sie zu Heuchlern. Wenn Selbstgefälligkeit zu etwas treibt, ist's immer das
Schlimmste. Werde es denn bezüglich der Freiheit bei dem einen so, bei dem anderen
anders: so ehre und schätze man einander, ohne zu richten, und trage sich gegenseitig
in der Liebe!

Im übrigen kann bei den einen oder anderen eine sündliche Gebrechlichkeit hervortreten. Auch gläubige Christen können allerlei Untugenden an sich haben, die den andern zur Last werden: Sie können viele Fehler machen, lästig im Umgang werden, zu-
dringlich sein und dergleichen, auch sonst allerlei Unrechtes in Sitte und Art an sich
haben, wie Empfindlichkeit, Eigenliebe, mißtrauisches Wesen, Splitterrichterei und
Redseligkeit, ja mit Eigennutz und Pedanterie, auch auffahrendem, hitzigem Wesen.
Da kommen viele Gebrechen zum Vorschein. Wenn man's aber genau besieht, fehlt es
keinem an Gebrechen irgendwelcher Art. Wenn man denn schnell einander haßt oder
neidet oder ausschließt oder richtet, einander ins Gerede bei anderen bringt, kurz, die
Gebrechlichkeiten nicht tragen kann, ist's ein großer Fehler und kann's einzelnen und
der Gemeinde in der Sache Christi viel Eintrag bringen.

Solange es nur immer möglich ist, sorge man dafür, daß dergleichen Schwache bei der Gemeinde verbleiben und nicht als dem HErrn fernstehend angesehen werden. Wohnt man mit solchen Gebrechlichen beisammen, so muß viel – und sei's noch so viel – mit Stillschweigen und mit Schonung getragen werden, wie wenn's nicht da wäre. Denn sonst entstehen Spaltungen und Feindschaften, unter welchen alle Einbuße erleiden und den Seelenfrieden verlieren. Solange man Liebe zu Jesus, ein Festhalten an der Gnade Gottes durch Christus bei jemandem wahrnimmt, muß man gut Freund zu bleiben suchen und nicht »Gefallen an sich selber haben« – als ob man allein der Rechte und der Beste wäre und als bräuchte man sich nicht alles gefallen zu lassen. Der Demütige, der nicht Gefallen an sich selber hat, der immer auch an seine eigene Schwachheit denkt – wohl auch viel Schuld auf sich nimmt, wenn Verkehrtes bei andern hervortritt –, kann viel tragen und macht sich's auch zur Pflicht vor dem HErrn, viel zu tragen; er macht dadurch auch an den Gebrechlichen vieles besser. Wenn überhaupt das Reich Gottes gedeihen soll, muß man auf jede Weise ja zusammenhalten suchen, was nur immer zusammengehalten werden kann. Solches ist in unsrer Zeit doppelt nötig, da so sehr immer alles auseinanderlaufen will – auch um geringer Anlässe willen und meist nur, weil man sich selbst sucht, Gefallen an sich selber hat. Darum ist man entsetzlich übelnehmerisch – bis man zuletzt gar nichts mehr von einer Gemeinschaft der Seelen untereinander wahrnimmt.

(2) »Es lebe ein jeglicher unter uns so, daß er seinem Nächsten gefalle zum Guten, zur Auferbauung. (3) Denn auch Christus hat nicht sich selber zu Gefallen gelebt, sondern wie geschrieben steht (Ps. 69, 10): ›Die Schmähungen derer, die Dich schmähen, sind auf Mich gefallen.‹ (4) Denn was zuvor geschrieben ist, das ist uns zur Lehre geschrieben, auf daß wir durch Geduld und Trost der Schrift die Hoffnung festhalten.«

2) Um einander tragen und auf ein gemeinsames Zusammenhalten der Starken und der Schwachen wirken zu können, tut zweierlei not: erstlich, daß jedes von sich absehen kann – was in den Worten des Paulus liegt: »Wir sollen nicht Gefallen an uns selber haben« – und zweitens, daß man mit seiner ganzen Haltung dem Nächsten zum Guten diene, zur Besserung, eigentlich Erbauung, wie Paulus sagt: »Es stelle sich aber ein jeglicher unter uns also, daß er seinem Nächsten gefalle zum Guten, zur Besserung (Erbauung).«
Das Gewöhnliche im Verkehr ist das, daß jeglicher sich selbst mit dem Seinen anderen – gleichsam in der Eigenschaft eines Starken – präsentieren will mit seinen Eigenheiten, seinen Meinungen, seinen Widersprüchen – als hätte er mehr Weisheit und mehr Einsicht als andere! Er will angesehen sein um das, was er ist, was er weiß, was er vermag, und spielt schon ein wenig den Beleidigten, wenn der andere anders ist und auch seinerseits bei dem Seinen verharrt. Er will angenommen, gelobt und geachtet sein, ganz zufrieden und sich schmeichelnd, wenn ihm das zuteil wird. Weil denn so jedes zu viel auf sich und das Seine, auf sein Lob und seine Ehre steht und insofern nur

an sich selbst Gefallen hat, fehlt auch dem Besseren der wahre, aufs Wohl anderer, auf die Förderung der Sache Christi eingreifende Nerv. Dann gibt es statt Verschmelzungen der Herzen ineinander lauter Mißhelligkeiten und Unbehaglichkeiten gegeneinander.

Statt dessen nun, sagt Paulus, soll jeglicher eine ganz andere Stellung einnehmen: nämlich von sich weg zu den Anderen. Er soll diesen Gutes bringen, sie bessern und erbauen; dies soll sein ernsthaftes Bestreben sein und all sein Benehmen und Bezeigen – ob's ihm etwas eintrage oder nicht, ob's ihm Ungelegenheiten bringe oder nicht! Koste es was es wolle, so soll jeder all sein Augenmerk darauf haben, daß der andere – auch nach dessen Standpunkt, ohne diesen nur immer meistern und richten zu wollen – etwas von ihm habe, und zwar ein Gutes für seine Seele, eine Erbauung und Besserung. Er soll suchen, diesem wohlzutun, ihn immer nur aufzurichten und zu erquikken, und soll sich zusammennehmen, daß nach dieser Seite bei jedem Verkehr etwas herauskomme. Was soll es doch – um ein Beispiel zu geben – sein, wenn ein Evangelischer dem Katholiken gegenüber in Worten und Mienen immer nur sein Wohlgefallen darüber zu erkennen gibt, daß er evangelisch ist, seinen Standpunkt gegen den des Katholiken herausstellend, oder wenn ein Lutheraner einem typischen Reformierten oder Unierten gegenüber stets nur das Seine herauskehrt mit Gefallen an dem, was er ist! Das gleiche wäre es, wenn ein Kirchlicher einem separatistisch Gesinnten begegnet. Könnte man etwa auch unter verschiedenen Konfessionen nicht immer so reden und sich so stellen, daß etwas Gutes, etwas Erbauliches für den andern abfiele, wobei dieser nimmer als Gegner dasteht, sondern als einer, mit dem man doch auch für den HErrn Jesus in etwas zusammenhalten kann? Darum, der du dich stark nennst, werde schwach mit den Schwachen, damit du die Schwachen gewinnest – nicht für dich, sondern für den Heiland. Er ist alsbald geneigt, etwas einträufeln zu lassen in den andern, wenn du nur mithilfst mit deiner Seelenliebe, Freundlichkeit, Schonung, Nachsicht, Teilnahme. Die viele Herbigkeit, Härte und Strenge würde gleich aufhören, wenn man nur, statt an sich selbst Gefallen zu haben, jede Menschenseele lieben und ehren wollte, für die der HErr doch auch Sein Leben gelassen hat, und ihr ans Herz Jesu hereinzuhelfen, zur Erbauung und Einbauung in Sein Reich!

Paulus weist dann noch auf Christus hin, daß Er nicht an sich selber Gefallen gehabt habe, nicht darauf aus war, für sich etwas zu haben von Seinem Reden und Wirken, sich vielmehr Schmach gefallen ließ, wenn Er nur erbauen konnte. Er, der mit dem, was Er war und hatte, doch hätte eine außerordentliche Rolle in der Welt spielen können: Er wollte lieber die Schmach haben, damit Er andern zum Guten, zum Heil dienen konnte! Darum ging es mit Ihm nach dem Wort der Schrift: »Die Schmach derer, die Dich schmähen, ist auf mich gefallen.« Ist nun schon das, was im Alten Testament geschrieben steht, wie Paulus sagt, uns zur Weisung und Belehrung geschrieben: wievielmehr sollte uns das Beispiel Jesu wichtig sein, das Er eben nach der Schrift gab, um nicht auf uns, sondern auf die Erbauung der andern zu sehen.

Die Schrift aber will mit allem, so sagt Paulus weiter, uns zur Hoffnung – nämlich zur Hoffnung auf die zukünftige Erlösung führen. Deswegen lehrt sie uns Geduld und

Trost: Geduld, einander zu tragen, und Trost, einander zu stärken und zu erbauen. Ach, daß wir's lernen möchten durch Seine Gnade und Gabe, in nichts anderem stark zu sein als in dem, wie wir den Schwachen, wer die nun auch seien, am besten und nachhaltigsten zum Guten, zur Erbauung und Besserung dienen könnten!

(5) »Der Gott aber der Geduld und des Trostes gebe euch, daß ihr einträchtig gesinnt seid untereinander nach Jesus Christus, (6) auf daß ihr einmütig mit e i n e m Munde lobet Gott, den Vater unsers HErrn Jesus Christus.

3) Oft ermahnt der Apostel die Brüder, einerlei gesinnt zu sein untereinander. Er tut's besonders gern dann, wenn Verschiedenheiten unter ihnen hervortraten. Diese sind oft von der Art, daß sie von allen aufgegeben werden sollten – wenigstens wenn sie für eine Trennung nicht maßgebend seien. Die Korinther – die mit Berufung auf gewisse Lehrer, die sie vor anderen gelten ließen und sich darum »Paulisch« oder »Kephisch« oder »Apollisch« oder »Christisch« nannten – hatten Spaltungen untereinander. Darum sagte Paulus zu ihnen: »Haltet fest aneinander in *einem* Sinn und einerlei Meinung.« Wenn sie denn auch ein Eigentümliches (Eigenständiges, Originelles) behalten durften, so sollten sie wenigstens die Berufung auf Lehrer dann aufgeben, wenn sie mit der Absicht erfolgte, sich dadurch in Gegensatz zu den anderen zu stellen. So wäre es auch in unserer Zeit gewiß nach dem Sinn des Apostels in Christus, wenn die Berufung auf Luther, Zwingli, Calvin als auf Parteiführer aufhörte, damit einerlei Sinn, einerlei Herzschlag aller gegen alle entstünde unter denen, die an Jesus glauben.

In unserem Text läßt Paulus die Verschiedenheit zwischen den Starken und Schwachen stehen – und sagt doch: »Der Gott aber der Geduld und des Trostes gebe euch, daß ihr einerlei gesinnt seid gegeneinander nach Jesus Christus.« Damit will er nicht sagen, daß sie sich gegeneinander ausgleichen sollten in dem, worin die einen ängstlich und schwach waren, die anderen nicht. Sondern sie sollten trotz dieser Verschiedenheit einerlei gesinnt sein gegeneinander. Wie das möglich sei, liegt im Text selbst, wenn es heißt: »nach Jesus Christus«, wenn wir das so nehmen, als würde Paulus sagen: »sofern ihr nur alle Jesus Christus als euren Trost und eure Hoffnung festhaltet, nur darnach trachtet, Jesus Christus zu haben.« Hielten auch jene Schwachen noch an einigen Forderungen des Alten Testaments fest, so war's nur, weil sie dachten, Jesus selbst werde ihnen nur um so gewisser ein Heiland, wenn sie sich fromm gegen die bisherigen Forderungen Gottes bezeigen würden. Wenn's das war, so war ihre Glaubensgesinnung dieselbe, wie sie die Starken etwa hatten. Nur daß Jesus und die Hoffnung auf Ihn allen im Herzen gleich bliebe: das war's, worauf alle zu sehen hatten. Und würden sie hierin gehorchen, so waren sie untereinander gleichgesinnt. Dies sagt Paulus in unserem Text verstärkter, wenn er hinzusetzt: »Auf daß ihr einmütig mit *einem* Munde lobet Gott und den Vater unseres HErrn Jesu Christi.« War der Glaube bei allen so groß, daß ihr Mund – wie das üblich war in den Versammlungen, wenn sie mit Zungen redeten (Apg. 2, 11; 10, 46) – überfließen konnte von Lob und Dank gegen Gott, der

Jesus Christus zum Heil der Seelen gegeben hat: Warum sollten doch die Starken und die Schwachen sich so gegeneinander setzen, daß der eine da Gott loben sollte, der ander dort? Es bedürfte gar nichts, als daß sie einmütiglich so loben würden. Taten sie das, so war einerlei Gesinnung, einerlei Herzschlag, daß ich so sage, da; und so konnten sie sich gegenseitig zufriedenstellen auch in der Liebe.

Der natürliche Mensch freilich, der gerne seinem Eigenen zuviel Wert beilegt, vor allem gegenüber anderen, hat's nicht immer leicht, die rechte Stimmung gegen anders Gestellte zu bewahren. Das fühlt auch Paulus. Deswegen leitet er seine Ermahnung mit einer Bitte zu Gott ein, indem er sagt: »Der Gott aber der Geduld und des Trostes gebe es euch, einerlei gesinnt zu sein.« Wie alles, so muß auch das Gott geben – oder wir bringen es nicht zustande. Er muß durch Seinen Heiligen Geist Liebe in unsere Herzen gießen, muß durch den Geist uns unterweisen und zufriedenstellen, auch mit Irrenden und Fehlenden – wenn diesen nur der Heiland noch lieb ist –, so daß wir nicht gleich meinen, sie aus diesem oder jenem Grunde von uns wegweisen zu müssen. Vielmehr muß der HErr unser Herz ihnen zuwenden, wenn wir nur merken, daß sie mit uns Gott loben können über Jesus Christus. Er ist's, der Geduld hat und Geduld gibt, der Trost sendet uns und den andern. Und wenn Er Seinen Trost, die Hoffnung des ewigen Lebens unter großer Geduld gibt: sollten wir dem, dem Er ihn gibt, fernbleiben wollen – auch wenn derselbe in manchem mit uns nicht einig ist? Woher doch die vielen Mißhelligkeiten und Friedensstörungen unter uns, so daß alles nur immer auseinanderläuft und sich zerstreut nach allen Seiten bis zur Vereinzelung aller – was doch füglich im Frieden beisammen bleiben könnte?

Das kommt daher, daß man nicht auch bittet, wie Paulus bittet für sich und die anderen, Gott – der seinerseits soviel Geduld hat und so gerne tröstet – möge es uns doch geben, daß wir mit den von Ihm Getrösteten einerlei gesinnt bleiben möchten. Tun wir's denn! Wenn die bösen Zeiten vollends kommen: wie wichtig wird's doch da sein, daß man bei dem einen, das not tut, einerlei gesinnt sei zu einmütiglichem Lob aus einem Munde!

(7) »Darum nehmet einander an, gleichwie uns Christus hat angenommen zu Gottes Lob. (8) Denn ich sage: Christus ist ein Diener geworden der Juden um der Wahrhaftigkeit Gottes willen, zu bestätigen die Verheißungen, die den Vätern gegeben sind; (9) die Heiden aber sollen Gott loben um der Barmherzigkeit willen, wie geschrieben steht (Ps. 18, 50): ›Darum will ich Dich loben unter den Heiden und Deinem Namen singen.‹ (10) Und abermals heißt es (5. Mose 32, 43): ›Freuet euch, ihr Heiden, mit Seinem Volke!‹ (11) Und abermals (Ps. 117, 1): ›Lobet den HErrn, alle Heiden, und preiset Ihn, alle Völker!‹ (12) Und abermals spricht Jesaja (Jes. 11, 10): ›Es wird kommen die Wurzel Jesse und Der aufstehen wird, zu herrschen über die Heiden; auf Den werden die Heiden hoffen.‹«

4) Im Grunde geht diese Aufnahme durch Christus dem voraus, was vorhin von dem Bestreben aller nach einmütiger Gesinnung gesagt worden ist. Doch ist es auch

wiederum eine Folge von diesem. Eben weil sie alle einerlei gesinnt sein sollen, um einmütig Gott zu loben, sollen sie sich auch zusammenscharen und nicht vereinzelt stehen wollen, als gehörten sie nicht zusammen. Einige Schwierigkeit hatte diese Aufnahme in jener Zeit, weil die Gläubigen teils von Juden, teils von Heiden kamen. Beide waren doch von Anfang an ganz verschieden voneinander. Es brauchte Zeit, bis sie sich recht ineinandergefunden hatten. Die Judenchristen blieben gern für sich, schon als Angehörige des Alten Bundes, die einen Vorzug zu haben meinten; dann auch, weil sie gegenüber den Heiden gebunden waren, wenn sie Jüdisches nicht gern aufgaben. Die Heidenchristen aber ließen sich nicht gerne einengen und mochten so gegenüber den Judenchristen in etwas verlegen sein. Kamen sie denn auch da und dort in den Häusern zusammen, so hatte schon das seine Schwierigkeit, noch mehr, wenn sie auch Mahlzeiten miteinander halten wollten. Glaubte doch selbst Petrus den Judenchristen gefällig sein und sich von den Heidenchristen absondern zu müssen (Gal. 2, 11 ff.). Da konnte es leicht geschehen, daß beide lieber auseinander blieben, sich gegenseitig allein ließen, ohne sich mit vollem Herzen zu *einer* Gemeinde zusammenzuschließen. Daß das nicht geschehe, das ist's, was Paulus beiden vor allem noch ans Herz legt – zumal die Trennung noch weiter gehen konnte, wenn auch die Judenchristen unter sich als Starke und Schwache sich voneinander unterschieden. So redet er noch bestimmt davon, wie sie doch ja einander – sei's auch mit Verleugnung ihrer selbst und des Ihren – aufnehmen sollten, nachdem auch Christus beide aufgenommen habe zu Gottes Lobe.

Paulus nimmt hierbei Anlaß, ein Näheres davon zu sagen, wie Christus zuerst die Juden, dann auch die Heiden aufgenommen habe. Der Apostel weist dabei nach, wie beide Ursache hätten, in Lobliedern zusammenzustimmen. Beiden wurde durch Christus geholfen, den Juden schon durch Ihn selbst. So heißt es (V. 8): »Ich sage aber, daß Jesus Christus sei ein Diener gewesen der Beschneidung«, d. h. nur den Juden gepredigt habe. Wir wissen auch, daß Jesus sagte (Matth. 15, 24): »Ich bin nur gesandt zu den verlorenen Schafen vom Hause Israel.« Dies geschah, so heißt es in unserem Text, »um der Wahrheit«, d. h. Wahrhaftigkeit »Gottes willen, zu bestätigen die Verheißung, den Vätern geschehen«. Den Juden war ja der Messias verheißen, und sie warteten auch auf Ihn. Ihnen mußte Er also zunächst und ausschließlich dargeboten werden, damit sie erkennen würden, wie treu und wahrhaftig Gott sei in Erfüllung Seiner Verheißung. Wie sehr hatten sie nun Ursache, Gott zu loben, als wirklich Jesus zu ihnen kam und ihnen diente! Dann aber sollte auch den Heiden Barmherzigkeit widerfahren. Darum heißt es (V. 9): »daß die Heiden aber Gott loben um der Barmherzigkeit willen«, die sie als eine ganz unverdiente um so höher anzuschlagen haben, um mit den Juden in ein Lob zusammenzustimmen.

Übrigens weist Paulus nach, daß diese Barmherzigkeit Gottes nicht jetzt erst als eine unerwartete eingetreten sei. Auch ihnen war sie längst durch die Propheten verheißen, daß also auch sie Gott als den Wahrhaftigen zu ehren hatten. Paulus führt einige Schriftstellen an. Da heißt es einmal (Ps. 18, 50): »Darum will ich« – David als Repräsentant Israels, »Dich loben unter den Heiden und Deinem Namen lobsingen«. Ein

anderes Mal heißt es (5. Mose 32, 43): »Freuet euch, ihr Heiden, mit Seinem Volk!«
Wiederum heißt es (Ps. 117, 1): »Lobet den Herrn, alle Heiden, und preiset Ihn, alle
Völker!« Endlich wird aus Jesaja (11, 10) die Stelle angeführt: »Es wird sein die Wurzel
Jesse« – d. h. Isai, des Vaters Davids – »und der aufstehen wird zu herrschen über die
Heiden; auf den werden die Heiden hoffen«. Wie wird sich das noch im Laufe der Zeit
erfüllen!

Wie aber Christus die Heiden in gleichem Maße mit den Juden aufgenommen hat,
daß sie dieselbe Hoffnung alles Heils haben bei der Zukunft Christi, so sollen wir uns
auch untereinander aufnehmen. Wie sollten wir uns doch besinnen, ehe wir jemand
zurückweisen, wenn wir uns auch nur entfernt denken können, Jesus habe ihn wie uns
aufgenommen, Sein Kind zu sein?! In unserer Zeit gehen gegen den Sinn Christi und
des Apostels die Trennungen ins Große. Wir sollten aber dann nicht einzelne – wem
sie sonst auch angehören mögen –, die sich zu uns halten wollen, von unsrer Gemeinschaft fernhalten wollen: wenn sie nur im Glauben an Jesus mit uns eines sind! Wenn
der HErr Jesus sagt (Joh. 6, 37): »Wer zu Mir kommt, den werde Ich nicht hinausstos-
ßen«, so sollten doch auch wir alle Kommenden, wenn sie nur kommen – und das
können sie doch nur, weil sie Zutrauen zu uns und dem, was und wie wir's ihnen bieten, haben – willig und freundlich aufnehmen, ihnen die Bruderhand reichend. Im übrigen haben wir im Verkehr mehr darauf zu sehen, daß wir uns gegen niemand – wenn
er auch einer anderen Gemeinschaft angehört – abstoßend benehmen, sondern daß wir
allen, die als Kinder Gottes auf Christus vertrauen und mithin als von Jesus angenommen gedacht werden können, brüderlich begegnen und unsere Gemeinschaft im
Glauben und in der Hoffnung zu erkennen geben. Dazu gebe der HErr uns Gnade!
Denn es kann für einzelne Seelen von großem Wert sein, wenn sie unsrer Liebe und
Gemeinschaft innewerden, daß wir, wenigstens im kleinen, den Engeln im Himmel
Freude machen.

(13) »Der Gott aber der Hoffnung erfülle euch mit aller Freude und Frieden im Glauben, daß ihr völlige Hoffnung habet durch die Kraft des Heiligen Geistes.«

Paulus schließt mit einem Gebetswunsch: »Der Gott aber der Hoffnung«, sagt er,
zu Dem wir uns nach Seiner Zusage des Höchsten und Größten versehen dürfen, »er-
fülle euch mit Friede und Freude im Glauben« – indem ihr tut, was ich sage; denn
Friede und Freude im Glauben fehlt, wenn Uneinigkeit und gegenseitige, durch eigene
Schuld verstärkte Entfremdung da ist – »daß ihr völlige Hoffnung habet durch die
Kraft des Heiligen Geistes«. Denn wie kann der Heilige Geist, dessen Zeugnis unsre
Hoffnung ist, solche Hoffnung in uns völlig machen und versiegeln, wenn Unbillig-
keit, Härte und Wegstoßen der Brüder bei uns ist!

Solchen Gebetswunsch hat Paulus. Beten wir auch so mit demütiger Unterwerfung
unter alles, was unverdient angenommenen Kindern geziemt, damit ein immer engeres
Zusammenhalten und Einswerden aller entstehe, die miteinander warten auf die
Offenbarung der Herrlichkeit der Kinder Gottes! Amen.

3. Advent
Selbstverteidigung des Paulus
1. Kor. 4, 1–5

Einleitung: *Fehlhaltungen damals und heute*

Was ist doch das, daß sich ein Paulus gegen die, welche er bekehrt hatte, hat verteidigen müssen! Wie schmerzlich mag ihm doch das gefallen sein! Was hatten sie doch nicht alles durch ihn gewonnen! Gleich im Eingang seines Briefes (1, 4–7) hat er zu ihnen sagen können: »Ich danke meinem Gott allezeit für die Gnade Gottes, die euch gegeben ist in Christus Jesus, daß ihr seid durch Ihn an allen Stücken reich gemacht, an aller Lehre und in aller Erkenntnis.« Er rühmt es dabei, wie die Predigt von Christus durch ihn in ihnen kräftig gewesen sei, »also daß sie jetzt keinen Mangel hätten an irgendeiner Gabe«. Auch später sagt er zu ihnen (3, 16): »Wisset ihr nicht, daß ihr Gottes Tempel seid und der Geist Gottes in euch wohnt?« In Korinth war es auch, da die geistlichen Gaben außerordentlich im Schwange waren, wie man's sonst von keiner Gemeinde weiß, mit Ämtern und Kräften, »verschiedentlich ausgeteilt zu allgemeinem Nutz« (12, 1–7). Das alles ist in Korinth geworden durch den Eifer, den eben da Paulus bewies. Zu ihm hatte der HErr, während er dort war, in einem Gesicht in der Nacht gesagt (Apg. 18, 9 f.): »Fürchte dich nicht, sondern rede und schweige nicht; denn Ich bin mit dir, und niemand soll sich unterstehen, dir zu schaden; denn Ich habe ein großes Volk in dieser Stadt.« Paulus hatte nun das Seine getan mit größter Aufopferung und Hingabe. Aber da er weitergezogen war, um auch andern das Evangelium zu predigen: welch ein Durcheinander gab es bald in Korinth! Es bildeten sich allerlei Streitereien.

Wie das hat werden können, mag uns auffallend sein, da sie doch alle den Heiligen Geist empfangen hatten, von dem man denken sollte, daß Er dergleichen Verkehrtheiten und Mißstimmungen verhindere! Aber wir sehen's auch hier, daß die Gaben des Heiligen Geistes noch nicht die volle Bekehrung des Menschen zu allem Guten in sich schlossen. Es kam immer darauf an, wie sich der Christ mit seinem Willen und Sinn zu diesen Gaben und deren Weisungen und Stimmen stellte. Er konnte die Stimme des Geistes überhören, gleichgültig gegen sie sein und mehr seinem Eigenen und Selbstsüchtigen Raum und Recht lassen. So konnte es mit jedem nach manchen Seiten schief gehen – trotz der Gabe des Heiligen Geistes.

Ein Ähnliches sehen wir auch bei uns: Bei manchen, die bekehrt und erleuchtet sind, geht's nicht immer vorwärts auf der Bahn der Umkehr von allem Ungöttlichen. Die behalten zuviel Eigenes und kämpfen nicht gegen dasselbe. Und so kann's selbst bei den Besten oft sehr fehlen, indem ihre Eigenheit, Selbstsucht, Eigensinn und Selbstüberhebung die Oberhand gewinnt – nicht das Wort Gottes, das allezeit beugt und demütigt. Alle Sektenbildungen haben doch eigentlich ihren Grund in dem, daß eben die Besseren das Geistliche, das sie haben, ins Fleisch verkehren, von dem Einssein mit dem HErrn weg sich verlieren in ein Eigenes, mit dem sie sich gegensätzlich zu anderen stellen. Ach, daß der HErr das bessern möchte!

In Korinth nun wurden Besuche von fremden Brüdern Veranlassung zu unechten Stimmungen und Bestrebungen. Es mögen viele Fremde gekommen sein, schon um des Rufes willen, in welchem Korinth stand. So kam auch von Ephesus her Apollos, »ein beredter Mann und mächtig in der Schrift« (Apg. 18, 24ff.). Ihn nimmt wohl Paulus als einen solchen, der das, was er selbst gepflanzt hatte, begossen habe (3, 6). Aber so waren nicht alle. Andere brachten Eigenes und Fremdes mit – als wäre es ein Besseres, als das von Paulus. Sie stachelten damit die Selbstsucht vieler an, die sich denn auch beschwatzen und sogar gegen Paulus einnehmen ließen.

Ein Ähnliches erfahren wir auch bei uns: Je und je werden Leute bekehrt, und man freut sich ihrer: Sie gehen richtig eine Zeitlang. Auf einmal aber gibt ihnen ein anderer, der seinem Eigenen das Wort redet, etwas ein. Es ist etwa auch ein Hergelaufener oder einer, den sie selbst aufsuchen, weil er viel von sich reden macht; oder es erwacht in ihnen selbst – kurz, sie kommen auf eigene Wege, meist meinend, es besser machen zu wollen, als wie sie's bisher gewohnt sind. Dann sieht sie der, durch dessen Dienst sie zum Leben erwachten und der auch Mühe mit ihnen gehabt hat, nicht mehr! Sie stehen über ihm, meiden ihn, fragen nichts mehr nach ihm – und ehe sich's dieser versieht, haben sie irgendwo und irgendwie sich zu etwas Großem gemacht. Das können sie aber doch eigentlich nur mit bösem Gewissen, weil sie dem, der sie geistlich geprägt hat, geflissentlich aus dem Weg gehen, um ja in ihrer Sonderheit ungestört zu bleiben. Der Sache des HErrn aber bringt solches nie Gutes. Der HErr erhalte uns doch nur in der Einfalt!

Auslegung

Das Parteiwesen in Korinth war nun dem Apostel ein großes Ärgernis; denn ob für oder wider ihn: Es ist ihm ein Zeichen eines fleischlichen, nicht eines geistlichen Sinnes (3, 4). Weil aber ihrer viele es auch gegen ihn hatten, war er genötigt, sich selbst zu verteidigen, um sich seinen Einfluß zu sichern. Wie er das tut, ohne auf die Sachen selbst einzugehen, können wir aus unsrem Text ersehen.

(1) »Dafür halte uns jedermann: für Christi Diener und Haushalter über Gottes Geheimnisse. (2) Nun sucht man nicht mehr an den Haushaltern, als daß sie treu erfunden werden. (3) Mir aber ist's ein Geringes, daß ich von euch gerichtet werde oder von einem menschlichen Tage; auch richte ich mich selbst nicht. Ich bin mir nichts bewußt. Aber darin bin ich nicht gerechtfertigt; der HErr ist's, der mich richtet. (5) Darum richtet nicht vor der Zeit, bis der HErr kommt, welcher wird ans Licht bringen, auch was im Finsteren verborgen ist, und wird das Trachten der Herzen offenbar machen. Alsdann wird einem jeglichen von Gott sein Lob widerfahren.«

Zu seiner Selbstverteidigung legt Paulus den Korinthern dar:
1) wofür er sich halte (V. 1)
2) was von ihm gefordert werde (V. 2–4)
3) was er seinen Gegnern rate (V. 5)
4) was er von Gott erwarte.
Gott gebe Gnade zur Betrachtung dieser Punkte!

1) Wofür sich Paulus halte

»Dafür halte uns jedermann, nämlich für Christi Diener und Haushalter über Gottes Geheimnisse.« Ein Diener also ist er, der nicht für sich und sein Interesse arbeitet, nichts nach dem zu fragen hat, das ihn selber anginge. Sich selbst muß er ganz verleugnen, wie das jeder redliche Diener tut. Ob's ihm gefalle oder nicht, tut er und muß er tun, was ihm befohlen ist von dem, dem er dient. Will also jemand sich nach des Paulus Namen »Paulisch« nennen, so sieht es aus, als ob er, Paulus, für sich unter seinem Wirken etwas suche, also über das hinausginge, was einem Diener gebührt, und der Ehre, die dem HErrn gehört, etwas entzöge. Wie sollten doch alle Boten erschrecken, wenn die Leute sich nach ihnen nennen! Denn sie müssen fürchten, daß der HErr sie zürnend ansehe als solche, die mehr das Ihre den Leuten ans Herz gelegt hätten, als das des HErrn. Wie sollten nicht auch die Leute davor zurückbeben, sich nach dem Namen eines Dieners zu nennen – als ob der ihr Heiland wäre! Der menschliche Name deutet immer darauf hin, daß Menschliches in das Göttliche hereingeschlichen ist. Paulus sagt daher (1, 13f.): »Wie, ist Christus nun zertrennt? Ist denn Paulus für euch gekreuzigt? Oder seid ihr in des Paulus Namen getauft?« Ja, es ist, als ob er sich fürchtete zu taufen, wenn er hinzusetzt: »Ich danke Gott, daß ich niemand unter euch getauft habe, nur Krispus und Gajus, damit nicht jemand sagen möge, ich hätte auf meinen Namen getauft.« Es mag sein, daß schon darum die Apostel die Taufe lieber von irgendwelchen Christen vollziehen ließen, damit nicht zuviel auf sie selbst gelegt werde oder gar Eifersucht unter den Getauften entstünde. Wie aber Paulus sich selbst nur als einen Diener nimmt, so will er auch von jedermann nur dafür gehalten sein.

Wenn Paulus ein Diener ist, so nennt er sich einen Diener Christi. Er vollzieht also die Aufträge, welche Christus ihm erteilt hat – der Christus, welcher zu ihm sagte, als Er ihm bei Damaskus erschien (Apg. 26, 14): »Es wird dir schwer werden, wider den Stachel zu löcken.« Was ihm zuvor Gewinn war – nämlich zu gelten als ein echter Israeliter, als ein Vornehmster unter den Pharisäern, als ein unsträflicher Jude –, das hat er, wie er sagt, für Schaden achten müssen, um Christi willen, den er zu predigen hatte. Er hatte fortan nichts zu tun, als im Namen Christi und an seiner Statt zu bitten: »Lasset euch versöhnen mit Gott!«, also Christus die Seelen zu sammeln, die Er mit Seinem Blute erkauft hat, dieselben zu bitten, daß sie sich doch im Glauben zu Jesus herzumachten. Was es ihn auch an Verleugnungen kostete und was er auch – weil er nur Diener war – zu leiden hatte, mußte er alles sich gefallen lassen, ohne im mindesten auf eigene Ehre zu rechnen. Nur an die Schuldigkeit, die er als Diener hatte, hatte er zu denken: soviele Seelen als möglich ins Reich Christi zu bringen.

In dem Dienst selbst aber liegt eine Würde, eine Bevorzugung, nicht von anderen, sondern von seiten Jesu. Diese Würde bestand bei Paulus darin, daß ihm die Geheimnisse Gottes anvertraut worden sind. Er wurde zum Vertrauten Gottes gemacht, dem Gott Seine verborgensten Herzensgedanken offenbarte, damit er sie in gebührender Weise hinaustrage zu den Menschen, die selig werden sollen. Deswegen nennt sich Paulus auch einen »Haushalter über Gottes Geheimnisse«. Unter diesen Geheimnissen sind Offenbarungen verstanden, welche bisher verborgen gehalten worden sind. Dahin gehört: die Berufung der Heiden zu gleichen Rechten mit den Juden; die Rechtfertigung der Menschen durch den Glauben an Christus Jesus; die Auferstehung Christi; Seine Herrschaft über alle Dinge; Sein Wiederkommen vom Himmel; die Versammlung der Lebendigen und Toten; vor allem die Verwandlung der ersteren, wenn Christus kommt. Dergleichen »Geheimnisse«, die noch in keines Menschen Herz gekommen waren, sind ihm, wie den Aposteln überhaupt, geoffenbart worden, damit er sie überallhin kundmache. Denn als Verwalter hat er die Schuldigkeit, niemandem sich zu entziehen, sondern das ihm Anvertraute nach Gebühr auszuteilen. Nichts von alledem aber geht seine Person an – während die Verantwortung ihn in steter Furcht halten muß, »daß er nicht andern predige und selbst verwerflich werde« (9, 27).

Wievieles ist doch den Verkündigern des Evangeliums zur Pflicht gemacht! Alles Gelüste für sich selbst sollte ihnen über der Größe ihrer Aufgabe vergehen. Wie wichtig wäre es auch, daß alle Verkündiger des Evangeliums sich ganz nur als Diener und Haushalter ansehen lernten! Aber wievieles möchten nicht die meisten sich nebenbei beigelegt sehen!

2) Was von Paulus gefordert werde

Paulus fährt in unserem Texte fort: »Nun sucht man nicht mehr an den Haushaltern, als daß sie treu erfunden werden.« Es wird nicht von Ihnen gefordert, etwa von sich aus etwas zuzulegen zu dem Befohlenen – als müßten sie eigenmächtig und se lbständig noch ein anderes tun als das, was die Ausrichtung der Aufträge erfordert. Sie haben nicht mehr zu sagen als das, was ihnen anvertraut ist, nicht über solches hinauszugehen. Denn sonst bekäme das Evangelium menschliche Anhängsel. Wenn nun alle Diener und Haushalter es ebenso machen, daß sie nicht meinen, von dem Ihrigen etwas zulegen zu müssen, so käme es bei allen aufs Gleiche hinaus und entstünden keine Spaltungen und Parteiungen. Nur wenn die Haushalter Anhängsel von sich aus machen, entstehen Verschiedenheiten und daraus Rotten. Paulus nun will dem ihm Anbefohlenen durchaus nichts anhängen und rein bei der Aufgabe eines Dieners und Haushalters bleiben und damit seine Treue beweisen. Selbst kluge und hohe Worte fürchtete er oder seine ihm eigene und natürliche Beredsamkeit (1, 17; 2, 4), um nicht dadurch dem Evangelium ein fremdes Gepräge zu geben. Insbesondere wollte er von nichts anderem wissen als von Christus dem Gekreuzigten (2, 2). Ihn als das gültige Opfer für die Sünden der Menschen den Leuten nahezulegen, das lag ihm allein an. Denn damit legte er das Evangelium am reinsten dar und blieb am sichersten von der Versuchung eigener Zutat befreit; und somit war er auch ein treuer Diener.

»Treu nämlich«, sagt er, »muß der Haushalter erfunden werden«. Zu der Treue des Haushalters gehört, wie eben bemerkt, vor allem, daß er die Hauptsache nicht aus dem Auge verliere, vor allem nicht so mit klugen Worten predige, daß »das Kreuz Christi zunichte werde« (1, 17); ferner, daß er nichts von dem, was er sagen soll, aus eigenem Geiste fälscht und dreht und deutet oder abschwächt und verschweigt. Denn es sollte immer alles klar und deutlich vorgelegt sein, was zum Heil der Seele zu erkennen und anzunehmen nötig ist. Zu der Treue des Haushalters gehört ferner, daß er nicht lässig seines Berufes wartet, nicht parteiisch ist – als möchte er den Einen lieber als den Anderen, daß er also niemand nur obenhin und nachlässig behandelt, überhaupt nichts von dem Befohlenen verschweigt. Es gehört dann auch dazu, daß er's, soviel an ihm liegt, mit aller Sorgfalt vorträgt, damit es jedermann verstehen und vernehmen kann, ohne sich durch seine Schuld abgestoßen zu fühlen; daß er aber auch sich nicht einschüchtern oder stumm machen läßt, wenn er merkt und sieht, daß der gekreuzigte Christus, den er predigt, den Juden ein Ärgernis, den Griechen eine Torheit ist (1, 23) – denn was den einen ein Geruch des Todes zum Tode ist, kann anderen ein Geruch des Lebens zum Leben sein (2. Kor. 2, 16). Und wenn die Rücksicht auf jene diesen zum Schaden dient, ist's Untreue, wenn sich der Haushalter dementsprechend verhält. Zur Treue gehört auch, daß er keine Schmach, Verfolgung oder Verkennung scheut, selbst den Tod nicht fürchtet, den ihm die Ausrichtung der Befehle seines HErrn zuzieht. So darf er ja auch in nichts auf sich selbst sehen. Er darf nicht verschieben, was gleich geschehen sollte; er darf nicht so schnell müde oder verzagt oder scheu oder verdrossen oder krank werden und muß unter Umständen äußerste Anstrengung anwenden bis über die Kräfte – denn der HErr kann stärken! Paulus ließ es sich besonders angelegen sein, den Brüdern nicht zur Last zu fallen, und ernährte sich in der Regel durch eigener Hände Arbeit, damit er niemandem den Schein gebe, als sei's ihm eben um seine Versorgung zu tun.

Solche Treue wird von einem Haushalter gefordert. Ob Paulus sie bewährt habe, so konnte man fragen. Er aber steht mit gutem Gewissen vor den Korinthern, sagt aber ja doch, ihm sei es ein Geringes, von ihnen oder einem menschlichen Tage gerichtet zu werden. Denn was andere wider ihn vorbringen und richten, gelte ihm nichts – wenn sie auch alle zusammenstehen und über ihn tagen wollten. Denn dies könne nichts gelten vor Gott, Der es allein wisse. Deswegen richtet er auch sich selbst nicht, weil es ihm, obwohl er sich nichts bewußt ist, nichts helfe, wenn er sich auch rechtfertigen wollte. Gott allein ist's, der ihn richtet und richten kann. Wie töricht sind doch alle die, die sich zufrieden geben, wenn viele sie loben, und die trostlos sind, wenn sie von vielen getadelt und angegriffen werden! Denn beides kann der HErr, dessen Urteil über die Treue Seiner Diener allein gilt, gar anders finden!

3) Was Paulus seinen Gegnern rät

Nachdem Paulus in seiner Selbstverteidigung von sich das Nötige gesagt hatte – wie er nur als Diener und Haushalter angesehen sein wollte –, gibt er den Korinthern, die

etwas wider ihn hatten, noch einen Rat mit den Worten: »Darum richtet nicht vor der
Zeit, bis der HErr komme.« Genau genommen sagt das Wort »Richtet nicht, bis der
HErr komme«, nichts anderes als: »Überlasset das Richten doch lieber dem HErrn,
wenn Er kommt.« Paulus stellt sie in die Zukunft des HErrn hinein, da denn wohl jedem das Richten über andere vergehen wird. Wer wird dann Jesus gegenüber nur
gleich einen Richterspruch über Brüder bereithaben? Wird dann nicht alles vergessen
sein? Ja, wird dann nicht jeder zufrieden sein, wenn nimmer gerichtet wird?! Denn der
Gedanke, daß jetzt noch gerichtet werden müsse, könnte jeden für sich selbst bange
machen. Und wenn wir in die Versuchung gesetzt sind, Brüder zu richten, Ungünsti-
ges über sie ohne Grund zu denken und zu reden: wie gut wäre es da auch für uns,
wenn wir uns dann nur gleich in das Kommen des HErrn versetzen würden! Wie
schnell müßten wir da zufrieden miteinander werden, ohne es im mindesten zu wagen,
den Mund wider Brüder aufzutun!

Paulus nimmt's, wie oft in seinen Briefen, mit der Zukunft des HErrn so, als ob sie
nahe wäre und von allen noch erlebt werden könnte. Wie das wohl hätte sein können,
aber doch in der Folge anders geworden ist, haben wir schon einmal (z. B. S. 15 f.) betrachtet. Jetzt sind wir wieder die Wartenden; und die Zeiten mahnen uns, den HErrn
nicht mehr zu ferne zu denken, es uns also vorzustellen, als könnten wir Sein Kommen
erleben. Wollen wir doch nicht zu voreilig sein mit dem Richten! Wollen wir einander
tragen und nicht durch Vorurteile uns aus der Liebe und Wertschätzung anderer bringen lassen! Wie sehr könnte es uns reuen, wenn plötzlich der HErr käme! Aber die
Zeit, da der HErr kommt, uns aus diesem Leben zu rufen: wie bald kann die da sein!
Auch mit Bezug hierauf wollen wir einander zurufen: »Richtet nicht vor der Zeit!«
Denn schon im nächsten Augenblick könnten wir jenseits sein! Wie sollte nicht jeder
ängstlich sein zu richten, da er doch den Tod stets vor sich sieht! Und als Richtender zu
scheiden, wäre doch nicht sehr ratsam angesichts des Wortes Jesu: »Mit welchem Gericht ihr richtet, werdet ihr gerichtet werden!«

Wenn Paulus sagt: »Nicht vor der Zeit«, hat's auch den Sinn: »ehe alles klar geworden und ans Licht gekommen ist.« Deswegen sagt Paulus weiter vom HErrn: »welcher
wird ans Licht bringen, was im Finstern verborgen ist, und den Rat der Herzen offenbaren.« Vor Menschen steht kein Mensch ganz im Licht; darum bleibt vieles andere
wie im Finstern verborgen. Wie im Herzen gefühlt, gedacht, geraten wird, das durchschaut nur Gott. Deswegen sollte jedermann alles Richten lassen, am allermeisten bei
Männern, die bedeutungsvoll dastehen, wie ein Paulus. Man sieht es deutlich, wie
Paulus viel sagen könnte, wie gut, aufrichtig, redlich, liebend er's mit allen seinen Korinthern meinte; und er wünscht es, daß sie den Rat seines Herzens sehen möchten, um
ihn lieben und nur lieben zu können, statt ihn zu tadeln und scheel anzusehen. Weil er
aber davon nur reden, nichts zeigen kann, muß er schweigen und auf den HErrn verweisen, der's ihnen einmal sagen werde. – Wir nehmen die Sachen bei andern auch oft
gar zu sehr nach dem Schein und denken uns nicht genug in die Herzen hinein. Daß
wir doch letzteres tun wollten! Lassen wir doch lieber das Richten, damit nicht uner-
kanntes Unrecht vor dem Richterstuhl Christi als eine Last auf uns falle!

4) Was Paulus von Gott erwartet

Wir kommen an den letzten Punkt, der uns in der Selbstverteidigung des Paulus zu denken gibt. Er schließt nämlich mit den Worten: »Alsdann«, nämlich wenn der HErr den Rat der Herzen offenbaren wird, »wird einem jeglichen von Gott Lob widerfahren.« Da sagt er etwas Auffallendes, das aber ganz in sein liebendes, von aller Gereiztheit freies Herz hineinsehen und in etwas seines Herzens Rat erkennen läßt. Er sagt, einem jeglichen werde von Gott Lob widerfahren. Er sagt nicht: »Lob oder Vorwurf, wie es jeglicher verdient«, sondern er redet nur von Lob, das jeder bekommen werde. Damit ist sehr fein ausgedrückt, wie er sich so gerne seine Gegner hinsichtlich ihres Herzens Rat vor dem HErrn vorwurfsfrei denken möchte. Er will sie nicht ohne weiteres beschuldigen, daß sie Unrecht hätten, wenn sie gegen ihn gestimmt seien. Das kann er nicht, weil er's bei ihnen anschlagen muß, daß sie auch den Heiligen Geist hatten, daß sie auch angenommen sind von dem HErrn, Vergebung der Sünden und Frieden hatten – mithin insofern das Recht hätten, vorwurfsfrei vor dem HErrn zu stehen. Die Liebe läßt ihm nicht zu, ihnen frei ins Gesicht zu sagen: dann werde schon jeder mit Scham innewerden, wie unrecht sie ihm getan hätten! Damit würde er aus der Rolle der Liebe wie aus der Rolle der Demut fallen. Und so denkt er sie sich alle als solche, die ein Lob verdienen würden, selbst dann, wenn sie, ohne ihm ins Herz sehen zu können, ungünstig über ihn urteilen. Vielleicht kam letzteres aus Rücksicht für die Wahrheit, nicht aus gemeiner Denkungsart, sondern um des HErrn willen. Und dann kann's nicht von ihm getadelt werden, kann's sogar möglicherweise ein Lob ernten bei dem HErrn. Von einem Vorladen vor Gericht, wie das bei uns vorkommt, ist Paulus ohnehin weit entfernt. Viel lieber spricht er sie nach ihres Herzens Rat frei, auch in dem, was sie gegen ihn hatten. Wenigstens wünscht er ihnen das. Und er will nicht vor dem Richterstuhl Christi gleichsam über ihnen stehen, will nicht, daß eben ihn der HErr loben, sie aber seinetwegen tadeln sollte.

Könnte Paulus nachdrücklicher den Zug seiner Liebe zu den Korinthern – auch soweit sie gegen ihn waren – darlegen als so? Freilich will er damit auch wohl sachte sagen, sie möchten doch ja dafür Sorge tragen, daß ihres Herzens Rat in dem, was ihnen an ihm nicht gefiele, kein übler sein möge. Denn nur wenn er ein guter ist, bringt's für sie keinen Fehler – auch wenn sie richten. – Kann doch das, was vor Augen unrecht erscheint – wie das, daß man sich mißfällig gegen andere äußert – oft nach des Herzens Rat oder nach dem Beweggrund, den das Herz dabei hat, Lob verdienen. Wäre aber des Herzens Rat dabei kein guter, dann würde es Zeit sein, in sich zu gehen, Buße zu tun und sein Herz richtiger zu stellen, damit es vor dem HErrn, wenn Er kommt, bestehen kann.

Schluß

O wieviel liegt doch daran, daß man sein Herz pflege, um dieses frei von Stolz, Eigenliebe, Selbstsucht, Lieblosigkeit, Härte, fleischlichem Sinn zu erhalten bezüglich dessen, wie man andere beurteilt und nimmt! Denn nach dem Herzen richtet einmal Gott.

Lieber Christ, laß dein Herz nur lauter sein in der Liebe Christi vor Gott, so bleibt dir das Lob. Aber wie leicht ist's anders, wenn man's einmal gegen andere hat!

So hat sich Paulus verteidigt. Wieviel können wir leicht erregten, empfindlichen, zornigen Leute in Zeiten, da wir mit harten Vorurteilen der Mitwelt zu kämpfen haben, daraus lernen! Amen.

4. Advent
Erfordernis zur Nähe des HErrn
Phil. 4, 4–9

(4) »Freuet euch in dem HErrn allewege, und abermals sage ich: Freuet euch! (5) Eure Lindigkeit lasset kund sein allen Menschen! Der HErr ist nahe! (6) Sorget nichts, sondern in allen Dingen lasset eure Bitten im Gebet und Flehen mit Danksagung vor Gott kund werden! (7) Und der Friede Gottes, welcher höher ist als alle Vernunft, bewahre eure Herzen und Sinne in Jesus Christus! (8) Weiter, liebe Brüder: Was wahrhaftig ist, was ehrbar, was gerecht, was rein, was lieblich, was wohllautet: ist etwa eine Tugend, ist etwa ein Lob, dem denket nach! (9) Was ihr auch gelernt und empfangen und gehört und gesehen habt an mir, das tut; so wird der Gott des Friedens mit euch sein.«*

I

Wir sehen es deutlich, daß der Apostel in unsrer Epistel von dem Gesichtspunkt ausgeht, der HErr sei nahe. Hierauf können wir alles beziehen, was er sagt. Vor seinem Geist stand – vor allem in der ersten Zeit seiner apostolischen Laufbahn, später vielleicht weniger – die Zukunft des HErrn sehr nahe, und zwar so nahe, daß er den Gedanken hatte, das jetzt lebende Geschlecht könne es noch erleben. Im Thessalonicherbrief redet er nur von etwas, das aufhalte (2. Thess. 2, 6), von dem er aber wohl dachte, daß das bald weg sein werde (vgl. Röm. 16, 20). Was er damit meinte, wissen wir nicht; und es ist möglich, daß das Aufhaltende bis auf den heutigen Tag geblieben ist – weswegen die Zukunft Christi immer noch auf sich warten läßt. Wie es sich aber nun auch mit dem Aufhaltenden verhalten mag, das wahrscheinlich in der unsichtbaren Welt bereinigt wird: so haben wir doch eine bestimmte Ahnung, daß wir den ernsten Zeiten nahe sein mögen und recht daran tun, mit Paulus auch jetzt zu sagen: »Der HErr ist nahe.« Die Anfänge können plötzlich kommen wie ein Fallstrick. Und wollen wir uns doch nur darauf gefaßt halten, daß sie kommen werden!

---

* Zu diesem altkirchlichen Perikopen-Text ist keine Predigt in Original-Handschrift vorhanden. Doch fanden sich drei kürzere Auslegungen, die für das Sonntagsblatt bestimmt waren. Wir bringen hier zwei derselben geschlossen nacheinander.

Dies macht uns auch die Feier der ersten Ankunft des HErrn in den nächsten Tagen wichtig. Wie können wir anders, als bei ihr auch an die zweite Zukunft Jesu denken? Wir sollen's wohl beherzigen, daß wir darauf denken, unter allen Umständen in die richtige Haltung zu kommen, die wir haben sollten, wenn die Zeiten sich ändern.

Unser Text redet auch recht deutlich von dem Erfordernis zur Nähe des HErrn, und zwar
1) bezüglich unsrer inneren Haltung
2) bezüglich unserer äußeren Haltung.

1) Bezüglich unserer inneren Haltung ist das erste Anliegen des Apostels das, daß wir in der Freude stehen möchten: »Freuet euch in dem HErrn allewege; und abermals sage ich euch: Freuet euch!« Zur Freude sind wir in diesen Tagen besonders aufgefordert. Wir hören, wie auch der Engel vom Himmel ruft: »Siehe, ich verkündige euch große Freude!«
Freilich muß uns da der Heiland recht liebgeworden sein, wenn wir in Ihm uns »allewege« freuen sollen! Das ist es ja aber, was der Apostel meint: Er, nur Er, soll unsre Freude sein! Was haben wir denn auch sonst in der Welt, wenn Er nicht unsre Freude ist?! Gehe es uns dann noch so übel: so lassen wir Ihn unsre Freude bleiben – als dürfte nichts mehr uns trübe stimmen. Er ist's ja, Der uns die Sünden vergibt, Der uns auch als Sünder trägt und Der, wenn wir Ihn im Glauben haben, die Hoffnung des ewigen Lebens uns gewiß macht. So freue dich deines gekommenen Heilandes und laß dich durch nichts darin stören!
Wenn du aber dich Seiner freust, so muß dir auch das lieb sein, daß Er wieder vom Himmel kommen werde als ein Sieger, der alles Leid aufhebt. Wie sollte uns doch der Gedanke hieran mit Freude erfüllen! Mach's nicht wie viele, die nur mit Angst und Schrecken vorwärtsblicken wollen! Es wird so tief (trüb) nicht sein! Dein Heiland ist ja da, mit dem du's durchbringst! Klopft Ihm dein Herz entgegen: wie wird Sein liebendes Herz dir zueilen! Aber ein wenig lieb mußt du denn doch auch sein, und zwar gegen alle um dich her. Darum sagt Paulus weiter: »Eure Lindigkeit lasset kund sein *allen* Menschen.« Hörst du's? Ja, hör's nur – und schäme dich, wie du oft so grob, unnachsichtig, widerwärtig, hart, abstoßend sein kannst, selbst mit deinem Christentum! Die Herzensfreude aber sollte dich leutselig und lind machen, und zwar gegen alle Menschen. Wie auch dein Heiland ein Heiland aller Menschen sein will, sonderlich der Gläubigen! Willst du dir's merken? Der Heiland wird doch, wenn Er kommt, nicht etwa mit betrübtem Gesichte auf dich sehen müssen?! Ach, wie ist Er so sanftmütig gewesen, und ist es noch, auch gegen schwache und fehlende Kinder!
Aber noch eines sagt Paulus bezüglich deiner inneren Haltung: Er denkt an unser Sorgen! Denn das ist der Brauch, daß alles nur sorgt und unter lauter Sorgen gar nicht zur Ruhe kommen kann! Mit dem Sorgen aber sollte es ein Ende nehmen, wenn man sich den HErrn nahe, als kommend, denkt. Darum sagt Paulus: »Sorget nichts!« Wie bringst du denn aber die leidigen Sorgen weg? Höre nur Paulus weiter reden: Er heißt

dich bitten und beten, flehen und danksagen; und das sollst du »in allen Dingen vor Gott kundwerden lassen«. Wie sind aber die Menschen, auch oft die Gläubigen, so wunderlich! Immer und immer wollen sie nur sorgen mit Gram und Bekümmernis! Und doch steht davon nichts in der Bibel, daß man sich abgrämen und absorgen soll! Bitten und beten und danksagen aber – dazu haben sie keine sonderliche Lust. Und doch steht davon so viel geschrieben, daß man nur beten und bitten solle, um in allem zurechtzukommen. Fange nur einmal an, recht und im Glauben zu bitten in allem, was es auch sei; fange nur an, nur auch einen bittenden Blick zu richten nach deinem dir so gewogenen Heiland – und du wirst bald merken, wieviel sich so glatt und eben macht und wie bald nahezu alles Sorgen dir überflüssig wird! Denn du merkst, wie Er sorgt. Denke dir aber doch, wieviel dein Heiland mit den verkehrten Menschen sorgen muß, bis Er kommen kann! Er tut's aber; und alle deine Sorgen nimmt Er mit in Sein Sorgen.

Wie wird aber alles so schnell anders werden, wenn's ernst wird mit Seinem Kommen! Wohlan, so gräme dich nicht länger um deine vergänglichen Sachen herum! Gib alles Sorgen auf. Denn wenn Er kommt, ist ohnehin alles ausgesorgt!

In dem allen aber wirst du freilich nicht Meister, wenn kein Gottesfriede dich beseelt. Der sollte dir nicht fehlen; und auf den hebt auch Paulus alles ab, wenn er sagt, daß er höher sei als alle Vernunft und daß er bewahre die Herzen in Christo Jesu, d. h. daß er als eine Schildwache vor dem Menschen stehe, die des Menschen Herz und Sinn in Christus erhält. Mühe dich denn um diesen Frieden durch tägliche Unterwerfung unter Seine Gnade, bei der du auch tägliche Versöhnung in dir fühlen darfst. Mit diesem Gottesfrieden lernst du dich freuen, lernst du lind sein, lernst du das Sorgen aufgeben. Denn dein Herz und Sinn ist bewacht, daß es immer alles richtig bleibt und deine innere Haltung nicht aus der rechten Stille fällt, in der du zu stehen hast, wartend auf deinen Heiland, der vom Himmel herkommt.

2) Paulus redet auch darüber, in welchem äußerlichen Verhalten du stehen mußt oder wie du nach außen dich zu bezeugen hast, wenn du einer sein willst, der an die Nähe des Heilands denkt. Da wäre freilich viel zu sagen; aber es ist sonderbar, wiewenig sich die Menschen für ihr Verhalten sagen lassen! Man kann freilich auch wohl nicht immer feste Regeln geben, indem es das eine Mal so, das andere Mal anders zu machen ist – je nachdem die Umstände sind. Aber deine äußere Haltung muß doch eine rechte sein, wie sie deinem Heiland gefallen mag.

Was soll man nun machen und sagen? Diesmal überläßt's Paulus ganz dir selber. Du sollst nur denken und nachdenken, und es dann demgemäß, wie du's selber findest, auch tun. Du sollst wahrhaftig sein; du sollst ehrbar sein; du sollst gerecht sein; du sollst keusch sein; alles an dir soll lieblich sein; was eine Tugend ist, was Lob bringt, soll an dir zu sehen sein. Nun, wie machen wir das alles in einer Welt, die im Argen liegt, unter den vielen Störungen und Anfechtungen, in denen man sich befindet, unter den bindenden und schwierigen Verhältnissen, da man nicht immer selbst Meister ist? Wie ist es zu machen, daß immer alles recht herauskommt? Da sagt Paulus einfach: »Denke nach!« Unsre größte Sünde ist die Gedankenlosigkeit, bei der man immer alles gehenläßt, wie's geht. Dann kommt es oft erschrecklich ungeschickt heraus, da auch viele Fallen dir drohen, vor allem wider die Keuschheit und Ehrbarkeit. Daran sollen wir denken, darüber nachdenken, immer und überall. Denke denn nach, wie dein ganzes äußeres Verhalten recht sein wird für deinen kommenden Heiland!

Wenn aber der Apostel auf sein Beispiel hinweist, so denke auch darüber nach, wieviel du in allem lernen kannst an Leuten, die darin geübt sind. Siehst du eine Tugend, siehst du ein Lob an jemandem: lern's und tu's! Siehst du, was an andern lieblich ist, was wahrhaftig, was ehrbar, was gerecht, was keusch, was schön an andern ist: merk dir's und mach's nach! Was dir an anderen nicht gefällt, das merk dir auch – als etwas, das du beileibe nicht andere an dir sehen lassen möchtest! Und betest du dazu: Wie sehr kann's da in allem recht werden!

Ach, wie sollten wir doch, wie Petrus sagt, »geschickt sein mit heiligem Wandel und gottseligem Wesen!« (2. Petr. 3, 11) O Jesu, hilf uns dazu! Und sende neue Kräfte dazu! Amen.

II

»Der HErr ist nahe«, sagt abermals Paulus. Wie man damals auf den HErrn wartete, haben wir öfters besprochen. Wir aber stehen wieder so, daß wir fort und fort denken müssen: »Der HErr ist nahe.« Was daher damals schon der Apostel mit Bezug auf die Nähe des HErrn anbefohlen hat, gilt in unsrer Zeit ganz besonders. Denn kommt Er: »wie sollten wir doch da geschickt sein mit heiligem Wandel und gottseligem Wesen!« (2. Petr. 3, 11) Wollen wir denn aus unsrer Epistel ersehen, was uns zur Nähe des HErrn dienlich ist.

1) Paulus sagt: »Freuet euch«; und er sagt's mit rechtem Nachdruck: »Freuet euch in dem HErrn allewege; und abermal sage ich euch: freuet euch!« Er sagt's mit Erinnerung an solche, die er als Kämpfer über dem Evangelium, als seine Gehilfen rühmen kann, deren Namen im Buch des Lebens seien (4, 1 ff.). So ist's aber bei allen wahren Christen; und wie sollten diese sich nicht freuen zu hören, daß der HErr komme, der ja dann sein Buch aufmacht und herzuruft alle, die darinnen stehen! Es kommt also darauf an, ein lauterer Jünger Jesu zu werden, ein Kämpfer, ein Gehilfe für die Sache des HErrn. Wenn wir mit unsrem Christentum nicht etwas Derartiges sind, so können wir uns freilich nicht sehr freuen; denn dann steht uns näher die große Not und Trübsal, die dem Kommen des HErrn vorangeht. Wohlan denn! Machet, daß ihr euch freuen könnet, und freuet euch!

2) Paulus sagt: »Seid lind.« Auch das sagt er nachdrücklich: »Eure Lindigkeit lasset kund sein allen Menschen.« Unsre jeweilig hervortretende rauhe Art müssen wir beim Gedanken an die Nähe des HErrn ganz und gar ablegen. Wie mag man doch streiten und zanken, verwerfend und hart gegeneinander sein, wenn man denken muß: Der HErr wird schnell da sein! Wie sollte man da nicht Geduld miteinander haben, nicht einander tragen, schonen, vergeben, sanftmütig und gelinde auch bei Beleidigungen sein, die man erfährt! Soll man aber nur gegen Brüder linde sein? O nein, gegen alle Menschen. Machet doch nicht so viel Unterschied untereinander, übersehet vieles an-

einander, helfet auch Hinkenden auf und weiter! Verwickelt euch insbesondere nicht in Zwistigkeiten über Glaubenssachen. Ihr versteht ja doch alle nichts, wie man's verstehen soll. So habt Geduld und nehmet einander auf, bis der HErr kommt, der schon alles ausgleichen wird und der den Linden zuerst mit Seiner Lindigkeit begegnet.

3) Der Apostel sagt: »Sorget nichts.« Ursache zu sorgen haben wir jetzt schon viel. Und das wird noch schlimmer werden, so daß wir unter lauter Ängsten ratlos dastehen und nicht wissen, wo hinaus. Es hilft aber alles nichts: Wir müssen lernen, die Sorgen abzulegen und auf den HErrn zu werfen. Das tun wir, wenn wir nur immer »unsre Bitten im Gebet und Flehen vor Gott kommen lassen«. Liebes Kind, wenn du dich lange gesträubt hast zu bitten: endlich mußt du dran, die Not lehrt dich's! Dann aber merke dir, daß du nicht ohne »Danksagung« bittest. Es ist ein übel Ding, wenn du so bittest, als ob der HErr in deinem ganzen Leben nie etwas an dir getan hätte. Steh doch nicht vor deinem Gott als einer, der alles vergessen hat, was Er bisher an dir getan! Deine Danksagung würzt deine Bitte, so daß du mit Leichtigkeit Erhörung findest. Er wird auch erhören, und in der bösen Zeit am allermeisten!

Sorgen ganz ablegen kann freilich nur der, der den »Frieden Gottes« hat, der über alles geht, was die Vernunft ängstlich machen will. Der Friede Gottes aber ist eine Schildwache vor Herzen und Sinnen, so daß Bekümmernis, ja Verzagtheit und verzehrende Sorge nicht eindringen kann. Dieser Friede ist bereit. Der Heiland gibt ihn den Demütigen, die mit Buße und Glauben zu Ihm kommen. Wenn es also heißt: »Sorget nichts«, so siehe zu, daß du den Frieden Gottes bekommst; denn damit ist's getan.

4) Der Apostel sagt: »Denket nach.« Wem sollen wir nachdenken? Nicht wahr, du denkst vielem nach – aber auch vielem, da du's unterlassen könntest. Daß du doch solche Gedanken wegbrächtest und dein Denken aufs Richtige lenktest! Wie schön sagt der Apostel, worüber du nachdenken sollst: »Was wahrhaftig ist, was ehrbar, was gerecht, was keusch, was lieblich, was wohllautet, was sich als Tugend ansieht, was Lob bringt.« Es sind Dinge, an welchen unaufhörlich unser Nachdenken haften sollte, und mit denen wir uns so selten befassen! Die Art aber, wie man gewohnt ist, in den Tag hineinzuleben, ohne zu überlegen, was taugt und frommt, sollte ganz aufhören, wenn man an die Nähe des HErrn denkt. Denn dann wird das, was an Schwachheiten an dir ist, dir Schaden einbringen, Schaden an der Seele! Warum kommen aber die Leute auch in soviel Böses und in soviel Stricke und Fallen hinein? Nur weil sie gedankenlos dahineintappen. Du wirst freier werden, wenn du stets dein Wesen prüfst, ob es sauber sei, ob es tauge in die Gegenwart des HErrn. Denke dem nach! Und du wirst bald finden, wieviel du noch an dir zu säubern und zu reinigen hast, bis alles recht wird in dir, um stehen zu können vor dem HErrn. Und was ist doch das: Stehen vor dem HErrn, wenn Er kommt

5) Paulus sagt endlich: »Tut's!« Was ihr beim Nachdenken gut findet, das lasset nicht nur so gedacht sein – tut's! Paulus konnte es wagen, auf sein Beispiel hinzuweisen und auf alles, was sie bei ihm gehört und gesehen hatten. Sie sollen's tun, wie sie es von ihm wissen und an ihm sehen, so werde der HErr des Friedens mit ihnen sein. Das letztere hat er erfahren; drum ist seine Sprache so kühn. Wie herrlich aber, wenn man

Männer vor sich hat, denen man's nur nachmachen darf! Wir freilich müssen uns in acht nehmen, daß wir nicht auch den Besten Ungeschicktes und Verkehrtes nachmachen; wir müssen also im Nachmachen besonders nachdenken. Einem Paulus aber können wir es noch heute nachmachen. Lesen und besehen wir's sorgfältig! Denken wir darüber nach, und tun wir's! Wie herrlich, wenn der Friede Gottes bei uns sein kann, der einst auch vor Gericht aushilft!

Das alles legt uns Paulus vor zur Zubereitung auf das Kommen des HErrn. Beachten wir's, und tun wir's! Amen.

Christfest
Die Erscheinung des Heils
Titus 2, 11–14

Einleitung: *Das Warten auf die Offenbarung des Heils bei den Hirten und bei uns*

»Gott sei Dank durch alle Welt«, singen wir heute, mächtig im Gemüt erhoben. Denn Der, auf den sie Jahrtausende gewartet hatten, ist endlich geboren, ist da! Jubelnd kündigt's der Engel des HErrn den Hirten auf dem Felde an. Welche Botschaft mag es doch diesen gewesen sein! Sie eilen begierig zur Krippe, finden das Kind in Windeln gewickelt, wie der Engel ihnen verkündigt hatte, und lobten und priesen Gott. Indessen, die Hirten kehrten zurück zu ihren Herden – und noch hatten sie nichts von dem gekommenen Heiland außer der Gewißheit, Er sei da. Ihr Leben geht gleichmäßig fort mit allen seinen Kämpfen und Anfechtungen; und in nichts konnten sie es merken, daß es jetzt etwa anders geworden wäre. Obwohl der Kindermord von Bethlehem eine ernste Zugabe zu ihren Erfahrungen war, mag doch manchen von ihnen das alles wie ein Traum wieder verschwunden sein, da auch das Kindlein von Bethlehem wegkam. Etlichen mögen aber doch die Eindrücke geblieben sein; in schweren Stunden konnte sie's durchzucken: »Der Heiland ist da, der alles ändern wird!« Sie hatten die ersten Strahlen des Evangeliums erhalten. Und schon das Geringste, das man von der persönlichen Nähe des HErrn verspürt: wieviel kann's der bekümmerten Seele geben! Der Gedanke, daß sie nicht mehr die gar Verworfenen seien und Gott nun um Dessen willen, der sich in ihr Fleisch und Blut gehüllt hatte, einiges Wohlgefallen an den Menschen habe, hat sie ruhiger in den Tod hinsinken lassen. So wird es mit den Besseren der Hirten gegangen sein: Sie bewahrten in treuem Herzen das Gesehene und Gehörte, obwohl sie es schwer hatten, ihren Glauben auf der segenbringenden Höhe zu erhalten; denn niemand konnte mit ihnen fühlen!

Wie aber für die Hirten der Ruf und die Stimme des Engels und der Lobgesang der himmlischen Heerscharen nur etwas Vorübergehendes war, so war's, kann man sagen, ein Ähnliches mit der Erscheinung Christi auf Erden für die Menschheit überhaupt. Da sahen sie einst Seine Herrlichkeit, »eine Herrlichkeit als des einziggeborenen Sohnes vom Vater«. Er wurde nach wenigen Jahren gekreuzigt; als Auferstandener fährt Er wieder aufwärts – und die herrliche Erscheinung Christi hatte zunächst wenigstens vor Augen ein Ende! Er war da; und Er ist wieder fort! Freilich ist uns unendlich mehr Licht aufgegangen durch das Wirken des Menschensohnes, als es die Hirten bekamen, da ihnen das Kindlein angekündigt wurde. Aber bei beiden, bei den Hirten wie bei uns, ist aller Gewinn mehr nur ein innerlicher, ein erquickendes Glauben und Hoffen auf weiteres, nicht ein Haben und Schauen des Geglaubten und Gehofften. Wie daher die Hirten auf die Entfaltung der Herrlichkeit des neugebornen Kindleins warteten – ob sie's erlebten oder nicht –: so warten wir wieder darauf, daß endlich offenbar werde die angekündigte Erlösung und Herrlichkeit. Jene warteten auf das Auftreten Jesu, indem sie sich alles Heil in Wirklichkeit kommend dachten. Und wir warten, nachdem die Erscheinung Christi auf Erden aufgehört hat, auf Sein Wiedererscheinen, das den Inbegriff aller Erlösung bieten soll. Immerhin können wir Frieden der Seele haben auf Leben, Leiden und Sterben – aber ein Sehnen bleibt auf uns lasten. Es wird uns, wenn's uns heiligt und innerlich verklärt, wohl belohnt werden, wenn wirklich alles Heil offenbar werden wird, wie es verheißen ist!

Auslegung

Unsre Epistel hält uns beides vor: die Erscheinung und die Wiedererscheinung Dessen, der das Heil bringen soll. Wir reden also:
  1) Wie das Heil erschien als heilsame Gnade durch Christus (V. 11.12.14)
  2) wie es erscheinen wird als Herrlichkeit Gottes und Christi (V. 13)

(11) »Denn es ist erschienen die heilsame Gnade Gottes allen Menschen (12) und nimmt uns in Zucht, daß wir sollen verleugnen das ungöttliche Wesen und die weltlichen Lüste und züchtig, gerecht und gottselig leben in dieser Welt... (14) Christus hat sich selbst für uns gegeben, auf daß Er uns erlöste von aller Ungerechtigkeit und reinigte sich selbst ein Volk zum Eigentum, das fleißig wäre zu guten Werken.«

  1) Paulus hatte verschiedene Ermahnungen an einzelne Stände gegeben und mit den Worten geschlossen (V. 10): »auf daß sie die Lehre Gottes, unsres Heilandes, zieren in allen Stücken«. Dies führt ihn darauf, von der *heilsamen* oder heilbringenden *Gnade* zu reden, welche allen Menschen erschienen sei. Allen, auch den Knechten oder Sklaven, von welchen eben die Rede war, soll's gelten. Als *»erschienen«* wird die Gnade bezeichnet, die sich da zeigt, wo vorher das Gegenteil war. Denn alle Menschen stan-

den vorher in Ungnaden. Die Gnade aber ging auf als ein Licht in solcher Finsternis, wie es die Weihnachtslichter, mitten in der Nacht angezündet, vorstellen. Auf Erden konnte solch ein Licht nicht werden. So hell auch die Sonne am äußerlichen Himmel leuchtet – so finster sah es in den Herzen aus. Da war auch alles »wüste und leer«, wie es einst auf der Erde war, ehe das Licht erschaffen war. Wie aber hier Gott einen Spruch tun mußte, damit Licht würde, so konnte auch in die Gemüter der Menschen hinein nur etwas *von oben her* Licht schaffen. So ist »erschienen« die Gnade von oben her, aus dem Schoße des Vaters, da das Licht schaffende »Wort« Fleisch wurde, eben »das ewige Wort bei Gott, welches war das wahrhaftige Licht, welches alle Menschen erleuchtet, die in diese Welt kommen« (Joh. 1, 9). Die Gnade und Freundlichkeit Gottes stellte sich also persönlich dar im neugeborenen Kinde und erschien den verlorenen Menschen, die sich in weiteste Ferne von Gott gestellt und sich doch vielfältig nach Ihm zurückgesehnt hatten. In Jesus, welcher darum unser Heiland heißt, ist's erschienen. Und Er ist's, der auch himmlische Heerscharen mit sich bringt als eine Dienerschaft, die Ihm zur Ausführung des Heils, das mit einer vorauslaufenden Begnadigung begann, an allen Menschen behilflich sein sollte.

Zunächst ist also mit Christus nur eine Gnadenzeit eingetreten, in welcher alles zur Vollendung Dienliche zugesichert und vorbereitet werden sollte. Gnade wird angeboten und dargereicht auf das zukünftige Gericht. Denn ein Gericht steht aller Welt bevor. Gott aber verzieht nach Seiner großen Langmut und Geduld mit diesem Gericht und trifft Anstalten, wie jeder im voraus begnadigt werden und dem Gericht entrinnen könnte. Demnach kommt alles darauf an, daß diese Gnadenzeit oder Gnadenfrist recht benützt werde, damit der Mensch dann erst bei der Erscheinung der Herrlichkeit Gottes und Christi mit an dieser Anteil bekomme – statt dem Gericht zu verfallen zur ewigen Verdammnis. Die Gnade aber ist erschienen. Wer nur immer will, kann sie zu seinem Heil, also als »heilsame« Gnade, haben.

Die eingetretene Gnadenzeit ist eine Zeit der *Reinigung* für die Menschen. Damit diese Reinigung Wirklichkeit werde, »hat sich Christus selbst für uns gegeben«, wie es im Texte heißt (V. 14) als Sühneopfer für die Sünden der Menschen. Was die Menschen gesündigt hatten, konnten sie selbst nicht wiedergutmachen. Es konnte auch keiner dem andern helfen oder für ihn einstehen. Denn sie waren »alle abgewichen und allesamt untüchtig geworden, mithin allzumal Sünder, die des Ruhms ermangelten, den sie vor Gott haben sollten« (Röm. 3, 12.23). In diese Ungnade hinein aber sollte ein Gnadenruf erschallen. Der gnadenreiche Gott sorgte dafür, daß wenigstens Einer unter ihnen wäre, der für die andern alle einstehen könnte, wenn sie Ihn zu ihrem Helfer erwählten. Jesus, ganz in unser Fleisch und Blut eingetreten, »in Knechtsgestalt kommend, gleichwie ein andrer Mensch und an Gebärden als ein Mensch erfunden« (Phil. 2, 7), hat sich in alle unsre Versuchungen hereinbegeben, um in allem zu überwinden und ohne Sünde zu bleiben, bis Er bei Seiner Taufe vom Himmel her das Zeugnis bekam, daß Gott Wohlgefallen an Ihm habe. Damit bestätigte sich das Wort im Lobgesang der Engel, da sie von einem »Wohlgefallen« sangen, das den Menschen würde. Denn sie sollten Anteil bekommen an dem Wohlgefallen, welches Gott an Seinem eingebornen Sohn hatte um Seines Gehorsams willen, den Er auch als Menschensohn bewies. Damit leuchtete bereits heller der Gnadenglanz über die Menschheit hin.

Aber damit, daß wir, die Unreinen, einmal einen Reinen in unserer Mitte hätten,
war denn doch nicht alles getan. Es mußte noch weitere Arbeit für uns und an uns geschehen, damit die Gnade dem Einzelnen fest würde. Der HErr fing damit an, daß Er
uns durch Sein unschuldiges Leiden und Sterben Vergebung der Sünden erwirkte, »auf
daß Er uns«, wie es heißt, »erlöste von aller Ungerechtigkeit«, die wir getan hatten und
die an uns war. Unsre böse Vergangenheit mußte vor allem ausgelöscht werden. Solches geschah durch Seinen Tod; nun können wir durch den Glauben in Seinem Blut
Vergebung aller Sünden haben. »Er reinigte dadurch sich selbst ein Volk zum Eigentum.« Dieses sollte mithin, als von Ihm erkauft, ganz Ihm zugehören und als durch
Ihn gereinigt und gerechtfertigt an aller Seiner Gnade und zuletzt an Seiner Herrlichkeit einen berechtigten Anteil haben. Denn Er ist in allem Seines Volkes Bürge und
Fürsprecher. Zu diesem Volk kann jedes kommen in der uns noch gelassenen Gnadenfrist. Wir können die heilsame, heilbringende Gnade, die uns sicherstellt vor dem Gericht, haben; und wir haben sie, wenn wir mit kindlichem Vertrauen und demütigem
Glauben Jesus als unsern Heiland und Erlöser ergreifen und durch Ihn uns Seinem Vater vorstellen lassen als solche, denen alle Barmherzigkeit und Gnade zukommen soll
auf Zeit und Ewigkeit. Angeboten ist's »allen Menschen«, wie Paulus sagt. Gott will
auch nicht einen einzigen Menschen ausschließen von der Gelegenheit, sich vom zukünftigen Gericht zu retten. Wir wissen auch sonst, daß Er nachhilft mit Fürsorge jeder Art durch die Engel Seiner Kraft und durch Seinen Heiligen Geist. Und damit wir
ein Gefühl der Zuversicht bekämen, werden wir getauft in Jesu Namen und damit als
Kinder versiegelt, soviel an Ihm liegt. Dabei pflegt Er Sein Volk durch die Predigt
Seines Wortes und läßt Betende und Bittende viel Hilfe finden zum Beweis, wie ernst
es Ihm ist mit der uns durch Ihn erschienenen Gnade.

Möchte auch der heutige Tag vielen eine Lockung sein, endlich zu bedenken, was zu
ihrem Frieden dient, und die gnadenreiche Heimsuchung durch das Kommen Jesu als
eines Heilandes treu zu ihrer Rettung zu benützen!

Das Eigentumsvolk aber, welches Christus in der angeführten Weise reinigt, soll
auch ein Volk werden, »das fleißig wäre zu guten Werken«, wie Paulus sagt. Die Reinigung soll also nicht nur in dem bestehen, daß die Vergangenheit gutgemacht wird
durch Christus und alles vergeben wird, was der Mensch auf seinem Gewissen hat von
den ersten Tagen seines Lebens an. Sondern sie soll auch für die Zukunft werden, daß
nämlich die Begnadigten nicht mehr der Sünde dienen, sondern allen ihren Fleiß anwenden würden, um fortan als die Reinen zu wandeln, die sich von allem Schmutz frei
erhielten und sich alles Gute zur Aufgabe machten.

Hierin ist aber der Mensch auch nicht sich selbst überlassen, daß er es aus sich selbst
heraus machen müßte. Deswegen sagt Paulus von der heilsamen Gnade: »sie züchtigt«
oder unterweist »uns, daß wir verleugnen das ungöttliche Wesen und die weltlichen
Lüste und züchtig, gerecht und gottselig leben in dieser Welt« (V. 12). Die erlangte
Gnade an und für sich übt eine Macht auf den Menschen aus. Sie wird ja schon keinem

zuteil, der nicht vorher seine ganze Untüchtigkeit und Schande gefühlt hätte. Nur wer diese fühlt und bekümmert Buße tut, eilt zu der erschienenen Gnade. Im Glauben selbst also, der die Gnade ergreift, liegt ein Widerwille gegen allen Schmutz der Sünde und eine Freude an allem Guten; und der Mensch wird schon so ein ganz anderer, als er vorher war. Die erlangte Gnade sodann setzt in eine Gemeinschaft mit Gott, erzeugt ein Kindesgefühl zum Vater, gibt einen Zug zum Vater, der erwidert wird durch Zuneigung des Vaters zu dem Kinde. Und der Vater schenkt vor allem den Heiligen Geist, der eine göttliche Weihe über den Menschen bringt und mit welchem allerlei Gaben den Schwachen und Unvermögenden zugeteilt werden, vermittelst deren sie sich zu helfen wissen, um die Sünde zu überwinden und das Gute zu vollbringen. Also züchtigt uns die heilsame Gnade.

Indessen bleibt nun hier eine Aufgabe für den Menschen übrig: Er darf nicht denken, daß es sich, wenn er einmal Gnade habe, ganz mechanisch bei ihm mache, zu voller Reinigung seiner Sünden zu kommen. Er muß Eifer und Fleiß anwenden, muß der Züchtigung und Unterweisung, die durch die erschienene Gnade an ihn kommt, Gehör schenken und nachkommen. Er darf sich nicht faul und träge, nicht gleichgültig stellen, nicht wieder seitwärts blicken nach den früheren Zuständen und Genüssen, wie sie unter dem Joch der Sünde und des Satans bestanden. Er muß darum nun auch wirklich »verleugnen«, wie Paulus sagt, »das ungöttliche Wesen und die weltlichen Lüste«. Weil im Menschen vorerst die Keime der Sünde als Überbleibsel aus der früheren Knechtschaft der Finsternis verbleiben, so haben weltliche Lüste gerne noch einigen Reiz für ihn; und ungöttliches Wesen ist ihm nicht nach allen Seiten hin fremd geworden. In vielem ist er nicht gleich aus der Gewohnheit gekommen, weswegen alles Böse immer wieder Anforderungen an ihn macht. So gibt's der Versuchungen von innen heraus viele; und gerne buhlt er mit ihnen in seinen Gedanken. Wenn dann die Anfechtungen von außen dazukommen, so kann's allmählich übel gehen. Dann kann auch der Begnadigte lahm werden im Verleugnen des ungöttlichen Wesens und der weltlichen Lüste und nichts weniger werden als das, was er werden soll: sowohl rein geworden als auch rein gesprochen. Aber verleugnet muß werden! Und koste es nochsoviel Überwindung, so hat sich der Begnadigte eben zu überwinden! Denn wenn er es nicht tut, wird er aller erlangten Gnade wieder verlustig und steht mit Schanden vor dem Richter an dem ernsten Tage.

Ferner soll er »züchtig, gerecht und gottselig werden in dieser Welt«. Das macht sich alles nicht von selber, wenn der, der in der Gnade steht, kein Auge darauf hat und so unachtsam wird gegen die Stimme des Geistes der Gnade. Unzüchtigem Wesen muß er ausweichen; ungerecht gegen seine Mitmenschen – worin es auch sei – darf er nicht werden; er darf sich auch nicht gottesvergessen oder gar abgöttisch und aber gläubisch gebärden. Das Gegenteil von all diesem muß seine andere, neue Kreatur werden, daß er nämlich züchtig, gerecht und gottselig lebe in dieser Welt. Denn sonst ist Gefahr da, wieder ausgeschieden zu werden vom »Volk des Eigentums«. Der HErr helfe uns doch, der Züchtigung der erschienenen Gnade gehorsam zu sein, um einst unbefleckt und rein vor dem Thron Gottes zu stehen und bereit, einzugehen in die

Freude des HErrn! Die Aufgabe ist hienieden schon so schön und lohnend: Wollte sich auch nur einer, dem die Gnade aufgegangen ist, ihr entziehen?!

(13) »Wir warten auf die selige Hoffnung und Erscheinung der Herrlichkeit des großen Gottes und unsres Heilandes Christus Jesus.«

2) Die Gnade war denn also mit Christus erschienen oder die Zusicherung der Gnade, durch welche der Mensch dem Gericht entrinnen und das Heil erlangen könne. Christus aber ist's, der diese Gnade angekündigt, ausgewirkt, mit Seinem Leiden begründet und durch Seine Auferstehung versiegelt hat dem, der sich im Glauben an Ihn hält. Es ist eine heilsame, eine heilbringende Gnade, weil sie die Hoffnung des Heils, das endlich kommen soll, in sich schließt. Viel haben wir bereits hienieden an dieser Gnade! Denn eine Fülle von Segnungen erfahren alle, die in ihr stehen. Überall erscheinen diese als die Gesegneten, wenn sie sich auch mitten in der Trübsal befinden. Und der Zugang zum Vater steht ihnen offen, daß sie nur »hinzuzutreten brauchen zum Gnadenstuhl, um Barmherzigkeit zu empfangen und Gnade zu finden auf die Zeit, wenn ihnen Hilfe not ist« (Hebr. 4, 16). Aber das Heil selbst ist bei dem allen noch nicht da. Und wie seufzen und sehnen wir uns nach seiner Offenbarung, zumal wenn die Zeiten trüb werden!

In unsrer Zeit ist auch der Genuß der Gnade geringer geworden, weil das Zeugnis des Geistes, das unsrem Geiste Zeugnis von der Kindschaft Gottes sein sollte, nicht mehr so stark ist, oft wie gar nicht vorhanden scheint. Dies wird von vielen schmerzlich gefühlt. Auch der Zugang zu Gott scheint weniger offen. Denn bei vielen Bitten werden wir auf Geduld und Ergebung gewiesen, weil uns das nicht zuteil wird, was wir wünschen und bitten. Daneben ist die Macht der Finsternis wieder groß geworden, und zwar so groß, daß man fürchten könnte, sie mache sich wieder unüberwindlich trotz der erschienen heilsamen Gnade. So ist die Freude auch an einem Weihnachtsfeste sehr gedämpft, und die Tränen des Kummers, der Sehnsucht und des Leides stehen vielen näher als die Freudentränen. Redet doch schon Petrus (1. Petr. 1, 6) die durch den Glauben Wiedergeborenen – sie auf die Offenbarung der Seligkeit vertröstend – als solche an, die jetzt, wo es sein soll, »traurig seien in mancherlei Anfechtungen«.

Wir sind also wieder, so herrlich auch die Gnade ist, die wir empfangen, und so erquickend der Trost der Gewißheit, sie zu haben, ist, aufs Warten gewiesen, bis das durch die Gnade zugesicherte Heil da ist. Die ganze Gnadenzeit bis auf die Wiedererscheinung Christi ist eine Wartezeit, keine Zeit des eigentlichen Besitzes. Darum sagt Paulus in unsrem Texte: »Und warten auf die selige Hoffnung.« Genau heißt es: »indem wir« – während – oder solange wir – »warten«. Nämlich gerade in dieser Zeit des Wartens sollen wir uns von der Gnade züchtigen, zubereiten lassen zu einem Volk des Eigentums auf die Zeit hin der wirklichen Erscheinung des Heils. Die Erwartung, in der wir stehen, soll unsren Eifer steigern, uns ganz zuzurüsten zu dem, wie wir sein sollen auf die Zeit, da der HErr kommt. Wohl sind viele Jahrhunderte verflossen unter dem Warten; und Unzählige sind in die Ewigkeit gegangen, ohne das wirkliche Heil kommen zu sehen – obwohl sie dessen im Glauben gewiß waren. Aber auch diese bleiben die Wartenden; sie haben also das volle Heil nicht, auch wenn sie selig sterben. Sie sterben ähnlich wie die vor Christus, wenn diese starben in der Hoffnung der erscheinenden Gnade. Wenn auch ein Abraham – wie die Geschichte von dem reichen Mann und Lazarus uns lehrt – geborgen war und getröstet, so stand er doch noch in der Erwartung. So müssen ja alle, die gleichsam »in seinen Schoß« kamen, auf die Vollendung alles Heils warten. Wohl ist jetzt (durch Christus) der Eingang ins Jenseits reichlicher – aber das Völlige ist es noch nicht. Werden doch die in Christus Entschlafenen, wie Paulus lehrt (1. Thess. 4, 16) erst auferstehen, »wenn der HErr mit einem Feldgeschrei und der Stimme des Erzengels und der Posaune Gottes herniederkommen wird«. Wenn das kommt, ist es auch für die Lebenden höchst wichtig, daß sie wirklich unter den Wartenden sind, die sich bereit gemacht haben zu Seinem Kommen. Denn diese werden dann verwandelt werden und mit den Toten in Christus zugleich hingerückt werden, dem HErrn entgegen, um dann erst bei Ihm zu sein und das Heil in vollem Maße zu genießen. Wenn wir uns aber jetzt in der Mitternacht fühlen und bereits nach allen Anzeichen gleichsam das Geschrei vernehmen: »Der Bräutigam kommt« – wie sollten wir uns doch aufmachen und fertighalten! Denn dies vermögen wir auch durch die Gaben der Gnade, nachdem uns Christus zu sich gerufen hat als seine Heiligen und Auserwählten, denen Er als Erlöser abermals erscheinen wird. Und zwar dann in Seiner Herrlichkeit!

Besehen wir unsern Text näher. Paulus sagt: »Wir warten auf die selige Hoffnung.« Unter Hoffnung ist hier nicht die Stimmung der Hoffnung verstanden, wie wir sie neben dem Glauben haben sollen, sondern das Gehoffte selbst – als hieße es: »Wir warten auf die gehoffte Seligkeit.« In diesem Sinn ist's zu nehmen, wenn Paulus (Röm. 8, 19 ff.) sagt: »Wir sind wohl selig, doch in der Hoffnung«, d. h. indem wir's hoffen. Andrerseits aber heißt es dort weiter: »Die Hoffnung aber, die man sieht« – d. h. das Gehoffte, wenn man es sieht, – »ist nicht Hoffnung; denn wie kann man das hoffen, das man sieht«? Denn man hat es ja dann schon in Besitz! Das Verheißene und aus Gnaden Zugesicherte wird erst gehofft, weil's noch nicht da ist. »So wir aber des hoffen«, fährt Paulus fort, »das wir nicht sehen, so warten wir sein durch Geduld«, oder: wir warten der gehofften Seligkeit. Diese Seligkeit bricht an, wie unser Text weiter sagt, »mit der Erscheinung der Herrlichkeit des großen Gottes und unsres Heilandes Jesu Christi«. Christus kommt nicht gleichsam in eigener Herrlichkeit, sondern in der Herrlichkeit Seines Vaters. So kommt der große Gott selbst mit Ihm. Das Höchste, was nur denkbar ist, wird also offenbar, weil Gott seine volle Größe dabei entfalten wird. Es wird also auch das Höchste, das sie wünschen mögen, den Wartenden zugeteilt. Da wird's denn auch eine Offenbarung der Kinder Gottes sein (Röm. 8, 19), die wohl hienieden schon Kinder genannt und als Kinder von Gott bei vielen Gelegenheiten behandelt worden sind. Sie mußten sich aber doch erst sehnen nach der Kindschaft, d. h. nach der Einsetzung in alle Güter, welche die Kindschaft in sich schließt. Werden sie also als Kinder offenbar, so ist's, weil sie selbst mit dem vollen Glanz der Herrlichkeit Gottes werden angetan werden, wie es Kindern gebührt. Da geht's nach dem Wort des Johannes, der sagt (1. Joh. 3, 2): »Meine Lieben, wir sind nun Gottes Kinder; und es ist noch nicht erschienen, was wir sein werden. Wir wissen aber, wenn es erscheinen wird, daß wir Ihm gleich sein werden; denn wir werden Ihn sehen, wie Er ist.«

Schluß

Welche Freude wird's dann sein! Welch ein Jubel unter den unzählbaren Scharen derer, die aus der großen Trübsal gekommen sind (Offb. 7, 9. 14)! Sie werden diese in eine unnennbare Wonne verkehrt finden! An solche Freude aber soll uns die Weihnachtsfreude erinnern, da wir mit dem Kommen des HErrn als eines Kindleins im Schoße der Maria alles eingeleitet sehen, was nach unsäglich vielen Kämpfen werden wird. Dies alles ist ja schon in den Lobgesang der Engel eingeschlossen: »Ehre sei Gott in der Höhe und Frieden auf Erden und den Menschen ein Wohlgefallen!« Werden doch da auch alle feindlichen Kräfte, die des Jammers so viel machen, beseitigt und hinweggetan sein!

Ach käme es bald, was wir hoffen und was uns am Weihnachtsabend so nahe gelegt erscheint! Doch warten wir mit Geduld! Je länger wir warten müssen, desto größer wird die Freude sein, wohl auch darum, weil es der Geretteten umsomehr geben wird. Jede Stunde Verzug kann die Rettung von Millionen sein! Denn »Gott will ja nicht, daß jemand verloren werde, sondern daß sich jedermann zur Buße kehre« (2. Petr. 3, 9).

Doch, wieviele werden nebenhin kommen, die dem Ruf der Gnade innerhalb der Gnadenfrist nicht folgen! Eilen wir doch, unsre Seelen in Sicherheit zu bringen durch das Ergreifen der heute erschienenen heilsamen Gnade – damit uns die Erscheinung der Herrlichkeit des großen Gottes und unsres Heilandes Jesu Christi die gehoffte, aus Gnaden uns zugesicherte Seligkeit bringen könne! Amen.

Kinderweihnacht*
Das kündlich große Geheimnis
1. Tim. 3, 16

»Kündlich groß ist das gottselige Geheimnis: ER ist offenbart im Fleisch, gerechtfertigt im Geist, erschienen den Engeln, gepredigt den Heiden, geglaubt in der Welt, aufgenommen in die Herrlichkeit.«

»Kündlich groß ist das gottselige Geheimnis«

So habt ihr gesungen.** Ihr Kinder müßt das recht verstehen. Das Wort »kündlich« ist wohl zu unterscheiden von dem häufig gebrauchten Wort »kindlich«. »Kindlich« kommt her von »Kind« – »kündlich« aber kommt her von »Kunde« und will ausdrükken eine überall ruchbare Sache, die überall verkündigt wird und werden soll. Damals, als Paulus den Brief an Timotheus schrieb, war das Evangelium schon weit herumgekommen, obgleich es ursprünglich ein »Geheimnis« war, d. h. etwas, das vorher niemand gewußt hat. Daher heißt's: »Was kein Auge gesehen hat und kein Ohr gehört hat und in keines Menschen Herz gekommen ist, das Gott bereitet hat denen, die Ihn lieben; uns aber hat es Gott geoffenbart durch Seinen Geist« (1. Kor. 2, 9 f.). »Gottseliges Geheimnis« heißt hier so viel als »das Geheimnis Gottes« oder »Gottes Geheimnis«.

Von wem ist's denn nun zum ersten Mal verkündigt worden? Das ruft uns der heilige Weihnachtsabend ins Gedächtnis: von niemand Geringerem als vom Engel des HErrn, welcher sagt: »Siehe, ich verkündige euch große Freude, die allem Volk widerfahren wird; denn euch ist heute der Heiland geboren, welcher ist Christus der HErr in der Stadt Davids.« Jetzt ist's schon kein »Geheimnis« mehr! Die Hirten haben's wenigstens einmal gehört; die haben es, außer Maria und Joseph, zuerst und allein gewußt. Aber es heißt auch von ihnen, sie hätten die Geschichte ruchbar gemacht weit umher. Die Hirten aber und die meisten Hörer von damals sind wahrscheinlich alle gestorben gewesen, bis man die erste Spur vom gekommenen Heiland erfahren und sehen durfte, was erst mit Seinem öffentlichen Auftreten dreißig Jahre später geschah. Jetzt aber, zur Zeit, da Paulus schreibt, war's in aller Welt bekannt. So ist dieses Geheimnis »kündlich« groß.

Aber dieses Geheimnis hat viele Sachen enthalten. Zuerst heißt's:

»Gott ist geoffenbart im Fleisch«

An das hat kein Mensch gedacht, daß Gott im Fleisch einmal geoffenbart würde, d. h. daß Gottes Wesen sich mit dem Fleisch verbinden und in derselben Leiblichkeit, wie wir sie haben, sich offenbaren würde. Das ist keinem Menschen vorher eingefal-

---

* Letzter Kinder-Weihnachtsgottesdienst Blumhardts, 1879.
** Mit einem von Blumhardt selbst vertonten liturgischen Spruchgesang.

len, und deswegen ist's ein »kündlich großes Geheimnis«. Heutzutage wollen sie es freilich nicht mehr glauben. Aber sie werden es schon noch glauben! Wer's aber an- nimmt, o, der ist erfreut. Denn er hat einen Heiland, der der rechte Helfer ist. Denn ein Mensch, der nicht im Himmel seinen Ursprung hat, kann doch kein Heiland sein. Jetzt heißt's weiter:

»Gerechtfertigt im Geist«

Das geschieht durch die Auferstehung. Das hat nicht im Fleisch geschehen können – außer insofern als Er durch Seine Wunder und Taten doch die Leute aufmerksam ma- chen konnte, so daß sie merkten, Er sei am Ende doch der Heiland. Aber klar heraus- gestellt hat sich das erst, als Er »Geist« wurde nach dem Tod. Wie alle Menschen »Gei- ster« werden ohne Fleisch, wenn sie sterben, so ist auch der Heiland »Geist« gewor- den. Und schon als »Geist« ist Er gerechtfertigt worden, so daß viele nach Seinem Tod gemerkt haben, was Er ist – wie schon der Hauptmann unter dem Kreuz, der sagt: »Wahrlich, dieser ist ein frommer Mensch und Gottes Sohn gewesen!« Noch mehr aber geschah das durch die Auferstehung, da Er, obgleich »Geist« geworden und so- mit den Toten zugehörig, wieder lebendig wird auch dem Leibe nach, Sein Geist also nicht im Tode festgehalten werden darf – wie das bei den andern Menschen der Fall war –, sondern wieder in den Leib kommt. Damit war er »gerechtfertigt«. Obwohl Er vor den Menschen nichts galt, hat Er doch vor Gott alles gegolten und ist vor der gan- zen Kreatur von Gott gerechtfertigt worden. Das zeigt Seine Auferstehung.

»Erschienen den Engeln«

Als nämlich der Heiland da als Auferstandener kommt und nachher in den Himmel fährt, da werden die Engel aufgeschaut haben! »Was kommt denn da? Ein Mensch in Seiner Leiblichkeit kommt in den Himmel herein?« Das war etwas Großes, auch für die Engel, und auch ihnen war es vorher »Geheimnis«, das erst mit Seinem Erscheinen im Himmel ihnen »kündlich groß« wurde.

»Gepredigt den Heiden«

Das geschah erst recht, nachdem Er den Engeln erschienen war, d. h. nach Seiner Himmelfahrt, als Er den Heiligen Geist vom Himmel schickte am Pfingstfest. Die Ju- den hatten nie geglaubt, daß man den Heiden einmal geradeso predige wie den Juden und daß die Heiden mit den Juden ganz gleich gestellt sind vor Gott durch den Hei- land. Aber da ist's von Gott geoffenbart worden und da hat's geheißen: »Auf, zu den Heiden! »Kein Jude hat das geglaubt. Deswegen haben sie den Paulus fast zu Tode ge- worfen mit Steinen, als er den Heiden predigen wollte. Das war also auch ein »Ge- heimnis«, das offenbar wurde.

»Geglaubt von der Welt«

Das hat kein Mensch gedacht, daß die Welt je den Heiland aufnehmen und an Ihn glauben werde! So haben auch viele, als die Mission anfing, sich der Heiden wieder anzunehmen, von solchen Leuten, wie die Hottentotten, Zulus und andere sind, gesagt, sie seien ja wie das liebe Vieh, sie hätten die Fähigkeit gar nicht, an den Heiland zu glauben – und doch haben sie geglaubt! Bald ist's, vor allem in der alten Zeit, hell geworden in der Welt durch die Verkündigung des Evangeliums, daß alles staunte. Ja, wartet nur: Dieses Geheimnis wird »kündlich groß« werden noch viel mehr als jetzt, und es wird noch so werden, wie's dasteht: »Geglaubt von der Welt«, so daß sie gar nicht mehr anders kann als glauben! – Endlich:

»Aufgenommen in die Herrlichkeit«

Das ist mehr als bloß »erschienen den Engeln«. Denn unter der »Herrlichkeit« ist die Gottesherrlichkeit gemeint; das hat vollends kein Mensch geglaubt, daß ein Mensch, der ein paar Jährlein in der Niedrigkeit und Knechtsgestalt auf Erden herumpilgerte, jetzt im Himmel droben sitzen darf zur Rechten des Vaters auf dem Thron der Gottesherrlichkeit als »HErr aller Herren« und »König aller Könige«. Für uns ist hierbei das noch das Große, daß wir sagen können: Es ist mein Bruder, der da droben als HErr Himmels und der Erde sitzt!

Seht, das ist der Spruch, den ihr gesungen habt; und jetzt habt ihr ihn auch auslegen hören und versteht ihn wohl besser als vorher. Wieviele »Geheimnisse« sind's also? Antwort: sechs »Geheimnisse«. Und die zielen alle auf uns hin. Und was wird's sein, wenn's einmal wahr wird, was der Heiland sagt: »Wenn Ich erhöht sein werde von der Erde, so will Ich sie alle zu Mir ziehen.«

Da dürfen wir wohl mit den Engeln jetzt schon singen: »Ehre sei Gott in der Höhe und Friede auf Erden und den Menschen ein Wohlgefallen!« Amen.

2. Weihnachtstag
Stephanus, der erste Blutzeuge
Apg. 6, 8–15; 7, 55–59

Eingang:

Wenn wir gestern die Engel vom »Frieden auf Erden« singen hörten, so scheint der heutige Tag davon wenig zu geben. Denn die Geschichte des ersten Blutzeugen Stephanus zeigt, wie groß der Unfriede auf Erden ist und wie wenig sich die Anhänger des angekündigten Christus gute Tage hienieden versprechen durften.

Mit dem »Frieden auf Erden« aber, von dem die Engel singen, war's anders gemeint. Derselbe ist zunächst nur vonseiten Gottes angekündigt: daß zwischen Ihm und den

Menschen Friede sein und werden solle, wenn sie an den vom Himmel Gekommenen glauben würden. Von Ihm heißt es später (Kol. 1, 20), daß »Er Friede gemacht hat durch das Blut an Seinem Kreuze, durch sich selbst«, daß sogar »durch Ihn alles zu Gott selbst versöhnt werden sollte, es sei auf Erden oder im Himmel«. Daß aber Frieden unter den Menschen selbst würde, hing an diesen selbst, nicht an Gott. Wären sie alle alsbald eins geworden, sich durch Christus mit Gott versöhnen zu lassen, so wäre ein allgemeiner Friede auch unter den Menschen die nächste Folge des Kommens Christi auf Erden gewesen; wie auch wahre Gläubige immerhin Frieden untereinander haben. Aber die Menschen sind's, die den Hader machen! Zu allen Zeiten nämlich hat's solche gegeben, die widersprechen; und solange das ist, wird's niemals Frieden auf Erden geben. Denn weil beiderlei Menschen die Hauptrichtungen der nach Gott Fragenden und der nichts nach Gott Fragenden – oder nach der Schrift der Gerechten und der Gottlosen – repräsentieren, so gibt's einen Widerstreit der letzteren gegen die ersteren, solange die Sache Christi oder Gottes sich geltend machen will. Das endet erst, wenn der HErr selbst in durchgreifender Weise ins Mittel treten wird. So sehen wir's bei Stephanus, wo zuletzt die Wut der Feinde alle Grenzen überschritt.

Wer ein Jünger Jesu sein will, hat sich demnach Seine Worte wohl zu merken, wenn Er dartut, wieviel einer auf sich nehme, der sich zu Ihm bekenne. Hat Er selbst, der der Friedensbringer sein sollte und ist, die Obersten des jüdischen Staates zusamt den Frommen und Angesehenen des Landes in die größte Erregung mit Seiner Friedenspredigt gebracht – so daß sie schon alle Gefühle der Menschlichkeit verloren und sich sogar an den Qualen des Gekreuzigten weideten: wie konnten's Anhänger dieses geächteten Heilandes anders auf Erden erwarten? Der HErr sagt (Matth. 10, 24ff.): »Der Jünger ist nicht über seinen Meister noch der Knecht über seinen Herrn; der Jünger darf wohl zufrieden sein, wenn er's hat wie sein Meister, und nicht schlimmer, oder wie sein Herr, und nicht schlimmer. Haben sie den Hausvater Beelzebub geheißen – wievielmehr werden sie Seine Hausgenossen also heißen!« Wohl wissend, wie über die Maßen feindselig die Widersacher auch in der Folge sich stellen würden, sagt Er (Matth. 10, 34ff.): »Ihr sollt nicht wähnen, daß Ich gekommen bin, Friede zu senden auf Erden; Ich bin nicht gekommen, Frieden zu senden, sondern das Schwert.« Selbst in den Familien wird nichts als Unfriede sein, weil die einen Glieder derselben für, die anderen wider den Heiland sind, so daß also »des Menschen Feinde seine eigenen Hausgenossen sein werden.«

Was aber nun sollen die Jünger Jesu machen? Sollen sie sich scheu zurückziehen? Sollen sie lieber Jesus verlassen, als sich Seinen Feinden preisgeben? Sollen sie lieber stille sein, als Ihn den Verlorenen anpreisen? Sie können das letztere tun – aber Ihn haben sie dann nicht! Er steht ihnen ferne; und kommt's zur Entscheidung, so wird Er zu ihnen sagen: »Ich kenne euch nicht!« Was wird's dann sein?! Wollen wir einmal unter denen sein, die Er nicht kennt?! Wie wären wir doch da verlorene Leute! Denn Ihn nicht haben, heißt nichts anderes, als verloren sein.

Wenn man aber nun die Geschichte des Stephanus liest, so werden wir uns nicht lange zu besinnen brauchen, wer besser dran war: die, welche ihre Ohren zustopften, um Stephanus nicht mehr zu hören, und ihre Augen zudrückten, um den nicht zu sehen, dessen Angesicht war wie das eines Engels – oder der, der sagen konnte: »Ich sehe den Himmel offen und des Menschen Sohn stehen zur Rechten Gottes«, und der zuletzt unter den Steinwürfen mit den Worten scheiden konnte: »HErr Jesus, nimm meinen Geist auf!«, dazu noch fürsprechend für seine Mörder ausrufen konnte: »HErr, behalte ihnen diese Sünde nicht!« Wer war der Glücklichere? Wir sehen's, der Friede ist doch da! Der Engel Lobgesang behält sein Recht. Und so dürfen wir auch heute noch rufen: »Ehre sei Gott in der Höhe!«

Auslegung

Bei der Besprechung der Geschichte des ersten Blutzeugen Stephanus betrachten wir:

1) die Person des Stephanus (6, 8–10)
2) wie er verklagt wurde (6, 11–14)
3) wie er vor Gericht gestärkt wurde (6, 15; 7, 55)
4) wie er endlich siegreich starb (7, 56–59).

1) Die Person des Stephanus

(8) »Stephanus aber, voll Gnade und Kraft, tat Wunder und große Zeichen unter dem Volk. (9) Da standen etliche auf von der Synagoge der Libertiner und Kyrenäer und Alexandriner und von denen, die aus Cilicien und der Landschaft Asien waren, und stritten mit Stephanus. (10) Und sie vermochten nicht, zu widerstehen der Weisheit und dem Geiste, aus welchem er redete.«

Von Stephanus war in den Evangelien nie die Rede gewesen, und er ist ein Beweis davon, wie schnell infolge der Ausgießung des Heiligen Geistes ganze Männer Gottes geworden sind. So mag es noch viele geben, welche große Tüchtigkeit bekamen, für das Reich Gottes zu arbeiten, selbst mit wunderbaren Kräften ausgerüstet. Damit bekamen die Apostel an den Bekehrten häufig eine bedeutende Hilfe für ihre große Aufgabe; und sie selbst waren durchaus nicht immer nötig, wo es etwas werden sollte. Im stillen entwickelten sich allerwärts apostolische Kräfte; und daher kam es, daß das Evangelium häufig in Städten und Ländern den Aposteln vorausging. »Die nun zerstreut waren«, so lesen wir (Apg. 8, 4), »gingen um und predigten das Wort« – wie wenn sie Apostel wären! Denn unter ihnen war wie Stephanus auch Philippus – nicht der Apostel, sondern ein Almosenpfleger –, auf dessen Predigt hin sich in Samaria viele, Männer und Weiber, taufen ließen (8, 12); und derselbe Philippus wurde Werkzeug zur Bekehrung des Kämmerers aus dem Mohrenland (8, 26 ff.), der wiederum als ein Apostel in sein Vaterland zurückkehrte, wie die Kirchengeschichte erzählt. Auch in der Hauptstadt Rom entstand eine ansehnliche Gemeinde, an welche Paulus bekanntlich seinen Brief schrieb und deren Entstehung völlig unbekannt ist. So erklärt sich's, daß so überraschend schnell das Evangelium in alle Lande ausgekommen ist. Wie wäre es so wünschenswert, wenn auch in unsrer Zeit Bekehrte etwas von einer apostolischen Tüchtigkeit bekämen – was freilich auch apostolische Männer in den Trägern des Amtes voraussetzen würde, welche gleiche Kräfte des Geistes mitzuteilen vermöchten, wie sie selbst sie haben! Ach Herr, siehe darein und schaffe, was not tut, damit doch Dein Reich recht und endlich fertig werde!

Von Stephanus wird erst die Rede, als man die Notwendigkeit einsah, besondere Männer zu erwählen, welche die Verwaltung der zusammengelegten Güter übernahmen und die tägliche Handreichung daraus an die, für welche sie bestimmt waren, besorgen sollten. Man wählte sieben Männer und nahm dabei auf solche Männer Bedacht, welche ein gutes Gerücht hätten und voll Heiligen Geistes und Weisheit wären (V. 3). Unter ihnen war Stephanus der erste, von dem es ausdrücklich heißt, daß er ein Mann »voll Glaubens und Heiligen Geistes« gewesen sei. Er wurde mit den andern unter Handauflegung der Apostel zu seinem Amte eingesegnet. Dieser Segen mag seine Geisteskraft verstärkt haben, so daß eine apostolische Weihe mitlief. Denn jeder Segen wird immer zugleich geistlich, auch wenn er zunächst auf Äußeres gerichtet ist. Sollte doch immer alles Äußerliche auch vom Geistlichen so durchdrungen sein, daß der Unterschied zwischen beiden wie nicht mehr da ist.

Stephanus nun, der unmöglich bei seinem äußeren Beruf allein stehen bleiben konnte, benützte das, was ihm an Zeit übrigblieb, um im Tempel zu sein. Das war immer in bestimmten Stunden, die man gewöhnlich zum Tempelbesuch verwendete. Da erkannte jedermann seine Glaubenskraft und was er durch diese vermochte. Zeichen und Wunder tat er unter dem Volke, so daß es war, als stünde Jesus selber wieder da. Bald aber erneuerte sich der Streit mit Widersprechern, wie es bei Jesus im Tempel gewesen war. Er machten sich an Stephanus Leute von damals berühmten Gelehrtenschulen, deren es viele unter den Juden gab, vor allem im Auslande, und die zum Teil durch tiefe Forschungen sich auszeichneten. Genannt werden die Schulen der »Libertiner« und der »Kyrenäer« und der »Alexandriner« und derer in Cilicien und Asien. Anhänger dieser Schulen redeten gründlich mit Stephanus, und vor ihm und seiner Weisheit standen sie wie Schüler, die nimmer antworten konnten – was freilich für hochangesehene Gelehrte das Unerträglichste ist! War's etwa eine höhere Bildung, die Stephanus vor den Aposteln gehabt hätte? Oder waren's Eingebungen und Erleuchtungen des Heiligen Geistes, die ihn über die größten Philosophen und Theologen der Juden Sieger werden ließen? Wir werden das letztere annehmen müssen und an die Verheißung des HErrn denken (Luk. 21, 15): »Ich will euch Mund und Weisheit geben, welcher sollen nicht widersprechen noch widerstehen können alle eure Widersacher.« So sehen wir an Stephanus, was für Leute die Erkenntnis Jesu Christi aus sonst ungebildeten Männern machen kann!

2) Wie Stephanus verklagt wurde

(11) »Da stifteten sie etliche Männer an, die sprachen: Wir haben ihn gehört Lästerworte reden wider Mose und wider Gott. (12) Und sie erregten das Volk und die

Ältesten und die Schriftgelehrten und traten herzu und griffen ihn und führten ihn vor den Hohen Rat (13) und stellten falsche Zeugen auf, die sprachen: Dieser Mensch hört nicht auf, zu reden Lästerworte wider diese heilige Stätte und das Gesetz. (14) Denn wir haben ihn sagen hören: Dieser Jesus von Nazareth wird diese Stätte zerstören und ändern die Sitten, die uns Mose gegeben hat.«

Auf nichts hatten schon bei Jesus die Pharisäer und Schriftgelehrten und Obersten des Volkes mehr gelauert als darauf, ob nicht durch die neue Predigt der Bestand des jüdischen Gottesdienstes und Wesens in Gefahr käme! Was nur entfernt an eine solche Gefahr erinnern konnte, war ihnen unerträglich, und nur um so mehr, wenn gar Wunder auf Veränderungen hinzudrängen schienen! So mag ihnen schon das neue Wort »Himmelreich«, »Reich Gottes«, wie das nun beginnen sollte, ärgerlich gewesen sein. Was soll's doch sein, mochten sie denken, mit diesem »Reich Gottes«? Wie soll sich das zum jüdischen Gottesdienst verhalten wie zu allen Einrichtungen und Ämtern, die bestanden? Der HErr aber vermied aufs sorgfältigste das, was solche Befürchtungen nähren konnte, und wies besonders in der Bergpredigt den Gedanken – den man vielleicht auch sonst mit dem Kommen des Messias verband – geradezu ab, als ob Er gekommen sei, das Gesetz oder die Propheten aufzulösen. »Ich bin nicht gekommen«, sagt Er, »aufzulösen, sondern zu erfüllen« (Matth. 5, 17). Damit hat Er genugsam die große Bedeutung zu erkennen gegeben, die Er dem Gesetz gab. Wie heilig Ihm der Tempel als ein Gotteshaus war und wie wichtig Er ihn nahm für das Volk, das hat Er damit bewiesen, daß Er zweimal den Vorhof von eingerissenen Mißbräuchen zu befreien und zu reinigen versuchte. Er tat dies mit einer Macht des Geistes, welche den Widerstand eines jeden lähmte. Indessen nahm man doch die Äußerung dabei verdächtig: »Brechet diesen Tempel, und am dritten Tage will Ich ihn aufrichten!«, womit Er auf Sein Sterben und Auferstehen hinwies; und später suchten sie eine Anklage vor Gericht daraus zu bilden, als habe Er's gegen den Tempel gehabt! Gegen die willkürlichen Aufsätze der Ältesten sprach Er sich freilich unumwunden aus; aber jedermann konnte sehen, wie Er nur um so höher das eigentliche Gesetz achtete. Wie dem auch sein mochte: die Obersten und Hohenpriester standen fest in dem Wahn, daß Jesus, als dem Judentum gefährlich, aus dem Weg zu räumen sei und daß sie mit jeder Verzögerung die heiligste Pflicht verletzen würden.

Gerade so ging's jetzt auch bei Stephanus – nur daß die Gefahr vergrößert schien. Er hatte sich wohl freier geäußert, als es sonst die Apostel gewohnt waren; und er hatte sich – da es einer Verleugnung gleichgesehen hätte, als die spitzfindigen Fragen der Gelehrten darauf führten – nicht gescheut, auch die Folgen zuzugeben, welche schließlich, wenn er allgemein würde, der Glaube an Jesus auf das Bestehen des ganzen jüdischen Volkes haben werde. Wer recht nachdachte, konnte bald merken, daß dem äußerlichen Gottesdienst – wie den Opfern und anderem – nicht mehr viel von seiner alten Bedeutung blieb. Wenn auch diese Folgen nicht von den Christen erstrebt, ja nicht einmal ausgesprochen wurden, so kamen sie doch von selbst. Wir wissen ja auch, daß von dem äußeren jüdischen Wesen nichts auf die Haltung der Christen übergegangen ist. So sagte es ja schon die Weissagung voraus, die von einem, von dem bisherigen Gesetzesbund verschiedenen, *neuen Bunde* redete, den Gott machen würde (Jer. 31, 31 ff.). Die Feinde des Stephanus nun drehten seine Worte, zu denen sie ihn hindrängten, so, als ob er wirklich darauf ausginge, Veränderungen herbeizuführen. Um das zur Anklage zu erheben, richteten sie – weil sie selbst sich schämten, als Zeugen aufzutreten – falsche Zeugen zu, d. h. Zeugen, die es nicht waren, sondern denen man es eingab, was sie als selbst gesehen und gehört angeben sollten. Sie mußten zeugen, als hätten sie ihn sagen hören: »Jesus von Nazareth wird diese Stätte zerstören und verändern die Sitten, die uns Mose gegeben hat.«

Diesen Zeugnissen lag wohl etwas Richtiges zugrunde; aber es war alles boshaft gewendet, als ob Stephanus als Gegner gegen das Judentum aufgetreten wäre – während er nur von Jesus als dem unsichtbaren HErrn und Christus gezeugt hatte. Seine Feinde haben nun biblische Auseinandersetzungen – auf welche sie selbst geführt hatten, denen sie auch nicht widersprechen konnten – zu einer Hochverratssache gestempelt. So ist's zu aller Zeit gewesen und wird's wieder werden: daß ein Bekenntnis der Wahrheit gleich zu einer verbrecherischen Tat erhoben wird, wenn es naturgemäß auf Bestehendes Einfluß hat, so daß dieses Veränderungen erleidet. Damit sollen die Bekenner an Galgen und Rad gebracht werden. Ähnlich ging's auch zu Ephesus, da sie von der Predigt des Paulus Gefahr für ihre Göttin Diana fürchteten (Apg. 19, 23 ff.). Wie empörte es einst auch die römischen Kaiser, daß alle Götter in Mißkredit kamen und alles Gottesdienstwesen anders werden sollte! So geht's auch jetzt wieder in der Heidenwelt: Überall haben die Widersacher einen Schein der Gerechtigkeit oder Berechtigung zu Verfolgungen für sich – den aber echte Jünger nicht scheuen dürfen, auch nicht, wenn das Leben auf dem Spiele steht.

3) Wie Stephanus gestärkt wurde

(15) »Und sie sahen auf ihn alle, die im Rat saßen, und sahen sein Angesicht wie eines Engels Angesicht. (7, 55) Er aber voll Heiligen Geistes sah auf gen Himmel und sah die Herrlichkeit Gottes und Jesus stehen zur Rechten Gottes und sprach: Siehe, ich sehe den Himmel offen und des Menschen Sohn zur Rechten Gottes stehen.«

Stephanus ward hingerissen und vor den Hohen Rat geführt. Da saßen die Ältesten, die Schriftgelehrten und Hohenpriester: alle lechzend nach Seinem Blute! Es hätte ihm bange werden können! Aber es wurde ihm nicht bange; denn es war ein wichtiger Beistand bei ihm; das konnte man sogar sehen. »Und«, so lesen wir, »sie sahen auf ihn alle, die im Rat saßen, und sahen sein Angesicht wie eines Engels Angesicht«. Es war also eine Art Verklärung an ihm zu sehen; dies konnte nicht anders sein, denn daß etwas von dem Feuerschein ihn umfloß, welcher bei der Ausgießung des Heiligen Geistes an allen Jüngern zu sehen war, da man zerteilte Feuerzungen an ihnen erblickte. Es muß doch einen Eindruck auf die Richter gemacht haben, wenn es ausdrücklich heißt: »Sie sahen sein Angesicht wie eines Engels Angesicht.« Solcher Eindruck bewirkte, daß bei den Zuhörern die Leidenschaft für den Anfang ein wenig sich zurückdrängte und daß sie bereit waren, lautlos zuzuhören.

Die Zeugen traten nämlich vor mit ihren Anklagen, und der Hohepriester fragte: »Ist dem also?«, womit Stephanus ein Wink gegeben wurde, sich zu verantworten. Er tut's in einer langen Rede (7, 2–53), in welcher er aber nicht von sich, sondern nur von den Führungen Gottes mit dem Volk Israel redete. Er wollte einen Gesamteindruck über solche Gottesführungen geben, die mit der letzten gnädigsten Heimsuchung Gottes in Jesus, dem gekommenen Christ, schloß. So begann er mit Abraham und erwähnte, in der Geschichte vorschreitend, eins ums andere, womit sich Gott wunderbar an Israel bewies. Damit gab er zu erkennen, wie bedeutungsvoll ihm alles war, was dem Volke von Gott zukam. Er nahm auch alles als unmittelbar von Gott gekommen, so daß ihm in keinem Fall vorgeworfen werden konnte, er lege es auf Veränderungen an, die von einer Geringschätzung der bisherigen göttlichen Offenbarungen zeugen sollten. Was immer nur die Schrift gibt, ist ihm wichtig.

Aber als Stephanus bis auf Salomo und den Tempelbau gekommen war und sagte: »Der Allerhöchste wohnt nicht in Tempeln, die mit Händen gemacht sind«, muß eine Unruhe unter den Zuhörern entstanden sein, indem sie merkten, daß er jetzt auf dem Wege sein könnte, von einer Vergeistigung zu reden, die es mit dem Tempel und allem verneinen sollte. Er hatte wohl im Sinn, nun auch von den Propheten zu reden, und was diese von dem kommenden Messias sagten – etwa auch, wie Jeremia einen neuen Bund ankündigte, der nicht wie der erste sein werde; letzterer war auf Gesetzestafeln geschrieben, während nun das Gesetz in die Herzen geschrieben werden sollte. Aber wahrscheinlich – der rasche Schluß der Rede führt zu dieser Vermutung – wurde er unterbrochen durch Geräusch oder durch eine Weisung, daß er eilen solle, zum Schluß zu kommen; denn sie fürchteten, daß das Weitere zu ernst und zu überwältigend für sie werden konnte. So mußte er innehalten. Und nun wurde es ihm gegeben, mit gewaltigen Worten seinen Richtern die Hartnäckigkeit vorzuwerfen, welche sie ihm entgegenboten. Es war wie eine Stimme von Gott selbst, ähnlich der der Propheten des Alten Testaments, wenn sie im Namen Gottes Königen und Fürsten und allem Volk ins Gewissen zu reden hatten. »Ihr Halsstarrigen und Unbeschnittenen an Herzen und Ohren«, fuhr Stephanus fort, »ihr widerstrebet allezeit dem Heiligen Geist wie eure Väter also auch ihr. Welchen Propheten haben eure Väter nicht verfolgt und sie getötet, die da zuvor verkündigten die Zukunft dieses Gerechten, dessen Verräter und Mörder ihr nun geworden seid? Ihr habt das Gesetz empfangen durch der Engel Geschäfte – und habt's nicht gehalten«! So ernst redete Stephanus. Offenbar wollte der HErr, daß einmal dem stolzen und übermütigen Rat, der sich immer wie ein Pharao gebärdete, ins Gesicht hinein gesagt werde, wie groß und unverantwortlich ihre Hartnäckigkeit wäre. Sie sollten Väter des Volks und Vertreter des Willens Gottes, des eigentlichen Königs in Israel, an das Volk sein – und widerstanden doch allezeit mit unerbittlicher Härte dem Rate Gottes. Sie sollten's nun einmal bis zur Erschütterung hören. Noch ernster freilich, als sie es vorläufig durch Stephanus vernahmen, wird ihnen einmal das Gerichtswort des HErrn entgegentönen!

Der nächste Eindruck, den man wahrnahm, war der bitterste Ingrimm, welcher in die Zuhörer fuhr: »Es ging ihnen durchs Herz«, lesen wir, »und sie bissen die Zähne zusammen über ihm«. Mitten unter dem Getümmel aber stand abermals ganz verklärt Stephanus vor ihnen. Er wurde voll des Heiligen Geistes, was in der Art sichtbar wurde, wie wir vorhin bemerkten. Seine Augen erhoben sich gen Himmel; und weil erzählend gesagt wird: »Er sah die Herrlichkeit Gottes und Jesus stehen zur Rechten Gottes«, so deutet das an, daß man den Eindruck bekommen konnte, als öffnete sich über ihm etwas Herrliches, als ginge ein Lichtstreifen von ihm nach oben. Wunderbar gehoben rief er denn selbst auch aus: »Siehe, ich sehe den Himmel offen, und des Menschen Sohn zur Rechten Gottes stehen!« Er sah Ihn, den erst seit kurzem Verklärten! Er sah Ihn, und wie hob doch das seine Seele!

Uns wird nicht in so leuchtender Weise die Stärkung von oben zuteil. Aber fehlen wird die Stärkung in ähnlicher Lage nie. Immer wird sie da sein, wie wir sie brauchen, um festzustehen und nicht zu erliegen!

4) Wie Stephanus siegreich starb

(56) »Sie schrien aber laut und hielten ihre Ohren zu und stürmten einmütig auf ihn ein, stießen ihn zur Stadt hinaus und steinigten ihn. (57) Und die Zeugen legten ab ihre Kleider zu den Füßen eines Jünglings, der hieß Saulus, (58) und steinigten Stephanus, der betete und sprach: HErr Jesus, nimm meinen Geist auf! (59) Er kniete aber nieder und schrie laut: HErr, behalte ihnen diese Sünde nicht! Und als er das gesagt hatte, entschlief er.«

Es kann auffallen, daß das Gerichtsverfahren gegen Stephanus ein anderes war als das gegen den HErrn. Es kommt nichts von einer Überlieferung an den römischen Landpfleger vor, zu welchem die Ältesten beim HErrn gesagt hatten: »Wir dürfen niemand töten.« Solches hat aber seinen Grund in Veränderungen, die unterdessen im Regentenhause vorgekommen waren. Herodes Antipas nämlich – derselbe, der den Johannes enthaupten ließ und unter welchem Jesus gekreuzigt wurde, hatte den Königstitel nicht mit Recht getragen und hieß nur der Vierfürst. Um sich den Königstitel zu verschaffen, begab er sich endlich mit seiner Gemahlin Herodias nach Rom. Er kam aber da nicht gut an, sondern wurde vom Kaiser nach Gallien, später nach Spanien verwiesen, wo er starb. Herodes Agrippa I. nun, ein Enkel Herodes des Großen, des Königs, unter dem Christus geboren wurde, kam empor. Und weil dieser befreundet war mit dem Kaiser Caligula, so bekam er durch dessen Gunst fast alle Länder Herodes des Großen wieder unter seine Herrschaft, so daß unter ihm kein Landpfleger mehr in Judäa angestellt wurde. Er suchte sich den Juden in jeder Weise gefällig zu zeigen, vor allem als eifriger Beobachter des Gesetzes. Er war es ja, der dem Volk zulieb den Jakobus enthaupten ließ und den Petrus gefangensetzte. Unter ihm bekam auch der Hohe Rat wieder freiere Hand; und dieser konnte auf eigene Faust Hinrichtungen vollziehen. In dieser Zeit nun fällt die Hinrichtung des Stephanus, bei welcher also der Hohe Rat nichts nach den Römern zu fragen und keinerlei Verantwortung zu fürchten hatte.

Zur Ergänzung der Geschichte erwähnen wir noch, daß dieser Herodes Agrippa I. wegen seiner Gotteslästerung, da er sich einen Gott nennen ließ, von Gott geschlagen wurde, so daß er nach fünf Tagen starb (Apg. 12, 21–23). Auf ihn folgte Herodes Agrippa II., dessen Herrschaft wieder sehr beschränkt wurde, und zwar so, daß wieder ein römischer Landpfleger nach Judäa kam. Dies ist der Herodes oder Agrippa, welcher später in Gemeinschaft mit dem Landpfleger den Apostel Paulus hörte (Apg. 25, 13 ff.). Er war ein gutmütiger Mann und der Beste unter allen Königen seines Namens, der auch die Zerstörung Jerusalems überlebte, ohne darunter leiden zu müssen.

Kehren wir zu Stephanus zurück! Das, was andere hätte erschüttern und beugen können, machte auf seine Richter den entgegengesetzten Eindruck. Der Verklärungsschein und die über Stephanus sich sichtbar machende Herrlichkeit Gottes versetzte sie in um so größere Wut, weil sie nun einmal allem halsstarrig widerstehen wollten, was als von Gott und damit gewissermaßen zwingend ihnen entgegenkam und ihnen ihr Gewöhnliches zu nehmen schien. Und sie bewegten sich doch mit so großem Stolz und Trotz darinnen! Sie hielten sich die Ohren zu, um nichts mehr zu hören. Und um ihn schnell außer Sicht zu bekommen, stürmten sie auf ihn ein und stießen ihn hinaus als zum Tode verurteilt, und zwar als einen Flucher oder Lästerer nach dem Gesetz zur Steinigung (3. Mose 24, 16). Er wurde zur Stadt hinausgerissen, alles mit hastiger Eile, als wäre jeder Augenblick seines Lebens eine Pest für das Volk! Dennoch ging's auch wieder nach der Ordnung: Als man am Richtplatz ankam, stellt man sich im Kreis um den Verurteilten herum, und die Zeugen waren es, welche die ersten Steine auf ihn schleuderten. Eiferndes Pöbelvolk war genug da, um die Steinigung zu vollenden. Die Zeugen mußten ihre Obergewänder ablegen, um mit größerer Wucht werfen zu können; und damit keine Diebe dieselben wegtrügen, hütete sie ein Jüngling namens Saulus, ein Ehrenmann und Eiferer. Wir kennen ihn, es ist der nachmalige Apostel Paulus, den der HErr sich im Verborgenen bereits zum Ersatz erkoren hatte und den später, da er einmal gesteinigt wurde, selbst Steine nicht töten konnten (Apg. 14, 19f.; 2. Kor. 11, 25). »HErr Jesu, nimm meinen Geist auf!« betete Stephanus für sich; und: »HErr behalte ihnen diese Sünde nicht!«, d.h. laß diese Sünde ihnen kein Hindernis zur Seligkeit werden, betete er für die Feinde. So war sein Tod ein seliges Entschlafen. Wer wollte ihn beklagen, und nicht vielmehr ihn beneiden?

Der Tod des Stephanus war einerseits das Signal zu einer nun ausbrechenden großen Verfolgung, andernteils aber das Mittel zu einer größeren Ausbreitung des Evangeliums. Je mehr die Feinde verfolgten und die Gläubigen auseinanderstöberten, desto eifriger predigten diese das Evangelium, wo sie hinkamen.

So bringt der HErr unter scheinbarem Erliegen Seine Sache vorwärts. So ging's in verschiedenster Weise bis auf den heutigen Tag. Und so wird's zuletzt in ernstester Weise noch gehen, bis »Er kommt mit den Wolken, da Ihn sehen werden alle Augen und die Ihn gestochen haben, und heulen werden alle Geschlechter der Erde.« Die Auserwählten aber werden sprechen (Matth. 23, 39): »Gelobt sei, der da kommt im Namen des HErrn.« »Ja, komm bald, HErr Jesu! Amen.«

Sonntag nach Weihnachten
Die Stufen der Kindschaft
Gal. 4, 1–7

(1) »Solange der Erbe unmündig ist, ist zwischen ihm und einem Knechte kein Unterschied, ob er wohl ein Herr ist aller Güter; (2) sondern er ist unter den Vormündern und Pflegern bis auf die Zeit, die der Vater bestimmt hat. (3) So auch wir: als wir unmündig waren, waren wir in der Knechtschaft der Elemente der Welt. (4) Als aber die Zeit erfüllet war, sandte Gott Seinen Sohn, geboren von einem Weibe und unter das Gesetz getan, (5) auf daß Er die, so unter dem Gesetz waren, erlöste, damit wir die Kindschaft empfingen. (6) Weil ihr denn Kinder seid, hat Gott gesandt den Geist Seines Sohnes in unsre Herzen, der schreit: Abba, lieber Vater! (7) So bist du nicht mehr Knecht, sondern Kind; wenn aber Kind, dann auch Erbe durch Gott.«

Am Ende eines Jahres bleibt uns manches übrig, das uns mit Bangen vorausblicken läßt. Es läuft so etwas durchs Ganze, das die Herzensfreude schwächt. Vor allem ist es die Wahrnehmung, daß dem lebendigen Gott nicht genug Ehre gegeben wird, daß die Herzen Ihm nicht gerade näher gekommen sind und daß vor allem das Evangelium von Siegen in unsren Landen nicht viel erfährt – daß umgekehrt Unglaube, Genußsucht, Entfremdung von Gott und göttlichen Dingen zunimmt; daß auch der Gefahren von traurigen Zuständen viele da sind. Auch andere Dinge verhüllen uns die Zukunft wie mit einem schwarzen Flor. Wir sehen, wir sind noch im Kampfe; und ein Kampfjahr nach vielen Seiten hin mag auch das kommende Jahr werden. Aber wir trösten uns dessen, daß Kämpfe unter dem Regiment Gottes auch Siege bringen für Sein Reich – und zuletzt wird Jesus Sieger sein, so daß alles Ihm unterworfen wird. Das halten wir fest!

Eines wäre etwas Herrliches, wenn es Wirklichkeit wäre: Ja, was wäre das, wenn nach unserer Epistel in weitem Umfange der Geist des Sohnes Gottes in die Herzen gesandt wäre, daß sie schreien könnten: »Abba, lieber Vater!«, alles Gute von ihrem Vater im Himmel durch Jesus Christus erwartend! Dieses kürzeste Gebet lehren wir schon unsere Kindlein. Wenn sie kaum lallen können, sehen wir sie auch gerne betend, und da müssen sie lernen zu beten: »Abba, lieber Vater!« Aber viele, die es kindlich und wirksam einst gebetet haben, haben's frühe wieder vergessen und lernen's auch in alten Tagen nicht mehr! Ach, ihr, die ihr das leset, betet's doch zum Übergang ins Neue Jahr! Es ist alles damit gesagt, und es reicht, mit Bewegung ausgesprochen, vor allem dann aus, wenn das Herz nicht weiß, wie und was es beten soll, und der Sehnsucht doch so viel ist! Ja, »wenn wir nicht wissen, was wir beten sollen, wie sich's gebührt«, so »vertritt uns der Geist aufs beste«, wenn wir unter unausgesprochenem Seufzen nur beten: »Abba, lieber Vater!« (Röm. 8, 15.26)

Ein Kindergebet ist's. Sind wir denn Kinder?! Ja, du bist's, wer du auch seiest. Das entnehmen wir aus unsrer Epistel. Wollen wir aus ihr etwas lernen! Sie redet von Stufen der Kindschaft, nämlich
1) Von der Unmündigkeit der Kinder, die sie alle sind,
2) von der Mündigkeit der Kinder, wie sie sie haben können; und dem wollen wir hinzufügen:
3) von der unmündigen Mündigkeit der Kinder, wie wir sie jetzt haben.

1) Unmündige Kinder waren nach unsrer Epistel vor Christus alle zusammen, Juden und Heiden; mithin waren sie auf jeden Fall Kinder. Die Juden kamen als Kinder unter Vormünder und Pfleger (V. 2), d.h. unter die Zucht des Gesetzes mit allerlei Satzungen, die sie im Zaum halten sollten, da sie innerlich noch nicht erzogen waren und geneigt waren, sich allen Ausbrüchen der verderbten Menschennatur hinzugeben. Wie glücklich waren diese Kinder unter der steten strengen und väterlichen Pflege ihres Gottes, obwohl sie darunter wie Knechte gehalten zu sein schienen! (V. 6) Vor Augen hatten sie das Gesetz, und hören konnten sie's immer, was Gott forderte und was ihnen eine bessere Haltung zu geben vermochte. Folgten sie, so ging alles gut. Folgten sie nicht, so bekamen sie die Ruten, wie unfolgsame Kinder mit Ruten gestrichen werden. Aber Kinder waren und blieben sie (vgl. Jes. 1, 2) – nur war der Zugang zum Vaterherzen Gottes ihnen noch nicht geöffnet.

Die Heiden – denn von denen redet Paulus nach dem Zusammenhang auch – wurden, obgleich sie in ihren Verwilderungen außerhalb der Familie Gottes blieben, doch auch als Kinder angesehen. Gott ließ sie zwar ihre Wege hingehen, ohne sie in gleiche vormundschaftliche Pflege zu nehmen; aber so ganz ohne Zucht waren sie auch nicht. Auf Hoffnung hat Gott auch unter ihnen gewaltet, wie's eben sein konnte bei Menschen, die sonst nichts nach Gott fragten und fremden Göttern dienten, dem Aberglauben und der Sünde in allen ihren Schattierungen preisgegeben. Aber doch behielten sie, wenigstens aufseiten Gottes, den Charakter als Kinder – freilich als Kinder, die zunächst noch verloren waren. Sie blieben aber in den Augen Gottes Kinder, für die noch gesorgt werden sollte. So standen sie noch in der Unmündigkeit, bei der sie nichts galten; wie die Juden unter einer Unmündigkeit standen, bei der sie zwar gleichfalls nichts galten, aber bereits Vormünder und Pfleger hatten. Beide scheinbar als Knechte gehalten – und doch Kinder.

2) Die Mündigkeit aber kam nach »erfüllter Zeit«. Gott hatte sich eine Zeit festgesetzt, in der die Unmündigkeit aufhören sollte. Diese Zeit kam mit Christus sowohl für die Juden als für die Heiden, und mündig sind sie, soweit sie sich Christus im Glauben hingeben. Wer glaubt, kommt aus der Knechtschaft heraus, wird mündig, fühlt sich als Kind; denn die Sünden sind ihm vergeben, das Vaterherz steht ihm offen. Er bekommt auch eine gewisse Selbständigkeit, bei welcher nicht mehr der Zuchtmeister hinter ihm steht und der Fluch des Gesetzes nicht mehr vorhält. Er braucht diesen Zuchtmeister nicht mehr, erscheint als ein wohlgeratenes Kind – durch die Buße so

geworden –, das von selbst das Rechte tut, sich also freier und mit Lust auf den Wegen Gottes bewegt.

Woher kommt aber diese große Veränderung? Beachten wir's recht: Christus – als geboren von einem Weibe uns gleichgemacht, wie Paulus sagt, und so auch unter das Gesetz, d. h. unter eine Unmündigkeit gestellt – hat uns durch Seinen freien Gehorsam vom Gesetze und dem Fluch des Gesetzes erlöst, damit wir als erlöst und versöhnt aus dem Zustande der Knechtschaft herauskämen und die Kindschaft empfingen, d. h. mündig würden und unsre Rechte als Kinder bekämen. Denn Er ist als Fluch für uns am Kreuze gehangen, damit wir von dem Fluche frei würden und die Verheißung des Geistes empfingen durch den Glauben (Gal. 3, 13 f.). Wir werden also damit mündig, daß ein anderer Geist über uns kommt, sofern »Gott den Geist Seines Sohnes in unsre Herzen sendet«, daß wir fähig werden, uns selbst von innen heraus zu treiben, ohne durch äußerliche Treiber sozusagen zur Folgsamkeit gedrängt zu werden. Die Verheißung schon (Jer. 31, 31) ging darauf hin, daß Gott einen neuen Bund machen wollte, bei dem Sein Gesetz uns in den Sinn gegeben und in die Herzen geschrieben werden sollte, daß sie »alle, vom Kleinsten bis zum Größten, den HErrn erkennen werden« (Hebr. 8, 10 f.). Auch Hesekiel sagt (36, 26 f.), daß Gott durch Seinen Geist »solche Leute machen würde, die in Seinen Geboten wandeln und Seine Rechte halten und danach tun würden«. Die Mündigen sollten fortan nicht mehr auf die Gesetzestafeln hinzuweisen sein, sondern nach dem Geist, der ihnen gegeben ist, wandeln (Röm. 8, 4). Welch eine Freiheit und Mündigkeit kann doch da dem Menschen werden, wenn er, sich ganz eins mit seinem Gott fühlend – weil auch die Sünde weggenommen und ihrer ewig nicht mehr gedacht wird – (Hebr. 8, 12) –, in sich die Richtschnur hat, die ihn sicher auf Wege leitet, die Gott wohlgefallen. Wie leicht wird es ihm auch, weil er auch gegen seinen Gott frei steht, zu beten und, wenn's nottut, zu schreien: »Abba, lieber Vater!«, mit der festesten Zuversicht, daß der Vater ihn erhöre und mit Freundlichkeit sich zu allen seinen Bitten neige. Das wäre denn die höchsterwünschte und beglückende Mündigkeit, welche die Kinder Gottes durch den Glauben an Christus erlangen können.

3) Aber sind wir in dieser Mündigkeit, welche Paulus allen Gläubigen zuschreibt, geblieben? Wir müssen wohl jetzt – um es richtig, wenngleich seltsam auszudrücken – von einer unmündigen Mündigkeit der Kinder Gottes reden. Mündig in etwas (einigermaßen) werden immerhin alle, die in einen lebendigen Glauben kommen. Es ist etwas in ihnen, das nur eines Winks bedarf, um sie in den Schranken zu erhalten; denn es ist ein innerer Mensch da, der bald und leicht das Rechte versteht und sich zu diesem neigt. Aber andererseits fühlen sie sich doch schwach, vor allem in der Erkenntnis, die in vielem schwankend ist, sogar bei verschiedenen Christen verschieden wird, so daß viel Streit und Parteiungen entstehen. Wie verführbar zu allen möglichen Verirrungen erscheinen nicht oft gerade die Besten! Auch der Wille ist oft bei vielen oder in vielen nicht entschieden genug; und wie sehr fehlt's oft am Frieden und dem sicheren Kindschaftsgefühl, bei dem man freudig schreien kann: »Abba, lieber Vater!« Der Geist

Gottes, der in die Herzen gesenkt ist, ist, so müssen wir sagen, nicht mehr kräftig genug, nicht immer in seinen Bezeigungen fühlbar. Das Einssein mit dem HErrn ist geschwächt – und oft gar nicht gefühlt! Wie übermächtig werden oft böse Gedanken, böste Lüste, böse Gewohnheiten! Und wie leicht wird man doch im Umgang zu Verkehrtem entzündet! Dann kommt Angst und Furcht dazu, ein Knechtsgefühl statt des Kindesgefühls. Da ist's eine Unmündigkeit mitten unter der Mündigkeit. Die meisten auch haben's nicht so ganz in sich, wie sie's haben sollten, ohne es immer wieder von außen zu empfangen. Und es erfüllt sich kaum die Verheißung, daß keiner zu seinem Bruder zu sagen braucht: »Erkenne den HErrn!« (Hebr. 8, 11). Wir bedürfen einander; und es gibt Christen, die gleich ins Trockene kommen und innerlich gleichsam verdorren, wenn sie nicht fortwährend Handreichung bekommen. Denn sie haben's nicht genug und nicht fest genug in sich; oder sie haben eine Schärfe, eine Art Gesetzeszwang nötig, wenn es mit ihnen nicht ganz fehlen soll.

So bedürfen alle, auch wenn sie in einer Art Mündigkeit stehen und sich ohne Furcht ihres Heilands trösten können, stets wieder eines »Zuchtmeisters«, der ihnen nur auch ihre Mündigkeit zum Bewußtsein bringe, damit sie vernünftig sei. Immer brauchen sie jemand, der das, was des Geistes ist, in ihnen aufweckt und zum Leben bringt. Und wer keinen Zuchtmeister will, wer gleich empfindlich wird und, auf sie pochend, seine Freiheit und Mündigkeit angegriffen sieht, der bringt's nicht in rechter Art durch. Denn bei dem kann leicht alles wieder »Fleisch« werden, Sünde und Verderben. Heutzutage wollen sie alle Unmündigkeit abstreifen und, sich ganz allein regierend und leitend, volle Selbständigkeit haben; sie wollen dies vor allem für die Gemeinde beanspruchen – als ob diese, Jung und Alt, sich gar wohl selbst führen könnten! Sie bedenken nicht, in welche Gefahr sie dadurch Tausende bringen. Denn deren Mündigkeit ist nun einmal nicht so, daß sie aller Vormundschaft und Pflege entbehren kann; sie säen darum bald auf das Fleisch statt auf den Geist – und ernten von dem Fleisch des Verderbens.

Eines aber wollen wir – auch mit einem »Abba, lieber Vater!« – erbitten vom Vater: Er möge doch Seinen mündig-sein-sollenden Kindern wieder in größerer Fülle den Geist Seines Sohnes geben, damit sie aus der Unmündigkeit mit ihren großen Gefahren, auch Verführern gegenüber, herauskommen und wirklich mutiger, freier, selbständiger werden und (mit dem Heiligen Geist) den sicheren Treiber und Regierer in sich selber haben. Ja, bitten wir um eine erneuerte Ausgießung des Heiligen Geistes, nach der wir, auch wenn wir heute Paulus wieder reden hören, sehr verlangend werden können.

Was wäre es doch, wenn also das kommende Neue Jahr ein besonderes Gnadenjahr für uns werden dürfte! »Abba, lieber Vater« – gib's uns! Amen.

Neujahr
Komm, HErr Jesu!
Offb. 22, 12–14; 16–17; 20–21

(12) »Siehe, Ich komme bald und Mein Lohn mit Mir, zu geben einem jeglichen, wie seine Werke sind. (13) Ich bin das A und das O, der Erste und der Letzte, der Anfang und das Ende. (14) Selig sind, die Seine Gebote halten (die ihre Kleider waschen), auf daß sie teilhaben dürfen an dem Baum des Lebens und zu den Toren eingehen in die Stadt... (16) Ich, Jesus, habe gesandt Meinen Engel, solches euch zu bezeugen für die Gemeinden. Ich bin die Wurzel und das Geschlecht Davids, der helle Morgenstern. (17) Und der Geist und die Braut sprechen: Komm! Und wer es hört, der spreche: Komm! Und wen dürstet, der komme; und wer da will, der nehme das Wasser des Lebens umsonst... (20) Es spricht, der solches bezeugt: Ja, Ich komme bald. Amen, ja komm, HErr Jesus! (21) Die Gnade des HErrn Jesus sei mit allen!«

Beim Beginn eines jeden Neujahrs müssen wir an das Jahr denken, das schon vom Propheten Jesaja verkündigt wird und genannt wird: »das angenehme (gnädige) Jahr des HErrn«, an welchem alle Gebundenen und Gefangenen – begreiflich diesseits und jenseits – befreit werden sollen und alle in Bande Geschlagenen los und ledig werden sollen, um unter solcher Freiheit die Genüsse des Gnadenjahres in Empfang nehmen zu können (61, 2). Dieses »angenehme Jahr des HErrn« hat nun begonnen zur Zeit unseres Heilandes, da Er ins Fleisch kam – aber ein gewordenes war es da noch nicht. Er selbst weist ja immer auf Sein Wiederkommen hin; und dann wird's werden, dann wird alles erfüllt, was dem Menschen nottut, dann wird seine Pein gelöst und seine Seligkeit vollendet werden!

»Siehe, Ich komme bald«, so fängt's heute an, »und Mein Lohn mit Mir!« Und am Schluß hören wir wieder Ihn sagen: »Ja, Ich komme bald! Amen!«

Wir haben nun wohl 2000 Jahre hinter uns, in denen es noch nicht geworden ist. Aber das »bald« steht da und steht hier in unserem Texte zweimal da; es behält seine Bedeutung. Wenn noch soviel vorübergehen soll: auf ein »Bald« muß es doch zuletzt hinauslaufen! In dem Bald liegt auch das Unerwartete, das Plötzliche; ehe es sich ein Mensch denkt, ist's da! Es ist auch so gemeint, daß es in jedem Geschlecht von der Apostel Zeiten an hätte kommen können. Jedes Geschlecht hatte die Berechtigung gehabt zu denken: »Bald kommt Er! Wer weiß, ob wir's nicht noch erleben!« Es hätte sogar jedes Geschlecht die Verpflichtung, sich's bald und in seiner Zeit möglich zu denken. Denn mit dem »Bald« ist auch etwas auf uns gelegt. Es ist nicht der reine Beschluß des HErrn mit der Zeit (d. h. es kommt nicht allein auf Ihn an), wann es sein soll. Bei Ihm wäre es fertig; soviel an Ihm liegt, könnte es mit jedem Geschlecht werden und mit jedem Jahr, wie es auch jetzt mit dem Jahr 1880 kommen könnte. An Ihm hing es nicht, wenn es nicht kam. Das müssen wir mit Bestimmtheit festhalten: an Ihm hängt's nicht! Es hängt an etwas, was bei denen hervortreten sollte, die sich Sein nennen wollen. Und der Text sagt das deutlich schon mit dem Wort: »Selig sind, die Seine Gebote halten« (die ihre Kleider waschen). Wenn nun die Mehrheit der Christenheit Seine Gebote *nicht* hält, so steht es still. Wenn aber Seine Gebote auf Erden gehalten werden, so läuft das Rad.

»Seine Gebote« sind hier besondere Gebote, die jeder Christ mit Bezug auf das Reich Gottes beachten sollte, also zum Beispiel: »Trachtet am ersten nach dem Reich Gottes und nach Seiner Gerechtigkeit, so wird euch das Übrige zufallen.« Wenn nun alle Welt an dem »Übrigen« sich aufhält und nicht nach dem »Reiche Gottes« trachtet oder nur eine gewisse religiöse Form annehmen will und glaubt, mit dieser das zu tun, was der HErr will – also auch glaubt, damit Sein Kommen herbeiziehen zu können – so ist das ganz falsch. Nach »Seinem Reich« müssen wir trachten oder danach, daß Er Meister wird, daß Er HErr und König wird auf Erden. Manchmal will man Menschen zu Herren machen im Reich Gottes, und das ist geschehen, man weiß es wohl. Dann ist es aber nicht der HErr, sondern dann machen es Menschen und wollen alles in Beschlag nehmen auf ihre Weise. Ob es dem HErrn zusagt oder nicht, danach wird nicht viel gefragt. Diese halten aber nicht Gottes Gebote, denn sie denken nicht darauf, daß Er in jedermanns Herzen König werde, daß Er durch die ganze Welt hin die Oberhand bekommen möge. Da stehen sie Ihm aber im Wege und sagen: Unser soll das Reich sein, *unser* soll die Herrschaft sein, nicht Jesu! Sie sagen es wohl nicht so, aber es ist so. Zu allen Zeiten, von Anfang an hat man dem HErrn Jesus nicht die gebührende Ehre angetan und hat Ihn immer mit Seiner Königswürde nebendraußen stehen lassen – und Menschen haben sich königlich gebärdet, als ob *sie* es wären. Und der HErr Jesus hätte weinen mögen über die Verkehrtheit, die durch die ganze Christenheit und Menschheit gelaufen ist. Ihm zu helfen wider die Kräfte der Finsternis, fiel den Leuten nicht ein; im Gegenteil: sie gaben sich lieber den Kräften der Finsternis hin, um dadurch etwas zu erringen. Aber Kräfte des Geistes begehren, damit Jesus HErr werde: das war weniger Menschen Sorge und Bestreben. Und wer weiß? In neuerer Zeit, da sind wohl Fromme da – aber ob sie Seine Gebote halten, wie es nottut, damit das Rad der Welterlösung in den Gang komme, das ist eine große Frage! Im Gegenteil, man kann mit Sicherheit annehmen: so wie es die Leute mit ihrem Frommsein machen, wird der HErr nicht herausgelockt aus Seinem Heiligtum den Menschen entgegen, damit Er sie selig mache. Wir müssen auch eine Empfindung davon haben, wieviel Seelen Ihm entfremdet sind und bei unserer Art Ihm nicht mehr nahekommen. Aber da treiben sie ein »Christentum« und bleiben dabei die alten. O, wieviel Finsternisse haben sich ins Licht gemengt! Und doch – »wie stimmt Christus mit Belial, das Licht mit der Finsternis«?

Nun, da ist uns also eine Andeutung gegeben, warum es sich mit dem »Bald« ein bißchen verzogen hat: Der HErr hat keine Lust gehabt, zu Leuten zu kommen, die gar nicht mehr auf Sein Kommen warten, denen Sein Kommen ganz gleichgültig geworden ist, die denken: Wir können unser Schäflein scheren auch ohne Ihn; wir können

die Leute im Bann halten auch ohne Ihn, können unsere Sachen machen, ohne Ihn mit-
tun zu lassen!

So ist's geworden, und darum ist bis heute kaum etwas in die Augen Fallendes, von
dem man sich Sein Kommen – »das gnädige Jahr des HErrn« – versprechen könnte.

Aber bald kann es werden. Der HErr kann auch im Verborgenen Seine Leute erzie-
hen und herrichten, wie Er einst im Verborgenen einen Simeon erzogen hat mit denen,
die auf das Reich Gottes warteten, von denen aber die Oberen nichts wußten; es waren
die, die so ganz in der Stille in ihren bescheidenen Hütten sich an ihren Gott wendeten,
daß Er doch endlich, endlich den Weltheiland sende!

So mag es sein, daß auch jetzt im Verborgenen kleine Häuflein da sind, nach denen
man nicht viel fragt, die man sogar darob anfeindet, daß sie nach etwas anderem fahn-
den als was da ist; die andere Gedanken haben, als die gewöhnlichen, eine andere Erwartung haben als die gewöhnliche, die nur darin besteht, daß man etwa selig sterben
dürfe. Sie können sogar angefeindet werden, und werden es auch. Aber was diese
Häuflein in der Stille ausmachen mit dem HErrn und wider die Kräfte der Finsternis,
das wird einmal offenbar werden; in ihnen liegt eigentlich die Zukunft. In dem, was
stille Kreise ganz im Verborgenen tun im Einverständnis mit dem HErrn, in dem liegt
unsere Hoffnung. Da mag in der ganzen Welt überall ein anderer Ton herrschen; da
mag überhaupt eine Bewegung und mögen Vorgänge sein, die so auffallend sind, daß
man meint, man komme von dem einen Interessanten zum andern – es ist aber alles
nichts. Was niemand hört, sieht, ahnt: das geschieht im Verborgenen. Und von da aus
kann denn nach und nach das Gerücht ausgehen: »Er kommt! kommt! kommt!« Diese
merken etwas!

So bin ich am heutigen Tage ganz dabei, daß ich mit dem Jünger Johannes rede: »Ja,
Er kommt bald!« In unserem vorgelesenen Text heißt's: »Und der Geist und die Braut
sprechen: Komm! Und wer es hört, spreche: komm!«

Alles nämlich, was dem HErrn Jesus angehören will, muß sprechen lernen:
»Komm!« Und wer dieses Wort nicht in seinem Mund und Herzen hat, tut nichts
dazu, daß Jesus komme. Der Geist, wo irgend etwas von wirklich Heiligem Geist
noch übrig ist in dem Menschen, spricht immer: »Komm, HErr Jesu!« Und ich
möchte fast sagen: Es redet nirgends der Geist, wo Er nicht antreibt zu sprechen:
»Komm!« Es reden nur menschliche Gedanken, menschliche Gefühle, menschliche
Bestrebungen, kein eigentlicher göttlicher Sinn. In keinerlei Art von Christentum, das
man treibt, redet der Heilige Geist, wenn nicht das Wörtlein »Komm!« in aller Mund
hineinkommt. Der Geist ist immer daran, einem jeden zu sagen: »Denk an den kommenden Heiland!« Und wo jemand das nicht in seinem Innern vernimmt, so daß er
wirklich auch rufen kann: »Komm!« – verzeihet mir's! –, da ist er ganz bar des Heiligen Geistes – und wenn seine Worte noch so fromm tönen, mitunter auch scheinbare
Einwirkung haben. Das Bedeutendste ist immer, den kommenden Jesus herzubegeh-
ren, herzurufen, herzuschreien, wenn die Not brennt: »Die Braut spricht: ›Komm‹!«,
wie ja die schon Brautseelen genannt werden können – es gibt deren aber nicht viele –,
die, sich miteinander nach der Vermählung des Bräutigams mit ihnen sehend, spre-

chen: »Komm!« Auf Sein Kommen heben sie alles ab. Der Geist gibt es diesen Brautseelen ein zu sprechen: »Komm!«

Wird Er denn auch am heutigen Tag es vielen ins Herz geben, daß sie sehnsüchtig
hinaufblicken und rufen: »Komm!«? O, Anlaß hätte es genug! Denn es ist alles so ver-
stört und verderbt, daß man gar nichts vor sich sieht, wodurch etwa noch sollte geholfen werden können. Wo man hinsieht, ist's eine verlorene Sache. Wer soll helfen? Da
sollte doch wohl jeder, der den Heiland kennt, dran denken: Er hat Sein Kommen verheißen! Ja, wenn das wäre, dann könnte schnell alles anders werden! Denn zu Seinem
Kommen gehört nicht bloß Sein alsbaldiges persönliches Kommen vom Himmel her,
sondern es gibt Vorläufer, vorausgehende Gnaden; es strömen Strahlen von der kommenden Herrlichkeit herein in die schmachtende Menschheit als ein Anzeichen Seines
Kommens. Aber – welche Veränderung wird schon das hervorbringen! Wie wird die
ganze Menschheit aufatmen, wenn sie nur einmal von ihrem kommenden Heiland etwas vernimmt!

Aber ehe wir es vernehmen, wird zur Braut gesagt: Sprich: »Komm.« Und es wird
zu jedem, der's hört, gesagt: Sprich: »Komm!« Und so sollte heut unser aller erste
Rede sein, bittend zu rufen: »Jesus, komm!« »Komm, HErr Jesu! Komme bald!
Komm, wenn es sein kann, schon in diesem Jahre!« Es kann dann alles so fortlaufen im
Äußeren – aber man wird ein anderer Mensch, glaubt mir's, wenn man nur rufen lernt:
»Komm, komm bald!«

Wenn es weiter heißt: »Und wen dürstet, der komme; und wer da will, der nehme
das Wasser des Lebens umsonst!«, so meine ich, ist bereits eine Verheißung zugesagt
denen, die sprechen: »Komm!«, die Verheißung: Das wird dir in deinem Durst wohltun! Denn wenn du rufst: »Komm!«, so kommst *du* (zu Ihm); und wenn du kommst,
so wird dein Durst gestillt. Wenn du sprichst: »Komm!«, so gehst du zur Quelle hin
und nimmst Wasser des Lebens umsonst. Man hat etwas davon! Ja, glaubt mir's, dem
Heiland tut das Verlangen nach Seinem Kommen so wohl, daß jede Seele, die es an sich
herankommen läßt, ein eigentümliches Wohlsein, eine besondere Befriedigung fühlt,
wie wenn der Heiland oder ein Engel Gottes sie liebkosen würde für diese ihre treue
Gesinnung zum HErrn, der mit Seinem Kommen die Erlösung aller zugesagt hat.

Nun, immer aber steht vor uns das ewige Wort des HErrn: »Ja, Ich komme bald!«
Wenn in vielen Herzen: »Komm!« gerufen wird, da geht das Rad immer rascher und
rascher, und dann dreht es sich so rasch, daß sich die Sachen schnell erfüllen. Jedes
»Komm« Schreiende bringt das Rad in stärkere Bewegung. Denn wenn der HErr ein
Verlangen nach Ihm auf Erden sieht; wenn Er den Durst nach Ihm sieht; wenn Er die
Wehmut nach Ihm sieht – so regt Ihn das an, den Durst zu stillen; und wenn Er noch
einmal sagt: »Ja, Ich komme bald, Amen!«, so rufen wir noch einmal: »Ja, komm,
HErr Jesu!«

Im übrigen aber schließt das Wort mit dem Gruße, der auch sonst aufs ganze Neu-
jahr gilt: »Die Gnade unseres HErrn Jesu Christi sei mit euch allen!« Amen.

Sonntag nach Neujahr
Die Leiden um Christi willen
1. Petr. 4, 12–19

(12) »Ihr Lieben, lasset euch die Hitze nicht befremden, die euch widerfährt, daß ihr versucht werdet. Meinet nicht, es widerführe euch etwas Seltsames, (13) sondern freuet euch, daß ihr mit Christus leidet, auf daß ihr auch zur Zeit der Offenbarung Seiner Herrlichkeit Freude und Wonne haben möget. (14) Selig seid ihr, wenn ihr geschmäht werdet über den Namen Christi; denn der Geist, der ein Geist der Herrlichkeit und Gottes ist, ruht auf euch. (15) Niemand aber unter euch leide als ein Mörder oder ein Dieb oder Übeltäter oder der in ein fremdes Amt greift. (16) Leidet er aber als ein Christ, so schäme er sich nicht, sondern ehre Gott mit diesem Namen. (17) Denn es ist Zeit, daß anfange das Gericht an dem Hause Gottes. Wenn aber zuerst an uns – was will's für ein Ende werden mit denen, die dem Evangelium Gottes nicht glauben? (18) Und wenn der Gerechte kaum errettet wird: Wo will der Gottlose und Sünder erscheinen? (19) Darum, welche leiden nach Gottes Willen, die sollen Ihm als dem treuen Schöpfer ihre Seelen befehlen in guten Werken.«

Leiden um Christi willen kommen in unsrer Zeit, wenigstens bei uns, nicht viele vor. Eine »Hitze, die uns widerfährt«, d. h. Feuerproben, da man nicht nur Ehre, sondern auch Hab und Gut, ja das Leben dransetzen muß, ist selten. Aber es kann anders werden; und von der »großen Trübsal«, die kommen wird, ehe der HErr erscheint, wissen wir ja. Gerade auf diese letzte Zeit ist unser Text gerichtet; er redet auch aus dem Standpunkt der Nähe des HErrn, wie auch Paulus das so oft tut. Wollen wir doch des Petrus Worte recht beherzigen, damit wir einmal »behalten werden mögen« (V. 18)! Auch für andere Plackereien, denen wir so oft ausgesetzt sind, überhaupt für sonstige Trübsale im allgemeinen, können wir aus des Apostels Worten über die Leiden um Christi willen viel lernen. Er sagt:
  1) Diese Leiden dienen zur Versuchung
  2) Sie sind Leiden mit Christus, Teilnahme an Seinen Leiden
  3) Sie sind Beweise unsres Seligseins
  4) Sie sind Anfänge der Gerichte
  5) Sie treiben zum HErrn.

1) Sie dienen zur Versuchung, d. h. zur Bewährung, wie es heißt: »Die Hitze, die euch widerfährt, daß ihr versucht werdet.« Was in einem Christen ist: ob man auf ihn rechnen dürfe, ob wahre Treue an ihm sei – das weiß man erst, wenn er bewiesen hat, wie er in der Trübsal sich verhält: Kommt da Ärger, Zorn, Murren, Überdruß, Verzagtheit an ihn, so besteht er schlecht in der Probe. Darum ist's schon ein Fehler,

wenn's den Christen auch nur »befremdet«, wie Petrus sagt, daß ihm dies oder das begegne, von dem er meint, daß es eigentlich nicht sein sollte; oder von dem er denkt, daß
es etwas »Fremdes«, ihm nicht Zugehörendes, Außerordentliches, »Seltsames« sei,
wie es im Text heißt. Daß einer so denkt, das läßt schon einen nicht ganz richtigen
Stand des Herzens erkennen, wie wir im weiteren sehen werden. Darum denke bei allem, was kommt, nur gleich: »Es gilt eine Probe!«

2) Sie sind Leiden mit Christus oder, wie es eigentlich heißt, sie sind eine Teilnahme
an dem Leiden Christi. Wir wissen ja von den Leiden unsres Heilandes, die Er für die
ganze Welt übernommen hat. Wohl hat Er nun alles für uns getan und hat genug getan,
so daß wir mit nichts etwas verdienen können, das Er nicht schon für uns verdient hätte. Aber doch müssen wir auch etwas von dem schmecken, was Er für uns geschmeckt
hat. So sagt Er ja auch zu Seinen Jüngern, daß sie nicht »über den Meister« seien, nicht
über ihrem HErrn stehen – vielmehr zufrieden sein müßten, wenn sie's auch nur »haben wie ihr Meister«, und nicht schlimmer (Matth. 10, 25). Es ist aber auch, wie wenn
Er uns etwas übriggelassen hätte von dem, was Er litt – nicht uns zum Leid, sondern
zur Freude, weil Er dachte, es tue uns für Ihn wohl, wenn wir auch etwas von dem tragen dürften, was Er getragen hat, da es denn auch ein wenig Frucht bringen darf für
Seinen Leib, Seine Gemeine. Dann aber sollen auch wir, wie Er um Seiner Leiden willen erhöht worden ist, »zur Zeit der Offenbarung Seiner Herrlichkeit Freude und
Wonne haben«, wie Petrus sagt, wenn wir nämlich mit Ihm gelitten, d. h. an seinem
Leiden Anteil genommen haben. Wer wollte darum nicht leiden um Christi willen haben, und es nicht verstehen, wenn Petrus sagt: »Freuet euch, daß ihr mit Christus leidet?«

3) Die Leiden um Christi willen sind Beweise unsres Seligseins (V. 14–16): »Selig«,
d. h. selige Leute, »seid ihr, wenn ihr geschmäht werdet«. Diese Schmähung vonseiten
der Welt kommt nämlich davon her, daß die Welt den Geist nicht leiden kann, »der auf
uns ruht, welcher ist ein Geist der Herrlichkeit und Gottes«, wie es im Text heißt. Den
»verlästert die Welt, und bei den Jüngern ist Er gepriesen«. Hätten wir diesen Geist
nicht, so würde uns niemand verfolgen; und nur, weil wir Ihn haben, verfolgen sie.
Diesen Geist aber haben: was geht doch über das!? Kann es einen Zustand größerer Seligkeit geben, als wenn man Den hat? So ist klar, daß wir, je mehr wir Leiden um Christi willen haben, uns um so mehr im Zustande der Seligkeit befinden, der uns über alles
erhebt. Darum gedulde dich nur, du durch den Geist Gottes selig gewordener
Mensch! Gerade deine Leiden sind ein Beweis davon, daß du ein glücklicher, seliger
Mensch bist!
Dabei mußt du dich aber in acht nehmen, daß deine Leiden nur um Christi willen,
nicht aber darum über dich kommen, weil du etwa nebenbei »ein Mörder« – lernen wir
aus der Bergpredigt, wie man mit Zürnen, »Racha«-Schelten, »Narr«-Heißen ein
Mörder werden kann! – »oder ein Dieb« – das ist jeder ungerechte in gemeinem Eigen-
nutze stehende Mensch – »oder sonst ein Übeltäter« bist. Mithin leidest du mehr um

das, obwohl dein Christenname den Haß über dein Unrecht noch größer macht. Dann ist's kein Zustand der Seligkeit, was dir Verfolgung zuzieht; sondern du wirst darum verfolgt, weil du ein Christ sein willst – und doch durch einen fremden Geist, nicht durch Gottes Geist, dich leiten lässest. Aber mit dieser Trübsal ist's dann gar etwas anderes.

Petrus redet auch von einem »Greifen in ein fremdes Amt«, das nicht tauge und unliebsam sei vor der Welt. Hierin stehen solche, die eine aufrührerische Stimmung haben, so daß sie sich um Dinge bekümmern, die sie nichts angehen. Und wenn Kinder Gottes so sind, werden sie leicht auf die Finger geklopft, und zwar meist sehr empfindlich, nicht zu ihrem Nutzen! Nur wenn sie ganz »als Christen leiden«, sagt Petrus, d. h. wenn sie nicht sonstwie reizen, brauchen sie sich nicht »zu schämen« – andernfalls müssen sie sich wohl schämen –, und dann dürfen sie sogar »Gott ehren« und preisen, daß »Er sie würdigt, um des Namens Jesu willen leiden zu dürfen« (Apg. 5, 41). Sie sind die Seligen und bleiben's auch unter Martern.

4) Die Leiden sind Anfänge der Gerichte (V. 17 f.). Wenn es im Text heißt: »Es ist Zeit, daß anfange das Gericht an dem Hause Gottes«, so sind »das Haus Gottes« jetzt die Gläubigen, die Christus angehören. Darum heißt's: »so aber zuerst an uns. . .« Die Gläubigen müssen gleichsam zuerst ins Gericht, wenn das große Gericht kommt. In Zeiten der Ruhe, da der Tag des HErrn ferne steht, gibt's wenig Verfolgung, auch wenig Gericht an den Gläubigen, weil überhaupt kein Gericht da ist. Wenn's aber ernst wird mit dem Abschluß der Dinge und dem Kommen des HErrn und Seinem Gericht, dann gibt's harte Wehen; und an diesen müssen auch die Christen mit teilhaben, und bei ihnen sind sogar die Anfänge! Die Verfolgungen sind Zeichen, daß das Ende naht – vorausgesetzt, daß sie allgemein sind und zuletzt durch die ganze Welt gehen. Wenigstens in unsrer Zeit kann man sagen: Wenn's recht heiß wird, wenn die große Feuerprobe kommt: dann ist das Weltgericht nahe. Immerhin müssen auch wir das, was an Bösem über uns kommt, als ein Gericht ansehen. Denn wenn Gott die Welt einmal richtet, so haben wir daran zu denken, daß wir in vielem nicht gerade sauberer sind als sie, und daß darum es die Gerechtigkeit fördern könne, daß wir nicht so ganz unbescholten durchkommen dürfen, sondern auch ein wenig mit ins Gericht müssen – nicht zum Verderben, aber zu einem Zeugnis, daß wir nur aus Gnaden dem großen Gerichte enthoben werden können. Darum vollstreckt auch nicht Gott selbst das Gericht an den Seinen oder Seinem Hause und gestattet es nur gleichsam ihren Verfolgern, sie ins Gericht zu nehmen, als würden sie lauter Verbrecher an ihnen richten! Aber nur um so größer ist wieder der Gläubigen Sieg, weil sie alles nur um Jesu willen leiden, mit Jesus gleichsam in Sein Gericht kommen, das Er für die Sünden der Welt gebüßt hat. Dieses Gericht ist auch so, wie unser Text sagt, daß »der Gerechte Mühe hat, sich zu erhalten«. Und so ist ihre Trübsal auch wieder ein Zeichen für die Gottlosen und Sünder: wie es ihnen selbst ergehen werde, wenn sogar die Gerechten in ein solches Gerichtsfeuer kommen! So sagt auch Paulus (2. Thess. 1, 5), daß die Verfolgungen und Trübsale, die wir leiden, anzeigen, daß »Gott recht richten werde und wir

um so würdiger werden zum Reich Gottes, über welchem wir leiden«. Also auch, wenn Gott – selbst bei den Leiden um Christi willen – gerichtlich mit uns verfährt, haben wir zufrieden zu sein und es als eine Gnade zu achten. Denn immerhin ist es »eine zeitliche und leichte Trübsal, die eine ewige und über alle Maßen wichtige Herrlichkeit schafft« (2. Kor. 4, 17).

5) Die Leiden um Christi willen treiben zum HErrn. »Wir leiden sie«, wie Petrus sagt, »nach Gottes Willen«. Weil Er's aber will, so werden wir in guten Händen sein, wenn's Menschen auch noch so böse mit uns meinen. Getrost können wir Ihm »unsre Seelen befehlen«. Die Leiden treiben dazu, sich ganz in die Arme Gottes zu bergen, ohne es durch Eigenwille und Selbsthilfe zu versehen. Das müssen wir überhaupt erst lernen, unsrerseits uns ganz willenlos, ergeben und geduldig in die Hände Gottes zu legen. Dies ist aber nicht möglich, ohne daß wir durch alles hindurch uns des Guten befleißigen. Darum setzt Petrus hinzu: »Wir sollen uns Ihm befehlen, dem treuen Schöpfer, in guten Werken.« Die Leiden um Christi willen treiben uns also auch zu guten Werken, zu einem guten Verhalten nach allen Seiten. Denn sie machen uns ernst und versetzen uns im Geiste in die unmittelbare Nähe Gottes, der, wie Er unser Schöpfer ist, auch unser Erretter sein will in Zeit und Ewigkeit. Sie helfen uns also zu unsrer Vollendung, helfen uns in den Stand hinein, bei dem wir einmal rein und unbefleckt vor Ihm stehen können, auch wenn Er seinen Gerichtseifer an den Gottlosen offenbaren wird.

Wieviel Wichtiges hat uns doch Petrus gesagt von den Leiden um Christi willen! Vieles davon, ja alles hat seine Geltung auch bei anderen Leiden, deren wir soviele haben und die in Ruhezeiten gleichsam an die Stelle der Leiden um Christi willen treten. Der HErr gebe uns auch für diese durch alles hindurch den rechten Sinn, daß wir, wenn wir auch in diesen treu ausgehalten und uns bewährt haben, »zur Zeit der Offenbarung der Herrlichkeit Christi Freude und Wonne haben mögen«! (V. 13) Amen.

Erscheinungsfest (Epiphanias)
Die Erleuchtung der Heiden
Jes. 60, 1–6

(1) »Mache dich auf, werde licht; denn dein Licht kommt, und die Herrlichkeit des HErrn geht auf über dir! (2) Denn siehe, Finsternis bedeckt das Erdreich und Dunkel die Völker; aber über dir geht auf der HErr, und Seine Herrlichkeit erscheint über dir. (3) Und die Heiden werden zu deinem Lichte ziehen und die Könige zum Glanz, der über dir aufgeht. (4) Hebe deine Augen auf und sieh umher: Diese alle sind versammelt und kommen zu dir. Deine Söhne werden von ferne

kommen und deine Töchter auf dem Arme hergetragen werden. (5) Dann wirst du deine Lust sehen und vor Freude strahlen, und dein Herz wird erbeben und weit werden, wenn sich die Schätze der Völker am Meer zu dir kehren und der Reichtum der Völker zu dir kommt. (6) Denn die Menge der Kamele wird dich bedecken, die jungen Kamele aus Midian und Epha. Sie werden aus Saba alle kommen, Gold und Weihrauch bringen und des HErrn Lob verkündigen.«

Wie der Engel des HErrn den Hirten auf dem Felde erschien, ihnen die Ankunft Christi zu verkündigen, so hören wir heute, am sogenannten Erscheinungsfeste, wie der Engel – nach der richtigen Auslegung – in der Erscheinung eines Sternes (vgl. Offb. 9, 1) auch den Weisen im Morgenlande, also Heiden, erschienen sei, ihnen das Gleiche zu sagen: daß nämlich der verheißene König der Juden geboren sei. Der heutige Tag soll es uns also wichtig machen, wie Gott nicht allein der Juden, sondern auch der Heiden Gott sei. Und daß beide in Zukunft ganz gleich vor Gott gestellt sein sollen, gibt das zu erkennen, daß gleich zu Anfang beiden der erste Schimmer des nun aufgegangenen Lichtes zugekommen ist. So ist denn nun auch unsre heutige Abendlektion den Propheten entnommen, die soviel von der kommenden Aufnahme der Heiden unter das Volk geweissagt haben.

Besonders nachdrücklich redet Jesaja in dem heutigen Abschnitt davon, daß die Herrlichkeit des HErrn zuerst in Israel aufgegangen sei, um von da auch auf die Heiden zu kommen. Diese Heiden bedurften des Lichtes im besonderen Grade; denn von ihnen gilt mehr als von Israel das Wort: »Denn siehe, Finsternis bedeckt das Erdreich und Dunkel die Völker.« In Israel waren die Anfänge des Lichts, der Vorläufer des Lichts, schon da. Darum konnte eben hier das Licht aufgehen, zugleich mit vollem Glanze. Denn Christus, der gekommene Heiland, konnte mit vollem Lichte leuchten wirklich allein unter einem Volk, das die Herrlichkeit Gottes auch sonst schon in so reichem Maße durch Offenbarungen und Wunder aller Art zu Heil und Rettung erfahren hatte. Hier allein verstand man Seine Person als Dessen, der »in Israel HErr sei, welches Ausgang von Anfang und Ewigkeit her gewesen sei« (Micha 5, 1). Nur hier konnte sich also der HErr den Sohn Gottes nennen und sagen: »Ich und der Vater sind eins.« Nur hier konnte man an Ihn glauben als einen »Mann, von Gott gesandt«, auch nur hier Seinen Wundern die rechte Bedeutung geben. Ja, alles, was Er redete, konnte zunächst nur hier verstanden werden. Von allen Heiden – soweit sie nicht die Verbindung mit den Juden schon empfänglich gemacht hatte – hätte niemand Seinen Reden von Buße, vom Gericht und dem ewigen Leben, der Auferstehung, der dargebotenen Gnade Gottes, Seinen sittlichen Forderungen und tiefen Lehren, kurz allem, was als Licht in Christus erschien, etwas abgewinnen können. Deswegen ist auch in unsrem Texte mit so vielem Nachdruck gesagt, daß die Heiden in Israels Licht wandeln würden und die Könige im Glanze, der über Israel aufgehe. So hat auch der HErr gesagt: »Das Heil kommt von den Juden.« Hierher gehört auch die Weissagung (Jes. 2, 3), daß die Heiden herzulaufen, kommen und sagen würden: »Kommt, laßt uns auf den Berg des HErrn gehen, zum Hause des Gottes Jakob, daß Er uns lehre Seine Wege und wir wandeln auf Seinen Steigen!« Denn vom HErrn werde das Gesetz ausgehen, und des HErrn Wort von Jerusalem. Wer Licht haben will, kann es nur in Israel haben. Hierher kommen sie in großen Haufen, den HErrn zu suchen, um vor Ihm zu beten, und aus allerlei Sprachen der Heiden suchen sie einen jüdischen Mann zu ergreifen mit den Worten: »Wir wollen mit euch gehen, denn wir hören, daß Gott mit euch ist!« (Sach. 8, 22 f.)

Malerisch beschreibt nun unser Text das Herzulaufen der Heiden. Es wird vorgestellt, als säße Israel still zuhause, sich seines Lichtes freuend. Auf einmal sehen sie große Scharen von fernher kommen, dem Gott Israels ihre Weihegeschenke darzubringen und mit Jubel Sein Lob zu verkündigen, den Israeliten zu höchster Lust und Freude. Die Bekehrten aus den Heiden werden nicht mehr Heiden genannt, sondern kommen ganz in der Eigenschaft von Israeliten, als deren Söhne und Töchter, mit Israel zu *einem* Volk zusammenwachsend und verschmolzen. Solche Barmherzigkeit tut Gott an aller Welt; und wenn einst Israel Gottes erstgeborener Sohn genannt wurde – um anzuzeigen, daß andere Völker in der Eigenschaft von gleichberechtigten Söhnen nachkommen würden –, so wird dies wunderbar herrlich seit Christus erfüllt, der ja »alle Völker taufen und lehren« heißt.

Man kann fragen, wie doch auf einmal solche Empfänglichkeit unter den Heiden geworden sei, da sie doch zuvor sogar mit Finsternis umhüllt waren? Den Grund dazu, wie wir auch an den Weisen vom Morgenland sehen, hatte allerdings schon das Dämmerlicht gelegt, welches in Israel gewesen war. Und nicht ohne eine besondere Fügung Gottes war es zur Zeit Christi so geworden, daß überall in der bekannten Welt eine Menge Juden verbreitet waren, welche viel von ihrem Gott zeugten und manche Heiden gewannen, die sich als »Judengenossen« an sie anschlossen. Aber Christus selbst ist schon Seiner Person nach ein Licht geworden. Mit Ihm kam ein Neues, kamen neue Kräfte von oben, Gaben des Heiligen Geistes, ja Engelscharen (Joh. 1, 51) hernieder auf die Erde. Das alles hatte seine verborgene Wirkung auf alle, die das Evangelium vernahmen. Seine Worte alle sind so Lichtstrahlen, wie Seine ganze Person Licht auswarf, Kräfte, die hineinwirkten in die Herzen; und tiefgehende Eindrücke waren die Folge davon (Matth. 7, 28 f.; Joh. 7, 40). Es war, als ob vor Ihm her ein Licht strömte, wodurch überall die Finsternis weggeräumt, die Kräfte Satans verdrängt und Heilskräfte verbreitet würden. Dasselbe war's auch später, da der HErr zu Seinen Jüngern gesagt hatte: »Ich bin bei euch alle Tage bis an der Welt Ende.« So bot Er auch vom Himmel her sich selbst ihnen dar in Person und mit den Ihm bereitstehenden Kräften und Engeln. Ein verborgenes, erquickendes und befreiendes Licht ging auch von den Jüngern durch Christus aus und bahnte gleichsam den Weg vor ihnen her. Da waren denn auch die Worte der Apostel, wenn sie die Leutseligkeit Gottes anpriesen, Lichtstrahlen, die rings um sie her eine Helle verbreiteten und tief in die Herzen hineinleuchteten. Die Worte von der Gnade, von der Vergebung der Sünden, vom Frieden mit Gott, den sie ankündigten, und von der Kindschaft mit Gott, die zu erlangen war, von dem Heil nach allen Seiten: diese Worte wurden getragen von himmlischen Kräften. Es wurde den Leuten im Innersten des Herzens fühlbar als ein

Licht, das hell brannte, so daß die Worte gleich ausrichteten, was sie sagen. Es war, als atmeten die Leute himmlische Luft und Kraft! Alle Predigt an die Heiden wurde auf diese Weise gewaltig. Sie hörten nie Gehörtes, sahen nie Gesehenes, verstanden nie Erkanntes – und mit allem ging ihnen immer ein Licht auf, das ihren ganzen inneren Menschen durchleuchtete. Das ist das Große des Lichtes in Christus, daß er, als aus Gott kommend, mit himmlischen Kräften verbunden, fühlbar wurde auch den Menschen, die sonst unempfindlich waren. Daher kam der Eifer, mit dem die Heiden überall den Aposteln entgegenkamen. Der quälende Hunger und Durst wurde ihnen wie durch einen göttlichen Labetrunk alsbald gestillt, und das Dunkel des Todes und der Hölle wurde in ihnen zu fröhlicher Hoffnung des ewigen Lebens alsbald in ihren Herzen versiegelt. So war's insbesondere in der ersten Zeit, weswegen es so schnell vorwärtsging, daß schon Paulus sagen konnte: »Es ist in alle Lande ausgegangen ihr Schall und in alle Welt ihr Wort« (Röm. 10, 18). Und im Nu wurden ganze Landschaften erfüllt mit dem Evangelium Christi (Röm. 15, 19). Eine drängende Macht von oben kündigen auch die Worte des Jesaja in unserem Texte an.

Wenn in dieser unserer Zeit die Aufnahme des Evangeliums unter den Heiden einen langsameren Weg zu haben scheint – wiewohl immerhin auffallend ist, wie seit etwa 50 Jahren, da die Mission in ihre volle Tätigkeit gekommen ist, kaum noch ein Land ist, in welchem nicht Früchte der Predigt zu sehen wären, abgesehen von dem umfangreichen Dämmerlichte, das über ganze Weltteile gekommen ist –: so liegt's an dem, daß die Fülle des ausgegossenen Geistes und so auch die innere Macht des Lichtes nach ihrer Erweisung nicht mehr dieselbe ist wie im Anfang. Aber wir dürfen erwarten, daß sich das Frühere wieder erneuern und vor allem vor dem Kommen des HErrn mit überraschender Schnelligkeit die Heiden wieder von den Lichtstrahlen des Wortes erfaßt werden. Wenn diese große Missionszeit kommt, dann wird es bei uns – während wir still zuhause sitzen – wieder heißen nach unsrem Text: »Hebe deine Augen auf und siehe umher: Diese alle versammelt kommen zu dir! Dann wirst du deine Lust sehen und ausbrechen, und dein Herz wird sich wundern und ausbreiten, wenn sich die Menge am Meer zu dir bekehrt und die Macht der Heiden zu dir kommt!«

Ja, diese Zeit wird kommen, daß es wieder heißen wird: »Mache dich auf, werde licht, denn dein Licht kommt, und die Herrlichkeit des HErrn geht auf über dir!« Diese Zeit, käme sie bald! Amen.

1. Sonntag nach Epiphanias
Ermahnungen an die Brüder
Röm. 12, 1–5

(1) »Ich ermahne euch nun, liebe Brüder, durch die Barmherzigkeit Gottes.«

Die Brüder, welche Paulus anredet, sind Christen, teils aus Juden, teils aus Heiden, welche Barmherzigkeit erlangt haben durch den Glauben an Christus (Röm. 11, 30f.) und darum zu den *Auserwählten* Gottes gehören, die nimmer beschuldigt oder verdammt werden können (Röm. 8, 33f.). Doch kam es darauf an, daß ihr ferneres Verhalten das Richtige werde, wie man es von Menschen erwarten konnte, denen solche Barmherzigkeit widerfahren war. Hierüber wollte jetzt Paulus ein Wort mit den Brüdern, den Auserwählten, reden. Und er tut's mit großem Ernst, indem er sie bei der Barmherzigkeit Gottes beschwört, auf ihn zu achten und zu tun, was die erfahrene Barmherzigkeit fordere. So enthält vor allem unser Text allerlei Aufforderungen an die Auserwählten, die wir nun auch beherzigen wollen. Er fordert auf
1) zu einem vernünftigen Gottesdienst (V. 1)
2) zur Erneuerung ihres Sinnes (V. 2)
3) zu mäßiger Selbstschätzung (V. 3)
4) zu gegenseitiger Dienstleistung (V. 4f.)

(1) »Ich ermahne euch, daß ihr eure Leiber begebet zum Opfer, das da lebendig, heilig und Gott wohlgefällig sei; das sei euer vernünftiger Gottesdienst.«

1) Das kann auch übersetzt werden: zum »geistlichen Gottesdienst«. Bis daher bestand der Gottesdienst bei Juden und Heiden vornehmlich in Opfern, die sie Gott darbrachten. Solche äußerlichen Opfer sind's nun nicht mehr, womit sie Gott zu dienen haben. Von diesen sind sie frei. Deswegen sind sie aber nicht von jedem Opfer frei; vielmehr haben sie's auf vernünftige, d. h. geistliche Opfer jetzt abzuheben, an denen sie es nicht fehlen lassen dürften. Nun hat man bisher Tiere geschlachtet und auf den Altar gelegt – nicht ohne sich selbst auch wehe zu tun, weil ja damit schon ein großer Aufwand verbunden war. Der Opfernde hat sich dabei auch demütigen, hat seine Sünde bekennen und dem Opfer auflegen und unter allem viel Selbstverleugnung und Hingabe an Gott an den Tag legen müssen. Wenn nun diese äußerlichen Opfer aufgehört haben, so sehen wir, was, wenn wir jetzt »geistlich« opfern wollen, für uns übriggeblieben ist und wessen wir uns nicht entledigen dürfen. Wir müssen, nicht nur einmal sondern oft und täglich, mit Buße und Demut, mit selbstverleugnender Hingabe an Gott unsre Leiber gleichsam opfern, d. h. uns selbst nach unsrer ganzen Person, mit Leib, Seele und Geist, mit allen unsren Gedanken und Neigungen; wir müssen alles – auch wenn es etwas kostet – gleichsam auf den Altar legen und ganz und allein dem

Dienste Gottes vorstellen und übergeben. Wir selbst müssen ganz Gottes werden, so daß wir nicht mehr unser sind – wie das Opfertier ganz des HErrn war. So fordert's von uns die Barmherzigkeit, die uns widerfahren ist. Wenn wir's so machen, so ist's, wie Paulus sagt, ein »lebendiges, heiliges und Gott wohlgefälliges Opfer«. Es ist »lebendig«, nicht wie man sonst Totes auf den Altar legte, weil der Mensch als lebendig sich hingibt und lebend Ihm dienen will, allem durch die Sünde kommenden Tod entsagend. Es ist »heilig«, wenn nicht ein böser Rückhalt gemacht wird – wie einst das zum Opfer Bestimmte makellos, vom Gemeinen und Fehlerhaften abgesondert genommen werden mußte. Es ist endlich auch, wenn es lebendig und heilig ist, »Gott wohlgefällig«, Ihm ein süßer und angenehmer Geruch, wie es einst von recht dargebrachten Opfern hieß (3. Mose 1, 9.13.17). Wir können, so ist damit angedeutet, durch solches Opfer in besonderem Wohlgefallen Gottes erhalten werden, so daß der Bund mit Gott unangefochten bleibt, auch wenn Sünden vorgekommen sind, um deren willen sonst Opfer nötig waren. Denn sie werden vergeben; und der ganze Mensch bleibt bei Gott in Gnaden zu allen Segnungen aus Seiner Fülle. Haben wir, die wir das lesen, solches alles auch schon bedacht, wir, die wir auf die Barmherzigkeit Gottes hoffen: daß wir uns rückhaltlos und ganz in den Dienst des barmherzigen Gottes zum Opfer hingegeben hätten?!

(2) »Und stellet euch nicht dieser Welt gleich, sondern verändert euch durch Erneuerung eures Sinnes, auf daß ihr prüfen möget, was Gottes Wille ist, nämlich das Gute und Wohlgefällige und Vollkommene.«

2) Hat man sich Gott zum Opfer hingegeben, so darf man nicht wieder in die Dinge dieser Welt verflochten und durch sie befleckt, nicht an sie gleichsam verkauft und hingegeben werden. Da muß der ganze Sinn des Menschen ein anderer werden, als man ihn bei der Welt antrifft oder bei denen, die fern von Gott stehen. Die Welt hat nur Sinn für Ehre, Genuß und Tand; hierauf allein gehen alle ihre Gedanken. In diesem Sinn steckten auch vorher alle Gläubigen, und von ihm sind noch Wurzeln in ihnen geblieben, so daß sie fortgehend auf der Hut sein müssen, um von ihm nicht wieder gefangen und eingenommen zu werden. Darum genügt's auch nicht, daß man sich einmal dem HErrn zum Opfer hingegeben hat. Man hat das oft und immer wieder, ja täglich nötig. Wer das versäumt oder vergißt, hat unvermerkt wieder den Sinn der Welt angenommen; er bleibt nicht reines Herzens, nicht unbefleckt von den Dingen dieser Welt. Schon die Haltung der Brüder und Auserwählten muß eine andere werden, als sie die Welt hat; und wer nur in der Haltung der Welt nach außen verharrt, steht in Gefahr. Deswegen sagt Paulus: »Stellet euch nicht dieser Welt gleich«, d.h. benehmt und haltet euch nicht wie sie, sondern verändert euch, daß man es euch gleich in allem ansieht: Ihr seid durch Erneuerung eures Sinnes andere Leute. Um es aber recht zu machen – daß wir uns nicht etwa nur zu frommen Mienen und Manieren verleiten oder alles in einer bloßen Andacht aufgehen lassen, bei welcher wir nur schöne Worte machen vor Gott –, heißt uns der Apostel auch prüfen, d.h. mit steter Auf-

merksamkeit erforschen, welches da sei der gute, der wohlgefällige und der vollkommene Gotteswille. Ohne diese Prüfung wird alles nur Schein, äußere Form oder gar Heuchelei; und daß das unser Anderssein von der Welt nicht werde: selbst das haben wir immer wieder sorgfältig zu prüfen!

In allem ist darauf zu sehen, daß nur Gottes Wille geschehe. Aller eigene Wille, den der Mensch so gerne festhält, sollte aufhören; und so sollte auch alle Neigung überwunden werden, von der man merkt, daß sie nicht nach dem Willen Gottes sei. Dabei ist zu beachten:

a) was gut sei vor Gott oder mit dem ausgesprochenen Gebot Gottes übereinstimmend. Weil man nämlich doch nicht alle Berührung mit der Welt aufgeben kann – überhaupt in allerlei Lagen mit anderen kommt –, ist oft alles sehr verwickelt und mit Schein und Täuschung umhüllt, so daß etwas gut scheint, was es doch nicht ist, oder etwas unrecht scheint, was doch gut wäre. Oft kostet's Mühe, den Punkt herauszufinden, nach welchem etwas gut und recht ist oder unrecht. Und wer sich nicht bemüht, diesen Punkt zu finden – also den guten Gotteswillen darin nicht prüft –, kann oft ein sündliches Betragen annehmen und in sündliche Behandlung des Nächsten, in Härte, Stolz und Geiz verfallen und ganz unvermerkt zum Sünder werden, allein durch Unachtsamkeit und Gleichgültigkeit in seinem Benehmen, das er nie einer Prüfung unterzieht.

b) Es soll der wohlgefällige Gotteswille geprüft werden. Hierbei denkt der Apostel wohl mehr an solche Dinge, da man einige Freiheit hat oder da es das eine Mal so, das andere Mal anders gehalten werden muß. Ein zartes Gewissen wird auf der Hut sein, daß es Unterschiede machen lernt und auch in scheinbar Gleichgültigem den rechten Gotteswillen herausfindet.

c) Wenn endlich auch der vollkommene Gotteswille zu prüfen ist, so mag der sich auf solches beziehen, da Gott dem Menschen Raum läßt, auch ein Übriges zu tun, ohne es ihm befehlen zu wollen. Hierher gehören besondere Verleugnungen aller Art, die nicht gerade von Gott gefordert werden, aber so sind, daß ein prüfender Mensch erkennen kann, daß sie doch in Seinem Willen liegen. So sagte der HErr zu jenem Jüngling: »Willst du vollkommen sein, so verkaufe, was du hast, und gib's den Armen und folge Mir nach«, d. h. willst du mehr tun, als das Gesetz dir vorschreibt, so hast du jetzt Gelegenheit dazu, indem du dich alsbald aufmachst, mit Verlassen alles des Deinen Mir nachzufolgen und für die Förderung des Reiches Gottes behilflich zu sein. Das hatte vorher der Heiland nicht zu ihm gesagt, und es lag auch nicht in der Forderungen des Gesetzes. Aber merken konnte es der Jüngling wie die anderen Jünger auch, daß jetzt die Zeit eingetreten sei, da man Gott mit nichts gleichsam einen größeren Gefallen tun könne, als wenn man alles verließe, um Dem zu Dienst zu sein, den Er gesandt habe. So kann auf allerlei Weise ein Vollkommenes, ein Übriges geschehen – wobei man aber wieder auf der Hut sein muß, daß nicht ein Eigenwille, Stolz, Streben etwas zu sein, oder Eifersucht, anderen es nachmachen zu wollen, voreilig zu etwas treibt, das nichts weniger ist als der vollkommene Gotteswille!

Ein ganz dem HErrn ergebener Sinn wird's in allem treffen, wie es nach Gottes Willen ist. Und den höchsten Preis wird der davontragen, der den verborgenen vollkommenen Gotteswillen mit Demut und Selbstverleugnung getroffen hat nach beständiger sorgsamer Prüfung seiner selbst und des Gotteswillens – ohne sich durch niedrige Rücksichten abhalten zu lassen, der erfahrenen Barmherzigkeit Gottes ein Opfer zu bringen, und sei's auch das allergrößte!

(3) »Denn ich sage durch die Gnade, die mir gegeben ist, jedermann unter euch, daß niemand höher von sich halte, als sich's gebührt zu halten, sondern daß er von sich mäßig halte, ein jeglicher, wie Gott ausgeteilt hat das Maß des Glaubens.«

3) Mit der Barmherzigkeit, die den Auserwählten widerfährt durch den Glauben, werden auch einem jeglichen Gaben zuteil, je nachdem sie der Geist Gottes austeilt. Es sind also nicht natürliche, sondern göttliche Gaben, obwohl sie sich natürlichen anschließen oder diese veredeln mögen. So bekam jeder etwas, worin er mehr war als andere »nach dem Gott ausgeteilt hat das Maß des Glaubens«, d. h. nach dem besonderen Glauben oder Glaubensverlangen, wie sich's bei jedem kundgab. Nun geschieht es aber leicht, daß jemand, wenn er sich in einem Punkt bevorzugt sieht, nun auch in anderem etwas mehr sein will. Er wird stolz und eingebildet auf das, was er hat – und der Stolz ist ein Nimmersatt, der sich auch in allem anderen breitmachen will. Damit aber wird viel verderbt; es wird vor allem der Friede in der Gemeinschaft gestört. Deswegen beschwört Paulus abermals die Brüder – und diesmal bei der Gnade, die ihm gegeben sei, d. h. bei der ihm gegebenen apostolischen Macht, einem jeden zu raten und zu befehlen –, es solle doch ja niemand weiter von sich halten, denn sich's gebühre zu halten, sondern ganz bei dem allein bleiben, das ihm gegeben sei. Wie wichtig ist doch solch eine Ermahnung! Denn überall trifft man Leute an, die, weil sie in etwas eine Gabe und Gnade haben, nun auf andere stolz herabsehen und sich in Dinge mischen, auf die ihre Gabe sich nicht bezieht und die sie daher nichts angehen. Vielmehr sollten sie sich wiederum von anderen, diese und ihre Gaben anerkennend und ehrend, abhängig machen. Möchten doch die Gläubigen und Auserwählten Paulus verstehen, wenn er zu mäßiger Selbstschätzung auffordert, d. h. jeden bei dem verbleiben heißt, was er ist, ohne etwas Weiteres sein zu wollen und dadurch andere herabzusetzen. Wie stimmt auch solches zu der erfahrenen Barmherzigkeit, ohne welche der Mensch gar nichts wäre und gar nichts hätte, wenigstens nichts von oben her?!

(4) »Denn gleicherweise, wie wir an einem Leibe viele Glieder haben, aber nicht alle Glieder einerlei Geschäft haben, (5) so sind wir viele ein Leib in Christus, aber untereinander ist einer des andern Glied.«

Er sagt, in *einem* Leibe seien viele Glieder, die aber nicht alle einerlei Geschäft haben. So seien auch viele *ein* Leib in Christus; aber untereinander solle einer des andern Glied sein, d. h. ein Glied dem andern zu Dienst sein. Jeder soll mit dem, worin ihm etwas gegeben, er also eigentümlich (original) ist, den anderen dienen und Hilfe leisten denen, denen das nicht gegeben ist, was er habe. Paulus führt das weiter aus in dem, was unsrem Text nachfolgt. Wir aber haben schon aus dem Gesagten zu entnehmen, daß wir uns einander nicht entziehen dürfen. Wenn wir da wegzubleiben haben, wo es nicht unsre Sache ist und wofür wir nichts von Gott empfangen haben, so sollen wir desto bereitwilliger sein mit dem, was wir haben. Da darf keine persönliche Rücksicht, keine Trägheit, keine Bequemlichkeit, keine Mißstimmung oder Widrigkeit gegen jemand von der Dienstleistung abhalten; sondern mit Eifer und Liebe soll jeder dem anderen das diesem von ihm Gebührende geben, sich freuend, daß er etwas hat, womit er dienen und andere dankbar machen kann. Er selbst darf auch nicht zu stolz und eigenliebig sein, sich von anderen in dem, was sie haben, dienen zu lassen. Auch darin möge der HErr uns allezeit den rechten Sinn und Takt geben! Denn welch ein Großes ist es, daß wir, die wir Barmherzigkeit überkommen haben, auch darin angesehen werden, daß wir vom HErrn Tüchtigkeit bekommen, selbst auch Barmherzigkeit zu üben!

Wievieles ist es doch, was wir um der Barmherzigkeit willen, die uns widerfahren ist, unsrerseits zu tun veranlaßt sind! Möchten wir doch eben die erfahrene Barmherzigkeit nie aus dem Auge verlieren, um es auch nicht fehlen zu lassen an dankbarer »Wiedervergeltung«, daß ich so sage, weil es so der HErr aus Gnaden nimmt! Amen.

2. Sonntag nach Epiphanias
Vom rechten gottseligen Verhalten
Röm. 12, 6–16

Der Apostel hatte im Brief an die Römer recht umständlich das Evangelium von Jesus Christus besprochen, wie durch dasselbe die Sünder vermittelst des Glaubens an Jesus ohne Verdienst der Werke gerecht und selig werden können. Je größer die Barmherzigkeit Gottes ist, welche der begnadigte Sünder erfährt, desto dringender wird es für ihn, fernerhin sich dem HErrn ganz zum Opfer zu geben und darauf bedacht zu sein, daß sein ganzes Verhalten ein gottseliges, in allem Gott wohlgefälliges werde.

Hierzu gibt Paulus in den Schlußkapiteln seines Römerbriefes wichtige Winke. Und diese, wie sie unsre heutige Epistel in Fülle enthält, recht zu beherzigen, sollte uns, die wir in der Gnade stehen, ein beständiges Anliegen sein. Dieser Text ist die Fortsetzung von dem zuletzt Besprochenen. Paulus hat den Brüdern und Auserwählten noch vieles ans Herz zu legen, geht aber jetzt mehr ins Einzelne, sich an das schon Gesagte anlehnend. Wir wollen die vielen Einzelheiten uns unter allgemeinen Gesichtspunkten näher ans Herz kommen lassen. Paulus redet

1) Von der Benutzung der Gaben (V. 6–8)
2) von der nötigen Beschaffenheit der Liebe (V. 9f.)
3) von der Haltung des Gläubigen selbst (V. 11f.)
4) von besonderen einzelnen Liebesbezeugungen (V. 13–16).

(6) »Wir haben mancherlei Gaben nach der Gnade, die uns gegeben ist. (7) Hat jemand Weissagung, so sei sie dem Glauben gemäß. Hat jemand ein Amt, so warte er des Amtes. Lehrt jemand, so warte er der Lehre. (8) Ermahnt jemand, so warte er des Ermahnens. Gibt jemand, so gebe er mit lauterem Sinn. Regiert jemand, so sei er sorgfältig. Übt jemand Barmherzigkeit, so tue er's mit Lust.«

1) Diese Gaben sind mancherlei, wie sie die Gnade einem jeglichen, in jener Zeit auf außerordentliche Weise, ausgeteilt hat als Gaben des Heiligen Geistes – also göttliche, nicht natürliche Gaben. Sind diese Gaben auch nicht mehr so auffallend vorhanden, so stehen wir ja doch immerhin unter der Leitung des Heiligen Geistes, und das um so mehr, je treuer wir sind. Das macht, daß alles, was Paulus sagt, auch auf uns Anwendung findet.

Paulus erwähnt etliche der Gaben. Im besonderen hat er dreierlei im Auge:

a) Die Gaben sind alle etwas von oben Gegebenes; oder die Befähigung zu allem ist eine Zugabe zu dem, was das Evangelium überhaupt gibt. Auch wir haben jede uns gegebene Befähigung als eine von Gott uns aus Gnaden zugekommene anzusehen.

b) Jeder soll im allgemeinen bei seiner Gabe verbleiben und sich keine Übergriffe erlauben in das, was anderen gegeben ist.

c) Jeder soll das, was ihm gegeben ist, auch wirklich treu benutzen und verwenden.

Paulus beginnt mit der »Weissagung«, mit der Gabe, in gehobener Rede die Herrlichkeit des Evangeliums und das Lob Gottes (vgl. Apg. 2, 11; 10, 46; 1. Kor. 14, 3) auszusprechen. Diese Weissagung »soll dem Glauben gemäß sein«, oder der Weissagende soll sich in acht nehmen, daß er nicht durch eigenen Geist oder gar durch fremden Einfluß in eine minder göttliche Überschwenglichkeit hineinkomme, bei der das Ausgesprochene nicht mehr dem lauteren Bekenntnis entspricht und sich manches irrig und schief stellt.

»Hat jemand ein Amt«, ein Dieneramt, welches es auch sei, »so warte er des Amtes«. Er soll ihm mit Eifer und Treue obliegen, nichts, das zu ihm gehört, unterlassen oder fahrlässig nehmen – was vor allem dann gerne geschieht, wenn man mehr nach anderem äugelt, das nicht hergehört, und wenn man lieber Nebendinge treibt, statt daß man sich das Anbefohlene angelegen sein läßt.

»Lehrt jemand«: Wer zu lehren Beruf und Gabe hat, soll der Lehre warten; er soll sich befleißigen, daß er wirklich auch in die Tiefen der Lehre hineinkommt und es nicht obenhin und oberflächlich nimmt, so daß es mehr geschwatzt als gelehrt ist; er soll auch nicht die Gelegenheiten, Lehren vorzubringen, aus Trägheit und Gleichgültigkeit oder gar Mißstimmung versäumen.

»Ermahnt jemand«: Manches hat Gabe und Beruf anregend zu ermahnen – was nicht jeder kann, ohne etwa anzustoßen –, wer's also kann, und zwar so kann, daß man's ihm gerne abnimmt, oder auch der, dem's anbefohlen ist: der soll »des Ermahnens warten«, er soll sich doch ja darin treu erfinden lassen.

»Gibt jemand« – aus dem Überfluß, den ihm Gott gegeben hat, da ihm denn auch das Geben wohl ansteht und das Nicht-Geben zum Vorwurf gereichen kann, insbesondere wenn ihn der Geist Gottes anregt, ihm Weisheit gibt und etwa von ihm große Opfer gefordert werden –, »so gebe er einfältig«, nicht mit Selbstgefälligkeit oder Stolz, nicht mit Herabsehen auf die, welchen er gibt; nicht als gäbe er's von dem Seinen, sondern als gäbe er's von dem, das Gottes ist, in dessen Namen er's auch zu geben hat – das alles, damit er die Empfänger nicht beschäme oder kränke, vielmehr aufrichte und erquicke, auch zu Liebe und Dankbarkeit reize.

»Regiert jemand« – was Älteste und Bischöfe angeht, welche auch zu befehlen und welchen die andern zu gehorchen haben –, so soll er »sorgfältig« sein, nicht launisch oder handwerksmäßig geradeaus (pedantisch), ohne ab- und zuzugeben, nicht ungerecht oder parteiisch, sondern mit genauer Berücksichtigung dessen, was beim einzelnen und im einzelnen Fall in Anschlag zu bringen ist: ob sie's leicht haben, das Befohlene zu tun, ob sie nicht überfordert, ob sie nicht mit diesem oder jenem herrisch behandelt werden und dergleichen.

»Übt jemand Barmherzigkeit, so tue er's mit Lust«, sagt endlich Paulus. Solches geht auch wieder vornehmlich die Vorsteher, übrigens vielfältig auch alle Brüder, an, die nirgends stramm und streng durchfahren, sondern schonend, geduldig sich vor allem gegen Schwache, auch gegen Fehlende und Sünder zu benehmen haben; die auch, wenn sie das Gefühl haben, daß sie Barmherzigkeit zu üben hätten, sie üben. Wer nun Barmherzigkeit übt, soll's nicht mit Unlust, sondern mit Lust tun, nicht mit soviel wehtuendem Besinnen, überhaupt nicht so, daß unvermerkt selbst die Barmherzigkeit zur Unbarmherzigkeit wird.

In ähnlicher Weise hat jeder auch mit anderen Gaben treu zu verfahren, die ihm der HErr durch den Heiligen Geist verliehen hat. Es ist etwas Köstliches, wenn man sein Gewissen ganz besonders in dem pflegt, wie man seine Gaben recht verwertet, diesem Beruf treu obliegt, damit der »gute wohlgefällige und vollkommene Gotteswille« (V. 2) dabei zutagekommt. Der Heilige Geist helfe dazu! Amen.

(9) »Die Liebe sei ohne Falsch. Hasset das Arge, hanget dem Guten an. (10) Die brüderliche Liebe untereinander sei herzlich. Einer komme dem andern mit Ehrerbietung zuvor.«

2) Unter allem nämlich, was man mit den Gaben dient, wird auch eine Liebe erzeigt. Und das ist es gerade, warum Gott allen eine Gabe gibt, damit alle Gelegenheit haben, Liebe zu üben und Liebe zu empfangen. Die darunter waltende Liebe aber muß auch rechter Art sein. Und so kommt der Apostel darauf, etwas von der nötigen Beschaffenheit der Liebe zu sagen.

Vor allem soll sie »nicht falsch« sein, ungeheuchelt. Wenn man mit liebender Miene zu jemandem kommt und ihm dient, soll's keine Heuchelei sein. Der andere soll eine wirkliche Liebe fühlen. Ein Auserwählter, das will Paulus andeuten, zwingt sich auch zu solcher Liebe, wenn sie etwa begründet fehlen sollte. Wenn er merkt, er liebe nicht so, wie es recht ist, so demütigt er sich und denkt an Den, der den andern auch liebe und für ihn Sein Leben gelassen habe. Dann kommt Liebe in ihn; und diese ist dann ungeheuchelt und tut eher ein Übriges, als daß sie nachließe. Wenn's nicht so wird, so ist's ein »Arges«, das man nicht »haßt«, und man »hängt dem Guten« nicht an, wie Paulus weiter verlangt. Ein Auserwählter soll im Innersten seines Herzens keine Lieblosigkeit dulden, weil diese ein Arges ist, das er zu hassen hat. Und er tut daher alles, um die Liebe, d.h. das Gute zu bekommen, dem er so anhangen will, als wäre er mit ihm zusammengewachsen.*

»Brüderliche Liebe« ferner soll herzlich sein; sie soll sich nicht kalt und gleichgültig anstellen. Manchmal fehlt's nicht gerade an der Liebe; aber man gibt sich nicht Mühe, sie zu zeigen, ist nicht herzlich, wie's doch bei der Liebe sein sollte. Noch schlimmer ist's, wenn man trotz der brüderlichen Liebe auch hart, ungebärdig und mürrisch erscheinen kann, da man's nicht so meint, aber doch oft anstößt und wehetut. Es ist also nicht recht, wenn man meint zu lieben, ohne herzlich zu sein. Die Herzlichkeit ist eine Liebestat. Und ohne Tun ist es mit der Liebe doch nicht das Rechte.

Bei der Liebe endlich fehlt oft die Achtung, die »Ehrerbietung«. Man benimmt sich zu allgemein (»gemein«) gegen den, den man liebt – als ob man ihn wohl lieben, aber nicht ehren würde. Man benimmt sich daher gerne unbescheiden und rücksichtslos. Das findet häufig bei Niedrigeren gegenüber Höheren, bei Jüngeren gegenüber Älteren statt, indem sich jene um der Liebe willen ungebührlich diesen gleichstellen. Hierin können's Kinder gegen die Eltern, selbst Ehegatten gegeneinander fehlen lassen, daß sie neben der Liebe nicht ehren. Es ist aber ein übles Ding, wenn man mit dem Anschein der Liebe einander nicht ehrt, nicht ehrerbietig behandelt. Da kommt nur gar zu leicht die Liebe selbst in die Brüche. Deswegen ist das Wort des Paulus sehr beherzigenswert: »Einer komme dem andern mit Ehrerbietung zuvor.«

So wäre uns denn gesagt, wie die Liebe beschaffen sein soll, wenn sie da sein will.

(11) »Seid nicht träge in dem, was ihr tun sollt. Seid brennend im Geist. Dienet dem HErrn. (12) Seid fröhlich in Hoffnung, geduldig in Trübsal, haltet an am Gebet.«

3) Was Paulus hier sagt, hängt wieder mit der Wertschätzung der Gaben zusammen, die man etwa von Gott empfangen hat.

»Seid nicht träge in dem, was ihr tun sollt.« Man soll nicht schläfrig dabei zu Werk gehen – als ob man sich einen Zwang antun müßte. Auch soll man den, dem man die-

---

* Hier ist sehr zu beachten, daß Blumhardt »das Arge« und »das Gute« ins eigene Herz und ins eigene Verhalten verlegt.

nen will, nicht warten lassen, man soll nicht tun, als ob's einerlei wäre, ob sich's ver-
ziehe oder nicht. Eilig soll man dran, wenn man einmal weiß, was man tun soll, und
frisch; denn das allein hebt den andern, dem's gilt, und frischt ihn auf – und das Gegenteil davon schlägt ihn nieder. Ist's sonst etwas, was man zu tun hat: wie kann's bei
saumseligem Vorgehen geraten?

Zu seiner eigenen Haltung gehört auch, daß man zu allen »brennend im Geist« sei
oder sich brennend mache im Geist oder durch den Geist. Es ist gar nicht einerlei, wie
man Geistliches – und bei rechten Christen wird alles, auch Äußerliches, geistlich –
vornimmt und treibt. Man kann die Sachen gewohnheitsmäßig, mechanisch, mitunter
selbst leichtfertig treiben, indem man sich nicht innerlich dazu sammelt und dem
Geist, durch den alles geschehen soll, nicht Raum läßt mitzuwirken. Auf diese Weise
bekommt es den Anschein, als ob ein fremder Geist dabei sei oder man verhalte sich
gedankenlos. Wie übel ist's vor allem, wenn jemand das Wort treibt oder auch nur liest
– ohne sich selbst zu erheben und innerlich zu rüsten. Darum soll in allem eine geistliche Vorbereitung sein, damit man »im Geist brennend« werde, etwas Warmes in sich
verspüre, als wär's ein Feuer. Man kann es tun durch einen Blick nach oben, daß Der,
ohne Den nichts seine rechte Art bekommt, dabei sein möchte. Es erklärt sich so,
warum »Schwache« mit schwach Scheinendem oft viel mehr Eindruck machen als
»Starke« mit viel Gepolter. Jenen, die sich andächtig in die Gegenwart Gottes stellen,
um brennend im Geist zu werden, ist's ein Ernst mit dem, was sie tun – diesen nicht. O
möchten wir's lernen, immer als in den Geist versetzt zu erscheinen, wenn uns etwas
zu tun anbefohlen ist!

Zur eigenen Haltung gehört auch, daß man sich »in die Zeit schicke«*, über sie – wie
sie sich auch äußerlich oder politisch gestalte – nicht so viel klage, disputiere, sich erei-
fere, sondern daß man ruhige Ergebung zeige in dem, was man nun einmal nicht ändern kann; daß man nicht verdrossen werde, wenn Übelstände aller Art eintreten. Das
alles sollte man nebenhinlegen können, wenigstens so behandeln, daß es nicht im mindesten auf Gemüt und Herz und Haltung übel auswirke.

»Seid fröhlich in Hoffnung«, heißt es weiter. Ein gewisser Frohsinn soll sich immer
bei Brüdern, bei Auserwählten zu erkennen geben – auch wenn es übel aussieht in der
Welt. Nichts soll sie niederschlagen und aus ihrer Rolle bringen. Denn immer kann ihnen die »Hoffnung« vor Augen schweben: daß doch alles den rechten Weg gehe und
endlich zum Heil führe durch die Allmacht und Treue Gottes. Daher sind sie auch
»geduldig in Trübsal«, und sie sollen es sein – ohne sich aus der Fassung bringen zu lassen. Bestürmt je etwas Ungewöhnliches das Herz – wie denn die Dinge sich oft gar zu
schwer ansehen –, so »halten sie an am Gebet«: daß doch Gott den Finsternissen steuern und zum Sieg immer mehr Türen öffnen möchte. »Anhalten« sollen sie, kein Augenblick soll sein, da sie nicht beten oder sich in einer Gebetsgemeinschaft mit dem
HErrn fühlen.

---

* Hier ist die alte Textart beibehalten.

Soviel von der Haltung ihrer selbst, in der die Auserwählten zu stehen haben. Wenn der Apostel alles befehlsweise sagt, ist's ein Beweis, daß es gar oft nicht so ist, wie er sagt – daß wir also auf der Hut sein müssen, es mit entgegengesetzter Haltung nicht zu verfehlen.

(13) »Nehmet auch der Nöte der Heiligen an. Herberget gerne. (14) Segnet, die euch verfolgen; segnet, und fluchet nicht. (15) Freuet euch mit den Fröhlichen und weinet mit den Weinenden. (16) Habt einerlei Sinn untereinander. Trachtet nicht nach hohen Dingen, sondern haltet euch herunter zu den geringen. Haltet euch nicht selbst für klug.«

Die Heiligen waren oft in großem Gedränge. Zunächst waren es schon mehr nur Geringe und Arme, die zur Gemeinde kamen, und denen mußte nachgeholfen werden, daß es mit ihnen etwas Ordentliches würde im Äußeren. Andere wurden von Widersachern beraubt und verfolgt; und diesen durften die, welche besser gestellt waren, sich nicht entziehen. Aber wie übel steht es, wenn sie den, der ihrer bedarf, auf einmal nicht mehr als Bruder ansehen; wenn sie tun, als würden sie ihn gar nicht kennen!

Ferner heißt's: »Herberget gerne.« In dem liegt ein besonderer Segen; denn mit Gästen nimmt man oft »Engel« auf (Hebr. 13, 2). Damals zogen Brüder auch viel umher im Dienst des Reiches Gottes (3. Joh. 5–8.10); andere irrten vertrieben umher. Da mußte man stets zur Aufnahme von Pilgernden und Flüchtlingen eingerichtet und bereit sein. Und daß man gerne, mit Herzensfreude und Verleugnung seiner selbst aufnehme, das will der Apostel ans Herz legen.

Was soll man nun aber mit den Verfolgern machen? »Segnet«, sagt der Apostel, »die euch verfolgen; segnet und fluchet nicht«. Der Fluchende sagt: »Gott möge es an dir heimsuchen zum Gericht, was du uns verfolgst und Übles tust!« Der Segnende aber sagt: »Gott möge dir's zum Guten, zum Heil deiner Seele ausschlagen lassen!« Gibt's eine schönere Liebesbezeigung, als dieses Segnen es ist? Wie? Wenn an jenem Tage die Verfolger eben zu den Verfolgten, die hienieden gesegnet haben, sich flüchten, damit sie ihnen hülfen zur Errettung aus der Verdammnis? Müssen wir nicht überhaupt alle Jesus – dem auch von uns am meisten Verfolgten! – hilfesuchend kommen, wenn wir selig werden wollen?!

Eine Liebesbezeigung – wenn man sich auch oft dazu zwingen muß – ist's auch, sich »freuen mit den Fröhlichen«. In deren Gegenwart sollen wir die eigene Not vergessen, insbesondere etwaige Unbill, die wir von den jetzt Fröhlichen erfahren haben; wir dürfen in keiner Weise – wie es manche oft schon mit spitzigen Reden tun oder mit Scheelblicken oder verdrießlicher Miene –, wie man sagt, kaltes Wasser über sie hinunterschütten. Es gibt nichts Kläglicheres und Bösartigeres, als Fröhlichen die Freude zu nehmen oder stören. Wie selten kommt doch das Fröhlich-Sein an die Menschen; und wie sollte man's ihnen gönnen, wenn's ihnen einmal glückt! Wir erfahren es ja auch, wie Mitfreude so wohl tut! Es ist daher eine schöne Sitte, Fröhliche gerne aufzusuchen, um ihnen Mitfreude zu bezeugen.

Auch das andere: »Weinen mit den Weinenden«, ist eine Liebesbezeigung. Mitweinen ist der wirksamste Trost. Es tut nicht sonderlich wohl, wenn man nur gleich mit Tröstungen überschütten will; denn es liegt eine Kälte darin und es ist ein Zeichen, daß man nicht recht mitempfindet. Lasse man sie weinen, und weine man mit! Ein Besuch, bei dem man Tränen zeigt und mehr schweigt als redet, tröstet unendlich mehr als das gewöhnliche fromme Trostgeschwätz. Vergessen wir's aber auch nicht, die Besuche zu machen – und bei sonst Übelwollenden am wenigsten!

Eine Liebesbezeigung ist's auch, wenn man, auch bei verschiedenen Anschauungen der Ansicht, doch »einerlei Sinn« zum Seligwerden in Christus miteinander behält und in Erwägung dessen, daß man miteinander auf Christus hofft – solange das ist –, niemals einander scheut oder voneinander wegbleibt! Warum soll denn nur immer gleich Liebe und Gemeinschaft der Liebe fallen?

Wenn endlich Paulus warnt, »nicht nach hohen Dingen zu trachten«, und gebietet, sich »hinunter zu den Niedrigen zu halten«, so deutet er auch damit eine Liebesbezeigung an. Wer höher hinauf will, kränkt immer die Liebe; denn damit macht er sich selbst hoch, den andern niedrig. Er wird anmaßend und anspruchsvoll – und sollte doch auch andern ein Recht über sich lassen. Wir sollten uns eher unter deren Füße legen, als über ihrem Haupte schweben. Wie hart und lieblos ist es doch, immer nur, wie man sagt, der »Hans-oben« sein zu wollen! Hüten wir uns und vergessen wir nicht, daß nichts vor dem HErrn taugt, was die Liebe stört!

Vieles ist's, was wir haben hören müssen; und wir werden jetzt fast genug haben. Aber es ist nun einmal der Übelstand, daß man auch Brüdern und Auserwählten immer noch so viel sagen muß! Sie wissen's eigentlich alles wohl – aber am Tun fehlt's!

Gott helfe dazu! Amen.

3. Sonntag nach Epiphanias
Noch Weiteres an die Brüder
Röm. 12, 16c–21

(16 c) »Haltet euch nicht selbst für klug. (17) Vergeltet niemand Böses mit Bösem. Befleißiget euch der Ehrbarkeit gegen jedermann. (18) Ist es möglich, soviel an euch ist, so habt mit allen Menschen Frieden. (19) Rächet euch selber nicht, sondern gebet Raum dem Zorn Gottes; denn es steht geschrieben (5. Mose 32, 35): ›Die Rache ist Mein, Ich will vergelten, spricht der HErr.‹ (20) Vielmehr (Spr. 25, 21 f.): ›Wenn deinen Feind hungert, so speise ihn; dürstet ihn, so tränke ihn. Wenn du das tust, so wirst du feurige Kohlen auf sein Haupt sammeln.‹ (21) Laß dich nicht vom Bösen überwinden, sondern überwinde das Böse mit Gutem.«

Unser Text ist wieder Fortsetzung des zuletzt Besprochenen. Paulus fühlt sich gedrungen, noch mehr den Brüdern oder Auserwählten ans Herz zu legen. Es sollte das freilich nicht nötig sein. Sollte doch im Neuen Bunde nach der Verheißung (Jer. 31, 34; Hebr. 8, 11) – besonders wenn sie, wie die Römer, den Heiligen Geist empfangen hatten, »keiner den andern noch ein Bruder den andern lehren und sagen: Erkenne den HErrn; sondern sie sollen Mich alle kennen, beide Kleide und Große, spricht der HErr«. Aber wenn sie's auch wissen, muß man's ihnen doch sagen, weil sie's bei allem Wissen doch so leicht mit dem Tun fehlenlassen. Manches tun sie vielleicht; aber anderes beachten sie nicht. Da brauchen sie schon einen Treiber. Denn wir sollen vollkommen sein, d. h. in allem sollen wir Fleiß anwenden, daß wir's tun. Lassen wir uns denn heute auch ein wenig treiben!

Was heute der Apostel sagt, können wir nicht in Gruppen teilen; und wir müssen daher eins ums andere für sich besehen:

1) »Haltet euch nicht selbst für klug.«
Klug sind sie wohl – aber sie sind wohl auch zu klug, um sich etwas sagen zu lassen! Und da dürften sie sich schon nicht für klug halten! Klug sein wollen sie alle – aber sich sagen lassen, verstehen nur wenige. Klug sein zu wollen, hängt allen von Adam her an, da das Weib »fand, daß der verbotene Baum ein lustiger Baum wäre, weil er klug machte« (1. Mose 3, 6). Klug ist denn auch manches Weib geworden, das sich – und so auch der Mann, den's nach dem Gleichen gelüstete – nichts sagen läßt, ohne daß sie die Antwort gibt: »Braucht's mir nicht zu sagen, ich weiß es!« Der Mann aber kann auch so antworten. So halten sich eben beiderlei Geschlechter selbst für klug. Heutzutage machen's Kinder, Schüler, Lehrlinge, sogar Dienstboten, auch gerne so, daß sie auf nichts recht achten, und tun, als wären sie klug genug, um alles zu wissen, ohne daß man's ihnen sagt. – Jetzt halten sie sich auch für klüger als das Wort Gottes. Diesem zu widersprechen, heißt man vernünftig und klug; und wer ihm noch anhängt, gilt bei

manchen für dumm und einfältig. Übrigens ist es fast bei jedermann Gewohnheit zu sagen: »Ich weiß es!« Ja, es ist eine wahre Krankheit unsrer Zeit: Niemand will sich den Schein geben, als ob er etwas nicht wüßte. Vor allem gibt es auch Brüder – so rechte Brüder, wie ja Paulus von solchen redet –, die meinen, es sei ein Schade oder sie vergäben sich etwas, wenn es den Anschein bekäme, als könnte ihnen im Geistlichen doch auch noch jemand etwas sagen, das sie nicht wüßten! Für den, der gerne etwas bei ihnen erreichen oder sie für gewisse Gedanken gewinnen möchte, kann es sehr störend werden, wenn er sie, ehe sie's recht gehört haben, schon Einwendungen machen hört. Damit wollen sie sich ja nicht den Schein geben, als könne man ihnen etwas Neues sagen! Sie wollen nun einmal nicht die sein, die nicht alles schon aus dem Grunde verstehen – ob es ihnen genaugenommen noch so unbekannt ist! Das sind die Leute, die sich selbst für klug halten und mit denen man daher auf nichts Rechtes kommen kann, weil sie doch immer im Gleichen treiben. Außerdem geben sie zu vielen Mißstimmungen Anlaß. Das Schlimmste ist, daß solche gar nicht daran denken, daß Weisheit und Klugheit von oben gegeben sein muß und daß man darum bitten muß und darf (Jak. 1, 5). O wieviel lieblicher ist es, wenn andere sich immer als Schüler benehmen, gerne hören, dem Gehörten nachdenken, ehe sie reden; die dann auch fleißig die Hände falten und beten: »Lieber Gott, lehre Du mich, gib Weisheit!« Wenn man das an Verständigen, selbst Gelehrten und wirklich Klugen so findet, so ist's eine unschätzbare Tugend und Einfalt. Denn diese kommen weiter – die andern bleiben stehen!

2) »Vergeltet niemand Böses mit Bösem«, sagt Paulus weiter. Jedem – auch unter Brüdern? – kocht's, wenn ihm etwas Böses widerfährt, nur gleich heimgehen zu wollen. Häufig tut man's auch wirklich mit irgendeinem bösen Wort, das man augenblicklich bereit hat. Ein anderer erhebt gar die Hand und schlägt drein, vor allem wenn's Kinder oder Untergebene angeht. Schnell wird voll heimbezahlt, und zwar nicht mit Gutem, sondern mit Bösem. Wer ist nun da der Sünder? Die meisten sagen: »Der, der angefangen hat, Böses zu tun oder zu sagen!« Genaugenommen ist aber der andere schlimmer, der fortmacht mit dem Bösen. Alle Streitigkeiten im großen und kleinen kommen nur davon her, daß der zuerst Beleidigte fortmacht, auch zu beleidigen. Es wäre überall Frieden, wenn nur gleich der Zweite schwiege, sich geduldete, nicht lüstern würde, nun auch den Bösen zu spielen. Fromme, tugendsame, sogar friedliebende Leute kommen oft in die Falle – und es ist, wie wenn der Teufel es ihnen herrichtete –, daß sie, ehe sie sich's versehen, Sünder, und zwar große Sünder, werden, weil sie irgendwie mit Bösem vergelten. Und wie müssen sie das oft büßen! Und wieviel macht's hintendrein ihrem Gewissen aus! Im übrigen meinen aber die Vergeltenden, immer die Unschuldigen zu sein, weil sie nicht angefangen haben. »Der hat angefangen«, sagen sie – und damit soll ihre ihm bewiesene Bitterkeit, Bosheit, Rache, Zornsucht entschuldigt sein! Aber, Bruder – wenn man dich so heißen darf –: Besinn dich! Gott sieht es einmal anders an und wird den, der nicht vergibt, wohl schärfer richten als den andern, der es oft nicht einmal so böse gemeint hat, als es aussieht. Jedenfalls hat er meist unbedachtsam Böses getan – und tut's mit Bedacht! Dies ist das Schlimm-

ste, daß man gerne alles so übermäßig böse nimmt, was der andere tut oder sagt – als
verdiente er eine Strafe bis in die Hölle hinunter! Und was war's am Ende? Eine Unbe-
dachtsamkeit, eine Übereilung, ein Mißverständnis, ein Scherz wohl auch – jedenfalls
nichts Arges, nichts arg Gemeintes! Etwas, das geradezu übersehen werden sollte!
Doch dem sei, wie ihm wolle: Mit Wiedervergeltung wird der Himmel nicht gewonnen!

Man sieht es aber, daß in der Gemeinde bereits allerlei Leute waren, eine Mischung
von echten und unechten Brüdern; und der letzteren wegen müssen sich alle etwas sagen lassen – und sollen sich's nur auch sagen lassen! Denn im Verlauf kann aus jedem
alles werden, wenn er sich nicht sagen läßt, also nicht auf der Hut ist.

3) »Fleißiget euch der Ehrbarkeit gegen jedermann.« Wörtlich heißt es: »Traget
Sorge für das Schöne, Anständige, Tugendhafte.« Ehemals hatte man nämlich für
Schönheit oder Anständigkeit und Tugend ein einziges Wort; und man hatte damit
recht! Denn eine Tugend läßt sich ohne Anständigkeit oder Ehrbarkeit gar nicht denken. Man muß sich auch im Äußeren nie gehen lassen und gegen jedermann in gleicher
Weise verständig und ehrbar erscheinen – selbst gegen Geringe, ja gegen Bettler und
wer es sein mag! Man darf nie denken, da oder da habe es nichts zu sagen, wie man gekleidet sei, wie man sich anstelle, ob das Benehmen schicklich oder unschicklich sei!
Immer setzt's eine Geringschätzung gegen den voraus, in dessen Gegenwart man sich
in seinen Manieren gehen läßt. Ein Jünger Jesu denkt immer auch dem nach, was
wahrhaftig ist, was ehrbar ist, was wohl lautet, was als Tugend, was als Lob gelte – und
tut darnach. Wie anständig, ehrbar, züchtig wird nicht auch der HErr sich immer bezeigt haben! Müde setzte Er sich dort an den Brunnen: »Er setzte sich *also*«, heißt es
(Joh. 4, 6), d. h. etwas nachlässig, wie ein Müder das darf. Kaum sieht Er das Weib, die
Samariterin, so war's sicher auch Seine ehrbare Haltung, die einen Eindruck auf das
Weib machte, so daß sie Hohes, ja das Höchste Ihm zutrauen konnte. Man überlegt es
wohl weit nicht genug, wieviel man schon durch anständige Haltung, wie überhaupt
durch ehrbare Sitte, bei andern gewinnen kann – und wie übel das Umgekehrte wirkt!

4) »Ist's möglich«, heißt's weiter, »soviel an euch ist, so habt mit allen Menschen
Frieden«. Der Friede unter Brüdern und Auserwählten sollte gesichert sein – und doch
ist er's nicht! Wieviel streiten nicht auch sie untereinander, und zwar leicht so, daß
man sagen kann, sie wären unbekehrte Leute, keine Brüder mehr. Wo fehlt's doch,
daß der Friedensgeist, vor allem in unsrer Zeit, so oft unter Brüdern gewichen ist?
Liegt's an dem, daß sie sich's nicht zum Bewußtsein bringen, wie es von jedem gefordert wird, Frieden zu haben, soviel an ihnen liege? Gerne schiebt's einer auf den andern und meint, der sei der Störenfried – und an sich selbst denkt man nicht gerne, ob
man nicht dies und das tun, es an diesem und jenem um des Friedens willen nicht fehlen
lassen sollte? Als gewesene Friedensstörer sollten wir doch nicht einmal vor Gottes
Angesicht treten wollen – und mancher ist's wohl mehr, als er glaubt, vor den Augen
Gottes! Oder liegt's an dem, daß sie sich selbst für klug halten, wovon wir eben gehört

haben? Das sollte man meinen; denn gar oft spielt ein Klüger-sein-Wollen oder ein Etwas-sein-Wollen eine Rolle unter den Streitigkeiten. Vor allem im Geistlichen wollen sie oft so klug sein und sich nicht untereinander hinuntergeben; und da können sie so hart wie ein Stein und so unbeugsam wie ein Diamant werden und sein! Da heißt's dann, man könne nicht gewissenshalber. O das arme Gewissen: wieviel wird auf dieses geschoben, daß man meint – wie es Paulus ja offenhält –, es sei nicht möglich, Frieden zu halten! Bedenken wir doch, daß das Gewissen eine Stimme Gottes ist! Kann denn nun Gott in dem einen so, in dem andern anders reden? Schon das sollte jeden darüber ängstlich machen, ob er nicht etwa doch sein Eigenes für eine Gottesstimme nehme – als wäre es Sprache des Gewissens? In unsrer Zeit, so kann man sagen, macht's der am besten, der bei sich denkt: »Friede muß sein! Und an mir will ich's dazu nicht fehlen lassen!« Ein solcher hat Geduld mit allen, auch mit denen, die anders sind und anders denken als er. Er läßt sie noch an sich kommen, er meidet ihre Gesellschaft nicht, er läßt den Streitpunkt unberührt oder schweigt, wenn derselbe doch zur Sprache kommt – wenn sie nur Jesus und Sein Heil lieben! Er denkt, der Himmel falle darum noch nicht ein, wenn er über Strittiges nicht streite. Wenn alle so dächten oder sich's so von Paulus sagen ließen, sollte es möglich sein, wenigstens unter Brüdern den Frieden zu erhalten, weil dann jeder tut, soviel an ihm liegt. Geht's nicht, so erbarme sich der HErr und vergebe den Streitsüchtigen, den verblendeten Eiferern und sende ein neues Maß des Geistes zum Frieden!

Wenn übrigens Paulus von einem Frieden redet »mit allen Menschen« und hinzusetzt: »soviel an euch ist«, so mag er doch zunächst mehr an Widersacher denken oder an Nichtchristen, mit denen Frieden zu halten allerdings nicht möglich ist. Versuchen aber soll man's dennoch und es sich aufs höchste angelegen sein lassen, in stiller, zuvorkommender, freundlicher, geduldiger, schweigsamer Art mit allen Menschen Frieden zu haben. Zum voraus muß man nicht immer alles nur auf die »Welt«, auf die Nichtchristen, die Ungläubigen und die Widersacher schieben. Unter diesen sind immer viele, mit denen sich auskommen ließe; versäume man nur nicht, was den Frieden erhalten, und meide man alles, was ihn stören kann! Man sei eben oft anders, so bleibt ein verhältnismäßiger Frieden. Wievieler Herzen aber können Friedfertige erobern! Wenn es sich indessen mit den Fremden nicht immer machen läßt, Frieden zu haben: aber unter Brüdern, ach, da sollte es immer möglich sein!

5) »Rächet euch selber nicht, meine Liebsten« – das ist der letzte Hauptpunkt, den Paulus berührt und an dem sich das Übrige unsres Textes fortspinnt, – »sondern gebet Raum dem Zorn Gottes«, d.h. überlasset alle Rache Dem, des die Rache ist und der vergelten will. Unsre Rache ist voreilig und unberechtigt und stört die Rache Gottes, so daß diese vielmehr auf uns fallen kann. Darum sollen wir Seiner Rache Raum lassen. Schon die schmeichelnde Anrede: »Meine Liebsten«, deutet darauf hin, daß Paulus nur an Feinde Christi denkt, die allerlei Bosheit und Mißhandlung an den Brüdern und Auserwählten verüben, so daß diese versucht sein könnten, in einer Art gerechten Unwillens darauf hinzuwirken, daß sie eine Genugtuung bekommen, indem den

Feinden vergolten wird. Sie können nach Umständen – was auch damals möglich war – Klage führen bei den Behörden und machen, daß dabei die Mißhandelnden übel wegkommen. Sie können ihrerseits auch sonst allerlei tun, das den Feinden empfindlich wird, indem sie's dieselben im täglichen Leben irgendwie fühlen lassen, daß sie daran denken, was die Feinde verschuldet hätten. Wie leicht ist man in unsrer Zeit zu solchem versucht! Aber auch dieses, so sagt Paulus, sollen die Jünger Christi unterlassen; sie sollen nicht das Geringste tun, was einer Rache ähnlich sieht.

Vielmehr sollen die Brüder ihren Feind speisen, wenn ihn hungert, statt zu denken: »Der mag mir wohl hungern!« Und sie sollen ihn tränken, wenn ihn dürstet, statt zu denken: »Den mag wohl dürsten! Es geschieht ihm recht! Mich kümmert's nicht!« Das wäre das rechte Verhalten der Brüder und Auserwählten; und wieviel können sie dadurch gewinnen! Paulus sagt, sie werden damit dem Feind »feurige Kohlen auf sein Haupt sammeln«, d. h. der Feind werde von Reue und Scham so feuerrot werden, als ob man ihm feurige Kohlen aufs Haupt gesammelt hätte. Das wäre denn für denselben ein Anfang zur Umkehr, zur Bekehrung; es wäre ein Gewinnen des Feindes für den HErrn. Wieviel aber wäre das wert!

Deswegen schließt Paulus mit dem Wort: »Laß dich nicht das Böse überwinden«, daß du dich dadurch nicht zu üblem Verhalten reizen lässest, »sondern überwinde das Böse mit Gutem«. Tue dem, der dich beleidigt, nur um so mehr Gutes. Mit Wohltun kannst du das Böse bei dir und dem andern überwinden, weil es Unmut, Haß, Ärger, Zorn, Rachsucht – wie dergleichen in dir aufsteigen kann – in dir tötet und gute Gesinnungen in dir weckt, Gesinnungen gar der Liebe und des Wohlwollens. Und wieviel kannst du beim andern, dem Feinde, gewinnen! Umgekehrt könnte das Böse eine Macht über dich bekommen und den Feind vollends ganz verderben. Da wäre denn alles verspielt! Tue doch das Deine, um alles zu gewinnen. Es liegt in deiner Hand. Eben am Feind kannst du deine Hoffnung auf Christus festmachen! Amen.

4. Sonntag nach Epiphanias
Die (Gottes- und Menschen-)Liebe ist des Gesetzes Erfüllung
Röm. 13, 8–10

(8) »Seid niemand nichts schuldig, außer daß ihr euch untereinander liebet; denn wer den andern liebt, der hat das Gesetz erfüllt. (9) Denn was gesagt ist (2. Mose 20, 13–17): ›Du sollst nicht ehebrechen; du sollst nicht töten; du sollst nicht stehlen; dich soll nichts gelüsten‹, und was noch mehr geboten ist, das wird in diesem Wort zusammengefaßt (3. Mose 19, 18): ›Du sollst deinen Nächsten lieben als dich selbst.‹ (10) Die Liebe tut dem Nächsten nichts Böses. So ist nun die Liebe des Gesetzes Erfüllung.«

Einleitung: Das Gesetz muß auch im Neuen Bunde erfüllt werden. Das geschieht zunächst in der Buße, durch die es anerkannt wird. Es geschieht aber vor allem durch die Liebe, die dem an Jesus Christus Gläubigen von Gott ins Herz gegossen wird durch den Heiligen Geist, der zur Erfüllung hilft. An erster Stelle stehen die Gebote der »ersten Gesetzestafel«, die Gott und Seine Stellvertreter betreffen.

Unsre Episteln sind meist Abschnitte aus den Schriften der Apostel, welche uns zu einer Anleitung dienen sollen, ein gottseliges Leben zu führen, wie es dem HErrn wohlgefällt.

So hören wir heute wieder Paulus ein Wort reden mit den Brüdern oder Auserwählten; und diesmal will er uns zur Liebe ermuntern und sagen, wie nötig es sei, sie zu üben. Denn mit ihr würde, wenn sie tiefen Grund im Herzen habe und in der Tat geübt werde, das ganze Gesetz erfüllt.

Wir sind nämlich durch die Vergebungsgnade des Neuen Bundes nicht von der Erfüllung des Gesetzes und der Gebote Gottes freigesprochen worden. Im Gegenteil, gerade die Gnade soll uns helfen, das Gesetz zu erfüllen. Gesetzlose Leute, die nur nach ihrem Sinn leben wollen, kann Gott in Seinem Reiche nicht brauchen. Denn in diesem muß Er und Sein Wille herrschen, wenn darin Ordnung und Friede sein soll. Das Evangelium will aber uns Sünder durch die Gnade zu der Gemeinschaft mit dem lebendigen Gott tüchtig machen, damit wir einst, Ihm ähnlich gemacht, unter Ihm in Seinem Reiche leben möchten. Wer nach den Geboten nichts fragt, wird daher – auch wenn er mit dem Munde an Jesus gläubig geworden ist – doch dort als ein Übeltäter weggewiesen werden. Das wissen wir; und nun hängt, auch wenn wir glauben, alles daran, daß wir durch den Glauben Leute werden, die das Gesetz erfüllen.

Da könnten wir denken, wie seien doch noch übel daran, wenn wir im Neuen Bunde, wie es im Alten war, eben doch noch das Gesetz und die Gebote Gottes halten müssen, um der Seligkeit nicht verlustig zu werden! Wir könnten denken, daß es da aussähe, als wäre es gleich geblieben jetzt wie vormals und als müßte man immer noch ängstlich fragen: »Ja, wer kann denn selig werden?« (Lk. 18, 26). Denn wer ist der, der das Gesetz in seinem ganzen Umfang hält, wie es doch gemeint ist?

Sei aber nicht ängstlich besorgt, lieber Christ: Es ist dir das leichter gemacht, als du denkst. Denn einmal gilt vor dem HErrn ein bußfertiges Herz, welches stets in der Reue und Buße steht oder in die Buße kommt über alles, was es noch Übles tut. Meint's das Herz redlich mit dieser Buße, so werden alle Sünden vergeben um Christi willen und dann gilt auch solche Buße als Erfüllung des Gesetzes.

Indessen ist es auch nicht so gemeint, daß man nun denken darf, als liege nicht soviel daran, das Gesetz zu erfüllen, man könne ja, wenn man Böses getan hat, hintennach wieder Buße tun – und dann sei's wieder gut! So darf's nicht gehen! Denn zur Buße gehört auch, das Böse nicht mehr zu tun, soviel man's vermag. Nimmst du's leichtfertig damit, so ist schon deine Buße nicht recht, nicht so, daß dir vergeben wird und daß sie dir als Erfüllung des Gesetzes angerechnet werden kann. So kommt's denn doch wieder darauf hinaus, daß eben das Gesetz erfüllt werden muß.

Wie aber, so fragst du, soll das möglich werden? Wie kann man denn aus der Angst und dem Gericht herauskommen und seiner Seligkeit gewiß werden? Hierbei geht's aber ganz einfach zu: Du brauchst nur Liebe zu haben; denn dann kannst und wirst du unfehlbar das Gesetz erfüllen, sei's mit der Tat, sei's auch mit der Buße, wenn du in Schwachheit fehlst. Die Liebe hilft zu allem sicher.

Diese Liebe aber bekommst du damit, daß dir, wenn du zum Glauben kommst, »die Liebe Gottes in dein Herz ausgegossen wird durch den Heiligen Geist« (Röm. 5, 5). Die Not treibt dich ja, wenn dein Gewissen zur Buße erwacht ist, zum Glauben an Jesus, der zu helfen verspricht. Und weil der Glaube rechtfertigt, so wird dir alsbald der Heilige Geist geschenkt und durch Ihn die Versicherung des Wohlgefallens Gottes an dir gegeben. Alle Seine Liebe, die Er dir nun aus Gnade zuwenden will, wird dir gleichsam wie mit einem Strom ins Herz gegossen, so daß du durch und durch von ihr erfüllt wirst und nur immer ausrufen möchtest: »Wie hat uns Gott so lieb!« Mit überfließender Fülle wurde das einst den ersten Christen geschenkt; und sie empfanden in sich die Liebe Gottes bis zur höchsten Seligkeit. In jetziger Zeit, da der Heilige Geist nicht mit gleicher Fülle gegeben ist, empfindet man allerdings weniger die große Liebe Gottes in sich. Aber auf jeden Fall bekommen die Redlichen – und nur um so mehr, je mehr sie in sich vor Gott zum Nichts geworden sind – soviel von Aufrichtung und Erquickung über der Gewißheit der Vergebung der Sünden und ihrer Gotteskindschaft, daß sie wohl auch von einer Liebe Gottes reden können, die sie recht fühlbar schmecken dürfen. Sie dürften sich aber nur nicht selbst durch Unglauben im Wege stehen. Ach, wollten wir nur mehr darauf bedacht sein, durch Selbsterniedrigung innerlich also erhöht zu werden!

Diese Liebe Gottes weckt auch die Liebe zu Ihm, so daß du einen unwiderstehlichen Drang bekommst, Ihn ja nimmer zu beleidigen. So hast du schon eine Schutzwehr wider die Sünde in dir und eine Macht zur Erfüllung des Gesetzes. Denn du weißt, die Sünde an dir tut Ihm wehe, besonders, wenn du Ihm als Kind lieb und wert geworden bist. Wie solltest du nicht fortan ein Grauen haben vor allem, was wider Ihn ist!

Wirst du noch – um zunächst von der ersten Gesetzestafel zu reden – fremden Götzen dienen können oder überhaupt etwas so fürchten, lieben und mit Vertrauen ehren, wie du Gott fürchtest, liebst und Ihm vertraust? Will je die Sünde in dir mächtig werden, so hast du in dem Heiligen Geist, der dir gegeben ist, nicht nur einen Mahner, sondern wenn du sie benützen willst, auch eine Kraft zum Überwinden. Wirst du noch, ohne zu erröten und mächtigen Widerstand in dir zu fühlen, Seinen Namen mißbrauchen können zu Zauberei und Sympathie und anderem teuflischem Wesen, wie das nur solche zu tun imstande sind, welche die Liebe Gottes noch nicht geschmeckt haben? Wirst du die Haltung Seines Sabbats unterlassen können, wenn du doch weißt, wie gerne Er's hat, daß du Ihm auch einen Tag weihest, um mit deinen Gedanken ausschließlicher bei Ihm zu verweilen, fern vom Geräusche der Welt? Wirst du noch – um auch das vierte Gebot zu berühren – deine Eltern, und wer sonst darunter verstanden ist, die Stellvertreter Gottes für die Kinder, geringschätzen, mißachten, kränken und betrüben wollen? Da siehst du, lieber Christ, wie leicht dir's wird – zumal der Heilige Geist mithilft –, wenn du die Liebe deines Gottes durch Christus ge-schmeckt hast, auch zu lieben und in solcher Liebe dem nachzukommen, was du Ihm schuldig bist und Er an dir sehen will. Du siehst also, wie du also alles mit der Liebe er-füllen kannst und unfehlbar erfüllen wirst – wenn nur sie in dir lebt!

Auslegung: Die »zweite Gesetzestafel«

Wir kommen nun näher zum Texte unsrer Epistel hin, welcher hauptsächlich von der zweiten Gesetzestafel redet, wenn es heißt: »Wer den andern liebt, der hat das Ge-setz erfüllt.« Er führt die einzelnen Gebote an, die durch die Liebe erfüllt werden, und schließt mit den Worten: »Die Liebe tut dem Nächsten nichts Böses.« Wenn du näm-lich Gott liebst, so weißt du, daß niemand Gott lieben kann, der nicht auch seinen Bruder liebt. Da sollte dir dein Nächster wie Gott selbst werden. Ihn siehst du auch von Gott geliebt – und wie solltest du darum, als einer, der Gott liebt, nicht ganz von selbst auch deinen Bruder lieben? Sagt ja auch der Heiland, nachdem Er das vornehm-ste Gebot von der Liebe Gottes ausgesprochen hatte: »Das andre ist dem gleich: Du sollst deinen Nächsten lieben als dich selbst.« (Matth. 22, 39) Dein Herz, wenn du Gott liebst, brennt für den Bruder, und für den gerade um so mehr, weil du den siehst, während du Gott nicht siehst. Deinem Gott kannst du persönlich keine Liebe antun, weil du Ihn nicht vor dir hast. Alle deine Gottesliebe mußt du also auf den Bruder übertragen, so daß du sagst: »Weil ich meinen Gott liebe, liebe ich dich; ich liebe dich für Ihn; und was ich meinem Gott an Liebe schuldig bin, will ich Ihm an dir abtragen, weil du statt Seiner vor mir bist.« O wie herrlich, wenn es mit allen gläubigen Kindern Gottes also stünde; denn dann hörte vollends ganz alles Sündigen auf! Aber so weit, o Jammer, ist es noch nicht!

Hören wir noch, wie bei der Liebe des Nächsten mit einem Male alle Sünde aufhört und du imstande sein wirst, das ganze Gesetz zu erfüllen, ja wie du dasselbe mit der Liebe schon erfüllt hast nach den Worten des Paulus. Sieh einmal her, was deinem Nächsten gegenüber von dir gefordert wird: Paulus zählt es auf in unserer Epistel. Als erstes sollst du dreierlei meiden: »Du sollst nicht töten, nicht ehebrechen, nicht steh-len.«

Stelle dir auch vor: Wie soll es dir, wenn du Liebe hast, möglich sein, mit Willen und Wissen oder gar mit Vorsatz, solche Sünden an deinem Nächsten zu tun? Wolltest du noch töten oder etwas einem Totschlag Ähnliches verüben an deinem Nächsten? Du kannst es nimmermehr; du hast deinen Gott und eben darum auch deinen Nächsten viel zu lieb!

Solltest du ferner dich noch in Unzuchts- und Ehebruchssünden ergehen wollen und damit viele Personen zugleich betrüben und sogar bis in den Tod betrüben, sie in äußerste Not des Leibes und der Seele bringen? Solltest du deinem Gott zuleid, wenn du wirklich Liebe hast, solchen Frevel noch tun können? Nein, hast du deinen Gott lieb und deinen Nächsten wie Ihn, so kannst du's nimmermehr.

Solltest du endlich ihn noch *bestehlen*, ihn betrügen, um das Seine bringen können? Ginge das doch dir, wenn's dir selbst begegnen würde, über alles – und doch hast du deinen Nächsten so lieb wie dich selbst, so daß es dir sein sollte, als begegnete dir das, was du an ihm tust! Nein, du kannst es nicht, du hast ihn zu lieb und gibst eher alles für ihn her, als daß du ihn mit Gewalt oder Bosheit oder List auch nur um einen Heller brächtest! Du kannst das einfach nicht tun, wenn du Liebe hast!

Siehe auch die drei letzten Gebote an, welche mit gleichem Fluch verbieten, verstohlenerweise mit List unter dem Schein des Rechts, wohl gar mithilfe der Obrigkeit, durch Gelüste ein Mörder oder Ehebrecher oder Dieb zu werden. Solltest du noch dazu durch falsche Zeugnisse – wie es einst oft vorkam – deinen Bruder aufs Schaffot zu bringen imstande sein, meinend du seiest kein Mörder an ihm? Oder solltest du deines Nächsten Weib zu einer Scheidung verlocken, damit du sie nach deinem Gelüste bekämest, meinend, du seiest kein Ehebrecher? Wolltest du endlich deinem Bruder das, was er hat, abschwatzen oder mit List aller Art, selbst vor Gericht, ihm so zusetzen, daß seine Habe an dich kommen möchte nach deinem Gelüste – und solltest du dabei meinen, kein Dieb an deinem Bruder zu sein? Solltest du, wenn du Liebe hast, mit solchem allen meinen können, dich an deinem Bruder – und eben damit an deinem Gott – nicht zu versündigen, weil du das Böse nicht frei offenbar an ihm tust, sondern auf eine Art, daß du vor der Welt in Ehren bleibst? Deine Liebe zu Gott und dem Nächsten läßt dir das nimmermehr zu. Ja, hast du's in etwas versehen, so kränkt's dich, weil du Liebe hast, am meisten, so daß du bekümmerter bist als der, an dem du's versehen hast. Denn die Liebe kränkt sich in nichts mehr als in dem, was dem Geliebten wehegetan hat. Da wird dir's aber dein Gott wieder vergeben um Christi willen.

Aber du siehst, wie die Liebe, wenn sie einmal in dem Herzen ist, »dem Nächsten nichts Böses tun kann«, wie Paulus sagt, also »die Erfüllung des ganzen Gesetzes« ist.

Wie aber die Liebe nichts Böses tun kann, so ist sie auch immer darauf bedacht, Gutes zu tun. Hierauf bezieht sich der Anfang unsrer Epistel, da Paulus sagt: »Seid niemand nichts schuldig, als daß ihr euch untereinander liebet«, d. h. Gutes tut in der Liebe; und wenn er schon hier zusetzt: »Denn wer den andern liebt, der hat das Gesetz erfüllt«, so ist damit gesagt, daß der, der in der Liebe Gutes tue, das Gesetz erfülle; er halte auch alles *Ge*bot, welches in den *Ver*boten des Gesetzes als *Ge*bot stillschweigend enthalten ist. Die Liebe aber kann nicht der Art sein, daß sie je – sei's auch durch noch soviele Guttaten – ihrer Verpflichtung quitt wird. Sie kann's nie fertig bringen, was sie zu tun schuldig ist. Und läßt sie's einmal fehlen, wenn (besondere) Umstände es erfordern, als wär's zu viel: so ist's, wie wenn's mit allem nichts wäre. Sie gibt ja nichts von sich selbst her – als zehrte sie sich nach und nach auf durch das Gute, das sie tut! Sie wird vielmehr immer brennender, je mehr sie Gutes tut. Wenn sie also viel, und noch so viel, getan hat, so liegt's schon wieder als eine Schuld vor ihr, daß sie noch lange nicht genug getan hätte, sondern daß sie vielmehr immer noch mehr tun sollte.

Weil aber doch gar viele, auch unter den Brüdern und Auserwählten, nicht so sind, so hält's ihnen der Apostel vor, sie sollten so werden und immer mehr so werden, daß sie sich immer als die Schuldner fühlen, wenn sie auch noch so viel bezahlt haben.

Überhaupt tut's not, daß man sich alles, was in den Bereich der Liebe gehört, immer wieder sagen lasse. Es reden immer soviele andere Stimmen drein vom eigenen Fleisch her und von der Welt und vom Satan und wollen die Liebe abschwächen oder gar ertöten, sie mindestens vom Tätigwerden abziehen oder es leicht machen mit allerlei Üblem, das dem Nächsten zugefügt wurde. Da muß man auf der Hut sein, sich die Liebe auf keine Weise schmälern zu lassen.

Je mehr sie auch in dich hineinwächst – so daß sie wie zu einer anderen Natur wird –, desto mehr wird auch der Friede in dir einkehren und das Gefühl, daß dein Gott nichts wider dich habe.

Warum wohl haben heutzutage so viele Christen Zweifel und Anfechtungen über die Vergebung ihrer Sünden und über ihre Kindschaft?! Sie sollten sich prüfen, ob sie nicht noch, weil sie die Liebe nicht in sich wohnend haben und sich darum auch nicht nach der Liebe halten, fortgehend Sünder sind, die weit weg von der *Erfüllung des Gesetzes* stehen!

Ach, daß der Geist Gottes uns wieder völliger zuteil würde, damit wir auch völliger lieben und damit völliger das Gesetz erfüllen lernten! Amen.

5. Sonntag nach Epiphanias
Der Auserwählten Tracht und Eintracht
Kol. 3, 12–17

Mit den »Auserwählten Gottes« – welche als solche »Heilige und Geliebte« sind, ganz zu Gott gehörig – redet abermals der Apostel.

Wie nun jeder Stand auf Erden, früher mehr als jetzt, seine Tracht, Livree, hat, wodurch er sich kenntlich macht und von andern unterscheidet, so sollten auch die Auserwählten gleichsam eine Tracht haben; es ist aber geistlich gemeint. An dieser werden sie erkannt und durch diese unterscheiden sie sich von andern Menschen, die als fern von Gott noch unter dem Gericht stehend zu nehmen sind. Je höher aber der Adel ist, zu welchem die Auserwählten als Angehörige Gottes erhoben sind, desto herrlicher soll auch der Anzug, die Kleidung, die Tracht sein, in welcher sie zu erscheinen haben. Wie ferner in den irdischen Verhältnissen alle die, die einerlei Tracht haben, sich als zusammengehörig nehmen und darum zusammenstehen und sich mit Eintracht zueinander halten und sich in solcher Eintracht fühlen und freuen, so sollen auch die Auserwählten wie in einem Chor zusammenstehen und einträchtig miteinander leben und zusammen fröhlich sein, als zu einerlei Gnade und Hoffnung berufen. So kann man von einer Tracht und Eintracht der Auserwählten reden; und über beides spricht gar schön der Apostel in unsrer heutigen Epistel.

1) Die Tracht, welche die Auserwählten tragen sollen (V. 12–15)

(12) »So ziehet nun an als die Auserwählten Gottes herzliches Erbarmen, Freundlichkeit, Demut, Sanftmut, Geduld; (13) und vertrage einer den andern und vergebet euch untereinander, wenn jemand Klage hat wider den andern; gleichwie der HErr euch vergeben hat, so auch ihr. (14) Über alles aber ziehet an die Liebe, die da ist das Band der Vollkommenheit; (15) und der Friede Christi regiere in euren Herzen, zu welchem ihr auch berufen seid in e i n e m Leibe; und seid dankbar.«

Das ist etwas nach *außen,* das aber tief aus dem Innersten des Herzens kommt. »Ziehet an«, sagt Paulus – wie man Kleidungsstücke anlegt, mit welchen man sich öffentlich zeigen will –, »herzliches Erbarmen, Freundlichkeit«, mit dem Sinne von Gütigkeit, »Demut, Sanftmut, Geduld«, mit dem Sinne von Langmut, zuletzt »die Liebe«, die wie ein Mantel die andern Kleidungsstücke gleichsam zusammenhalten, die ganze Kleidung vollenden soll. So soll sich ein Auserwählter nach außen darstellen. Ein Herrliches und Schönes ist es, wenn man nach dieser Tracht einen Menschen erkennt, der Christus angehört und Ihm dient.

Nichts anders also sollte an ihm von jedermann zu sehen sein als vor allem herzliches Erbarmen, das sie mit allen denen haben, die innerlich oder äußerlich im Gedränge und in Not sind, besonders mit denen, die sich noch nicht zurechtgefunden haben in Christus und darum sich öfters in elendem kläglichem »Gewand« darstellen. Diesen sollte aber Mitleiden, nicht Verachtung, nicht Geringschätzung, nicht Unwillen, nicht Ärger oder Zorn oder nur auch Gleichgültigkeit vonseiten der Auserwählten entgegenkommen! Es gibt einen ungöttlichen Eifergeist, der sich in stolzer Miene oder in strengem Blick oder in wegwerfender Art überhaupt zu erkennen gibt. Statt dessen soll's in Miene und Blick und im ganzen Benehmen zu sehen und zu lesen sein, daß man mit Erbarmen und Milde des Herzens unter seiner Mitwelt steht, insbesondere unter Glaubensgenossen, wenn sie Schwächen an sich haben.

Sich aber bloß mitleidig hinzustellen, ohne etwas zu tun, wenn's geboten scheint, macht's nicht aus. Deswegen muß zum Erbarmen als zweites Kleidungsstück auch Gütigkeit, Freundlichkeit kommen, so daß man es einem Auserwählten ansieht, er sei geneigt, auch mit der Tat weichherzig einzutreten, wie's nun die Umstände erfordern.

Ein drittes Kleid des Auserwählten soll sein Demut: daß sich von ihm niemand gering oder von oben herab angesehen sieht, sondern daß er sich vielmehr so stellt, daß man's ihm ansieht, daß er sich nicht im geringsten über den andern erhebt.

Ein viertes Kleidungsstück soll sein Sanftmut, die sich nie zu grober Rede oder hitzigem Benehmen oder scharfem Wesen hergibt, sich nie aus der Fassung bringen läßt, um heftig zu werden oder andere hart anzufahren.

Diese Sanftmut soll in Proben bestehen und zum fünften Kleidungsstück helfen, nämlich der Langmut, Geduld. Dieses Kleid deutet an, daß man nicht so bald fertig werden soll mit Erbarmen, mit Gütigkeit, mit Demut, mit Sanftmut, sondern fortmachen soll auch gegen arge Leute, gegen Anmaßende, gegen Stolze, gegen Grobe und Widerspenstige – daß man überhaupt viel tragen und lange und immer wieder aufs neue tragen soll an seinen Mitmenschen, seien diese, wie sie wollen, besonders an Brüdern.

Aus solchen fünf Stücken soll die Tracht der Auserwählten bestehen, vor allem, damit sie Ihresgleichen zugutkomme und zur Vertragsamkeit und Versöhnlichkeit helfe, indem sie immer eingedenk sind, wie auch Christus vergeben hat. Denn Paulus sagt: »Und vertrage«, oder auf daß vertrage, »einer den andern und ihr euch vergebet untereinander, so jemand Klage hat wider den andern; gleichwie Christus euch vergebe hat, also auch ihr«. Denn ohne Erbarmen, Gütigkeit, Demut, Sanftmut, Langmut aller gegeneinander kann keine Vertragsamkeit und keine Versöhnlichkeit zustandekommen.

Übrigens ist es eine eigene Sache mit den angegebenen geistlichen Kleidungsstücken. Sie können äußerlich da sein, und doch ohne eigentliche Liebe. Deswegen nennt Paulus noch als sechstes Kleidungsstück besonders die Liebe. Diese soll über die andern alle her gelegt werden gleichsam als ein Mantel; denn sie ist das »Band der Vollkommenheit«, die alles zusammenhält oder vollkommen macht, allen andern erst einen Wert gibt. Allem Erbarmen, aller Gütigkeit oder Freundlichkeit, aller Demut, aller Sanftmut, aller Langmut oder Geduld soll wirkliche Liebe zugrundeliegen, so daß man's nicht pflichtmäßig hat oder weil's befohlen ist, weil man weiß, daß man's haben muß, oder weil man's aus Eigenliebe und geistlichem Hochmut vor den Leuten gerne sehen lassen will, auch wenn's nicht ganzer Ernst damit ist. Ist's das nicht, so ist's unvollkommen; und dann bleibt's auch in der Regel nicht, wie es ist, sondern es ändert sich je und je auch ins Gegenteil zu Unbarmherzigkeit, zu Unfreundlichkeit, zu Stolz, zu Härte, zu Ungeduld. Es hält nicht die Probe. Nur die Liebe, welche wirklich für den Nächsten fühlt und das Herz warm macht, macht alles vollkommen und bewährt.

Solche Liebe mit allem, wie sich's (auch etwa in unliebsamer Weise) äußert, kann aber nicht da sein, wenn nicht ein Friede da ist, der im Herzen wohnt. Sie ist die Folge des Friedens, den der Auserwählte mit Gott hat, geworden durch das Bewußtsein der Vergebung der Sünden und der Kindschaft mit Gott durch Christus. Dieser Friede treibt zu den angeführten geistlichen Kleidungsstücken. Denn irdisch, im täglichen Leben kleidet sich jeder Mensch nach seinem Geschmack, nach einer gewissen Neigung, nach einer in ihm liegenden Art, oft närrisch, oft vernünftig, jeder wieder anders, und oft so, daß man von seinem äußeren Anzug auf sein Inneres schließen kann. So ist's nun auch bei der geistlichen Tracht, soweit sie sich nach außen darstellt. Sie hat ihren Grund im Innern des Herzens, regelt sich nach Gedanken und Gesinnungen und Stimmungen des Herzens. Bei Auserwählten nun soll's alles mit dem Frieden zusammenhängen, den sie im Herzen tragen und der sie »regiert« für ihren geistlichen Anzug, auch für die Dankbarkeit, die in ihnen lebt. Darum sagt Paulus (V. 15): »Der Friede Gottes regiere in euren Herzen« – aber zu Erbarmen, zu Gütigkeit, zu Demut, zu Sanftmut, zu Geduld, zu dankbarer Liebe –, »zu welchem ihr auch berufen seid in einem Leibe, und seid dankbar«. Ohne inneren Frieden macht sich die Tracht des Christen nicht recht. Derselbe wird dann gleichsam nachlässig in seinem Anzug, er verliert das Interesse daran, anständig und sorgfältig »gekleidet« zu sein, und macht sich durch seine äußere Haltlosigkeit bemerkbar. So liegt denn alles, was die Auserwählten reden und darstellen, an dem, daß wirklich durch aufrichtigen Glauben an Christus der Friede Gottes einkehre in ihrem Herzen, der Christus selbst anzieht mit Seinen Gnaden und Gaben. Denn nur wo dieser Friede im Herzen regiert, kann die »Tracht«, von der wir gesprochen haben, die das Bild Gottes darstellende Tracht, sich verwirklichen. O Friede, daß wir dich gewännen, mit dem wir alles haben, auch die dankbare Liebe, »zu verkündigen die Tugenden des, der uns berufen hat von der Finsternis zu Seinem wunderbaren Licht« (1. Petr. 2, 9).

So wäre es mit der Tracht der Auserwählten.

2) Die Eintracht der Auserwählten

(16) »Lasset das Wort Christi reichlich wohnen in euch; lehret und vermahnet euch selbst in aller Weisheit mit Psalmen und Lobgesängen und geistlichen Liedern und singet Gott dankbar in euren Herzen. (17) Und alles, was ihr tut mit Worten oder mit Werken, das tut alles in dem Namen des HErrn Jesus und danket Gott, dem Vater, durch Ihn.«

Wir sehen es schon, wie die Eintracht entsteht zwischen den gleichsam gleich gekleideten Auserwählten. Zum Frieden nämlich, so haben wir schon gehört (V. 15), sind sie alle »berufen in *einem* Leibe«, um also ein in Eintracht zusammenhängendes Ganzes miteinander auszumachen. Dieser Friede untereinander kann nur sein, wenn in aller Herzen »der Friede regiert« und wenn man sich, von Dankbarkeit erfüllt, um den erwähnten richtigen Anzug bemüht, d. h. erbarmungsvoll, gütig, demütig, sanftmütig, geduldig zu sein und damit auch, wie es gleichfalls geheißen hat, vertragsam und versöhnlich zu werden und alles, auch wenn Klagen widereinander vorkommen, immer wieder schnell auszugleichen. Geht solches alles seinen richtigen Gang: wie groß muß dann die Eintracht werden!

Aber die Eintracht – und eben damit auch der Stand der einzelnen – muß unter den Auserwählten auch noch gepflegt werden. Sie müssen's lernen, wie aus *einem* Munde dankbar zu sein, und müssen sich miteinander üben, sich so recht als »*einen* Leib« darzustellen. Hierzu empfiehlt der Apostel mancherlei, an dem's die Auserwählten nicht fehlen lassen dürfen, um die Eintracht zu zeigen und zu fördern:

a) »Sie sollen das Wort Christi reichlich unter sich wohnen lassen«, sollen das Wort von Christus, Seiner Person, Seinen Wundern und Lehren, Seiner Hingabe, Seiner Bedeutung für alle bezüglich ihrer Hoffnung auf Ihn für jetzt und in alle Ewigkeit fleißig miteinander betrachten, recht reichlich zu ihrer Erbauung und Stärkung ausbeuten, ohne ihr Beisammensein abzuschwächen mit Fremdartigem, das in keiner Beziehung zu Christus steht. All ihr gegenseitiges Reden soll immer nur von diesem Wort von Christus durchdrungen sein; wie Paulus schreibt (1. Kor. 2, 2): »Ich hielt mich nicht dafür, daß ich etwas wüßte unter euch als allein Jesus Christus den Gekreuzigten.«

b) Sie sollen »mit aller Weisheit lehren« – die Worte sind so zu verbinden, nicht wie wir's gewöhnlich im Texte lesen, da die Worte »in aller Weisheit« zum Vorhergehenden genommen sind –. Wird gelehrt, so soll es »mit Weisheit« geschehen, und zwar »mit *aller* Weisheit«, d.h. nach allen Seiten weislich bedacht. Wer lehrt, soll nicht alles durcheinanderbringen; er soll sich nicht an Unwichtigem, Unerbaulichem aufhalten, auch nicht so reden, daß er bei einzelnen Anstoß gibt; er soll sich nicht nach gewissen Personen richten, ohne auf die andern zu achten; er soll ferner nicht unverständlich, auch nicht mißverständlich sein, da es zu schiefen Ansichten oder Irrtümern führen könnte; er soll reden dem Verständnisse aller angemessen, so daß jeder etwas davon haben und lernen kann. Wer lehrt, soll nicht nur so dahinreden, sondern soll stets überlegen, ob das, was er rede, passe, und zwar für alle passe, ob es jetzt eben hergehöre oder nicht; er soll insbesondere ferne davon sein, Lieblingsgedanken aufkommen zu lassen, die er den andern gleichsam aufzwingen will. So sollen sie, die Auserwählten, einander lehren in aller Weisheit, und so wird auch die Eintracht unter allen gefördert.

c) »Sie sollen sich selbst ermahnen mit Psalmen und Lobgesängen und geistlichen lieblichen Liedern.« Wir sehen, daß Gesänge schon in der damaligen Zeit eine große Rolle in den Versammlungen spielten; und der Apostel erkennt in ihnen ein wirsames Mittel, die Gemeinschaft aller zu erhöhen und gemeinsam den inneren Menschen zu erquicken und aufzumuntern – was der Ausdruck »sich selbst zu vermahnen« in sich schließt. Die Gesänge waren denn auch sehr inhaltsreich und hatten besonders den Preis Gottes für das Wunder der Erlösung zum Thema und den Preis des Heilands für das, was Er ist und für uns getan hat. Sie stellten aufs lebhafteste das Bild Jesu und die Hoffnung zu Ihm vor aller Augen. So hat ein jeder dieser Gesänge die Eintracht aller gefördert. Man denke nur, wie ergreifend der älteste Gesang sein mochte, den wir haben und den uns Paulus aufbewahrt hat in den Worten (1. Tim. 3, 16): »Kündlich groß ist das gottselige Geheimnis: Gott ist geoffenbart in Fleisch, gerechtfertigt im Geist, erschienen den Engeln, gepredigt den Heiden, geglaubt in der Welt, aufgenommen in die Herrlichkeit!« Wie herrlich waren solche Gesänge, die so ganz das Gespräge des Heiligen Geistes an sich trugen! Wir dürfen wohl auch Eifer beweisen in Gesängen und sollten nie beisammen sein, ohne auch zu singen, sollten aber vor allem darauf bedacht sein, solche Lieder zu singen, die den HErrn Jesus vergegenwärtigen und verherrlichen.

d) Sie sollen »singen dem HErrn in ihrem Herzen«, also nicht schläfrig und gedankenlos bei dem erwähnten Singen sein, nicht nur mit dem Munde leiern, sondern sich innerlich dazu hergeben, daß, wenn alle singen, auch aller Herz mitsingt! Ist's allen von innen heraus ernst damit, daß sie das, was sie singen, auch fühlen, so hat's eine wunderbare Macht auf aller Gemüter und bringt sie erquickend wie in einem Guß zusammen. So wäre es, wenn sie »dem HErrn in ihren Herzen singen«!

e) Sie sollen endlich »alles, was sie tun mit Worten oder Werken, alles tun in dem

Namen unsres HErrn Jesu und damit Gott und dem Vater danken durch Ihn«. Alles nämlich sollen sie in eine Beziehung bringen zu Jesus und dem, was Er getan hat und tut und noch tun wird, und mit dem, was sie zu Ihm hoffen, wie auch zu dem, was sie Ihm schuldig sind. In allem, was sie reden und tun, sollte Er ihnen einfallen, als würden sie's auf Sein Geheiß und an Seiner Statt reden und tun. Denn dann entspricht alles auch desto gewisser Seinem Geiste. Hiermit beweisen sie auch am sichersten dem HErrn den Dank, der Ihm gebührt. Ist's bei allen so, so ist die Eintracht unter allen gesichert, und sie erscheinen als die, die »berufen sind in *einem* Leibe«.

Ach, wenn es bei uns in allem, was wir jetzt nach unsrem Text betrachtet haben, noch so wäre, so hätten wir bereits den Himmel auf Erden! Mitunter, das können wir wohl sagen, dürfen wir einen Vorschmack davon haben in größeren und kleineren Kreisen.

Aber wir fühlen – und wir reden da insbesondere diejenigen an, die sich vorzugsweise »Brüder« zu nennen wagen –, daß wir uns besser »kleiden« und »einträchtiger« halten müsssen. Wie leicht werden wir nachlässig in unsrer geistlichen Haltung, sowohl im täglichen Leben als in der Gemeinschaft, und wie leicht wird die Eintracht gestört! Paulus redet mit den Kolossern nicht als solchen, die noch nie die Tracht angelegt hätten, die er ihnen vorschreibt, nicht, als hätten sie dieselbe jetzt erst anzulegen! Aber sie bedurften es, sich täglich neu anzukleiden und mit Besonnenheit eins ums andre gleichsam anzulegen, oder es sich ins Gedächtnis zu rufen und zum Vorsatz zu machen; so wie man sich täglich äußerlich ankleidet. Darum sagt Paulus: »So ziehet's nun an!« Immer wieder hat jeder Auserwählte eine Ermunterung dazu nötig; und wenn er darauf in seinen Gedanken nicht achtet, wird er immer nachlässiger in seinem geistlichen Anzug – bis man ihm nicht mehr ansieht, daß er zu den »Auserwählten, Heiligen und Geliebten« zu zählen ist. So bedarf's auch einer beständigen Ermunterung, der Eintracht besondere Aufmerksamkeit zuzuwenden, damit sie gewahrt bleibe.

Sooft wir uns morgens ankleiden, sollte darum auch die »Tracht« uns einfallen, mit welcher angetan sich die Auserwählten zu zeigen haben, und wir sollten insbesondere an den »Mantel der Liebe« denken, als an einen Ausfluß des Friedens der Seele. Und sooft wir zusammenkommen, sollten wir uns innerlich zu einer Eintracht mit allen stimmen. Ach, daß wir einmal rein und unbefleckt stehen möchten vor dem HErrn, wenn Er kommt, und teilhaben an den herrlichen Lobgesängen im Himmel! Amen.

6. Sonntag nach Epiphanias
Beweise für die Zukunft Christi
2. Petr. 1, 16–21

Petrus sah es vor sich, daß er »seine Hütte werde bald ablegen« müssen (V. 14); und er will deswegen einerseits fortmachen mit »Erweckung« der Brüder, wie er sagt (V. 13), solange ihm noch Zeit vergönnt ist, andererseits will er noch etwas zurücklassen, das »zu einem Gedächtnis« dienen sollte, wenn er nicht mehr da wäre (V. 15).

Insbesondere hatte er oft gezeugt von »der Kraft und Zukunft Jesu Christi« (V. 16), d. h. von Seinem herrlichen Wiederkommen, welches, wie wir wohl sagen dürfen, nach dem ursprünglichen Plan Gottes hätte früher erfolgen sollen, als es nun wurde. Daß er selbst es nicht mehr erleben werde, hat Petrus wohl gewußt; denn der HErr hatte ihm angezeigt, »welches Todes er sterben sollte« (V. 14 vgl. Joh. 21, 18 f.). Indessen hatte es bereits nicht mehr das Ansehen, daß etwa bald nach seinem Tode das kommen werde, was kommen soll. Und nun will er »Spöttern« vorbeugen, »die sagen würden, nachdem die Väter entschlafen seien, bleibe es alles, wie es von Anfang der Kreatur gewesen ist«, und sei keine Rede mehr von der Zukunft Christi (3, 4).

Weil diese Zukunft nicht kam, konnten manche denken, Petrus und die Apostel seien mit ihrer Verheißung der Zukunft Christi nur »klugen Fabeln gefolgt« (V. 16). Manche, so will er sagen, würden es als eine Art Schwärmerei auslegen, daß er predigte, der Heiland werde wiederkommen. Petrus sei in seinem Vertrauen auf den Heiland zu weit gegangen und habe sich Fabelhaftes von Ihm gedacht oder geträumt oder gar klüglich ersonnen in seiner übergroßen Verehrung für den HErrn. Solchem Geschwätz entgegen sagt er: »Wir sind nicht klugen Fabeln gefolgt...; sondern wir haben Seine Herrlichkeit selber gesehen«, womit er auf die Verklärung Jesu auf dem Berge zu reden kommt. Nachher erwähnt er auch noch des »festeren«, wie es eigentlich heißt, »prophetischen Worts«. Er heißt es »fester«, weil es mauerfest in der Heiligen Schrift steht, während die Verklärung etwas Vorübergehendes, vorerst nicht in gleicher Weise durch Schrift Gesichertes, war.

So führt Petrus – abgesehen von dem Zeugnis, das Jesus selbst so oft von Seinem Wiederkommen gab, und von dem Zeugnis der Engel, die bei der Himmelfahrt Jesu zu sehen und zu hören waren (Apg. 1, 10 ff.) – zwei Beweise für die Zukunft Christi an, nämlich

1) die Verklärung Jesu auf dem Berge (V. 16–18),
2) das prophetische Wort des Alten Testaments (V. 19–21).

(16) »Denn wir sind nicht klugen Fabeln gefolgt, als wir euch kundgetan haben die Kraft und das Kommen unsres HErrn Jesus Christus; sondern wir haben Seine Herrlichkeit selber gesehen. (17) Denn er empfing von Gott, dem Vater, Ehre und Preis durch eine Stimme, die zu Ihm kam von der großen Herrlichkeit: ›Dies ist

Mein lieber Sohn, an dem Ich Wohlgefallen habe.‹ (18) Und diese Stimme haben wir gehört vom Himmel kommen, als wir mit Ihm waren auf dem heiligen Berge.«

1) Für die Zukunft Christi sprach also erstlich die Verklärung, die mit Jesus auf dem Berge – man heißt ihn Tabor – vorgegangen war. Petrus erzählt da etwas, von dem er selbst Augen- und Ohrenzeuge gewesen war. Daß er ein falscher Zeuge sei, der sage, er habe gesehen oder gehört, was er nicht gesehen oder gehört hatte, konnte kein Christ annehmen; denn dann hätte er nicht auf das sonstige Zeugnis der Jünger hin gläubig werden können. Alles, was die Apostel erzählten von Jesus und Seinen Wundern, von Seiner Auferstehung und Himmelfahrt, waren Zeugnisse von dem, was sie gehört und gesehen hatten, wie auch der HErr zu ihnen sagte, sie würden »Seine Zeugen sein bis an das Ende der Erde« (Apg. 1, 8). Glauben konnte nun freilich, wer wollte. Wer aber überhaupt ihre Zeugnisse annahm, konnte nicht das Eine geltenlassen, das Andere nicht. Hatten nun die Jünger bei allem gesagt: »Wir haben's gesehen und gehört und betastet« (1. Joh. 1, 1), so sagte Petrus auch von der Verklärung: »Wir haben sie gesehen.« Wie man also das Andere glaubte, so glaubte man auch dieses; und somit diente die Verklärung, wie wir gleich näher sehen werden, zu einem Beweise für die Zukunft Christi, weil die Tatsache selbst nicht geleugnet wurde.

Sie machten's damals nicht so, wie sie heutzutage sagen, die Jünger hätten sich getäuscht, sie hätten Sinnestäuschungen gehabt, hätten aus allem in übergroßer, blinder Begeisterung etwas gemacht, was es eigentlich nicht war – und darum dürfe man die Zeugnisse von ungebildeten Männern nicht so bar nehmen und sei es erlaubt, daran zu kritisieren und davon zu streichen, was etwa nach ihrer Vernunft unhaltbar wäre! Dazu glauben sie bezüglich der Verklärung Jesu einiges Recht zu haben, weil es von Petrus ausdrücklich heißt, er habe, da er Hütten zu bauen vorschlug, »nicht gewußt, was er redete, da sie alle bestürzt waren« (Mark. 9, 6); auch daß sie, und vor allem Petrus, »voll Schlafs« gewesen seien. Das war aber nichts anderes, als daß sie selbst auch ein wenig in die Verklärung hereingezogen, über das Irdische erhoben worden sind. Denn nur so konnten sie die Herrlichkeit ertragen, die sich ihnen darbot.

Daß sie aber in Wahrheit in unaussprechlich Herrliches hineingesehen haben müssen, liegt schon in dem Verbot Jesu an sie, nichts von dem, was sie gesehen hatten, zu sagen, d. h. nichts davon andere Leute als die Jünger wissen zu lassen, als »bis Er von den Toten auferstanden« sein würde (Matth. 17, 9). Petrus war denn hintennach sich alles dessen, was er sah, wohl bewußt, und wohl auch dessen, was er dabei redete. Und von dem großen ganz besonderen Eindruck, den das Gesehene auf ihn machte, zeugt auch das, was er in unsrer Epistel darüber sagt. Er nennt das, was er sah, »die Herrlichkeit Christi«. Es ging weit über das hinaus, was sie an Christus als dem Auferstandenen sahen. Denken wir an die Erscheinungen vor den Jüngern, da diese Ihn ganz so sahen und hatten, als wäre es wieder wie vorher! Denken wir an die Jünger, die nach Emmaus gingen, die einen gewöhnlichen Reisegefährten an Ihm zu haben meinten und sich mit Ihm als ihrer einen zu Tische setzten! Denken wir an Maria, die Ihn nur gleich anfassen wollte, als sie Ihn sah: so ist klar, daß der Verklärte auf dem Berge etwas viel

Höheres darstellte als vor Augen der eben erst aus dem Grabe Erstandene. Denn, sagte Er zu Maria: »Ich bin noch nicht aufgefahren zu Meinem Vater« (Joh. 20, 17), so sagt auch Petrus: »Er empfing von Gott dem Vater Ehre und Preis durch eine Stimme, die zu Ihm geschah von der großen Herrlichkeit: ›Dies ist Mein lieber Sohn, an dem Ich Wohlgefallen habe.‹« Den Berg selbst, auf dem das geschehen ist, nennt er eben deswegen den »heiligen Berg«, wie die Stätte, da einst der Engel des HErrn dem Mose im Busch erschien, eine »heilige Stätte« war (2. Mose 3, 5). »Heilig« wird alles, wo der HErr ist.

In der Verklärung Jesu nun, welche Petrus auf dem Berge sah, erkennt er, wie man deutlich sieht, einen Beweis für die Zukunft Jesu in der Herrlichkeit. Vielleicht ist uns das nicht gleich klar. Und doch können wir uns darein finden, wenn wir's näher überlegen: Jesus erscheint hier in einer Gestalt, wie Er sie auf Erden noch nie gehabt hat und wie sie sich Petrus an Ihm nur im Himmel bei Seinem Vater denken kann. Obwohl also ganz überirdisch, ist sie doch auf Erden sichtbar und wenigstens von Dreien Seiner Jünger gesehen. Angetan erscheint Er in der Herrlichkeit Seines Vaters; und in dieser wiederzukommen hat Er verheißen (Matth. 16, 28), wenn Er »kommen würde in Seinem Reich«. Was anders ist daher die Verklärung als eine Vergegenwärtigung der Art und Gestalt, in welcher Jesus wiederkommen wird? Was anders konnte sie auch zum Zweck haben, als den Jüngern zu zeigen, *wie* Er einmal wiederkommen würde? War's doch den Jüngern gerade, wie wenn Er eben vom Himmel niederstiege, gleich einem Mose und Elia, welche gleichsam die Vorgänger oder Repräsentanten waren der großen Schar von Engeln und Heiligen, die einst im Gefolge Jesu sein werden. So ist offenbar die Verklärung ein Beweis für die Wiederkunft Jesu, diese im Kleinen vorstellend. Und mit Recht sagt Petrus: »Wir sind nicht klugen Fabeln gefolgt; sondern wir haben vielmehr Seine Herrlichkeit«, mit der Er kommen wird, schon zum voraus »gesehen«, um auf diese Hoffnung leben und sterben zu können.

Denken wir noch daran, daß Mose und Elias mit Jesus »redeten über den Ausgang, welchen Jesus erfüllen sollte zu Jerusalem« (Luk. 9, 31), so geht daraus hervor, daß den Jüngern nicht bloß das Leidensbild Christi verbleiben sollte, sondern daß ihnen außer dem Anblick des Auferstandenen – da Er nicht viel verschieden war von Seiner menschlichen Erscheinung überhaupt – auch der Seiner vollen Herrlichkeit, eben auf Erden, noch gestattet werden würde, zu welcher um so sicherer der Weg des Kreuzes führte. Der Gang zum Kreuz vom Verklärungsberge herab und die seinerzeit vom Himmel herabkommende Herrlichkeit Jesu gehören zusammen; und die letztere wird einstweilen durch die Verklärung vertreten. Wie das erste, das Kreuz, vor aller Augen geschah, so soll auch das zweite offenbar werden. Deswegen heißt es (Offb. 1, 7): »Siehe, Er kommt mit den Wolken; und es werden Ihn sehen alle Augen, die Ihn gestochen haben.« Der ganze Christus, von der Menschwerdung an durch Kreuz und Auferstehung hindurch bis zur Wiederkunft soll auf Erden offenbar werden. Und die Verklärung macht die Wiederkunft anschaulich als ein Beweis für sie, daß sie als der Schlußstein in der ganzen Erscheinung Christi nicht fehlen dürfe. Lassen wir doch alles dieses unsrem Geiste nahekommen, um im Glauben an das Wiederkommen Christi

– dessen Herrlichkeit uns durch die Verklärung vor Augen gestellt wird – nicht wankend zu werden!

(19) »Und wir haben desto fester das prophetische Wort, und ihr tut wohl, daß ihr darauf achtet als auf ein Licht, das da scheint an einem dunklen Ort, bis der Tag anbreche und der Morgenstern aufgehe in euren Herzen. (20) Und das sollt ihr vor allem wissen, daß keine Weissagung in der Schrift eine Sache eigener Auslegung ist. (21) Denn es ist noch nie eine Weissagung aus menschlichem Willen hervorgebracht; sondern von dem Heiligen Geist getrieben haben Menschen im Namen Gottes geredet.«

2) Den zweiten Beweis für die Zukunft Christi findet Petrus in dem prophetischen Wort des Alten Testaments; denn was er von diesem sagt, steht doch in offenbarer Beziehung zum Vorhergehenden. Das prophetische Wort nennt er ein »festes«, ja ein »festeres«, wie es eigentlich heißt. Es ist, wenigstens für die, die etwa den Aposteln allein nicht glauben wollten, als geschrieben fester und über das Zeugnis der Apostel gehend, indem die Propheten nur »getrieben vom Heiligen Geist« redeten, also der Mund Gottes waren, um das, was kommen sollte, zu verkündigen.

Wenn Petrus schreibt: »Wir haben ein festes – oder festeres – prophetisches Wort«, so redet er von sich und den Aposteln, welche außer dem, was sie gesehen hätten, auch das prophetische Wort für sich und ihre Hoffnung hätten. Dasselbe ist auch insofern fester als das Sehen der Apostel, weil es solchem Sehen für andere erst den rechten Wert und die rechte Bedeutung gibt. Zugleich ist es um so fester geworden, als es sich durch die bis jetzt vorhandene Erfüllung bewährt hat und darum den Beweis völliger macht für das, was die Apostel auf die Zukunft Bezügliches in der Verklärung Jesu gesehen hatten. Darum fährt Petrus fort: »Und ihr tut wohl, daß ihr darauf achtet.« Damit weist er seine Leser darauf hin, daß sie wohl das, was sie von den Aposteln hörten, nach der Weissagung der Schrift prüfen dürften, um dann einen doppelten Beweis dafür zu haben, daß die Kraft und Zukunft, d. h. die herrliche Zukunft Christi noch zu erwarten sei, wenn sie finden würden, daß sein eigenes Sehen mit dem »Sehen« der Propheten übereinstimme.

Das prophetische Wort vergleicht Petrus mit einem Licht oder einer Leuchte, das man »in einem dunklen Ort« anzündet oder leuchten läßt, um sich nicht ganz in der Nacht zu fühlen, »bis der Tag anbreche«, eigentlich »durchglänze«, am Kommen wäre, »und der Morgenstern aufgehe in den Herzen«. Gott hat durch die Weissagung der Schrift eine Leuchte gegeben in Israel – während sonst tiefe Nacht und Dunkelheit alle Völker bedeckte. Ein Hoffnungsschimmer auf einen zukünftigen Tag hin, der durch die Nacht und Finsternis hindurchhülfe, war durch die Weissagung gegeben. Endlich glänzte der Tag durch mit dem Aufgang des »Morgenstern in den Herzen«, welcher ist Jesus Christus, »die Wurzel des Geschlechts Davids, ein heller Morgenstern« (Offb. 22, 16). Hierbei ist wichtig, daß Christus zuerst nur »Morgenstern« genannt wird, der den durchglänzenden Tag, den bereits nahekommenden Tag ankündigt, aber doch nicht der Tag selbst ist. Deswegen ist er nur erst in den Herzen fühlbar, nicht in der Schöpfung, wie es noch werden soll, wenn der wirkliche Tag kommt. Die Herrlichkeit Christi ist noch nicht völlig aufgedeckt; und das prophetische Wort behält also seine Bedeutung bis zu diesem Tag, d. h. dem Tag der Offenbarung der Herrlichkeit Christi. Die Propheten haben nämlich meist die Herrlichkeit, die mit Christus kommen würde, geweissagt, über die niedrige Erscheinung Christi im Fleisch hinausgehend. Sie haben Christus als einen König geschildert, dem alle Völker anhangen würden, vor dem »alle Knie sich beugen und alle Zungen schwören und sagen würden: Im HErrn habe ich Gerechtigkeit und Stärke«. (Jes. 45, 24; vgl. Phil. 2, 10); der Seine Macht und Kraft und Herrlichkeit über alle Kreatur, ja über die ganze Schöpfung ausbreiten würde. Weil denn Christus zunächst nur in der Niedrigkeit erschien und auch die Seinen in der Niedrigkeit verblieben sind, so muß noch weiteres nachfolgen zur Erfüllung des prophetischen Worts. Und anders als durch die Wiederkehr Christi – bei der Er selbst und alles aus seiner Niedrigkeit emporgehoben würde zu voller Kraft und Glorie –, ist solche Erfüllung gar nicht denkbar; denn alles soll ja im Anschluß an Seine Person, des verheißenen Messias, geschehen. Wer also auf die Propheten achtet, kann unmöglich Zweifel haben bezüglich der Wiederkehr des HErrn in der Herrlichkeit. Denn erst dann, wenn die Herrlichkeit Gottes in Christus offenbar wird, sind die Propheten erfüllt. Wir sind deswegen nach dieser Seite hin immer noch in der Dunkelheit – nur mit dem Unterschied, daß der »Morgenstern«, Christus mit den geistlichen Gaben, in den Herzen der Gläubigen aufgegangen ist. Diese geistlichen Gaben, »Gerechtigkeit und Friede und Freude in dem Heiligen Geist« (Röm. 14, 17), reicht Er dar in Seinem Reiche, soweit das Boden gewinnt. Er ist der »Morgenstern«, der aber doch den »Tag« ankündigt, der unmöglich ausbleiben kann und darum immer »nahe« heißt. Mitten durch die noch fortdauernde Dunkelheit im Großen – da Christus noch lange nicht genug die Herrschaft hat – scheint die Weissagung als eine Leuchte fort, fest und unumstößlich, bis der Tag Christi kommt, der alles bringt, was so herrlich und wunderbar schön eben auf Ihn hin die Propheten geweissagt haben. Wer das Alte Testament nicht liest und nicht betrachtet, mag sich immer plagen mit Zweifeln an der Zukunft Christi und an der Verwirklichung der Kindschaft Gottes. Aber die Wahrhaftigkeit Gottes im prophetischen Wort wird noch offenbar werden. Darum wohl dem, der, alles mit dem Morgenstern Christus beleuchtend, auf das feste prophetische Wort achtet. Dieses kann ihm – wenn er überhaupt an eine göttliche Offenbarung glaubt – die Hoffnung, daß Christus wirklich wiederkommen werde und müsse in Kraft und Herrlichkeit, unwidersprechlich gewiß machen.

Um des allerwärts wieder einbrechenden Unglaubens willen fühlen wir uns wieder in eine Mitternacht versetzt – als wäre der Morgenstern, der auf den großen Tag hinweist, wieder rückwärtsgegangen, ja verschwunden! Wer sich aber ritterlich durchkämpft und überwindet und die Werke Christi hält bis ans Ende, dem wird zuletzt gegen das Ende hin der »Morgenstern« gegeben, der dann den unfehlbar nahenden Tag verkündigt. Das geschieht dadurch, daß ihm »der HErr Macht gibt über die Heiden« – sie mit seinem kräftigen Worte innerlich niederwerfend – »und er sie also weiden soll

mit einer eisernen Rute und ihr Heidnisches wie eines Töpfers Gefäß zerschmeißen«
(Offb. 2, 26–28). Das alles soll sein, um Dem, der da kommt, ebene Bahn zu machen.

Um dem Beweis des prophetischen Wortes seine volle Bedeutung zu geben, redet
Petrus noch davon, wie es sich mit der Weissagung verhalte. Er sagt: »Und das sollt ihr
vor allem wissen, daß keine Weissagung in der Schrift eigene Auslegung ist.« Das Wort
Auslegung bedeutet im Grundtext eigentlich »Lösung« und wird, wie ein frommer
Ausleger dazu bemerkt hat, gebraucht »für die Loslassung der Läufer, die auf ein ge-
gebenes Zeichen hin ihren Lauf antreten«. So hat gleichsam das, was bisher in Verbor-
genheit eingeschlossen war, auf seine Lösung, Loslassung, Kundgebung gewartet, bis
es auf den Ruf des HErrn hin gelöst, freigelassen, ausgelegt wurde durch den Mund
der Propheten. Auslegung bezeichnet also die Darlegung der Weissagung durch die
Propheten selbst, nicht die Auslegung, welche andere über die Propheten machen.
Und Petrus will sagen, die Propheten hätten ihr Wort nicht aus eigener Macht und
Willkür geschrieben und nicht Gottes Rat nach ihrem eigenen Menschensinn ausgelegt, sondern alles aus des Heiligen Geistes Trieb. Petrus sagt das noch bestimmter mit
den Worten: »Es ist noch nie eine Weissagung aus menschlichem Willen hervorgebracht – ausgelegt –; sondern von dem Heiligen Geist getrieben haben Menschen im
Namen Gottes geredet.«

Heutzutage meinen viele Schriftgelehrten das anders, indem sie denken, die Propheten seien nur begeisterte, wohl auch schwärmerische oder mit dichterischem Talent
begabte Männer gewesen oder sie hätten mit politischer Berechnung – mitunter im
Priestereifer ärgerlich und zornig über Regenten und Volk – ihre Sprüche getan, so daß
man ihren Worten keinen göttlichen Ursprung zuzuschreiben habe und sie nehmen
könne, wie man wolle: etwa als schöne Ausflüsse eines edlen Patriotismus, der das
Höchste sich vorstelle und zu Wort bringe, was man als Vaterlandsfreund wünschen
könne! Nach dieser Meinung hätten also doch die Propheten aus sich selbst ihre Weissagungen herausgelegt, aus eigener Auslegung geweissagt! Solchem entgegen redet Petrus. Und seinen Fingerzeig wollen wir annehmen, um nicht einmal als solche erfunden zu werden, die Gott ins Angesicht widersprochen haben. Auch das jüdische Volk
stand von jener leichtfertigen Auffassung der Propheten in der Apostel Zeit ganz ferne. Man nahm alles in der Schrift als von Gott kommend und durch den Heiligen Geist
geredet hin. Und von dieser allgemein angenommenen Anschauung geht Petrus aus,
sie als Apostel aus seinem Munde gleichfalls durch den Heiligen Geist bestätigend.

Man begreift es aber leicht, wie davon, wie man sich zum Glauben an das prophetische Wort stellt, vieles abhängt, was zum Glauben überhaupt gehört. Wenn das
freundliche Entgegenkommen Gottes durchs Wort nicht angenommen wird: wie will
man Sein Entgegenkommen durch die Sendung des ewigen »Worts« ins Fleisch annehmen – und nun auch Christi Entgegenkommen oder Wiederkommen vom Himmel
her? Ist der Himmel ein Verschlossenes, so daß von da kein Wort Gottes zu den Menschen dringt, so können wir auch den zum Sieg gekommenen Menschensohn nicht
mehr vom Himmel erwarten! Alles steht in Gefahr, uns genommen zu werden, wenn
Gott nicht geredet hat!

Nun hat Er aber geredet im Alten Bunde von der Herrlichkeit des kommenden und also auch wiederkommenden Menschensohnes und hat auch bei der Verklärung Jesu – dessen sichtbare Entfernung Seiner Herrlichkeit auch in der Zukunft uns vorstellend – geredet! Halten wir fest daran, und lassen wir, die Gläubigen, die Beweise, welche in der Verklärung und im prophetischen Wort liegen, gelten – um zu unsrem und aller Kreatur Trost es hoffen zu können, daß in Wahrheit Christus wiederkommen werde in Herrlichkeit. »Ja, Ich komme bald«, ruft Er noch vom Himmel her uns zu (Offb. 22, 20).

Rufen auch wir Ihm entgegen: »Ja, komm, HErr Jesu, komm bald!« Amen.

Septuagesimä
Der Kampf ums Kleinod
1. Kor. 9, 24–27

Einleitung:

Das »Kleinod« hieß einst der Siegespreis oder der Kranz, welchen Wettkämpfer erhielten, wenn sie den Sieg davontrugen. In Griechenland nämlich bestanden schon seit manchen Jahrhunderten sogenannte Spiele mit Wettkämpfen aller Art vor dem gesamten Volk der Griechen. Sie wurden an verschiedenen Orten, je nach Verlauf etlicher Jahre, gefeiert. Bekannt sind die Olympischen Spiele alle vier Jahre, ferner die Pythischen, auch die Korinthischen Spiele. Diese Spiele waren zugleich große Volksfeste und sollten unter den Griechen das Bewußtsein erhalten, daß sie zusammen *ein* Volk seien. Auf allen möglichen Gebieten wurden Wettkämpfe gehalten, nicht nur in leiblichen Übungen, sondern auch in geistigen Erzeugnissen. Und wer in irgendetwas nach dem Urteil der Preisrichter den ersten Preis bekam, wurde hoch gefeiert in ganz Griechenland und achtete sich für den glücklichsten Menschen auf Erden. Für das Auge waren die Kampfspiele besonders anziehend. Da gab es Wettlaufen, Wettrennen, Wettkämpfe zwischen Zweien, von denen der eine den andern zu Boden bringen mußte, um seine Überlegenheit an Stärke und Gewandtheit vor allem Volk zu zeigen und darob gepriesen zu werden. Die Sieger alle erhielten Kränze – Kronen –, mit welchen sie triumphierend in ihre Heimat zurückkehrten, um dort bis an ihren Tod die Gefeierten zu bleiben.

Diese Kampfspiele benützt Paulus, um den Gläubigen aus Korinth ein ernstes Wort zuzurufen, wie sie sich anzustrengen hätten, um den unvergänglichen Kranz in der Herrlichkeit Gottes an jenem Tage zu erlangen. Denn sie könnten leicht darumkommen durch Mangel an Eifer und Verleugnungssinn – wie auch viele von jenen Kämpfenden das Kleinod nicht erreichten. Dort konnte immer nur einer das Kleinod erlangen; und der mußte allen andern überlegen sein, die den gleichen Kampf kämpften. Ist es nun auch bei dem himmlischen Kleinod nicht so, daß nur einer den Preis davonträgt – denn da könnten es viele, ja alle erlangen, wenn sie es nicht an sich fehlen ließen –, so will doch Paulus den Gedanken recht ernst aussprechen, daß die Krone, den Preis der Überwinder, nur wenige erlangen, und dann aus eigener Schuld! Darum kämpfen wohl viele, erlangen aber keinen Preis, und zwar dann aus eigener Schuld! Drum will der Apostel sagen, daß äußerste Anstrengung erforderlich sei, um zum Ziel des Glaubens, der Seelen Seligkeit, dem eigentlichen Kleinod, zu kommen.

Veranlassung zu solcher ernsten Rede gab der Streit, den die Gläubigen in Korinth untereinander hatten, ob man Götzenopferfleisch – wenn es etwa auf dem Markt gekauft oder bei Gastmälern, zu denen man eingeladen wäre, auch wohl im Götzenhause selber genossen wurde – essen dürfe oder nicht. Die einen glaubten, sie hätten zu allem Macht; und die andern trugen Bedenken, Fleisch zu genießen, das auf Götzenaltären gelegen war; ihr Gewissen ließ es ihnen nicht zu, irgendwelche Gemeinschaft mit den Götzen zu haben. Diese letzteren konnten aber doch durch das Beispiel der ersteren veranlaßt werden, es ihnen nachzumachen – jedoch gegen ihr Gewissen, weil sie (nach ihrer Überzeugung) vor Gott eine Schuld auf sich luden. Darum redet Paulus eben mit den Freiern ernst, indem er es ihnen vorhält, wie sehr sie sich an den schwächeren Brüdern versündigen würden. Viel besser wäre es für sie, lieber gar kein Fleisch zu genießen, als Brüdern ein Ärgernis zu geben (1. Kor. 8, 9–13). Solches aber konnte den Stärkeren zu weit gegangen scheinen, als werde zuviel Rücksicht auf andere gefordert und würden ihnen lästige Beschränkungen aufgebürdet. Deswegen redet mit ihnen Paulus noch vieles (9, 1–23), um ihnen zu zeigen, wie man sich um des HErrn und anderer willen zu allerlei Verleugnungen hingeben müsse, um es nicht zu verfehlen – wie überhaupt nach dem äußeren Menschen gar nichts gefragt werden dürfe, wenn es sich darum handle, Seelen zu gewinnen oder zu verderben. Dabei weist Paulus immer auf sein Beispiel hin. Wer aber sich selbst und seinem Fleisch nichts zu versagen auferlegen wisse – meinend, er handle ja da nicht wider sein Gewissen, er tue nichts Verbotenes – der riskiert, wenn es andere ärgert, alles zu verlieren, auch das Kleinod, der Seelen Seligkeit.

Auslegung:

So kommt Paulus in unsrer Epistel darauf, die Wettkämpfer als Vorbilder hinzustellen, wieviel man sich's kosten lassen müsse, um den Preis, die Krone, den Kranz, davonzutragen. Vor jenen Wettkämpfern – die das Äußerste tun in der Verleugnung, um einen vergänglichen Kranz zu empfangen – sollten sich schämen alle die, die so schwer dran wollen, um des HErrn und anderer willen sich etwas zu versagen.

(24) »Wisset ihr nicht, daß die, so in der Kampfbahn laufen, die laufen alle, aber e i n e r empfängt den Siegespreis (das Kleinod)? Laufet so, daß ihr ihn erlanget! (25)

Ein jeglicher aber, der da kämpft, enthält sich alles Dinges; jene nun, daß sie einen vergänglichen Kranz empfangen, wir aber einen unvergänglichen. (26) Ich laufe aber so, nicht als aufs Ungewisse; ich fechte so, nicht als der in die Luft schlägt, (27) sondern ich züchtige meinen Leib und zähme ihn, daß ich nicht andern predige und selbst verwerflich werde.«

Sehr lehrreich ist, was Paulus, in allem sich selbst zum Muster darstellend, uns vorhält bezüglich dessen, was zu einem erfolgreichen Kampf ums Kleinod erforderlich ist:
1) Es ist erforderlich, daß man stetig und ausdauernd laufe
2) Der rechte Kämpfer enthält sich alles Dings
3) Ein rechter Kämpfer läuft nicht als aufs Ungewisse
4) Ein rechter Kämpfer streicht nicht in die Luft
5) Ein rechter Kämpfer betäubt und bezähmt seinen Leib.

1) Es ist erforderlich, daß man stetig und ausdauernd laufe. Das liegt in den Worten: »Laufet nun also, daß ihr es ergreifet.« Paulus denkt an ein Wettlaufen. Da standen die, welche daran teilnehmen wollten, zuerst hinter Schranken, bis auf ein gegebenes Zeichen. Sie liefen dann rasch vorwärts und mußten eine große Strecke, die abgemessen war, vor dem versammelten Volk durchlaufen, zuletzt um eine Säule herum bis wieder zu den Schranken; und wer da wieder zuerst ankam, der hatte es gewonnen. Die andern waren dann wohl auch gelaufen – aber nur einer erlangte das Kleinod.
Solches hält nun Paulus den Korinthern vor und will ihnen damit sagen, daß man in seinem Christenlauf nicht laß und müde werden, sondern mit unausgesetztem Eifer, stetig und ausdauernd, vorwärtszukommen trachten soll. Denn da geschieht's wohl auch, daß viele laufen – und doch nichts erlangen. Dies ist der Fall, wenn man etwas gut anfängt, aber bald nachläßt und immer wieder stillsteht und sich gehenläßt. Manche werden verdrossen, meinend, es helfe ja doch nichts, sie brächten es doch zu nichts! Wie gefährlich werden vielen solche Gedanken; denn ein geringer Stillstand kann alles verderben. Andere lassen sich gleichsam unterwegs aufhalten durch allerlei, was in den Weg kommt. So findet man unter den Bildern mancher Ausgaben von Arndts »Wahrem Christentum« ein Bild, da ein Wanderer, dem ein Hündlein nachfolgt, vorgestellt ist. Das Hündlein findet unterwegs etwas zum Nagen, oder es will Jagd auf etwas machen – es bleibt zurück und verliert seinen Herrn, kommt also nicht mit diesem zum Ziel. Wievieles kommt doch uns Christen in den Weg, woran wir uns gerne aufhalten, so daß wir manche Schuldigkeit versäumen, wohl auch Böses dazwischenhinein treiben – und so innerlich rückwärts statt vorwärts kommen! So kommen wir nicht zum Ziel. Wir sollten aber zum Kleinod vorgedrungen sein, Gewißheit des ewigen Lebens haben und unbefleckt dastehen, ehe der HErr kommt – sei's, daß Er uns (durchs Sterben) nach jenseits ruft, sei's, daß Er selbst vom Himmel kommt! Da ist denn mancher wohl gelaufen, er hat einen Anfang, und zwar einen guten Anfang, ge-

macht – und ergreift doch nicht das Kleinod; er hat die Überwinderskrone verscherzt. Er lief nicht also, daß er's ergriffe.

2) Der rechte Kämpfer enthält sich alles Dinges. Da spielt der Apostel auf die Vorübungen an, welche die Kämpfer gewöhnlich machten. Monatelang bereiteten sie sich durch die härteste Enthaltsamkeit vor, indem sie sich aller Genüsse und Wollüste enthielten, um nicht schwerfälligen Leibes zu werden oder an Muskelkraft einzubüßen. Dabei machten sie die angreifendsten und schmerzhaftesten Übungen; kurz, sie taten ganz Unglaubliches, um in den Stand zu kommen, es, wenn es gälte, möglichst den andern zuvorzutun.

So, meint Paulus, soll auch der Christ, wenn er ein Kämpfer sein will, wider die Macht des Bösen in ihm und außer ihm und für den HErrn und Seine Sache sich enthalten können, des Leibes nicht auf eine Weise pflegen, daß es ihm an der Arbeitstüchtigkeit Abbruch tut. Wieviele machen sich's gerne behaglich, essen und trinken nach Belieben, kommen – wenn auch immer in Ehren! – von einem Sinnengenuß in den andern und werden dadurch matt und träge, gewöhnen sich ein phlegmatisches Wesen an und verträumen und verderben so manche Stunden, in welchen sie rüstiger für den HErrn dastehen und wirken sollten. Wie mundet ihnen der Wein – so schläfrig er sie auch macht! Die Pflege des inneren Menschen nimmt ab; und gegen andere, welchen zulieb sie sich von ihrer Trägheit aufraffen sollten, werden sie mürrisch, unzufrieden, hart, rücksichtslos, weil ihnen alles zu viel ist, das sie sich versagen sollten. Auch geistige Beschäftigungen und Genüsse sind zu oft der Art, daß man sich auch ihrer enthalten sollte, um nicht kampfuntüchtig zu werden. Wie sauer wird's vielen, nur auch von einer Gesellschaft sich zurückzuziehen, in der es mindestens öde und ungeistlich, oft auch etwas zügellos zugeht! Wieweit wird's doch ein solcher Kämpfer bringen, wenn er sich so aller Kampfkraft verlustig macht? Die Krone mag ihm ein anderer nehmen, weil er statt sich alles Dings zu enthalten, sich keines Dings enthielt!

3) Ein rechter Kämpfer läuft nicht als aufs Ungewisse. So sagt es Paulus von sich. Er weiß, was er will, läuft nicht aufs Geratewohl, sondern hat immer sein Ziel vor Augen: Christus den Gekreuzigten, der allein selig machen kann. Er ist sich auch des Wegs, den er vor sich hat, gewiß. Viele gehen, auch wenn sie im Glauben stehen, eben so hin, als wüßten sie nicht recht wohin. Sie haben Christus nicht recht im Auge, lassen sich daher auch leicht drausbringen und von Schwätzern verführen, als hätten sie mit dem einfältigen Glauben an Christus den rechten Weg noch nicht – eben weil sie als aufs Ungewisse laufen. So kommen sie auch auf allerlei Nebendinge, die gar nicht zu dem Lauf passen, den sie vor sich haben. Sie machen sich auf besondere Wege und stellen sich an, als ob sie so oder so es mit dem Erlangen der Krone besser zuwegebrächten. Sie probieren allerlei, weil ihnen das Gewisse fehlt oder nicht genügt, geben jedem Einfall, der ihnen kommt, Gehör und folgen ihm; sie fallen oft auch von einer Sekte zur andern, meinend, es immer besser machen zu wollen. Unter all dem kommen sie vom Ziel immer mehr ab, als daß sie zu ihm hinkämen. Den meisten fehlt es an dem, daß sie

nicht in den Mittelpunkt des Evangeliums hereinkommen, welches lehrt, wie wir allein aus Gnaden durch den Glauben an Christus gerecht und selig werden können. Solches scheint ihnen nicht gewiß genug zu sein, und darum vermissen sie das Gefühl der Kindschaft. Denn dieses tritt zurück, sobald der Mensch, als aufs Ungewisse laufend, gleichsam nicht mehr (auf Christus) traut, sondern auf eigenes Tun verfällt, mit dem er die Krone erlangen will. Sie machen daher allerlei Versuche, um auf ein Gewisses zu kommen, und wollen es auch wiederum fast auf mechanische Weise erreichen. So machen es auch die, welche glauben, durch Wiedertaufe zur vermißten Gabe des Heiligen Geistes und zur rechten Wiedergeburt zu kommen, die Kindertaufe mißachtend – als ob sie noch nicht durch diese Christus einverleibt worden seien! Andere versuchen's anders; aber immer ist's dasselbe: daß sie laufen als aufs Ungewisse! Auf sie geht das Wort des Hebräerbriefes (13, 9): »Lasset euch nicht mit mancherlei und fremden Lehren umtreiben; denn es ist ein köstlich Ding, daß das Herz fest werde, welches geschieht durch Gnade.« Wer nicht kindlich sich an die dargebotene Gnade hält, bei dem ist's ein ewiges Rennen und Laufen und Jagen unter viel Not und Sorge und Bekümmernis des Herzens, auch Torheiten und Fehltritten aller Art. Und immer ist's ein Laufen als aufs Ungewisse. Was soll denn aus all diesem für den armen Läufer herauskommen? Ist Eigensinn, Trotz, Hochmut, Verachtung der Brüder mit schuld daran, so mag es schlecht um die Krone bestellt sein, die er erwartet!

4) Ein rechter Kämpfer streicht nicht in die Luft, wie es Paulus von sich sagt. Einem Fechter, der mit Hast ohne Besonnenheit ficht und dreinschlägt, konnte es begegnen, daß er immer übers Ziel hinausschlug und statt zu treffen, die Luft durchschnitt. Eben damit aber bereitete er dem Gegner die Gelegenheit, desto gewisser ihn zu treffen und ihn unter sich zu bringen und statt seiner den Preis zu erlangen.

Paulus sagt damit wieder ein Wichtiges. Man sagt von faulen Leuten, die nicht mit Lust und Verstand an der Arbeit sind, daß sie gerne sich das Ansehen geben, als sei bei ihnen alles in Bewegung. Sie hantieren und fegen und stürmen und springen immerfort, wenn's an sie kommt – und mit allem ist nichts geschehen. So gibt's auch im Geistlichen Leute, die zuzeiten einen Wirbel und ein Treiben haben und dann ohne Überlegung eifern, hastig dies und das machen, als sollte es ernstlich der Sache des HErrn dienen – und alles geht in die Luft, nichts trifft. Unüberlegt machen sie sich an jedermann und wollen nur immer bekehren. Aber sie streichen nur in die Luft – und ehe sie sich's versehen, sind sie getroffen. Statt an andern etwas zu gewinnen, haben nun sie selbst den Schaden davon! Vielmehr sollten sie's besser überlegen, mit wem sie's zu tun haben. Dann würden sie schon den Ton treffen, der erforderlich ist, und überlegen, womit sie am besten den Herzen anderer beikommen könnten, auch schon, ob es nicht mehr mit Schweigen ginge als mit Reden; sie würden ferner überlegen, wo Milde oder Ernst hingehört, ob das, was sie reden, überhaupt nach Ort und Umständen und Zeit passe oder nicht passe. Wenn sie in dem allen unüberlegt sind, werden sie immer in die Luft streichen.

Wie gar anders hat's Paulus als Diener des Evangeliums gemacht, wie er oben gesagt hatte (9, 19): »Wiewohl ich frei bin von jedermann, habe ich doch mich selbst jedermann zum Knecht gemacht, auf daß ich ihrer viele gewinne.« Ferner (V. 22): »Ich bin allen alles geworden, damit ich auf alle Weise etliche rette.« Das war ein »Fechten«, bei dem er traf! Wie aber, wenn sie mehr herrisch von oben herab mit den Leuten fahren – statt sich als Knechte unter sie zu geben? Was sie herrisch, mit barschem Ton – als wären sie's! – dreinschlagen und dreinklopfen, ist alles ein »Streichen in die Luft« und zeigt den anderen Blößen. Der Überlegte ist nie der Herrische, sondern nur der, der sich als Knecht unterzuordnen weiß. Der trifft, denn er ficht zum Nutzen anderer und bringt somit dem HErrn einen Gewinn an Seelen ein. Die Herrischen mit ihrer vermeintlichen Klugheit gewinnen nichts – so rührig sie sich auch stellen. Sie können am Ende auch um ihr Kleinod kommen, da der Feind stärker ist als sie und sie nur zu leicht in seiner Gewalt hat mit allerlei, das sie innerlich verderbt.

Merken wir's uns denn, daß wir, wenn wir eifern und uns mühen für den HErrn, mit unsrem Fechten nicht in die Luft streichen!

5) Ein rechter Kämpfer betäubt seinen Leib, wie abermals Paulus von sich sagt. Hiermit ist nur stärker das ausgedrückt, was bereits von der Enthaltsamkeit gesagt worden ist. Der Leib oder die Natur macht immer allerlei Forderungen an den Menschen und hat in manchem eine fast unbezwingbare Gewalt über ihn. Da kommt's oft dem Menschen vor, als müßte er seinen Neigungen nachgeben und könne er's unmöglich anders durchbringen, als daß er Rechnung trage dem, was sein Leib fordere. Aber es gibt Zeiten und Umstände – von den eigentlich sündlichen Lüsten reden wir hier nicht –, da darf nichts gelten, was der Leib sagt. Da muß all sein Rufen und Schreien, Locken und Drohen übertäubt und allen seinen Forderungen widerstanden werden. »Still du!« muß oft und viel der rechte Kämpfer sagen – und wär's, als risse man sich damit ein Auge aus oder hiebe man sich einen Arm oder Fuß ab! Und wer's nicht lernt, ist ein fauler Knecht, dem's großen Schaden bringt. Wenn man sich gefangennehmen läßt von Lüsternheit nach Essen und Trinken oder sonstigen Sinnengenüssen, so daß man gar nicht darauf verzichten kann: Was kann nicht alles damit werden und wie bekommt oft der Feind damit gewonnenes Spiel! Heutzutage meinen sie oft, mit der Gewalt der Natur und der Gewohnheit alles, gar die schnödesten Fleischeslüste, entschuldigen zu können. Aber es hilft alles nichts: Der Weltmensch, wenn er ein durchaus verlorener Mensch sein will, mag die Rosse laufen lassen gleichsam Gott zum Hohn – aber der Christ, der das Kleinod erlangen will, muß sie bändigen und zähmen, werde es ihm noch so schwer! Ohne Selbstbetäubung und Selbstbezähmung bringt's keiner zur Krone durch, kaum zur Rettung seiner Seele.

Wie ernst ist des Paulus Schlußwort: »Auf daß ich nicht andern predige und selbst verwerflich werde.« Ja, wie oft predigt man anderen – und dient selbst, fein oder grob, dem Fleisch, läßt, wie man sagt, die Rappen laufen! Welche Miene wird der Richter aller Welt einmal solchen Kämpfern zeigen! O beachten wir's! Es ist leicht, ein Christ zu sein, es ist freilich wohl auch schwer; aber es ist (mit Sicherheit) dem zu schwer, der zu keiner Verleugnung sich hergeben, keinen eigentlichen Ernst wider die Forderungen des Leibes und der Natur gebrauchen mag. Aber was ist's doch, dann verwerflich zu sein!

Ach hilf uns, HErr, daß wir nicht umsonst laufen, sondern so, daß wir das Kleinod ergreifen! Amen.

Sexagesimä
Die persönlichen Führungen des Paulus
2. Kor. 12, 1–10

Paulus hat abermals mit Korinthern zu reden, die minder freundlich gegen ihn gesinnt waren, die sich über ihn hinaufstellten und die jedenfalls auch darum weniger auf ihn hielten, weil er keiner von den ersten Aposteln war. Nicht um seiner selbst, sondern um ihret- und des HErrn willen möchte er aber von ihnen anders angesehen sein, damit er einen Einfluß auf sie behielte, der ihnen für ihre Seligkeit dienlich bliebe. Denn wer für gering gehalten wird, auf dessen Wort achtet niemand mehr. Er weiß aber, wieviel ihm gegeben ist für Seelen, die des HErrn sein und bleiben sollen. Und deswegen schmerzt es ihn, gerade bei denen nimmer recht ankommen zu können, die ihm durch die erste Aufnahme des Evangeliums so nahe gekommen waren. Deswegen legt er alles darauf an, wieder voll von den Korinthern anerkannt zu werden. Nun hatten sie auch Schwachheiten des Leibes bei ihm wahrgenommen (2. Kor. 10, 10); und eben das machte bei ihnen viel aus, weniger auf ihn zu halten. Dies nötigt ihn, auch davon zu reden; aber er tut's, indem er es in Zusammenhang bringt mit dem Höchsten, das er erfahren hat – und nicht um sich damit zu rühmen, sondern um zu zeigen, wie sie freilich nach dem, was sie an ihm gesehen hatten, von selbst hätten wissen sollen, daß »er nicht weniger sei als die hohen Apostel, obwohl er nichts sei« (V. 11 f.). So redet er in unsrer Epistel von seinen persönlichen Führungen, und zwar

  1) von den hohen Offenbarungen (V. 1–6)
  2) von einem Pfahl, Stachel, der ihm ins Fleisch gegeben sei (V. 7)
  3) der göttlichen Antwort auf seine Bitte (V. 8 f.)
  4) von der Wirkung der göttlichen Antwort auf ihn (V. 9 f.).

(1) »Gerühmt muß werden, wenn's auch nichts nütze ist. So will ich kommen auf die Gesichte und Offenbarungen des HErrn. (2) Ich kenne einen Menschen in Christus; vor vierzehn Jahren – ist er in dem Leibe gewesen, so weiß ich's nicht; oder ist er außer dem Leibe gewesen, so weiß ich's auch nicht; Gott weiß es –, da ward derselbe entrückt bis an den dritten Himmel. (3) Und ich kenne denselben Menschen – ob er in dem Leibe oder außer dem Leibe gewesen ist, weiß ich nicht;

Gott weiß es –; (4) der ward entrückt in das Paradies und hörte unaussprechliche
Worte, welche ein Mensch nicht sagen darf. (5) Von demselben will ich rühmen;
von mir selbst aber will ich nichts rühmen, nur meine Schwachheit. (6) Doch wenn
ich mich rühmen wollte, täte ich darum nicht töricht; denn ich würde die Wahrheit sagen. Ich enthalte mich aber dessen, auf daß nicht jemand mich höher achte,
als er an mir sieht oder von mir hört.«

   1) Paulus spricht von den hohen Offenbarungen, deren er von Gott gewürdigt worden sei. Diese waren ihm schon zugekommen vierzehn Jahre vor der Zeit, da er
schrieb. Man nimmt gewöhnlich an, daß es bald nach seiner Bekehrung geschehen sei,
und benützt daher die Zahl, um sich in der Zeitrechnung zurechtzufinden. Man
könnte fragen, wie doch der HErr den Paulus so schnell so hoch würdigen konnte;
denn es hat den Anschein, als sei er viel höherer Dinge gewürdigt worden als die eigentlichen Apostel – den (Seher) Johannes ausgenommen. Aber zunächst ist zu bedenken, daß ihm zur Gleichstellung mit den Aposteln etwas fehlte, das diese ihm vor-
aushatten: nämlich der mehrjährige persönliche Umgang mit dem HErrn. Und dafür
sollte er, wenn er nun doch als wirklicher Apostel anzusehen war, einen Ersatz bekommen, so daß er gar nicht nötig hätte, zu den Aposteln gleichsam in die Lehre zu
gehen. Er fing auch an zu predigen, ehe er auch nur einen der Apostel kennengelernt
hatte. Daher konnte er sagen (Gal. 1, 12): »Ich habe es von keinem Menschen empfangen noch gelernt, sondern durch die Offenbarung Jesu Christi.« So hatte er auch das,
was das Heilige Abendmahl betraf, unmittelbar vom HErrn empfangen (1. Kor. 11,
23). Und weiter hat ihn wohl darum Gott – abgesehen davon, daß »Er ihn von seiner
Mutter Leibe an ausgesondert und berufen hat durch Seine Gnade« (Gal. 1, 15) – wie
keinen anderen so hoch würdigen können, weil wohl keiner so demütig und bußfertig
geworden war und sich darum so ganz und völlig dem HErrn hingegeben hatte wie er.
Die Verfolgung der Christen, die er sich vorher zuschulden kommen ließ, muß ihn innerlich, als ihm die Augen aufgingen, ganz zerschmettert haben, so daß er nur zur
Ruhe kommen konnte durch besondere Freundlichkeit des HErrn. Wir sehen ja, wie
er nachher und sein ganzes Leben hindurch immer aufs tiefste über seine einstige Verblendung sich demütigte und kränkte, wenn er an sein »stürmisches Schnauben und
Drohen und Morden wider die Jünger des HErrn« (Apg. 9, 1) zurückdachte und an
die Gewalttätigkeit, mit der er vorgegangen war (Apg. 8, 3), so daß er selbst durch die
hohen Offenbarungen nicht vollständig von seinem Schmerz befreit werden konnte.
Er war nicht einer von denen, welche ihre Versündigungen ganz vergessen, wenn sie
begnadigt werden, und die am Ende den Kopf hochtragen, als wären sie nie das gewesen, was sie waren. Paulus blieb so tief unten, immer mit den erdrückenden Gefühlen
eines gewesenen Lästerers, Verfolgers, ja Mörders. Darum konnte der HErr ihn mehr
als andere erhöhen. Denn nur wer bei sich gar nichts mehr ist, kann den HErrn ganz
haben und zu fühlen bekommen.
   Auch jetzt ist der Apostel weit entfernt, sich auf fleischliche Weise der Offenbarungen zu rühmen; er will auch um deswillen, was er erfahren hat, gar nicht besonders an-

gesehen sein. Vielmehr soll man ihn nur nehmen nach dem, was man sonst an ihm sähe oder von ihm höre. Daß er es aber doch sagte, hatte seine Bedeutung für die Wertschätzung seiner Person gegenüber den andern Aposteln. Um indessen nicht zu viel vor anderen daraus zu machen, redet er zunächst von sich als von einer anderen Person, die er kenne; und damit deutet er an, daß er etwas sage, womit er sonst nicht vorzutreten gewohnt sei – so daß er also auch jetzt lieber als in der Ferne ungesehen stehen möchte.

Wie Paulus die Offenbarungen empfing, läßt er ungewiß: ob nämlich alles gleichsam gegen ihn herkam, da er im Leibe war, wie in einem Traum oder Gesicht; oder ob er im Geist in die Räume der Herrlichkeit versetzt, entrückt worden sei, in welchem Fall sein Leib das Ansehen eines Leblosen gehabt hätte. Er scheint indessen doch mehr das letztere zu glauben; zumindest war das Ganze so außerordentlich, daß er es glauben konnte. Eine ähnliche Entrückung der Seele vom Körper – nur nicht ins höhere Jenseits – kommt beim Propheten Hesekiel etlichemale vor (vgl. Hes. 8, 3).

Paulus fühlte sich entrückt bis in den dritten Himmel, bis ins Paradies. Wie die Sternkunde mit dem »dritten« Himmel zurechtkommt, kann man fragen; das lassen wir dahingestellt. Die Sternkunde kann lange nicht den ganzen Himmel durchschauen, sie sieht überhaupt nur den Bereich dessen, da die Wanderungen der Gestirne vorgehen, weiter nicht; so ist wohl alles, was sie sieht, nur der »erste« Himmel oder, wenn man zwischen dem Luft-Himmel und Sternen-Himmel unterscheiden will, der »zweite«. Von Gott aber sagt Paulus (1. Tim 6, 16): »Er wohnt in einem Licht, da niemand zukommen kann« – auch mit den stärksten Fernrohren nicht, setzen wir hinzu. Lassen wir der Sternkunde ihre Entdeckungen und Berechnungen – sie aber soll und kann der Schrift auch das Ihre lassen!

Der höchste Ort der Seligkeit wird das Paradies genannt, dem Eden oder Wonnegarten der ersten Eltern gleich. Wenn dann auch der HErr zum Schächer sagt: »Heute noch wirst du mit Mir im Paradiese sein«, so können wir – weil das doch noch nicht der höchste Ort der Herrlichkeit sein konnte – annehmen, »Paradies« bedeute das Höchste auf jeder Stufe: das Höchste auf Erden, in das die ersten Eltern versetzt wurden, ferner das Höchste im mittleren Zustand des Jenseits vor der Auferstehung für die Seele ohne den Leib, wohin der Schächer mit dem HErrn kam; endlich das Höchste nach der Auferstehung, da es denn dem »dritten« Himmel gleichbedeutend ist.

Was Paulus sah und hörte, sagte er nicht näher. Es galt nur ihm, der zu seinem großen Beruf besonderer Verheißungen und höherer Anschauungen bedurfte, um mit ausdauerndem Mute und klarer Erkenntnis seiner Aufgabe genügen zu können. Für uns wäre ein Weiteres mehr nur Sache der Neugierde, ohne praktische Bedeutung – und der bloßen Neugierde will die Schrift nirgends dienen. Wir müssen mit dem Berichteten, soweit wir's haben, zufrieden sein. Denn es war doch nicht einmal dem Paulus »erlaubt« – wie es eigentlich heißt – die »unausgesprochenen« Worte zu sagen.

Wir freuen uns aber darüber, wieviel der HErr auch uns einmal wird sehen und hören lassen – wenn Er doch schon einem sterblichen Menschen so viel zu sehen und zu hören gegeben hat! O daß wir in der Demut tief genug unten wären!

(7) »Und auf daß ich mich nicht der hohen Offenbarungen überhebe, ist mir gegeben ein Pfahl ins Fleisch, nämlich des Satans Engel, der mich mit Fäusten schlage, auf daß ich mich nicht überhebe.«

2) Paulus redet weiter von einem »Pfahl«, Stachel, der ihm ins Fleisch gegeben sei (V. 7f.). Je höher die Offenbarungen, Gnaden und Gaben sind, die ein Mensch auf Erden erfährt, desto größer sind auch die Anfechtungen, die über ihn kommen; oder: je höher hinauf jene führen, desto tiefer führen diese hinab. Jene gehen mehr im Stillen und Verborgenen vor sich, ohne offenbar vor anderen zu werden. Und so ist es auch mit den Anfechtungen, deren viele ganz verborgen getragen werden müssen. Dergleichen Anfechtungen aber haben ihre große Bedeutung; und ein Mann Gottes, den sie in beständigem Kampf mit der Finsternis erhalten und stets zu dem HErrn treiben um Kraft und Sieg wider sie, wirkt oft in seinem Kämmerlein darunter mehr für das Reich Gottes als mit allem, was an ihm vor Menschen offenbar wird. – Was der »Pfahl«, Stachel, im Fleisch war, fragt man oft. Aber was braucht es viel Fragens? Paulus sagt ja selbst, daß es ein Satansengel gewesen sei, der ihn mit Fäusten schlug oder ihm leiblich viel Schmerz und Pein bereitete. Es war ihm, wie wenn ein grimmiges Wesen mit geballten Fäusten auf ihn einschlüge und ihn zermartern würde. Oft wurde solches auch anderen erkennbar, wie wir im Brief an die Galater (4, 13f.) lesen: »Ihr wisset, daß ich euch in Schwachheit nach dem Fleisch das Evangelium gepredigt habe zum ersten Mal; und meine Anfechtungen, die ich leide nach dem Fleisch, habt ihr nicht verachtet und verschmäht.« Diesem gemäß muß die Anfechtung oft stark und sehr auffallend gewesen sein. Und wir sehen deutlich, daß es ein dämonischer Andrang durch Wirkung Satans war; er war eben darum um so stärker, weil Paulus so hohe Offenbarungen empfangen hatte. Was ihm widerfuhr, war ein Ungewöhnliches und zwar in dem Grad Ungewöhnliches, als seine Entrückung in den Himmel etwas Ungewöhnliches gewesen war. Im übrigen haben wir nicht zu vergessen, was Paulus anderswo bemerkt (Eph. 6, 12 f.): »Wir haben nicht mit Fleisch und Blut zu kämpfen, sondern mit Mächtigen und Gewaltigen, nämlich mit den Herren der Welt, die in dieser Finsternis herrschen, mit den bösen Geistern unter dem Himmel.« Kämpfe wider Angriffe der Finsternis gehören häufig mit ins Glaubensleben, in den »Kampf, der uns verordnet ist«. Und des echten Jüngers Aufgabe ist es, mit Geduld und Glauben darunter auszuhalten und nur um so ernstlicher wider die Macht der Finsternis betend zu kämpfen.

Die Anfechtung war bei Paulus nur leiblich. Sie berührte seine Seele nicht und hatte keinen Einfluß auf seinen Geist; sie hinderte ihn auch nicht in seinem Berufe, wenn es auch für diesen oft lästig sein mochte. Ja, daneben war er auch imstande, »eines Apostels Zeichen zu tun mit Zeichen und Wundern und mit Taten« (V. 12). Er selbst aber nimmt die Plage als etwas, das ihn vor Selbsterhebung bewahren solle, wie er sagt: »damit ich mich nicht der hohen Offenbarung überhebe.« Unvermerkt hätte sich in ihm etwas von Überhebung seiner selbst einschleichen können, als ob er doch etwas Höheres wäre als ein gewöhnlicher Mensch, beim Gedanken an das, was ihm vor anderen Menschen Großes widerfahren war. Aber der Pfahl hält ihn nieder, erinnert ihn daran, daß er, wie jeder Mensch, unter der Gewalt des Teufels gewesen war, und lehrt ihn immer wieder, wie wenig er sich des unverdient Erfahrenen rühmen dürfe. Es erinnert ihn auch stets wieder an das, was er gleichsam (früher) im Dienste Satans gewesen war. So blieb er der unbefleckte Apostel, der am Ende seines Lebens mit Sicherheit sagen konnte (2. Tim. 4, 7): »Ich habe den guten Kampf gekämpft, ich habe den Lauf vollendet, ich habe Glauben erhalten. Hinfort ist mir bereit die Krone der Gerechtigkeit.«

Darum dürften wir wohl oft – sei's mit Paulus, wie es wolle – Anfechtungen mit Geduld und Ergebung tragen! Wir haben sie einerseits verschuldet, und andrerseits sollen sie sonstwie zum Guten führen – bis alle wider uns seufzendem Stimmen an jenem Tage durch die Gnade Gottes verstummt sein werden!

(8) »Dafür ich dreimal zum HErrn gefleht habe, daß er von mir wiche. (9a) Und er hat zu mir gesagt: Laß dir an Meiner Gnade genügen; denn Meine Kraft ist in den Schwachen mächtig.«

3) Paulus redet ferner von der göttlichen Antwort, die er auf seine Bitte hin erhielt. Wir mögen's begreifen, wie Paulus veranlaßt wurde, wider seine Plage zu bitten, besonders wenn sie anderen, denen er predigte, erkennbar wurde. Mag doch Satan gerade dann am meisten seinen Grimm gegen ihn ausgelassen haben, wenn er am kräftigsten sprach, die Herzen am meisten an sich zog und so dem Reich der Finsternis Abbruch tat. Da konnte er fürchten, daß seine Plage einen üblen Eindruck machte. Nun mag es ihm gewesen sein, als fehle es an ihm, weil er noch nie ernstlich wider die Plage gebetet hätte. Besondere Verhältnisse mögen dazu beigetragen haben, daß er endlich ernstlich zum HErrn flehte und solches – da nichts geschah – dreimal wiederholte, mit einer Dringlichkeit, wie er es bisher nicht zu tun gewagt hatte. Da sagte aber endlich der HErr zu ihm: »Laß dir an Meiner Gnade genügen, denn Meine Kraft ist in den Schwachen mächtig.« In dieser Antwort liegt dreierlei:

a) eine Abweisung der Bitte und eine Ermunterung, die Plage auch ferner geduldig zu tragen;

b) eine Versicherung, daß die Gnade, die über alles gehe, nicht vermindert oder verdunkelt für ihn sei;

c) die Belehrung, daß die Kraft des HErrn in den Schwachen mächtig sei, daß der HErr Sein Werk durch Schwache »vollende«, wie es eigentlich heißt.

Wahrscheinlich hatte Paulus gebetet, seine Plage stehe seinem Berufe im Wege, und er könne diesem viel besser obliegen, wenn sie ihm abgenommen würde. Der HErr aber meint es anders und sagt, die Plage hindere nichts. Denn nur um so mächtiger wirke Seine Kraft, je schwächer Paulus erscheine. So war ja auch wirklich für andere daraus ersichtlich, daß die große Kraft, die sonst Paulus hatte, nicht Seine, sondern Gottes Kraft war. Paulus soll nun mit der Gnade, in der er stehe, zufrieden sein.

Uns gibt das den Trost, daß eine Plage oder Schwachheit, an der wir leiden, nichts an der Gnade mindert, in der wir stehen, daß sie kein Beweis besonderen Mißfallens Gottes an uns sei. Deswegen sollten wir auch mit dringlichen Bitten sparsamer sein, ja endlich aufhören – als käme uns, wenn nicht geschieht, was wir wünschen, die nämliche Antwort zu, die Paulus erhielt: »Laß dir an Meiner Gnade genügen.« Übrigens folgt aus dem, daß Paulus abgewiesen wurde, nicht, daß er habe sein ganzes Leben hindurch die Plage tragen müssen. In der Folge, da es Zeit war, mochte er wohl auch von ihr befreit worden sein. Wenigstens ist das denkbar. Was Gott heute nicht und lange nicht gibt, kann Er doch endlich geben – zu einer Zeit, da wir bereits aufgehört haben, darum zu bitten.

(9 b) »Darum will ich mich am allerliebsten rühmen meiner Schwachheit, auf daß die Kraft Christi bei mir wohne. (10) Darum bin ich guten Mutes in Schwachheit, in Mißhandlungen, in Nöten, in Verfolgungen, in Ängsten, um Christi willen; denn wenn ich schwach bin, so bin ich stark.«

4) Endlich sagt Paulus noch etwas über die Wirkung der göttlichen Antwort auf ihn. Daß er zufrieden war, brauchen wir nicht ausdrücklich zu sagen. Was kann es Herrlicheres geben als zu hören, man sei bei Gott in Gnaden! Und wer wollte daraufhin sich nicht gerne alles gefallen lassen? Daß er das Seine getan habe mit gläubigem und ernstlichem Bitten und Flehen – und anders als mit Unterwerfung hat er ja das auch nicht getan –, dessen ist er jetzt auch gewiß. Und nun geduldet er sich, versichert, daß alles seinen rechten Gang gehe, auch wenn er die Plage tragen müsse.

Das Nämliche sollten wir auch denken, wenn wir nach mehrfältigem Bitten keine Erhörung finden. Paulus sagt aber noch dreierlei als Wirkung der göttlichen Antwort auf ihn:

a) Er will sich jetzt am allerliebsten seiner Schwachheit rühmen. Er schätzt es jetzt auch hoch, schwach erscheinen zu müssen und zu dürfen. Man hat damit nicht alles, daß man etwa frisch und wohlauf ist. Man hat oft mehr und fühlt sich innerlich wohler, wenn man heruntergedrückt, gebeugt, gekrümmt, schwach einhergehen muß. Man kommt dadurch mehr in die Gestalt Chisti, des großen Dulders, hinein.

b) Paulus sagt: »Ich bin jetzt guten Muts« oder eigentlich: Ich habe Wohlgefallen an Schwachheiten, Schmach, Nöten, Verfolgungen, Ängsten um Christi willen. An seiner Plage allein will er also nicht genug haben; noch viel anderes nimmt er mit Freuden auf sich. Nichts beugt ihn darnieder, komme es, wie es wolle und zwar um Christi willen! Denn ihn darf »nichts scheiden von der Liebe Gottes, die da ist in Christus Jesus« (Röm. 8, 39). Ihm gefällt die Trübsal, weil er sich denken kann, daß sie dem HErrn Jesus und Seinem Reiche etwas einbringt. Er murrt also nicht, er klagt nicht, er ist nicht verdrossen, er bleibt fröhlichen Mutes.

c) »Wenn ich schwach bin, so bin ich stark.« Er fühlt's, daß dann um so mehr Christus selbst tut, je schwächer der Apostel ist, damit »die Kraft Christi bei ihm wohnt«.

O wie kann man das erfahren, wie wir's dann am besten machen, wenn wir glauben, am schwächsten zu sein – und wie mißrät's oft bei einem Gefühl von Stärke! Dahin muß es mit uns kommen, daß Christus in uns alles in allem wird; daß wir nichts werden, damit Er desto gewisser alles wäre! Amen.

Estomihi
Von der Liebe
1. Kor. 13, 1–13

Der Apostel hatte gleich im Eingang seines Briefes an die Korinther (1, 7) von diesen gesagt, die Predigt von Christus sei so kräftig in ihnen gewesen, »daß sie keinen Mangel hatten an irgendeiner Gabe«. So waren denn vor allem die außerordentlichen Gaben des Heiligen Geistes, welche in der Folge in der Christenheit wieder verschwunden sind, in Korinth sehr in Blüte – aber bereits so, daß nicht immer alles nach dem Sinn des Heiligen Geistes zuging. Deswegen hatte Paulus in seinem Brief ziemlich viel mit ihnen bezüglich der geistlichen Gaben zu reden (Kap. 12–14). Namentlich war das Streben nach den außerordentlichen Gaben nicht immer lauter. Jeder wollte etwas Besonderes sein; und sah er etwas an einem anderen, so gelüstete ihn auch nach diesem. So gab es ein gegenseitiges Eifern, mitunter auch Uneinigkeit, wenn die Sucht dazukam, sich mit der Gabe zu zeigen und sich vor anderen hören zu lassen. Da war denn das besondere Streben nach jenen Gaben dem Apostel zuviel; und er sah, daß die Hauptsache, nämlich die Liebe, darunter not litt. Deswegen hat er im vorigen Kapitel mit den Worten geschlossen (12, 31): »Strebet aber nach den besten Gaben; und ich will euch noch einen köstlicheren Weg zeigen.« Das Köstlichere, das er zeigen will, ist aber die Liebe, von welcher er nun unbeschreiblich schön im ganzen 13. Kapitel, unsrer Epistel, redet. Und am Schluß (14, 1) gibt er zu erkennen, daß man, wenn man denn auch sich der geistlichen Gaben befleißige, vor allem nach der Liebe streben solle. Er nennt dabei diese nicht gerade auch eine geistliche Gabe, da sie ja als eine Frucht des Glaubens aus dem Gemüt des Menschen fließen soll, nicht erst als außerordentlich von Gott gegeben.*

---

* Die Einleitung zu einer kürzeren Auslegung im Stuttgarter Evangelischen Sonntagsblatt über 1. Kor. 13 lautet: »In Korinth standen die geistlichen Gaben sehr in Blüte. Aber bereits war ein Eifern um sie aufgekommen, das der Liebe Eintrag tat. So sieht sich Paulus genötigt, darzutun, wie die Liebe, die zum Seligsein unentbehrlich ist, über alle Gaben gehe. Der Mensch kann Gaben haben – und doch, wenn er nicht auch Liebe hat, verlorengehen. Und umgekehrt kann der Mensch, wenn er Liebe hat, auch ohne jene Gaben selig werden.«

Was er aber nun über die Liebe sagt, können wir in drei Teile teilen. Er redet
1) vom Wert der Liebe (V. 1–3)
2) von der Art der Liebe (V. 4–7)
3) von der Dauer der Liebe (V. 8–14).

1) Vom Wert der Liebe

(1) »**Wenn ich mit Menschen- und mit Engelzungen redete und hätte der Liebe
nicht, so wäre ich ein tönend Erz oder eine klingende Schelle. (2) Und wenn ich
weissagen könnte und wüßte alle Geheimnisse und alle Erkenntnis und hätte allen
Glauben, so daß ich Berge versetzte, und hätte der Liebe nicht, so wäre ich nichts.
(3) Und wenn ich alle meine Habe den Armen gäbe und ließe meinen Leib brennen,
und hätte der Liebe nicht, so wäre mir's nichts nütze.**«

Paulus stellt die Liebe mit den geistlichen Gaben zusammen und will sagen, daß sie
über diese alle gehe. Ja, die Gaben alle geben dem Menschen, der sie hat, keinen Wert;
sie dienen ihm selbst gleichsam zu gar nichts, wenn er die Liebe nicht hat oder
wenn nicht alles durch Liebe gewürzt ist, aus der Liebe fließt und zur Liebe führt. Die
Liebe lebt nicht in sich, sondern in dem andern, den sie liebt; sie sieht also von sich
selbst ab auf den anderen – wie der Glaube vom Vertrauen auf sich selbst weg nach
Gott blickt. Deswegen ist sie eins mit dem seligmachenden Glauben; sie stellt nur die
Außenseite des Glaubens dar. Der Glaube nämlich will zu Gott zurückkehren. Und
da geht, wenn's recht gehen soll, das Herz mit, wodurch der Glaube zur Liebe gegen
Gott wird. Mit dem Glauben überhaupt geht alles durch Liebe. Denn er ist's, der
liebend die vergebende Liebe Gottes erfaßt. Wer glaubt, kann das nicht, ehe er sich –
was wieder Sache der Liebe ist – nicht gekränkt hat über das, was er Gott nicht geliebt,
ja geradezu mit Mißachten Seiner Gebote gehaßt hat. So kehrt der Glaube zur gekränkten Liebe Gottes zurück aus einem sich über den bisherigen Mangel an Liebe
kränkenden Herzen; er bringt also Seinem Gott nur um so mehr Liebe zurück. So ist
Glaube und die Liebe zu Gott eines.
Nun ist aber Gott auch repräsentiert in den Menschen, die ja Sein Ebenbild sind.
Fängt also der Mensch an, an Gott, an den durch Christus versöhnten Gott zu glauben, so ist das Nächste, das ihn umgibt, der Mitmensch, das Mitebenbild Gottes, Gegenstand seiner Liebe. So wird denn der rechte Glaube ganz von selbst auch Liebe gegen den Nächsten wie gegen Gott selbst; und man kann also zwischen Glauben und
Liebe gar nicht unterscheiden. Sie sind eines. Wie ohne Glaube keine Liebe denkbar
ist, so auch ohne Liebe kein Glaube. Und wo bei einem Christen eine Scheidung vorhanden ist zwischen Glaube und Liebe, ist's mit beidem nichts; dann ist's vor allem mit
dem Glauben nichts. Diese Scheidung kommt aber überall da vor, wo die erfahrene
Liebe Gottes bei dem Menschen diese Liebe Gottes nicht herauslockt und der Mensch
sich's nicht zum Bewußtsein bringen läßt, daß und wieviel nun auch er zu lieben habe.
Jeder Gläubige hat daher ausdrücklich – weil's beim bisher verderbten Menschen keineswegs von selbst kommt – nach der Liebe und nach Liebeserweisungen von sich aus

zu streben als nach Kundgebungen eines wahren Glaubens. Wer anfängt, allein im Glauben zu stehen, ohne darauf zu achten, wie derselbe als Liebe aus ihm herausstrahlen soll, nimmt schon in der Liebe ab. Und will er sich mit einem Glauben ohne Liebe behelfen, so ist's mit seinem Glauben ein trockenes Ding; er selbst wird mit ihm eine dürre Rebe. Darum hat ja der Christ, der durch den Glauben selig werden will, eben damit stets daran zu denken, daß sein Glaube, so wie er in unbedingtem Vertrauen auf Gott ruht, ebenso auch durch Hingabe an Gott in die Menschen strahlen soll. Das wäre das Streben nach Liebe, wovon Paulus redet (14, 1), welches auch bei geistlichen Gaben nie außer acht gelassen werden darf, wenn nicht diese Gaben selbst – welche zunächst nur Gotteswirkungen sind, nichts aus dem Innersten des Menschen Stammendes – allen Wert verlieren sollen. So behält die Liebe ihren Wert vor allem, was der Mensch sonst ist und hat, ja sogar Göttliches ist und Göttliches hat. Mit den Gaben, die Gott gibt, wird ein Mensch vor Gott nicht mehr wert, als er es ohne diese Gaben ist. Aber sie können helfen, daß sich der Mensch vor Gott wert mache, indem er die mit ihnen sich kundgebende, zuvorkommende Liebe Gottes schätzt und durch sie sein Herz für Gott gewinnen, zu einer allseitig sich entfaltenden Liebe reizen läßt. So ist's die Liebe allein, die vor Gott Wert hat und die den Menschen wert macht. Und das Streben nach ihr sollte allem anderen, auch dem Streben nach den größten Gaben, vorgehen.

Paulus redet nun von einzelnen Gaben und gibt zu verstehen, wie diese wirklich ohne Liebe da sein könnten – aber eben darum dem Menschen nichts eintrügen, keinen Wert vor Gott gäben, weil vor Gott der Mensch nur durch die Liebe etwas gilt oder durch einen Glauben, den die Liebe ergänzt. Wenn wir bedenken, daß diese Gaben alle durch den Heiligen Geist gegeben sind – also von Gott kommen –, so verwundert man sich, daß sie sich nicht schon von selbst in der Liebe bewegen sollten! Aber das ist's, was wir uns sagen lassen müssen: daß der Mensch alles mögliche von Gott haben kann, nicht nur leibliche, sondern auch geistliche Gaben – ohne daß er liebt! Während nämlich die Gaben von Gott gleichsam von außen her in den Menschen gelegt werden, kommt die Liebe aus dem Gemüt des Menschen heraus. Sie ist somit etwas in seinem ursprünglichen Wesen Liegendes, das sich durch die Wirkungen des Heiligen Geistes aus seinem Versteck und Kerker herausarbeiten muß, darin es durch die Sünde gekommen ist. Hierzu muß das in den Menschen gelegte Gewissen als eine Stimme Gottes helfen, welches gleichzeitig durch den Geist Gottes gereinigt und freigemacht wird, also daß dem, was im Menschen von Gott ist, Gott sich wieder nähern kann. Hier aber geht die Pflicht und Schuldigkeit des Menschen an, um sein befreites Gewissen wieder reden zu lassen und ihm zu folgen. Und hierin wird ihm nichts Weiteres gegeben, es wird nur von ihm gefordert, daß er nun sich regen und bewähren soll. Wenn es nicht so wäre, so würde ja der ganze Mensch nur eine Maschine sein, kein freies Wesen, wie es Gott haben will, um Seine Kinder aus ihnen selbst heraus sich lieben zu sehen. O wie sollte doch hierin der durch den Glauben an Christus gerechtfertigte Mensch sich besser finden lassen, ohne sein Gewissen wieder in Schlaf einzuwiegen und sein zur Liebe geöffnetes Herz wieder bis zur Lieblosigkeit zuzuschließen!

Paulus redet zuerst von der Gabe, mit Zungen zu reden. Diese konnte doppelt sein, so daß sie sich entweder als mit Menschen- oder als mit Engelszungen zu erweisen schien. Bei jenem wäre es die Gabe der Rede überhaupt, wie sie auch jetzt noch der Eine vor dem Anderen haben kann; und mancher hat sie so, daß sie eine hinreißende und überwältigende Wirkung hat – während sie beim anderen fast unbedeutend erscheint. Ist's mit Engelszungen, so ist eine höhere Erregung fühlbar, so daß der Hörer es mehr als von Gott denn als von Menschen gesprochen nehmen kann. Denn es hat eine eigentümliche zu Gott erhebende Weihe. So kann man an Stephanus erinnert werden, von dem es heißt, da er voll des Heiligen Geistes war (Apg. 7, 55), daß »sie sahen sein Angesicht wie eines Engels Angesicht« (Apg. 6, 15). Beides kann dem Menschen von Gott als Gabe gegeben sein. Und damals waren die Gaben gleichsam vorlaufend, da dann Gott auf das wartete, wie der Mensch aus sich heraus sich dazu stellen würde: Aus sich heraus sollte er die Liebe geben, auf welche das in ihn kommende Göttliche zielt. Floß die Liebe nicht mit der Rede – ob's nun Menschenrede oder Engelsrede war –, so fehlte die Hauptsache. Die Gabe verblieb zwar dem, der sie einmal hatte. Denn Gott entzieht eine einmal dem Menschen gegebene Gabe nicht so bald, weil Er ja selbst immer auch sozusagen der Wartende und Hoffende ist. Wird's aber nicht ein Wirken in der Liebe und nach der Liebe, so ist der Mensch selbst nur ein »tönend Erz oder eine klingende Schelle«, Zimbel, nichts weiter als ein Instrument, durch das wohl Göttliches ertönt, das aber für sich selbst wertlos ist. Und der Mensch darf nicht im mindestens denken, als habe er einmal vor Gott im Gericht etwas voraus, weil er so gut mit Menschen- oder Engelszungen habe reden können!

Dasselbe ist's, wenn jemand die Gabe der Weissagung hat und alle Geheimnisse weiß, die sonst niemandem offenbar sind, oder die Gabe, in die Tiefen der Erkenntnis hinabzusteigen und von Grund aus auch die göttlichen Offenbarungen zu verstehen; oder wenn jemand, wie ein Elias, die Gabe haben sollte, durch auffallende Wunderzeichen das Reich Gottes zu fördern, so daß er selbst Berge versetzen können sollte. So drückt sich hier Paulus aus nach der Rede des HErrn, da Dieser von dem Senfkornglauben redet (Matth. 17, 20). Solche Glaubenswunder tun zu können, sieht also Paulus als eine besondere Gabe an. So hat man auch die Rede des HErrn aufzufassen, weswegen diejenigen zu weit gehen, welche meinen, jedem Christen – wenn er nur genügenden Glauben habe – wäre alles möglich. Aber auch diese Gaben – selbst wenn sie dem Menschen verbleiben, der sie einmal hat –, geben ihm vor Gott keinen Wert, wenn sie ihn selbst nicht der Liebe zu Gott und den Menschen näherbringen. Sie haben so wenig Wert, als wenn jemand auch sonst große Geschicklichkeit besitzt in seinem Handwerk, sich in was es auch sei – als Tischler oder Teppichmacher, als Baumeister, als Fabrikant und Künstler – auszeichnet: keiner desselben kommt durch so etwas dem Himmelreich näher als der, der darin unerfahren bleibt! Mit dem allen wird kein Mensch selig. So machen auch geistliche Gaben, welche Gott in dieser Zeit zu besonderen Zwecken erteilt, niemanden selig, wenn nicht alles in der Liebe besteht, aus der Liebe fließt und zur Liebe führt oder wenn dabei der Mensch nicht mit seinem Gemüt für Gott und Menschen heraustritt. Solches sagt ja auch deutlich der HErr in der Bergpredigt (Matth. 7, 21 f.), daß sie nämlich einmal sagen würden: »HErr, HErr, haben wir nicht in Deinem Namen geweissagt? Haben wir nicht in Deinem Namen Teufel ausgetrieben? Haben wir nicht in Deinem Namen viele Taten getan?« Wenn sie da dennoch als »Übeltäter« weggewiesen werden: wird's nicht hauptsächlich deswegen sein, weil sie es weit an der Liebe haben fehlen lassen? Bei wem's nicht nach der Liebe Gottes geht, dem können die Gaben sogar eher schaden als nützen, indem dieselben durch seine Schuld eine falsche Ader anschlagen: seinen Eigensinn, seinen Stolz, seinen Übermut, seine Selbstgenügsamkeit, seine Geringschätzung anderer, seine Sicherheit überhaupt, nähren und steigern. Und wird nicht auch seine Verantwortung um so größer, je höhere Gaben er empfangen hat? Viele von denen, welche keine der außerordentlichen Gaben empfangen, aber ihren Glauben mit Liebe gekrönt haben, werden einmal den Vorrang haben vor allen den großen Lichtern, als welche die Gabenträger auf Erden gestanden sind. So wird's geschehen, wenn die Liebe bei den Gabenträgern nicht die Oberhand gewonnen hatte – die Liebe, die allein Wert vor Gott hat und ohne welche sie also »nichts« sind, wie Paulus sagt.

Auffallend ist es auch, was Paulus weiter sagt, da er von solchen redet, die »alle ihre Habe den Armen geben« – wörtlich: »von aller ihrer Habe die Armen speisen« –, und von solchen, die »ihren Leib brennen lassen«, d.h. sich als Märtyrer dem Feuertod übergeben. Er sagt, daß es ihnen »nichts nütze, wenn sie keine Liebe« hätten. Es können also auch jene Beiden ohne Liebe sein nach Paulus Reden. Auch Arme können sie von dem Ihrigen reichlich speisen, ohne Liebe zu haben. Sie tun's etwa mechanisch oder herrisch von oben herab oder gar, um sich damit zu zeigen, wie einst die Pharisäer; oder es fehlt ihnen sonstwie an der Liebe. Eine Gabe Gottes aber nennt es der Apostel, alles verschenken zu können, so im Glauben zu stehen, daß man nichts Zeitliches achtet – dessen wohl auch versichert, daß man ja Gott habe und seinen Heiland habe und damit alles! Eine Gabe ist das. Und man darf daher diejenigen, die nicht so sind, nicht verurteilen, daß sie nicht in so überreichem Maße schenken und weggeben können. Das zu können, muß auch gegeben sein. Aber wenn's einer kann: ist's allein schon darum Liebe? Möglicherweise hat er nur Geringschätzung gegen alles Irdische, aber keine Liebe! Gibt ihm aber dann sein Schenken und Weggeben – selbst wenn er's an Arme gibt – einen Wert vor Gott? »Es wäre uns nichts nütze«, sagt Paulus! Ein solcher erreicht keine höhere Stufe als andere; und wenn vor (dem letzten) Gericht mit ihm verhandelt wird, wird das Hergeben seiner Güter gar nicht angesehen und trägt nicht zur Milderung des Urteilsspruchs bei, wenn dieser sonst gefährlich für ihn lauten wollte! Manch andrer, der seine Sachen besser zusammenhielt – wenn es nicht gerade im Geiz geschah –, aber mit Liebe gab, wenn er gab, und überhaupt in der Liebe stand, wird mehr von seinem Geben haben; denn dies wird ihm als ein verborgenes dort öffentlich vergolten (Matth. 6, 4). »Die Liebe«, sagt Petrus (1. Petr. 4, 8), »deckt auch der Sünden Menge«. So groß ist der Wert der Liebe – als gleich gehalten mit dem Glauben, aus dem sie kommt, der selig macht! Mögen's doch die, die oft zu Tausenden schenken, bedenken, daß sie »nichts« damit tun und sich kein Wohlgefallen Gottes damit bereiten, wenn sie's mit kaltem, liebeleeren Herzen tun! Daß sie's oft kalt und liebeleer tun, sieht man an dem, daß sie merkwürdig karg und träge zu geben sind, wenn sie im kleinen und an einzelnen Personen wohltun könnten, selbst bei denen, die ihnen nahestehen. – Auch von Märtyrern weiß man, daß sie ihre Leiber allen Qualen haben preisgeben können – aber dabei statt in der Liebe mehr im Haß standen, ihren Folterern fluchend, statt sie segnend, ja diese durch ihr ganzes Benehmen zu härterer Grausamkeit herausfordernd. In der Offenbarung Johannes (6, 10f.) ist sogar angedeutet, daß sie auch noch nach ihrem Tode von Rachedurst erfüllt waren. Wie klein machen solche Märtyrer ihr Verdienst! Es sieht sich dort an, als habe der HErr lange gar nicht nach ihnen gesehen, als haben sie Ihm so gut als nichts gegolten, weil sie nicht in der Liebe gestanden sind, da sie sich aufopferten, und weil ihnen überhaupt die Liebe fremd war. Endlich, endlich wird ihnen wohl ein weißes Kleid gegeben und ein Ruheplätzchen geschenkt. Aber wie anders wäre der Triumph im Himmel gewesen, wenn sie hätten sterben können wie ein Stephanus, der im Herzen Versöhnung trug und diese auch mit dem Munde aussprach und darum schon vor seinem Tode den Himmel offen sah (Apg. 7, 55–59)! Wir sehen also auch da, wie allem, was der Mensch ist und hat, nur die Liebe einen Wert gibt, mithin der Wert der Liebe selbst über alles geht.

2) Von der Art der Liebe

**(4) »Die Liebe ist langmütig und freundlich;
die Liebe eifert nicht, die Liebe treibt nicht Mutwillen, sie blähet sich nicht, (5) sie stellet sich nicht ungebärdig;
sie suchet nicht das Ihre, sie läßt sich nicht erbittern, sie rechnet das Böse nicht zu, (6) sie freuet sich nicht der Ungerechtigkeit, sie freuet sich aber der Wahrheit; (7) sie verträgt alles, sie glaubet alles, sie hoffet alles, sie duldet alles.«**

Die Liebe soll nicht nur eine Empfindung, nicht nur ein Gefühl sein, sondern sie soll zur Tat werden; sie soll sich fühlbar machen für den, dem sie gilt, auf alle nur erdenkliche Weise, und zwar so, daß man sieht, daß sie nie fehle. Nur dann ist sie das, was sie sein soll, und hat sie die rechte Art. Alle Äußerungen der Liebe zusammenfassend, nennt Paulus sie zuerst »langmütig und freundlich«. Langmütig ist sie, weil sie sich durch nichts stören läßt, sich unter allen Vorkommnissen und Wandlungen der Zeit und Umstände und Verhältnisse gleich bleibt, sich unveränderlich als Liebe herauskehrt. Sie ist sodann freundlich – mit welchem Wort das griechische Wort »guttätig« bezeichnet wird –, daß es also ein Bezeigen ist, welches nicht bloß in Miene, Wort und Benehmen freundlich ist, sondern überall und auf allerlei Weise sich durch ein freundliches Tun bemerklich macht. Wo die Liebe nur kann, ist sie freundlich und guttätig, ohne sich jemals ins Gegenteil zu verkehren. Aus diesen beiden Grundzügen der Liebe fließen die weiteren Merkmale und Kundgebungen der Liebe, welche Paulus anführt und die wir in drei Gruppen mit je vier Gliedern teilen können. Die Liebe nämlich
a) eifert nicht
b) sucht nicht das Ihre
c) verträgt alles.

a) Die erste Gruppe der Merkmale der Liebe beginnt mit den Worten: »Die Liebe eifert nicht;« und damit hängt zusammen: »Die Liebe treibt nicht Mutwillen«, d. h. sie ist nicht anmaßend; ferner »Sie blähet sich nicht«, d. h. sie ist nicht aufgeblasen; endlich »Sie stellet sich nicht ungebärdig«, d. h. sie benimmt sich nicht schamlos und unanständig.

Gerade die, welche Gaben besitzen, können es in dem allen verfehlen: Sie eifern gegen die, welche dieselben Gaben haben; oder sie eifern, wenn sie meinen, die Gaben der anderen werden den ihrigen vorgezogen. Hieraus fließt die Anmaßung, daß sie allein gelten, das Wort haben wollen; sie fordern auch von jedem um deswillen, was sie selbst sind und haben, viel Ehre, wobei sie selbst sich ungezogen benehmen. So sind sie auch aufgeblasen, so daß niemand neben ihnen bestehen und zurechtkommen kann. Dann nehmen sie sich allerlei Unanständigkeiten heraus, wie wenn sie das Recht hätten, daß man ihnen als verdienstvollen Leuten alles nachsehe. Von dem allen wären sie frei, wenn sie statt des Eifergeistes die Liebe hätten. Aber der Mangel an Liebe verdirbt ihnen alles – obwohl sie sonst gläubig sind.

b) Die zweite Gruppe der Merkmale der Liebe beginnt mit dem Wort: »Sie suchet nicht das Ihre.« Damit hängt das Weitere zusammen: »Sie läßt sich nicht erbittern«, ferner: »Sie rechnet das Böse nicht zu«, endlich: »Sie freut sich nicht der Ungerechtigkeit, sie freut sich aber der Wahrheit«. Alles Schlimme kommt zu Tage, wenn man in dem, was man ist und hat, nur sich selbst im Auge hat, es auf Gewinn für sich oder Ehre oder Wohlsein abhebt. Wer einmal zuviel auf sich bedacht ist, ist auch leicht erbittert, wenn ihm nicht wird, was er wünscht. Da kommt ihm denn auch gern ein Rachegelüste, so daß er nach Schaden trachtet oder, wie es eigentlich heißt, auf Böses sinnt. Wenn er dann auch mit Unrecht etwas herausschlägt, freut er sich dessen oder er ist schadenfroh, wenn es anderen auch nicht nach Wunsch geht; er kann überhaupt unter Umständen sogar mit Freude mehr der Lüge das Recht lassen als der Wahrheit – wenn nur etwa ihm das Seine darunter wird! Von dem allen ist wiederum die Liebe ganz frei. Und man sieht da nur, wie sehr einer, der sonst gläubig sein will, ja selbst Gaben hat, aus der Rolle fallen kann, wenn er keine Liebe hat.

c) Die dritte Gruppe endlich beginnt mit den Worten: »Sie verträgt alles.« Woran sich das Weitere anschließt: »Sie glaubt alles«, ferner: »Sie hofft alles«, endlich: »Sie duldet alles.« Mit dieser nachsichtigen, schonenden, schmiegsamen Art, bei der alles Suchen des Eigenen ferne ist, setzt sich die Liebe die Krone auf. Wenn es heißt: »Sie verträgt alles«, heißt's eigentlich: »Sie deckt alles zu.« Sie geht nicht darauf aus, die Fehler anderer aufzudecken oder an die große Glocke zu hängen, sondern sie ist bemüht, eher – soviel es nach Gewissen geschehen kann – alles zuzudecken; sie erträgt auch gern um des andern willen Unrecht und Trübsal. Ebenso geht sie nicht darauf aus, andere nur gleich Lügen zu strafen oder sie fühlen zu lassen, daß sie ihnen nicht glaube; sie glaubt ihnen vielmehr lieber alles, was unbeschadet geglaubt werden kann. Wie oft kann man nicht damit schon das Herz anderer für sich gewinnen, daß sie zutraulich werden und sich um so offener und wahrer zeigen! Ist dann wirklich ein bedeutender Schaden oder Fehler an anderen, so daß es die Liebe nicht mehr zudecken kann, sondern es wahrhaben muß, wie es ist, so hofft sie wenigstens noch, es werden sich die anderen bessern und mache sich überhaupt alles mit ihnen zum Guten – statt daß sie sie gleich ganz wegwerfen. Das aber kann nur Lieblosigkeit tun! Endlich duldet sie auch alles, was die Menschen ihr Böses antun; sie wird auch nicht gleich über alles entrüstet und aufgeregt. Sie kann auch das Unfreundlichste geduldig und ruhig hinnehmen – ohne es die Kränkenden irgendwie entgelten zu lassen und sich gegen sie mit Gewaltmaßregeln zu wehren. Das tut sie, weil sie vertragen, glauben und hoffen kann.

Was wäre es doch, wenn Kinder Gottes diese Art der Liebe anzunehmen lernen wollten! Und wir sehen es wohl, wie schuldig vor dem HErrn auch die Besten noch bleiben, weil sie noch so viel eifern, soviel auf das Ihre sehen, noch so wenig vertragen können. Was sind wir aber doch, wenn wir das nicht lernen? »Nichts«, sagt Paulus! Und immer wieder nichts sind wir, wenn wir keine Liebe haben!

3) Von der Dauer der Liebe

(8) »Die Liebe höret nimmer auf, so doch die Weissagungen aufhören werden und das Zungenreden aufhören wird und die Erkenntnis aufhören wird. (9) Denn unser Wissen ist Stückwerk, und unser Weissagen ist Stückwerk. (10) Wenn aber kommen wird das Vollkommene, so wird das Stückwerk aufhören. (11) Da ich ein Kind war, da redete ich wie ein Kind und war klug wie ein Kind und hatte kindliche Anschläge; da ich aber ein Mann ward, tat ich ab, was kindlich war. (12) Wir sehen jetzt durch einen Spiegel in einem dunklen Wort; dann aber von Angesicht zu Angesicht. Jetzt erkenne ich stückweise; dann abe werde ich erkennen, gleichwie ich erkannt bin. (13) Nun aber bleibt Glaube, Hoffnung, Liebe, diese drei; aber die Liebe ist die größte unter ihnen.«

Paulus vergleicht hier wieder die Liebe mit den geistlichen Gaben, welche in dieser Zeit den Gläubigen gegeben sind.

Nach einer anderen, minder richtigen Übersetzung heißt es: »Die Liebe wird nicht müde.« Daß die Liebe größeren Wert habe als jene, hat er schon gesagt. Solches wird noch mehr begründet durch den Gedanken, daß die Gaben alle einmal aufhören werden – die Liebe aber nicht. Paulus denkt sich zunächst das Aufhören mehr bei der Zukunft Christi. Wenn diese kommt: wozu dann noch weiter Weissagungen? wozu Zungenreden und Erkenntnisse, wie wir sie jetzt haben? Diese Gaben alle hören also geradezu ganz auf; und weil sie nur ein einstweilen Gegebenes, nur für diese Zeit zur Förderung des Reiches Gottes Dienliches sind, so werden sie bei der Zukunft des HErrn als etwas nun nicht mehr Dienliches gleichsam zurückgezogen. Sie sind nur vorübergehendes Eigentum des Menschen wie alle irdischen Gaben, sind also nichts dem Wesen der Menschen Zugehöriges und insofern ein ihm Fremdes. Und so stehen die Menschen arm da, wenn sie nicht daneben etwas Bleibendes gewonnen haben, welches nur die Liebe ist. Man kann auch sagen, die Gaben hören schon mit dem Tode auf, weil sie der Mensch nach dem Tode nicht mehr verwenden kann. Und auch nach dieser Seite hin stehen sie in einer Ähnlichkeit mit den irdischen Gütern, welche der Mensch mit dem Tode wieder verlassen muß, ohne daß sie ihm zum Seligwerden dienen können.

Bis zur Zukunft Christi – um bei der Auffassung des Paulus zu bleiben –, sind wir wie die Kinder in ihrem zarten Kindesalter, deren Reden und Wissen außerordentlich wenig ist. Auch alle ihre Anschläge haben eine kindliche Art, wie sie für die Zeit ihrer Mündigkeit oder Mahnbarkeit nicht mehr passen. Der Mann ist aus allem, was er als Kind dachte, hinausgewachsen und kann's gar nicht mehr brauchen. So sind wir in göttlichen Dingen und Erkenntnissen bis zum Kommen des HErrn nur Kinder. Wie Kindern vieles von den irdischen Dingen dunkel und rätselhaft ist – »in einem dunklen Worte«, »im Rätsel«, als »durch einen Spiegel«, Spiegelstein, der das Bild sehr unvollkommen wiedergibt –: so ist es das Göttliche für uns noch viel mehr. Nur »zum Teil«, stückweise, wissen und erkennen wir, was wir wissen; und ein völliges Durchschauen der Dinge ist uns nicht vergönnt. Auch das, was wir wissen, ist ohne allen weiteren Wert dann, wenn wir alles klar vor Augen haben und »von Angesicht zu Angesicht sehen«. Schon darum sollten wir kein so eifriges und fast ausschließliches Streben nach jenen Gaben haben. Sie dienen wohl denen, die am Reiche Gottes arbeiten, geben aber ihnen selbst nichts Völliges. Erst wenn das Vollkommene mit dem Kommen des HErrn da sein wird, ist unser Erkennen recht. Und dann werden wir vor allem erst recht erkennen, was das ist, »von Gott erkannt« zu sein. In die Tiefen davon wird zwar durch Weissagung vermittelst der Gaben des Heiligen Geistes einiger Einblick gegeben. Aber alles ist noch so dunkel, daß wir nach keiner Seite hin uns ein klares Bild davon machen können. Und wenn wir's von uns aus versuchen, ist's nur Torheit und hat's den Charakter des »Kindlichen«. Wie dann der Mensch vom Kindesalter ins Mannesalter übergeht, so gehen die Kinder Gottes aus der diesseitigen Kindheit in die himmlische Mannesreife, wenn der HErr kommt. Wenn aber das, was sie im Kindesalter gehabt haben, bei jenem Übergang verschwindet und ein Nichts wird – und ihnen sonst ein Bleibendes nicht geworden ist: Wie mögen sie, so können wir fragen, vor dem HErrn bestehen?

Von Glauben, Hoffnung und Liebe aber, sagt Paulus schließlich, daß sie bleiben. Ein wirklich Bleibendes waren die geistlichen Gaben insofern nicht, als für ihre Anwendung stets eine besondere Anregung von oben nötig war und somit ihr Gebrauch nicht so ganz in der Willkür derer stand, die sie hatten. So konnte einem in der Versammlung eine Offenbarung werden, die ihm einfach zukam und die er nicht willkürlich aus sich hervorrufen konnte (14, 30). Auch wenn Paulus an Timotheus schreibt (2. Tim. 1, 6): »Ich erinnere dich, daß du erweckst die Gabe Gottes, die in dir ist durch die Auflegung meiner Hände«, ferner (1. Tim. 4, 14): »Laß nicht aus der Acht die Gabe, die dir gegeben ist durch die Weissagung mit Handauflegung der Ältesten«, ferner (1. Thess. 5, 19f.): »Den Geist dämpfet nicht; die Weissagung verachtet nicht«, so ist aus dem allen ersichtlich, daß die Gaben auch ruhen und schlafen oder fahrlässig behandelt werden konnten und somit bald sich äußerten, bald nicht. Es ist ersichtlich, daß sie also nicht etwas Bleibendes waren, das jeden Augenblick nach Belieben zu haben war.

Mit Glauben, Hoffnung, Liebe aber verhält sich das denn doch ganz anders. Die blieben, wenn der Mensch treu war; und der gläubige Christ konnte sie jederzeit in seiner Wirkung haben. Übrigens kann in dem, daß nur die Drei bleibend heißen, ein Wink liegen, daß die geistlichen Gaben schon in jener Zeit nicht als bleibend angenommen werden durften, nicht als Gaben, die unfehlbar bleiben müßten, bis der HErr käme. Sie können wenigstens etwa auch »entbehrt« werden. So waren denn gewiß auch damals viele Gläubige, die keine von den außerordentlichen Gaben empfangen hatten – ohne darum in den Augen des HErrn weniger zu gelten! In der Folge nahmen sie wirklich immer mehr ab; und vielleicht noch ehe die Apostel alle von diesem Leben geschieden waren, sind die Geistesgaben nicht mehr dagewesen – wie sie auch seit dieser Zeit nicht wiedergekehrt sind. Das hängt damit zusammen, daß sich die Zukunft Christi verzog. Möglich ist es, daß sie in der letzten Zeit vor der Zukunft Christi wieder irgendwie zum Leben kommen dürfen.

Das aber, was bleibt, wenn der HErr auch noch so lange verziehen mag, und was nie entbehrt werden kann, ist Glaube, Hoffnung, Liebe – nicht als außerordentliche Gaben, sondern als Kräfte des Gemüts. Sie sind nicht erst durch den Heiligen Geist in die Menschen hineingelegt, sondern in ihnen wieder geweckt, so daß sie also nichts Fremdes, sondern wirkliches Eigentum des Menschen sind. Ihnen nachzustreben, das bleibt unsre Aufgabe. Denn wer sie verliert, verliert alles – während er mit den Gaben, nachdem sie durch Gottes Rat zurückgezogen sind, wenigstens für sich selbst noch nichts verloren hat. Aber auch diese Drei sind nicht gleich. Wir wissen, daß der Glaube in das Besitzen, die Hoffnung ins Schauen verwandelt wird. An und für sich bleiben sie auch, nur verändert sich ihr Charakter. Was sie geglaubt und was sie gehofft haben, verschwindet nicht, wie die Weissagung und die Sprachen verschwinden werden, sondern das bleibt dem Wesen nach – nur nicht als Glaube und Hoffnung, sondern als ein Haben und Schauen. Auch wenn sie schon hienieden selig machten, so steigert sich die Seligkeit für den nun Besitzenden und Schauenden. »Die Liebe aber«, sagt Paulus, »ist die größte unter ihnen«. Sie bleibt dort wie hier; ihre Art, ihre Empfindung bleibt sich gleich. Sie hat somit von der Zeit an eine Dauer in alle Ewigkeit. Mit ihr hat der Mensch ein Ewigkeitsgut gewonnen.

Wie sollte nicht darum all unser Streben darauf gerichtet sein, daß wir nur sie nicht verlieren, sondern sie gewinnen, das einzige Band, das wir auf Erden haben zwischen der Zeit und Ewigkeit – auch wenn uns von Gaben besonderer Art nichts gegeben sein sollte. Die Gaben dienen nicht dem, der sie hat, sondern sie dienen zur Förderung des Reiches Gottes. Und wer für sich selbst nach ihnen strebt, fordert auch etwas Gefährliches, weil große Verantwortung auf den fallen kann, der sie hat! Mit der Liebe hat man für sich selbst etwas gewonnen oder ist man für sich selbst etwas geworden, das sich immer herrlicher entfalten kann, bis es in der Vereinigung mit Gott und Christus und allen Seligen zu einer ewig sich gleichbleibenden Vollkommenheit gekommen ist.

Wie sollten wir nicht doch um solche Liebe eifern? Amen.

Invokavit
Das Verhalten des Paulus als eines Mithelfers
2. Kor. 6, 1–10

Paulus hatte im Kapitel vorher die Wichtigkeit des Amtes, das die Versöhnung predigt, gepriesen und zuletzt gesagt (5,20): »Wir sind Botschafter an Christi Statt, denn Gott vermahnt durch uns; so bitten wir nun an Christi Statt: Lasset euch versöhnen mit Gott!« Sollte doch der Ruf des Evangeliums an alle Völker und Menschen kommen, damit sie würden in Christus »die Gerechtigkeit, die vor Gott gilt« (5,21). Indem er zum Botschafter berufen ist, ist er ein Mithelfer für die, welche gerecht werden sollen; und als ihr Mithelfer sieht er sich zu Besonderem verpflichtet, darin er sich treu zu halten bemüht. Von sich und seinem Verhalten als Botschafter und Mithelfer redet er. Er gebraucht die Mehrzahl »wir« statt »ich«, wie oft in seinen Briefen. So schildert er hier sein Verhalten, indem er
1) ermahnt, daß die Gläubigen nicht umsonst die Gnade Gottes empfangen haben möchten (V.1f.)
2) niemand ein Ärgernis gibt (V.3)
3) sich in allem als Diener Gottes beweist (V.4–10).

(1) »Als Mithelfer aber ermahnen wir euch, daß ihr nicht vergeblich die Gnade Gottes empfanget. (2) Denn Er spricht (Jes. 49, 8): ›Ich habe dich in der angenehmen Zeit erhört und habe dir am Tage des Heils geholfen.‹ Siehe, jetzt ist die angenehme Zeit, siehe, jetzt ist der Tag des Heils!«

1) Paulus nimmt Veranlassung, nach einem prophetischen Spruch zu reden von der Gnade oder der Gnadenzeit, die angebrochen ist.

Wenn Paulus in der Sache des HErrn ein Mithelfer war, so war es nicht genug, daß er den Herold des angebrochenen Heiles machte; sondern er hatte auch dafür zu sorgen, daß der, der seine Botschaft annahm, auch dabei verblieb und sich nicht so stellte, daß die Annahme vergeblich war. Vergeblich aber ist's, wenn einer nicht mit dem Empfangenen zum Ziel kommt. Es ist dann, wie wenn einer einen Anfang macht mit einer Arbeit und etwa eine Zeitlang an ihr fortmacht – aber endlich ihrer müde wird und sie liegenläßt. Da ist alle Zeit und Mühe, die er auf die Arbeit verwendet hat, vergeblich, weil er nicht zum Ziel kommt, die Arbeit nicht fertigbringt, eine unfertige Arbeit aber nichts wert ist. Dem nun, der dazu hilft, daß die Leute gläubig werden, verbleibt die Sorge, daß doch die Gläubigen auch bleiben in dem, was sie empfangen haben. So gibt's bei uns viele Prediger – ob im Amt oder nicht –, die es gut verstehen, die Leute anzufassen und zur Buße zu bringen und zur Erkenntnis ihres Heils, sie nun für bekehrt nehmen – dann aber auch mit ihrer Arbeit fertig sind, nichts weiteres mehr mit Ernst und Geschick geben oder zu geben wissen. Wenn dann etwa auch im Anfang eine Bewegung eingetreten ist, so läßt diese nach einiger Zeit nach – und zuletzt verschwindet alles wie Rauch, weil nicht genug Forthilfe gegeben wird. Und da haben denn die Armen häufig alle die Gnade des HErrn vergeblich empfangen! Man bedenke wohl, daß eben dann die Arbeit erst recht angeht, wenn die Leute angefaßt oder erweckt sind. So liegt es ja auch schon im Taufbefehl, der heißt, alle Völker in die Schule zu nehmen und zu taufen und halten zu lehren alles, was der HErr geboten hat (Matth. 28, 19f.). Wer die Leute, wenn sie einmal angefaßt oder erweckt sind, sich selbst überläßt, kann bald wieder viel an ihnen einbüßen. Es erscheint aber leichter, mit großem Eifer aufzutreten und die Leute geschwind sozusagen in einen Harnisch zu bringen – als dann ruhig zu ihnen hinzusitzen, um sie tiefer zu gründen. Das letztere will vielen Eiferern zu langweilig vorkommen, da sie nur »stürmen«, nicht aber bedächtig lehren können oder wollen. Solche sind aber schlechte Mithelfer an den Seelen!

Paulus aber will's mit den Ermahnungen nicht fehlen lassen, damit ja nichts vergeblich gearbeitet wäre! Dazu gehört unter anderem, daß die Bekehrten wirklich die Gnade des HErrn schätzen lernen, in die sie versetzt sind. Dadurch werden sie auch zu dem, was von ihnen gefordert wird, ermutigt und gestärkt. Deswegen führt er den Spruch aus Jesaja an mit dem Bemerken, daß das hier Geweissagte jetzt in Erfüllung gehe, man also immer fester darauf bauen müßte. Zwar wurde von der Weissagung nur der Anfang erfüllt, und der volle Heilstag kommt erst dann, wenn Jesus (wieder-) kommt. Aber wenn es schon im Propheten dargestellt ist, als wäre in seiner Zeit bereits der Heilstag da – weil es geweissagt werden durfte und ein von Gott Gesagtes so gewiß ist, daß man es mit der Erfüllung gleichsetzen darf –, so ist um so mehr das Kommen Christi ins Fleisch als das Kommen dieses Heilstags selbst anzunehmen. Dieses Kommen Christi ins Fleisch ist zunächst nur eine verstärkte Zusicherung der Zukunft des rechten Heilstags (vgl. Matth. 5, 3–12), doch schließt es vor allem bereits auch den Anfang der wirklichen Erfüllung in sich. Gott sagt hier – noch mehr als in der Weissagung bereits auf Geschehendes hinweisend –: »Siehe, Ich habe dich erhört zur angenehmen Zeit und habe dir am Tage des Heils geholfen.« Deswegen setzt Paulus bestimmt hinzu: »Jetzt ist die angenehme Zeit, jetzt ist der Tag des Heils.« Das kann, obgleich die Vollendung des Heils noch auf sich warten läßt, mit um so größerem Recht gesagt werden. Denn es ist ja gar nicht auszudenken, wieviel Heilvolles wirklich durch Christus denen dargeboten ist, die an Ihn glauben. Alle Förderung eines Christen besteht daher immer darin, daß er die angebrochene Heilszeit immer gründlicher verstehe und benütze, damit sie seinen ganzen Menschen einnehme. Wer an ihrer Bedeutung, Größe und Fülle zu zweifeln anfängt oder auch nur sie nicht genug beherzigt, kommt schon zurück. Und wenn er, um sich weiterzubringen, mehr auf anderes verfällt als auf den Gekreuzigten und Auferstandenen, so kann sich sein Empfangenes mehr und mehr verflüchtigen – weil ja nur Gnade und Erkenntnis der Gnade »das Herz fest machen kann« (Hebr. 13, 9) –; und am Ende steht er so, daß es fast umsonst und vergeblich ist, daß er je etwas von der Gnade des HErrn empfangen hat. Denn er leibt und lebt eigentlich doch nicht in ihr. Und so steht er in Gefahr, unfertig zu bleiben und einmal alles zu verlieren – besonders wenn auch Versuchungen der Welt wieder eine Macht über ihn bekommen. Dem will Paulus als »Mithelfer« vorbeugen besonders durch beständige Ermahnung mit Hinweisung auf die wunderbare Gnade, die mit Christus in der angebrochenen Heilszeit dargeboten ist.

(3) »Und wir geben niemand irgendein Ärgernis, auf daß unser Amt nicht verlästert werde.«

2) Ein Ärgernis konnte ein Diener Christi in vielfacher Weise geben: Er kann sich schon in seinem ganzen Betragen so stellen, daß er Seelen mehr abstößt als anzieht. Er kann sich zu hart und unfreundlich gegen sie verhalten – dann scheuen sie ihn. Er kann eigennützig sein, kann ehrsüchtig sein, kann parteiisch sein, kann es mehr auf Hohe und Vornehme als auf Geringe und Niedrige absehen, mehr auf Reiche als auf Arme. Er kann auch sonst mit seinem Lebenswandel Anstoß geben, dem Geiz dienen, liebäugeln mit den Lüsten des Fleisches – er kann überhaupt ein unanständiges, weltliches, leichtfertiges Wesen annehmen, so daß er, wenn er predigt, ein ganz anderer ist, als wenn man ihn sonst unter den Leuten verkehren sieht. [So hat es ja schon Prediger gegeben, von denen man sagte, wenn sie auf der Kanzel stehen, sollte man sie nicht mehr herunterlassen, und wenn sie unter der Kanzel seien, sollte man sie nicht mehr hinauflassen.] Das sind die, welche mit ihrem Wandel überall Anstoß und Ärgernis geben – und wahrlich auf diese Weise nichts weniger als Mithelfer für die anderen sind, eher Verderber und Hindernisse genannt werden können. Paulus hat es hauptsächlich immer darauf abgesehen, daß man nicht denken konnte, er wolle sich vom Evangelium nähren wie ein Handwerker vom Handwerk – was freilich in unserer Zeit anders geworden ist, auch nach unsren Verhältnissen nicht mehr nach der Apostel Weise gemacht werden kann –, oder er wolle lieber herumlaufen als zu arbeiten, lieber gute Tage haben unter Leuten, die ihm alles mögliche Gute zukommen lassen, als sich mit geringerem Leben zu begnügen. Er setzt seine Ehre ganz besonders darein, und wollte sich auch diesen Ruhm nicht nehmen lassen, daß er niemandes Gut bedürfe, keine Gaben annehme, von seiner Hände Arbeit lebe und niemandem irgendwie beschwerlich zu fallen brauche. Denn so sah jedermann, daß er seiner Sache lebe und neben ihr nichts anderes suche. So wurde auch jeder, der ein Gemüt dazu hatte, geneigt, ihn anzunehmen und sich von der Gnade sagen zu lassen, die aufgegangen war. Mit dem allen hielt er auch das rechte Verhalten ein, das er als Mithelfer für die Seelen zeigen sollte.

Paulus setzt in unsrem Texte hinzu: »auf daß unser Amt nicht verlästert werde.« Verlästert wurde dieses Amt, wenn es sich nicht als ein von Gott gegebenes, also durch göttlichen Charakter sich auszeichnendes, darstellte und wenn man denken konnte, der, der es zu haben vorgebe, predige eigentlich aus eigener Macht, ohne einen wirklichen Beruf von oben zu haben. So kann jeder denken, der den Träger des Amts etwa unordentlich wandeln sieht: daß er mehr einen natürlichen, weltlichen und irdischen Sinn zeigt, an dem die Leute, die ein Göttliches sich anders darstellen sehen wollten, stutzig werden. Die Herrlichkeit des Amtes tritt niemandem auf diese Weise entgegen.

Wir dürfen das wohl beherzigen, wenn dem Amt in unsrer Zeit nicht immer die gebüh-rende Ehre wird. Daß es ein göttliches Amt sei, in welchem die stehen, die das Amt ha-ben, das will nicht mehr allen bewußt werden. Denn sie sehen so viele im Amte, die dasselbe gar nicht so treiben, daß man es ihnen abmerkt, sie fühlten sich als von Gott zu Mithelfern für andere zum Himmelreich berufen und als hätten sie dazu auch etwas vom HErrn empfangen. Der Schaden ist hier ein doppelter: gegenüber den Ungläubi-gen und gegenüber den Gläubigen. Jene oder überhaupt die »Weltleute« sind bald da-bei, gar nichts aus den Dienern des Amts zu machen, und fühlen sich nicht verpflichtet, auf ihr Wort zu achten. Auch wenn die Diener rein biblisch reden, geben sie doch nichts darauf, weil sie in ihnen keinen Mann Gottes sehen, ihn also auch nicht als sol-chen anerkennen. So bleiben sie ferne vom Reiche Gottes. Die Diener aber, die nicht darauf bedacht sind, daß das Amt anerkannt werde, vielmehr Anlaß geben, daß man es verlästert, zerstreuen mehr, als daß sie sammeln, verderben mehr, als daß sie den Leu-ten zur Seligkeit mithülfen. Dann aber gibt es eben deswegen auch eifrige, ernstere Christen, die gleichfalls das Amt verlästern, einfach nichts auf dasselbe halten – dage-gen sich mit leichten Begriffen vom »allgemeinen Priestertum« befassen und sagen, je-der Christ könne predigen, taufen und das Heilige Abendmahl halten, weil ein göttli-ches Amt eigentlich gar nicht vorhanden sei. Wenn sie, die gläubigen Leute, so meinen sie, alles das täten, was die vom Amte tun, dann wäre es das Rechte! Sie tun dann, als ob das Amt wirklich keinerlei Gabe von Gott empfangen hätte und empfangen könn-te. Die, die so denken, mögen sehen, wie sie sich mit einem Paulus zurechtfinden, der eben das als eine Verlästerung des Amtes nimmt, daß man eigentlich kein Amt an-erkennt. Wieviele Verwirrung aber ist nicht daraus entstanden, daß schon gar zu viele Ärgernisse gegeben worden sind, die zur Verlästerung des Amtes – als gäbe es keines im Neuen Bunde – geführt haben! Doch ist es erfreulich und ein nicht geringer Beweis für die Auffassung des Amts als eines göttlichen, daß überall da, wo würdige Diener des Worts auftraten, die Leute schnell wieder ganz von selbst, ohne daß man davon zu reden braucht, zur Anerkennung seines Amtes als eines göttlichen kommen – und zwar eben als eines solchen, dem Gott Gaben und Kräfte zur Mithilfe für die Seelen gegeben hat in dem Maße, wie es eben in jetziger Zeit sein kann, bis ein Völligeres wie-der eintreten darf.

(4) »Sondern in allen Dingen erweisen wir uns als Diener Gottes: in großer Ge-duld, in Trübsalen, in Nöten, in Ängsten, (5) in Schlägen, in Gefängnissen, in Auf-ruhren, in Mühen, in Wachen, in Fasten, (6) in Keuschheit, in Erkenntnis, in Langmut, in Freundlichkeit, in dem Heiligen Geist, in ungefärbter Liebe, (7) in dem Wort der Wahrheit, in der Kraft Gottes, durch Waffen der Gerechtigkeit zur Rechten und zur Linken, (8) durch Ehre und Schande, durch böse Gerüchte und gute Gerüchte; als die Verführer, und doch wahrhaftig; (9) als die Unbekannten, und doch bekannt; als die Sterbenden, und siehe, wir leben; als die Gezüchtigten, und doch nicht ertötet; (10) als die Traurigen, aber allezeit fröhlich; als die Armen, aber die doch viele reich machen; als die nichts haben, und doch alles haben.«

3) Es gibt viel Besonderes, an dem man den Mithelfer als einen Diener Gottes erkennen muß, als einen solchen, der nicht aus eigener Willkür predigen und helfen wolle, sondern wirklich im Dienst des lebendigen Gottes stehe. Paulus kommt ganz in Atem bei der Aufzählung aller der Punkte, in welchen er's zu beweisen habe, daß er ein Diener Gottes sei und dies auch zu beweisen bereit sei. Wir können sie in vier Gruppen teilen:

a) Er beweist sich als ein Diener Gottes »mit großer Geduld«, nämlich »in Trübsalen, in Nöten, in Ängsten, in Schlägen, in Gefängnissen, in Aufruhren, in Mühen, in Wachen und Fasten«. Es ist ganz unglaublich, was nicht alles ein Apostel durchzumachen hatte. Er stand auch nicht so, daß er immer von dem, was wir Angst nennen, befreit war. Er war auch, wenn er von Nöten und Ängsten redet, in Lagen, da er wie wir weder ein noch aus wußte; oder er war in Lagen, da er das Äußerste fürchten mußte, ohne zu wissen, welchen Ausgang es nehmen werde. Alle Geduld aber mußte er dabei zeigen, er durfte nicht in Aufregung, nicht in Aufbrausen und Zorn, nicht in Verzagtheit oder Verdrossenheit oder Kleinmütigkeit oder stürmendes und verzweifelndes Wesen hineinkommen, wie wir es oft machen; denn damit hätte er seinen Charakter als Diener Gottes verleugnet. Wie oft wurde er geschlagen und gepeitscht, hart an Händen und Füßen gebunden in Gefängnisse gelegt, unter Aufruhren der Volkswut hingegeben! Wie mußte er auch so unermüdlich sein in der Arbeit, so viel auch wachen und fasten! Aber in allem bewies er Geduld, um nicht aus der Rolle eines Dieners Gottes und eines Mithelfers zu fallen.

b) Er beweist sich als Diener Gottes durch persönliche gute Haltung. Da nennt er zuerst Keuschheit, was zugleich für Unbescholtenheit steht. Keine Spur von Hinneigung zu Sinnengenuß und unrechtem Wesen durfte er sehen lassen, da sonst leicht einer gesagt hätte: »Das ist kein Diener Gottes!« Dann nennt er Erkenntnis, d. h. kluges, sachgemäßes Benehmen, überlegtes rücksichtsvolles Wesen. Zudem beweist er sich in Langmut; er ist nicht so bald mit den Leuten fertig, wenn sie sich nicht nach Wunsch geben; er kehrt ihnen nicht so bald den Rücken. Er will aushalten, und lange aushalten, ohne an den Leuten müde zu werden. Auch in Freundlichkeit beweist er sich, begreiflich nicht bloß mit Worten und Mienen, sondern auch mit der Tat. Niemals darf er sich Unfreundliches zuschulden kommen lassen, er, der ein Diener Dessen sein will, von dessen Freundlichkeit er predigt und in welchem die Freundlichkeit Gottes erschienen ist allen Menschen! In dem Heiligen Geist ferner beweist er sich, indem er allezeit so steht, daß ihm der Geist Gottes etwas sagen kann; er bleibt gesetzt, gesammelt, ohne sich nach Laune gehenzulassen. Endlich beweist er sich in ungefärbter Liebe, bei der jedermann sieht, es sei nichts Gemachtes, nichts Erkünsteltes, nichts Angenommenes, nichts Geheucheltes in dem, was er an Liebe erzeigt.

So will Paulus sich durch gute Haltung als Diener Gottes beweisen, um keinen Anlaß zu geben, daß jemand seine Art nicht entsprechend finde dem hohen Berufe, den er zu haben vorgibt.

c) Paulus beweist sich als Diener Gottes durch Treue in seinem Beruf. Vor allem soll das, was er vorträgt, Wahrheit sein, soll auch als Wahrheit erkenntlich sein von denen, die es hören; so daß diese nicht den Eindruck bekommen, als male er ihnen etwas vor, als sei das, was er predige, lügenhaft und märchenhaft. Es war außerordentlich wichtig, die Tatsachen des Evangeliums – die so gar nichts dem Gewöhnlichen Entsprechendes an sich hatten und so wunderbar klangen – so zu geben, daß die Zuhörer vor sich einen Mann der Wahrheit erkannten. Paulus will denn auch in der Kraft Gottes stehen, nicht menschlich hohe Worte geben, nicht stark tönende Ausdrücke brauchen, sondern etwas aus Gott hineinlegen. Dazu gehörte wiederum viele innere Sammlung, auch Aufblick zu Gott. Er mußte ferner geistlich gewappnet sein nach rechter Art, ohne trügerische Tücke und Kräfte, wie sie ein feiger Kämpfer haben konnte, aber nicht haben durfte. Der Apostel mußte gewappnet sein nach rechts mit dem »Schwert«, dem Wort Gottes, um gleichsam dreinzuhauen, nach links mit dem »Schild«, dem Glauben, zur Abwehr, wenn versuchliche und feindselige Reden gegen ihn aufgebracht wurden. In dem allen soll es eines Dieners Gottes würdig erscheinen. Darum will Paulus seine Treue beweisen – gleich, wie auch der Erfolg seiner Predigt sei: ob er Ehre oder Schande davon habe, in böses oder gutes Gerücht komme, als Verführer gelte oder als wahrhaftig! Geradedurch will er seinen Weg gehen, so daß es nicht aussieht, als ob Leidensscheu und Furcht vor Menschen oder Gefahr oder Unbill oder üble Nachrede eine Macht über ihn hätten. Ein Diener Gottes hat nach nichts zu fragen, als daß er Dem treu ist, dem er dient: eben seinem Gott, der ihn berufen hat; und irre werden konnte man nur an ihm, wenn er nicht so war.

d) Endlich beweist sich Paulus als Diener Gottes durch Obsiegen in allen Lagen. Ist er ein Diener Gottes, so muß doch wohl auch Gott mit ihm sein, dann kann sein Gott ihn nicht gleich fallenlassen; Er kann ihn nicht unbeschützt, ungerettet lassen, wenn auch von allen Seiten Stürme gegen ihn herbrausen! Jedermann sieht es denn nun auch, wie sehr Paulus unter dem Schutz Gottes steht. Jeder sieht es, wie er's in allem immer wieder durchbringt und wie er in nichts unterliegt. Denn der Gott, dem er dient, ist mit ihm. So nennt er sich unbekannt – eigentlich verkannt –, und doch fehlt es nicht an Leuten, die ihn kennen, anerkennen. Er ist stets sterbend, wie wenn's jetzt mit ihm aus wäre; aber er lebt doch durch die Hilfe seines Gottes. Er wird viel gezüchtigt, gepeitscht; aber nichts darf tödlich werden! Er kommt nach außen von einer Traurigkeit in die andere; aber im Herzen ist er allezeit fröhlich, und so kann er auch stets eine heitere Miene zeigen. Er ist arm und muß oft das Notwendigste vermissen; und doch macht er niemanden arm, vielmehr fühlen sich alle reich, die seine Predigt annehmen. Hat er endlich rein nichts, so steht ihm doch durch die Allmacht seines Gottes immer wieder, wenn's sein muß, alles zu Gebot. Der liebe Gott braucht nur zu winken – und Er tut's auch oft –, so fehlt's Paulus an nichts!

So beweist sich der Apostel als Diener Gottes in allem vor jedermanns Augen. Und eben damit ist er ein kräftiger Mithelfer für die, welche selig werden sollen.

Ach, daß wir solcher Mithelfer viele hätten! Sie sind selten. O HErr, siehe darein und wecke sie Dir und rüste sie aus mit neuen Kräften! Ja, erwecke sie, daß sie Deinen Ruhm wieder groß machen und zur Verherrlichung Deines Namens und zur Rettung vieler wirksam mithelfen können und dürfen! Amen.

Reminiscere
Immer völliger!
1. Thess. 4, 1–12

Einleitung: *Ernsthaft gezielte Ermahnungen sind immer nötig*

Paulus hatte in dem vorhergehenden Kapitel sich sehr erfreut über die Thessalonicher ausgesprochen, weil ihm Timotheus, den er zu ihnen gesandt hatte, so gute Nachrichten über sie zurückbrachte. Er sagt unter anderem (3, 7f.): »Wir sind, liebe Brüder, getröstet worden an euch in aller unsrer Trübsal und Not durch euren Glauben; denn nun sind wir wieder lebendig, wenn ihr feststehet in dem HErrn.« Dann setzte er (V. 12f.) segnende Wünsche hinzu, daß »der HErr sie wachsen und immer völliger werden lasse in der Liebe untereinander und gegen jedermann, damit ihre Herzen gestärkt werden und unsträflich seien in der Heiligkeit vor Gott unsrem Vater, wenn unser HErr Jesus kommt samt allen Seinen Heiligen«.

Dieser Wunsch gibt ihm nun das Thema zu einer weiteren Ermunterung, indem er sie bittet und vermahnt, immer völliger zu werden. Denn wenn man jemandem etwas wünscht, kann's nicht geraten, wenn der, dem man's wünscht, sich nicht auch von sich aus dazu hergibt. Was aber Paulus da zu sagen hat, das wissen und üben sie schon (V. 2. 10). Denn als sie sich zum Glauben an Christus gewandt hatten, hat er ihnen persönlich noch viel gesagt (V. 6), wie sie »wandeln und Gott wohlgefallen« sollten (V. 1); er hat ihnen auch »durch Jesus Christus«, d. h. kraft des Gebots Jesu Christi »viele Gebote gegeben« (V. 2). Er machte es doch in den Erbauungsstunden, die er hielt, viel ernster, als es bei uns je und je Sitte ist. Bei uns wollen die Leute in der Kirche immer nur von der Gnade und von der Süßigkeit des Evangeliums etwas hören – und gleich meinen sie, man predige zu gesetzlich! Andere, sowohl in der Kirche als in den sonstigen Versammlungen, ermahnen wohl auch zur Heiligung. Sie reden aber gerne mehr drumherum, bei allgemeinen Ausdrücken verbleibend, die nicht verfangen. Statt dessen sollten sie das Einzelne ernstlich betrachten, wie der Gläubige sich nach Gottes Wohlgefallen zu halten habe. Paulus hat's anders gemacht. Er hat immer an das gedacht, wie es seine Zuhörer als Heiden gehabt und gemacht haben; und er hat wohl gewußt, daß die alten Sünden nicht so leicht abgestreift sein würden, daß von ihnen nicht mehr ausdrücklich geredet zu werden bräuchte, wenn sie sich miteinander erbauten. Ihre eigentliche Erbauung war die, daß sie's besprechen, wie's jetzt in diesem oder jenem Punkte anders gehalten werden müsse als vormals. Das ging dann tief ein. Und wenn Paulus vollends »kraft des Befehls Jesu Christi« – also nicht nach seinem Gutdünken, sondern aus Auftrag vom HErrn – redete und ermahnte, so mag man sich wohl denken, daß das auch seine Früchte brachte. Aber nicht nur persönlich machte es Paulus so; sondern in seinen Briefen hielt er's ebenso. Er erwähnt das Heidnische und Unrechte, das nimmer Raum haben dürfe bei Gläubigen, mit Namen. Auch wenn er weiß, daß sie darnach trachteten, sich vor dem Heidnischen zu hüten, so sagt er doch, es müsse immer völliger bei ihnen werden. Sobald man jemandem nichts mehr sagen oder ihn nicht regulieren darf oder ihn nicht warnen darf vor Sünden, in die man im Verkehr mit der Welt geraten könne, so gibt es einen Stillstand, bald auch einen Rückgang – und dann ist Fall und Abfall nimmer weit! Auch wenn jemand meint, jetzt habe er's und es sei keine Gefahr mehr für ihn, steht's gar nicht gut! Stets muß sich's jeder merken, daß alles, auch wenn er's hat, doch immer völliger werden muß. Jeder fühlt ja wohl, wieviel verborgene Lust in ihm geblieben ist. Solange diese noch da ist und sich verspüren läßt, ist's nicht völlig bei ihm. Daran kann's also jeder selbst erkennen, wenn er will, wie es notwendig ist, stets zu denken, daß es immer völliger mit ihm werden müsse, je nachdem Neigung und Drang zur Sünde bei ihm erwachen und sich geltend machen will.

Auslegung
Übersehen wir nun den ganzen Text unsrer Epistel, so wünscht Paulus ein immer Völligeres bei den Thessalonichern
1) in der Heiligung (V. 1–8)
2) in der brüderlichen Liebe (V. 9 f.)
3) im ehrbaren Wandel überhaupt (V. 11 f.).

1) Die Brüder sollen immer völliger werden in der Heiligung, d. h. in der geweihten Hingabe an Gott.

(1) »Weiter, liebe Brüder, bitten wir euch und ermahnen in dem HErrn Jesus – da ihr von uns empfangen habt, wie ihr sollt wandeln und Gott gefallen, was ihr ja auch tut –, daß ihr darin immer völliger werdet. (2) Denn ihr wisset, welche Gebote wir euch gegeben haben durch den HErrn Jesus. (3) Denn das ist der Wille Gottes, eure Heiligung, daß ihr meidet die Unzucht (4) und ein jeglicher unter euch sein eigen Weib zu gewinnen suche in Heiligung und Ehrbarkeit, (5) nicht in gieriger Lust wie die Heiden, wie von Gott nichts wissen; (6) und daß niemand zu weit gehe und betrüge seinen Bruder in solcher Sache; denn der HErr ist ein Rächer über das alles, wie wir euch schon zuvor gesagt und bezeugt haben. (7) Denn Gott hat uns nicht berufen zur Unreinigkeit, sondern zur Heiligung. (8) Wer dies nun verachtet, der verachtet nicht Menschen, sondern Gott, der Seinen Heiligen Geist in euch gibt.«

Zwei Punkte sind es, welche hauptsächlich diese Heiligung ausmachen, wodurch sich auch der Christ vornehmlich von den Nichtchristen zu unterscheiden hat, um als Gott geheiligt und ausgesondert, als ein dem HErrn geweihtes Eigentum dazustehen.

Ein Heiliger, dem HErrn Geweihter, muß »Hurerei meiden« und vom »Geiz fern« sein. Mit beidem ist er ein »Abgöttischer«, mit beidem also abfällig vom HErrn, dient einem anderen als Ihm. Der eine macht die Hure, der andere den Mammon zu seinem Gott – und ein Heiliger, dem HErrn Geweihter, ist er dann freilich nicht mehr. Erinnern wir uns, daß es im ganzen dem Nächsten gegenüber nur drei Gebote gibt, welche alles ausmachen: Auf Mord, Ehebruch und Dieberei lassen sich alle Sünden zurückführen, die der Mensch an anderen tut. Und die beiden letzteren – denn das erstere war ja offenbar für einen Christen kaum denkbar – sind es besonders, die dem Kinde Gottes den Charakter eines Heiligen nehmen. Vor diesen beiden warnt nun auch der Apostel: »Der Wille Gottes«, sagt er, »sei ihre Heiligung, nämlich daß sie meiden die Hurerei und ihren Leib in Heiligung und Ehren zu behalten wissen und nicht wie die Heiden, die von Gott nichts wissen, ihn grober Sinnenlust hingeben.« Wer das tue, sagt er weiter, bedenke nicht, wozu er berufen sei, nämlich »nicht zur Unreinigkeit, sondern zur Heiligung«. Das andere, welches auch zum Abgöttischen macht, nennt Paulus gleich mit, um dem Geiz und dem Mammonsdienst zu steuern. Hierbei ist immer das das Schlimmste, wenn man, wie im Text steht »zu weit gehe und seinen Bruder betrüge«. Man bedenke doch, welche freche Stirn dazu gehört, einen Bruder – der es ehrlich meint und der doch auch auf das Seinige zu achten hat – mit List oder Täuschung oder Betrug oder am Ende fast mit Gewalt zu übervorteilen! Abscheulich, wenn ich von meinem Bruder, mit dem ich einen Handel oder ein Händelchen abgeschlossen habe, scheide mit dem Gefühl: »Nun habe ich, was eigentlich ihm gehören sollte!« Und zweimal abscheulich, wenn mich's erst noch freut, diesmal »Glück gehabt« und einen guten Handel gemacht zu haben – wenn doch Unrecht daran haftet! Der Apostel braucht den Mord, die dritte Greuelsünde, die von Gott scheidet, nicht besonders zu erwähnen. Denn bei den beiden anderen Sünden wird man bereits auch zum Mörder: bei der ersten handgreiflich, fast buchstäblich, bei der anderen durch tief angreifende Kränkung des Nächsten.

In beidem nun, sagt der Apostel, sollen die Thessalonicher immer völliger werden. Waren sie vorher Heiden, die von Gott nichts wußten: wie tief steckten dann die Wurzeln davon in ihren Herzen! Waren doch gerade diese Sünden allgemeine Volkssünden, die von niemand hoch angeschlagen wurden, auch nur selten eine weltliche Bestrafung zu fürchten hatten, wie das bei uns jetzt teilweise anders ist. Daher war für sie die Versuchung immer groß, wieder in das Gewohnte zurückzufallen. Ehe sie sich's versahen, hatte sie der Dämon gefaßt und waren sie in etwas Böses hineingekommen. Wenn man aber überhaupt in dergleichen immer völliger werden soll, so ist's das, daß man sich nie sicher fühle und daß man sich augenblicklich innerlich zur Wehr setze, wenn eine Verführung oder Lust oder Drang oder Neigung innerlich kommen und von außen angeregt werden will. Dazu gehört dann auch, daß man da wegbleibe, wo Gefahr droht, ja flieht wie vor einer Schlage, die den Menschen sticht, wenn er ihr zunahekommt. Immer scheuer gegen die Sünde werden, innerlich immer erregter statt schlaffer zu werden beim Gedanken, man könnte in sie verfallen, und alle Spuren einer feinen Art der Versündigung immer mehr abwehren und alle Lüsternheit nach verführerischer Lektüre, unreinen Gemälden und lockeren Unterhaltungen bekämpfen: das heißt, in der Keuschheit völliger werden!

O wie haben sich auch ernstere Christen bei uns in acht zu nehmen und wie sind sie doch häufig so sicher, wie wenn sie in etwas schon nachgäben! Wie gern läßt man den

Umgang zu frei sein, das Beisammensein so privat*, die Unterhaltung zu leicht, den Händedruck zu warm, den Blick zu bedeutsam! Wieviel lieber verkehrt und redet, ja erbaut man sich mit dem andern Geschlecht – bis auf Vermeidung des eigenen Geschlechts hinaus! Ach, da sind sie noch nicht völlig genug! Ist man aber nicht völlig genug in solchem sittsamen Sinn, so ist der Gefahr großer Versündigung noch nicht begegnet, da ja die Sünde im Feineren oft als schon getan zu nehmen ist (Matth. 5, 28). Wenn du kein Verächter guten Rates sein willst, so hast du Andeutungen genug, wie du's in der Sittsamkeit zu Völligerem bringen kannst (V. 8).

Nicht minder wichtig ist es, daß wir immer völliger werden in der Überwindung des Geizes und des Mammonsinnes. Um völliger darin zu werden, hast du nur darauf zu sehen, daß auch jeder Schein der Übervorteilung anderer von dir vermieden werde. Die, welche den HErrn liebhaben, müssen sich besser stellen als die anderen – nicht so, daß man mit ihnen ungern Geschäfte macht, weil sie etwa gern überfordern, auch überaus genau messen und rechnen. Wenn sie's so machen, stehen sie leicht schmutzig vor der Welt da. Denn Eigennutz und strenge Genauigkeit wird niemandem übel genommen als ihnen, weswegen sie die Ermahnung des Paulus besonders beherzigen müssen, in diesem Punkt immer völliger zu werden. Du wirst dies, wenn du dir angewöhnst, ein völligeres Maß, ein völligeres Gewicht, einen völligeren Lohn – kurz in allem ein Völligeres zu geben, als strenge Genauigkeit es erfordert. Genauigkeit dem Nächsten gegenüber, alles bis aufs kleinste eben recht machen, damit ja nichts mehr oder weniger ist: Das ist bereits wirklicher Geiz, auch wirkliches Unrecht, weil der Empfänger dabei doch in der Regel zu kurz kommt. Der steht am besten, der eine Freude daran hat, mit völligen Maßen seinem Nächsten, besonders Armen, einen wohltuenden Dienst tun zu können, und der überhaupt in allem dem Nächsten das Bessere und Völligere läßt und für sich mit dem Minderen und Geringeren zufrieden ist. Lerne daran, lieber Bruder! Dein Schaden ist es nicht, wenn du's kannst!

Umgekehrt kann es dein Schaden werden, wenn du's nämlich nicht erlernst, völliger in der Heiligung zu werden. Der Apostel redet so ernst, daß wir wohl Anlaß haben, mit Eifer es aufs Völligere abzuheben. »Der HErr«, sagt er, »ist der Richter über das alles, wie wir euch zuvor gesagt und bezeugt haben« – wenn man nämlich »zu weit geht und seinen Bruder übervorteilt«. Den andern Punkt ferner betreffend, sagt er: »Wer verachtet«, d. h. ohne weiteres, ohne auf eine Mahnung vonseiten der Menschen und Gottes und es eigenen Gewissens zu achten, sich »zur Unreinigkeit« wendet, »der verachtet nicht Menschen, sondern Gott, der Seinen Heiligen Geist gegeben hat in euch«. Brüdern ist's unmittelbar gewiß, wie sehr sie sich mit Hurerei versündigen. Denn der Geist Gottes spricht in ihnen. Gott aber ist wohl ein gnädiger – aber auch ein eifriger Gott! O bedenke doch, daß du schon etwas von einer Gnade und Vergebung der Sünden – also ein Zeugnis des Heiligen Geistes – in dir verspürt hast! Darum sei eifrig, immer völliger zu werden wider Hurerei und Unrecht im Mein und Dein!

---

* Im Original steht: »vereinzelt«. Blumhardt sieht also in zweigeschlechtlichen Einzelzusammenkünften eine Gefahr gegenüber Gemeinschaftszusammenkünften.

2) Die Thessalonicher sollen immer völliger werden in der brüderlichen Liebe

(9) »Von der brüderlichen Liebe aber ist nicht not euch zu schreiben; denn ihr seid selbst von Gott gelehrt, euch untereinander zu lieben. (10) Und das tut ihr auch an allen Brüdern, die in ganz Mazedonien sind. Wir ermahnen euch aber, liebe Brüder, daß ihr noch völliger werdet.«

Eine tätige Liebe versteht da Paulus, ohne welche ja nur liebende Gefühle keinen Wert hätten. Paulus hatte mit den Thessalonichern liebliche Erfahrungen gemacht in hohem Grade, daß er sagen kann: »Von der brüderlichen Liebe ist nicht not euch zu schreiben, denn ihr seid selbst von Gott gelehrt, euch untereinander zu lieben. Und das tut ihr auch an allen Brüdern, die in ganz Macedonien sind.« Wie schön ist's doch von Paulus gesagt, daß sie von Gott selbst gelehrt seien, sich untereinander zu lieben! Und wie wichtig sollte man es mit der Liebe nehmen, wenn Gott selbst sie gelehrt hat im Herzen! Und wie glücklich sollte man sich darum schätzen, lieben zu können und zu dürfen! Darum sollte man alles tun, um die Liebe, wenn sie entweichen will, nicht fortgehen zu lassen und es mit ihr immer wieder frisch anzufassen, damit ja das von Gott Gegebene in Ehren gehalten und gewahrt bleibe! Die Thessalonicher hatten ihre Liebe über alle Brüder durch ganz Macedonien ausgedehnt – denn zu dieser Provinz gehörte ihre Stadt, wie auch Beröa und Philippi. Die ersten Christen waren nämlich meist arme Leute und mußten durch brüderliche Liebe oft ein wenig gehoben werden. In Macedonien waren auch die Verfolgungen groß, unter welchen viele Hab und Gut verloren oder flüchtig wurden. Da bekam die Liebe Arbeit, und die Brüder haben sich wacker finden lassen nach allen Seiten, so daß es für Paulus eine wahre Herzensfreude wurde. Aber auch da kann er sich nicht enthalten zu sagen: »Wir ermahnen euch aber, lieben Brüder, daß ihr völliger werdet.« Solche Ermahnung war um so mehr am Platz, weil er sie gelobt hatte. Denn man macht die Erfahrung, daß der Mensch in dem, darin man ihn lobt, gleich nachläßt. Aber auch sonst ist's mit Liebeserweisungen häufig so, daß es dem, der sie übt, zu viel werden will, zu lange fortdauert, zu ausgedehnt wird, zu große Opfer erfordert. Überhaupt, solange der Selbsttrieb da ist, geht's. Aber wenn der nachläßt – denn der Selbsttrieb hat gerne Grenzen –, daß man sich zu diesem und jenem zwingen muß, da ist es gut, Aufmunterung zu bekommen, daß man sich nun auch wirklich mit Entschluß Gewalt antut, um nicht im Wohltun zurückzukommen.

Wer völliger lieben will, muß gleichsam das Einmaleins ein wenig vergessen. Dazu bedarf's eines Treibers, der sagt: »Nicht rückwärts, sondern vorwärts!« Im übrigen ist es aber nicht immer leicht, das rechte Maß zu treffen. Denn alles vermag man denn doch auch wieder nicht. Da lassen manche gerade dann ganz nach, wenn sie verlegen sind, wieweit sie zu gehen haben. Völliger sein ist denn oft schon das, wenn man nur nicht ganz nachläßt, sondern immer wieder sich willig macht, sei's zu vielem, sei's zu wenigem. Dann aber ist zu bedenken, daß man manchmal fast über Vermögen auf Glauben tun muß, wenn es nicht als Rückgang in der Liebe angesehen werden soll. Nur muß auch der, der Liebe empfängt, mit scheinbar Geringem, mit minder Zureichendem zufrieden sein; und Unbescheidenen oder Anspruchsvollen gegenüber darf man wohl zurückhaltender sein, weil da die Liebe auch Zucht üben muß. Im übrigen aber: wenn Gott es ist, von Dem wir gelehrt werden, uns untereinander zu lieben, so ist es derselbe Gott, der uns Takt und Maß lehrt, worauf wir denn auch zu achten haben, damit das Lieben nicht auch ein Eigenwerk werde, wie Gott es nicht will. Diese Gefahr ist da, wo man sich zeigen will mit seinem Lieben. Behalt, so möchte man da wieder sagen, deine Sache, wenn du merkst, daß es den Schein hat, als zeigtest du dich damit! Behalte es lieber, bis du deine Eigenliebe und Selbstsucht überwunden hast, da du wieder mit Einfalt geben kannst – oder gib's im Verborgenen, daß es deine linke Hand nicht erfährt!

Bisher war von der brüderlichen Liebe die Rede. Aber Paulus hat vorher schon (3, 12) für die Thessalonicher gewünscht, daß »der HErr ihre Liebe völliger werden lasse untereinander und gegen jedermann«. Man schließe also nicht bei den Brüdern ab und denke weiter! Denn alle sind Brüder bei uns, und oft mehr als du weißt – auch wenn sie dir dem Glauben nach noch ferne stehen. Diese danken's dir oft mehr als jene und werden dir's vor allem da danken, wo das Verborgene an den Tag kommt, wenn du so geliebt und in Nöten ihnen geholfen hast zu einer Zeit, da sie wider dich gewesen sind. Also völliger in der brüderlichen Liebe und völliger in der allgemeinen Liebe müssen wir werden!

3) Wir haben immer völliger zu werden im ehrbaren Wandel überhaupt

(11) »Ringet darnach, daß ihr stille seid und das Eure schaffet und arbeitet, mit euren Händen, wie wir euch geboten haben, (12) auf daß ihr ehrbar wandelt gegen die, die draußen sind, und niemandes bedürfet.«

Paulus führt manches Einzelne an, das zum ehrbaren Wandel gehört:

a) »Ringet darnach«, eigentlich: setzet eine Ehre darein, »stille zu sein.« Nicht ehrbar oder anständig ist es, überall vornedran zu sein, sich bei allem sehen und hören zu lassen, eine Quecksilberunruhe zu haben nach allen Seiten hin. Gar leicht konnte das neue brüderliche Band, das alle zu Einem verbindet, dazu führen, in ungebührlicher Weise aus der Stille herauszukommen, überall herumzulaufen und beständige Geselligkeit mit den Brüdern über alles zu setzen. Statt dessen, sagt Paulus, sollen sie ihre Ehre dareinsetzen, still für sich (allein) zu sein und sich nicht auffallend laut zu machen, da es denn auch keine Klatschereien gibt, welche noch vieles Mißliche zur Folge hätten. Völliger darin wird schon der von selbst, der sich's beständig vorhält, daß es nur so anständig ist.

b) »Schaffet das Eure«, oder: Machet euch nicht so viel mit Fremden zu schaffen, darunter das Eure not leidet! Vernachlässigung des eigenen Haushalts ist wider die Ehrbarkeit. Das Evangelium oder der Glaube soll nicht, wie es oft fast scheinen könnte, Ursache werden, daß man ein schlechter Haushalter wird und seine nächsten Pflichten für Haus und Geschäft und Familie versäumt. Viele haben das so an sich, daß sie immer nur andern helfen und dienen wollen – und eben für das Ihre weder Sorgfalt noch Ordnung noch Fleiß übrighaben. Eine pünktlich gehaltene eigene Haushaltung gibt einen guten Eindruck – und umgekehrt kann's ganz gefehlt sein und werden. Bedenket das und werdet auch darin immer völliger!

c) »Arbeitet mit euren eigenen Händen, wie wir euch geboten haben«, sagt Paulus weiter. Es war leicht geschehen, daß manche sich, weil soviele brüderliche Liebe im Schwange waren, mit ihren Bedürfnissen auf andere warfen und die eigene Arbeit versäumten. Sie waren also nicht genug darauf bedacht, durch Fleiß in ihrem Beruf sich ihren Lebensunterhalt zu verdienen für das, was sie nötig hatten. Vielmehr scheuten sie sich nicht, sich immer in einer Abhängigkeit von anderen zu erhalten. Nichts aber ist unehrbarer, als immer nur von andern zu fordern, sich auf diese zu verlassen und lässig und träge in der Arbeit zu sein, weil man denkt, daß die und die schon aushelfen werden! Das ist besonders dann unehrbar, wenn im Hintergrunde auch der Gedanke ist: »Die können es ja! Denen macht's ja nichts aus!« Von solchen Stimmungen und Gesinnungen will Paulus die Heiligen immer weiter weghaben. Und das soll jeder recht bedenken, um dem auch immer völliger nachzukommen. Wie mag doch auch ein Christ ein gutes Gewissen haben, wenn er, seine Kräfte brachlegend, immer nur von anderen zehren und durch sie sich's gut machen will!

d) »Auf daß ihr«, sagt endlich Paulus, »ehrbar wandelt gegen die, die draußen sind, und niemandes bedürfet«. Wer einmal nicht mehr arbeitet, nimmt's, wie er's kriege; und so konnte ein solcher damals veranlaßt werden, sich zu denen, die draußen waren – d. h. die nicht zu der Gemeinde gehörten, ohne gerade feindselig zu stehen –, zu wenden. Das war aber sehr unehrbar diesen gegenüber. Diese sollten wohl unser bedürfen, nicht aber wir ihrer; und es sollte so sein, daß wir veranlaßt werden, uns ihnen zu geben, nicht daß sie sich uns zu geben haben! So schickt es sich für Brüder, für Heilige und Gottgeweihte. Man machte die Fremden auch nur unempfänglicher für das Evangelium, wenn man sich von ihnen sozusagen verhalten läßt. Denn es gibt ihnen einen schlechten Begriff von dem, dessen sich die Christen rühmen, wenn diese es nicht fortbringen können ohne die, die das Christentum nicht wollen. So war's damals zwischen Christen und Heiden; deshalb bedarf die Anwendung auf uns, die wir alle Christen sind, mancherlei Veränderung. Der HErr lehre es die, die des HErrn sein wollen, es in allem besser zu treffen, wie sich's geben mag – damit alles ehrbar und anständig sein und immer mehr werden möchte vor Gott und den Menschen!

So haben wir es denn betrachtet, wie wir nach der Anweisung des Paulus trachten sollen, immer völliger zu werden in der Heiligung, in der brüderlichen Liebe, in dem ehrbaren Wandel. Möchten auch wir von Gott täglich mehr gelehrt werden und uns lehren lassen in solchem allen, damit uns das Erbe im Himmel sicher verbleiben kann! Amen.

Oculi
Der Wandel der lieben Kinder
Eph. 5, 1–9

Paulus hatte schon im vorhergehenden Kapitel davon gesprochen, wie die Epheser »sich zu erneuern hätten im Geist ihres Gemüts und den neuen Menschen anzuziehen, der nach Gott geschaffen wäre in rechtschaffener Gerechtigkeit und Heiligkeit« (4, 23f.). Er schloß mit den Worten (V. 32): »Seid aber miteinander freundlich, herzlich und vergebet einer dem andern, gleichwie Gott euch vergeben hat in Christus.« Hieraus nimmt er Anlaß, den eigentlichen Charakter des Wandels der Gläubigen näher zu bezeichnen, sofern sie sich als »die lieben Kinder ihres lieben Vaters im Himmel«* darzustellen hätten, nachdem sie durch Vergebung ihrer Sünden zu Gnaden angenommen worden seien. So beschreibt er in unsrem Texte den Wandel der lieben Kinder, und zwar nach drei Punkten:

1) Sie sollen Nachfolger Gottes sein (V. 1f.);
2) sie sollen nicht Mitgenossen sein der Kinder des Unglaubens (V. 3–7),
3) sie sollen vielmehr wandeln, wie die Kinder des Lichts (V. 8f.).

(1) »So seid nun Gottes Nachfolger als die geliebten Kinder (2) und wandelt in der Liebe, gleichwie Christus euch hat geliebt und sich selbst dargegeben für uns als Gabe und Opfer, Gott zu einem lieblichen Geruch.«

1) Paulus will damit kurz sagen, die »geliebten Kinder« sollten das, was sie ihrerseits von Gott erfahren hätten, auch von sich aus ihre Mitmenschen erfahren lassen.

Im allgemeinen war's die Liebe, mit welcher Gott ihnen nachging, um sie aus ihrem Verderben zu erretten. Demnach sollen sie, nachdem sie durch Gottes Liebe aus Sündern und Verlorenen zu lieben Kindern – zu geliebten Kindern – gemacht worden seien, auch lieben. Darum heißt es: »Wandelt in der Liebe!« Alle Feindschaft, Verachtung, Geringschätzung, Vernachlässigung ihres Nächsten sollen sie zum voraus aufgeben – wie ja Gott selbst um deswillen, was die Menschen Ihn beleidigt hatten und wider Ihn gewesen waren, nicht aufgehört hatte, sich um sie zu bekümmern und zu sorgen, daß Er sie wiedergewänne und an sich zöge. Die Menschen sind Ihm, als sie sich als Feinde stellten, nicht gleichgültig geworden, Ja, Er hat sie Seine Liebe und Freundlichkeit auf tausenderlei Art erfahren lassen. Sie hätten ja schon gar nimmer leben können, wenn nicht eine liebende Fürsorge Gottes für sie gewaltet hätte. Aus vielen Nöten und Gefahren hat Er sie immer gerissen, oft so, daß sie es selbst fühlten, eine höhere Hand habe ihnen wunderbar geholfen. Auch sonst hat Er alles getan, ihr Leben zu fristen. »Er hat sich selbst«, sagt Paulus zu den Heiden von Lystra (Apg. 14, 17)

---

* Bezeichnung aus Luthers Kleinem Katechismus.

»nicht unbezeugt gelassen, hat viel Gutes getan und euch vom Himmel Regen und fruchtbare Zeiten gegeben und eure Herzen erfüllt mit Speise und Freude«. Das alles – wie es die jetzt geliebten Kinder auch in der Zeit erfahren hatten, da sie noch Feinde waren – haben sie jetzt zu beherzigen, damit sie es dem lieben Gott nachmachen würden und gegen alle Menschen die rechte Gesinnung, Liebe und Fürsorge im Herzen trügen. Es soll sie bewegen, niemanden von sich zu stoßen, niemanden zu übersehen, auch Undankbaren gegenüber Nachsehen zu üben und ihnen zu helfen, wo sie's bedürfen. So sagt auch der HErr Jesus (Luk. 6, 35f.): »Ihr werdet Kinder des Allerhöchsten sein; denn Er ist gütig gegen die Undankbaren und Boshaftigen. Darum seid barmherzig, wie auch euer Vater barmherzig ist.« In dieser Weise Gott nachahmend, versiegeln wir's, daß wir Seine lieben, geliebten Kinder seien.

Aber wir haben noch weiter zu gehen, indem es heißt: »Gleichwie Christus uns geliebt hat und sich selbst dargegeben für uns zur Gabe und Opfer, Gott zu einem lieblichen Geruch.« Die Liebe Gottes zu allen Menschen hat sich persönlich in Christus dargestellt, der »von Gott gekommen«, nicht nur Seine, sondern des Vaters Liebe in höchster Weise kundgetan hat. Christus hat uns die Liebe Gottes an Seiner Person sehen lassen; und deswegen müssen wir, wenn wir Gottes Nachfolger sein wollen, auch Christi Nachfolger sein. An Christus hat es uns Gott zunächst auch sehen lassen, wie die Menschen auch bisher an Ihm persönlich gesündigt hatten damit, daß sie, als Gott persönlich in Christus zu uns kam, sich nicht scheuten, eben diesem Christus so zu begegnen wie kaum ein Mensch dem andern begegnet: mit soviel Ungerechtigkeit und Grausamkeit, wie sie in der ganzen Menschengeschichte zwischen Mensch und Mensch kaum je vorgekommen ist. Daß eine wirkliche Feindschaft wider Gott da war, hat sich klar herausgestellt. Denn bei jedem Missetäter hat man zuletzt noch Mitleid, wenn er seiner Strafe verfällt. Aber auch dieses letzte Mitleid haben sie einst Christus versagt, und zwar nur, weil es hieß, daß Er Gottes Sohn sei. Wie wir aber nun an Christus unsre persönliche Versündigung gegen Gott erkennen, so sehen wir ebenso klar an Ihm, wie Gottes Liebe so groß gegen uns war, daß Er sich hat können für uns opfern in Not und Tod. Den lieben Gott konnten sie wohl nicht kreuzigen und töten; aber Seinen Sohn, Den, der sagen konnte: »Wer Mich sieht, der sieht den Vater«, den haben sie gekreuzigt und getötet – und Er hat sich's gefallenlassen, um eben das auch wieder als Mittel zur Rettung aller sein zu lassen. Ja, Gott selbst hat uns in Christus geliebt und sich dargegeben für uns, so daß wir ebensogut sagen können: Seid Nachfolger Gottes, als Nachfolger Christi, um an Gott selbst wie an Christus die sich opfernde Hingabe an andere zu lernen. Weil denn aber doch nun Christus als der Menschgewordene dasteht – ganz jetzt in der Person eines Menschen –, so war Seine Hingabe auch eine Gabe und Opfer an Gott. Und weil Sein Bild ganz in Ihm war, war dies Opfer um so mehr Gott zu einem »süßen Geruch«; dieser Ausdruck wurde gewöhnlich gebraucht bei Opfern, die Gott wohlgefielen. Damit ist zugleich gesagt, daß Gott, wie Er Christus als den für die Menschen geopferten Menschensohn gnädig aufnahm, so nun auch, wenn sie an Ihn glauben, alle die in Liebe aufnimmt, für welche Er sich hingab und opferte. Er nimmt sie auf, obgleich sie eben in Christus am meisten gegen Ihn gesündigt hatten, weil es hier geradezu persönlich gegen Ihn geschah. Damit hat Er uns ein Beispiel gegeben, wie wir auch die bittersten Feinde nicht von uns weisen, überhaupt keinerlei Menschen von unsrer Liebe ausschließen, vielmehr gerade ihre Feindschaft womöglich zu einem Sporn uns dienen lassen sollen, nur um so mehr sie zu lieben und ihnen Gutes zu tun, ja uns hinzugeben für sie. So sind wir Gottes Nachfolger. Wie groß ist doch die Aufgabe, die für uns darin liegt, und wie selig zugleich!

(3) »Unzucht aber und alle Unreinigkeit oder Habsucht lasset nicht von euch gesagt werden, wie es den Heiligen ziemt, (4) auch nicht schandbare Worte und närrische Dinge oder Scherze, welche euch nicht anstehen, sondern vielmehr Danksagung. (5) Denn das sollt ihr wissen, daß kein Unzüchtiger oder Unreiner oder Habsüchtiger, das ist ein Götzendiener, Erbe hat an dem Reich Christi und Gottes. (6) Lasset euch von niemand verführen mit nichtigen Worten; denn um dieser Dinge willen kommt der Zorn Gottes über die Kinder des Ungehorsams. (7) Darum seid nicht ihre Mitgenossen.«

2) Die Kinder des Unglaubens werden auf eine Weise geschildert, daß es über die Maßen betrübend wäre, wenn Kinder Gottes ihre Mitgenossen sein wollten. Jene nämlich, welche Paulus hier schildert, sind nicht denen gleich, die wir in unsrer Zeit zu den Ungläubigen zu zählen berechtigt sind. Diese sind sehr häufig nur solche, die den Rat Gottes zur Seligkeit der Menschen nicht kennen, nicht gelernt und erfahren haben oder nicht verstehen, nicht immer ganz aus eigener Schuld. Diese »Ungläubigen« haben häufig doch etwas von Glauben an sich. Weder Gott noch Christus gilt ihnen für nichts, obwohl sie das Rechte nicht glauben. Sie haben noch ein Gewissen, das sie nicht ohne weiteres verletzen wollen; sie können auch in Liebeswerken sehr tätig sein. Selbst eine göttliche Vorsehung und Vergeltung weisen sie nicht ganz ab. Indem sie so stehen, verfallen sie nicht gerade als Ungläubige in die Grundsünden hinein, welche zu des Paulus Zeiten die Kinder des Unglaubens ungescheut trieben. Darum ist wohl zu beachten, daß Paulus in unsrem Text diese Kinder des Unglaubens nicht gerade um deswillen, daß sie nicht glauben, so durchaus verwerflich nimmt, wenn er die Sünden nennt, die sie tun. Und dann sagt er: »Um dieser willen kommt der Zorn Gottes über die Kinder des Unglaubens.« Diese Kinder des Unlaubens waren die, welche aus Feindschaft gegen Gott und aus Liebe zur Finsternis das mächtig zeugende Wort der Apostel nicht annahmen. Mochten diese auch Zeichen und Wunder tun, soviel sie wollten: so glaubten jene nicht nur nicht, sondern sie wurden nur um so erbitterter wider sie. Denn ihnen war ein göttliches Entgegenkommen zuwider, und sie wollten in ihrem ganzen sündlichen Wesen nicht gestört sein. So wurden sie »Kinder des Unglaubens«, welchen nichts anderes als der Zorn Gottes bevorstand.

Wenn demnach Paulus sagt, die lieben Kinder sollen nicht Mitgenossen der Kinder des Unglaubens sein, so heißt das zunächst, sie sollen nicht deren Sünden sich zuschulden kommen lassen, damit sie nicht einmal als Genossen jenen von Gott gleichgestellt werden. Ihr Mitgenosse wird jeder, der ihre Sünden und Greuel treibt. Wenn sie auch in dieser Zeit nicht gerade mit ihnen laufen, tun aber doch auch das, was jene tun, so werden sie seinerzeit in eine Klasse mit ihnen geworfen werden – obwohl sie eine Zeitlang zu den lieben Kindern gezählt waren. So spricht auch der HErr Jesus von jenen Knechten, die vor Seiner Zukunft – da Er zu verziehen scheint – »anfangen zu schlagen Knechte und Mägde, auch zu essen und zu trinken und sich vollzusaufen«: »Der Herr wird sie zu der Stunde, die sie nicht wissen, zerscheitern und ihnen ihren Lohn geben mit den Ungläubigen« (Matth. 24, 51) – als deren Mitgenossen!

Die Greuel aber, deren sich diese Ungläubigen, diese Kinder des Unglaubens schuldig machen, bezeichnet der Apostel näher. Es sind die Sünden, von denen er öfters redet: insbesondere »Hurerei und Unreinigkeit«, oder »Geiz«. »Solches«, sagt er, »soll von den lieben Kindern, den Heiligen Gottes, nicht gesagt werden«. Ebenso nennt er auch die ungeistlichen, sündlichen, unanständigen Unterhaltungen, wie sie der natürliche Mensch gerne hat und die zu Zeiten auch der, der im Glauben steht, nicht gerade meiden zu müssen meint. Der Apostel sagt: »Auch schandbare Worte und närrische Dinge oder Scherze, Possenreißen, welche euch nicht anstehen.« Manche nehmen's in diesen Dingen wirklich zu leicht, und doch fallen sie damit oft ganz aus der Rolle und schaden sich und anderen. Dagegen soll's bei ihnen Danksagung sein in der Unterhaltung mit andern, Danksagung für die Wohltaten des Evangeliums, oder, wie man das griechische Wort hier nehmen kann, es sollen annehmliche, liebliche, erbauliche Reden sein, die sie untereinander führen (vgl. Kol. 3, 16; 4, 6). So hatte schon vorher Paulus gesagt (Eph. 4, 29): »Lasset kein faul Geschwätz aus eurem Munde gehen, sondern was gut ist und das Nötige fördert, das redet, auf daß es Segen bringe denen, die es hören.« Den Spruch Christi (Matth. 12, 36), der Vorsicht in den Reden anbefehlen kann, kennen wir auch: »Ich sage euch, daß die Menschen Rechenschaft geben müssen am Jüngsten Gericht von einem jeglichen unnützen Wort, das sie geredet haben.«

Um es den geliebten Kindern recht ernst noch ans Herz zu legen, welche Gefahr sie liefen, wenn sie durch die angeführten Sünden Mitgenossen der Kinder des Unlaubens würden, sagt Paulus ihnen noch mit apostolischer Gewißheit: »Das sollt ihr wissen, daß kein Unzüchtiger oder Unreiner oder Habsüchtiger, das ist ein Götzendiener, Erbe hat an dem Reich Christi und Gottes.« Darum ermahnt er auch, »sich durch niemand mit vergeblichen Worten verführen zu lassen«, d. h. mit trügerischen Vorstellungen, wenn man etwa sagen wollte: dieses oder jenes habe nicht viel zu sagen; oder: so strenge dürfe man es nicht nehmen; oder: wenn man's nur nicht übertreibe, so habe der liebe Gott auch ein Nachsehen – weil sonst kein Mensch selig würde; oder dergleichen! Das sind die »vergeblichen«, nichtigen Worte, mit denen man sich nicht verführen lassen soll, lockerer zu werden. Denn es bleibt dabei: »Denn um dieser Dinge willen kommt der Zorn Gottes über die Kinder des Ungehorsams.« Wie kann da der gerechte Gott bei Seinen Kindern ein Nachsehen haben? Liebes Kind, fühlst du dich schuldig, so tue Buße und mache es besser, damit du aus der grausigen Genossenschaft mit den Kindern des Unglaubens herauskommst!

(8) »Denn ihr waret vormals Finsternis; nun aber seid ihr Licht in dem HErrn. (9) Wandelt wie die Kinder des Lichtes – die Frucht des Lichtes ist lauter Gütigkeit und Gerechtigkeit und Wahrheit.«

3) Paulus erinnert die »geliebten Kinder« an das was sie vormals waren: Finsternis. Ihre Gedanken und Sinne waren ganz verfinstert hinsichtlich dessen, was recht und gut war vor Gott und dessen, was in Gericht und Verdammnis führt. Sie tappten so gleichsam im Finstern umher, auf lauter Wege des Verderbens verfallend. Über ihren Geist war eine dichte Decke gehängt, die ihnen die Erkenntnis Gottes und ihrer selbst ganz verhüllte. Von einer Hoffnung im Jenseits wußten sie ohnehin nichts. So blieben sie auch in der Finsternis, lauter Dinge treibend, die nicht ans Licht durften. Weil dazu alle »blind« waren, konnten viele Sünden auch offen am Tage getrieben werden. Da aber ihr Verwerfliches allen verdeckt war, geschah doch auch alles als im Finsteren. Der Heide ist über sich selbst und andere verfinstert.

Nun sind aber die geliebten Kinder »ein Licht geworden in dem HErrn«, wie Paulus sagt, d.h. durch den HErrn. Sie sind jetzt erleuchtet durch das Evangelium, so daß sie in allem Klarheit und Erkenntnis haben, was ihre Stellung zu Gott und ihr ganzes Wesen betrifft. Mit der Erfahrung der Liebe Gottes und Seiner unverdienten Gnade durch Christus ist ihnen ein Licht aufgegangen, und sie sehen, was Gott ist, sehen, was Sünde ist, sehen, was ihnen helfen kann. Klar und offen liegt alles vor ihnen. Und darum heißen sie »Kinder des Lichts« – im Gegensatz zu den »Kindern des Unglaubens«.

Nun aber sollen sie auch wandeln als Kinder des Lichts, als solche, die wissen, was der Wille Gottes ist und welches der Weg zur Seligkeit ist. Sie sollen als Lichter so wandeln, daß sie das, was sie tun, vor den Augen der ganzen Welt tun könnten wie vor den Augen Gottes, der alles durchschaut. Was wäre es doch, wenn Kinder des Lichts sich noch in dem bewegen wollten, worin sich die Kinder der Finsternis umtreiben, und mit diesen vom hellen Tag ab wieder in das Versteck zurückgingen mit ihrem Wandel!? Sofern sie nun im hellen Tag stehen, auch Lichteskinder um sich haben, denen nach dem wahren Bestand alles erkennbar ist (d.h. die die Gabe der Unterscheidung haben), wäre es gerade so, wie wenn sie jetzt die Frechheit hätten, das, was auch die gottlosesten Menschen nur im Finsteren treiben, jetzt am offenen Tage zu verüben. Das Licht, das sie selber bezüglich der Sünde haben, sollte ihnen das unmöglich ferner zulassen, wenn sie's auch vor andern je und je verstecken wollten. Sind also die Kinder des Unglaubens dem Zorn Gottes verfallen um der Sünde willen, die sie als verfinsterte Leute treiben: welch ein Gericht mag auf die warten, die als Kinder des Lichts als am Tage dieselben Sünden treiben!? Bei ihnen fände das Wort des HErrn (Luk. 12, 47) seine Anwendung: »Der Knecht, der seines HErrn Willen weiß, hat aber nichts bereitet noch nach Seinem Willen getan, der wird viele Streiche leiden müssen« – mehr als der, der es nicht weiß!

Über die Werke des Lichtes, welche sich für Kinder des Lichtes schicken, sagt Paulus noch ein Wort: »Die Frucht des Geistes« – andere lesen: »des Lichts« –, der die Erleuchtung wirkt, also in den lieben Kindern Träger des Lichts ist, »ist lauter Gütigkeit und Gerechtigkeit und Wahrheit«: Gütigkeit nach allen Seiten und gegen jedermann; Gerechtigkeit, die alles recht und billig vor Gott und Menschen machen will und eine Feindin ist alles Unrechten, Unbilligen und Ungerechten; Wahrheit endlich, die sich nach außen gibt, wie sie innen ist. Die Sünder haben immer ein lügenhaftes Aussehen, weil sie das, was sie innerlich Böses denken und suchen, nicht merken lassen. So ist alles, was sie sind und tun, Lüge, und vor allem, wenn es gut scheint, weil es das Gegenteil ist von dem, was sie innerlich sind. Aber Kinder des Lichts sind nach außen wahr, so daß man nie denken muß, nach innen sei's bei ihnen anders.

Ist's aber bei allen wirklich so? Wohl nicht immer! Daher die Ermahnung des Paulus, doch ja als Kinder des Lichts zu wandeln, die sich so geben, wie sie sind, sich so auch geben dürfen, weil sie in nichts mehr der Finsternis ein Recht lassen.

So soll's mit den lieben Kindern stehen. Ach, daß wir nur erst »liebe Kinder« würden, die sich willig finden in allem, wie es der freundlich rufende Heiland will!

So kommt denn und lasset euch versöhnen mit Gott, wie auch die Knechte Jesu an Christi Statt bitten (2. Kor. 5, 20)! So seid ihr bald die lieben Kinder, die dann wohl auch gerne einen Wandel führen wollen »als die lieben Kinder«! Amen.

Lätare
Die Haustafel
Kol. 3, 18 – 4, 1

Wir wissen, daß der Katechismus Luthers in einem Anhang einen Abschnitt hat, den er die »Haustafel« nennt. In ihr stellt er Sprüche zusammen, wie sie sich für einzelne Stände eignen, damit ein jedes nach Stand und Beruf und Alter und Geschlecht ein Besonderes haben möchte, an dem es zunächst sein Christentum zu beweisen habe. Ein großer Teil dieser Haustafel ist in unsrer heutigen Epistel enthalten in dem wir Paulus ein kurzes Wort reden hören

1) an die Weiber und dann an die Männer (V. 18 f.)
2) an die Kinder und dann an die Väter (V. 20 f.)
3) an die Knechte (V. 22–25) und an die Herren (4, 1).

Es sind da je zwei Menschengruppen zusammengestellt, von denen die einen als die den anderen Untergebenen bezeichnet sind.

Es fällt uns da gleich auf, daß Paulus seine Ermahnung immer zuerst an die Untergebenen richtet: also zuerst an die Weiber, dann an die Männer; hierauf an die Kinder, dann an die Väter; endlich an die Knechte, dann an die Herren. Er tut das wohl mit Bedacht. Denn es schickt sich nicht und kommt unzart heraus, wenn man zuerst die über den anderen Stehenden vornimmt, da es denn aussieht, als ob gerade der Nerv aller Ermahnung auf die fiele. Etwas mag im Leben oft daran sein; aber merken dürfen's die Untergebenen nicht. Denn diese würden sich dabei fühlen, mehr als es recht ist, und verlören schon den Sinn für das, was man ihnen zu sagen hat. Die über ihnen Stehenden aber könnte es beleidigen und kränken und an ihrer Ehre verletzen, in der sie vor den anderen stehen sollen. Ist jedoch den Untergebenen zuerst das Ihre gesagt, so sind sie bescheidener, wenn's an die anderen kommt. Und diese werden auch williger, das ihnen Zugehörige vorzunehmen und zu beherzigen. So hat man schon bei der Art der Ermahnung Vorsicht und Takt anzuwenden, damit man's nicht von vornherein verderbe.

Reden wir nun miteinander über das Einzelne, was der Text sagt.

1) An die Frauen und dann an die Männer

(18) »Ihr Frauen, seid untertan euren Männern, wie sich's gebührt in dem HErrn. (19) Ihr Männer, liebet eure Frauen und seid nicht bitter gegen sie.«

Paulus macht's kurz; denn es ist oft genug, wenn man sich nur eines recht merkt, weil das gleich Einfluß auf alles andere hat. Gibt man viel auf einmal, so vergißt man leicht alles wieder.

An die Frauen nun sagt Paulus nur das eine Wort: »Seid untertan euren Männern.« Viele Worte darüber wollen wir denn auch nicht machen, aber doch soviele, daß die Wichtigkeit davon in die Augen springt. Vor allem sollen sich die Frauen das sagen lassen: sie möchten sich's unter allem Verkehr mit ihren Männern stets im stillen sagen: »Meine Schuldigkeit vor dem HErrn als Frau ist's, untertan zu sein« oder mich zu unterwerfen, wie es eigentlich heißt. Denn ganz besonders viel, wenn nicht gar alles, hängt davon für den Hausfrieden und eben damit für das Hausglück ab. Sind Gedanken, Meinungen, Wünsche, Neigungen zwischen beiden verschieden, so darf nicht eines sich so herrisch stellen wie das andere. Beide können nicht den Herren spielen, dessen Wille unweigerlich geschehen muß. Zwei Herren, die gegeneinander das gleiche Reich beanspruchen, kommen nie miteinander aus und leben immer im Unfrieden und Krieg miteinander. Wenn nun in einer Familie beide Eheleute ganz gleiche Rechte beanspruchen wollen, einander nicht nachgeben zu dürfen oder zu müssen: Wir sehen's ja, worauf das hinausläuft! So hat nun Gott gleich von vornherein Seinen Spruch getan, daß – weil denn doch unter Zweien immer eines nachgeben muß – die Frau die sei, die nachzugeben habe, wenn sie nicht mehr durch Reden über die Sache eines werden können. Haben sie genügend über die Sachen gesprochen und sich herüber und hinüber gegeneinander geäußert – denn daß die Frau wenigstens soweit ein Recht habe, kann ihr der Mann in der Regel nicht absprechen, ohne ein brutaler Tyrann zu sein –, so weiß die Frau ihre Schuldigkeit vor Gott: zuletzt stille zu sein und dem Manne nachzugeben. Mitunter muß sie das, auch wenn sie nicht gefragt wird und kein Wort sagen kann. Sie darf's nicht als unehrenhaft ansehen nachgeben zu müssen, wie es der Mann für unehrenhaft halten dürfte, der häufig nur darum so fest auf seiner

Meinung bleibt, weil die Frau zu sehr darauf erpicht ist, aus sichtbarer Neigung zur Herrschsucht, daß ihr Wille durchgesetzt werde. Die Frau sollte sich das Nachgeben zur Ehre machen. Manche Frau wird's, wenn sie das Richtigere denkt, besser gewinnen, wenn sie sich sanft und still, unterwürfig in Wort und Miene und Benehmen bezeigt. Denn dann hat es der Mann leichter, ins Besinnen zu kommen, und darum wenn es nötig ist, auch leicht nachzugeben geneigt werden kann, ohne sich gekränkt zu fühlen. Ist aber zum voraus Eigensinn und Trotz bei der Frau, und der Mann hat auch seinen Kopf, so kann's ein großes Durcheinander geben! Hat nun die Frau durch alles hindurch eine Art, daß sie lieber den Mann gelten läßt, als auf ihrem Sinn verharrt, so wird ein vernünftiger Mann seine Frau auch oft gelten lassen, weil seine Mannesehre sozusagen gewährt ist. Der Mann übrigens soll sich aus dem Recht, das ihm Gott läßt, doch auch das entnehmen, daß er seine Vernunft walten zu lassen hat. Denn der reinen Unvernunft nachzugeben, das hieße doch von dem Mann an die Frau viel gefordert! Das hieße die Vergünstigung des Vorrechts zur Tyrannei mißbrauchen! Eine kluge Frau wird zwar auch in solchem Fall sich fügen – aber Tränen und Not bringt's viel! Tut sie's »in dem HErrn«, wie Paulus sagt, d.h. als eine Jüngerin Jesu, Ihm gehorsam, so wird sie durch ihre Geduld auch Unsegen vom Hause abwenden, den die Unvernunft des Mannes über dasselbe bringen könnte. Sie kann das mit Geduld leichter bewirken, als wenn sie den der Sache nach berechtigten Widerspruch aufs äußerste triebe.

Jetzt aber kommt Paulus auch an die Männer, die nun, wie wir oben sagten, lieber annehmen, was ihnen zu sagen ist, nachdem das andere (den Frauen gegenüber) vorher gesprochen ist. Ihnen aber wird schon zweierlei gesagt: »Liebet eure Weiber«, und: »Seid nicht bitter gegen sie.« Was die Liebe betrifft, so ist's nicht das, daß der Mann häufig zum Weibe sage: »Ich habe dich lieb.« Zeigen soll er die Liebe! Er soll ihr gerne etwas zu Gefallen tun, daran sie sieht, daß er sie liebhabe und richtig zu ihr stehe. Es ist aber sehr häufig der Fall, daß in der Ehe die Liebe erkaltet; und nur gar zu oft ist es der Mann, der dem Bedürfnis an Liebe, welches das Weib hat, nicht entgegenkommt, sondern sie kalt, brummig, gleichgültig, kurzangebunden behandelt und alle Rücksicht gegen sie vergißt. Geht er aus, so kommt er oft nimmer heim; und soviel Liebe hat er oft bald nicht mehr zu seinem Weibe, daß er ihr zulieb vom »Schoppen« (Weinglas) ließe und von einer üblen Gesellschaft, bei der er lieber bis Mitternacht sitzen bleibt, obgleich er weiß, daß sein Weib daheim voll Sorgen und Tränen ist und oft mit Herzweh die ganze Zeit über, in welcher der Mann mit anderen den Lustigen spielt, vor dem Angesichte des HErrn liegt, betend, der HErr möge doch das Herz ihres Mannes wieder zu ihr lenken. Wie hierinnen so in allem soll er darauf sehen, daß nichts wider die Liebe laute. Wenn der Mann sie lieben soll, so ist begreiflich damit zugleich aber auch ihr gesagt, daß sie nicht nur die Geliebte, sondern auch die Liebende sein soll. Sie kann's auch sehr an der Liebe fehlen lassen mit mürrischem, gleichgültigem, zänkischem, unfreundlichem Wesen – und dann verspielt sie am meisten. Denn damit gibt sie ihm Anlaß, das Haus zu meiden, sich zu lustigen Gesellen zu tun und im Unmut zu trinken. Auch die greulichen Dinge in der Ehe, die daraus entstehen: wie würden die doch ausbleiben, wenn beide Teile ihrer vom HErrn geforderte Pflicht gegenseitiger Liebe besser nachkommen würden! – Wenn Paulus zum zweiten sagt: »Seid nicht bitter gegen sie«, so ist's das, daß die Männer doch nicht so gar immer den Eigensinnigen, Trotzigen, Störrigen, Groben, Unbeugsamen, Herrischen spielen möchten. Daß sie rohe Tyrannen gegen ihre Frauen sein sollten, hat denn doch der HErr nicht gewollt! Mitunter treten freilich auch Fehler und Untugenden – darunter das böse Maul eine Hauptrolle spielt – bei beiden hervor. Der Mann aber sollte seine Mannesehre daran setzen, daß er nicht gleich so aufbraust, nicht zu scharf rügt, nichts nachträgt und sich auch sonst nichts Ungebührliches gegen den schwächeren Teil herausnimmt. Bitterkeit macht nichts gut. Ja, diese Bitterkeit, in welche Satan nur zu häufig die anfängliche Liebe der Eheleute verwandelt, kann nebst vielen anderen machen, daß ihr Beisammensein in dieser Welt zu einer Hölle wird. Wie muß es doch einmal dem Heiland so schwer werden, Leute zu sich in den Himmel zu versetzen, welche einander hienieden in der Ehe eine Hölle bereitet hatten! Wollten doch beide – besonders wenn sie wünschen und vorgeben, dem HErrn angehören zu wollen – wenigstens das eine kurze Wort nicht aus dem Gedächtnis verlieren, das ihnen Paulus sagt, nämlich die einen: »Seid untertan euren Männern«, die anderen: »Liebet eure Weiber und seid nicht bitter gegen sie!« Wie lieblich könnte sich nicht doch ihr Beisammenleben gestalten, wenn sie nur dieses Wenige einzuhalten bemüht wären! Dem Gehorsam ist voller Segen vom HErrn zugesichert.

2) An die Kinder und dann an die Väter

(20) »Ihr Kinder, seid gehorsam den Eltern in allen Dingen; denn das ist dem HErrn gefällig. (21) Ihr Väter, erbittert eure Kinder nicht, auf daß sie nicht scheu werden.«

Bei dem Wort an die Väter sind die Mütter für gewöhnlich mit ins Auge zu fassen, also sind die Eltern überhaupt gemeint.

Beiden, Kindern und Vätern, sagt Paulus wieder nur ein Kurzes, dem ähnlich, was den Frauen und Männern gesagt wurde: »Ihr Kinder«, so heißt es zuerst, »seid gehorsam den Eltern in allen Dingen, denn das ist dem HErrn gefällig.« Es ist damit mehr gesagt, als wenn es hieße: »Seid ihnen untertan.« Denn beim Gehorsam ist ein Befehl vorausgesetzt, gegen welchen keine Einrede gemacht werden darf, ein Befehl, bei dem nicht erst mit dem Befehlenden beraten wird (wogegen die Frau mit dem Mann über dessen Willen auch zuerst sprechen darf). Es setzt auch ein Tun voraus, welches geradezu und ohne Umstände gefordert wird. Ein rechter Gehorsam ist der, bei dem man nicht lange sich besinnt oder fragt, warum dies und das sein müsse. Der Vater, die Mutter sagt's – das ist genug für gehorsame Kinder, um es augenblicklich zu tun. Dazu heißt's: »in allen Dingen.« Es gilt also nicht nur für das eine oder andere, sondern für alles, wenn die Eltern einen Befehl oder Wunsch aussprechen. Wenn Kinder diesen kindlichen Gehorsam einhalten, »ist's dem HErrn gefällig«, dann ist's das, was Gott will. Die Eltern will Gott als Seine Stellvertreter angesehen wissen; und je genauer der

Gehorsam der Kinder ist, desto mehr ist er auch eine Unterwerfung unter Gott, hat er einen frommen Zug. Wer Eltern gehorsam sein kann, ist auch Gott und Seinem Wort gehorsam. Ungehorsam der Kinder schlägt augenblicklich so aus der rechten Art, daß er auch ein Ungehorsam wider Gott wird, ein Widerstreben gegen Ihn und Seine Gebote. – Man sieht es deutlich, daß Paulus Kinder meint, die noch ganz unter der Leitung und Zucht der Eltern stehen, noch ganz von ihnen abhängig sind, obwohl sie schon im Alter etwas vorgerückt sind. Auch Jünglinge und Jungfrauen sind daher gemeint, sofern sie noch unter der Versorgung der Eltern stehen. Diese sind am meisten geneigt, sich gegen Befehle der Eltern zu stemmen. Bei ihnen regt sich gerne ein Geist der Widersetzlichkeit und des Eigensinns, auch Stolz, der sich nicht mehr beugen will. Sie sagen, sie seien über die Kindheit hinausgewachsen, sie bräuchten nicht weiter so streng gehalten zu sein und sich unter Befehle zu fügen. Häufig aber haben sich's Eltern selbst zuzuschreiben, wenn Kinder so werden, nämlich dann, wenn die Eltern immer zu sehr auch mit Unvernunft befohlen haben. Auch sonst mag es wohl sein, daß Kinder, wenn sie etwas erwachsen sind, sich berechtigt fühlen mögen, auch bescheiden zu fragen, sich zu besinnen, den eigenen Verstand mit zu gebrauchen, sodann auch mit zu beraten. Und verständige Eltern werden dem Rechnung tragen. Aber am Ende soll der bestimmte Wille der Eltern ihnen doch genug sein, um wirklich Folge zu leisten – auch wenn sie das, um was sich's handelt, nicht ganz durchschauen. Nur so gefällt's Gott. Es braucht das Betragen der Kinder nur einer Widersetzlichkeit gleichzukommen – schon sind es Kinder, deren Ungehorsam Gott heimsuchen wird! Im übrigen haben sich auch Kinder, die bereits selbständig oder verheiratet sind, wohl zu hüten, daß sie sich des Gehorsams nicht gar entschlagen. Sie sollen fortfahren, mit ehrerbietiger Gesinnung die Wünsche und jeweiligen Befehle der Eltern zu respektieren, es die Eltern allezeit fühlen zu lassen, wie hoch sie ihren Rat und ihren Willen schätzen. Hier treten auch Schwiegersöhne und Schwiegertöchter in die Reihe der Kinder ein, so daß sie sich – je nachdem es ist – in derselben ehrerbietigen Abhängigkeit gegen die Schwiegereltern zu halten haben wie deren eigene Kinder. Ungemein lieblich ist es, wenn man Kinder in solcher Stellung zu den Eltern sieht. Und ein besonderer Segen Gottes ruht darauf, weswegen Paulus bedeutungsvoll die Worte beisetzt: »Denn das ist dem HErrn gefällig.«

Den Vätern – und begreiflich eben damit auch den Müttern – hat Paulus nur eines zu sagen (V. 21): »Erbittert eure Kinder nicht, damit sie nicht scheu werden.« Das Erbittern geschieht durch zu große Strenge bei Fehlern, welche die Kinder machen, oder durch Rücksichtslosigkeit gegen die stillen Wünsche und Neigungen der Kinder, oder durch Härte der Befehle, besonders auch durch gar zu vieles Befehlen und Herumkommandieren an den Kindern. Letzteres ist bei Kindern jedes Alters ein häufig vorkommender Fehler der Eltern. Diese befehlen gar so viel an einem fort, daß den Kindern schon von ihrer zartesten Jugend an auch nicht die geringste freie Bewegung möglich ist. Dabei wird es den Kindern auch geradezu unmöglich, in dem Grade gehorsam zu sein, als das verlangt wird; denn sie sind einfach nicht imstande, den vielen Befehlen bis ins kleinste hinaus nachzukommen. Daraus entstehen dann Erbitterungen aufseiten der Kinder, welche sich bei diesen bis zu Lebensüberdruß steigern können, weil sie ja an die Eltern nicht appellieren können – und sich doch unter einem ewigen, fast unerträglichen Joch und Druck fühlen. So werden sie denn auch »scheu«, verlieren allen Mut, gehorsam zu sein, besonders auch dann, wenn sie nichts recht machen können und dann in einem fort getadelt werden, ohne je die Befriedigung zu bekommen, daß sie einmal etwas auch recht gemacht haben. So hat es schon Kinder gegeben, die sich endlich gerade vor die Mutter hingestellt und gesagt haben: »Ich will aber nicht brav sein!« Heranwachsende Kinder, vor allem Töchter, wenn sie schon das Recht hätten, etwas mehr Selbständigkeit und Freiheit zu beanspruchen, können bis zur Verzweiflung gebracht werden durch unaufhörliche, immer in gleichem Maße fortgesetzte Strenge der Eltern. Dann kommen umgekehrt die Eltern über die Kinder in Verzweiflung als über ungeratene Kinder – und alles miteinander geht schief, wie man das unzählige Male in den Familien findet. Da ist nichts nötiger, als Eltern darauf aufmerksam zu machen, daß sie mit dem zunehmenden Alter der Kinder – vor allem der Töchter, die im Hause bleiben – diese immer ein wenig höher gestellt sein lassen; daß sie nicht mehr soviel fordern und befehlen, nicht mehr alle ihre Schritte beobachten, nicht mehr sie gar allein in Anspruch nehmen, ohne sie auch etwas für sich selbst sein zu lassen. Die Eltern dürfen nicht mehr über alles, was die Kinder tun, richtend und tadelnd oder gar zankend und strafend herfallen, nicht mehr alle ihre Wünsche schroff absagen, sondern sollen mehr und mehr die Kinder als Freunde und Gesellschafter sich gleichstellen. Dann gibt es eine Art Gleichheit herüber und hinüber. Vor allem sind Mütter darauf aufmerksam zu machen, es doch ja nicht nach dieser Seite hin gegen ihre Töchter zu verfehlen. So wird Erbitterung und gefährliche Mutlosigkeit verhütet, deren Schaden der Jugend ihr ganzes Leben hindurch nachgehen kann. Ach, daß doch alles leidenschaftliche Wesen zwischen Eltern und Kindern gar verbannt werden könnte!

3) An die Knechte und an die Herren

(22) »Ihr Knechte, seid gehorsam in allen Dingen euren leiblichen Herren, nicht mit Dienst vor Augen, um den Menschen zu gefallen, sondern in Einfalt des Herzens und in der Furcht des HErrn. (23) Alles, was ihr tut, das tut von Herzen als dem HErrn und nicht den Menschen (24) und wisset, daß ihr von dem HErrn zum Lohn das Erbe empfangen werdet. Ihr dient dem HErrn Christus! (25) Wer aber unrecht tut, der wird empfangen, was er unrecht getan hat; und gilt kein Ansehen der Person. (4, 1) Ihr Herren, was recht und billig ist, das erweiset den Knechten, und bedenket, daß auch ihr einen HErrn im Himmel habt.«

Den Knechten hat Paulus mehr zu sagen, weil diese einer besonderen Rücksicht bedürftig waren. Für die Geringsten große Sorgfalt haben, das ist ohnehin nach dem Sinn des HErrn. Und wenn sie bei uns gar oft am kürzesten wegkommen, ist's ein Fehler, den wir uns schon nach dem Beispiel des Apostels abgewöhnen sollten. Zum voraus ist zu bemerken, daß hier Knechte, auch Mägde – denn diese sind immer mit einzuschließen – nicht das waren, was sie bei uns sind, nämlich nicht um Lohn gedingte Personen. Sondern sie waren durch Geld erkaufte Sklaven, die also völliges Eigentum ihrer Herren waren und für sich selbst gar nichts sein durften. Sie hatten freilich oft eine sehr schwere Stellung, wenn sie harte und grausame Gebieter hatten. Oft hatten sie's auch gut, wenn sie als eigen völlig zur Familie gerechnet wurden. Da waren sie oft sehr wert gehalten, wenn ihre Gesinnung eine treue verblieb, wie wir an Joseph in Ägypten sehen. Ihnen konnte nicht besser gedient werden, als wenn sie Anleitung erhielten, in rechter Weise und mit rechter Gesinnung ihren Beruf zu erfüllen. Es ist wunderschön und groß, daß in der ersten Zeit vor allem auch soviele Sklaven bekehrt wurden. Leute, nach welchen sonst niemand fragte und die nur als Haustiere angesehen zu werden pflegten, wurden von den Aposteln ebensogut aufgesucht und angenommen, und fast noch mehr, als andere Glieder der Gesellschaft. Man kann sich denken, daß sie mit besonderer Liebe sich zum Glauben an das Evangelium hergaben, weil sie es an der Liebe, mit welcher die Apostel ihnen entgegenkamen, handgreiflich sehen konnten, wie ein liebender Heiland auch ihnen zur Hand sei. Wo hat je ein Weiser sich der Sklaven angenommen? In den Aposteln sahen daher die Sklaven gleichsam den Heiland persönlich vor sich. So ist es auch ein Großes, daß Paulus in einem Brief an die Gemeinde die Sklaven ganz ebenbürtig dem Geiste nach mit allen anderen nimmt und sie eines besonderen Wortes würdigt, das sie erkennen ließ, daß sie bezüglich des Reiches Gottes ganz gleich mit allen anderen gestellt waren. – Dessenungeachtet war es nicht minder wichtig, es ihnen begreiflich zu machen, daß sie trotzdem doch nach wie vor Sklaven seien und sich nicht über diesen Stand erheben dürften, wenn Gott ihnen nicht Raum zur Freiheit verschaffte. Ja, nur um so treuer sollten sie in ihrem Stande werden, je mehr sie zur »Freiheit der Kinder Gottes« im Geist gekommen waren.

Darauf beziehen sich denn auch alle Ermahnungen, welche Paulus ihnen gibt. Sie sind zugleich der Art, daß sie vollkommene Anwendung auch auf unsere Knechte und Mägde finden; so daß diese also eine schöne Weisung bekommen, die sie um so mehr zu beherzigen haben, als sie in ihrem Stande unendlich viel besser gestellt sind, als jene Sklaven es waren. Vor allem sollen »die Knechte gehorsam sein in allen Dingen«, wie die Kinder den Eltern, so sie »ihren leiblichen Herren«. Bei ihnen durfte keinerlei Widersetzlichkeit aufkommen, da ja sonst das Evangelium in Mißkredit gekommen wäre, als würde es nur ungehorsame und widerspenstige Sklaven machen! Was allen Dienenden zu sagen ist, sagt Paulus auch ihnen: daß sie nicht nur »vor Augen« treu und fleißig sein sollten, nicht um für treu angesehen zu werden – ohne es zu sein. Nicht »um den Menschen zu gefallen«, sondern »mit Einfalt des Herzens«, ob man's sehe oder nicht sehe, ob sie Anerkennung finden oder nicht; dabei »in der Furcht Gottes«, d. h. Gott selbst fürchtend, der nur an der Treue Wohlgefallen finden kann, nicht an der Untreue. Dann gibt ihnen der Apostel die schöne Regel, »alles« – auch was sie ganz Äußerliches zu tun haben – »von Herzen« zu tun, nicht gezwungen, nicht mechanisch, sondern mit dem Sinn und Gemüt drin lebend und sich bewegend, als beträfe es sie selber, ja als täten sie's »dem HErrn und nicht den Menschen«: dem HErrn, der jeden Liebesdienst, wenn er wirklich aus Liebe kommt – auch den Dienst der Sklaven gegen ihre heidnischen Herren – hoch anrechnet. Paulus verweist sie auf »den Lohn des Erbes«, den sie ebendurch Treue in ihrem Beruf gewiß haben. Denn Christus sieht das, was sie tun, als Ihm getan an. So hätte sicher auch ihre Treue, eher als ihre Untreue, heidnische Herren zum Evangelium geneigt machen können. Daneben aber hält Paulus ihnen endlich vor, wie ihnen das, was sie »unrecht tun«, Strafe und Vergeltung einbringen werde, wie das bei jedem Unrecht der Fall ist. Denn »vor dem HErrn gilt kein Ansehen der Person«, so daß Er also nicht einem untreuen Knecht gleichsam durch die Finger sieht, wenn er gegen einen unbekehrten Herrn untreu gewesen ist. Vor Gott gilt das Verhältnis eines Sklaven zu seinem Herrn ganz wie das Verhältnis eines Sohnes zum Vater. Und was das 4. Gebot Kindern gegen Eltern anbefiehlt, gilt in ganz gleichem Maße von Sklaven – also nur um so mehr von unsren Knechten und Mägden gegen ihre Herren und Frauen. O daß die Knechte und Mägde sich auch bei uns mehr als Kinder ansehen wollten und dürften und könnten, und angesehen würden! Nicht als herz- und gemütlose »Dienstboten«, die immer nur auf Ihre sehen, wie das jetzt allgemein Sitte geworden ist, da sie wohl auch selten zu dem Gedanken kommen, als würden sie mit ihrem Dienst »dem HErrn Christus« dienen.

Endlich redet der Apostel auch mit den Herren oder den Sklavenbesitzern, soweit sie zu der Gemeinde gehörten. Es gab also doch auch dergleichen Christen in jener Zeit. Man muß aber bedenken, daß damals beinahe jeder freie Mann, auch wenn er sonst nicht sehr vermögend war, einen oder mehrere Sklaven hatte, die ihm auch an Vermögen Statt waren. Wenn denn oft ein solcher freier Mann bekehrt wurde, bekehrte er sich gewöhnlich mit seinem ganzen Hause. Sein ganzes Haus wurde gläubig, die Sklaven mitgerechnet, deren Gehorsam es ihnen nichts anders zuließ. So sorgten die Apostel dafür, daß eben auch die Sklaven zum Erbteil im Reiche kämen. Es hieß: »Allen gehört's, die im Hause sind.« Und wohl oder übel mußten die Herren auch ihre Sklaven und Mägde mit den Kreis der Gemeinde hineinziehen. Wer das nicht wollte, mochte, selbst als unbekehrt geltend, gar nicht angenommen worden sein. Weil's denn so war, so sagt Paulus jetzt zu den Herren – und er meint damit auch die Frauen –, sie sollten den Knechten beweisen, »was recht und gleich« sei – nicht: alles, was recht und »billig« sei, sondern: recht und »gleich«. Sie sollten es nämlich nach Leib und Seele der Hauptsache nach in gleicher Weise haben wie die Herren, weil sie diesen Herren als Menschen und Christen gleichgestellt sind vor Gott. Doch änderte dies im Gehorsam, in welchem die Knechte stehen sollten, nichts. Nur wenn sie etwa den Gedanken hätten: »Es ist ja nur ein Sklave, für den muß alles gut sein!« – auch wenn es geringer ist als das, was einem Menschen gebührt, und wenn sie demgemäß ihnen Hunger und Blöße, übertriebene Arbeit und unerträgliche Lasten auflegten, so daß dieselben mehr Lasttiere als gleichstehende Menschen zu sein schienen –, so war das etwas, was Gott im höchsten Grade mißfallen mußte. Diese Gleichstellung der Dienenden mit sich selbst in dem, was zu den wirklichen Bedürfnissen des Leibes und Gemütes gehört, ist eine Hauptaufgabe der Herren und Frauen, welche auch bei uns wohl beherzigt werden dürfte. Wie sehr aber fehlt sie oft!

Paulus schließt mit den Worten: »Ihr wisset, daß ihr auch einen HErrn im Himmel habt.« Zunächst ist das weniger drohend gemeint, als vielmehr mit dem Sinn: »Ihr wisset, daß der HErr im Himmel auch für euch sorgen muß. Und wie Der für euch sorgt, so sorget auch ihr für eure Knechte. Ihr seid Sklaven des HErrn im Himmel, dem ihr geradeso zu dienen habt wie eure Knechte euch. Er aber befiehlt euch Recht und Gleichheit gegen eure Knechte, wie Er euch Recht und Gleichheit mit sich selbst verspricht.« Lassen's denn die Herren fehlen, so findet das Wort an die Sklaven auch auf sie Anwendung: »Wer unrecht tut, der wird empfangen, was er unrecht getan hat; und es gilt kein Ansehen der Person.«

So weit geht die »Haustafel« unsres Textes. Der HErr lasse jeden das Seine darin finden und helfe uns treu zu sein vor Gott, auch alles, was wir tun, von Herzen zu tun als dem HErrn und nicht den Menschen!

Was wäre es doch, wenn es also mit uns würde! Amen.

Judica
Das Bessere in Christus
Hebr. 9, 11–15

Der Verfasser des Hebräerbriefes redet mit Hebräern oder Juden, die gläubig geworden waren, es aber gar nicht verschmerzen konnten, daß ihnen dadurch ihr Hoherpriester und die Opfer wertlos geworden sein sollten. Nach beidem wurde ja nirgends mehr in der christlichen Gemeinde gefragt – auch ohne daß man ausdrücklich dagegen gesprochen hätte, und ohne daß die, welche zu Jerusalem waren oder Besuche daselbst machten, sich den jüdischen Gebräuchen und Gottesdiensten entzogen hätten. Aber Gläubige, zumal da sie den Heiligen Geist bekommen hatten, mußten selbst fühlen, daß sie nichts mehr von alledem haben, was ihnen früher als das Höchste gegolten hatte. Dennoch mag die Erinnerung an das Frühere und an ihre darunter geübte zeremonielle Tätigkeit in manchen eine Art Heimweh darnach geweckt haben. Denn sie sahen jetzt nichts Äußeres mehr vor sich und waren dann auch sovielen Anfeindungen ausgesetzt vonseiten ihrer bisherigen Glaubensbrüder. Solchen Feindschaften konnten sie immer weniger entgehen, auch nicht durch fortgesetzte Teilnahme an den (alten) Gottesdiensten. Und so standen sie in Gefahr, ganz wieder zurückzukehren und unter Verlassen der christlichen Versammlungen (10, 25) völliger wieder sich an die jüdischen Gottesdienste zu halten. Wie es dann geht, konnten sie auch versucht sein zu zweifeln, ob es recht sei, Gottesdienstliches, das doch Gott selbst verordnet hatte, ganz aufzugeben. Wenigstens fanden sie es nicht unrecht, beim Bisherigen als einer einstigen Anordnung Gottes zu verbleiben – da sie ja dem Herzen nach sich auch an Christus halten könnten!

Mit Rücksicht auf solche christlichen Hebräer redet der Brief, aus welchem unsre heutige Epistel gewonnen ist. Sie zeigt im Hauptteil, wie das Bisherige nur ein Vorbild des Vollkommenen gewesen sei, das jetzt eingetreten ist; und wie das Bisherige nun, sogar nach der Weissagung, außer Geltung gekommen sei. Alles Bisherige sei ins Vollkommene verwandelt worden, in ein Besseres übergegangen, welches allein fortan zum Heil der Menschen und zur Erlösung dienen könne.

So ist vor allem in unsrem Text das Bessere in Christus zusammengestellt:

1) Christus ist der bessere Hohepriester (V. 11f.)
2) Christus ist das bessere Opfer geworden (V. 13f.)
3) Christus ist der Mittler eines besseren Testaments (V. 15)

1) Christus ist der bessere Hohepriester

(11) »Christus aber ist gekommen, daß Er sei ein Hoherpriester der zukünftigen Güter, und ist durch die größere und vollkommenere Hütte eingegangen, die nicht mit Händen gemacht, das heißt: die nicht von dieser Schöpfung ist; (12) Er ist auch nicht mit der Böcke und Kälber Blut, sondern durch Sein eigen Blut ein für allemal in das Heilige eingegangen und hat eine ewige Erlösung erworben.«

Nur im Hebräerbrief wird Christus ein Hoherpriester genannt. Hier wird auch nachgewiesen, wie man nach der Weissagung ein Recht habe, in dem, der kommen sollte, einen Hohenpriester – und zwar einen neuen statt des bisherigen – zu erwarten. Wir lesen nämlich im Psalm (110, 4): »Der HErr hat geschworen, und es wird Ihn nicht gereuen: Du bist ein Priester ewiglich nach der Weise Melchisedek.« Diese Weissagung, wie sie der Brief auslegt (7, 1ff.), läßt also den kommenden Messias einen Priester, d.h. hier Hohenpriester, sein und deutet ausdrücklich an, daß er keiner von den gewöhnlichen Priestern sein werde, nicht einer von Aaron, wie bisher gesetzlich bestimmt gewesen war. Aber die Art, wie Er es sein werde, ist mit einem dunklen Ausdruck gegeben, den in der Folge die Gläubigen nur durch den Geist Gottes auslegen konnten. Die Weissagung will es nicht umständlich sagen, sondern deutet nur auf einen König hin, der zu Abrahams Zeiten – also vor der Zeit, da in Israel der Priesterstand errichtet wurde – als Priester Gottes des Höchsten vortrat (1. Mose 14, 17ff.). Das war Melchisedek, der König von Salem, der, als sonst ganz unbekannt, plötzlich vor Abraham erscheint und von dem in der Folge nichts weiteres erzählt wird. An diesen Melchisedek nun hat man nach der Psalmstelle hinzusehen, um sich daraus ein Bild von dem zukünftigen Hohenpriester und von dem Messias zu machen. Der Hebräerbrief tut's, indem er alles, was von Melchisedek bei jener Szene gesagt oder verschwiegen wird – insbesondere die Namen – bildlich auf Christus nimmt; und er tut es so, daß ein gläubiger Israelite ihm auch nicht mit einem einzigen Worte widersprechen konnte. So bekommt der Brief ein Recht, sich in Christus den besseren Hohenpriester zu denken, der den aaronitischen fortan entbehrlich machen, auch ewiglich Hoherpriester sein würde.

Der Hohepriester war einst dem HErrn – der als persönlicher König in Israel angesehen werden wollte und darum in der Stiftshütte vermittelst eines Engels mit sich reden ließ – am nächsten und hatte auch die Aussprüche Gottes an das Volk zu bringen. Er war gleichsam der erste Minister im Gottesstaate. Er brachte auch die Angelegenheiten des Volks vor den HErrn, seinen König, mit der Bitte um Weisungen für das Volk und seine Obersten. Er galt ferner als Fürsprecher für das Volk, wobei er sich der Opfer bediente, deren Blut er ins Allerheiligste trug, und vermittelte vor allem die jährliche Versöhnung zwischen dem HErrn und dem Volk. Dadurch sollte letzteres für sein weiteres Bestehen und Fortkommen immer wieder aufs neue zu Gnaden angenommen werden.

Man sieht es, wie diese Funktionen des Hohenpriesters alle eine höhere Bedeutung in Christus bekamen. Dieser gilt als der Nächste bei Gott, und Er ist zu Gott ins Heiligtum, in den Himmel, eingegangen als der für die Sünden der Menschen Geopferte. Er kommt also gleichsam mit Blut, wie der Hohepriester in die Hütte kam – aber Christus kommt mit Seinem eigenen Blut. Er ist's, dem nun alles übergeben ist, wodurch den Menschen geholfen werden sollte; der vor allem auch die Fürbitte zu Seiner Aufgabe hat; der als unser Vertreter und Fürsprecher bei Gott dient, ganz wie einst der Hohepriester in geringerer Weise. Auch der Umstand, daß der Hohepriester jedesmal aus dem Allerheiligsten mit einem Segen Gottes vor das Volk trat, findet seine Anwendung in der gehofften Wiederkunft Christi vom Himmel, »zu erscheinen denen, die auf Ihn warten, zur Seligkeit« (Hebr. 9, 28).

Vergleicht man nun alles in Christus mit dem Zeremoniellen im Bisherigen, so läßt sich leicht erkennen, wie das Bisherige nur ein Vorbild war – das denn auch als Vorbild nun überflüssig geworden ist. Einst stand eine Hütte in Israel, aus zwei Teilen bestehend, dem Heiligen und dem Allerheiligsten. Diese Hütte war's, über die der Hohepriester gesetzt war als über den Mittelpunkt, von wo aus die Gnaden und Gaben dem Volk zukommen sollten.

»Christus nun«, heißt es in unsrem Text, »ist gekommen, aufgetreten, daß Er sei ein Hoherpriester der zukünftigen Güter«, d. h. der Gnaden und Gaben, die in der Zukunft bereit sein sollten.* Er hat keine sichtbare Hütte mehr, die »mit Händen gemacht ist, das ist, die somit nicht gebaut ist«. Aber die durch die bisherige Hütte vorgebildete ist »eine größere und vollkommenere Hütte«.

Welches ist nun, so fragen wir, diese »Hütte«? Erinnern wir uns zuerst, wie einst die irdische Hütte mit der Herrlichkeit Gottes erfüllt wurde, mit der bekannten Wolken- und Feuersäule; und dann ferner, daß nach der Verheißung durch den kommenden Heiland alle Lande Seiner Herrlichkeit voll werden sollen, daß also das, was zuvor nur einen kleinen Raum einnahm, hinfort über die ganze Erde ausgedehnt werden soll. So hat einst der HErr schon zu Mose gesprochen, als dieser einmal wieder Gnade für das Volk erwirkt hatte (4. Mose 14, 20ff.): »Ich hab's vergeben, wie du gesagt hast. Aber so wahr als Ich lebe, so soll alle Welt der Herrlichkeit des HErrn voll werden.« Mit

---

* Parallele: »Bestehend in ›Gerechtigkeit und Friede und Freude in dem Heiligen Geist‹« (Röm. 14, 17).

diesen Worten wurde schon damals eine Andeutung gegeben, daß die besondere Gnade, welche Israel jetzt erfuhr, einmal aufhören werde, wenn Gott anfange, aller Welt dieselbe Freundlichkeit zu erzeigen. Damit wird die »Hütte« Gottes eine größere, die ganze Erde umfassende.

Wir müssen noch weiter gehen:

Von Christus heißt es (Eph. 4, 10), »Er ist aufgefahren, auf daß Er alles erfülle;« und ferner heißt es von Ihm (Kol. 1, 20f.): es solle »alles durch Ihn versöhnt werden zu Ihm selbst, es sei auf Erden oder im Himmel, damit, daß Er Frieden machte durch das Blut an Seinem Kreuze durch sich selbst«. Da mögen denn unsre Begriffe von der »größeren und vollkommeneren Hütte, die nicht mit Händen gemacht ist«, das ist, die nicht also wie die irdische gebaut ist, noch viel weiter gehen: daß unter der »Hütte«, die der Herrlichkeit Gottes voll werden und über welche Christus als Hoherpriester HErr sein soll, die ganze Schöpfung verstanden ist.

Machen wir's uns deutlicher, wie es der Hebräerbrief meint! Er stellt sich, wie wir hinzudenken müssen, die Erde gleichsam als den Vorhof der Hütte Gottes vor, darin alle Völker sich zur Anbetung Gottes schicken und sammeln. Von diesem Vorhof ist Christus aufgefahren in dem Himmel, wie einst der Hohepriester eingegangen ist durch die Vorderhütte zum Allerheiligsten. Die eigentliche Hütte umfaßt also den ganzen Himmel, den man auch – um es sich dem Vorbild gleich zu denken – als zweiteilig zu nehmen hat: Die Vorderhütte, durch die Er auffuhr, ist der niedrigere Himmel, soweit er unsrem Auge sichtbar und für die Sternkunde zur Beobachtung bereit ist. Christus ging durch diesen Himmel hindurch in das Allerheiligste, den höchsten Himmel, welchen Paulus »den dritten Himmel und das Paradies« nennt (2. Kor. 12, 2ff.), wo »Gott wohnt in einem Licht, da niemand zukommen kann« (1. Tim. 6, 16). Wie erscheint doch Christus auf diese Weise als ein viel besserer Hoherpriester als der bisherige irdische! Denn Er ist

a) nicht in ein Allerheiligstes gegangen, wo nur ein Engel als Repräsentant des Gottes Israels sich darbot. Sondern Er erhob sich zu Gott selbst, sich auf Seinen Stuhl zu Seiner Rechten setzend, d. h. die Allmachtskräfte Gottes zur Rettung der Menschen in Person selbst übernehmend und fortan handhabend.

b) Er bekam den Zutritt dahin »nicht durch der Böcke und Kälber Blut«, wie es in unsrem Texte heißt, nicht nach der Weise des gewöhnlichen Hohepriesters, der den strengsten Befehl hatte, nicht ohne Blut einzugehen, »sondern durch Sein eigen Blut« – also auch nicht ohne Blut, sondern als der durch Tod Geopferte.

c) Er hatte nur »einmal«, nämlich einfürallemale, einzugehen, weil ja das Höchste erreicht war: die Möglichkeit vollkommener Vergebung der Sünden, welche kein weiteres Opfer nötig machte, um die Fürsprache des Hohenpriesters – der ja beim Vater bleibt bis zu Seiner Wiederkunft – für die, die selig werden sollen, wirksamer zu machen.

Aus dem allen ist klar, wie nun alles weitere, womit das jetzt gekommene Bessere nur vorgebildet wurde, keine Bedeutung mehr hat und überflüssig geworden ist.

Eine »ewige Erlösung« hat auf diese Weise Christus »erfunden« oder bewerkstelligt

– eine Erlösung, die nicht wie bisher jeweilig durch wiederholte Opfer zu erneuern ist. Wir können fort und fort unter ihrem Einfluß stehen, der uns durch die geistlichen »Opfer« der Buße und des Glaubens zu Gebot stehen. Nicht etwa nur auf eine gewisse Zeit – wie ehemals auf ein Jahr – ist uns Gnade und Vergebung zugesichert. Es bedarf unsrerseits nur einer Erneuerung des Anteils daran, wenn es durch erneuerte Schuld nötig geworden ist, vermittelst der Buße und des Glaubens, damit wir der Fürbitte des ewigen Hohenpriesters gewiß bleiben. »Darum«, sagt sonst der Hebräerbrief (4, 16), »lasset uns hinzutreten mit Freudigkeit zu dem Thron der Gnade, auf daß wir Barmherzigkeit empfangen und Gnade finden auf die Zeit, wenn uns Hilfe not sein wird!«

2) Christus ist das bessere Opfer geworden

(13)»Denn wenn der Böcke und der Ochsen Blut und die Asche von der Kuh, gesprengt auf die Unreinen, sie heiligt zu der leiblichen Reinigkeit, (14) wieviel mehr wird das Blut Christi, der sich selbst als ein Opfer ohne Fehl durch den ewigen Geist Gott dargebracht hat, unser Gewissen reinigen von den toten Werken, zu dienen dem lebendigen Gott!«

Jedes Hohenpriesters Aufgabe sollte es sein, mit seiner ganzen Person für das Volk, das er vertrat, einzustehen – also auch, wenn es sein müßte, das Leben für dasselbe zu lassen. Vorgebildet wurde dieses schon, wenn man's recht betrachtet, durch Abraham, der seinen Sohn – was dasselbe ist als sich selbst – Gott zum Opfer bringen mußte. Dasselbe wurde beim bisherigen Hohenpriester vorgebildet, wenn er für sich immer zuerst ein Opfer zu bringen hatte, ehe er das für das Volk darbrachte. Es kann daher nicht auffallen, daß Christus als Hoherpriester zugleich das Opfer wurde. Ein anderer Hoherpriester freilich, der wie andere Menschen ein Sünder war, hätte mit sich selbst Gott kein geeignetes Opfer dargebracht, wenn er irgendwie das Leben für das Volk gelassen hätte. Um daher seine Hingabe für das Volk einstweilen gelten lassen zu können, wurden seine Sünden auch auf Opfertiere gelegt und diese wurden geschlachtet als Vorbilder des Opfers, das der zukünftige Hohenpriester mit sich selbst brachte. So wurden denn zunächst »der Ochsen und Böcke Blut«, davon unser Text redet, »ins Heiligtum getragen« zur Versöhnung des Priesters und des Volks.

Neben diesem jährlichen Versöhnungsopfer war sonst auch »die Besprengung mit der Asche« von der sogenannten »roten Kuh« (4. Mose 19, 9 ff.) üblich, »zu der leiblichen Reinigkeit«, wie der Text sagt. Es wurde nämlich eine rote Kuh geschlachtet und ganz zu Asche verbrannt, um Verunreinigte vom Volk damit zu besprengen. Solche Kühe wurden immer wieder erst dann geschlachtet und verbrannt, wenn die vorhandene Asche aufgebraucht war. Das Versöhnungsopfer nun diente dazu, die Gerichte aufzuhalten, ohne daß die Sünden in vollem Sinn vergeben wurden. Die Besprengung aber diente für solche, welche mit oder ohne Schuld irgendwie, z. B. durch Berührung von Toten oder durch Umgang mit Unreinen, sich verunreinigt hatten, so daß sie eine Zeitlang als gemein oder unheilig nicht im Tempel erscheinen, auch nicht mit den Reinen verkehren durften. Um wieder als rein und heilig zu beiden ermächtigt zu werden, mußten sie zuvor mit etwas von jener Asche besprengt werden. Diese Besprengung aber war begreiflicherweise nur »zur leiblichen Reinigkeit«, ohne daß eine Umwandlung oder Heiligung der Herzen dadurch bewerkstelligt wurde. Sie sollte auch nur ein Vorbild sein einer besseren, nicht nur leiblich, sondern auch geistlich reinigenden und heiligenden Besprengung. Immerhin aber hatten Opfer und Besprengung eine wohltuende Wirkung für das Volk, da ja infolge ihrer die Israeliten als geduldet und vom HErrn angesehen erschienen.

Das Bessere, Vollkommene jedoch mußte endlich kommen, wenn nicht jene Vorbilder zu rein mechanischen Zeremonien ausarten sollten, wie das zu Jesu Zeit geworden war. Die Vorbilder hätten sollen die Sehnsucht nach dem Vollkommenen wecken. Und nur um so verkehrter erschien es jetzt, wenn Christen, die das Vollkommene hatten, wieder nach dem Mechanismus der Vorbilder Verlangen und Sehnsucht bezeugten. Denn bei solchen waltete eigentlich der Aberglaube mehr als der Glaube.

Das Bessere aber ist endlich in Christus gekommen: »Er hat sich«, so heißt es, »ohne allen Wandel Gott geopfert«, d. h. ganz unbefleckt, rein und vollkommen, und so, daß Gottes Wohlgefallen auf Ihm ruhte – also Seine Hingabe vor Gott etwas gelten konnte. Durch Ihn als das bessere Opfer wurde nun die bessere Versöhnung bewirkt und die besseren Regungen in unsern Herzen; beides haben wir in unsrem Texte ineinandergeflochten zu nehmen. Er wurde nicht vom Volk geopfert, sondern »Er hat sich selbst geopfert«: Er ließ alle Sünden des Volks mit ihrer Verwerfung Seiner Person damit auf sich legen, daß Er sie, sie an sich verüben lassend, geduldig trug. Und, ganz überdeckt von diesen Sünden, legte Er Fürbitte für das Volk ein, das dies verübte! Was einst der Opfernde mit Wissen an dem Opfertier tat: daß er ihm seine Sünden auflegte und es dann schlachtete, als wäre es für diese Sünden – das tut das Volk oder tun die Stellvertreter des Volkes ohne ihr Wissen mit ihren Mißhandlungen an Jesus. Er aber nahm alles mit dem Sinn eines Opferlammes für alle geduldig auf sich. So hat Er sich Gott geopfert. Und weil Er rein und Gott wohlgefällig war – »ohne allen Wandel«, d. h. ohne alle Sünde –, hat dieses Opfer vollkommene Versöhnung zwischen Gott und den Menschen bewirkt. Es entstand wenigstens die Möglichkeit einer solchen für jeden, der gleichsam nachträglich auch von sich aus Jesus als ein Opfer nimmt, das er vermittelst des Glaubens an Sein Blut oder an Ihn als das Opferlamm Gott darbringt für seine Sünden.

Auf diese Weise ist Christus das bessere Opfer geworden, das nun alle anderen Opfer überflüssig gemacht hat; denn sie sind nur Vorbilder dieses Opfers gewesen.

Auch die Worte, daß Christus sich »durch den Heiligen Geist« Gott geopfert habe, sind bedeutungsvoll. Damit will gesagt sein: Er war »das Wort« von Gott, »Gott aus Gott«; teils tat Er es vermittelst des Geistes, der auf Ihn, den Menschgewordenen, gelegt wurde, wie bei Seiner Taufe. Weil dieser Geist ein Geist des Lebens ist und ganz zu Seinem Wesen gehörig, so konnte Er durch Ihn »sich selbst das Leben wieder geben«, wie Er sich's bei der Auferstehung wirklich gegeben hat (Joh. 2, 19; 10, 17f.). Darum sagt auch Paulus im Römerbrief (1, 3f.) von Ihm, »Er sei, obwohl geboren von dem Samen Davids nach dem Fleisch, kräftiglich erwiesen als ein Sohn Gottes nach dem

Geist, der ja heiligt, seit der Zeit, da Er auferstanden ist von den Toten«. Auch in dem bekannten Liede (1. Tim. 3, 16) heißt es: »Gott ist offenbart im Fleisch, gerechtfertigt im Geist.« Wie aber Christus sich selbst, dem Geopferten, das Leben wieder gibt, so gibt derselbe Geist dem, der an Sein Blut glaubt – oder dem, der durch den Glauben an Seinen Opfertod sich selbst in Ihm Gott opfert – das Leben zurück. Aus diesem Leben entsteht eine bessere Reinigung als jene leibliche, nämlich eine gänzliche Erneuerung des ganzen Menschen. Denn dieser Geist »reinigt unser Gewissen von den toten Werken, zu dienen dem lebendigen Gott«, wie unser Text sagt. Wer also an den Tod Christi glaubt, bekommt ein Besseres, als wer bisher für sich opferte. Letzterer bekam zwar die Befriedigung, daß Gott seiner schone, ihn nicht verwerfe, sondern ihn als rein gelten lasse. Es war aber das nur eine »leibliche Reinigkeit«, mehr eine äußerliche, nicht tiefer gehende geistliche Reinigkeit. Wer aber an Christi Blut glaubt, wird innerlich gereinigt. Denn gereinigt wird »sein Gewissen von den toten Werken« oder von den Sünden, die aus dem geistlichen Tod herfließen und zum Tode bringen, auch die Gewissen der Menschen verwunden. Die Reinigung der Gewissen schließt also einerseits die völlige Vergebung der Sünden in sich, so daß diese auf keine Weise mehr das Gewissen beunruhigen dürfen, andererseits die Möglichkeit der Befreiung von den Sünden selbst. Solches hat denn zur Folge, daß der Gereinigte hinfort dem lebendigen Gott dient, d. h. statt mit äußerlichen Opfern wie bisher Gott zu dienen, dient er Ihm nun damit, daß er sich selbst geistlich Ihm zum Opfer bringt, in völliger Hingabe seiner selbst an Ihn lebt.

So erweist sich das Opfer Christi für die Menschen als ein besseres, weil es den eigentlichen Zweck alles Opfers erfüllt: den Menschen selbst in den Dienst des lebendigen Gottes aufgehen läßt. Es gibt eine bessere Versöhnung und eine bessere Reinigung.

Wieviel aber liegt doch daran, daß es uns in beständiger Erinnerung bleibe, wie Christus sich für uns Gott geopfert hat in den bitteren Kreuzestod!

3) Christus ist der Mittler eines besseren Testaments

(15) »Und darum ist Er auch ein Mittler des neuen Bundes, auf daß durch Seinen Tod, der geschehen ist zur Erlösung von den Übertretungen unter dem ersten Bund, die, so berufen sind, das verheißene ewige Erbe empfangen.«

Aus allem Bisherigen ergibt sich von selbst, wie Christus auch »ein Mittler eines besseren Testaments« ist.

Der Mittler des Alten Testaments war Mose, durch welchen Gott alles dem Volk zukommen ließ. Sollte ein neues Testament werden, so mußte auch ein Mittler dazu da sein. Und Der ist eben der Erwartete, der bessere Hohepriester, welchen der Hebräerbrief (3, 1–6) als Apostel mit Christus verglichen hatte. Man kann da auch an das Wort des Mose denken (5. Mose 18, 15): »Einen Propheten wie mich wird der HErr, dein Gott, dir erwecken.« Ferner gehört hierher, was Johannes (1, 17) sagt: »Das Gesetz ist durch Mose gegeben, die Gnade und Wahrheit ist durch Jesus Christus geworden.« So waren denn also Moses und Jesus die Mittler beider Testamente; und Jesus ist der des besseren Testaments.

Das griechische Wort für »Testament« bedeutet sonst »Bund«. Neben dieser Bedeutung benützt der Hebräerbrief auch die andere, indem er den Neuen Bund zugleich als Vermächtnis auffaßt, das Christus als Verstorbener uns hinterlassen habe. Was wir nun haben und fühlen, ist ein rechtlich an uns gekommenes Erbe von Christus, so vor allem Seine Gerechtigkeit. Wenn das, was Verstorbene hinterlassen, unter den Angehörigen als Erbe verteilt wird, so werden die Güter, die Christus hatte – Seine Gerechtigkeit und Sein Geist –, an alle, die glauben, als an Seine rechtmäßigen Erben verteilt. Der Heilige Geist, der auf Ihn für diese Zeit gelegt war, verbleibt den Gläubigen. Derselbe versichert sie der völligen Vergebung, die durch den Tod Christi gewirkt worden ist. Die Wichtigkeit des Todes Christi nach dieser Seite legt der Hebräerbrief im nachfolgenden (V. 16 ff.) weiter aus: Auch der erste Bund sei nicht ohne Blut gestiftet worden, ja alles, das Gesetzbuch und das Volk, die Hütte und das Geräte, habe mit dem Opferblut besprengt werden müssen. Damit wird angezeigt, wie in der Folge durch das Blut Christi – oder durch den Glauben an das Blut des besseren Opfers oder an den für alle geschehenen Tod Jesu Christi – alles gereinigt und geheiligt werden sollte zu einem vollkommenen Dienst Gottes. Das Sterben Christi war nötig, damit das Erbe an uns käme, dessen wir uns nun im Neuen Bunde erfreuen. – So stellt es der Hebräerbrief dar.

Der alte Bund – um es nun unter dem Begriff »Bund« zu nehmen –, der mit ungenügendem Opferblut gestiftet wurde, war gleichsam ein Vertrag Gottes mit Israel. Gott forderte, daß sie »Seiner Stimme gehorchten und täten, was recht und gut ist vor Ihm, und zu Ohren faßten Seine Gebote und hielten alle Seine Gesetze« (2. Mose 15, 26), daß sie wenigstens Achtung vor ihnen hätten und sie als Norm ihres Lebens gelten ließen. Daraufhin versprach Gott seinerseits, ihr Gott sein zu wollen und »bei ihnen zu wohnen, daß Er ihr Gott sei« (2. Mose 29, 45). Demgemäß hat Gott Gesetze auf Tafeln geschrieben und auch sonst deutliche und klare Gebote gegeben, die Er sie wie Kinder lehrte, damit sie sich daran hielten und all Seines Willens eingedenk blieben. Daran erinnert auch der Hebräerbrief im vorhergehenden Kapitel (8, 9 ff.). Er führt dabei eine Stelle aus dem Propheten Jeremia an (31, 31 ff.), da Gott das Testament nannte, »das Ich gemacht habe mit ihren Vätern an dem Tage, da ich ihre Hand ergriff, sie auszuführen aus Ägypten«. Dieser Bund erforderte namentlich zugunsten Israels auch die Opfergebräuche. Durch diese erlangte das Volk – das ja nicht imstande war, aus sich heraus die Gebote alle zu erfüllen – wenigstens immer wieder, wenn es die auf Christus vorbildlichen Opfer vor den HErrn brachte, eine Vergebung zu fernerer Duldung. Aber stets war es nur eine Duldung, keine wirkliche Sündenvergebung, keine Vergebung der Art, daß »Gott ihrer Ungerechtigkeiten nicht mehr gedenken wollte« (Jer. 31, 34; vgl. Hebr. 8, 12).

Es blieb also sozusagen ein Bann auf dem Volke; und volle Gewissenfreudigkeit konnte keiner bekommen, vor allem dann nicht, wenn er einmal eine schwerere Schuld auf sich geladen hatte. Aber mit den Gerichten wollte doch Gott zurückhalten – die ja später aufgehoben werden konnten –, solange sie wenigstens Sein Angesicht aufrichtig suchten mit Opfern zur Vergebung der Sünden. Weil es aber nur Vorbild war, so war alles nur ein Halbes, Unfertiges, Unvollendetes; und die Sehnsucht nach dem Vollendeten hätte in Israel von Jahr zu Jahr sich steigern sollen, damit einmal aller Bann und aller Fluch und alle Schuld vom Volke weggenommen würde und Gott ewig nicht mehr ihrer Sünden gedächte. Es kam ja immer so vieles vor, was die Schuld vor Gott nur steigerte! Die innere Unbefriedigtheit aber hatte die weitere Folge, daß immer wieder das Volk schlaff wurde, auch in der Haltung der Gebote Gottes. Es hatte keine Kraft in sich, der Sünde zu widerstehen, die in ihnen wie in allen natürlichen Menschen sich geltend machte – besonders dann, wenn auch äußere Versuchung nahetrat. Und auch das, was einstweilen mit Gott versöhnen konnte, wurde Israel immer gleichgültiger – bis es öfters zu allgemeinem Abfall kam, und zwar zuletzt in so hohem Grade, daß Gott Sein Versprechen, ihr Gott zu sein, nimmer einhalten konnte. Dies geschah eben zu der Zeit des Propheten Jeremia, unter welchem Stadt und Tempel zerstört wurde. Daher kommt's, daß in der obengenannten Stelle (Jer. 31, 31 ff.) Gott hinzusetzte: »Welchen Bund sie nicht gehalten haben und Ich sie zwingen mußte.« Diese Worte gibt der Hebräerbrief so: »Sie sind nicht geblieben in Meinem Testament; so habe Ich ihrer auch nicht achten wollen, spricht der HErr.« Hieraus ergab sich klar die Unvollkommenheit des Vorbildes und die Notwendigkeit, daß statt des bisherigen Bundes – wenn nicht alles Bündnis mit Gott ganz aufgelöst werden sollte – ein anderer käme, bei dem vor allem alle Schuld und aller Bann vom Volk wegkäme. So durfte denn auch Jeremia in obiger Stelle die Verheißung des anderen Bundes weissagen.

So ist nun »Christus der bessere Hohepriester« und zugleich das »bessere Opfer, ein Mittler auch des besseren Testaments« geworden. Unser Text hält es hier vor, daß »durch den Tod, der geschehen ist, nun die Erlösung von den Übertretungen, die unter dem ersten Testament waren«, erfolgt sei. Keinerlei Sünde der Vorzeit sollte nun ferner nachwirken. Und das Vermächtnis des Todes Jesu ist nun ein Bund, in dem es ganz anders gehalten werden soll als im ersten. Denn

a) wenn dort Sünden vergeben wurden, blieb doch ein Bann auf dem Sünder ruhen, sein Gewissen wurde nicht frei. Nun aber kann die Sündenvergebung eine völlige werden, so daß die Gewissen – wenn sie einmal durch den Glauben an Christi Blut gereinigt sind – völlig beruhigt werden, weil Gott keine Sünde mehr nachträgt.

b) Wenn im ersten Bunde den Sündern kein völliges Wohlgefallen Gottes fühlbar wurde, so geschieht das nun im Neuen Bunde, daß eine Freudigkeit des Herzens zu Gott entsteht und Gott selbst durch Seinen Heiligen Geist »unsrem Geiste Zeugnis gibt, daß wir Gottes Kinder« seien.

c) Wenn daher früher die Gebote Gottes nur äußerlich auf Tafeln standen und als Gesetze und Gebote als von außen an sie hingepredigt erschienen, so kann nun Gott, weil Er versöhnt ist, Sein Gesetz in ihren Sinn geben und alles in ihr Herz schreiben (Hebr. 8, 10 f.), so daß sie nun aus eigenem Antriebe – nicht gezwungen, nicht mit einem Knechtssinn, sondern als Kinder – die Gebote halten können und daß sie befähigt werden, sich frei für dieselben zu entscheiden und so auch ihrem Bunde treuer zu bleiben.

d) Wenn ferner der alte Bund die Verheißung Gottes enthielt: »Ich will unter ihnen wohnen, daß Ich ihr Gott sei«, so geschieht jetzt die Inwohnung Gottes in den Herzen, so daß es völliger gilt: »Ich will ihr Gott sein, und sie sollen Mein Volk sein.«

e) Wenn endlich der erste Bund die Verheißung des Landes Kanaan, des Gelobten Landes, in sich schloß, so ist nun das verheißene ewige Erbe im Himmel und in der Herrlichkeit Gottes als rechtmäßges Erbgut in ungetrübter Aussicht für alle, »die berufen sind«, d. h. die an Christus glauben.

Hieraus ist denn klar und anschaulich, wie Christus der Mittler ist eines viel besseren Testaments. Jeder Israelite sollte sich freuen, nun das Bessere zu haben, und fern sein von dem Gedanken, zum Vorbild wieder zurückzukehren – womit das Bessere wieder aufgegeben würde, da dann die, die das tun, fürder »kein anderes Opfer haben für die Sünden, sondern ein schreckliches Warten des Gerichts und des Feuereifers, der die Widerwärtigen verzehren wird« (Hebr. 10, 26f.).

Eilen wir doch, durch Buße und Glauben in einen völligeren Besitz des herrlichen Erbes zu kommen, in das uns Christus mit Seinem bitteren Leiden und Sterben eingesetzt hat! Amen.

Palmsonntag
Aus Gnaden (freier Text)
Röm. 3, 23–26

(23) »Es ist hier kein Unterschied: sie sind allzumal Sünder und mangeln des Ruhmes, den sie bei Gott haben sollten, (24) und werden ohne Verdienst gerecht aus Seiner Gnade durch die Erlösung, die durch Christus Jesus geschehen ist. (25) Den hat Gott für den Glauben hingestellt in Seinem Blut als Sühnopfer, damit Gott erweise Seine Gerechtigkeit. Denn Er hat die Sünde vergangener Zeiten getragen in göttlicher Geduld, (26) um nun zu diesen Zeiten Seine Gerechtigkeit zu erweisen, auf daß Er allein gerecht sei und gerecht mache den, der da ist des Glaubens an Jesus.«

Mit dem heutigen Palmsonntag betreten wir die große Woche, in welcher Christus Sein Leiden übernahm für die Sünden der Menschen. Wir nennen sie Charwoche, d. h. die »liebe Woche«, weil sie um des Heils willen, das sie uns gebracht hat, lieb geworden ist – so bitter sie auch unsrem Heiland wurde.

Um die Bedeutung des Leidens Christi uns nahezulegen, benützen wir auf heute einen Abschnitt aus dem Römerbrief, an dem wir lernen können, wieviel daran lag, daß

Jesus Christus Sein Leben für uns gelassen hat. Paulus hatte im Eingang seines Briefes (1, 18) von Gottes Zorn gesprochen, der zu Seiner Zeit vom Himmel geoffenbart werden würde über alles gottlose Wesen und Ungerechtigkeit der Menschen. Er bespricht alsdann, wie bedenklich es um die Menschen aussah im Angesicht dieses Zorngerichts. Denn in entsetzlicher Weise waren die Menschen alle entartet. Zuerst redet er von den Heiden und schildert deren Greuel in starken Zügen, auch der feineren Sünden gedenkend (1, 20–32), welche, wenn auch hie und da ein besserer Schein da war, die ganze böse Art des natürlichen Menschen schlagend charakterisieren. Dann kommt er auch an die Juden, welche zwar unter dem Gesetz standen, das ihnen vorschrieb, was vor Gott wohlgefällig wäre, die aber im Bezeigen der Gottlosigkeit und Ungerechtigkeit – wenn sie etwa auch äußerlich oder der Form nach das Vorgeschriebene hielten – nicht hinter den Heiden zurückblieben. Sie erschienen also nur um so verwerflicher vor Gott, weil sie das Bessere wußten und doch nicht darnach wandelten. Der Schluß ist, daß »alle Welt Gott schuldig sei und kein Fleisch durch das Gesetz oder durch Werke des Gesetzes vor Gott gerecht sei«, weil »das Gesetz nur Erkenntnis der Sünde wirke«, nicht aber das Vollbringen des göttlichen Willens (V. 19f.).

So war denn alle Welt auf dem Punkt, im Gericht verurteilt zu werden und der Verdammnis anheimzufallen; und wenn nicht auf dem Wege der Gnade eine Hilfe werden konnte, war die Zukunft aller Menschen eine trostlose. Daß aber ein solcher Gnadenweg eröffnet werden würde, hat schon das Gesetz mit seinen Formen vorbildlich angedeutet, und das haben noch mehr die Propheten mit klaren Worten vorausgesagt (V. 21).

Wie nun der Mensch aus Gnaden zu der erforderlichen Gerechtigkeit kommen könne, um nicht als Sünder verworfen zu werden im Gericht, wenn dasselbe geoffenbart werde, davon sagt das Nachfolgende das Wichtigste. Der von uns heute ausgewählte Text hält uns drei Punkte vor:

1) Die Menschen sind allzumal Sünder
2) sie werden ohne Verdienst gerecht
3) sie erlangen's durch Glauben im Blute Christi.

Der HErr gebe, daß uns die Betrachtung zu einer tiefer gehenden Erbauung in der Charwoche führe!

1) »Sie sind allzumal Sünder«

Sie sind alle abgewichen, alle haben's verfehlt. Der Apostel wollte sagen, zwischen Juden und Heiden sei kein Unterschied. Die Juden sind, obwohl sie unter dem Gesetz stehen, um deswillen nicht weniger Sünder als die Heiden, und man kann sie nicht bessere Menschen nennen. Denn eben mit Bezug auf sie hatte Paulus nach einer Psalmstelle (Ps. 14, 1ff.) gesagt (3, 10ff.): »Wie denn geschrieben steht: Da ist nicht, der gerecht sei, auch nicht einer; da ist nicht, der verständig sei; da ist nicht, der nach Gott frage. Sie sind alle abgewichen und allesamt untüchtig geworden. Da ist nicht, der Gutes tue, auch nicht einer.« Auch bei uns Christen ist dieselbe sündige Art durch alles hindurch noch erkennbar. Selbst Christen, die sich anschicken, ernstlicher zu sein,

Stundenleute, Anhänger verschiedener Parteien, die sich etwas Besseren befleißigen, dürfen sich in der Regel nicht sonderlich rühmen in dem Punkt, daß sie bessere Menschen wären. Wenn es gilt, können sie das sein, was sie anderen alle sind! Das ist auch dann noch der Fall, wenn das Evangelium wirklich einen vielfach erneuernden Einfluß auf sie ausübt.

Wenn sie's recht besehen, so sind alle zusammen Sünder, und zwar von der Art, daß es mit ihnen aus und verloren ist – wenn nichts zu ihren Gunsten eintritt, sich keine Gnadentür ihnen öffnet und ihnen offenbleibt, um immer wieder Gnade zu empfangen. Das, woran es dem natürlichen Menschen fehlt, ist bei allen gleich: nämlich daß sie, wie Paulus sich ausdrückt, »mangeln des Ruhmes, den sie vor Gott haben sollten«, d.h. daß sie nicht imstande sind, neben Gott zu stehen, nicht den strafenden Gerichten entzogen werden können.

Diese gänzliche Unfähigkeit aller, in der Gegenwart Gottes so zu stehen, daß Er sie ohne »Zorn«, wie die Schrift es ausdrückt, ansehen kann, will nicht jedermann zugeben. Viele meinen, so schlimm stehe es doch nicht mit den Menschen? Es gäbe doch viele edle, tugendhafte Menschen, die man unmöglich zu den verwerflichen Sündern rechnen könne! Hierbei vergißt man eben oft, daß gar viele – ohne daß sie sonderliche Anhänger und Freunde Christi seien – doch unter dem Einfluß Seiner Gnade stehen und von Kind auf gestanden sind, so daß sie eine etwaige bessere Art doch wieder nur allein durch eine verborgene Gnade haben, in der sie auch um ihrer Zusammengehörigkeit willen mit besseren Christen stehen. Außerdem ist auch unter den Heiden wie unter den Juden ein großer Unterschied. Es gibt unter allen Menschen welche, die das Gesetz wenigstens gelten lassen, auch ein Gewissen für dasselbe haben (s. Röm. 2, 14f.).

Aber auch wenn das so ist, so gehört doch viel mehr dazu, um vor Gott rein und recht dazustehen; dazu genügt das, was sie sind, nicht. Denn man bedenke, wie sie dabei doch sich bösen Gelüsten hingeben können, wie es Paulus im ersten Kapitel darstellt und wie überhaupt auch die Besten »einen verkehrten Sinn zeigen, das zu tun, was nicht taugt« (1, 28). Ach, wie hält's doch so schwer, selbst gereifte Christen von so vielem wegzubringen, wodurch ihre ganze Gerechtigkeit löchrig wird, so daß sie sich stets wieder als arme Sünder gleichsam von Gott abwenden müssen gleich jenem Zöllner, und nur von der Ferne rufen können: »Gott, sei mir Sünder gnädig!« So steht's mit dem Menschen. Und da tat Hilfe not, wenn nicht alle zusammen einmal verloren sein sollten.

Der HErr aber hat sich erbarmt und ein Mittel gefunden, auch Sünder Seiner würdig zu machen mit Vergebung der Sünden und sie darum in Seine Nähe, in Seine Herrlichkeit und Seligkeit anzunehmen.

2) »Sie werden ohne Verdienst gerecht«,

d.h. umsonst, ohne daß sie es verdienen und mit ihrem Tun machen müßten. Weil sie mit ihrem Tun es nicht mehr vermochten, es, auch wenn sie wollten, nicht zuwegebrachten, so mußte Vorsorge getroffen werden, daß sie dennoch – auch wenn sie Sünder sind – gerecht und also tüchtig werden könnten, von Gott angenommen zu werden. Ein Gnadenweg mußte gefunden werden, auf welchem die Gerechtigkeit sozusagen zum Schweigen gebracht würde, so daß sie es nicht mehr verwehren dürfte, wenn Gott die Sünden vergeben und selig machen wollte.

Zu allen Zeiten freilich hat es Leute gegeben, die meinten, Gott sei ja barmherzig und liebevoll, und Er werde schon darum es nicht so streng mit den Sündern nehmen und könne und werde ohne weiteres die Menschen annehmen – wenn sie's nur nicht gar zu arg machen würden! Dabei gehen sie mit dem, was sie sich oder anderen etwa erlauben dürften, sehr weit, und am Ende so weit zu glauben, daß Gott allen Menschen alles übersehen werde, weil Er als der gütige und barmherzige Gott niemand in die Verdammnis werfen werde! Diese leichtfertige Art, bei welcher geradezu alle Heiligkeit und Gerechtigkeit Gottes aufgehoben wird, ist Gott selbst nach Seinem ganzen Wesen unbekannt; dies hat auch die Heilige Schrift nicht für sich – soviel sie auch von der Barmherzigkeit Gottes andrerseits rühmt. Und jeder Mensch hat sich wohl zu hüten, so geringschätzig von Gott zu denken. Denn es könnte ihn einmal teuer zu stehen kommen, wenn es mit dem Gerichte Gottes ernst wird – trotz dem, daß jetzt ein Heiland da ist! Eben die Charwoche ist's, die uns am deutlichsten zeigt, wie ernst es Gott mit der Sünde nimmt und zu nehmen hat, wenn Er ein heiliger und gerechter Gott bleiben will. Soll die Barmherzigkeit die Sünde vergeben können, so muß zuvor der Gerechtigkeit irgendwie Genüge getan sein. Stellen wir doch eben darum die Barmherzigkeit hoch, daß Er eher das Schwerste, Ihm selbst gleichsam Bitterste beschlossen und ausgeführt hat, als daß Er den Menschen hat verlorengehen lassen wollen, der die Gerechtigkeit nur zum Tode herauszufordern schien.

Wir können den Ratschluß Gottes hier nicht nach allen Seiten betrachten und gedenken nur des Worts dieses Textes, nach welchem die Menschen gerecht werden sollten »aus Seiner Gnade durch die Erlösung, so durch Christus Jesus geschen ist«. Durch Christus ist also eine Erlösung geschehen, die allen Menschen zugut kommen kann. Er ist für alle in den Riß gestanden. Und weil der schwerste Vorwurf für die Menschen der war, »daß keiner da wäre, der gerecht sei, auch nicht einer« (V. 10ff.), so hat es das ewige »Wort«, Christus, gewagt, als Messias zu kommen aus dem Schoße des Vaters, in unser Fleisch einzutreten und alle Versuchungen der Sünde, wie sie an uns kommen, an sich kommen zu lassen, um doch in allem endlich mit sich Einen darzustellen, der gerecht wäre und Gutes täte. Schon dieses Eine hat die ganze Menschheit Gott nähergebracht, so daß sie nicht mehr durchaus verwerflich ist. Das Wohlgefallen Gottes an den Menschen ist gleichsam wieder gewachsen; und um Jesu willen werden sie wert geachtet von Gott, so daß Er ein Weiteres tut, um alle auch wirklich gerecht zu machen; denn (in Christus) war das ganze Geschlecht gleichsam ein besseres geworden. Dazu kam dann noch vor allem das, daß Christus als der Unschuldige eben in den Tod hineinging, welcher für die Menschen die Frucht der Sünde war. Er schmeckte den Tod, damit das erste Drohwort: »Welches Tages du davon issest, wirst du des Todes sterben«, seinen Stachel verlöre. Sein Tod geschieht – und damit wird dem Drohwort und zugleich der Gerechtigkeit Gottes Genüge getan. Und weil derselbe an einem Unschuldigen geschieht, war dieser Tod Christi gleichsam mehr, als das Drohwort umfaßte. Nun hatte die Barmherzigkeit einen Spielraum für alle, ohne daß die Gerechtigkeit Gottes mit ihr verletzt würde. »Es ist mehr geschehen«, konnte Gott sagen, »als Ich (ursprünglich) wollte, indem der Gerechte starb und zu sterben genötigt wurde. Und darum gilt Meine Drohung nicht mehr und ist für alle aufgehoben, die mit Buße und Glauben sich zu dem Hingeopferten halten. Eben Diesem muß Ich das Recht lassen, freizusprechen, wenn Er will und wollen kann, ohne der Ehre Gottes nahezutreten«. Wer nicht Buße tut und nicht glaubt, spricht sich selber gleichsam, und von neuem wieder, das Todesurteil. So ist der Weg der Gnade eröffnet für alle, die da glauben, durch die Erlösung, so durch Christus Jesus geschehen ist. Es geht nach dem Wort (Röm. 5, 18 f.): »Wie durch *eines* Sünde die Verdammnis über *alle* Menschen gekommen ist, also ist auch durch *eines* Gerechtigkeit die Rechtfertigung des Lebens über *alle* Menschen gekommen. Denn gleichwie durch *eines* Menschen Ungehorsam *viele* Sünder worden sind, also auch durch *eines* Gehorsam werden *viele* Gerechte.«

Wollen wir uns noch vergegenwärtigen, was alles in die Erlösung, die durch Christus Jesus geschehen ist, eingeschlossen ist. Christus hat uns erlöst

a) von der Sündenschuld, die auf den Menschen lag, von der nun alle los werden können, so daß sie volle Vergebung der Sünden empfangen;

b) Christus hat uns erlöst von der Gewalt des Teufels, die dieser sich angemaßt hatte und vermöge derer er nur immer weiter den Menschen in Sünden zu verstricken suchte. Vermittelst der Gnade aber, die nun jedem zukommen kann, wird es möglich, sich allen Pfeilen der Finsternis entgegenzustellen und frei zu bleiben von der Sünde.

c) Christus hat uns erlöst von der Untüchtigkeit und Unfähigkeit, Gutes zu tun. Denn war der Mensch vorher gelähmt durch den Einfluß der Finsternis, so werden ihm nun Kräfte von oben geschenkt durch den Heiligen Geist, der ihm als einem Kinde, das zu Gnaden angenommen ist, wieder zugesichert wird, um fortan stark zu werden wider alle Versuchungen der Sünde.

d) Christus hat uns erlöst von dem Tod, der, wenn auch der Mensch ihm vorerst noch verfällt, doch keine Macht mehr über ihn hat, kein Tod mehr für ihn ist und durch die Hoffnung der Auferstehung vollends überwunden wird.

e) Christus hat uns endlich erlöst von der Verdammnis, in die der Mensch bereits um der Sünde willen als in den ewigen Tod gesprochen war. Und statt ihrer zu gewarten, kann er nun gewisse Hoffnung des ewigen Lebens haben.

Das alles geschieht nun an dem Menschen ohne all sein Verdienst, ganz nur aus Gnaden – wie es denn ganz undenkbar ist, wie je der Mensch hätte sollen von jenem allen aus sich selbst heraus erlöst werden können! Hat aber nun der Mensch viel gesündigt, so kann er doch gerecht werden vor Gott. Und bleibt er auch in viel Schwachheit, so daß er sich der Sünde nicht ganz erwehren kann, so bleibt immer wieder der Weg der Gnade offen, da er den Zutritt zu Christus behält, solange er Ihn aufrichtig sucht.

Wie hat sich doch alles durch Jesus Christus für uns verlorene Menschen so günstig gemacht! Und wie groß sollte alles insbesondere in der Charwoche vor unsrer Seele stehen, damit wir doch ja nicht die uns dargebotene »angenehme Zeit, den Tag des

Heils«, versäumen möchten, um auf den Tag des kommenden Gerichts unsere Rechtfertigung zu erlangen!

3) Unser Text legt's uns weiter nahe, wie wir's erlangen »durch den Glauben in Christi Blut«, d. h. durch einen Glauben, der im Blute Christi ruht, ein Vertrauen auf Sein Blut oder Seinen Opfertod ist. Bis daher glaubten die Juden, alles durch das Gesetz erlangen zu können, teils indem sie dieses hielten, teils indem sie, wenn sie's fehlenließen, durch gesetzlich vorgeschriebene Opfer Vergebung der Sünden erhielten. Paulus aber hatte nachgewiesen, daß es mit dem Halten der Gebote Gottes nichts war; und eben darum konnten auch die Werke des Gesetzes wie die Opfer nie das Genügende sein. Dieselben zeigten vielmehr nur an, daß der Mensch von Sünden nicht gereinigt werde, vielmehr stets unter dem Fluche bleibe, weil er nie mit Opfern fertig werden konnte. Die Sünden waren nur »unter göttlicher Geduld« verblieben, nicht eigentlich weggenommen. So konnte »kein Fleisch«, wie Paulus gesagt hatte, mit Rücksicht auf das zukünftige Gericht, »durch Werke des Gesetzes« – auch nicht durch die nach dem Gesetze dargebrachten Opfer – »vor Gott gerecht werden; vielmehr kommt durch das Gesetz nur Erkenntnis der Sünde«. Diese Erkenntnis kam, wie wir sagen können, teils durch die Vorschriften des Gesetzes überhaupt – welche zu erfüllen aber keine Kraft da war –, teils durch seine Opfer, mit denen man nie ins reine kam. »Die Gerechtigkeit, die vor Gott« am Gerichtstage »gilt, ist daher ohne Zutun des Gesetzes geoffenbart worden«. So kommt Paulus auf den Satz hinaus, daß »der Mensch durch den Glauben«, nämlich durch den Glauben im Blute Christi, »gerecht werde ohne des Gesetzes Werke«, d. h. ohne daß ein anderes Opfer, das Vergebung wirken sollte, dargebracht würde. Wenn des Gesetzes Werke es ausmachen würden, so wären ja zum Voraus die Heiden ausgeschlossen, die von solchem Gesetze nichts wissen. Weil aber Gott auch der Heiden Gott ist, die Er also nicht ohne weiteres verdammen kann, so sollen's jetzt beide durch den Glauben erlangen, der auf das kommende Gericht hin gerecht macht.

Um den Glauben im Blute Christi in einen Vergleich mit dem bisherigen Gesetz zu bringen, läßt Paulus letzteres ein Vorbild für ersteren sein; oder er zeigt, wie der Glaube statt des Gesetzes, vor allem statt des Opfergesetzes, zur Rechtfertigung dienen könne. Er kommt da auf ähnliche Gedanken wie der Hebräerbrief, welcher viel davon redet, wie der Hohepriester und die Opfer Vorbild auf Christus gewesen seien. Paulus aber läßt jetzt Christus nicht nur den Hohenpriester und das Opfer, sondern auch den »Gnadenstuhl« sein, vor welchen einst vorbildlich das Opferblut gebracht wurde. In der Stiftshütte nämlich war die Lade des Bundes, über deren Deckel zwei Cherubim ausgebreitet waren, welche bildlich die Gegenwart Gottes vorstellten. Von da aus bezeigte sich Gott – durch den Engel des HErrn –, und hierher wurde von dem Hohenpriester das Opferblut gesprengt, welches das Versöhnungsblut für Israel war. Weil darauf irgendwie eine Zusage der erneuerten Begnadigung vonseiten Gottes erfolgte, nannte man die Lade mit den Cherubim, zwischen welchen sich der HErr kundgab, den »Gnadenstuhl«. Indessen erfolgte nie eine völlige Begnadigung, bei der die Sünden alle vergessen gewesen wären; und die stets wiederholten Opfer waren nur eine Erinnerung daran, daß wirklich die Sünden nicht weggenommen waren. Gott trug die Sünden zwar mit Geduld; aber genügende Vorsorge für den Tag des Gerichts war durch keine Opfer getroffen worden. Damit Freisprechung im Gericht erfolgen würde, mußte noch ein anderes Opfer nachfolgen, das zu völliger Vergebung berechtigte. Das sind die Gedanken, welche in unsrem Texte nur ganz kurz, aber sehr bestimmt enthalten sind.

Jetzt nämlich, so sagt Paulus, habe Gott »Christus zu einem Gnadenstuhl vorgestellt«. Christus ist nicht, wie der gewöhnliche Hohepriester es tat, in das irdische Heiligtum zu dem Gnadenstuhl eingegangen, da sich der Engel des HErrn bezeigte, sondern ist, wie der Hebräerbrief ausführt, in die Gegenwart Gottes selbst gekommen, da Er sich zur Rechten Gottes gesetzt hat. Er ist zugleich, als der für die Sünden der Menschen Hingeopferte, gleichsam mit Seinem Blute eingegangen. Und sofern Er bei Gott geblieben ist – ohne wie der Hohepriester aus dem Tempel zurückzukehren –, ist Er nun das einfürallemal gebrachte Opfer. Und Er ist somit selbst gleichsam der Gnadenstuhl, von dem aus Gnade erteilt wird allen, die durch den Glauben in Seinem Blute zu Ihm kommen. Dieser Glaube in dem Blute Christi gilt jetzt für die Opfer, die man sonst für die Versöhnung darbrachte. Er macht also diese Opfer hinfort überflüssig, so daß also alle Rechtfertigung ohne Zutun des Gesetzes fertiggebracht wird und nun für Heiden ebenso zugänglich ist als für Juden. Vermittelst dieses Glaubens, der beständig gleichsam Christi Blut ins Heiligtum bringt, wird dem Menschen völlige Gnade zugesichert durch Christus, der uns beständig beim Vater vertritt. Ja, Er ist Der, der nun von sich aus im Namen des Vaters, wie es sonst der Engel des HErrn tat, den Gläubigen Gnade zusichert, und zwar so, daß nichts mehr beschuldigen, nichts mehr verdammen kann (Röm. 8, 1; 8, 33 f.). Die Begnadigung ist eine vollständige. Die Sünden werden ganz weggenommen von dem, der da glaubt, und ihrer soll ewig nicht mehr gedacht werden, wie es auf den neuen Bund verheißen ist (Jer. 31, 34; vgl. Hebr. 8, 12). Auch bei vorkommenden Schwachheiten braucht der Begnadigte nur immer wieder mit »Glauben in Seinem Blute« sein »Opfer« zu bringen; und wenn es ein aufrichtiges Opfer ist, wird ihm stets wieder Vergebung der Sünden zugesichert, ohne daß ein fernerer Bann oder Fluch auf ihm liegen bliebe.

Es ist daraus ersichtlich, welcher Glaube es eigentlich ist, der gerecht macht. Nicht jeder sogenannte Glaube tut's; sondern nur der Glaube in dem Blute Christi rechtfertigt, der in Seinem Blute ruht und Vertrauen auf Sein Blut ist. Derselbe schließt auch von selbst die Buße in sich. Denn solcher Glaube opfert sich selbst in Christus zu völliger Hingabe seiner selbst an Gott. Er bedenkt es wohl, wie sauer es dem lieben Heiland geworden ist, daß Er seine und aller Welt Sünde mit Seinem Blut getilgt hat, und wieviel es darum ausmacht, wider Gott zu stehen und Seine Gebote zu übertreten; und wie nötig eine beständige Erneuerung des Sinnes ist zu dem, was Gott wohlgefällt.

Ach, daß doch alle, die sich gläubig nennen, solches verstünden und beachteten! Denn es ist zu fürchten, daß der Glaube von manchen – so sehr sie sich auch dessen rühmen – nicht ausreicht zu ihrer Rechtfertigung am ernsten Tage, weil er nicht als ein Glaube im Blute Jesu erscheint!

Die neue Art der Rechtfertigung durch den Glauben im Blute Christi, statt durch Opfer oder sonstige Werke des Gesetzes, stellt Paulus in unsrem Texte als eine solche vor, die notwendig noch zu erwarten war, weil dadurch die bisherige Art der Vergebung ergänzt und für das kommende Gericht vervollständigt wurde.

a) Denn damit, daß Christus nun zum Gnadenstuhl vorgestellt ist, erweist Gott Seine Gerechtigkeit bei Vergebung der Sünden, die zur Zeit der früheren göttlichen Langmut vorgekommen sind. V. 25 und 26 ist von Gottes eigener Gerechtigkeit die Rede, nicht von der der Menschen, die vor Gott gelten soll; und die vorliegende Übersetzung ist hier nicht die richtige, wie sie jedoch in andern Stellen, vor allem auch V. 22 ihr Recht hat. Gott schien nämlich bei der früheren Art der Versöhnung oder der Vergebung der Sünden durch Opfer und andere Werke des Gesetzes – die mehr nur äußerliche, in den meisten Fällen ganz nur mechanische Werke waren – Sein Recht (der Strafe) gegen die Sünder nicht verfolgt zu haben; und solange nicht in anderer Weise die Vergebung vermittelt wurde, war keine Gerechtigkeit Gottes zu sehen. Gott schien nicht sonderlich gegen den Sünder zu zürnen und den Sünder mehr sich selbst zu überlassen, seiner nicht zu achten (Hebr. 8, 9). Wie sollten auch um solcher Werke des Gesetzes willen die Juden vor den Heiden etwas voraushaben, wenn die volle Gerechtigkeit Gottes am Tage des Gerichts sich offenbaren würde? Wenn Gott dennoch sich gnädig erwies, so geschah es in Aussicht auf das zukünftige Opfer. Daraufhin konnte Gott für dieses Leben Geduld haben mit den Sündern, wenn sie nur Seinen Anordnungen gehorsam waren. Seine Gerechtigkeit wurde also wohl nachträglich erwiesen, da das wahre Opfer erfolgte. Nun bekam auch die früher dargebotene Vergebung ihre Bedeutung für den Tag des Gerichts, da den Gläubigen des Alten Testaments ihre im Gehorsam dargebrachten Opfer nun als Gaben in dem Blut Christi angesehen und zur Gerechtigkeit angerechnet wurden.

b) Ebenso erweist Gott Seine Gerechtigkeit im Neuen Bunde, wenn Er, Christus zum Gnadenstuhl vorstellend, durch den Glauben in Christi Blut fortan gerecht macht, wie es in unsrem Texte heißt (V. 26): »auf daß Er zu diesen Zeiten darböte (erwiese) *Seine* Gerechtigkeit« –nicht: die Gerechtigkeit, die vor Ihm gilt – »auf daß Er gerecht sei und gerecht mache den, der da ist des Glaubens an Jesus«. In dem Blute Jesu als dem eigentlichen Versöhnungsblute hat Gott Seinen vollen Ernst wider die Sünde gezeigt; und Seine Gerechtigkeit ist somit gesichert, und Er bleibt gerecht, auch wenn Er nun ohne weiteres – auch ohne die bisher gesetzlichen Opfer, deren Ungenügen gerade durch ihr nunmehriges Wegbleiben dargelegt wird – gerecht macht den, der des Glaubens an Jesus ist, und zwar nicht bloß aus den Juden, sondern auch aus den Heiden (V. 29f.). Wenn die Gerechtigkeit Gottes bisher, als durch Werke des Gesetzes Vergebung erteilt wurde, nicht erwiesen war, so geschieht ihr noch lange nicht genug ihr Recht, wenn jemand ohne das Opfer Christi mit bloßem Bittgebet von Gott Vergebung der Sünden erlangen wollte. All solches Bitten und Flehen könnte nie eine Folge haben, wenn nicht Christus mit Seinem unschuldigen Leiden und Sterben unsre

Versöhnung geworden wäre. Der ordentliche Weg zur Rechtfertigung ist daher nur der Glaube in dem Blute Christi, weil ohne diesen Gottes Heiligkeit und Gerechtigkeit übersehen wird, wenn man, nur auf Seine allgemeine Barmherzigkeit vertrauend, Rechtfertigung erwarten wollte. Freilich mag jetzt der HErr allen Bittenden gnädig sein, weil Er es kann, ohne Seiner Gerechtigkeit zunahezutreten, nachdem Christus für die Sünden der Menschen gestorben ist.

Es ist gar nicht auszudenken, welche große Wohltat den Menschen durch den Tod Christi zugekommen ist! Ohne ihn wäre keine Hoffnung für den Sünder gewesen. Nun aber ist die Barmherzigkeit um so größer und überschwenglicher, je mehr durch das bittere Leiden und Sterben Jesu der Gerechtigkeit Genüge getan ist.

Wie wichtig sollte uns darum die Charwoche sein, in welcher der Grund zur Rettung Unzähliger – aller, wenn sie glauben wollten gelegt worden ist! Wer's im Glauben erkennt, kann großen Frieden der Seele bekommen. Selbst die sogenannten »Charfreitagschristen« – welche Kirche und Gottesdienst das ganze Jahr hindurch versäumen, aber einen Drang haben, gerade am Charfreitag vor Gottes Angesicht zu erscheinen – dürfen wir nicht, wie soviele tun, geringschätzen. Sie haben ein verborgenes Gefühl, daß eine Sühne für den Menschen vorhanden ist, deren Frucht sie auch genießen möchten.

Kommt denn nur zum Kreuze Christi her! Ihr tut wohl damit Dem, der für euch geblutet hat. Und Er wird euch mit barmherzigen Augen ansehen und euch nicht dahintenlassen. Auch über euch wird Seine Liebe siegen.

Aber lasset euren Glauben im Blute Christi einen immer völligeren werden! Amen.

Gründonnerstag
Wirkungen des Heiligen Abendmahls
1. Joh. 1, 7

»Wenn wir aber im Lichte wandeln, wie Er im Lichte ist, so haben wir Gemeinschaft untereinander, und das Blut Jesu Christi, Seines Sohnes, macht uns rein von aller Sünde.«

Wir wollen uns vorbereiten zur gemeinsamen Feier des Heiligen Abendmahls, und da müssen wir uns doch manches vergegenwärtigen, das zum Verständnis dieses Heiligen Mahles führen kann.

Man kann nach verschiedenen Seiten hin Betrachtungen über das Heilige Abendmahl anstellen; aber unser Spruch gibt uns ein Besonderes an, das wir durch das Heilige Abendmahl werden sehen, welches der HErr zum Heil der Menschheit und Christenheit eingesetzt hat für die, die an Ihn gläubig geworden sind.

Vergegenwärtigen wir uns also das Heilige Abendmahl und die Feier desselben: Was sehen wir durch dasselbe werden? Es sind drei Punkte:
1) Wir kommen ins Licht durch das Heilige Abendmahl;
2) Wir kommen durch dasselbe in eine Gemeinschaft untereinander;
3) Wir werden unter demselben durch das Blut Jesu Christi, des Sohnes Gottes, rein von aller Sünde.
Dieses Dreifache sehen wir werden, wenn wir uns zum Tisch des HErrn anschicken.

1) Wir kommen durch das Heilige Abendmahl ins Licht

Darauf bin ich gekommen durch die Worte: »So wir aber im Lichte wandeln, wie Er im Lichte ist.« Durch das Heilige Abendmahl kommen wir ins Licht, die in uns verborgene Sünde tritt hervor. Wir können die Heuchelei und Scheinheiligkeit nicht mitbringen, sonst wären wir in der Finsternis, und das paßt nicht zur Erinnerung an den Gekreuzigten. Das Abendmahl, schon sofern es eine Erinnerung ist an den Gekreuzigten – Er sagt ja: »Das tut zu Meinem Gedächtnis!« – stellt uns ins Licht. Es sagt uns, daß wir arme elende Sünder sind; denn sonst würde ja der Kreuzestod des Reinsten und Gerechtesten, des HErrn vom Himmel, nicht nötig gewesen sein. Was sind wir? Wie erschrecken wir über uns selbst, weil uns da klar gesagt wird, wie wir Kinder der Sünde sind, und darum auch Kinder des Todes, wenn keine Hilfe käme. Das Heilige Abendmahl verwirft uns alle in dem, was wir sind, und richtet uns alle; und indem es das tut, kommen wir ins Licht. Denn solange wir uns nicht verdammt fühlen, solange wir uns nicht gerichtet fühlen, stehen wir nicht im Licht und kann das Heilige Abendmahl uns auch nichts bieten. Indem wir aber an diesem Mahle teilnehmen, müssen wir ins Licht und sehen wir, wer wir sind.

Dann gehört aber auch von unserer Seite etwas dazu: Das Heilige Abendmahl fordert uns auf, ins Licht zu treten mit unsrer Sünde und Unwürdigkeit; es fordert uns auf, nachzudenken über unsre Verfehlungen, Sünden und Missetaten; es fordert uns auf, uns abzuschätzen nach dem, was wir getan haben; es fordert uns je und je auch auf, offenbar zu machen unsre Sünde, sie laut zu bekennen, oder, wie es in der Kirche gewöhnlich ist und sein kann, zu beichten, daß wir sagen: »Das und das habe ich getan, und der und der bin ich.« Ohne das Heilige Abendmahl kämen wir nicht leicht so weit; aber dieses drängt uns, herauszukommen aus unsrem Versteck ins Licht. Mag auch eine noch so häßliche Gestalt zutage kommen, wenn wir ins Licht treten – daß man uns fast nicht ansehen mag –, so ist es doch ein ungeheurer Gewinn, wenn alles herauskommt und wir im Lichte stehen. Wir werden deswegen immer erleuchtete Leute sein, wenn wir öfters zum Tisch des HErrn gehen. Wer das Heilige Abendmahl versäumt, der kommt nie ins Licht, in dem wird es nie hell; der bleibt immer in tiefste Finsternis versteckt vor sich selbst und vor anderen und, wenn das möglich wäre, auch vor Gott. Daraus möget ihr hier auch sehen, wie es bei einem jeden nottut, daß er es nicht versäumt, sich ins Licht zu stellen und volle Klarheit über sich zu bekommen, um nicht der Lüge hingegeben zu bleiben, bei der der Mensch meint, etwas zu sein – und ist doch am Ende nichts als etwas sehr Häßliches, das man nicht ansehen mag!

Das ist das erste, was wir durchs Heilige Abendmahl werden sehen bei aufrichtigen Menschen: sie kommen ins Licht herein. Deswegen gewinnt man auch für alle, die zum Tisch des HErrn gehen, eine besondere Liebe. Man bekommt den Eindruck, da sei doch ein wenig Licht: Es will keines brav, keines gerecht sein, es will keines als selbstgerecht dastehen, es will keines seine Sünde verdeckt sein lassen und mit dem, was es ist, hinter dem Busch halten – wie es sonst oft vorkommt. Das sehen wir werden bei einzelnen und vielen, jedenfalls bei allen lauteren Christen, die zum Tisch des HErrn treten: Es wird Licht bei ihnen.

2) Wir kommen durchs Heilige Abendmahl in eine Gemeinschaft untereinander

Es heißt ja weiter: »...So haben wir Gemeinschaft untereinander.« Die Abendmahlsgenossen, soweit sie alle ins Licht über sich selber kommen, gewinnen eine besondere Liebe zueinander, ein besonderes Gefühl füreinander, eine gewisse einheitliche Gesinnung. Wie sie einheitlich ins Licht gekommen sind und alle als Sünder daherkommen, so sind sie auch in eine Gemeinschaft miteinander gekommen: Was ihnen gemeinsam fehlt, wollen sie gemeinsam hier holen. Wir sehen eine Gemeinschaft werden unter vielen, die sich sonst nicht kennen, wenn sie da miteinander zum Altar treten. Und wenn sie sich nachher erinnern: Mit dem und dem bin ich auch zum Tisch des HErrn gegangen, so fühlen sie einen Zug der Gemeinschaft der Liebe und Anhänglichkeit zueinander. Schon daß man da aus *einem* Kelche trinkt, *ein* Brot miteinander ißt, *einen* Weg miteinander geht um den Altar – ein jeder als ein armer Sünder, der gerne selig wäre –, weckt eine Gemeinschaft. So sehen wir durch das Heilige Abendmahl unter vielen eine Gemeinschaft werden. Und da möchte ich sagen: Die Einzelnen können etwas dazutun, wenn sie es wirklich füreinander wichtig nehmen, daß sie miteinander vor dem Tisch des HErrn gestanden sind – wie es Kindern ihr Lebenlang nachgeht und in Erinnerung bleibt, wer mit ihnen konfirmiert worden ist. Es gibt eine brüderliche, schwesterliche Liebe, eine Verwandtenliebe zwischen denen, die miteinander konfirmiert worden sind, so daß sie's nie vergessen, mit wem sie konfirmiert worden sind. So sollte es auch mit dem Heiligen Abendmahl sein: daß wir es besser in Erinnerung behalten, wer jedesmal mit uns herzugetreten ist zum Altar. Es gibt das eine wohltuende Empfindung füreinander, auch wenn man sich später nach Jahren wieder daran erinnert, vor allem bei denen, die hier in unserem Hause – da ja keines dem andern unbekannt bleibt –, zum Tisch des HErrn gehen. So entsteht eine Liebe und Gemeinschaft höherer, göttlicher Art.

Man sieht auch, wie der HErr Jesus alle gleichermaßen liebt, wenn Er sagt: »Trinket *alle* daraus.« Alle hören dieselben Worte: »Das ist Mein Leib, *für euch* dargegeben, Mein Blut, *für euch* vergossen.« Allen wird dieselbe Gnade zuteil, Hohen und Niederen, alle bekommen einerlei Kost. Da ist's wiederum, wie wenn durch alle etwas hindurchginge, was imstande ist, sie miteinander innerlich zu verbinden. Deswegen habe ich es auch gar gerne, wenn die lieben Freunde, die zu mir kommen, auch den Wunsch äußern, sie möchten das Heilige Abendmahl feiern. Denn ich habe immer dabei den Nebengedanken: Dann kommen die Leute einander näher; dann sind ihre Gemüter besser verschmolzen miteinander und sie haben einerlei Liebe zum Heiland, einerlei Genuß Seiner Gnaden und Gaben und einerlei Hoffnung. Das tut mir wohl, wenn ich bei vielen – bis gegen hundert – denken kann, es sei unter allen ein bißchen eine Gemeinschaft entstanden auf den Gekreuzigten hin, der unser aller Trost und Zuversicht verbleibt. So können wir alle miteinander immer wieder gestärkt werden. Es ist nicht ganz das Richtige, wenn eins beim Heiligen Abendmahl nur immer an sich allein denkt, daß es gestärkt werde. Gut, du sollst's werden – aber du wirst's vor allem auch durch das Zusammensein mit vielen und wenn du siehst: Was ich kriege, kriegen auch die andern. So ist's eine Einheit mit allen, und hierdurch erst kann mir eine Stärkung und Neubelebung in vollem Sinne werden.

3) Wir werden unter dem Heiligen Abendmahl durch das Blut Jesu Christi rein von aller Sünde

Wir suchen alle Vergebung der Sünden oder wenigstens Bekräftigung derselben, weil sie uns ja schon vorher (bei der Absolution der Beichte) zugesichert worden ist. Aber sie kann uns nur werden, wenn wir ins Licht kommen und wenn wir in die Gemeinschaft untereinander kommen, so daß das Blut Christi, das für alle vergossen ist, nur desto völliger uns rein macht. In dem können wir wiederum uns stärken durch die Gemeinschaft. Da sehen wir eines, das geht vor uns, ein anderes hinter uns, ein drittes neben uns: Es bekommt auch den Leib und das Blut Christi. Wie? Dem wird auch Vergebung zuteil?! Und dem? und dem? O, da muß man sich oft verwundern bei diesem oder jenem und denken, daß es fast zu viel für ein solches wäre! Aber er kriegt's offenbar! Was ist doch das für ein Trost für mein eigenes Herz, daß es könne Vergebung erlangen, wenn es sieht, wie das Blut Jesu Christi sich an den andern verherrlicht! Das Blut Jesu Christi reinigt auch durch die Gemeinschaft mit vielen, in die wir durch dasselbe versetzt werden. Deswegen heißt's eigentlich: »*Wenn* wir im Lichte wandeln, so haben wir Gemeinschaft untereinander, und *wenn* wir Gemeinschaft untereinander haben, so macht uns das Blut Jesu Christi rein von aller Sünde.« Wir dürfen also denken: Der und der bekommt Vergebung – und doch liegen harte Dinge vor, welche ihn beschweren, aber er bekommt sie doch –: o, so bekomme ich auch Vergebung für alles! Wenn die alle, die soviele Sünden dahertragen, und mitunter arge und greuliche, wenn die alle Vergebung bekommen: o, wie muß dann auch mir Vergebung durchs Blut Jesu Christi so gewiß werden! Wenn die Sünden, die jene verklagen könnten, vergeben werden: nun so habe ich auch einen Heiland, der wirklich mich vor Seinem Altar rein macht von aller meiner Sünde und mit mir alle, die aufrichtig, andächtig, kindlich, gläubig herzutreten!

So sehen wir im Heiligen Abendmahl auch werden die Reinigung von unsrer Sünde durchs Blut Jesu Christi.

Nun denkt doch, was das alles ist und wie über die Maßen wichtig, groß und bedeutungsvoll das Heilige Abendmahl ist und wie wir uns üben sollten, doch ja in der

Liebe und Gemeinschaft zu bleiben, damit wir nicht dadurch, daß wir uns eine Ab-
sonderung hievon erlauben, Einbuße an Reinigung unserer Sünden haben. Gönne es
jedem, so hast du am meisten! Gönne es jedem, so bist du der Glückseligste – dann hast
du's am allergewissesten!

Das wäre es, was ich mit diesem Spruch euch allen nahelegen wollte, damit wir doch
alle, wenn wir zum Tisch des HErrn treten, den Segen erlangen möchten, den wir
suchen:

daß wir Licht bei uns werden sehen,
daß wir Gemeinschaft unter uns werden sehen,
daß wir Reinigung von aller Sünde werden sehen.
O HErr, hilf, daß es werde! Amen.

Karfreitag
Der große Dulder (freier Text)
Ps. 22, 2–22

Eingang:
Den Schmerzenstag unsres Heilandes feiern wir heute. Der HErr verdient es, daß
wir heute mit Ihm leiden. Erst wenn wir das tun, können wir uns auch mit ihm freuen
über den Erfolg Seines Leidens. Dieser Erfolg war vor Augen nicht sichtbar, ist aber
schnell wie aus einem Nichts hervorgegangen. War doch Christus vor Augen zum
Nichts geworden – um gleich darauf alles zu sein!

Wir wollen, um uns lebhaft in das zu versetzen, was Er duldete, den 22. Psalm vor
uns nehmen, welcher in wunderbarer Weise alle Not und Qual, die der Heiland ausge-
standen hat, volle tausend Jahre vorher weissagend geschildert hat.

Inhaltsangabe
*Der Geist der Weissagung konnte das Leiden des Messias vorverkünden durch Da-
vid, weil dieser ein Herz hatte für Gottes Herrschaft und auch für sie litt.*

Wie eine solche Weissagung entstanden ist und entstehen konnte, wollen wir uns
doch auch ein wenig deutlich machen. Der König David ist's, durch dessen Mund
die Weissagung geht. Derselbe hatte ein weites Herz und eine Sehnsucht, die Herrlichkeit des Gottes Israels, die ihm selbst immer groß vor der Seele stand, möchte allen
Völkern noch zuteil werden. Er fühlte also, wie wir in seinen Psalmen wohl ersehen
können, priesterlich für alle Völker der Erde. Von ihm wissen wir aber auch, daß er
durch manche Trübsale hat gehen müssen und vor allem auch um deswillen viel angefeindet wurde, daß er so sehr auf die Ehre seines Gottes sah und als ein eifriger Anhänger des Gesetzes allem Bösen und Gottwidrigen auch durch seinen königlichen Ein-

fluß nach Kräften zu steuern versuchte. Es gab aber viele Feinde des HErrn und Seines Gesetzes, denen Davids Eifer und sein Festhalten am väterlichen Gesetz ein Ärgernis war. Diese hätten lieber dem heidnischen Unwesen gedient, auch frei nach eigenem Gelüste gelebt, als sich nach des Königs Willen – der sie wohl mitunter auch königliche Strenge fühlen ließ – eingeengt und eingeschränkt zu fühlen. Sie hatten viel Verbitterung im Herzen gegen ihn und haßten ihn mitunter bis zum Tode. Oft wurde er, wie aus den Psalmen hervorgeht, über sie nicht Meister, und sie bereiteten ihm viel Not und Angst, weil sie auch hinterlistige und mörderische Gedanken hegten. Wenn er dann sein Herz vor Gott ausschüttete, mußte er sich oft mit dem trösten, daß es des Gerechten Aufgabe sei, viel zu leiden, und daß er sich das Leiden nicht verdrießen lassen dürfe (Ps. 16, 2 ff.; 34, 20; 77, 11), weil der Kampf mit der Finsternis sich nicht abwenden lasse und dann doch auch der HErr wieder zu Seiner Sache stehe. Aber aufs tiefste bekümmert war doch oft Davids Seele. So haben wir ihn auch für unsren Psalm in äußerst gedrückter Lage und Stimmung zu denken, da es ihm – wie der Anfang des Psalms zu erkennen gibt – war, als habe ihn Gott gar verlassen und ganz Seinen Feinden preisgegeben. Da er denn auch gewohnt war, gewiß nicht ohne Sehnsucht (vgl. 14, 7), auf den großen König vorauszublicken, der aus seinen Lenden kommen sollte, so konnte ihm wohl auch die Empfindung davon kommen, wie es diesem König ergehen werde, der bestimmt sei, alles neu zu machen, Gerechtigkeit auf Erden zu bringen – sich mithin in besonders hohem Grade gegen die Feinde Gottes zu stemmen habe (Ps. 110). David konnte sich keinen Eiferer um den HErrn mehr denken, der nicht das Äußerste, wohl gar den Tod auf sich nehmen müßte, um zu dem Zweck der Verherrlichung des Namens seines Gottes zu kommen. Für diesen Fall hatte er ja schon den Glaubensmut zu sagen – dem Worte nach also von sich –: »Du wirst nicht zugeben, daß Dein Heiliger verwese« (Ps. 16, 10). Mit der Vorstellung des Messias verband sich also leicht die eines Dulders. Dies ist besonders aus dem Propheten Jesaja ersichtlich, der den Knecht des HErrn am deutlichsten als ein in den Tod gehendes Opferlamm beschrieb (Jes. 53). Selbst Simeon bekam, als er das Kind Jesus, den Trost seines Herzens, in den Armen hielt, eine wehmütige Empfindung über ihn, in der er zu Maria sagte: »Es wird ein Schwert durch deine Seele dringen« (Luk. 2, 35). Und von Johannes dem Täufer wissen wir's, wie es ihm, als er Jesus sah, durch die Seele fuhr zu sagen: »Siehe, das ist Gottes Lamm, das der Welt Sünde trägt« (Joh. 1, 29).

So ist es begreiflich, wie leicht David – eben in Zeiten, da er selbst aufs äußerste bedrängt schien – im Geiste in das Schicksal des kommenden Erretters versetzt werden konnte und wie bereit er war, in dem, was er in einem Liede von seiner eigenen Lage und Stimmung niederschreiben wollte, Eingebungen des Heiligen Geistes zu empfangen, die ihn in eine prophetische Erregung versetzten, so daß alles unvermerkt eine Schilderung der Trübsalspein des zukünftigen großen Dulders wurde. So schreibt David als von sich – und doch paßt alles direkt und ganz überraschend auf das, was in Wirklichkeit Jesus litt. Auf diese Weise flicht sich oft bei prophetischen Erregungen in der Schrift die Zukunft in die Gegenwart herein. Und wir haben's als »ein festes prophetisches Wort« zu nehmen, in welchem »die Weissagung nicht aus eigener Auslegung« geschah, d. h. nicht aus eigener Willkür herausgelegt und kundgegeben wurde, »nicht aus menschlichem Willen hervorgebracht, weil die heiligen Menschen Gottes geredet haben, getrieben von dem Heiligen Geist« (2. Petr. 1, 19–21).

Der ganze Psalm weist also auf den großen Dulder hin, der kommen sollte. Dieser redet durch die Person Davids, des Propheten (Apg. 2, 30) in erster Person. Während David spricht und klagt, haben wir uns Christus als im Hintergrunde mitredend zu denken.

Auslegung:

Der Psalm hat drei größere Teile, die man Strophen nennen kann. Der große Dulder redet
1) aus einer Wehmut heraus (V. 2–12)
    a) als ein von Gott Verlassener (V. 1–3)
    b) als einer, der sich zurückgesetzt fühlt vor den Vätern (V. 4–6)
    c) er fühlt sich verworfen von der Mitwelt (V. 7–9)
    d) er gedenkt daran, daß Er ja von Geburt an allein an Seinen Gott gewiesen gewesen sei (V. 10–12)
2) aus einer großen Qual heraus (V. 13–22); es ist die Rede
    a) von der Wut der Feinde (V. 13 f.)
    b) von Seinem Verschmachten (V. 15 f.)
    c) von Seiner Kreuzespein im besonderen (V. 17 ff.)
    d) von Seinem Notschrei unter allem (V. 20 ff.)
3) als ein Geretteter (V. 23–32)
    (Das wollen wir aber hier nicht mehr besprechen).

1.
Der Dulder redet aus einer Wehmut heraus (V. 2–12)

(2) »Mein Gott, mein Gott, warum hast Du Mich verlassen? Ich schreie, aber Meine Hilfe ist ferne. (3) Mein Gott, des Tages rufe Ich, doch antwortest Du nicht, und des Nachts, doch finde Ich keine Ruhe. (4) Du aber bist heilig, der Du thronst über den Lobgesängen Israels. (5) Unsere Väter hofften auf Dich; und da sie hofften, halfst Du ihnen heraus. (6) Zu Dir schrien sie und wurden errettet, sie hofften auf Dich und wurden nicht zuschanden. (7) Ich aber bin ein Wurm und kein Mensch, ein Spott der Leute und verachtet vom Volke. (8) Alle, die Mich sehen, spotten Mein, sperren das Maul auf und schütteln den Kopf: (9) Er klage es dem HErrn, der helfe Ihm heraus und rette Ihn, hat Er Gefallen an Ihm!

(10) Du hast Mich aus Meiner Mutter Leibe gezogen; Du ließest Mich geborgen sein an der Brust Meiner Mutter. (11) Auf Dich bin Ich geworfen von Mutterleib an, Du bist Mein Gott von Meiner Mutter Schoß an. (12) Sei nicht ferne von Mir, denn Angst ist nahe; denn es ist hier kein Helfer.«

a) Er redet als ein von Gott Verlassener

Er ruft: »Mein Gott, mein Gott, warum hast du Mich verlassen?« Daß Jesus diese Worte am Kreuze anführte, wissen wir. Sonst war er gewohnt zu beten: »Mein Vater!« Jetzt redet Er mit dem Psalm Seinen Vater als »Gott« an, als könnte oder dürfte Er nicht mehr sich den Sohn des Vaters und Ihn den Vater nennen. Erst vor dem Verscheiden kann Er wieder beten: »Vater, in Deine Hände befehle Ich Meinen Geist!« Denken wir nicht, daß Er als der Sohn Gottes weniger gelitten oder weniger empfunden habe, was Er litt. Denn am Kreuz fühlte er sich nicht mehr als einen Sohn gehalten. Er hatte nicht an Seinem Vater mehr, als ein anderer Mensch hat, und Gott ist Ihm das, was Er einem jeden anderen Menschen ist. Daraus geht hervor, daß Er's um nichts besser hatte, als wir's etwa in Seiner Lage gehabt hätten. Aber Er sagt doch noch: »Mein Gott!« Er hält Gott fest, wie auch wir angewiesen sind, in tiefster Not unsern Gott gläubig festzuhalten. Und Er lehrt's uns hiermit, auch im Äußersten Gott unseren Gott zu nennen, Der uns nicht fehlen könne, so sehr Er uns zu fehlen scheint. Wir haben's jetzt daher eher leichter als Er – selbst wenn wir wie Er gekreuzigt würden – auszurufen: »Mein Gott!« oder »Mein Vater!« auch: »Mein Heiland!« Denn sicher gibt der Geist, wenn wir glauben oder gar um Seinetwillen leiden, unserm Geist Zeugnis, daß wir Gottes Kinder seien, weil uns das Jesus mit Seinem Verlassensein erworben hat.

Der Dulder fragt: »Warum?«, und das ist's, warum wir's nehmen, als rede Er aus einer Art Wehmut heraus. Es ist, als wollte Er – freilich auch als aus dem Munde Davids – sagen: »Ich habe Dich ja nicht betrübt, bin Dir nicht ungehorsam gewesen, gehe und leide ja auf dem Wege des Gehorsams – warum stellst Du Dich so ferne?!« Ist's Ihm, dem großen Dulder, so möchten wir fragen, wirklich wehmütig im Herzen, warum der Vater Ihn so verlassen habe, gleichsam als sollte das nicht sein? Die Dunkelheit auch bei Gerechten, ja bei dem Gerechtesten – wenn auch zu unserm Heil – kann groß werden; und sie mußte wohl auch bei Jesus groß werden, damit Er »versucht würde gleichwie wir« und nichts vor uns voraushätte. Wir freilich sind auch mit keiner Frage so schnell bei der Hand als mit der Frage: »Warum?« Beim Heiland ist's eine Art Wehmut in tiefster Nacht – bei uns ist's oft ein Murren, eine Unzufriedenheit, eine Anklage gegen Gott, was aber bei uns nie angebracht ist, weil wir nie ohne Schuldbewußtsein sein werden. Hüten wir uns vor solchem! Preßt's uns auch Wehmut aus, wie dem Heiland, so müssen wir's doch oft unerklärlich haben, sehr häufig auch in Todesnöten. Es geschieht aber dazu, daß wir beweisen können, daß wir, auch wenn wir ganz in der Nacht sind, doch noch soviel Glauben haben, um ausrufen zu können: »Mein Gott!« Sei's auch, daß unser Glaube nur noch an einem Faden hängt, wenn der Schmerz gar zu groß ist – das Wörtlein »Mein« ist in der hebräischen Sprache nur durch ein kleines Strichlein ausgedrückt –, so läßt doch Gott diesen Faden nicht brechen, wenn du geduldig ausharrst. Und zuletzt wird doch der Verkläger ferne weichen müssen.

An was aber erkennt der große Dulder, daß Er verlassen war? Daran, daß Er, wie wir lesen, schreit in großem Schmerze, und es kommt keine Hilfe; daß Er ruft des Tages, und Er bekommt keine Antwort; daß Er auch des Nachts – wie in der großen Finsternis, die drei Stunden fortdauert, während Er am Kreuze hängt – nicht schweigt, und es kommt Ihm doch nichts entgegen! Keine Stimme kommt von oben! Er hört's nicht mehr, daß es hieße: »Dies ist Mein lieber Sohn, an dem Ich Wohlgefallen habe«! Er hängt da, als fragte Sein Vater nichts mehr nach Ihm und ließe Ihn jammern und stöhnen, ohne sich nach Ihm umzusehen. So war's, weil's etwas kostete, bis unsre Sünde, die Er trug – mit welcher Er als Opfer vor Gott kommt – gesühnt war. Der Vater mußte ferne bleiben, um den Ernst zu zeigen sowie Seine solchen Tod herausfordernde Gerechtigkeit. Wer denkt's aus, was Jesus uns zulieb getragen hat?!

b) Der große Dulder fühlt sich zurückgesetzt vor den Vätern

Das erhöhte Seine Wehmut. »Heilig« nennt Er Seinen Gott, d. h. einzig unter allen Göttern. Er war gewohnt, Seinem Volk Israel nahe zu sein, was in der Vorzeit kein Volk der Erde gehabt hat. Hatte doch Gott sogar eine Wohnung unter Israel, und dieses lobte und pries Ihn beständig darum, daß es war, als »wohnte Gott unter dem Lob Israels«. Von dem allen ist für den Dulder nichts mehr da. Er denkt daran, wie die Väter auf Gott hofften und ihnen geholfen wurde; wie sie zu Gott schrien und errettet wurden; wie sie hofften und nicht zuschanden wurden. Da mag dem großen Dulder manches Einzelne eingefallen sein. Und wenn wir's uns in großer Trübsal einfallen lassen, kann's uns zu großem Trost gereichen, um ausdauernd im Glauben rufen zu können: »Mein Gott!« Und wenn dem HErrn die eigene nächste Vergangenheit vorschwebte: welche Herrlichkeit durfte Er entfalten! Jetzt aber, jetzt ist von allem nichts mehr da! Es erscheint alles nur wie ein Traum vor Ihm: wie schwer, wie schmerzlich, wie zur Wehmut stimmend!

Kommt's nicht auch an uns je und je so? Ja, es gibt Zeiten, da kein Gebet durchdringt, da alles gar umsonst scheint, was man ruft und betet und ringt und kämpft! Denke doch wie dein Heiland an deine und deiner Väter Vergangenheit! Und sei's auch, daß dich's wehmütig stimmt, weil es nicht mehr so ist, so ist dir's doch ein Trost. Und der Gott, der so Großes getan hat – wenn Er sich auch jetzt nicht vernehmen läßt –, kann unmöglich gestorben, unmöglich nicht mehr sein! Laß dir's, wer du auch als Dulder seiest, sogar eine Aufrichtung sein, daß du's unter deiner Trübsal doch noch besser hast als dein Heiland, und harre aus! Wenn du vollends siehst, wie dein Heiland sich hat vor den Vätern zurückgesetzt fühlen müssen, so laß dir das alles Selbstgefühl und alle Eigenliebe nehmen – als müßtest du etwa vor anderen ein Besonderes von Gnadenbezeigungen Gottes haben!

c) Der große Dulder fühlt sich auch verworfen von der Mitwelt

Das ist ein Weiteres, das Seine Wehmut steigern konnte. Ein »Wurm« ist Er nur, wie ihn jedermann instinktmäßig zertritt, wenn er ihn sieht, »kein Mensch«, vor dessen Leben jeder Achtung hat. Er ist »ein Spott der Leute, eine Verachtung des Volkes«. Der Spott und die Verachtung, die Er erfährt, ist um so größer, weil sie etwas auf Ihn gehalten hatten – und ihnen nun alles nichts zu sein schien, was sie von Ihm dachten!

»Was nützen uns«, so mochten sie denken, »Seine Wunder? Was war's, daß Er jedermann half? War's nicht Trug, Täuschung, Selbsterhebung, Teufelskunst, was Ihn befähigte, Seine Taten zu tun? Nichts war's damit, das sehen wir! Hätte Ihn Gott nicht also gestraft, hinge Er nicht am Kreuz«! So »spotten sie Seiner, sperren das Maul auf und schütteln den Kopf«. »Er klag's«, so hieß es spöttisch, »dem Herrn, der helfe Ihm aus und errette Ihn, hat Er Lust zu Ihm!« Wir wissen, wie laut der Kreuzigungsgeschichte sich die harten Feinde gerade mit solcher Rede belustigten. Man denke sich aber, was es dem Heiland gewesen sein muß, so von der Mitwelt verworfen zu werden, der Er nichts als Gutes getan hatte! Solche Gottlosigkeit, solcher Undank: wie sollte das Den nicht schmerzen, der sich's Sein ganzes Leben lang hat so viel kosten lassen, um auch die, die Ihn jetzt so verwerfen, aus der Gewalt des Teufels und der Hölle zu erlösen! Wehmut und nur Wehmut ist in Ihm, wenn Er unter Seinen Schmerzen an solches denkt!

Wir aber, wenn wir etwa verspottet, verachtet, mißhandelt, getötet, gekreuzigt würden, und doch das Bewußtsein hätten, mit jedem es immer gut gemeint, keinen mit Wissen beleidigt, gekränkt, beeinträchtigt zu haben: Ist's bei uns nur Wehmut, was wir empfinden? Kommt uns nicht Zorn, Ärger, Rachegefühl?! Jesus hat beten können: »Vater, vergib ihnen, denn sie wissen nicht, was sie tun!« Und Er hat gewiß auch am Kreuze unter Seiner Wehmut geseufzt, Gott möchte es die Spötter nicht entgelten lassen! Könnten wir das auch?! O lernen wir's an Jesus, wenn auch wehmütig gestimmt, doch in der Liebe, in der Vergebung zu bleiben! Die Art, wie Er's gewann, soll uns den Weg zeigen, wie auch wir's gewinnen für uns und für andere, selbst für die Feinde und Mörder! Denn bei Ihm machte das, daß Er auch für die Übeltäter gebeten hat, alles aus (Jes. 53, 12).

d) Aus einer Art Wehmut heraus ist endlich auch das gesprochen, daß der Dulder sagt, Er sei doch von Geburt an allein an Seinen Gott gewiesen gewesen.

Sie spotteten über Ihn, daß Er Gott vertraut und von Ihm gehofft habe, Er werde Ihm helfen – während man es sehe, daß Gott nichts nach Ihm frage! Wenn man jemand seines Gottvertrauens wegen verspottet: wie wehe muß das einem hart Betroffenen tun, zumal dem hart Bedrängten ja gar nichts übrigbleibt, als Gott zu vertrauen! Der große Dulder nimmt's, wie es einem David zu Mute sein mußte, wenn ihm seine Feinde sein Gottvertrauen vorwarfen, wie wir das oft in den Psalmen finden. Versetzen wir uns selbst in eine solche Lage: Müßte uns nicht eine solche Behandlung von Mitmenschen im Innersten schmerzen? Unsern Dulder aber in Seiner schrecklichen Pein, in der Er seines Höheren ganz entäußert ist: sollte Ihn das unberührt gelassen haben? Stellen wir uns nur recht darin hinein, wie es Ihn wirklich schmerzt, wirklich wehmütig stimmte: Unsere Teilnahme wird dann um so größer! Ja, gehen wir noch weiter, zu denken, wie es auch jetzt noch Sein menschlich fühlendes Gemüt bis zu Schmerz und bis zu Wehmut erregen kann, wenn Er uns – an die Er nun auch Sein Leben gerückt und denen Er im übrigen soviel Gutes nach Leib und Seele getan, die Er aus viel Jammer und Not schon gerissen, ganz als Kinder behandelt hat – als solche

sieht, die Ihn gleichgültig am Kreuze hängen sehen können und sich auch sonst un-
würdig und gefühllos gegen Ihn stellen, auch mit frechen Reden des Unglaubens bis
zur Lästerung hin! Ja, es schmerzt Ihn das. Und wenn wir in den Propheten oftmals
selbst Gott als wehmütig uns vorgestellt finden (vgl. Jes. 1, 2 f.): Bleiben wir nicht kühl
dagegen, indem wir etwa sagen, es seien das dichterische Redensarten oder dem
Menschlichen nachgebildete Empfindungen! Mindestens soll eine solche Redeweise
unser Gemüt erregen, uns nicht so zu betragen, daß es auch, wie wir sagen, »einen
Stein erbarmen möchte«. Und unsern Gott und Heiland als einen Stein nehmen, das
kann nur der, der selbst ein Stein ist!

Es ist also, um zu unsern Versen zurückzukehren, als würde der Dulder sagen: »Wie
mögen sie doch Mein Gottvertrauen Mir zum Vorwurf machen! Wie mögen sie Meiner spotten? War Ich doch von Geburt an auf Ihn, und auf Ihn allein, gewiesen, gleichsam hingeworfen!« Viermal gedachte Er des Mutterleibs, der Ihn geboren, als stellte
Er sich's selbst vor. Wenigstens uns darf's zu Herzen gehen, zu welcher Selbsterniedrigung Er sich hingegeben habe, da Er »Fleisch« geworden war, den Menschen zulieb,
deren Bruder Er sein wollte, um als Bruder ihnen allen aus ihrem verlorenen Zustande
zu helfen! Man denke sich ein neugeborenes Kind: Gibt es etwas Hilfloseres und Ver-
lasseneres, als ein solches Kind ist? Wie lange ist es ganz unvermögend, sich selbst
Hilfe zu schaffen, so daß es auch im Kleinsten von anderen abhängig bleibt! Und wenn
die es fehlen lassen: von wem anders ist es dann allein abhängig als vom lieben Gott
selbst? Auch wenn es größer geworden ist, braucht es immer wieder Hilfe – und wo
sind die Menschen, die immer helfen? Immer braucht's wieder Gott selber! Bald fangen Menschen an mehr zu schaden und zu verderben oder fahrlässig zu sein oder gar in
Gruben zu führen! Worauf soll da der Mensch sich werfen? Auf Erden ist es nicht zu
finden. Auf Gott allein ist der Mensch gewiesen, und von Gott muß er suchen, was
ihm not tut. Überall gibt's nichts anderes, das sichere Hilfe dem Menschen versprechen könnte. Gerade so hatte es auch der Heiland, der große Dulder. In einen ganz
ähnlichen Zustand war und blieb Er versetzt in der Zeit Seines Fleisches – und das will
Er mit jenen Versen sagen. Für alles mußte Er Seinen Gott haben, den Er auch fand,
wie Er Ihn suchte. Da wurde Ihm denn auf Sein Bitten und Suchen und Anklopfen –
das Er auch uns anbefiehlt – eins ums andere gegeben, bis Er der Mann war, der mit
dem, was Ihm gegeben war, auch dem Satan trotzen und ihm seine Beute nehmen und
sonst große Taten tun konnte, wie wir wissen. In allem aber blieb Er an Seinen Gott
gewiesen. Nun spotten sie Seiner, daß Er zu Seinem Gott gehalten habe – was doch alles auch wieder ihnen zulieb war! Das tut Ihm jetzt um so weher, als es den Schein hat,
sie hätten recht! Er ruft und betet ja – und bekommt weder Antwort noch Hilfe noch
Errettung!

Das alles aber solltest du, lieber Christ, an dem HErrn sehen, damit dir's etwas gäbe,
wenn auch du in Lagen kommst wie Er: da du betest und nicht erhört wirst, und dem
etwa auch Leute begegnen, die deines Betens und Hoffens spotten wollen, als sei es
einfältig von dir, es dem lieben Gott zuzumuten, daß Er nach dir sehen, dir helfen, dir
dies und das – besonders wenn es etwas Großes ist – geben solle! Es mag dich solches

schmerzen und bekümmern, eben weil's dem äußeren Anschein nach auch so ist! Aber es soll dich nimmermehr selbst in Zweifel und Verzagtheit bringen! Wohlan denn, ahme deinen Heiland nach, der mitten aus Seiner Wehmut heraus nur um so ernstlicher betet: »Sei nicht ferne von Mir, denn Angst ist nahe, denn es ist hier – unter den Menschen – keine Hilfe!« Endlich, endlich wird auch deine Hilfe gekommen sein – wohl nicht so bald, sondern erst, nachdem du den Kelch bis auf die Neige getrunken hast! Auch der große Dulder kommt zuerst noch tiefer in Seine Klage hinein, wie wir hören.

2.

Der große Dulder redet aus einer großen Qual heraus

Wir dürfen bei näherer Betrachtung dieser Stelle nicht vergessen, daß sie eine Weissagung, keine geschichtliche Darstellung ist. Eine Weissagung gibt nur Grundzüge und spricht, da sie von Gegenwärtigem ausgeht, in einer Art, daß sie auch auf anderes anwendbar ist. Sie begnügt sich mit dem Eindruck, den das Ganze machen soll, damit das Einzelne nach verschiedenen Wendungen genommen werden kann. Bezüglich der Leiden des Messias nimmt sie's gerne auch so, daß andere Dulder das Gesagte auf sich übertragen können, wie sich denn der Heiland als Unsereiner, in allem uns gleichgestellt, ansieht. Darum stellt Er sich als Dulder in die Reihen anderer, die für das Reich Gottes dulden; und Er macht wiederum die Seufzer dieser Dulder zu den Seinigen. Bei der Weissagung unsres Psalms übrigens ist das das Eigentümliche, daß sie wenigstens ganz bestimmt einzelne Züge enthält, die ganz auf Christus – und fast nur auf Christus – gehen können.

Es ergeben sich wieder viererlei Gesichtspunkte, unter denen der Dulder seufzt.

(13) »**Gewaltige Stiere haben Mich umgeben, mächtige Büffel haben Mich umringt. (14) Ihren Rachen sperren sie gegen Mich auf wie ein brüllender und reißender Löwe. (15) Ich bin ausgeschüttet wie Wasser, alle Meine Knochen haben sich voneinander gelöst; Mein Herz ist in Meinem Leibe wie zerschmolzenes Wachs. (16) Meine Kräfte sind vertrocknet wie eine Scherbe, und Meine Zunge klebt Mir am Gaumen, und Du legst Mich in des Todes Staub. (17) Denn Hunde haben Mich umgeben, und der Bösen Rotte hat Mich umringt; sie haben Meine Hände und Füße durchgraben. (18) Ich kann alle Meine Knochen zählen. Sie aber schauen zu und sehen auf Mich herab. (19) Sie teilen Meine Kleider unter sich und werfen das Los um Mein Gewand.**

(20) Aber Du, HErr, sei nicht ferne; Meine Stärke, eile, mir zu helfen! (21) Errette Meine Seele vom Schwert, Mein Leben von den Hunden! (22) Hilf Mir aus dem Rachen des Löwen und errette Mich von den Einhörnern.«

a) Der große Dulder redet von der Wut der Feinde

Diese sind keine fühlenden Menschen mehr; denn sie lassen nur Wildheit hervortreten, selbst unter schönem Ansehen. Wütende »Farren« sind's, mit welchen sie verglichen werden, die plump mit den Hörnern dreinstoßen und zermalmen, was an sie kommt. Doch heißen sie »große« und »fette« Farren und Ochsen, um darauf hinzuweisen, daß es Vornehme und Reiche sind, die, strotzend von Fülle, im Übermut über Ihn herfallen. Wiederum nimmt Er sie als »brüllende und reißende Löwen«, die ihren Rachen wider Ihn aufsperren, Ihn ohne alle Barmherzigkeit zu zerreißen. Diese ganze Rede zielt auf den zuletzt vom Dulder erhobenen Schrei: »Sei nicht ferne von Mir, denn Angst ist nahe und ist kein Helfer hier!« Man denke an die Szene bei der Gefangennahme Jesu: Welche Angst war's, die der HErr empfand, ehe die »Farren« kamen! Wie sie dann kamen mit Schwertern, Spießen und Stangen, Ihn zu ergreifen und festzubinden: Wie war Er doch da den wilden Tieren gleichsam preisgegeben! »Kommt, laßt uns fliehen!«, so ruft Er nicht, wie die Flucht jedem naheliegt, wenn er Greuliches auf sich zukommen sieht. Aber es geht nicht; denn die Jünger sollten auch gerettet sein. Ein Helfer war nicht da. Christus steht festen Mutes, mit eigenem Wort die Feinde noch niederschmetternd. Aber er ergibt sich – sie haben Ihn, weil ringsum keine helfende Hand da ist. Er kommt vor Gericht. Welche »Löwen«-Gesichter hat Er vor sich, als Er im Rat stand, vor Kaiphas und Hannas, vor Herodes und Pilatus! Mit welch bitteren Klagen treten sie gegen Ihn auf! Wie pressen sie Ihm das Wort aus, auf das sie so gierig waren, um gleichsam mit gutem Gewissen sagen zu können: »Er ist des Todes schuldig!« Wie ruft endlich die ganze Rotte, als ob sie von Sinnen wäre: »Kreuzige! Kreuzige Ihn!« Wohl dürfen wir es überdenken, welch eine schreckliche Lage es ist, sich so ganz in der Gewalt von wütenden »Farren« und brüllenden »Löwen« zu fühlen und es gewiß vor sich zu sehen, mit welcher Grausamkeit sie dem Leben den Garaus zu machen trachten. Das alles widerfährt dem milden, sanften, von Barmherzigkeit überströmenden Heiland Jesus Christus, dem früher Tränen in die Augen kamen, wenn Er den Jammer der Menschen vor sich sah (Matth. 9, 36). O Mensch, bedenke es, wie Er hätte ohne alles dieses Leiden sein können, wenn Er nach vorher schon erfahrener undankbarer Geringschätzung hätte die Rettung der Menschen fallenlassen wollen! Aber Seine Liebe drängt Ihn. Was Sein Leben und Wirken nicht vermochte, sollte Sein Tod ausrichten: sie alle, zuletzt wohl auch die Mörder, zu sich zu ziehen!

b) Sein Verschmachten

Ohne es bestimmt anzugeben, was Er leide, geht die Klage des Dulders weiter auf das über, wie Er sich fühlt: »Ich bin«, rief Er, »ausgeschüttet wie Wasser, alle Meine Gebeine haben sich zertrennt, Mein Herz ist in Meinem Leibe wie zerschmolzenes Wachs. Meine Kräfte sind vertrocknet wie ein Scherben, und Meine Zunge klebt an Meinem Gaumen. Und Du legst Mich in des Todes Staub!« Es sind dies Worte, bei denen man sich verschiedenes denken kann: teils auf Seelenqual, teils auf Leibespein Bezügliches. Es ist die Klage eines in Angst und banger Erwartung des Kommenden oder bereits im Feuer der Trübsal erschütterten, gleichsam zerfallenen Menschen. Ihm ist es, als wollten alle Seine Gebeine auseinanderfallen, als wollte innerlich alles zerrinnen, alles bis auf die letzte Kraft hinaus zerfließen und auseinandergehen. Zwar ließ es

etwa die Hoheit des Wesens, in welcher Christus stand, nicht zu, in diesem ausge-
dehnten Grade zusammenzusinken; doch ist Er in einer Lage, in der kein anderer
Mensch mit einem so fühlenden Herzen, wie Er es hatte, sich hätte beisammenhalten
können. Von dem, wie es anderen Menschenkindern in ähnlicher Lage in ganz natürlicher Weise hätte begegnen müssen (nämlich daß sie ganz zusammenbrechen) geht die
Weissagung aus, um das Äußerste zu schildern, dem der große Dulder hingegeben
war. Dabei erfährt Er gerade das Gegenteil von dem, was bisher durch Ihn in wunderbarer Weise die Elenden aufgerichtet hatte: Mühselige und Zerschlagene hat Er innerlich wieder festgemacht – nun ist Er »ausgeschüttet wie Wasser«, das man nur eben so
hinschüttet als ein Nichts! Hat Er die Gebeine der Lahmen, der Gekrümmten, der
Gichtbrüchigen und sonst Kranken wieder zu einem gesunden Zusammenhalt gebracht – so fallen Ihm jetzt die Gebeine gleichsam auseinander! Hat Er eine Erquik-
kung in die Herzen der Bekümmerten gebracht, so daß sie jauchzten und fröhlich
wurden – so zerschmilzt Ihm jetzt das Herz, das immer voll Liebe und Erbarmen
schlug, im Leibe »wie Wachs«! Sind vormals Kräfte von Ihm ausgegangen zu heilen
alle, die Ihn anrührten – so sind »Seine Kräfte jetzt vertrocknet«, dürre »wie Scherben«, als wäre Ihm alle Kraft auch für sich versiegt! Hat Er sich früher den »Durstigen«
angeboten mit den Worten: »Wen da dürstet, der komme zu Mir und trinke« – so ist Er
selbst am Verschmachten vor heißem Durst, so daß »Seine Zunge am Gaumen klebt«!
Hat er endlich bisher den Toten Leben eingehaucht und sagen können: »Wer an Mich
glaubt, der wird leben« – so sinkt Er selbst jetzt hin in den »Staub zum Tode«! Was Er
Edles, Hohes, Heiliges und Heiligendes in Seinem Wesen hatte, gilt jetzt gar nichts
mehr. Seine Lebensgeister mit Seinem reichen Gemütsleben sind jetzt geradezu hingeworfen. Nichts als Verhöhnung sah Er vor sich, als wollten sie Ihn nach Leib, Seele
und Geist gar zerwerfen. Nichts an Ihm erscheint ferner so, als könnte es Eindruck auf
Seine Peiniger machen, sie zu erweichen. Ja, Sein Edles und Erhabenes machen sie
zum Gegenstand ihres Spottes, indem sie spöttisch Ihn zum Könige, spöttisch zum
Propheten machten! Ja, was Er wirklich ist, machen sie Ihm zur Folter, indem sie eine
Dornenkrone Ihm als Königskrone aufsetzten! Statt Ihn zu ehren, wie man Könige
ehrt, zerschlagen sie Ihm den Kopf mit einem Rohr als einem Königsstab! Statt sich
vor Ihm zu verhüllen, verhüllen sie Ihn und speien Ihm ins Angesicht. Nimmt man
noch dazu, wie Er förmlich gepeitscht wurde mit zerfleischenden Strickhaken, so
konnten sich wohl die Erscheinungen eines Verschmachtens an Ihm zeigen, wie sie unser Psalm angibt. War Er doch zuletzt so von Kräften gekommen, daß Er über dem
Tragen Seines Kreuzes zusammenbrach!

O bedenke es doch, wie Er das alles dir zulieb ertrug! Er verschmachtet, damit du
Leben habest und dazu kommest, bis in den Himmel hinein gelabt zu werden!

c) Die Kreuzespein

War die Klage des Dulders bisher allgemein – wiewohl in ihr mancher Zug auch an
die Pein vom Kreuze erinnerte, so wird nun der letzteren ausdrücklich gedacht.
»Hunde«, zerfleischende Hund umringen Ihn, und der »Bösen Rotte« macht sich über

Ihn her. Sie haben Ihn fest, und kein Helfer ist hier. Sie werfen Ihn aufs Kreuzesholz nieder und greifen zu Hammer und Nägeln; und kaltblütig – als schlügen sie Brett an Brett – hämmern sie Ihm mit durchbohrenden Nägeln Hände und Füße ans Holz. Sie haben's getan – was braucht's mehr Worte? Wer nur das hört, den muß ein Grauen anwandeln; es muß ihn kalt überlaufen, als empfände er an seinem eigenen Leib, was Jesus empfunden hat. O empfänden wir's mehr, um dem Wort nahezukommen: »Das tat Ich für dich – was tust du für Mich?!« Am Gekreuzigten traten, da sie stundenlang unbeweglich hängend gestreckt waren, allmählich die Gebeine hervor, so daß man sie zählen konnte wie an einem Knochengerippe. Der große Dulder zählt sie selber, weil sich in allen Gliedern ein besonderer brennender Schmerz regt. Daher kommt das Wort: »Ich kann alle Meine Knochen zählen.« Soviele Glieder, soviele Martern!

Aber was tun sie, die unter dem Kreuze stehen? »Sie aber«, so heißt es, »schauen und sehen ihre Lust an Mir«. Es ist eine schauderhafte Erfahrung, daß der Mensch, wenn er länger zusieht, dem zahmen Löwen gleicht, dessen Wildheit erwacht, wenn er Blut sieht. Ja, ein zahmer Löwe mit versteckter Wildheit, vor der niemand sicher ist, ist der Mensch. So kann er mit Lust bis zur Wollust, mit eigentümlichem Behagen schauen, wie der Gefolterte in Qualen zittert und sich krümmt, ächzt und stöhnt. O was für ein Ungeheuer kann doch aus dir werden! Du glaubst etwa keinen Teufel? Komm her ans Kreuz: da siehst du »Teufel« – vielleicht dich mit als solchen! Bemerkenswert sind hier die besonderen Züge, welche die Weissagung so deutlich angibt und die so buchstäblich an Jesus erfüllt worden sind. Die Gekreuzigten wurden gewöhnlich nackt in die Glut der Sonne gehängt, als wollte man sie lebendig ausdorren und rösten! Die Kleider aber gehörten den Kriegsknechten, welche die Kreuzigung vollzogen. So werden denn auch Jesu Kleider verteilt, und über den Rock, den sie nicht zerteilen konnten, warfen sie das Los. Wie es in der Geschichte zutraf, so sagt's die Weissagung. Henker sind also die Erben Jesu! Sie nehmen hin, was Er auf Erden besessen hatte. Von nichts als nur von dem, was die Blöße Seines Leibes deckte, konnte Er sagen, daß es Sein Eigentum sei – Er, dem nun alles, was im Himmel und auf Erden ist, übergeben ist! Er, der den Teufel die angebotenen Reiche der Welt und alle ihre Herrlichkeit zürnend zurückgeworfen hatte – um zuletzt, auch der Kleider entblößt, unter Qualen am Kreuze zu sterben!

Das ist dein Heiland! So ward Er arm um unsretwillen, auf daß wir reich würden. Eile doch, daß du erbest Sein Bestes, Himmlisches, Unvergängliches, wie Er dir's anbietet!

d) Sein letzter Notschrei

Hier sind die Worte des Psalms wieder allgemein gefallen und weniger direkt messianisch, und sie gelten auch sonst auf andere Dulder, wie sie auch David – dessen Person hier wieder hervortritt – für sich brauchte. Aber sie lassen sich doch mit einer Beziehung auf Christus besprechen, und zwar auf Seine letzten Stunden am Kreuz. Mitten unter den Qualen nämlich, ja mitten unter der Verlassenheit, in der Er steht, kann Er doch nicht nachlassen zu beten und zu schreien zu Seinem Gott. Und wir sollen es

Ihm nachmachen lernen. Er ruft mit David: »Aber Du, HErr, sei nicht ferne!«, obgleich Er Seine Hilfe ferne gefühlt hatte. Wir sollen Gott nicht als ferne nehmen, auch wenn Er ferne ist, und fortbeten. Er nennt Ihn »Seine Stärke«, weil Er in sich selbst keine Kraft und Hilfe mehr spürt. Er sehnt sich nach rascher Hilfe, wie jeder, der so tief in der Qual ist, es gerne rasch haben möchte. Er ruft: »Eile, Mir zu helfen!«

Was für eine Hilfe kann Er denn nun erwarten? Doch nicht die, daß Er möchte vom Kreuze wieder herabsteigen dürfen? Daran kann Er nicht mehr denken. Aber Er fühlt sich noch in bösen Händen, unter der Gewalt der Finsternis, die eine Macht über Ihn bekommen hat. Es ist eben die Macht, mit welcher Satan alles, was Mensch heißt, gebunden hält. So sagt Er zu Seinen Häschern, die in der Nacht kommen – welche dem Heiland ein Vorbild Seiner Verlassenheit sein konnte (Luk. 22, 53) –: »Dies ist eure Stunde und die Macht der Finsternis!« Wenn Er aber auch der Macht Satans hingegeben war, so blieb Er doch frei. Deswegen hatte Er zu Seinen Jüngern sagen können (Joh. 14, 30): »Denn es kommt der Fürst dieser Welt, und er hat keine Macht über Mich.« Immer noch aber die Macht Satans fühlend, möchte der HErr wohl auch wieder rufen können und dürfen: »Hebe dich weg von Mir Satan!« Darum sagt Er nun ferner: »Errette Meine Seele vom Schwert, Mein (einzigartiges) Leben vor den Hunden!« Weiter ruft Er: »Hilf Mir aus dem Rachen des Löwen und errette Mich von den Einhörnern!« Der »Löwe« durfte Ihn wohl zerreißen; aber verschlingen soll er Ihn nicht, wie er andere Menschen, auch im Sterben noch, gewiß vielfältig bisher verschlungen hat in Hölle und Abgrund.

Plötzlich wurde es Licht in Seiner Seele, wie das Wort des Psalms sagt, und Er kann, wie wir aus der Geschichte wissen, ausrufen: »Es ist vollbracht!« Nun ist auch das rechte Kindesgefühl wieder da. Und Er kann verscheiden mit dem Worte: »Vater, in Deine Hände befehle Ich Meinen Geist!« So war Ihm geholfen, so war Er errettet aus dem Rachen des »Löwen«.

Ausgang:

So hat Er auch alle, die an Ihn glauben werden, errettet aus dem Rachen des »Löwen«: von Hölle und Verdammnis. So war der heißeste Sieg errungen, um den je gekämpft wurde. Und es hat auch Ihn »keine Trübsal scheiden können von der Liebe Seines Vaters«. So dürfen auch wir nun Paulus nachsprechen, nachdem Jesus Seinen Kampf vollendet hat: »Wer will uns scheiden von der Liebe Gottes? Trübsal oder Angst oder Verfolgung oder Hunger oder Blöße oder Fährlichkeit oder Schwert? ... Denn ich bin gewiß, daß weder Tod noch Leben, weder Engel noch Fürstentümer noch Gewalten, weder Gegenwärtiges noch Zukünftiges, weder Hohes noch Tiefes noch keine andere Kreatur kann uns scheiden von der Liebe Gottes, die in Christus Jesu ist, unserm HErrn.« (Röm. 8, 35 ff.) Amen.

Großer Sabbat (Karsamstag)
Recht und Macht des Gekreuzigten und Auferstandenen
Röm. 14, 9

»Denn dazu ist Christus gestorben und wieder lebendig geworden, daß Er über Tote und Lebendige HErr sei.«

Vergegenwärtigen wir es uns, liebe Freunde, am heutigen Tage, da der HErr im Grabe ruht, vor allem noch einmal, warum der Heiland gestorben ist!

Es ist ja ein so arger Tod, den Er hat sterben müssen, und von sich selbst wäre Er nicht gestorben; denn der Tod hatte an und für sich keine Macht an Ihn. Wenn Ihn nicht einerseits Gewalt hingerafft hätte und er sich nicht andererseits mit freiem Willen dieser Gewalt gefügt hätte, würde Er heute noch leben, ohne durch einen Tod hindurchgegangen zu sein. Wenn wir einfältig darüber reden wollen: so würde Er wohl freilich nicht in gleicher Art immer fortgelebt haben wie damals; Er würde nach einiger Zeit doch auch verklärt gen Himmel gefahren sein zu Seinem Vater. Aber ich denke mir das doch anders als bei einem Elia. Elia ist gen Himmel gefahren und hat keine Beziehung mehr zu den Lebenden gehabt. Weil er nicht in demselben Sinne der Gerechte war, wie es Jesus war, so hat er kein Recht mit hinübergenommen, vom Jenseits her den Lebenden auch heraufzuhelfen zum ewigen Leben. Gesetzt nun, Jesus unser Bruder wäre nicht gekreuzigt worden und die Menschen hätten nie Seinen Tod gewollt und herbeigeführt: so wäre Er doch der Gerechte, der fort und fort ein Recht behält, auf uns einzuwirken, für uns zu sorgen, uns heraufzuheben zu etwas Besserem. Er wäre wohl auch je und je erschienen und hätte sich da und dort sehen lassen, um Kranken zu helfen, um bei Sterbenden, je nachdem die Verhältnisse waren, den Tod aufzuhalten. Kurz, wir hätten an Ihm fort und fort einen Heiland gehabt wie damals, als Er auf Erden war. So hat sich's wohl auch Petrus gedacht, als er den HErrn zurückhalten wollte mit den Worten: »HErr, das widerfahre Dir nur nicht!«, oder als er auf dem Verklärungsberg sagte: »HErr, hier ist gut sein; laß uns drei Hütten machen, Dir eine, Mose eine und Elia eine!« Petrus hätte den Heiland gerne immer lebendig gewußt, persönlich nahe, daß Er in verklärter Gestalt bei ihnen gewesen wäre, wenn auch nicht gerade immer, so doch von Zeit zu Zeit.

Das hätte freilich auch in gewisser Hinsicht so sein sollen, nachdem Er aufgefahren war; weshalb Er bei Seiner Auffahrt sagt: »Siehe, Ich bin bei euch alle Tage bis an der Welt Ende.« Und die Apostel standen auch, wie sich aus der Apostelgeschichte und aus den Briefen der Apostel deutlich entnehmen läßt, in einem persönlichen Verkehr mit dem HErrn, der ihnen manches sagte und mancherlei Anweisungen gab – nicht nur durch den Heiligen Geist, sondern bisweilen auch persönlich. Immerhin aber steht Er als Gestorbener und Auferstandener doch in einem anderen Verhältnis zu den Lebenden, als wenn Er nicht gestorben und auferstanden wäre.

Nun könnten wir denken: Das wäre doch schön, wenn der Heiland da und dort hereinkäme, um zu helfen, zu trösten, Sünde zu vergeben, wie Er es zu Seinen Lebzeiten auch getan hat! Aber es ist jetzt eben anders gegangen, und das hat auch seine Bedeutung und seine Wichtigkeit, daß Er nun als Gestorbener und als Auferstandener ein Heiland ist.

Und da ist's dreierlei, was wir nach dem Wort des Apostels Paulus zu beachten haben: Durch Seinen Tod und Seine Auferstehung wird Er nämlich

1) HErr über die Toten,

2) HErr über die Lebendigen, und damit

3) HErr über alle Menschen, ob lebend oder tot, ja ein HErr über alle Kreatur.

1) Durch Seinen Tod und Seine Auferstehung ist Er der HErr über die Toten

Gewaltsam ist der HErr Jesus aus diesem Leben hinweggenommen worden und tot als ein Toter geworden. Damit kommt Er auf einmal zu einer ganz anderen Bruderwelt hinein, der Er bisher nicht angehört hatte: Die neue Bruderwelt, in die Er hineinkommt, ist die Totenwelt. Jetzt ist Er tot, wie alle anderen Menschen tot sind; Er hat keinen Leib mehr. Der Leib liegt im Grab, der Geist geht fort, und der Heiland ist geradeso tot, wie alle andern tot sind. Er war zwar »lebendig gemacht nach dem Geist«, auch ehe Er auferstanden war, wie es 1. Petr. 3, 18 heißt. Aber das war etwas Ähnliches, wie Er auch unter den lebenden Menschen lebendig und Leben bringend dastand, sich dadurch wohl von allen unterscheidend, aber sonst auch wieder allen gleich. Denn »Er war gleich wie ein anderer Mensch und an Gebärden als ein Mensch erfunden« (Phil. 2, 7). So war Er wohl lebendig gemacht nach dem Geist, als Er tot war; Er ist aber doch, wie es in jener Stelle weiter heißt (1. Petr. 3, 19), »in demselben auch hingegangen und hat gepredigt den Geistern im Gefängnis«. Er kommt also doch auch als ein Toter zu den Toten, um ihnen zu predigen, wie Er vorher als ein Lebender zu den Lebenden gekommen war. Es hat zwar Sein Totsein nicht lange gedauert; aber Er ist doch mit Seinem Sterben in eine Beziehung zu der ganzen Totenwelt gekommen. Und die ganze Totenwelt kann sagen: »So, jetzt bist Du bei uns, bist Unsereiner geworden! Jetzt mußt Du uns auch helfen und uns ein Heiland sein, wie Du's den Lebenden sein willst. Denn jetzt bist Du auch unser Bruder!« Und wenn sie auch nicht so gedacht haben, weil sie böse waren – die Lebenden sind ja auch nicht brav gewesen und haben auch nicht so gedacht! –, so hat doch Er gedacht: »O meine Brüder! Diese Toten alle, die Ich sehe, muß Ich auch in Meine Liebesarme aufnehmen!« Ehe Er tot war, hätte man denken können: »Du lebst – was gehen Dich die Toten an! Du bist der Lebenden Eigentum, nicht der Toten! Du hast ja nicht einmal den Tod in Dir, also gehen Dich die Toten nichts an!« Jetzt wird Er aber tot – und auf einmal steht Er in einem ganz neuen Verhältnis zu den bis zu Adam hinauf Gestorbenen; sie wachsen Ihm alle an Sein mitleidiges Herz mit ihrem Todeselend und ihrer Höllenpein, worin sie waren, wie Er auch auf Erden über allen Lebenden gedacht hat: »Ach, wenn Ich nur alle Menschen glücklich machen und ihnen ihre Leiden nehmen und sie auch (brav machen und) dem Vater im Himmel untertan machen könnte!« Und wie Er auf Erden alles getan hat, nach dieser Richtung hin etwas auszurichten, so auch bei den Toten. Da hat Er denken müssen: »Ach die Toten! Wie muß Ich jetzt auch mit denen Mitleid haben! Wie geht Mir jetzt auch ihr Jammer und ihre Betrübnis so nah! Sollen die alle tot und im Todesjammer bleiben? Soll keine Hoffnung mehr für sie sein?« Ja, für die Toten war freilich keine Hoffnung mehr. Sie waren tot, und keinem ist's eingefallen, er werde wieder aus dem Tod herauskommen, besonders weil sie alle mit geschlagenen Gewissen im Tode lagen. Sie waren die Gerichteten und hatten ihre Sünden mit dem Tod bezahlt.

Da kommt aber auf einmal der Heiland daher und denkt: »Ach, soll's denn wirklich ganz und gar aus sein mit den Toten allen für alle Ewigkeit?! Und kann man sie nicht wieder anders machen darum, daß sie nicht mehr leben?« Bei den Lebenden kann man denken, die könne man wieder anders machen; aber bei Toten, so meint man, ist nichts mehr zu machen – die kann man nicht mehr umändern! Solchen Gedanken gegenüber fällt uns aber eben jene Stelle 1. Petr. 3, 18ff. ein, wo es heißt, daß der Heiland als »Geist« hingegangen sei und habe »gepredigt den Geistern im Gefängnis, die etwa nicht glaubten, da Gott einstmals harrte und Geduld hatte zu den Zeiten des Noah, da man die Arche zurüstete«. Also selbst zu denen, die vor der Sintflut lebten, ist Er gegangen, die als eine untergegangene, auf ewig gerichtete Menschenwelt gelten. Auch Paulus sagt Eph. 4, 9, der HErr sei, ehe Er aufgefahren sei, zuvor hinuntergefahren »in die untersten Örter der Erde«, und 1. Petr. 4, 5 f. heißt es: »Er ist bereit zu richten die Lebendigen und die Toten. Denn dazu ist auch den Toten das Evangelium verkündigt, auf daß sie gerichtet werden nach dem Menschen am Fleisch, aber nach dem Geist Gott leben.«

Diese Stellen der Schrift lassen, meinem Gefühl nach wenigsten, gar nichts anderes zu als zu denken, der Heiland sei in ein ganz besonderes Heilands-Verhältnis auch zu den Toten getreten damit, daß Er auch gestorben ist und tot war. Und in dieser Hinsicht ist mir auch unser Spruch besonders bemerkenswert geworden, da es heißt: »Christus ist darum gestorben und auferstanden, daß Er über Tote und Lebendige HErr sei.« Damit, daß der HErr Jesus selber gestorben ist, ist Ihm also der Weg gebahnt worden, auch über die Toten HErr zu werden. Sonst könnte man nicht einsehen, wie Er auch über die Toten HErr werden soll, die Ihn als Lebenden gar nichts angehen. Er hat also sterben müssen, um ein Recht zu bekommen auf alle Toten. Und wenn Er jetzt wieder auferersteht, so ist's gewonnen – nicht nur für die Lebenden, sondern auch für die Toten! Wenn Er stirbt, so hat Er ein Recht an die ganze Totenwelt; und wenn Er aufersteht, so kann Er dieses Recht in der Richtung verwerten, daß die Totenwelt auch wieder durch Ihn heraufgehoben werden darf in das Leben, in dem Er, der Totgewesene, lebt.

Wie wunderbar ist's also geworden: Er hat sterben und auferstehen müssen, damit Er hat der HErr sein können über die Toten!

2) Er hat aber auch HErr sein können über die Lebendigen

Die Lebenden, die den HErrn Jesus so gewaltsam aus ihrer Mitte stießen in den Tod hinein, scheinen freilich über Ihn Herr geworden zu sein – nicht Er über sie! Aber durch Seine Auferstehung erweist Er sich dennoch als der HErr auch über sie! Denn alles, was sie an Ihm verbrochen haben, wird mit dem Augenblick, da Er aufersteht, wieder rückgängig und ungeschehen gemacht. Und herrlich steht Er da, nicht nur als Sieger über den Tod, sondern auch als Der, der's gewonnen hat über Seine Mörder. Denn die wollen Ihn tot haben – und siehe, Er lebt! Aber auch durch Seinen Tod schon wird Er HErr über sie; sie sind um deswillen, daß sie Ihn zum Tode führen, Ihm gegenüber verschuldet; Er hat ein Recht auf sie als auf Seine Mörder. Das ahnten die Juden, als sie sagten: »Sein Blut komme über uns und unsre Kinder.« Mit diesem Wort sprechen sie Ihm eigentlich schon das Recht über sich zu.

Aber was die Juden getan haben, das ist ja nur das, was alle Menschen an Ihm getan hätten. Das sehen wir an der Feindschaft, die heute noch der natürliche Mensch Ihm entgegenbringt. Der Lebenden Sünde bringt Ihn ans Kreuz, und so hat Er ein Recht auf alle Lebenden als auf solche, die sich an Ihm versündigt haben. Und auch angenommen, viele würden Ihn doch nicht so grausam zum Tode gebracht haben wie die Juden damals: so ist doch all ihre sonstige Sünde auch eine Sünde wider Ihn, den Gottes-Sohn, und gibt auch mit Anlaß zu Seinem Kreuzestod. Und schon Seine Liebe zu allen Sündern, mit der Er in den Tod geht und die Ihn gegen alle freundlich, mitleidig, barmherzig, priesterlich sein und bleiben läßt bis in den Tod, verschafft Ihm in den Augen des Vaters und vor der ganzen Kreatur ein Recht auf sie, das durch Sein Opferblut, das Er für alle vergießt, nun vollends versiegelt ist.

So ist Er auch über die Lebendigen HErr. Ja, Er wird schon noch Meister werden über sie. Oder meinet Ihr, Er werde nicht Meister über die Lebenden? Sie wollen Ihn freilich heute noch abschaffen wie damals. Aber das geht nicht nur so, wie diese es träumen. Denn Er ist der HErr über Tote und Lebendige; und wenn Er hervortreten wird als HErr der Lebenden: da werden sie zittern, da werden sie beben! Und wenn Er Seine Allmachtskräfte und Seinen Geist des Lebens wird wirken lassen auf die Lebenden: so wird man sehen, wie sie sich noch in Massen beugen und Ihm zu Füßen fallen und wie ein unermeßlicher Drang der Lebenden zu dem HErrn Jesus sein wird und des HErrn Jesus zu den Lebenden – weil Er der HErr ist und Untertanenrechte fordert.

Wie der HErr Jesus noch einmal Seine Untertanenrechte fordern wird von den Lebenden, so wird er dies auch von den Toten tun, wie wir oben angedeutet haben. Er kann sagen: »Jetzt bin Ich auch HErr über die Toten!« Und das hat auch für die Lebenden schon eine Bedeutung. Denn alle Lebenden sind ja vorderhand noch Sterbende, sie kommen also auch zu den Toten, früher oder später, von denen der HErr sagen kann: Ich bin ihr HErr! Und so können wir sagen: Erst damit, daß der HErr Jesus das Herrenrecht auch über die Toten hat, hat Er es auch völlig und für alle Zeit über die Lebenden.

Mit andren Worten: durch Seinen Tod und Seine Auferstehung wird Christus

3) der HErr über alle Menschen, seien sie lebend oder tot, ja der HErr über alle
   Kreatur

Wir, die wir leben, sind freilich mit unseren Gedanken bei den Lebenden, und die
Toten sind uns solange ferngerückt, bis wir auch zu ihnen gehören. Vorher sind wir
getrennt von ihnen und ist die Totenwelt eine Welt, die uns fremd ist. Aber trotzdem
sind sie doch auch Menschen; und dem Heiland, der auch tot war, sind sie nicht mehr
fremd. Er ist zu den Toten gekommen und ist nun auch ein Verwandter der Toten.
Aber was ist nun doch das auch für uns, die wir noch leben, ein köstlicher Trost zu
wissen, der Heiland ist ein Heiland auch der Toten! Er bleibt uns also, auch wenn wir
einmal tot sind; und Er ist unser Leben – hier und dort! Denn Er ist der HErr über alle,
über Tote und Lebendige. Das Wort will also auch sagen: Er ist und bleibt HErr über
jeden – auch wenn er heute lebt und morgen tot ist. Der Tod eines Menschen hebt das
Herrenrecht des Heilands über ihn nicht auf.

Beim Heiland aber ist's so: Er ist der HErr, d. h. Der, der dient; und deswegen ist
HErr-sein und Heiland-sein bei Ihm einerlei. Er ist als HErr kein Potentat (tyranni-
scher Machthaber), sondern ein Heiland, der mit Seinem Herrenrecht und Seiner Her-
renmacht den Menschen dient zu ihrem Heil.

Und soviel ist gewiß: Als Heiland aller Menschen wird Er auch alle toten Menschen
einmal auferwecken, wie's geschrieben steht, und zwar die, die Gutes getan haben,
und die, die Böses getan haben. Heraus (aus den Gräbern) müssen sie alle! So ist also
der Heiland der HErr geworden über die lebenden und über die toten Menschen und
eben damit über *alle* Menschen.

Man hat nun freilich nicht recht das Herz, ausführlich darüber zu reden; immerhin
aber kann man ahnen, daß dieser Spruch eine gar trostreiche Seite hat bezüglich der
Toten wie der Lebendigen – wenn auch Klares und Entscheidendes darüber zu denken
und zu reden schwer fällt – schon um dessentwillen, weil die Dinge im Jenseits unseren
Blicken verborgen bleiben.

Aber noch ein weiteres können wir sagen. Ihr habt gehört, wie finstere Mächte auf
den Tod Jesu, und zwar auf den grauenvollsten, härtesten Tod, eingewirkt haben, daß
der Hohn der Finsternis Ihn fast bis in den letzten Atemzug hinein verfolgt hat. Ist nun
denen allen der Heiland so arg feind, weil sie sich so an Ihm vergriffen haben? Nun,
wir können auch hierüber nicht entscheidend reden, aber doch lesen wir im Kolosser-
brief: »Denn es ist das Wohlgefallen gewesen, daß in Ihm alle Fülle wohnen sollte,
und alles durch Ihn versöhnt würde zu Gott selbst, es sei auf Erden oder im Himmel
damit, daß Er Frieden machte durch Sein Blut an Seinem Kreuz durch sich selbst« (Kol.
1, 20). Darnach reicht die Versöhnung tief hinein in die Regionen des Himmels, so daß
wir auch an das Wort erinnert werden: »Darum hat Ihm Gott einen Namen gegeben,
der über alle Namen ist, einen Namen, vor dem sich noch alle Knie im Himmel und auf
Erden und unter der Erde beugen werden und alle Zungen bekennen werden, daß Jesus der HErr sei.« Alle Kreatur wird Ihn also zum HErrn haben und, so möchte man
denken, kann Ihn, wenn sie will, auch zum Heiland haben.

Jedenfalls hat das, daß Er tot war und wieder auferstanden ist und hierdurch alles Böse, das man an Ihm getan hat, wiedergutgemacht worden ist, eine große Folge für die ganze Schöpfung. Kurz, am Heiland haben wir das Allergrößte, was nur ein Menschenherz sich denken mag, darum, weil Er gestorben und auferstanden ist. Es ist gar nicht auszudenken, wie über alle Maßen groß unser Heiland durch die ganze Schöpfung hindurch nach oben und unten, nach rückwärts und vorwärts als HErr dasteht, und immer auch als Erbarmer. Es leben etliche hundert Millionen Christen auf der Welt – aber wieviele von ihnen wissen recht, was der Gekreuzigte und Auferstandene ist? Es wird aber noch an den Tag kommen.

Und zunächst freuet euch, daß ihr geborgen seid. Ja, glaubet an diesen großen HErrn und Heiland, so seid ihr geborgen im Leben und Sterben! Denn so hat der Apostel es auch gemeint, wenn er unserem Spruch voranstellt: »Leben wir, so leben wir dem HErrn, sterben wir, so sterben wir dem HErrn; darum, wir leben oder sterben, so sind wir des HErrn.«

Ja, dem gekreuzigten und auferstandenen und zur Rechten Hand Gottes erhöhten Heiland Jesus Christus leben und sterben wir. Und ein Jedes darf denken: Ob ich lebe oder sterbe, ich bin des Heilandes, der mich heimführt bis in die Herrlichkeit Seines Vaters hinein zur ewigen Freude und Seligkeit.

Wohlan denn! Freuen wir uns des Gestorbenen, freuen wir uns des Auferstandenen, der der Herr ist über Tote und Lebendige und über alle Kreatur! Amen.

Ostern
Von der Auferstehung Christi
1. Kor. 15, 1–20

Eingang: *Allgemeine Gedanken zu Ostern und zu der Lage in Korinth*

Inhaltsangabe
Der Fluch der Sünde, der Tod, ist an Einem, an Christus, überwunden. Drum dürfen wir das Gleiche für uns hoffen. Entgegnungen gegen den besonders heute großen Unglauben: Der allmächtige Gott läßt sich den ursprünglich geschaffenen Leib – an dessen Stelle Er nicht etwas total Neues schaffen will – nicht durch den Tod endgültig rauben.
Trotz der großen Gaben des Heiligen Geistes entstanden in Korinth »Freidenker« – wohl weil sie die Botschaft des Evangeliums einschließlich der Auferstehung nicht ernsthaft genug aufgenommen und auch sündliche Regungen nicht abgetötet hatten. Paulus schließt solche Zweifler, als irrend, nicht aus – auf Hoffnung.

Ostern, das herrliche Ostern, feiern wir heute wieder. Es gibt wohl nicht viele Christen, die sich am heutigen Tage nicht in einer gehobeneren Stimmung fühlen, wenn sie den Gedanken an sich herankommen lassen: Dies ist der Tag, da doch endlich einmal Einer aus dem Tode wieder lebend hervorgegangen ist!

Wie war doch bisher die Drohung beim Sündenfall so unerbittlich streng eingetroffen, da alles, was geboren war – auch die unschuldigen Kindlein – fort und fort eine Beute des Todes wurde und menschliche Kunst auch nicht das Geringste dagegen vermochte. Ja, alle haben zu »bedenken, daß wir sterben müssen« – und wie hart geht's da bei den meisten Menschen zu!

Da muß der heutige Tag besonders wichtig sein. Man sieht's nun doch, wie an dem Fluch der Sünde gerüttelt worden ist – wenn auch vorerst nur bei Einem »dem Tode die Macht genommen« war. Dieser Eine aber stirbt für alle. Und es liegt nahe zu denken, daß Er nun auch lebe für alle. Er ist gestorben, um Leben zu schaffen denen, die dem Tode verfallen sind. Ja leben, leben sollen endlich alle wieder! Das ist's, was uns heute munter und fröhlich macht, was auch über das Sterben, dem wir noch unterworfen sind, wunderbar hinaushebt. Es jauchzt die seufzende Kreatur darüber, daß sie den Hoffnungsschimmer auch für sich findet, daß der Tag kommen werde, da sie frei werden wird vom Dienst des vergänglichen Wesens zu der herrlichen Freiheit der Kinder Gottes! Denn weil Jesus auferstanden ist, haben auch wir eine Auferstehung zu hoffen.

Doch mit dem Glauben an die große Tatsache, daß der HErr erstanden sei, und noch mehr mit dem Glauben an die daraus folgende Auferstehung der Toten steht's vielfältig in unsren Tagen gar übel. Es ist bei vielen, als ob sie den Schöpfer aller Dinge, den allmächtigen Gott, für ohnmächtig halten würden dem unerbittlichen Tod gegenüber! Oder sie machen aus dem lebendigen Gott einen solchen, der den Tod lieber wollte als das Leben! Darum wollen sie nimmer an eine Auferstehung Christi glauben, und noch viel weniger an eine Auferstehung der Toten. Und für sie gibt es also kein Ostern mehr. Sie sagen freilich auch: »Was liegt am Leibe? Wenn nur die Seele lebend bleibt!« Wie, wo, was soll's mit der Seele sein?! Soll sie mit dem wunderbaren Reichtum ihres Wesens leiblos hinschweben, bis zu einem Nichts vergeistigt?

Liebe, Christen, was ist's um eine frohe Zukunft, um die Hoffnung des ewigen Lebens, wenn der Leib vernichtet bleibt? Vielmehr beweist uns die Auferstehung Jesu, daß an der Auferstehung das eigentliche Leben hängt. Wenn es mit dem Leben etwas wäre ohne Auferstehung, so wäre wohl auch Christus nicht auferstanden. Selbst die, welche keine Auferstehung der Toten glauben, denken sich doch ihre Angehörigen in der andern Welt als solche, die sie einmal sehen und wiederhaben werden. Wie geht das aber zu, wenn sich nirgends etwas Leibliches für die Seele findet? Oder soll der allmächtige Gott bei jedem Gestorbenen (eigens) etwas schaffen, das die Leiblichkeit ersetzt? Ist es aber da nicht viel leichter und angemessener, sich die Allmacht Gottes fähig zu denken zu einer Wiederherstellung des unterdessen zu Staub und Asche gewordenen Leibes? Wenn man sich immer wieder eine neue Erschaffung vorstellt, so würde der Tod als etwas Mächtigeres erscheinen als Gott, insofern als er Gott nötigen würde, nur geschwind etwas Neues zu schaffen, um das Ihm Geraubte zu ersetzen – im übrigen aber dem Tode seine Beute zu belassen. Weil nun doch einmal eine Leiblichkeit unentbehrlich ist: wieviel vernünftiger und Gottes würdiger erscheint da die Aussicht, die das Evangelium gibt: daß »zu der Zeit der letzten Posaune die Toten auferstehen werden unverweslich und wir, die Lebenden, werden verwandelt werden« (V. 52). Denn hierbei wird vorausgesetzt, daß die anfänglich gewesene Leiblichkeit ihre Bedeutung und ihren Wert behält, ohne gleichsam vergeblich (»umsonst«) von Gott geschaffen worden zu sein. Denn sie bildet die Grundlage zu dem verklärten Leibe, den Gott für die Ewigkeit zu geben vorhat. Die Verheißung, daß die Lebenden an jenem großen Tage verwandelt werden, schließt unwidersprechlich in sich, daß ursprünglich nicht der Tod, sondern eben die verheißene Verklärung des Leibes zur Bestimmung des Menschen gehört hat, daß also der Tod etwas Nebenhereingekommenes wider Gottes Willen ist. Wie's denn Gott für alle von Anfang an gewollt hatte, so wird's zuletzt auch mit allen. Das ist der »Sieg, in welchem der Tod verschlungen« wird (V. 55), der Sieg, der zeigt, daß Gott sich an den Seinen nichts nehmen läßt, auch vom Tode nichts, das Ihm nicht wieder zugestellt werden müßte. Unaussprechlich groß sind solche Gedanken und Hoffnungen. Und wie sollten wir uns nicht am heutigen Osterfeste freuen, daß mit der Auferstehung Christi – die wirklich erfolgt ist – auch die Auferstehung der Toten uns verbürgt ist, die in der Zukunft werden soll!

Paulus nun hat an die Korinther ein langes Kapitel über die Auferstehung geschrieben; und der Anfang davon bildet unsre heutige Abendlektion. Er gibt's als eine Erinnerung an das Evangelium, das er ihnen verkündet hatte. Wie über alle wichtigen Punkte, die zur Frohen Botschaft gehören, so hat er seinerzeit auch über die Auferstehung umständliche Unterweisung gegeben. Sie hatten es angenommen, sagt er, freudig und sich wohl auch dankbar dazu bekannt. Sie standen auch noch darin, sofern sie ja auf solches Bekenntnis hin eine Gemeinde gebildet hatten, und sind dadurch ihres Heils und ihrer Seligkeit gewiß geworden. Er hat es ihnen auch mit deutlichen Worten deutlich nahezulegen versucht, wie in den Worten liegt: »in welcher Gestalt ich es euch verkündigt habe«. Er denkt, sie könnten es wohl noch im Andenken haben, wenn sie's nicht »umsonst«, d. h. ohne nähere Überlegung, ohne eigenes Nachdenken darüber, geglaubt haben. Es ist freilich betrüblich, daß man ein Gehörtes oft zwar schon annimmt, ohne Bedenken oder Einwendungen dagegen zu haben, auch ohne sich's recht ins Bewußtsein kommen zu lassen und die Bedeutung davon klar zu erkennen. Wenn man Gehörtes eben nur so leichthin glaubt, daß das Nachdenken erst hintennach kommt, dann ist es leicht geschehen, daß man in Zweifel und Widerspruch gerät. So kann es in der Folge auch mit solchen schief gehen, welche gründlich angeregt schienen – besonders wenn sie nicht genug im Gehorsam unter der Wahrheit stehen und gerne in alles auch sich selbst hineintragen. Oft sind's nur gewisse Einzelpunkte, welche sie anziehen und die ihnen vorzüglich wichtig sind; und anderes – obgleich es dazugehört – nehmen sie nur so mit in den Kauf, ohne sich's recht anzueignen. Aber gerade dieses kann sie, wenn sie sich später widerwillig dazu stellen, ganz zu Fall bringen, so daß sie von einem lebendigen Glauben gar abkommen.

So ging es damals etlichen in Korinth (V. 12), welche die Lehre von der Auferstehung der Toten wohl auch angenommen hatten, aber hintennach sich Bedenken und
Widersprüche erlaubten und so Zank und Zwietracht in der Gemeinde erzeugten. Wir
sehen somit, wie schon damals in der Gemeinde Erscheinungen vorkamen, wie sie
heutzutage durch Freidenker oder sogenannte Lichtfreunde in unseren Kreisen häufig
sind. Man muß sich freilich wundern, daß es in Korinth so herging, da doch damals alle
den Heiligen Geist in außerordentlicher Weise empfangen hatten, so daß Paulus zu ihnen sagen konnte (6, 19): »Wisset ihr nicht, daß euer Leib ein Tempel des Heiligen
Geistes ist, der in euch ist, welchen ihr habt von Gott, und seid nicht euer selbst?« Wir
müssen annehmen, daß damals die Gnadenbezeigungen des HErrn groß waren und
daß denen, welche ihre Herzen für den Glauben an Jesus als den HErrn und Christus
öffneten – wie wir besonders an der Geschichte des Kornelius ersehen (Apg. 10,
44–46) –, mit großer Freigebigkeit der Heilige Geist vom HErrn mitgeteilt wurde,
auch ehe sich der ganze Mensch dem HErrn unterworfen hatte. Der Heilige Geist
wurde gegeben auf Hoffnung, daß das Völlige nachkommen werde. Wenn aber Regungen der Selbstsucht, des Selbstvertrauens, des Eigensinns, der Rechthaberei, der
Einbildung den einen oder anderen verblieben, so konnte der Heilige Geist in ihnen
nicht erleuchtend genug einwirken. Und so kam es, daß in Korinth neben den Gaben,
welche in so reicher Fülle gerade dort blühten, so manches Ungeschickte, Verkehrte,
Irrige und Sündliche vorkam. Es fehlte am Sinn der Verleugnung und der Unterwerfung. Und so konnten sie auch »auf das Fleisch säen«, statt auf den Geist, der in ihnen
war (Gal. 6, 8). O wie hat doch der Mensch sich zu hüten, daß er seinem Eigenen
nicht zuviel Spielraum lasse, und Sorge zu tragen, daß alles, was in und an ihm ist, ganz
des HErrn werde! Er kann im übrigen viele Gaben empfangen haben – und doch ein
Tor und Missetäter bleiben! So erklärt sich's, warum bei vielen neben dem Besten, das
sie haben, soviel Verkehrtes und Sündliches noch zum Recht kommen kann.

Jene Zweifler und Freidenker also sind es, deretwegen Paulus so umständlich die
Lehre von der Auferstehung vorträgt. Man sollte fast meinen, er sei zu nachsichtig gegen sie und sollte dergleichen Gläubige, die den Heiligen Geist so sehr betrübten, lieber aus der Gemeinde stoßen, zumal ihre Art auch etwas Ansteckendes hatte. Deshalb
sagt Paulus drunterhinein (V. 33): »Lasset euch nicht verführen! Böse Geschwätze
verderben gute Sitten.« Aber mit schief gehendem Denken ist's eine eigene Sache:
Wenn man da nur gleich »aufräumen« wollte, so fände man bald keine Grenze mehr.
Und wie leicht kann sich doch auch nach und nach Verkehrtes wieder recht machen!
Dazu will Paulus der Freiheit nicht schroff entgegentreten und lieber Versuche machen, die Irrenden wieder zurechtzubringen, was ihm sicher bei vielen mit seiner Rede
gelungen ist. Im übrigen will er nicht Irrende, sondern ärgerliche Sünder ausgeschlossen wissen. So sagt er (5, 11): »Ihr sollt nicht mit einem zu schaffen haben, der sich läßt
einen Bruder nennen – und ist ein Unzüchtiger oder Geiziger oder ein Götzendiener
oder ein Lästerer oder ein Trunkenbold oder ein Räuber; mit dem sollt ihr auch nicht
essen.« Er schließt dort mit den Worten: »Tut ihr selbst von euch hinaus, wer da böse
ist!« Solange nun ein Bruder Jesus als den HErrn und Christ anerkannte, ferner glaub-

te, daß Jesus für die Sünden der Menschen gestorben sei und daß Er von den Toten auferstanden sei – denn das leugneten jene Zweifler nicht, die es nur gegen die Auferstehung der Toten überhaupt hatten –, und solange jemand hierbei wenigstens richtig wandelte, legte es Paulus bei Ihnen nicht auf Ausschluß von der Gemeinde an – auch wenn er sich in manchem, wie bezüglich der Totenauferstehung, irrig und widersprechend benahm. Doch will er einen neuen Ernst in allen erwecken – wodurch üble Auswüchse verhütet werden könnten –, indem er sagt (V. 34): »Werdet doch einmal recht nüchtern und sündiget nicht. Denn etliche wissen nichts von Gott; das sage ich euch zur Schande.« Zugleich aber legte er ihnen die ganze Lehre von der Auferstehung der Toten schriftlich nahe.

Auslegung

In unsrem Text legt Paulus den Korinthern nahe:
1) wie sehr die Tatsache der Auferstehung Jesu selbst, als des Erstlings, begründet ist (V. 3–11)
   a) in der Heiligen Schrift (Zusatz: »Begraben«)
   b) durch Augenzeugen
2) wie daraus von selbst die Hoffnung der Auferstehung der Toten überhaupt folge (V. 12–20)
   a) Was ist's, wenn die Toten nicht auferstehen?
   b) Was ist's, wenn Christus nicht auferstanden ist?
Im weiteren sagt er noch vieles über die verschiedenen Auferstehungszeiten (V. 21–28), dann über die Art der Auferstehung und die Beschaffenheit der Leiber (V. 35–50); und zuletzt kommt er auf das Geheimnis zu reden, das bis jetzt verborgen gewesen, nun aber geoffenbart sei: daß bei der Wiederkunft Christi neben der Auferstehung der Toten auch eine Verwandlung der Lebenden ins Unverwesliche stattfinden werde.

1) Die Auferstehung Christi als des Erstlings (V. 3–11)

(3) »Denn ich habe euch zuvörderst gegeben, was ich auch empfangen habe: daß Christus gestorben ist für unsre Sünden nach der Schrift; (4) und daß Er begraben ist; und daß Er auferstanden ist am dritten Tage nach der Schrift; (5) und daß Er gesehen worden ist von Kephas, danach von den Zwölfen. (6) Danach ist Er gesehen worden von mehr als fünfhundert Brüdern auf einmal, von denen die meisten noch heute leben, etliche aber sind entschlafen. (7) Danach ist Er gesehen worden von Jakobus, danach von allen Aposteln. (8) Am letzten nach allen ist Er auch von mir als einer unzeitigen Geburt gesehen worden. (9) Denn ich bin der geringste unter den Aposteln, der ich nicht wert bin, daß ich ein Apostel heiße, darum daß ich die Gemeinde Gottes verfolgt habe. (10) Aber von Gottes Gnade bin ich, was ich

bin. Und Seine Gnade an mir ist nicht vergeblich gewesen, sondern ich habe viel mehr gearbeitet als sie alle; nicht aber ich, sondern Gottes Gnade, die mit mir ist. (11) Es sei nun ich oder jene: so predigen wir, und so habt ihr geglaubt.«

Die Tatsache der Auferstehung Jesu selbst hat ihre Begründung teils in der Schrift Alten Testaments, teils in den Aussagen der Augenzeugen.

a) Was das erste betrifft, so sagt Paulus nur, daß Christus gestorben sei »nach der Schrift« und daß Er auferstanden sei »nach der Schrift«. Er sagt damit zum voraus, ohne es hier zu erörtern, daß sich aus der Schrift nachweisen lasse, daß der verheißene Messias sterben und auferstehen würde (vgl. Luk. 24, 26). Und gerade so, sagt er, wie es ihm selbst auch von Jesus geoffenbart worden sei (V. 3), habe er es »zuvörderst gegeben« den Korinthern. Die Verheißung und Weissagung muß zu allem Großen, das zum Heil der Menschen geschieht, den Grund legen. Sie bahnt dem Zeugnis der Augenzeugen den Weg. Was auch Augenzeugen zu wissen behaupten, das konnte, wenn's den eigentlichen Nerv des Heils betraf, nicht tief in den Herzen verfangen, wenn ihm nicht die Weissagung vorausgegangen war. Erst durch diese wird alles heilig, göttlich, in vollem Sinne beachtenswert. Und unaussprechlich ist der Gewinn fürs Herz, wenn man erkennt, daß das, worauf man sein Heil baue, von Gott durch Propheten vorherverkündigt gewesen sei. Deswegen gingen überall die Apostel von der Schrift aus; und noch gilt das Wort des Petrus (2. Petr. 1, 19): »Wir haben desto fester das prophetische Wort, und ihr tut wohl, daß ihr darauf achtet.« So ist denn auch alles, was die Apostel verkündigen, erst durch das prophetische Wort fest geworden. Denn dieses zeugte, daß sie nichts Unberechtigtes predigten und in nichts zu einem Glauben aufforderten, da man mehr nur ihnen vertrauen müßte, als dem Gott Israels. Durch die Schrift war Gott selbst zum voraus ein Zeuge für die Apostel. Doch gehört hierher das nicht, was Paulus je und je von einem »Geheimnis« sagt, das sich nicht gerade in der Schrift finde, sondern erst jetzt geoffenbart worden sei, wie das bezüglich der Verwandlung der Lebenden der Fall war. An solchem hing aber auch nicht die Bedingung der Seligkeit.

Das Evangelium, sofern es selig machen soll, erfordert nur zwei Tatsachen, die anzuerkennen sind: nämlich den Versöhnungstod und die Auferstehung Christi. Diese beiden Punkte machen's eigentlich aus, wie Paulus andeutet, wenn er sagt (V. 2): »Durch welches ihr auch selig werdet.« Das sind die Grundlehren: Wenn sich jemand bußfertig wendet zum »Opferlamm, das seine Sünde trägt«, und in der Auferstehung des Geopferten die Bürgschaft der Gnade und Rechtfertigung anerkennt und festhält, so ist das alles, was (hier) nach Paulus zum Seligwerden nottut. Freilich ergibt sich dabei von selbst, daß ein anderer als Der, der vom Himmel ins Fleisch gekommen ist aus dem Schoß des Vaters, nicht hätte das Opferlamm für die Sünden der Menschen werden können und nicht hätte, wenn Er gestorben ist, wieder auferstehen können. Denn einem anderen hätte die Reinheit und Unschuld gefehlt, die auf Erden nimmermehr heranwachsen konnte. Nach der Erfahrung fehlt's auch in keinem, der überhaupt dem Tode Christi als einem Opfertode vertrauen kann, wenn er's auch mehr im Gefühl hat, einfach nach der Schrift ohne nach bestimmten menschlichen Formeln. Zuletzt kommt es – vor allem auf Sterbebetten – nur auf das hinaus, daß der arme Sünder ein Opfer für seine Sünden weiß und eine Gewißheit des Wohlgefallens Gottes an diesem Opfer hat. Damit kann er im Frieden leiden und sterben. Wie wichtig wäre es doch, wenn das nach Paulus allerwärts anerkannt würde, damit die vielen Zerwürfnisse, welche in der christlichen Kirche und sonst in Glaubenssachen entstanden sind und unter denen sie sich gegenseitig gar ausschließen, verschwänden und man auch Irrende mit Geduld tragen lernte! Zur Seligkeit weiß Paulus nur die Annahme des Todes und der Auferstehung Jesu. Man bedenke doch, wie lieblich leicht damit der Weg zur Seligkeit gemacht ist! Denn was Sterben und Auferstehen ist, kann jedes Kind verstehen wie auch das Große und Erquickliche, das darin liegt, empfinden.

Übrigens nennt Paulus noch ein Drittes, nämlich daß Christus begraben sei. Hier setzt er nicht bei »nach der Schrift«, wiewohl er es hätte tun können (vgl. Jes. 53, 9). Doch erwähnt Paulus sicher mit Bedacht das Begräbnis Jesu. Zunächst wohl, so kann man sagen, soll's die Gewißheit des Todes Jesu bestätigen. Will er aber nicht noch weiteres durchscheinen lassen? Als Begrabener kommt Jesus in die Gleichheit mit den Begrabenen wie als Lebender mit den Lebenden, als Gestorbener mit den Gestorbenen: Er kommt im Grabe in eine Beziehung zu den Gestorbenen und zu allen Gestorbenen in der Vorzeit; und Seine Seele, die Seinen Leib unter den Toten weiß, will nun auch für die Toten – für die in der »Unterwelt«, die durch das »Grab« vorgestellt wird – arbeiten, was Er kann. Hiermit kommen wir auf das, was Petrus sagt (1. Petr. 3, 19 ff. 4, 6), wie Christus »im Geist, d. h. als leiblos, hingegangen sei und gepredigt habe den Geistern im Gefängnis«, d. h. sich vorgestellt habe als Der für die Sünden der Menschen Geopferte, »auf daß sie gerichtet wären nach der Menschen Weise am Fleisch, aber im Geist das Leben haben nach Gottes Weise.« Auch Paulus sagt (Eph. 4, 9), Christus sei, ehe Er gen Himmel auffuhr, »zuvor hinuntergefahren in die untersten Örter der Erde.« Liegt nicht auch in unserer Stelle: »und daß Er begraben sei«, ein Wink zu dem Angeführten? Es sei hier nur berührt, wie unsre Zeit mit Unrecht die Lehre von der »Höllenfahrt« Christi so gar verwerfe. Unbegreiflich ist's, wie selbst gläubige Christen meinen, gleichsam garnichts aus der Lehre von der Höllenfahrt machen zu können – während doch eben sie das große Erlösungswerk Christi ergänzt! Denn es ist doch klar, daß dieses eine Wirkung auch auf längst untergegangene Geschlechter haben muß. Denn diese können doch damit, daß sie zu frühe lebten und starben, nicht ohne weiteres davon ausgeschlossen sein! Und welcher Zeitpunkt eignete sich für Jesus besser dazu, in Seiner Person für die Vorzeit etwas zu tun, als die Zeit, da Er den Begrabenen gleichgestellt ist? Wie herb ist doch die je und je, vor allem früher, ausgesprochene Ansicht, daß alles in der Vorzeit – weil es ohne Christus gestorben sei – verloren sei! Es ist aber wahrlich nicht so, daß man auf die Frage: »Wo sind meine Väter?« rundheraus zu antworten bräuchte: »in der Hölle«! Ja, das Erbarmen Jesu geht auch rückwärts, wie auch Jesus selbst ein freundliches Mitgefühl zeigte mit denen von Sodom und Gomorrha, die es am Jüngsten Tag nicht so schwer haben würden als die, welche Ihn jetzt verschmähten. Solche Milde gegen die Vorzeit zeigt die Lehre von der »Höllenfahrt« Jesu; und so kann auch Paulus mit seiner Erwähnung des Begräbnisses Jesu auf den Anteil der Vorzeit am Heil in Christus hindeuten, wie sich der nun möglich machte. Indessen kann man solches auch ein erst jetzt »offenbar gewordenes Geheimnis« nennen, das zuvor nicht in der Schrift stand.

b) Wir kommen zu den Augenzeugen, welche Paulus anführt

Es kann uns nur wohl tun, daß dem Apostel ein Anlaß gegeben worden ist, gerade die Zeugnisse von der Auferstehung Christi zu erwähnen. Die Evangelien sind ein wenig sparsam geblieben mit ihren Erzählungen. Und da erfahren wir doch durch Paulus manches und sehr Bedeutendes, was uns den Eindruck gibt, wie volltönend das Zeugnis von der Auferstehung Christi in der apostolischen Zeit allerwärts gewesen ist.

Ist Christus wirklich »nach der Schrift« auferstanden und sollte es nicht bloß »nach der Schrift« über Ihn vermutet erscheinen, so muß Er auch gesehen worden sein. Das ist geschehen, teils in der ersten Zeit von vielen, teils viel später von Paulus selbst. Paulus zählt verschiedene Augenzeugen aus der ersten Zeit auf; aber in seinem Verzeichnis kann es auffallen, daß er der Erscheinungen vor Frauen, wie sie in den Evangelien vorkommen nicht gedenkt. Dies geschieht darum, weil Zeugnisse von Frauen in einer so wichtigen Sache nicht angeführt werden durften, wenn es durchschlagend sein sollte.* Ferner erwähnt Paulus zuerst den Kephas (Petrus) und später den Jakobus, die den HErrn gesehen hätten. Von Jakobus ist sonst gar nichts erzählt; und von Petrus heißt es nur einerseits (Joh. 20, 3–8), er sei, wie Johannes nach ihm, zum Grabe gekommen und habe dieses leer gefunden; und Lukas sagt zuerst (24, 12), er habe sich ins Grab gebückt und sei davongegangen, sich wundernd, wie das zuginge. Andererseits aber sagt doch auch Lukas gleich nachher (V. 34), die Jünger hätten untereinander gesagt: »Der HErr ist wahrhaftig auferstanden und Simon erschienen.« Daß es nun weder von Petrus noch von Jakobus in den Evangelien besonders betont ist, hat seinen Grund darin, daß sie einzelne waren und darum selbst nicht soviel davon redeten, weil eine Sache nur aus Zweier oder Dreier Mund bestehen konnte.* Paulus wohl konnte von sich aus Beider gedenken, weil er, der überhaupt auch über die Auferstehung besondere Offenbarung erhalten hatte (V. 3), nun als Mitzeuge für sie galt. Das Auffallendste, was Paulus erwähnt, ist das, daß der HErr »mehr als 500 Brüdern auf einmal« erschienen sei, von denen sogar noch viele am Leben seien. Von dieser bedeutendsten Erscheinung ist nichts in den Evangelien gesagt; und die Versammlung bei der Himmelfahrt (Apg. 1, 2) kann nicht gemeint sein, weil Paulus jene Erscheinung nicht als die letzte anführt. Vermutlich scheute man sich, jener Erscheinung in Büchern zu gedenken, weil sie von der Welt als übertrieben gefunden werden konnte. Denn man denke sich: was doch das war, daß Jesus so frei vor so vielen sich sehen, wohl auch hören ließ! Der Welt und den Feinden gegenüber durfte man von den Erscheinungen nicht zuviel Aufheben machen, da das der Sache mehr geschadet als gedient hätte. So wurde vieles nur

---

* Zu den gleichen Studienergebnissen kommt Karsten Bürgener in »Die Auferstehung Jesu Christi von den Toten« (Selbstverlag).

von Mund zu Mund gebracht. Aus allem aber ersehen wir, daß es der Erscheinungen viel mehr gewesen sein müssen, als wir wissen. Dies geht auch aus dem hervor, was Lukas (Apg. 1, 3) sagt: »Welchen Er sich nach Seinem Leiden lebendig erzeigt hatte durch mancherlei Erweisungen und ließ sich sehen unter ihnen vierzig Tage lang und redete mit ihnen vom Reiche Gottes.« Aber man betrachtete die Erscheinungen als ein Heiligtum, ohne vor jedermann soviel Wesen daraus zu machen. Auch eigneten sich die Eröffnungen dabei zunächst nicht vor jedermanns Ohr. Aber wie herrlich erwies sich doch die Freundlichkeit des Auferstandenen! Und wie wehmütig kann's andrerseits stimmen, daß alle Begegnungen Jesu seitdem ganz aufgehört haben! Was wird's aber sein, wenn wir Ihn doch einmal sehen dürfen!

Einmal jedoch ließ sich Jesus noch sehen, und das war vor Paulus selbst, was er nun auch noch anführt. »Am letzten«, sagt er – und man nimmt gewöhnlich an, 15 Jahre nach der Himmelfahrt, wie man sein Bekehrungsjahr berechnet –, »ist Er auch von mir als einer unzeitigen Geburt gesehen worden.« Er nennt sich »eine unzeitige Geburt«, weil er zur Zeit der Erscheinung noch nicht innerlich zum Glauben an Jesus ausgereift war, wie es die anderen Apostel waren, als sie den Auferstandenen sahen. Er war ja eben noch von bitterstem Verfolgungshaß erfüllt, also ganz entfernt von einer Gemeinschaft mit Christus. Daß er Jesus wirklich sah, geht aus unsrer Stelle klar hervor. Nur sah er Ihn nicht so einfach in seiner sonstigen gewöhnlichen Art, wie es bei den Jüngern war, die Ihn nicht mit aufgedeckter Verklärung sahen. Paulus aber wurde ja geblendet von dem Verklärungsglanz, der um die Gestalt Jesu floß. Paulus ist also nicht nur der einzige Ungläubige, dem Jesus erschien, sondern zugleich der, welcher mehr vom Auferstandenen sah, als alle anderen in den ersten 40 Tagen gesehen hatten. Daß sonst nur Apostel und Jünger Jesus sahen, geht aus dem hervor, was Petrus zu Kornelius sagte (Apg. 10, 40): »Den hat Gott auferweckt am dritten Tage und Ihn lassen offenbar werden, nicht allem Volk, sondern uns, den von Gott vorerwählten Zeugen.« Für Paulus aber, der eine ganz besondere Bestimmung als Apostel erhielt, war es höchst wichtig, daß er Jesus persönlich zu sehen bekam, um dadurch den wirklichen Rang eines Apostels zu erhalten, auch vor den Aposteln selbst. Er erwähnt's mit großer Demut, und er nennt sich »den Geringsten unter den Aposteln, der nicht wert sei, ein Apostel zu heißen, weil er die Gemeinde Gottes verfolgt habe«. Wie litt er doch unter dem schmerzlichen Gefühl seiner früheren Verirrung sein Leben lang! Dies mag auch Ursache gewesen sein, daß er die in Christus aufgegangene Gnade höher zu schätzen schien als andere, die keine solche Schuld zu ihrer Bekehrung mitbrachten, und daß er, um gleichsam seine Schuld gutzumachen, mit desto größerem Eifer und todesmutiger Standhaftigkeit arbeitete – wie wenn er sich opfern müßte für die Seelen, an deren Tod er etwa schuldig geworden war. Und darum konnte er frei sagen: »Seine Gnade an mir ist nicht vergeblich gewesen, sondern ich habe viel mehr gearbeitet als alle; nicht aber ich, sondern Gottes Gnade, die mit mir ist.«

Die große Tatsache also, daß Jesus auferstanden sei, ist durch Augenzeugen der verschiedensten Art über alle Zweifel erhaben.

Daß sie aber in unseren Tagen einem solchen Zeugnis des Paulus, des großen Apostels, gegenüber soviele Zweifel – ohne sie im mindesten leugnen zu können – nur aus Unglauben erheben mögen!

Gott sei Dank, es bleibt dennoch ewig wahr, daß Jesus Christus auferstanden ist von den Toten! Sie werden's schon noch erfahren! Denn »siehe, Er kommt mit den Wolken, und es werden Ihn sehen alle Augen und die Ihn gestochen haben, und es werden wehklagen um Seinetwillen alle Geschlechter der Erde. Ja, Amen!« (Offb. 1, 7)

2) Wie daraus von selbst die Hoffnung der Auferstehung der Toten überhaupt folge. (V. 12–20)

(12) »Wenn aber Christus gepredigt wird, daß Er ist von den Toten auferstanden, wie sagen denn etliche unter euch: Es gibt keine Auferstehung der Toten? (13) Gibt es aber keine Auferstehung der Toten, so ist auch Christus nicht auferstanden. (14) Ist aber Christus nicht auferstanden, so ist unsre Predigt vergeblich, so ist auch euer Glaube vergeblich. (15) Wir würden aber auch erfunden als falsche Zeugen Gottes, weil wir wider Gott gezeugt hätten, Er habe Christus auferweckt – den Er nicht auferweckt hätte, wenn doch die Toten nicht auferstehen. (16) Denn wenn die Toten nicht auferstehen, so ist Christus nicht auferstanden. (17) Ist Christus aber nicht auferstanden, so ist euer Glaube nichtig, so seid ihr noch in euren Sünden; (18) so sind auch die, die in Christus entschlafen sind, verloren. (19) Hoffen wir allein in diesem Leben auf Christus, so sind wir die elendsten unter allen Menschen. (20) Nun aber *ist* Christus auferstanden von den Toten und der Erstling geworden unter denen, die da schlafen.«

Paulus geht nun über auf die Auferstehung der Toten, von welcher er darlegt, daß sie notwendig aus der Auferstehung Christi folge, so daß die eine mit der anderen stehe und falle. Es gab, wie eben bemerkt, Leute, welche an die Auferstehung der Toten nicht herankommen konnten. Es gibt auch wirklich keinen anderen Glaubensartikel, bei dem man so sehr alle Vernunft unter den Glauben stellen muß. Bei ihm muß man blindlings glauben, ohne irgend einen Anhalt zu haben, wie das werden können sollte, daß die Toten von Anbeginn der Welt her – welche teils verbrannt, teils von wilden Tieren zerrissen, teils völlig zu Staub und Asche geworden, teils nach allen Richtungen zerstreut, teils ersäuft und von Ungetümen des Meeres verzehrt worden sind – alle ohne Unterschied, solcher Umstände ungeachtet, wieder leiblich erwachen und zu sehen sein sollten als die, die sie waren, ehe sie gestorben sind! Wer sich in die scheinbaren Unmöglichkeiten alle mit seinen Gedanken hineinversenkt, kann in ein Gewirre hineinkommen, das ihm allen Glauben oder allen Mut zum Glauben an die allgemeine Auferstehung der Toten rauben möchte. Bedenken wir aber, wie der ganze Leib des Menschen, desgleichen jedes einzelne Glied des Menschen, neben der Vergänglichkeit auch etwas Unvergängliches als Keim in sich trägt – der vor menschlichen Augen so wenig sichtbar ist als der Keim irgendwelcher Frucht, aus dem das Gewächs hervorkommt –, und daß dieser Keim nie verlorengehen kann, daß es also nur der Allwissenheit und Allmacht Gottes bedarf, die Keime alle, wie sie zu einem Menschen gehören, zu sammeln und nach ihrer Eigenart mit Stofflichem zu dem wieder anzuschwellen, was sie am Menschen gewesen sind, ehe alles in die Verklärung übergeht: so hat man wenigstens irgendwelche Vorstellung, welche die Möglichkeit der Auferstehung in etwas anschauen läßt.

Sei ihm aber, wie ihm wolle, so bleibt nichts anderes übrig, als die Hoffnung der Auferstehung festzuhalten, weil wir für allen unseren Glauben keinen Halt mehr haben, wenn wir sie fallenlassen. Denn lassen wir sie fallen, so ist – man mag wollen oder nicht – eben damit auch die Auferstehung Christi gefallen. Und das ist's, was Paulus den Korinthern sehr nachdrücklich vorhält. Wir zerlegen das, was er sagt, in zwei Fragen:
   a) Was ist's, wenn die Toten nicht auferstehen?
   b) Was ist's, wenn Christus nicht auferstanden ist?

a) Paulus weiß keine Antwort als die, daß dann auch von einer Auferstehung Christi nicht die Rede sein könne, so sehr diese auch durch Augenzeugen gewiß gemacht sei. Wozu dann, so liegt es in seinen Worten, soll Christus auferstehen – wenn kein Mensch sonst auferstehen wird? Ist die Auferstehung des Leibes für das Leben in der Ewigkeit nicht notwendig: wozu ersteht der HErr aus dem Grabe, und zwar so, daß dieses leer wird, weil Er eben den Leib wieder an sich gezogen hat, aus dem Er geschieden war? Was tut Er mit diesem Leib – wenn Ihn die Seligen um Ihn her nicht brauchen?! Wäre es denn nicht für Ihn zureichend gewesen (nur) in (irgend-)einer »leiblichen Gestalt« zu erscheinen, wenn das möglich wäre, und ruhig den Leib im Grabe liegen und verwesen zu lassen? Er kommt ja zu den Jüngern nicht als »Geist«; und als diese erschraken und sich fürchteten, meinend, sie sähen nur einen »Geist«, sagte der HErr zu ihnen: »Was seid ihr so erschrocken, und wie kommen solche Gedanken in eure Herzen? Sehet Meine Hände und Meine Füße! Ich bin's selber; fühlet Mich und sehet, denn ein Geist hat nicht Fleisch und Bein, wie ihr sehet, daß Ich habe!« Da aß Er auch noch vor ihnen ein Stück von gebratenem Fisch und Honigseim, zum Zeichen, daß Er Derselbe war, der Er je war, weil Er noch nicht in das Himmlische verklärt war (Luk. 24, 33–43). Wozu nun das alles, wenn es mit anderen Toten nicht ähnlich gehen soll, um auch ein leibliches Bestehen wieder zu haben! Erscheint's nicht als eine bloß vorübergehende Spielerei – wenn Er doch (vermeintlich) den Leib nicht nötig hatte für die Herrlichkeit, in der Er fortan beim Vater sein sollte?! Kurz, für die Auferstehung Christi bleibt gar kein Sinn und Verstand, wenn die Toten überhaupt nicht auferstehen! Was aber weder Sinn noch Verstand hat, kann nicht geschehen sein – was immer auch Augenzeugen sagen wollen! Und Christus wäre also nicht auferstanden!

Wir sehen, was wir verlieren, wenn wir die Auferstehung der Toten nicht gelten lassen wollen. Wir bekommen einen toten Christus statt einem Bild von Lebensfülle, ein fahles Gespenst, ein Nichts, wie wir oben im Eingang gesagt haben. Ob wir also eine Auferstehung der Toten, wie sie erfolgen werde, begreifen oder nicht: Wir müssen uns in den Glauben an scheinbar Unmögliches schicken; und dazu muß der allmächtige

Gott unsre Hoffnung sein, der einmal die Welt aus Nichts gemacht hat und darum auch wohl wird die Trümmer jedes einzelnen Menschen wieder zusammenbringen!

b) Was ist's, wenn Christus nicht auferstanden ist? Darüber sagt Paulus viel.

A) Dann ist unsre Predigt vergeblich, das heißt hier: unbegründet. Es fehlt ihr aller Nerv, und man weiß gar nicht, was eigentlich die Apostel wollen und wozu sie in alle Welt ausgehen, um alle Welt zum Glauben an Christus zu bringen. Sie wüßten ja keinen lebendigen, sondern nur einen toten Christus den Leuten anzupreisen, nur ihnen zu sagen, was für ein herrlicher Mensch doch Jesus gewesen wäre; dann sollten die Leute Ihn etwa zum Muster nehmen, um auch so zu werden. Bedenken wir, was doch dabei herausgekommen wäre – obwohl es heutzutage Christen, auch Gelehrte, genug gibt, die meinen, mit Vorhalten der Lehren und Tugenden Jesu hätten die Apostel die ganze alte heidnische Welt bezwungen und umgewandelt und so Großes in der Menschengeschichte zuwegegebracht, wie wir sehen, daß es infolge der Verbreitung des Evangeliums wurde! Wir sehen's ja, wie leicht sich die Leute »brav« machen lassen, wenn es nur auf das ankommt! Man braucht nur zu sagen: »Seid's!« – so sind sie's, und sind (vermeintlich) andere und neue Menschen!

B) Weiter sagt Paulus: »Ist Christus nicht auferstanden, so ist euer Glaube vergeblich«, d. h. er würde unbegründet, ohne allen Halt. Das Erste, was sie glauben sollten, war, daß Jesus der HErr und Christ sei (Apg. 2, 36). Was soll das sein, wenn eine Predigt mit dem Kreuzestode abschließen müßte? Wo ist dann da der HErr? der Christ? Vergeblich würden die Leute in Jesus den HErrn und Christus finden; sie würden sich nur einer Täuschung hingeben, also vergeblich glauben, sobald sie keine Auferstehung Christi mehr haben. Dazu sollte allen Buße und Vergebung der Sünden gepredigt werden (Luk. 24, 47); die letztere bietet ihnen der Gekreuzigte und Auferstandene an. Was ist's aber um die Vergebung der Sünden, wenn Christus, der Unschuldige, tot bleibt? Wie konnte jemand ermutigt werden zu glauben, daß um des Opfers Jesu willen alle, die daran glauben, wirklich Vergebung der Sünden haben würden? Welche Begründung oder Gewißheit hätten sie dafür, wenn Jesus nicht auferstanden wäre und nicht mit Seiner Auferstehung den Beweis geliefert hätte, daß nun Vergebung der Sünden zu haben wäre! Es würden die Leute, auch wenn sie glaubten, noch »in ihren Sünden« sein, wie Paulus sagt; und auch die, »die in Christus« – d. h. als gläubige Christen – »entschlafen sind, seien verloren«, weil sie tot bleiben würden. Alles Glauben an Jesus wäre also vergeblich.

C) Paulus sagt ferner: »Wir würden auch erfunden als falsche Zeugen Gottes, daß wir wider Gott gezeugt hätten, Er hätte Christus auferweckt, den Er doch nicht auferweckt hätte, wenn die Toten nicht auferstehen.« Paulus, der sich's soviel kosten ließ, die Leute zu Christus zu bringen, dürfte sich ja kaum mehr unter den Menschen sehen lassen, wenn er, der soviel Rühmens von der Auferstehung Christi gemacht hatte, zuletzt sagen und bekennen müßte: »So leid es mir tut, so kann ja eigentlich doch Christus nicht auferstanden sein, weil die Toten nicht auferstehen.« Er und die Apostel hätten sich des Verbrechens eines falschen Zeugnisses schuldig gemacht, um Menschen an sich zu ziehen – und das zwar wider Gott, was ihre Schuld erhöhen würde.

D) Endlich sagt Paulus: »Hoffen wir allein in diesem Leben auf Christus, so sind wir die elendesten unter allen Menschen«, weil es nämlich, so will er andeuten, ohne Auferstehung auch mit dem ewigen Leben nichts ist. Hatten sie doch um ihrer Predigt willen keine gute Stunde auf Erden! Nichts sahen sie vor sich als Mühsal, Kampf, Verfolgung und zuletzt einen peinvollen Tod. Dasselbe hatten alle Gläubigen auf sich zu nehmen – und nach dem Tod: Was haben sie dann?! Nichts, sie würden eben auch im Tode bleiben wie die anderen Menschen! Da wäre, sagt Paulus (V. 32) das, was Leichtfertige sagen, eine bessere Predigt und eine bessere Lebensweise: »Lasset uns essen und trinken, denn morgen sind wir tot!«

Zu was allem kommen wir doch, wenn wir die Auferstehung der Toten leugnen und eben damit die Auferstehung Christi preisgeben! Fest und kräftig ruft daher Paulus noch aus: »Nun aber *ist* Christus auferstanden von den Toten und der Erstling geworden unter denen, die da schlafen!« Wie die Auferstehung bei Ihm angefangen hat – daß Er der Erste war –, so wird sie fortgesetzt und zuletzt an allen Menschen vollendet werden, wenn die Stunde dazu gekommen ist. Da werden sie alle wie Er ihre Leiblichkeit wiederbekommen – aber nicht in vergänglicher Art und nicht verweslich, sondern unverweslich und unsterblich, wie es allein ins Reich Gottes hineinpaßt, welches Fleisch und Blut nicht ererben kann (V. 50). Wenn dann auch noch die Verwandlung der Lebenden dazugekommen sein wird: dann ist die Zeit da, da es heißen wird (V. 55ff.): »Der Tod ist verschlungen in den Sieg. Tod, wo ist dein Stachel? Hölle, wo ist dein Sieg? Gott aber sei Dank, der uns den Sieg gibt durch unsern HErrn Jesus Christus!«

Alle seine Rede über die Auferstehung aber schließt Paulus mit den Worten (V. 58): »Darum, meine lieben Brüder, seid fest, unbeweglich und nehmet immer zu in dem Werk des HErrn, weil ihr wisset, daß eure Arbeit nicht vergeblich ist in dem HErrn« – weil es nämlich eine herrliche Auferstehung gibt, welche alles Dunkle und Schwere ausgleichen und gutmachen und aller Arbeit Preis zutagebringen wird.

Seien wir kindlich und halten wir unverrückt – wider alle Zweifel und Bedenken – fest an dem, was unser hocherhöhter Heiland, Jesus Christus, heute am heiligen Osterfeste mit Seiner Auferstehung uns predigt!

Es kommt die Zeit, da die ganze seufzende Kreatur eine Osterherrlichkeit erfahren wird; denn die Auferstehung Christi, des Erstlings, zeigt's uns an Seiner Person als einem Gesamtbilde der neuen Schöpfung. Amen.

Ostern
(Abendgottesdienst

mit besonderer Berücksichtigung der anwesenden Kinder, also »Familien-Gottes-dienst«)

Röm. 5, 8–11

(8) »Gott aber preist (erweist) Seine Liebe gegen uns darin, daß Christus für uns gestorben ist, als wir noch Sünder waren. (9) Um wieviel mehr werden wir durch Ihn bewahrt werden vor dem Zorn, nachdem wir jetzt durch Sein Blut gerecht geworden sind! (10) Denn wenn wir mit Gott versöhnt sind durch den Tod Seines Sohnes, als wir noch Feinde waren: um wieviel mehr werden wir selig (gerettet) werden durch Sein Leben, nachdem wir nun versöhnt sind! (11) Nicht allein aber das; sondern wir rühmen uns auch Gottes durch unsern HErrn Jesus Christus, durch welchen wir jetzt die Versöhnung empfangen haben.«

Um euch das Ganze recht deutlich zu machen und bestimmte Eindrücke davon zu geben, will ich von jedem der gelesenen Verse ein Wort euch sagen, auf das es ankommt:

1) In Vers 8 preist (erweist) Gott Seine Liebe gegen uns.
2) In Vers 9 heißt's: Wir sind behalten vor dem Zorn.
3) In Vers 10: Wir werden selig werden durch Sein Leben.
4) Vers 11: Wir rühmen uns Gottes.

Das sind vier kernhafte und gewaltige Sätze, da jeder mit einer Wucht auf uns wirken sollte, daß wir bis in den Himmel hineingehoben werden!

1) Gott preist Seine Liebe gegen uns

Ja, wie denn? Er läßt Jesus für uns sterben, da wir noch Sünder waren. Wahrhaftig, das ist eine Liebe! Damit hat Gott etwas getan, das preiswürdig ist für Seine Liebe: »Er preist Seine Liebe gegen uns«, das heißt nämlich: Er macht sie recht groß und wunderbar und recht gewiß und eindringlich, so daß Er selbst gleichsam sagt: »Seht her, wie hab Ich euch so lieb!« So preist Er Seine Liebe gegen uns, und zwar wohlgemerkt: »Da wir noch Sünder waren!« Er könnte nämlich auch sagen: Fort mit euch! Ich will nichts von euch wissen! Hätte Er das Recht dazu? Ja gewiß! Und was für Sünder sind's doch! Solche, die in gar nichts recht sind! Ja glaubet's: Wir sind in gar nichts recht! So ungeschliffene Heiden sind wir freilich nicht mehr. Aber wenn du dich fragst: In was bin ich denn eigentlich recht? – ja, da besinne dich, und besinne dich, so lange wie du willst und solange du lebst: du findest nichts!

Jetzt denkt euch aber vollends die Heiden und die Juden der damaligen Zeit, da Christus für sie starb: die sind von Kopf bis zu Fuß lauter Nichts gewesen; und wenn sie haben brav (gerecht) sein wollen, sind sie am allerwenigsten nütze gewesen, so wie es bei den Pharisäern der Fall war.

Aber Gott hat uns dennoch lieb! Man kann's fast nicht glauben und möchte denken: Ja, wie kann Gott uns liebhaben?! Deswegen fürchten sich auch die Sünder vor Gott. Sie wissen wohl warum: Ihr eigenes Gewissen verdammt sie vor Gott.

Aber damit wir's glauben möchten, Gott habe uns lieb, hat Er Jesus Christus für uns sterben lassen. Wenn Er Ihn bloß als einen Boten geschickt hätte vom Himmel her und hätte sagen lassen: Höret, ihr Menschenkinder, ihr seid zwar arge Sünder und es ist gar nichts Gutes an euch – aber Ich habe euch dennoch lieb und will euch dennoch selig machen, wenn ihr Mir jetzt folget: so hätten die Leute sagen können: Ja, wenn wir's glauben würden! Das glauben wir keinesfalls! Wenn das Gewissen erwacht, so kann's der Mensch auf eine bloße Ankündigung hin nicht glauben, daß Gott ihn liebhabe. Der (Gottes-)Bote Jesus Christus aber hat es fort und fort gepredigt, wie Gott die Menschen liebhabe – und unter dem, da Er es gepredigt und verkündigt hat, haben sie Ihn gepackt und ans Kreuz geschlagen. Und da predigt Er noch vom Kreuz herunter: Gott hat euch lieb! Sonst würde Er ja nicht für sie beten können: »Vater, vergib ihnen!«

So ist Er selber aus Liebe in den Kreuzestod gegangen, und zwar im Einverständnis mit Seinem Vater im Himmel, der Ihn in Seiner väterlichen Liebe zu den Menschen den bitteren Leidenskelch trinken heißt, damit hintennach für die Sünder etwas Gutes daraus hervorwachse. Nun, wenn ihr das seht und recht innerlich an euch herankommen lasset, dann könnt ihr gewiß nicht mehr an der Liebe Gottes zweifeln. Denn höher hinauf kann der liebe Gott selber nicht mehr gehen, um es den Leuten begreiflich zu machen, daß Er sie liebhabe und bereit sei, ihnen alle ihre Sünden zu vergeben. Die gläubigen Seelen nun, die's angenommen haben, sind ganz voll davon. Denn ihnen ist die Liebe Gottes ins Herz ausgegossen (V. 5). Sie empfinden die Liebe Gottes wie einen Guß aus dem Herzen Gottes heraus in ihre Herzen hineingegossen; die spüren es, daß Gott sie liebhat.

So hört denn noch einmal den Vers: »Darum preiset Gott Seine Liebe gegen uns, daß Christus für uns gestorben ist, da wir noch Sünder waren.« Jetzt merkt euch das!

2) Wenn es so ist, daß Gott Seine Liebe so gegen uns preist, »so werden wir ja vielmehr behalten vor dem Zorn«

Was ist der »Zorn«? Das Gericht. Das Gericht ist der Zorn Gottes. Wenn man nämlich im Gericht verurteilt wird in den Feuerpfuhl hinunter, so kann man sagen: Da hinab wirft der Zorn Gottes die Leute! Die Verdammnis ist der Ausdruck und Ausbruch des Zorns.

Also, Gericht und Verdammnis hat gewartet auf den Menschen, weil er von Kopf bis zu Fuß Sünder gewesen ist. Jetzt aber heißt's: »Wir werden behalten vor dem Zorn«, d.h. mit andern Worten: Wir werden verschont, wir brauchen nicht mehr in den »Pfuhl« hinunter. Ja, du darfst oben bleiben, so heißt's von jedem, der durch den Glauben gerecht geworden ist (V. 1), du brauchst nichts mehr zu fürchten. Denn du bist ja kein Sünder mehr, sondern ein Gerechter. Ja, wie denn? Ich ein Gerechter?! Ja freilich, aber nicht durch Dein Bravsein, sondern durch Sein Blut. Das Blut Jesu Christi hat mich rein gemacht; es hat meine Sünden weggewaschen und hat die Gesetzes-Drohung ausgelöscht (Kol. 2, 14). Gelten wir als Gerechte, so kann unmöglich noch Verdammnis drohen, sondern dann ist's aus mit der Verdammnis. Denkt euch aber, wie's da einem leicht ums Herz wird! Vorher die Drohung des Zornes Gottes – und jetzt mit sicherem Mut zu wissen: »Wir werden bewahrt vor dem Zorn!«

Denket doch, was das ist, sagen zu können: Für uns gibt's keine Hölle, für uns gibt's keine Verdammnis, weil wir gerecht sind durch Sein Blut! O, es wäre wohl der Mühe wert, daß man's öfters überlegen und bedenken würde! Denn wißt: Es ist noch nicht bei allen fertig. Wer noch nicht gerecht ist durch den Glauben, der muß noch zittern. Wessen Mund es noch nicht bekennt und wessen Herz es noch nicht glaubt, daß Jesus Christus der HErr ist, der ist's noch nicht gewiß, daß er behalten ist vor dem Zorn Gottes.

Wer so gleichgültig in der Welt herumläuft, der sieht aus wie einer, der nirgendwo anders hin will als in die Hölle. Denn auf dem breiten Weg, der zur Verdammnis führt, laufen die Leute untereinander herum und tun alles und machen alles so, wie wenn sie gar nichts anderes im Sinn hätten als: marsch, in die Hölle! Wenn's hier aus ist, geh ich eben in die Hölle!, so heißt's bei ihnen. Da besteht eine große Verblendung durch den Fürsten der Finsternis. Und deswegen sollten wir wohl hoffen, es werde auch einmal eine andere Zeit kommen, da die Menschen nicht mehr so getrosten Mutes den Weg der Verdammnis gehen, sondern daß sie's zu Herzen nehmen, daß noch ein Weg offen ist zur Erlösung, nämlich der Weg des Glaubens ans Blut Christi.

Hat einer aber einmal diese Hoffnung gewonnen, wie sie der Glaube an Jesus Christus gibt – o wie darf er dann so fröhlich hinausblicken bis auf den Jüngsten Tag und denken: Ich weiß, an wen ich glaube; Er hat mir Seine Liebe angepriesen und sie ins Herz ausgegossen, ich brauche kein Gericht zu scheuen! Es wird mir zwar manchmal bang, aber ich raffe mich auf: Denn mein Heiland ist treu, Er wird mich erlösen von Sünde, Tod und Verdammnis.

O liebe Kinder, machet doch, daß ihr dessen gewiß werdet, und ihr könnt's auch! *Wie* die Barmherzigkeit Gottes etwa auch drüben noch wirken kann, daß es noch reicht, das wisset ihr nicht. Bedenket, was es wäre, wenn ihr so weggeworfen werden müßtet! Nun aber: »Sind wir gerecht geworden durch Sein Blut, so werden wir behalten vor dem Zorn.«

3) Der zehnte Vers redet von der Seligkeit im ewigen Leben – also statt Verdammnis Seligkeit, statt Tod Leben. »Denn«, so heißt's, »so wir Gott versöhnt sind durch den Tod Seines Sohnes, da wir noch Feinde waren, wieviel mehr werden wir selig werden durch Sein Leben, so wir nun versöhnt sind.« Also, wir sind noch Feinde gewesen, da wir versöhnt wurden; aber jetzt, nachdem die Versöhnungs-Tat stattgefunden hat, sind wir keine Feinde mehr von Ihm, sondern Versöhnte. Wenn Er uns nun schon als Feinde nicht hat verdammen wollen: was dürfen wir erst erwarten als Versöhnte! Kurz gesagt ist's das: Sein Tod hat uns versöhnt; Sein Leben macht uns selig. Ja, sag's nur ein Jedes nach, damit ihr's alle behaltet: Sein Tod hat uns versöhnt, Sein Leben macht uns

selig. Er lebt nämlich, denn Er ist vom Tod auferstanden. Sein Leben gibt uns nun eine Seligkeit, die über alles ist – und dann ist aller Jammer vorbei. Da ist auch alle Sünde weg, und das ist noch das Allerbeste. Dann heißt man gerecht und ist gerecht. Da wollen wir uns aber freuen, wenn wir aus dieser Armseligkeit kommen! Wenn wir einmal im Himmel sind, selig bei den Seligen, da zankt man nicht mehr, da streitet und schimpft man nicht mehr; da sind wir keine solch bissigen Menschen mehr wie jetzt. Ja, die größte Seligkeit ist die, nicht mehr sündigen zu brauchen. Doch kommt noch mehr dazu, nämlich die ganze Herrlichkeit Gottes. Was das ist, davon haben wir keinen Begriff. Aber s'wird werden. Also höret noch einmal den Vers: »Denn so wir Gott versöhnt sind durch den Tod Seines Sohnes, da wir noch Feinde waren: wieviel mehr werden wir selig werden durch Sein Leben, so wir nun versöhnt sind.«

4) Wir brauchen nicht zu warten, bis wir im Himmel sind, um Gott zu haben – obgleich das, allein betrachtet, schon genug wäre. »Nicht allein aber das, sondern wir rühmen uns auch« – da muß man hineindenken: in diesem Leben – »unsres Gottes«. Wir haben Ihn schon; Er bezeugt sich uns, Seine Engel dienen uns, unser Gebet hört Er, Geduld hat Er auch mit uns, und tausendfältig tut Er uns wohl. So können wir jetzt sagen: Wir haben einen guten Freund an Gott; denn Er ist da, beschützend, wohltuend, beseligend, bewahrend; überall, wo Feinde drohen, sagt Er: Halt, tastet Mir den nicht an, der ist Mein Freund!

Haben wir am Anfang gesehen, wie Gott Seine Liebe preist gegen uns, so kommen wir jetzt schließlich auf das, daß wir uns unsres Gottes rühmen, und zwar wieder »durch unsren HErrn Jesus Christus«. Weil wir nämlich Den haben, sind wir Freunde Gottes. Überall leuchtet und strahlt Gottes Liebe zu uns herein durch den Heiland. Aber nicht wahr, so ist's noch nicht ganz? Ja, aber so muß es noch werden! Nur fortgeglaubt und fortgehofft! So muß es noch werden, daß überall die Freundlichkeit Gottes in Christus Jesus über uns Menschenkinder hereinlacht. Ja, das ist unsere Freude, unser Jauchzen, unser Rühmen, daß wir der Freundlichkeit Gottes in dieser Welt schon sicher und gewiß sind. Das muß so sein. Denn durch den Heiland haben wir empfangen die Versöhnung. Also merket euch auch diesen Vers: »Nicht allein aber das; sondern wir rühmen uns auch Gottes durch unsern HErrn Jesus Christus, durch welchen wir nun die Versöhnung empfangen haben.«

So, meine lieben Kinder, kleine und große, jetzt merket's euch. Und wenn ihr heute Abend ins Kämmerlein gehet, so schlaget das betrachtete Wort noch einmal auf und leset's. Denn es gilt – wenn wir auch noch schwach sind – auch uns; und zuletzt wird's vollkommener werden. Denn Seine Liebe ist groß, und Er macht sich auf, um sich über alle zu erbarmen. Amen.

Ostermontag
Die Predigt des Petrus vor Kornelius
Apg. 10, 34–41

Den Aposteln wurde es schwer, endlich von den Juden aus auch an die Heiden mit dem Evangelium und mit der Osterfreude zu kommen. Es war, als könnten sie den Weg zu ihnen nicht finden; und auch unter den Bekehrten (Juden) bestanden Vorurteile gegen eine Heidenbekehrung (s. 11, 1–3). Da bahnte nun Gott auf übernatürliche Weise den Weg dazu.

In Cäsarea, einer neuen, mehr römischen Stadt in Palästina, am Meer gelegen, war ein römischer Hauptmann – von der Schar, die da heißt die Welsche, d. h. Italische oder Römische, V. 1 – mit Namen Kornelius, welcher sich von dem jüdischen Glauben angezogen fühlte. Er fand aber doch darin für seine Seele nicht genug Befriedigung, weil dieser Glaube selbst ja nur ein Hoffnungsglaube war. Doch lernte Kornelius zu dem Gott Israels beten und immer ernstlicher beten, sicher nur um weiteres Licht. Dabei ließ er mit Freigebigkeit gegen die Juden seine Aufrichtigkeit erkennen (V. 2). Einmal betete er unter Fasten besonders nachdrücklich. Und nachdem er drei Tage gefastet hatte (vgl. V. 30), erschien ihm am hellen Tage ein Engel, der ihn auf Petrus wies, welcher sich eben in der Stadt Joppe aufhielt. Petrus selbst hatte, bis die Abgeordneten kamen, ein »Gesicht« bekommen, das ihn zu folgen ermutigte. Er kam denn zum ersten Male in das Haus eines Heiden und ließ sich alles erzählen, was Kornelius widerfahren war. Nun war's an ihm, den Mund aufzutun; und mit kurzen Worten legte er das ganze Evangelium dem Kornelius vor und dessen vielen Freunden und Verwandten, die sich auf diese Zeit versammelt hatten. Diese Predigt, welche vor allem die Osterfreude darlegte – in welcher wir heute noch stehen –, bildet unsre heutige Abendlektüre, in welcher nur der Schluß nicht mehr steht; denn dieser ist auf das Pfingstfest aufgehoben. Petrus spricht

1) von der Annahme der Heiden (V. 34 f.)
2) wie Gott durch Christus Frieden verkündigte (V. 36 f.)
3) wie Gott mit Christus war (V. 38)
4) wie Christus gestorben und auferstanden ist (V. 39–41)
5) welchen Auftrag die Jünger von Christus erhielten (V. 42 f.). Dieses steht aber, wie bemerkt, nicht mehr im heutigen Text.

1) Von der Annahme der Heiden

(34) »Petrus aber tat seinen Mund auf und sprach: Nun erfahre ich in Wahrheit, daß Gott die Person nicht ansieht; (35) sondern in jeglichem Volk, wer Ihn fürchtet und recht tut, der ist Ihm angenehm.«

Petrus erwähnt es mit eigener Verwunderung, daß die Gnade und Freundlichkeit Gottes, des Gottes Israels, nicht mehr wie bisher auf Israel beschränkt bleiben, sondern nun allem, was Mensch heißt, offenstehen sollte. Dies sagt er mit den Worten: »Nun erfahre ich mit der Wahrheit, daß Gott die Person nicht ansieht«, d.h. Er sieht für die Aufnahme ins Reich Gottes nicht darauf, ob jemand Jude oder Heide sei. Es war nach den damaligen Stimmungen für Juden nichts Leichtes, sich zu solcher Weitherzigkeit heraufzuarbeiten und Gottes völligen Willen darin zu fassen. Ist ihnen doch damit der bisherige Vorzug, auf den sie sich soviel zugut taten, genommen – und wer läßt sich einen Vorzug gerne nehmen? Von alters her hatte Gott nur sie geliebt und sich nur ihnen geoffenbart – während Er die andern Völker hat ihren Weg gehen lassen. Nun aber kommen auch diese unter die Pflege Gottes; und damit allein schon schien jenen etwas genommen. Es sah sich auch wirklich ernst für die Juden an. Denn das konnten sie schon merken: Weil es nicht mehr auf die Abkunft ankam, um vor Gott etwas mehr zu gelten, hätten sie sich nun desto mehr zu befleißigen, um im Wohlgefallen Gottes nicht gar hinter den Heiden zurückzubleiben; es könnte ja etwa sein, daß diese sich treuer und rühriger für den HErrn zeigen würden. Auch bei den Aposteln hielt es schwer, bis sie den neuen Standpunkt gewonnen hatten. Ihnen war doch gesagt, daß sie »hingehen sollten in alle Welt« und vor allem noch bei der Himmelfahrt Christi (1, 8) hieß es: »Ihr werdet Meine Zeugen sein zu Jerusalem und in ganz Judäa und Samaria und bis an das Ende der Erde.«

Deswegen tat jetzt der HErr etwas Besonderes, nicht nur bei Kornelius, sondern auch bei Petrus, damit dieser endlich mit Festigkeit drauflosginge, auch Heiden das Evangelium zu verkündigen. Im übrigen lag aber die Miterlösung aller Geschlechter der Erde schon in Abrahams Segen (1. Mose 12, 3); und bei der Erwählung Israels sagte der HErr (2. Mose 19, 5): »Ihr sollt Mir ein Eigentum sein vor allen Völkern; denn die ganze Erde ist Mein.« Da deuteten doch bereits die letzteren Worte an, daß nur vorläufig Israel als Eigentum Gottes behandelt werden sollte, zuletzt aber alle Völker dasselbe sein sollten. Ferner sagte einmal Gott, als Er das Volk nach einer schweren Versündigung wieder annahm (4. Mose 14, 20f.): »Ich hab's vergeben; aber so wahr als Ich lebe, so soll alle Welt der Herrlichkeit des HErrn voll werden.« Wieviel sprechen sodann David und die Propheten davon, daß Gott auch die Heiden im Auge habe, zu einer Zeit, da Israel in höchster Blüte stand! Aber nach der ersten Zerstörung Jerusalems und der Rückkehr aus der Gefangenschaft trat in Israel als Hauptsünde hervor das Pochen auf sein Vorrecht, Engherzigkeit und ein hohes Selbstgefühl. Dabei war ihnen auch das Kommen eines Christus als eines Welterlösers im ganzen gar nicht mehr wichtig. Wohl gab es manche, die mit großem Eifer aus den Heiden Judengenossen zu gewinnen suchten – aber sie dienten auch damit nur ihrer Selbstsucht und solchen Heiden zu nicht viel Gutem (Matth. 23, 15). Indessen bevorzugte Gott Israel noch einmal damit aufs höchste, daß Christus nur in Israel auftrat und wirken durfte und darum nur notgedrungen im Heidenland Wunder tat. Denn Er war nur zu den verlorenen Schafen des Hauses Israel gesandt (Matth. 15, 21ff.). Aber durch die Verwerfung Jesu, des HErrn der Herrlichkeit, sind die Juden weit zurückgekommen.

Zwar sollte ihnen dennoch im Gelobten Lande (und anderswo) als Ersten gepredigt werden, und es galt fortwährend die Regel: »den Juden vornehmlich und auch den Heiden« (Röm. 1, 16; 2, 9) – aber zuletzt kamen sie ganz in die Gottesferne, wenigstens als »Juden«. Das Selbstgefühl vor den Heiden blieb ihnen so tief eingewurzelt, auch in den bekehrten Juden, daß sie kaum einen Petrus mit den Heiden befreundet sehen konnten, noch weniger einen Paulus; und Heiden gegenüber blieben sie Eiferer über dem Gesetz (Apg. 21, 20). Da blieb nichts übrig, als dem Volk seine Krone, Tempel und Hauptstadt zu nehmen, um es von der Höhe seines Selbstgefühls herunterzubringen. Indessen sind sie bis auf unsre Zeit noch nicht von dem Selbstgefühl – als wären sie die Bevorzugten vor allen Völkern – frei geworden. Und bis auf den heutigen Tag sind sie nur um dieses Selbstgefühls willen so unzugänglich für das Evangelium.

Bei Petrus aber ist alles Vorurteil jetzt gebrochen. Doch kann er nicht umhin, es zu sagen, daß es ihm noch »ein ungewohntes Ding sei, sich zu tun oder zu kommen zu einem Fremdling« – daß sich aber jetzt seine Stimmung verändert habe, nachdem »ihm Gott gezeigt hat, keinen Menschen gemein oder unrein zu heißen« (V. 28). So sagt er auch in seiner Predigt als einer, der fast verwundert ist: »Nun erfahre ich mit der Wahrheit, daß Gott die Person nicht ansieht«, d. h. daß Er es gleich nimmt mit Heiden und Juden. Er setzt hinzu: «sondern in allerlei Volk, wer Ihn fürchtet und recht tut, der ist Ihm angenehm«, d. h. annehmbar fürs Reich Gottes. Er sieht das ja an Kornelius. Denn zu dem sagt der Engel: »Dein Gebet und deine Almosen sind hinaufgekommen ins Gedächtnis vor Gott« (V. 4). Die Rede hat einen doppelten Sinn. Sie kann sagen: »Wer nur immer nach seinem Vermögen Gottesfurcht und Rechttun zeigt, wie jetzt Kornelius, der ist es wert, zum Reich Gottes eingeladen zu werden, auch wenn Gott dabei ein Besonderes tun muß.« Das andere liegt auch in den Worten: »Wer nur immer Gottesfurcht und Rechttun lernt – wer also vor allem sich dem Evangelium unterwerfen mag –, wird ins Reich Gottes aufgenommen, woher er auch sein mag.« Petri Worte werden oft in unsrer Zeit dahin mißverstanden, als sage er: Wer nur Gott fürchte und recht tue, sei Gott angenehm, wenn er auch nicht gerade förmlich ein Christ werde und zum Glauben an Jesus komme; dieser Glaube sei also gar nicht nötig zum Seligwerden! So ist's, wenn man Schriftworte nur nach dem (einzelnen) Klang nimmt, ohne den Zusammenhang zu beachten. Gerne legen's die sich günstig aus, welche mit Umgehung des Evangeliums aus eigener Macht bei Gott in Gnaden kommen wollen – und im Hintergrund Feindschaft wider das Evangelium haben und behalten. Da meinen sie, für ihre ungläubige Stellung ein Wort aus dem Munde des Petrus selbst zu haben. Diese Auffassung ist aber grundverkehrt. Denn wenn Kornelius durch seine Gebete und Almosen – also durch seine Gottesfurcht und sein Rechttun – hätte ganz das werden können vor Gott, was nötig ist, um gerecht und selig zu werden und allem Gericht enthoben zu werden: wozu weist ihn dann der Engel zu Petrus?! Kornelius selbst hatte es gefühlt, daß es ihm noch sehr fehlt. Deswegen lag er beständig vor Gott um Licht mit Beten und Fasten. Wert der Aufnahme ins Reich Gottes oder wert der näheren Unterweisung, wie er ins Reich Gottes kommen und vollen Frieden erlangen könne, ist allerdings jeder, der auch in der Zeit der Unwissenheit sich der

Gottesfurcht und des Rechttuns befleißigt. Und auf jede nur denkbare Weise weiß es Gott zu machen, daß der Suchende unter die Hut Gottes komme. Aber eigentlich zu Gott kommen kann niemand ohne Jesus (Joh. 14, 6): Denn in Jesu Namen allein ist Heil (Apg. 4, 12). Außerdem aber ist vor Gott auch jeder angenehm – und sei er der größte Sünder –, der durch das Evangelium erst zur Gottesfurcht und zum Rechttun angeleitet wird. Der eigentliche Punkt, den Petrus meint, liegt in dem Wort:»in allerlei Volk«, und es ist der, daß Gott keinen Unterschied mehr macht zwischen Juden und Heiden, sondern jeden, der dem Evangelium gehorsam ist, mit Wohlgefallen zu einem Kinde aufnimmt. Merke dir aber, lieber Christ, daß das Rechttun bei der Gottesfurcht nicht fehlen darf. Bloß den Frommen spielen, beten und fasten, gilt nicht viel vor Gott! Kornelius hat's anders gemacht und hat selbst in der Zeit, da ihm das wahre Licht noch ferne war, die Liebe walten lassen zu einem Beweis, daß es mit seiner Gottesfurcht etwas Rechtes sei. Mach's ihm nach, damit auch dir irgendwie Engel dienen können wie dem Kornelius!

2) Wie Gott durch Jesus Christus Frieden verkündigte

(36) »Ihr wisset die Predigt, die Gott zu den Kindern Israel gesandt hat, als Er verkündigen ließ den Frieden durch Jesus Christus, welcher ist Herr über alle, (37) und was da geschehen ist im ganzen jüdischen Land, und wie Gott angefangen hat in Galiläa nach der Taufe, die Johannes predigte.«

Petrus kommt jetzt an die Sache selbst; und dabei hat er nichts zu tun, als einfach zu sagen, was in der jüngsten Zeit in Israel geschehen sei. Gott habe nämlich, sagt er, den Frieden durch Jesus Christus den Kindern Israel verkündigen lassen. Der Eindruck, daß das Heil von Gott gekommen sei, mußte den Zuhörern gegeben werden. Und so konnte Petrus nicht damit beginnen, daß er sagen würde, Jesus habe den Frieden verkündigt. Denn den im übrigen unwissenden Zuhörern war Jesus – weil Er Mensch war – nicht hoch genug. Sie wollten und mußten es von Gott selber haben. Deswegen drückt sich Petrus so fein aus, daß er sagt, Gott habe es durch Jesus verkündigt. Uns gilt es jetzt gleich zu sagen, Gott oder Christus habe es verkündigt. Denn wir wissen's schon, daß Jesus Seiner Bedeutung nach gleich zu nehmen ist mit Gott. Indessen läßt auch darin Petrus seine Zuhörer nicht ohne Belehrung, indem er ganz zwischenhinein von Jesus sagt:»Welcher ist ein HErr über alles.« Jesus selbst, als Verkündiger des Friedens, mußte Seiner Person nach auch hochgestellt werden. Und ohne weiteres kündigt Ihn Petrus an als den HErrn über alles, sich der Worte Seines Heilands erinnernd:»Mir ist gegeben alle Gewalt im Himmel und auf Erden;« ferner:»Alle Dinge sind Mir übergeben von Meinem Vater.« Der Verkündiger oder der, der's im Namen Gottes zu verkündigen hat, ist also auch etwas, und zwar etwas Vertrauen Erweckendes. Denn das ist das Große des Evangeliums, daß mit Christus, dem Mittelpunkt desselben, Gott selbst uns so naherückt »gleichwie ein anderer Mensch und an Gebärden als ein Mensch erfunden« (Phil. 2, 7), als unser Bruder, der Jesus ist. In Ihm hat man

Gott, in Ihm also auch Den, der alles machen kann. Denn Er ist über alles HErr; in Ihm kann man also nach allen Seiten volles Genüge finden.

Das aber, was Gott durch Jesus verkündigen ließ, nennt Petrus »den Frieden« – als habe Gott mit vollem Nachdruck vom Himmel her den Gruß gebracht: »Friede sei mit euch.« So brachte Jesus ihn als Auferstandener den Jüngern; Frieden bringt, Frieden macht Er. Die Freundlichkeit Gottes hat sich in Jesus dargestellt, das gewisse Wohlgefallen Gottes an den Menschen. Schon Sein Kommen ist ein Friedensruf von oben. Jeder Besuch auch unter uns ist ja ein Freundesgruß von dem Besuchenden. So will Gott Frieden machen mit den Menschen, sie sich freundlich und friedlich stimmen. Er kommt und fragt durch Jesus: »Wollt ihr? Wollt ihr Frieden? Ich bin bereit!« Mit Jesus ist uns das Herz Gottes aufgeschlossen, das liebend für uns schlägt – so böse auch die Menschen bisher gewesen sind und so sehr sie Ihn betrübt und mißachtet haben. Jesus kam als Vermittler des Friedens, als Friedens-Unterhändler. Halten wir uns mit Vertrauen zu Ihm, mit liebenden Herzen, so ist's gut und soll alles ins Reine kommen zwischen Gott und uns. Jesus kann sagen: »Kommt her zu Mir, ihr Mühseligen und Beladenen, Ich will euch erquicken« – womit anders, als daß Er Frieden ins Herz sendet? Ferner sagt Er: »Lernet von Mir, so werdet ihr Ruhe der Seele finden« – wodurch anders, als daß der innere Streit des Herzens mit Gott aufhört und Frieden wird? Solcher Friede schließt den Sieg wider den Satan in sich, der so viele überwältigt und im Bann gehalten hatte. Er schließt die Vergebung der Sünden in sich; denn die Sünden sollen nicht mehr trennen von Gott. Er schließt die Erneuerung der Herzen in sich, welche alle Feindschaft gegen Gott und Sein Gebot aufgeben, so daß auch Gott mit uns zufrieden wird. Er schließt endlich die Hoffnung des ewigen Lebens in sich, sofern daran nichts mehr hindern soll, und der grausige Blick in den Abgrund, der uns drohte, ist uns genommen. O sehet doch, wie hat uns Gott so lieb!

So Herrliches hat Gott verkündigen und durch Jesus Christus zustandebringen lassen! Mit Seligpreisungen fängt daher der HErr Seine Predigt an. Die Verkündigung des Friedens durch Jesus war allerwärts im Lande; sie geschah durchs ganze Land, da Jesus selbst umherzog von Stadt zu Stadt, von Dorf zu Dorf, und überall die Friedensgedanken Gottes den Herzen nahelegte. Auch Jünger hat Er an Seiner Statt umhergeschickt mit der Weisung (Matth. 10, 12 f.): »Wo ihr aber in ein Haus gehet, so grüßet dasselbe. Und so es dasselbige Haus wert sein wird, wird euer Friede auf sie kommen.« Jesus fing mit vollem Nachdruck, wie Petrus andeutet, erst in Galiläa an, obwohl Er nach dem Evangelium Johannes zuvor noch kurze Zeit in Jerusalem sich kenntlich gemacht hatte. Und Er begann Seine Verkündigungen, so heißt es, nach der Taufe, die Johannes predigte. Es war wichtig für die Zuhörer, daß Petrus auch diesen Johannes erwähnte, der ja auch großes Aufsehen gemacht hatte und von dem also die Zuhörer auch etwas wissen konnten wie von Jesus. »Wer ist aber der?«, konnten sie fragen, begierig, ob ein Zusammenhang zwischen ihm und Jesus sei. Nun hören sie's: Johannes hat die Friedensverkündigung, die durch Jesus kam, vorbereiten müssen durch eine Taufe der Buße. Durchs ganze Land geschah die Erregung zur Buße und das Verlangen nach einer Reinigung von Sünden durch die Taufe. Das hat gleichsam das Volk wert gemacht, alsbald die Friedensstimme hören zu dürfen, die nachfolgte. Ist Buße vorausgegangen und hat das Gesetz die Herzen zerschlagen, dann ist's der Zeitpunkt, da der Friedensengel kommen darf. Wievielen, die zerknirscht vor Johannes gestanden waren, mag das Friedenswort Jesu tief erquickend ins Herz gefallen sein, ohne daß es besonders gesagt ist! Nun aber steht Petrus da, in Jesus Namen denselben Frieden auch versammelten Heiden anzubieten! »Friede sei mit euch!«, ruft durch seinen Mund Jesus auch ihnen zu – und gleich darauf wurde solcher Friede in ihren Herzen versiegelt durch den Heiligen Geist, der überraschend schnell über sie ausgegossen wurde (V. 44). O wie bestätigt sich da, was einst der HErr dem Mose predigte von Seinem Namen (2. Mose 34, 6): »Barmherzig und gnädig ist der HErr, geduldig und von großer Güte und Treue!«

3) Wie Gott mit Christus war

(38) »Gott hat diesen Jesus von Nazareth gesalbt mit Heiligem Geist und Kraft; der ist umhergezogen und hat wohlgetan und gesund gemacht alle, die vom Teufel überwältigt waren, denn Gott war mit Ihm.«

Den bloßen Friedens*verkündiger* in Christus zu haben, war nicht genug. Er mußte auch ein Friedens*bringer* sein, wo es vor allem not tat. Dies führt Petrus darauf, auch etwas von dem zu sagen, das bewies, daß Gott selbst mit Seiner Gnade, Macht und Hilfe sich durch Ihn zu erkennen gab. Solches machte den Frieden, den Er predigte, völlig in den Herzen derer, die es wichtig nahmen. Jede Hilfe hat einen »Frieden« (eine Befreiung) von etwas, das plagt, zur Folge. Petrus drückt's damit aus, daß er sagte, Gott habe »Jesus von Nazareth gesalbt mit dem Heiligen Geist und mit Kraft.« Jesus war als Mensch, geboren von einem Weibe, bekannt. Es mußte nun den Zuhörern nahegelegt werden: Obwohl Er von Gott stammte, mußte Er doch mit den Kräften zu dem Heiland, der Er war, im Verlauf der Zeit erst »gesalbt« werden von oben; und Er wurde auch wirklich »gesalbt«. Er wurde es, so können wir sagen, wenigstens völlig bei der Taufe, die Er von Johannes empfing, da der Heilige Geist in Gestalt einer Taube sich auf Ihn niederließ und, wie wir wissen, ein herrliches Zeugnis über Ihn durch eine Stimme von oben ausgesprochen wurde. Damit, so müssen wir uns denken, wurden Ihm als dem Menschensohn die Gotteskräfte mitgeteilt, mit welchen Er von da an so Großes zum Heil vieler ausrichtete. So konnte auch ein Nikodemus sagen: »Niemand kann die Zeichen tun, die Du tust, es sei denn Gott mit ihm.« Was Er tat, bekam den Charakter eines Gotteswerkes, als wirkte es Gott selbst durch den Heiligen Geist aus Gott, der in vollem Maße die göttliche Allmachtskraft auf Ihn niedersenkte. – Es gibt wohl auch einen Besitz des Heiligen Geistes ohne besondere Gotteskräfte; so war es bei Johannes dem Täufer gewesen, der keine Wunder tat (Joh. 10, 41). Bei Jesus aber waren sie dabei; und um dies anzuzeigen, sagt Petrus: »Gott hat Jesus gesalbt mit dem Heiligen Geist und mit Kraft.«

Den Zuhörern war wohl schon vieles zu Ohren gekommen von den Werken Chri-

sti, die bewiesen, daß Gott mit Ihm war. Deswegen hatte Petrus nicht nötig, weiter
davon zu reden; sie wußten's im allgemeinen. Was Jesus tat, bezeichnet er mit den
Worten: »Er hat wohlgetan und gesund gemacht.« Damit ist alles zusammengefaßt.
Denn mit den größten Wundern war immer auch ein Wohltun, ein Gutmachen verbunden. Ein Wohltun war ja auch die Verwandlung des Wassers in Wein und die Spei-
sung von Tausenden, die nicht verschmachten sollten, mit Wenigem. Besonders aber
erwähnt Petrus den Umstand, daß Er »gesund gemacht habe alle, die vom Teufel
überwältigt waren.« Es mag sein, daß er dabei nicht bloß an wirkliche Besessene dachte, sondern auch an andere Kranke, die eben durch Kräfte der Finsternis auf allerlei
Weise übel zugerichtet waren. Wer auch immer unter dem Einfluß der Finsternis
stand, mitunter blind oder taub oder lahm oder krumm oder mit verdorrten Gliedern
behaftet oder gichtbrüchig oder mondsüchtig war und dergleichen und so als vom
Teufel überwältigt schien – freilich auch aus mancher eigenen Schuld –: der wurde von
Banden frei, losgemacht von der Gewalt der Finsternis oder der Krankheit. So hat
denn jeder Mensch, der so vielfältig die Tücke der Finsternis an sich erfährt, wenn er
sich zum HErrn wendet, die Hoffnung, loszuwerden von allen Angriffen und Pfeilen
Satans, unter denen er so viel innerlich und äußerlich zu leiden hat. Er braucht sich nur
zum HErrn zu wenden. Und statt daß Satan ihn beherrscht, soll's Gott sein, der hinfort sein ganzes Wesen und Leben heilig und geistlich durchströmt. Zu dem allen war
Jesus, der Hochgelobte, befähigt; denn Gott war mit Ihm! Die Jünger aber, und so
auch Petrus, »sind des alles Zeugen«. Denn sie haben Ihn überallhin begleitet und sind
nicht von Ihm gewichen, bis sie im Garten Gethsemane, als die Häscher kamen, ihn zu
verlassen genötigt waren.

4) Wie Christus gestorben und auferstanden ist

**(39) »Und wir sind Zeugen alles des, was Er getan hat im jüdischen Lande und zu
Jerusalem. Den haben sie an das Holz gehängt und getötet. (40) Den hat Gott auferweckt am dritten Tage und hat Ihn erscheinen lassen, (41) nicht allem Volk, sondern uns, den von Gott vorerwählten Zeugen, die wir mit Ihm gegessen und getrunken haben, nachdem Er auferstanden war von den Toten.«**

Nun kommt Petrus an das, was uns am Osterfest, das wir gegenwärtig feiern, wichtig ist. »Den haben sie«, fährt er fort, »getötet und an ein Holz gehangen«. »Ist es möglich«, so konnten die heidnischen Zuhörer sagen, »daß sie mit einem solchen Manne
also verfuhren«? Aber sofort mußte es auch ihre Seelen durchzucken, daß Er ein Opfer
Seiner Liebe für Israel und alle Menschen geworden sei. Er wollte nun einmal die Menschen aus des Teufels Gewalt erretten – und konnte es nicht anders, als daß Er sich
selbst äußerlich ihr preisgab. Diese Gewalt verblendete und verstockte ja Seine Feinde.
Drum belangten sie Ihn in falschem Eifer – als täten sie Gott einen Gefallen damit – gerichtlich und ließen Ihn am Kreuz sterben als Missetäter, der freventlich gegen göttliche und menschliche Ordnung gehandelt habe. Ja, um Macht zu bekommen, den ver-

kündigten Frieden wirklich auch den Menschen zu erteilen, hat Er müssen das Opfer werden. Und weil die Sünde der Menschen Ihn tötete, hat Er wie ein Opferlamm, dem man die Sünde auflegte, die Schuld getragen. Und Er hat darunter geseufzt, Gott möge alle diese Sünde vergeben und ferner keine Sünde unnachsichtlich heimsuchen zum ewigen Verderben – weder an Seinen Mördern noch an anderen, die ebenso sündigten. Er bat, Gott möge vielmehr ihnen alles vergeben, wenn sie in sich gehen und Buße tun würden. Dies alles konnten die Zuhörer des Petrus fühlen bei dem einzigen Wort, das er sagte. Und der Heilige Geist rührte sie im voraus, gerade durch die Predigt von dem Gekreuzigten ihr Herz zu brechen und empfänglich zu machen für die kommende Gnade der Ausgießung des Heiligen Geistes.

Solcher Eindruck wurde erhöht und vervollständigt, wenn sie vernahmen, daß Jesus am dritten Tage wieder auferstanden und Seinen Jüngern offenbar geworden sei. Wie kann auch ein Mensch im Grab bleiben, der so völlig in der Liebe ist, daß Er sich für die opfert, die Er liebt?! Oder der sich von ihnen opfern läßt zum grausamsten Tode, nur um wieder lieben und recht lieben zu können?!

Daß ein Auge, das so freundlich war, eine Hand, die so mild und mächtig war, ein Mund, der so holdselig redete, ein Herz, das so warm für jedermann schlug – auch für Todfeinde –, nicht im Tode für immer erloschen sein sollte, wie bei sonst Sterbenden mit dem Tode alles erlischt: dies sollte für jedermann eine selbstverständliche Sache sein! Mit Gewalt drängt sich's dem Nachdenkenden auf, der von der wirklichen Auferstehung Jesu hört, daß das ganz begreiflich und daß das wirklich gar nicht anders möglich sei: als daß hier der Tod keine volle Macht habe, daß er wohl töte, aber nicht im Tode halten könne. Nichts sollte mit soviel Vertrauen als unerschütterlich gewiß angenommen werden können als die Tatsache der Auferstehung Jesu. Und die, die sich dagegen stemmen, besonders wenn sie gar Lärm schlagen mit ihrem Widerspruch, scheinen fast widrige Leute zu sein. Die Seufzenden, die Glaubenden, die Hoffenden, die Liebenden, die nach Gott Dürstenden: die hören's mit Freuden und können sich's um nichts nehmen lassen zu rufen, als hätten sie Ihn selbst gesehen: »Wahrhaftig, Er ist auferstanden!« Ja, Er lebt, Er konnte unmöglich tot bleiben! Er lebt, um weiter zu helfen und allem, was in den Ängsten dieses Lebens seufzt, ein Heiland und Erretter zu sein – bis hinauf in Seine Herrlichkeit! Ja, Er lebt, und lebt auch für dich, lieber Christ! O halte es fest unter der Wirrsal dieses Lebens! Es ist das Einzige, das dich aufrechterhalten kann, mit dem dir auch das ganze Evangelium als ein fest versiegeltes verbürgt ist!

Offenbar geworden ist Jesus der Auferstandene, »nicht allem Volk, sondern nur den vorerwählten Zeugen«: den noch zu Lebzeiten Jesu erwählten Zeugen nebst allen, die an der Jünger Statt dienen konnten. Sie sahen sich als »von Gott erwählt« an. Denn daß sie die Glücklichen waren, welche Zeugen sein durften: wem sollten sie das zu verdanken haben? Der HErr hatte selbst zu ihnen gesagt (Joh. 15, 16): »Ihr habt Mich nicht erwählt, sondern Ich habe euch erwählt.« Vom Feigenbaum (Joh. 1, 48), vom Netz, vom Zoll rief sie Jesus weg; und Gott war's, der's ihnen ins Herz gab, diesem Ruf zu folgen.

Ach, daß auch wir Seinen Ruf verstünden und Gott es uns gäbe, dem Ruf zu folgen, nach dem Gott uns führen und leiten will auf dem Wege zum Leben und zur Arbeit für Ihn in Seinem Weinberg! Ach, daß auch Gott möchte alles Volk in unsrer Zeit zurichten, um fertig zu sein, einen Ruf von Gott zu vernehmen! Ach, daß doch bald der Auferstandene nun als vom Himmel kommend zu sehen sein möchte von allen Geschlechtern der Erde – auf den ewigen rechten Frieden und die Ruhe Gottes hin, die dem Volke Gottes noch vorhanden ist!

Bemerkenswert ist, wie gewiß Petrus die Auferstehung Christi in seiner Predigt macht und wie er darlegt, daß sie Ihn eine Zeitlang gehabt haben wie vorher. Er sagt: »Die wir mit Ihm gegessen und getrunken haben, nachdem Er auferstanden ist von den Toten.« An solchem wollen sich viele stoßen. Sie können's nicht begreifen, daß eine Art Bedürfnis – wiewohl das nur das Bedürfnis der mitgenießenden Gemeinschaft war – zu essen und zu trinken in dem Auferstandenen gewesen sei. Wir können nicht anders, als darauf zu erwidern, daß Er eben wirklich wieder ganz der Nämliche gewesen ist. Er war es allerdings so, daß Er plötzlich da sein und plötzlich wieder verschwinden, oder plötzlich sichtbar und ebenso plötzlich wieder unsichtbar sein konnte – wie das nun eben sein mochte. Aber wer weiß es zu fassen und zu verstehen, wenn's ins Höhere streift? Das scheint gewiß zu sein, daß der HErr zunächst nach Seiner Auferstehung ebenso wieder war wie etwa einst die Lebenden sein werden, wenn der HErr kommt: da sie dann verwandelt Ihm entgegengerückt werden sollen in der Luft (1. Thess. 4, 17). Die volle Verwandlung ins Himmlische und Unverwesliche war wohl bei dem HErrn in den ersten vierzig Tagen nicht vor sich gegangen – und zwar um der Jünger willen, da ja diese sonst keinen Umgang mit Ihm hätten pflegen können. Da konnte Er denn, um zu beweisen, daß Er es wirklich war, Speise zu sich nehmen. Aber man denke sich, wie über alle Maßen gemütlich doch das gewesen sein muß für die Jünger, daß sie haben mit Ihm essen und trinken dürfen! Nur einmal sagt etwas davon Johannes im Evangelium (Joh. 21, 8ff.), da der HErr, nachdem Er gefragt hat: »Kinder, habt ihr nichts zu essen?«, bis die Jünger ans Land kamen, selbst den Jüngern den Tisch zugerichtet hatte und sagte: »Kommt und haltet Mahl!« Und erst nachdem sie das Mahl gehalten hatten, begann Er Seine besondere Unterredung mit Petrus. Nach unsrem Texte scheint der HErr öfters ein solches Mahl mit Seinen Jüngern gehalten zu haben. Wir können nicht anders als denken, daß unter dem Segen, den der HErr über die Speisen sprach (Luk. 24, 30), auch etwas an geistlicher Gabe mitlaufen sollte.

Aber was wird's werden, wenn wir mit Ihm essen und trinken werden in Seinem Reiche! O daß die Zeit der Erlösung der seufzenden Kreatur auf diese Freude und Wonne hin bald kommen dürfte! Freilich müssen wir für die Seligkeit im Himmel das Miteinander-Essen und Zusammen-Trinken mehr als Ausdruck der innigsten Gemeinschaft nehmen, in der die Seinigen zueinander und mit Ihm stehen. So stellt sich auch auf Erden in Mahlzeiten die gegenseitige Liebe und Gemeinschaft aller sichtbar dar. Und wenn dort der HErr aufwarten wird: was wird's sein! O wer faßt es, was Seine Liebe alles dort uns zugerichtet hat!

Seien wir treu im Glauben, kindlich in der Liebe, mutig in der Hoffnung! Halten wir aus im Kampf, der uns noch beschieden ist! Ringen wir darnach, daß es uns nicht fehle, wenn Er kommt, die Seinen alle zu sich zu rufen! Amen.

Quasimodogeniti
Der Glaube an Jesus als Sohn Gottes und Christus
1. Joh. 5, 4–13

Schon im Anfang des Kapitels, von welchem unsre Epistel genommen ist, hatte Johannes gesagt: »Wer da glaubt, daß Jesus sei der Christ, der ist von Gott geboren.« Hieraus ergab sich ihm von selbst, daß ein also von Gott Geborener eine doppelte Liebe habe: daß er also einmal Den liebe, der ihn geboren habe, sodann alle die liebe, die in dem gleichen Glauben stehen und mithin auch von Gott geboren sind. Aus solchem ergibt sich auch das Halten der Gebote. Mit dergleichen Worten leitet Johannes den Grundgedanken ein, der in unserer Epistel zu finden ist, indem er weiteres redet von dem Glauben an Jesus als den Sohn Gottes und Christus. Er sagt von diesem Glauben folgendes:
1) Er überwindet die Welt (V. 4f.)
2) er hat dreierlei Zeugnisse von Gott für sich (V. 6–10)
3) er macht das ewige Leben gewiß (V. 11–13).
Wir überlegen uns das alles nach den Worten des Apostels, wozu der HErr einen besonderen Segen geben möge.

(4) »Denn alles, was von Gott geboren ist, überwindet die Welt; und unser Glaube ist der Sieg, der die Welt überwunden hat. (5) Wer ist aber, der die Welt überwindet, wenn nicht, der da glaubt, daß Jesus Gottes Sohn ist!«

1) Johannes nimmt es also bezüglich des Glaubens, in dem wir stehen sollen, besonders wichtig: daß es ein Glaube sei, daß Jesus Gottes Sohn und ebendamit der Christus, d. h. der verheißene Messias, sei, dem alles übergeben sei. Auf diese Weise ist der Glaube umfassender genommen, als wir's gewöhnlich etwa bei Paulus finden, der das Besondere des Glaubens, der selig mache, hauptsächlich als einen Glauben in Christi Blut betont, als den Glauben, daß Gott uns durch Christus gerecht und selig mache, weil Er das Versöhnopfer für uns geworden ist. Das, wie es Paulus nimmt, ist in das eingeschlossen, wie Johannes vom Glauben redet. Denn das Große am Sohne Gottes

oder an Christus ist eben das, daß Er das Lamm Gottes geworden ist, welches der Welt
Sünde trug, und dem – weil Er für uns überwunden hat – nun alles übergeben ist, was
unsere Rettung betrifft.

Hierbei haben wir uns zu merken, daß »Sohn Gottes« und »Christus« gleichbedeutend zu nehmen sind, sofern unter dem Sohne Gottes der Messias, und unter dem Messias der Sohn Gottes zu verstehen ist. Deswegen wechselt Johannes auch mit den Ausdrücken. Wenn Gott im Alten Bunde einen großen Erretter und Heiland verheißen
hat, der alles zurechtbringen und ewigen Frieden zwischen Gott und den Menschen
stiften werde, so sollte dieser wohl auch Mensch sein – aber doch ein ganz anderer.
Denn Er ist ein über alle Menschen erhabener Mensch, »des Menschen Sohn«, der zugleich Gottes Sohn wäre. Das ist Er, weil in Ihm das ewige »Wort« Fleisch geworden
ist. Sollte ja doch eben deswegen das, was in Maria geboren war vom Heiligen Geist –
d. h. das überhaupt von Gott und Gottes Wesen war –, Gottes Sohn genannt werden
(Matth. 1, 18 ff.; Luk. 1, 35). Der Messias heißt also Sohn Gottes, weil Er auf eine
wunderbare Weise erzeugt war. Und in Ihm den von Gott in das Fleisch Gekommenen
zu erkennen, ist ein Hauptstück des christlichen Glaubens, das bei keinem fehlen darf,
der von Gott sein will (1. Joh. 4, 1–3). Ebenso hatten auch die Juden in dem Messias,
den sie erwarteten, sich einen von Gott und aus dem Wesen Gottes ins Fleisch kommenden Erretter zu denken, der im besonderen Sinne Sohn Gottes wäre, nicht wie
man sonst auch andere Menschen Kinder Gottes nennt. Wir sehen es auch in der Geschichte der Evangelien, wie sie's so nehmen, da sie den zu Erwartenden bald »Sohn
Gottes«, bald »Christus« nannten. Selbst jene Besessenen riefen: »Ach Jesu, du Sohn
Gottes, Du wollest uns nicht quälen!« (Matth. 8, 29) Als Jesus, auf dem Meere wan-
delnd, ins Schiff trat und das Meer beschwichtigte, fielen die Leute vor Ihm nieder und
sagten: »Du bist wahrlich Gottes Sohn«, d. h. der Messias, der kommen soll (Matth.
14, 33). Auch die Jünger antworteten, als sie vom HErrn gefragt wurden, für wen sie
Ihn hielten: »Du bist Christus, des lebendigen Gottes Sohn« (Matth. 16, 16). So beschwört denn auch der Hohepriester den HErrn vor Gericht, zu sagen, ob Er Christus, der Sohn Gottes, sei (26, 63); und vor Pilatus verklagen sie Ihn, daß Er sich selbst
zu Gottes Sohn gemacht habe (Joh. 19, 7). Auch zum Kreuz hinauf spotten sie mit den
Worten: »Hilf Dir selber, bist Du Gottes Sohn!« Aus dem allen geht hervor, daß Gottes Sohn und Christus gleichbedeutend ist, und daß Jesus als vom Himmel gekommen
Sohn Gottes hieß – während Er selbst sich »des Menschen Sohn« nannte. Im übrigen
war es Gewohnheit geworden, den Messias auch »Sohn Davids« zu nennen, da auf die
Abkunft von David gesehen wurde – wobei aber der HErr den Pharisäern nahelegt:
»Wenn David Ihn seinen HErrn nennt, wie ist Er denn sein Sohn?« Dabei weist Er
darauf hin, daß sie unter dem Sohn Davids sich auch den Sohn Gottes zu denken haben, vor Dem selbst David sich beuge.

Wenn nun der Glaube an Jesus als den Sohn Gottes und Christus eine so große Wirkung tun soll, daß wir durch ihn die Welt überwinden, so ist's das, daß wir durch diesen Glauben uns besonders hoch angesehen und begnadigt fühlen, sofern Gott mit der
Sendung Christi in die Welt die allergrößte Liebe uns erzeigt hat. Diese große Liebe

Gottes, uns in so hoher Weise erzeigt – da die Sendung des Sohnes als persönlicher Besuch von Gott gilt – muß gefühlt werden von dem, der die Welt überwinden will. Wiederum ist in dem Glauben enthalten die Empfindung von der großen Aufopferung oder Hingabe Seiner selbst vonseiten Gottes an die Menschen: Den, der das »ewige Wort bei Gott« ist, Fleisch werden zu lassen. Dieser gab sich schon damit in die größte Erniedrigung hin, weil Er zugleich als das »Lamm Gottes« für die Sünden der Menschen da ist, welches hingeschlachtet werden sollte. Auch dies muß der, der den Glauben hat, erkennen und empfinden mit Beugung über seine eigene Unfähigkeit und Sünde; nur so kann sein Glaube die Welt überwinden. Endlich schließt der Name »Sohn Gottes und Christus« in sich, daß Jesus mit besonderen Gaben und Kräften von oben ausgerüstet war, daß Ihm nun alle Dinge übergeben sind und Er alle Dinge sich untertänig machen kann (Phil. 3, 21). Denn Er ist HErr über alles, so daß man also Ihm alles zutrauen, in Ihm alles wagen und bitten darf, durch Ihn Erlösung von allem Übel, vor allem von Gericht und Verdammnis aufs gewisseste hoffen darf. Auch solches muß in die Empfindung des Gläubigen hineinkommen, damit er ein rechter Streiter Christi werde – allezeit mit voller Freudigkeit erfüllt, an der Hand Jesu, des großen Siegers, zu laufen in dem Kampf, der jedem verordnet ist.

Wir sehen's, von welcher Bedeutung es ist, daß jeder Christ, der sich des Glaubens rühmen will, Jesus, den gekommenen Heiland, als Sohn Gottes und Christus nehme. Vor allem kann nur der wirksam beten und bitten, dem Jesus in Wahrheit Gottes Sohn und Christus ist. Deswegen sagt Johannes es auch gleich nach unsrem Text (V. 14 f.): »Das ist die Freudigkeit, die wir haben zu Ihm, daß, so wir etwas bitten nach Seinem Willen, so hört Er uns. Und so wir wissen, daß Er uns hört, was wir bitten, so wissen wir, daß wir die Bitte haben, die wir von Ihm gebeten haben.« Ja, der Glaube, wenn er in der angeführten Weise völlig da und zur Empfindung und Kraft geworden ist, ist selbst schon der Sieg, wie Johannes sagt. Er hat schon die Welt überwunden, so daß es also nur noch eines fortgehenden Erhaltens des Sieges bedarf, um in allem Sieger und Überwinder zu sein – bis aller Kampf in den Triumph verwandelt sein wird.

Was heißt nun aber »die Welt überwinden«? Wir haben schon gesagt, daß Johannes im Anfang des Kapitels sich dahingehend äußerte: »Wer da glaubt, daß Jesus sei der Christus, der ist von Gott geboren.« So sagt er auch in unsrem Text – der offenbar ein Hinweis auf letzteres ist –: »Wer von Gott geboren ist, überwindet die Welt;« denn dieser »Geburt von Gott« liegt der Glaube an Jesus zugrunde, daß Er der Sohn Gottes und der Christus sei. Die »Geburt aus Gott« nun ist der Gegensatz von der Geburt nach dem Fleisch. Der ganze Mensch also, als von neuer Geburt, kommt mit dem angeführten Glauben hinauf zu Gott in Gottes Herz und Leben hinein; er kommt damit in den vollkommensten Gegensatz mit rein natürlichem, irdisch-fleischlich gesinntem Wesen. Er ist anders als die, die sich nur in dem Niederen bewegen, in dem Vergänglichen und Zeitlichen. Es läuft bei diesen alles immer wieder auf zeitliche Anschauungen und irdische Hilfsmittel hinaus – statt sich's beim Sohne Gottes aus dem Schoße des Vaters zu holen. Oder es läuft auf eigene Gerechtigkeit hinaus – statt das Lamm Gottes · für die Sünden der Menschen wichtig zu nehmen. Oder es läuft hinaus auf eigene

Weisheit, Kraft und Mut, etwas zuwegezubringen – statt von Dem Kräfte anzuziehen, der sich alle Dinge untertänig machen kann! Wie kann es aber doch auch gläubige Christen geben, die nicht im mindesten als von Gott geboren erscheinen, weil ihr Glaube – wenn er auch echt ist nach dem Bekenntnis, daß Jesus der Sohn Gottes und Christus und also der HErr sei – nicht genug zur Empfindung und inneren Kraft wird und weder Gebets- noch Glaubenswirkung zur Folge hat, also auch kein Sieg über die Welt ist. Nur der, bei dem die Welt hinfällt, um Jesus zu haben, kann in Wahrheit, wenn er glaubt, als von Gott geboren angesehen werden.

Die Überwindung der Welt selbst aber, wie sie fortlaufend sein sollte, wäre das: daß der, der Christus nimmt als das, was Er ist, sich durch nichts mehr blenden oder gefangennehmen läßt wider Gott; daß er sich durch keine Lust und Leidenschaft hinreißen läßt, wider Gottes Gebot zu handeln; daß er das, was ihm die Tücke der Finsternis noch an Kämpfen bringt, mit siegreicher Kraft zurückschlägt; daß er allen Lockungen der Welt widerstehen und allen ihren Drohungen eine mutige Stirn entgegenbieten kann; daß er bis ins kleinste hinein seinen Gott und Heiland, der ihm so viel geworden ist, im Auge hat und nach allem in der Welt, was es auch sei, seinem Heiland zulieb nichts mehr fragt. Daß er also Meister wird in der Verleugnung, Meister in der Liebe, auch gegen Feinde, Meister im Wohltun und Erbarmen, Meister in der Treue sowohl im Äußerlichen als im Göttlichen. Ihm wird's auch leicht, sich wider die Kräfte der Finsternis anzustemmen, die Pfeile Satans abzuschütteln, auch die Tiefen der satanischen Kräfte zu durchschauen, um sich durch nichts Gleißnerisches und Täuschendes zu Widergöttlichem, das sich göttlich stellt, fangen und einnehmen zu lassen. Der Gläubige kann auch Meister im Bitten und Beten werden, wenn er merkt, daß er nicht in Dingen dieser Welt, sondern allein in dem lebendigen Gott eine Stütze haben muß. So sagt Johannes gleich nachher (V. 14): »Das ist die Freudigkeit, die wir haben zu Ihm, daß, so wir etwas bitten nach Seinem Willen, so hört Er uns.« Wer im Bitten nicht geübt wird und sich darin nicht üben will, und wenn er Jesus nicht im Auge hat als Den, der Er ist, der wird nimmer die Welt überwinden, wie es not tut. Wer es aber tut, liefert so seinen Beitrag zu dem Sieg, der am Ende der Tage hervortreten wird, da Satan vollends gar unter unsre Füße getreten werden soll.

O daß wir doch besser glauben und verstehen würden, was wir glauben und was das sei, wenn es heißt, Jesus sei der Sohn Gottes und der Christus! Schnell wären wir – wie wir's nicht sind! – ganz andere: von Gott geborene Menschen, die in allem zu siegen wüßten!

(6) »Dieser ist's, der da gekommen ist mit Wasser und Blut, Jesus Christus; nicht mit Wasser allein, sondern mit Wasser und Blut; und der Geist ist's, der da Zeugnis gibt, denn der Geist ist die Wahrheit. (7) Denn drei sind, die da Zeugnis geben: der Geist und das Wasser und das Blut; (8) und die drei stimmen überein. (9) Wenn wir der Menschen Zeugnis annehmen, so ist Gottes Zeugnis größer; denn das ist Gottes Zeugnis, daß Er Zeugnis gegeben hat von Seinem Sohn. (10) Wer da glaubt an den Sohn Gottes, der hat solches Zeugnis in Ihm. Wer Gott nicht glaubt, der

macht Ihn zum Lügner; denn er glaubt nicht dem Zeugnis, das Gott gegeben hat von Seinem Sohn.«

2) Je mächtiger der angeführte Glaube ist, desto nötiger ist es, für Jesus – der ja im übrigen »an Gebärden als ein Mensch erfunden ward« wie jeder andere Mensch – auch gewisse, sichere Zeugnisse von Gott zu haben, auf welche gestützt wir auf den Glauben bauen, ja trotzen können. Hierauf sagt Johannes vieles und Beherzigenswertes. Zuerst: »Dieser ist's, der gekommen ist durch Wasser und Blut, Jesus der Christ oder Messias.« Um es stärker hervorzuheben, wieviel das Zeugnis Gottes durchs Blut zu sagen habe, fährt er fort: »Nicht mit Wasser allein, sondern mit Wasser und Blut.« Johannes will sagen: Er ist da mit guten Zeugnissen von Gott für das, was Er ist.

a) Gottes Zeugnis über Ihn ist nämlich offenbar geworden bei der Wassertaufe, die Johannes der Täufer an Jesus vollzog, da – wenn andere Täuflinge einige Empfindung von Gnade und Vergebung der Sünden bei ihrer Taufe fühlen mochten – über Ihm, dem Reinen und Untadelhaften, die Stimme vom Himmel gehört wurde: »Dies ist Mein geliebter Sohn, an dem Ich Wohlgefallen habe.« Auf den Täufer Johannes machte das auch einen solch tiefen Eindruck, daß er von da ab gewiß war, Jesus sei der Sohn Gottes. Wir hören ihn ja sagen (Joh. 1, 34): »Und ich sah es und zeugte, daß Dieser ist Gottes Sohn« – was soviel ist als der Christus, der Messias.

b) Gottes Zeugnis über Jesus ist offenbar geworden bei der Blut-»Taufe«, zu welcher Er sich hergab. Er selbst nannte ja Sein blutiges Leiden eine Taufe, denn Er sagt (Luk. 12, 50): »Aber Ich muß Mich zuvor taufen lassen mit einer Taufe; und wie ist Mir so bange, bis sie vollendet werde!« Dieser Bluttaufe ging nämlich bei der Verklärung das abermalige Zeugnis Gottes voraus: »Dieser ist Mein lieber Sohn, den sollt ihr hören!« Im übrigen aber war das Zeugnis Gottes bei der Bluttaufe, welcher sich Jesus unterzog, die Tatsache Seiner Auferstehung, die mehr sagte als alle Stimmen vom Himmel. Hierauf bezüglich sagt Paulus von Jesus (Röm. 1, 4): »Und kräftig erwiesen als ein Sohn Gottes nach dem Geist, der da heiligt, seit der Zeit, da Er auferstanden ist von den Toten – nämlich Jesus Christus, unser HErr.«

Von solcher Art waren die beiden Zeugnisse, die Gott von Jesus gab für den Glauben, daß dieser der Sohn Gottes und der Christus sei. Wenn nun Jesus gerade bei Seiner Wassertaufe und bei Seiner Bluttaufe das Zeugnis Gottes bekam, so bekräftigte dieses um so mehr das, daß Jesus eben für uns, die Menschen, der Sohn Gottes sein sollte, der alles vermag, und der verheißene Christus, der Sein Leben hingab und für uns zu einer Versöhnung geworden ist, welche die Sünden wegnehmen und wider alle Sünde und Welt Schutz und Hilfe bieten kann.

c) Zu diesen beiden Zeugnissen, welche geschichtlich erfolgt und von Augenzeugen berichtet sind, kommt noch ein drittes Zeugnis Gottes hinzu durch den Geist, der den Gläubigen gegeben wird.

Das sagen die weiteren Worte unsres Textes: »Der Geist ist's, der da zeugt, daß Geist Wahrheit ist«, d. h.: Der uns verliehene Heilige Geist gibt auch Zeugnis, daß Jesus Gottes Sohn und der Messias ist; und Sein Zeugnis ist wahr. Das Zeugnis Gottes ist also dem Gläubigen so nahe gelegt, daß er es sicher hören und haben kann, weil er es in sich selbst hat. »Kann doch niemand«, sagt Paulus (1. Kor. 12, 3) – andeutend: auch wenn er die äußeren Zeugnisse vernimmt – »Jesus einen HErrn heißen ohne durch den Heiligen Geist«. Es wäre also niemand imstande, so viel in Jesus zu finden, wie man von Ihm sagt, wenn nicht der Geist Gottes mitzeugen würde in den Herzen; wenn Er mithin nicht die anderen Zeugnisse festmachen würde. Die Sprache des Geistes aber ist eine Macht über Herz und Gemüt. Sein Zeugnis über Jesus gibt Trost und Gewißheit, Mut und Freudigkeit; es lehrt kindlich den HErrn anrufen, in der Trübsal um Jesu willen geduldig sein, für den Glauben an Jesus selbst in Tod und Marter gehen. Dasselbe wird auch zu einer Glaubenskraft, Großes zu tun und Taten zu verrichten, wie das in der ersten Zeit so stark hervortrat. Wie wahr wurde so nicht alles Zeugnis Gottes über Jesus, weil jedermann die Bestätigung vor sich sehen konnte! Denn vermittelst des Glaubens an Jesus wurden Taten getan, die es auch für andere zur Gewißheit machten, daß Jesus sei wahrlich der HErr, der Sohn Gottes, der verheißene Christus, der alles zurechtbringen sollte. Die beiden ersten Zeugnisse Gottes sind somit nur für den, der das Erzählte – jetzt Geschriebene – kindlich glaubt; aber das dritte Zeugnis Gottes durch den Heiligen Geist wurde ein Zeugnis von höchster Bedeutung für alle, welche das Wirken des Geistes fühlten oder sahen. Wie mächtig wirkten doch die Gaben des Geistes in Korinth auf Ungläubige, die in die Versammlung kamen! Dieselben wurden nämlich durch die Gabe der Weissagung von allen gestraft und von allen gerichtet. Und wenn darunter das Verborgene ihres Herzens offenbar wurde, so fielen sie auf ihr Angesicht, beteten Gott an und bekannten, daß Gott wahrhaftig in den Brüdern sei (1. Kor. 14, 24f.). Welchen mächtigen Eindruck machte ferner in Lystra die Heilung eines Lahmgeborenen durch Paulus! Da riefen die Leute: »Die Götter sind den Menschen gleich geworden und zu uns herniedergekommen!«; und die Priester kamen mit bekränzten Ochsen herbei, um den Aposteln zu opfern (Apg. 14, 8ff.). Solche Wunder waren nichts anderes als Zeugnisse des Geistes über Jesus, den die Apostel predigten; wie auch Jesus sagt (Matth. 12, 28), daß Er die Teufel durch den Geist Gottes austreibe. Und eben mit solchen Taten wurde der Geist Wahrheit, wie unser Text sagt.

Wie nötig wäre es doch, daß der Geist – der sowohl ein Geist der Wahrheit als auch ein Geist der Kraft ist – in Seiner Vollkraft uns wiedergegeben würde, da ohne das, was der Geist zeugt, die bloß geschichtlich uns mitgeteilten Zeugnisse Gottes für unzählig viele keine Zeugnisse und Beweise mehr sind. Darum mag wohl wieder eine Zeit kommen, da das Zeugnis des Geistes mächtig wird, wodurch auch die geschichtlichen Zeugnisse Gottes wieder zu ihrem Recht und zu ihrer Bedeutung kommen. Der HErr möge in Bälde solche Barmherzigkeit an dem jetzigen geistlich hinsiechenden Geschlechte tun!

d) Johannes wiederholt das Gesagte mit der Betonung, daß das Zeugnis Gottes ein dreifaches sei – als wollte er darauf anspielen, daß nach dem Gesetz nur aus Zweier oder Dreier Mund etwas gelten kann. Zuerst sagt er: »Drei sind, die da zeugen im Himmel: der Vater, das Wort und der Heilige Geist; und diese Drei sind Eines.« Diese Worte werden freilich gewöhnlich für unecht angesehen, weil sie in vielen alten Handschriften, die wir noch haben, fehlen. Man kann sie aber füglich stehen lassen, wenn man annimmt, Johannes wolle sagen: alle Offenbarung direkt vom Himmel, also im Himmel ruhend, habe drei Zeugen für sich: den Vater, das Wort und den Heiligen Geist; und diese drei Zeugen – als aus *einer* Quelle, aus *einem* Wesen, aus Gott kommend – stimmen zusammen, sie seien *eins* miteinander. Das Wort, durch Propheten sich kundgebend, sagt nichts anderes, als was auch der Vater durch die Werke der Schöpfung oder Gerichte bemerkbar macht (vgl. Röm. 1, 20). Wiederum der Geist, durch welchen göttliche Taten verrichtet oder heilige Menschen angeregt werden, zeugt dasselbe wie der Vater und das Wort. Alles, wie es von Gott kommt, steht in vollkommenstem Einklang – unter welcher Form und Art es auch bezeugt und geoffenbart wird. Wie nun dies bei der Offenbarung überhaupt der Fall ist, so hat auch die Person Christi auf Erden oder für die Menschen ein dreifaches Zeugnis Gottes für sich: das des Geistes und des Wassers und des Blutes. Jedes von diesen Dreien zeugt in verschiedener Art, ist aber doch in dem, was es bezeugt, zusammenstimmend. Eines sagt und zeugt dasselbe wie das andere: daß nämlich Jesus sei der Sohn Gottes und der Christus. Solches hat aber Gott in der angeführten dreifachen Weise über Jesus zeugen wollen, damit es für jeden unwidersprechlich gewiß wäre.

Daß es so zu nehmen ist, bezeugt das Folgende unsres Textes, da jenes dreifache Zeugnis wieder als ein einziges, nämlich als ein Zeugnis Gottes genommen ist, »das Er gezeugt hat von Seinem Sohn«. Wenn nun schon »der Menschen Zeugnis« als annehmbar gilt, wenn es aus Zweier oder Dreier Mund kommt: wievielmehr sollte das Zeugnis Gottes, auch dreifach gestellt, für die Menschen annehmbar sein! Der nun, welcher, vom Zeugnis Gottes überwältigt, Jesus als den Sohn Gottes und Christus annimmt und glaubt, der gibt Gott die Ehre und hat und bekommt das Zeugnis, das vorerst nur von außen an ihn herankommt, auch in sich, wie Johannes sagt. Wer sich aber, trotz dem, daß das Zeugnis Gottes klar und unausweichlich an ihn kommt – besonders wenn er die Wirkungen des Glaubens sieht –, davon abwendet, der macht Gott zum Lügner, als zeuge Er von etwas, dem nicht so sei. Er wird also einmal als ein solcher gerichtet werden, der gleichsam seinen Gott auf den Mund geschlagen hat. So hat es ja der HErr schon selber mit den Worten gesagt: »Wer aber nicht glaubt, der wird verdammt werden« – wenn ihm's nämlich nahegelegt worden und eine Empfindung des Zeugnisses Gottes an ihn gekommen ist. Zum Gericht führen wird dort einfach die Sünde, »daß sie nicht glauben an Ihn« (Joh. 16, 9), weil sie mit ihrem Nicht-Glauben Gott zum Lügner gemacht haben.

Wie blind sind sie doch – besonders in jetziger Zeit – allezeit nur immer Gott bezüglich Seines Zeugnisses vom Sohn Lügen strafen zu wollen!

(11) »Und das ist das Zeugnis, daß uns Gott das ewige Leben gegeben hat, und solches Leben ist in Seinem Sohn. (12) Wer den Sohn hat, der hat das Leben; wer den Sohn Gottes nicht hat, der hat das Leben nicht. (13) Solches habe ich euch geschrieben, die ihr glaubet an den Namen des Sohnes Gottes, auf daß ihr wisset, daß ihr das ewige Leben habt.«

3) Johannes kommt jetzt an die wichtigste Bedeutung des Glaubens an Jesus. Dieser verlangt, daß die Welt mit allem, was in und an ihr ist, überwunden, beiseitegeschoben, als Nichtiges weggeschätzt werde. Er verlangt, daß man nichts in dieser Welt hochachte, nicht in ihr seine Ruhe, seinen Schatz, seinen Frieden suche. Solches wäre nicht möglich, wenn der Glaube nicht etwas andere böte statt der Welt, nicht zu etwas Höherem hinwiese, das über allen Tand der Welt geht, nicht ein Bleibendes und Unvergängliches statt des Hinfälligen und Vergänglichen der Welt zeigen würde.

Das nun, was dem, der glaubt, in Aussicht steht, ist das ewige Leben. Dieses erscheint insofern als schon gegeben, als der Anfang davon hienieden schon gefühlt wird. Darum sagt der Apostel: »Das ist das Zeugnis«, d. h. das ist mit in dem Zeugnis von Christus enthalten, »daß uns Gott das ewige Leben gegeben hat; und solches Leben ist in Seinem Sohn«. Das ewige Leben hoffen, ist sicher das Wichtigste für den Menschen in dieser Zeit. Wie soll aber diese Hoffnung an den Menschen kommen? Der HErr Jesus bietet's uns wohl an, wenn Er sagt: »Wer an Mich glaubt, der hat das ewige Leben.« Aber hat Er denn auch ein Recht dazu so zu reden? Darf man Seiner Zusage trauen, obwohl Er nur ein Mensch zu sein scheint wie andere? Kann ein Mensch ein Leben, eine Seligkeit in der Ewigkeit austeilen, so daß man mit Sicherheit darauf rechnen kann, daß es nicht fehlen werde?! Dazu nun ist das Zeugnis Gottes über Jesus erforderlich, daß nämlich Jesus sei der Sohn Gottes, dem alles übergeben ist, ja als Erbgut zukommt, auch das, was im Himmel ist; das Zeugnis, daß Er der verheißene Christus sei, der Sich und das Seine durch Sein Kommen in die Welt anbieten darf.

Wer nun die Zeugnisse Gottes annimmt und sich im Glauben fest daran hält, daß in Jesus – weil Er der Sohn und weil Er der Christus ist – uns alles offensteht, der hat den Sohn, in welchem allein das Leben ist, wie es heißt: »Und solches Leben ist im Sohn.« Wer also den Sohn hat, der hat eben damit schon auch das Leben; deswegen kann er sagen, durch Jesus, dessen er versichert ist, habe ihm Gott das Leben schon gegeben. Nimmt dagegen jemand das Zeugnis Gottes nicht an und zweifelt er, ob er in Jesus das fände, was er bedürfe, oder will er anderswo eben das suchen, was durch Jesus angeboten ist, so hat er den Sohn nicht. Denn er stellt sich zu Ihm ferne – und eben damit hat er auch das Leben nicht, weil »in keinem Anderen Heil und kein anderer Name den Menschen gegeben ist, darinnen sie sollen selig werden, denn allein der Name Jesus«. Wie wichtig ist es doch, daß ein Mensch mit Vertrauen die Zeugnisse Gottes für Jesus hinnimmt und sich nicht leichtfertig von ihnen abwendet! Darum hat's auch den Apostel getrieben, wie er sagt, hierüber zu schreiben.

Wichtig ist es auch, das ewige Leben hier schon zu haben; und man kann das auch. Dasselbe tut sich kund durch den Frieden mit Gott, den man im Herzen fühlt, durch die Gewißheit der Vergebung der Sünden, durch das Zeugnis des Geistes von der Kindschaft mit Gott, durch den Trost, den man in allen Lagen des Lebens fühlt, und durch die Freudigkeit, die man hat zu Gott, auch in Zeiten der Trübsal zu beten. Das ewige Leben bezeugt sich durch die Gemeinschaft überhaupt, in der man sich mit Gott fühlt, um auch allezeit zu tun, was Ihm wohlgefällig ist, und fernezubleiben von dem, was aus der Welt heraus die Gemeinschaft mit dem Herrn stören könnte. Zu dem allen kommt auch die Erfahrung, daß der HErr Gebete erhört und sich wirklich finden läßt, wenn Er mit Ernst gesucht wird. Wer's so hat durch den Glauben an Jesus, den HErrn und Christus, der hat bereits das ewige Leben. Er wird also auch keinen Tod scheuen, weil ihm gewiß ist, daß ihn »nichts zu scheiden vermag von der Liebe Gottes, die in Christus Jesus ist«.

Daß es nicht alle Christen, auch nicht alle besseren Christen, so haben, hat einzig seinen Grund darin, daß sie sich nicht genug in das hineindenken, was Jesus ist, nämlich nicht in die göttliche Herrlichkeit, die Ihm – der nach der Verheißung gekommen ist und sich zum Sieg hindurchgekämpft hat – gegeben ist, um alles, was nach Ihm verlangt, zu sich zu ziehen. Alle Zweifler oder Leugner der Zeugnisse Gottes über Jesus, die es wagen, an Seiner Person und Würde etwas abzuschmälern, können unmöglich hienieden schon mit dem ewigen Leben den Anfang machen; es ist bei ihnen nicht angeknüpft, wenn sie von hinnen scheiden – und ob sie dort erst anknüpfen können, da mögen sie zusehen! Ohne Jesus geht nichts.

O hören wir's doch, und nehmen wir's zu Herzen, was Gott spricht und zeugt! Der HErr aber, Jesus Christus, der hochgelobte Sohn Gottes, zur Rechten Gottes sitzend, möge bald erneuerte Zeugnisse von Seiner Herrlichkeit vernehmen lassen, so daß ihrer viele es hienieden unter den schweren Kämpfen fertigbringen mögen; bis sie bei Ihm sein und getröstet werden ewiglich! Amen.

Misericordias Domini
Worte an Unrecht Leidende
1. Petr. 2, 21–25

Petrus redet in unsrem Text mit Knechten oder eigentlich, wie es damals war, mit Sklaven, die gläubig geworden waren. Diese hatten natürlich immer viel zu leiden, da man sich gegenüber Sklaven alles erlaubte, sie immer nur obenhin ansah und oft schon auf einen bösen Verdacht hin – wenn er noch so unbegründet war – aufs härteste mit ihnen verfuhr. Wohl gab es mitunter auch »gütige und gelinde Herren« – dann aber auch »wunderliche«, wie sie Petrus nennt, denen die Sklaven nichts recht machen und die auch die unschuldigsten und treuesten ohne alles Erbarmen mißhandeln konnten. Petrus hatte es im Vorhergehenden (V. 18–21) den Sklaven zu Gemüte geführt, daß sie's Gott danken dürften, wenn sie »um des Gewissens willen zu Gott«, also unschuldig, leiden müßten. Denn wenn sie die Streiche, die die bekamen, verdient hätten, so brächten solche Trübsale ihnen nichts ein – während »um des Guten willen leiden« wohlgefällig vor Gott macht und mit in den Beruf des Christen gehört.

Auch bei uns müssen immer viele unter allen Verhältnissen Unrecht leiden, besonders die Jugend unter Meistern und wer irgendwie untertan ist. Da kommt freilich viel
darauf an, daß sie wirklich unschuldig leiden. Das ist aber nicht immer der Fall, indem
auch von ihrer Seite aus viele Fehler und Untreuen begangen werden. Solche sollten's
lernen, in der Trübsal in sich zu gehen und treuer zu werden. Das geschieht aber nur,
wenn sie sich zur Geduld anschicken – wozu sie mehr Ursache haben als die Unschuldigen, welchen Geduld oft schwer werden will.

Was nun Petrus im weiteren in unserem Text noch sagt, können alle Leidenden wohl
gebrauchen; das kann allen dienen, den einen zum Trost, den andern zur Besserung.
Wir wollen (weil das zum Text besser paßt) unser Thema nennen: »Worte an Unrecht
Leidende«, dazwischenhinein aber ein Wort auch für schuldig Leidende miteinfließen
lassen. Die Worte des Petrus sind folgende:

1) Christus hat mit Seinem Leiden euch ein Vorbild gelassen (V. 21–23)
2) Christus hat eure Sünden an Seinem Leibe geopfert (V. 24)
3) Durch Christi Wunden seid ihr heil geworden (V. 24)
4) Ihr seid bekehrt zu Christus, dem Hirten (V. 25).

1) Christus hat mit Seinem Leiden euch ein Vorbild gelassen

**(21) »Denn dazu seid ihr berufen, da auch Christus gelitten hat für euch und
euch ein Vorbild gelassen, daß ihr sollt nachfolgen Seinen Fußtapfen; (22) welcher
keine Sünde getan hat, ist auch kein Betrug in Seinem Munde erfunden; (23) welcher nicht widerschalt, da Er gescholten ward, nicht drohte, da Er litt; Er stellte es
aber Dem anheim, der da recht richtet.«**

Wenn Petrus auf Christus hinweist, versteht es sich von selbst, daß Dieser als ein
Unschuldiger litt, der's mehr war als alle, die leiden müssen. Sein Vorbild im Leiden ist
also um so wichtiger. Bei Seinem Leiden haben wir zugleich daran zu denken, daß »Er
für uns gelitten hat«, wie Petrus sagt, und zwar so, daß wir sagen müssen, wir seien an
Ihm die Unrecht Tuenden. Damit wird alle Schuld derer, die uns Unrecht tun, auf uns
selbst zurückgeworfen, da wir es ja gerade auch so zu machen gewohnt sind, Unrecht
zu tun, und darum uns mit diesem unsrem Unrecht am Leiden Jesu selbst schuldig
fühlen. O wie wichtig ist dieses für alle, welche schuldig oder unschuldig leiden müssen! Ganz schuldlos werden wir uns nie fühlen, wie der HErr Jesus es war. Denn wenn
wir's auch an dem, der uns jetzt plagt und uns Unrecht antut, etwa nicht verdient haben, so könnten wir nachdenken, ob wir's nicht an einem andern verschuldet haben.
So litten einst die Brüder Josephs Unrecht, als man sie des Diebstahls bezichtigte, dessen sie nicht schuldig waren. Aber untereinander sagten sie dann: »Das haben wir an
unsrem Bruder Joseph verschuldet!« Und eben damit, daß sie so dachten, haben sie
gezeigt, daß ihre Härte gebrochen war, daß sie in der Buße standen und so willig wurden zu ertragen, was jetzt über sie kam (1. Mose 42, 21 ff.). Lernen wir denn nachdenken! Hundertmal für einmal werden wir finden, wie wir das, was wir leiden, da und

dort verschuldet haben – wie überhaupt Jesus auch unsre Schuld hat tragen müssen. Wir haben also wohl immer Ursache, Christus zum Vorbild zu nehmen, daß wir »nachfolgen Seinen Fußtapfen.«

Aber wie wurde nun Jesus unser Vorbild? Zuerst darin, daß Er selbst unter den Leiden keine Sünde getan hat, wie wir's nehmen können, wenn es heißt: »Welcher keine Sünde getan hat, ist auch kein Betrug in Seinem Munde erfunden.« Nicht nur vor dem Leiden war Er unschuldig, sondern er blieb es auch unter dem Leiden. Wie schnell aber machen wir uns unter dem Leiden durch andere schuldig, wenn wir im übrigen auch unschuldig waren. Wir tun es mit Neid, mit Haß, mit Ärger, mit Unmut, mit Ungeduld, mit Murren, mit Rachegefühlen, mit bösem Reden und Tun und mit heimlicher Tücke. So verdienen wir denn bereits das Übel, das über uns kommt, weil wir eben jetzt unter dem Leiden uns seiner schuldig machen. Jesus hat auch da nie eine Sünde getan, nie aus Seiner Unschuld eine Schuld gemacht. »In Seinem Munde war kein Betrug erfunden«, das heißt, Er ließ keine sündlichen Reden fallen; Er half sich nicht mit böser List und Lüge. Er blieb gerade, ehrlich, offen, auch ruhig, sanft und gelassen. Von dem Gift, von dem wir im Nu oft so viel unter der Zunge haben, war nicht eine Spur bei Ihm zu sehen. Wie sollten wir uns doch beim Gedanken an Jesus zu beherrschen suchen, damit wir doch ja nicht unter dem Leiden sündigen möchten, sondern unschuldig blieben, wenn wir's überhaupt sonst sind! Wenn wir das tun, so wird uns das Weitere, das Petrus sagt, nicht besonders schwer fallen.

»Welcher nicht widerschalt, da Er gescholten ward, nicht drohte, da Er litt.« Auch Sklaven konnten ehemals mit zornigen und trotzigen Mienen und Gebärden, mit verbissenem Wesen – vor allem wenn das Unrecht gar zu schreiend war – deutlich genug Drohungen aussprechen oder sie taten es hinter dem Rücken ihrer Herren. Gingen sie ja doch oft so weit, daß sie, wie das vorkam, ihren Herren zum Trotz sich selbst das Leben nahmen, womit wirklich eine besondere Tücke gegen ihre Herren ausgeübt wurde. So weit können gottlose Leute, wenn sie Christus nicht kennen, nach erlittenem Unrecht getrieben werden! Betrüblich ist es, daß es auch bei uns in Christenlanden nicht an Beispielen fehlt, daß Leute, die Unrecht leiden, dann, wenn sie keinen Ausweg zu wissen glauben, nur gleich mit dem drohen, sich etwas am Leben antun zu wollen, und sich dieser schrecklichsten Rache bedienen – wie von einem bösen Geiste getrieben. In einigen Heidenländern ist es ganz gewöhnlich, daß Frauen sich im Nu erhängen, um Rache zu üben an ihren Männern. Andere wie bei uns werden leicht zumindesten so wild gestimmt, daß sie die härtesten Drohungen aussprechen und das Ärgste zu tun sich vornehmen, es auch wirklich mit Messern und Pistolen und Brandstiftungen tun – selbst wenn sie wissen, daß sie es schwer, wohl gar mit dem Leben büßen müssen! Lieber wollen sie mit den Unrecht-Tuenden zugrundegehen, als sich Unrecht gefallen zu lassen! So machen's denn freilich Christen nicht. Aber des Petrus Warnung deutet doch darauf hin, daß selbst bekehrte Sklaven versucht werden konnten, Drohworte auszustoßen oder sich zu rächen, wozu ihnen im kleinen Gelegenheit genug offenstand. Zu Schmähworten – und fromme Leute können auch fromm schmähen – ist ohnehin der Mensch schnell bei der Hand, wenn er nicht über sich wacht und nicht durch höhere Gedanken die aufkochende Glut niederzudämpfen versteht. O daß, wer Christus kennt, nur immer das Vorbild vor Augen hätte, welches Christus uns mit Seinem Leiden gelassen hat! Von Ihm heißt's: »Er schalt nicht wider, da Er gescholten ward, und drohte nicht, da Er litt.« Mit dem letzteren mag Petrus auch solchen Sklaven eine Warnung geben, welche etwa von unbekehrten Herren um des Evangeliums willen gepeitscht oder getötet, gekreuzigt wurden. Man hat erst neuestens unter den Ruinen Roms aus der ältesten christlichen Zeit das Gerippe eines gekreuzigten christlichen Sklaven gefunden. Wohl ihm, wenn er mit den Worten starb: »HErr, behalte ihnen diese Sünde nicht!« (Apg. 7, 59) – statt zu schelten oder zu drohen!

Dies führt uns zum Weiteren, das Petrus sagt mit den Worten: »Er stellte es aber Dem anheim, der da recht richtet.« Wollen wir diese Worte nicht mißverstehen! Auf das Gericht Gottes kann man sich auf doppelte Weise berufen: entweder zu seiner Rechtfertigung – oder um Strafe für die Beleidiger herauszufordern. Gerechtfertigt zu werden, das darf und muß man wünschen. So ist der HErr Jesus durch Seine Auferstehung gerechtfertigt worden. Wenn es nun Gott anheimgestellt wird, Er möge es erkennen lassen, daß Er wenigstens keine Klage habe, so sehr auch Menschen anklagen und Vorwürfe machen und richten, so ist das etwas, was man um des HErrn willen wünschen muß. Wenn wir leiden, bekommen wir leicht auch einige Angst, ob nicht wirklich Gott selbst mit uns unzufrieden wäre, daß es uns so gehen muß? Hierin nun beruhigt zu werden, ist Bedürfnis für die Frommen. Nur müssen diese auch Geduld haben, bis Gott rechtfertigt. Und gegen Verzweiflungsgedanken – als ob Gott selbst ungnädig wäre aus verborgenen Gründen – hilft nichts besser, als daß man's demütig, gleichsam auf Gnade und Ungnade, Gott anheimstellt. Denn das gefällt dem HErrn so sehr wohl, daß Er um solches Vertrauens willen alle etwaige Schuld vergibt. Wenn Gott recht richtet, so richtet Er nicht nur nicht nach dem Augenschein, nicht nach Gunst oder nach oberflächlichem Ansehen, sondern auch nach dem Glauben, den der Leidende bewährt. Die andere Art aber, auf Gottes Gericht zu verweisen – bei der man denkt, Gott werde schon den Mißhandelnden finden, damit er seine Strafe bekomme! –, bleibt durchaus sündlich; wir finden denn auch bei Christus, unserem Vorbild, das gerade Gegenteil davon! Wolltest du vor Gericht laden, daß Gott gegen den, der Unrecht tue, den Strengen machen solle, so mag etwa Gott das tun. Aber nur um so strenger wird Er's dann auch mit dir vornehmen! So hat es jeder zu erwarten, der nicht vergibt. Und dann magst du zusehen, wie du dem ewigen Gericht entrinnen werdest!

Wie vieles ist doch den Unrecht Leidenden gesagt, wenn ihnen Christus zum Vorbild gegeben ist! Gebe Gott, daß wir, ob wir schuldig oder unschuldig leiden, lernen, in Jesu Fußtapfen zu wandeln!

2) Christus hat unsre Sünde geopfert am Kreuz

(24) »Welcher unsre Sünden selbst hinaufgetragen hat an Seinem Leibe auf das Holz, auf daß wir, der Sünde abgestorben, der Gerechtigkeit leben.«

Vollständiger sagt Petrus: »Welcher unsre Sünden selbst geopfert hat an Seinem Leibe auf dem Holz.« Bei allem Leiden, und so besonders bei leiblichen Mißhandlungen, ist es von höchster Wichtigkeit, daran zu denken, wie Jesus selbst an Seinem Leibe auf dem Holz, dem Kreuzesholz, unsre Sünden geopfert, hingetragen hat. Unrecht Leidende werden, wenn sie das bedenken, sich wohl unter dem, was sie Schmerzliches dulden müssen, zu halten wissen. Jedes Wort des Petrus hat seine Bedeutung: »*Unsre* Sünden hat Er geopfert.« Das, was wir an Sünde haben, hat Er auf sich genommen und getragen, wie wenn Er's wäre, der gesündigt hätte, statt unser. Wie hätte da der HErr Jesus – da es ja Menschen waren, die es in der Unbarmherzigkeit taten – uns zürnen können, daß wir Ihn so zerschlagen und gemartert haben! Denken wir daran, um denen, die uns schlagen, uns zermartern, vergeben zu können. Wir wissen ja, daß auch derer Sünde der HErr getragen hat. Sie sind Mörder wie wir und wir wie sie – alle gleichermaßen Mörder an Jesus! »Vergib's ihnen«, sollten wir rufen lernen, »was sie Übles und Böses an mir tun; hab ich's doch an meinem Heiland verschuldet!« Wie der Heiland, der doch schuldlos war, betete: »Vater, vergib ihnen, denn sie wissen nicht, was sie tun!« Oder wie Ihm nach Stephanus ausrief, als man zerschmetternde Steine auf ihn warf: »HErr, behalte ihnen diese Sünde nicht!« Hat der HErr Jesus unsretwegen so viel leiden, so martervoll sterben müssen, so sollte uns das, was wir selber jetzt von andern dulden, als ein Nichts erscheinen.

Was hat aber Jesus dazu getrieben, solches zu tun? »Er hat sich *selbst* geopfert«, sagt Petrus. Sie haben Ihn nicht als Opfer töten wollen. Er aber hat's selbst angesehen als ein Opfer, das eben ihre Sünden trüge, dessen Frucht den Tötenden zugut kommen sollte. Seine Liebe hat Ihn getrieben, sich hinzugeben für uns. Freiwillig auch ist Er in solchen Tod gegangen, wie Er sagt (Joh. 10, 18): »Niemand nimmt Mein Leben von Mir, sondern Ich lasse es von Mir selber. Ich habe Macht es zu lassen, und habe Macht es wieder zu nehmen.« Sollten wir da noch mürrisch, verdrossen, ärgerlich, böse sein beim Andenken an Jesu Opfer, wenn man uns irgendwelche Plagen zufügt? – »*An Seinem Leibe*«, heißt es ferner, opferte Er unsre Sünden, die Sünden, welche Ihm wie einem Opfertier aufgelegt wurden. Er opferte sie dazu noch »am *Holz*«. Was gibt es Schrecklicheres als den Tod am Kreuz? Dennoch hat Er auch diesen Tod erlitten, wissend, daß, wenn Er sich opfere, nur dieser Tod auf Ihn warten würde. O ihr Unrecht Leidenden: Wie solltet ihr stille und kleinlaut und ganz geduldig werden!

Petrus setzt auch die Absicht herzu, die der HErr mit Seinem Opfertode hatte und die den Unrecht Leidenden auch wichtig sein muß. Er wollte, daß wir dadurch, indem wir an Ihn glauben würden, »der Sünde abgestorben würden«, daß uns hinfort alle Sünde entleiden möchte. Am meisten aber ist man, wie wir gehört haben, versucht zu sündigen, wenn man Unrecht leiden muß. Da empören wir uns, wenn wir etwa durch den bösen Betrug anderer um das Unsre kommen! Wie außer sich kommen andere, wenn sie Schmach leiden, an ihrer Ehre gekränkt werden, Backenstreiche, Stockschläge bekommen und dergleichen! Welche Gefühle von Wildheit erwachen da in vielen, so daß sie vor Wut sich selbst nicht mehr kennen! Das alles wollte der Heiland von uns weghaben, als Er es wagte, selbst unsre Sünden zu opfern. Wir sollten, wenn uns das zu Herzen ginge, stumm werden vor Marter und Tod, sollten alles zu ertragen fähig werden ohne jegliche böse Regung; wir sollten mit *einem* Worte allem Sündlichen abgestorben erscheinen, so daß keine Sünde mehr das Recht hätte, an uns und in uns gleichsam zu leben, sich lebendig zu erzeigen. So ist es auch, wenn wir mit Ernst bedenken, daß wirklich Jesus selbst unsre Sünden am Holz geopfert habe. Sollten wir da nicht geradezu unfähig zur Sünde werden – als wäre für diese in uns alles erstorben? Schon aller Mut zu sündigen sollte uns vergehen und so auch alles ungöttliche Widerstreben gegen das Übel, das man uns antut. Statt dessen aber wollte der HErr, daß wir »der Gerechtigkeit leben«, wie Petrus sagt, d. h. tätig, rührig, regsam, wach, flink nur für das sein, was recht ist vor Gott und vor Menschen, nur hierfür Gedanken, Trieb und Neigung haben – und tot sein für alles dem Entgegengesetzten. So kann's bei uns werden, wenn wir nur des Opfertodes Christi eingedenk sind.

Warum wird's aber doch nicht so? Warum sind wir doch noch so oft böse Leute, die sich das Ansehen geben, als wären sie nur rege und fertig zum Bösen – dagegen zu allem Guten untüchtig? Wohl nur darum, weil uns das Gedächtnis des Opfertodes Jesu noch nie tief genug ins Herz gedrungen ist; weil wir noch nie mit Ihm gelitten haben, wenn wir uns Ihn am Kreuze schmachtend und gefoltert vorstellten. Da helfe der HErr dazu, damit wir uns bewähren können, gerade in Zeiten, da Menschen wider uns wüten! Da können wir unserer Gerechtigkeit die Krone aufsetzen und unsrem Heiland den schönsten Lohn für Seine Schmerzen darbringen, wenn wir selbst Marter leiden, ja sterben können für Ihn – wie Er für uns gestorben ist.

Es bedarf freilich noch eines Weiteren, das aus dem Tode Jesu für uns hervorgegangen ist. Auch das sagt Petrus noch.

3) Durch Christi Wunden seid ihr heil geworden

(24) »Durch welches Wunden ihr seid heil geworden.«

Als heil Gewordene gelingt es uns, der Sünde abgestorben zu sein und der Gerechtigkeit zu leben. Petrus spielt auf eine prophetische Stelle (Jes. 53, 5) an, da es heißt: »Und durch Seine Wunden sind wir geheilt.« Als Kranke vermögen wir nichts, als heil Gewordene alles; und heil gemacht haben den, der da glaubt, Christi Wunden. Das wollen wir näher betrachten.

Der ganze Zustand des Menschen, ehe er Christus kennt und hat, ist als krank anzusehen, und zwar nach Leib und Seele. Im Leiblichen ist er damit krank, daß er im Zusammenhang mit dem ihm gedrohten Tod allerlei Krankheiten unterworfen ist, die ihm ein mehr oder minder peinliches und sieches Leben bereiten; wie es denn kaum einen Menschen gibt, der nicht irgendwelche leibliche Plage zu tragen hätte. Und wie sehr ist das auch der Seele eine Hemmung! Nun »trug Christus unsre Krankheit und lud auf sich unsre Schmerzen«; Er ließ sich plagen, schlagen, martern, verwunden, strafen (Jes. 53, 4 ff.) – als ob wir's wären, denen alles dieses begegnen würde –, indem Er ganz in die Gemeinschaft des Leidens mit uns hineintrat. Weil Er denn damit zugleich unsre Sünden büßte, deren Folgen die Plagen des Leibes sind, so wird zuerst bei dem, der an Jesus glaubt, das Gewissen heil, so daß er durch das Opfer Jesu Vergebung der Sünden fühlt und Frieden mit Gott. Es wird ihm leicht ums Herz; und es ist, als ob eine große Last von ihm hinweggenommen wäre, unter welcher sein ganzer Mensch zuvor seufzte und Weh empfand. Wie seine Seele so atmet auch sein Leib auf. Und Kräfte von oben – durch Jesus Christus gegeben, der sie uns erworben – wirken mit, daß Krankheiten weichen müssen und der ganze Mensch zu einem neuen Wohlsein erwacht. War ja schon Jesus selbst auf Erden darauf bedacht, mit der Erteilung des Friedens, den Er brachte, auch die Krankheiten wegzunehmen, unter welchen die Mühseligen und Beladenen seufzten. Wie also das Gewissen frei wird durch Christi Blut, so auch der Leib, welcher ein Tempel des Heiligen Geistes wird.

In der ersten Zeit war es wirklich so, daß keine Krankheiten den Gläubigen verblieben; und so mögen auch die Sklaven, mit denen Petrus redet, ein leibliches Wohlsein gefühlt haben wie nie zuvor. Sie waren heil geworden im Gewissen und heil durch den Frieden mit Gott von allen Krankheiten. Um so mehr sollten sie, wenn sie Unrecht litten, dankbar für die empfangenen Segnungen sein, die sie auch am Leibe erfahren hatten. Und so konnten sie mutiger und frischer ein über sie Verhängtes ertragen. In der Folge freilich wurde es durch überhandnehmende Untreue wieder anders: Bald hatten's auch die Christen in leiblicher Hinsicht wieder so, wie es immer war und wie wir's jetzt noch haben. Aber doch mag man's erfahren, wie häufig mit dem Heilwerden des Gewissens und mit der Einkehr des Friedens mit Gott im Herzen durch Vergebung der Sünden viel Wohlsein auch unter dem Kranksein durch den ganzen Menschen sich verbreitet. Das kann auch tüchtig machen, allerlei Übel, das Menschen antun, mit Geduld und ohne Schaden auf sich zu nehmen. Wir können uns dennoch – weil Vergebung der Sünden und Frieden mit Gott zu haben ist – als »heil durch Jesu Wunden« nehmen, selbst unter schweren und drückenden Krankheiten, die Gott zu senden gut findet. Er läßt es ja auch unter denselben Bittenden nicht fehlen an Hilfe und Erquickung. Bis es dann wieder werden darf, wie es im Anfang war!

Zu den »Leibesnöten« gehört auch die Leidenschaft, die in den Gliedern des Menschen oft so viele Macht hat, und der verschiedene Unrat des Herzens, der sich zu leiblichen Kämpfen, Schmerzen und Plagen gleichsam herausdrängt, wenn ihm Raum gelassen wird durch Untreue und Unglauben. Auch hierin machen die Wunden Christi heil. Denn wie an Jesus die Menschen allen Leidenschaften den Lauf ließen, so hat Er Macht bekommen wider solche Leidenschaften in uns, den Geknechteten, zu unsren Gunsten, wenn wir uns zu ihm halten. Daher geschieht es, daß Kinder Gottes, wenn sie auch böse Lüste in sich fühlen, ihnen doch nicht mehr unterworfen sind, sondern durch Christus Herr über sie werden. Das geschicht freilich in dem Grade mehr – bis zum Verschwinden der unwillkürlichen Reize –, als man sich gläubig in den Opfertod Christi hineinversenkt und dadurch Seiner Hilfe durch den Heiligen Geist gewiß wird. Hiermit ist auch angezeigt, wie der Tod Christi es bewirken kann, daß wir, der Sünde abgestorben, der Gerechtigkeit leben können. Die Wunden Christi machen heil. Wie glücklich ist aber der, der nicht mehr durch Leidenschaften – wie sie in der leiblichen

Verderbnis ihren Grund haben, sich knechtisch unterworfen, sondern verhältnismäßig heil fühlen darf!

Auch im Geistlichen bedurften wir einer Heilung. Krank sind die Menschen im Geiste, sofern mehr oder weniger eine teuflische Macht sie zu Unwissenheit, Blindheit,
Halsstarrigkeit, Stolz, Geiz und geistlichem Unvermögen bindet und gefangennimmt
– auch plagt bis zu völliger Besessenheit. Besonders ist es der Arge, der bis zu Zorn und
Wut reizt, so daß der Mensch wirklich vorübergehend besessen erscheint; wie es Unrecht Leidenden begegnen kann, daß sie ganz außer sich kommen und eben darum
schelten, fluchen, drohen, ihrer selbst nicht mehr mächtig. Der, bei dem es noch so
vorkommen kann, ist nicht gesund; er ist krank, hat wenigstens den Keim bösester
Krankheit noch in sich. Von allem Einfluß der Finsternis aber sollen Christi Wunden
uns heil machen, weil Er mit Seinem Opfertod auch die Macht des Satans gebrochen
hat. Wenn wir gläubig werden, kann Er sie auch in uns brechen, und bricht sie und verschafft so »Gefangenen die Freiheit, Gebundenen eine Öffnung« (Jes. 61, 1). So wird
auch an dem, der »an der Rede des HErrn bleibt«, Sein Wort erfüllt (Joh. 8, 31ff.):
»Die Wahrheit wird euch frei machen« – während »Wer Sünde tut, der Sünde Knecht
bleibt«. Ferner sagt der HErr: »So euch der Sohn freimacht, seid ihr recht frei.« Aus
wessen Knechtschaft Er befreien will, ist wohl zu erkennen. Solche Befreiung aber, die
von den Banden des Teufels löst, ist als ein Heilwerden durch Christi Wunden anzusehen. Wer sich im Glauben verwahrt und an den Opfertod Christi hält, auch über sich
wacht, wird nicht leicht in augenblickliche dämonische Erregung kommen. Er ist heil
davon, auch durch Mitwirkung des Heiligen Geistes, den Christus uns durch Seinen
Tod am Kreuz erworben hat (Gal. 3, 13 f.).

Die vielen Besessenheiten freilich, die in unsrer Zeit vorkommen, sind ein Beweis,
wie krank das christliche Geschlecht wieder geworden ist. Das ist wohl meist darum
so, weil sie den gewöhnlichen Anläufen der Finsternis durch böse Geister der Lust, des
Geizes, des Eigensinns, des Stolzes nicht widerstehen und den durch teuflischen Einfluß verstärkten Leidenschaften sich hingeben. Jetzt ist's freilich so, daß man die Einzelnen nimmer beschuldigen kann und daß wir's als eine Gesamtschuld der Christenheit anzusehen haben, daß Satan überhaupt soviele Macht bekommen hat und allerwärts soviel dämonisch Krankes vorkommt. Wir könnten aber heil werden – und eine
Zeit mag wohl kommen, daß man's wieder wird –, wenn eine neue Erregung (Erwek-
kung) oder Gnadenheimsuchung von oben wieder kommt. In jener Zeit aber lag alles
daran, daß etwa Sklaven, die veranlaßt waren, durch Mißhandlungen, die sie erlitten,
einem dämonischen Andrang nachzugeben, sich doch ja nicht überwältigen ließen zu
schelten oder zu drohen oder sonstwie aus der Fassung zu kommen. »Heil bin ich«,
sollten sie sagen lernen, »durch Christi Wunden; und heil will ich auch bleiben und wie
mein Heiland still und unverdrossen leiden und dulden«!

Krank sind die Menschen ferner auch darum, weil sie alle den Tod in sich tragen, den
Keim des Todes, den Stachel des Todes durch die Sünde. Aber durch Christi Wunden
werden wir auch vom Tode heil. Sind wir denn auch noch dem Tode unterworfen, so
ist dem, der sich an die Wunden Jesu hält, der Stachel des Todes, die Sünde genom-

men. Und so ist der Tod kein Tod mehr, er ist ein Leben, wie Christus sagt: »Wer an
Mich glaubt, der wird leben, ob er gleich stürbe« – hat doch der andere Tod, d. h. der
Tod nach dem Tod, keinen Teil an ihm. Zuletzt kommt auch die Zeit, da es nach dem
Worte Jesu gehen wird: »Und wer da lebet und glaubet an Mich, der wird nimmermehr sterben«, bis sie nämlich Jesus kommen sehen in den Wolken des Himmels, da
die in Christus Lebenden, statt zu sterben, verwandelt werden. So können wir also
auch vom Tode heil sein, insbesondere von der Furcht des Todes. Denn Christus ist
gestorben, »auf daß Er«, wie es heißt (Hebr. 2, 14 f.) »durch den Tod die Macht nähme
dem, der des Todes Gewalt hatte, das ist dem Teufel, und erlösete die, die durch
Furcht des Todes im ganzen Leben Knechte sein mußten«. Sind jene Sklaven denn von
der Furcht des Todes heil, so können sie auch getrost ihr Leben durch Unrecht-
Tuende lassen – eher, als daß sie aus ihrer Rolle fallen würden, als stünden sie noch wie
die andern in der Furcht des Todes.

Heil endlich sind die Gläubigen auch darum, weil sie die Ewigkeit nicht mehr fürchten, weil sie den Zorn Gottes hinter sich haben und statt der Verdammnis die Seligkeit
vor sich sehen. Wie sollte doch der, der sich heil fühlt durch Christi Wunden von der
Furcht des Todes und von der Verdammnis, bei Schrecknissen oder Plagen – welche
Feinde Christi ihm zufügen – sich in ungebührlicher Weise benehmen!

O daß wir alle, die wir glauben, uns auch heil fühlen möchten! Wie leicht würde es
uns dann, alles Unrecht zu tragen! Und mit nichts erscheint man geförderter in seinem
Christentum, als wenn man Unrecht geduldig und gelassen hinnehmen kann! Der
HErr rüste uns zu auf den letzten Kampf, der noch kommen wird, daß wir doch da ge-
treu bleiben bis in den Tod!

4) Ihr seid bekehrt zu Christus, dem Hirten

**(25) »Denn ihr waret wie die irrenden Schafe; aber ihr seid nun bekehrt zu dem
Hirten und Bischof eurer Seelen.«**

(Der ganze Spruch lautet: »Ihr waret wie die irrenden Schafe; aber ihr seid nun bekehrt zu dem Hirten und Bischof eurer Seelen.«) Petrus weist wieder auf obige prophetische Stelle (Jes. 53, 6), da es heißt: »Wir gingen alle in die Irre wie Schafe, ein jeglicher
sah auf seinen Weg; aber der HErr warf unser aller Sünde auf Ihn, Seinen Knecht.« Der
Apostel will den Unrecht Leidenden noch etwas sagen, an das sie sich halten können,
indem er sie bedenken heißt, wie sie es früher gehabt haben – und wie jetzt. Früher waren sie irrenden Schafen gleich, die nicht wußten, wem sie gehörten, die von niemand
geführt und gehütet wurden und darum oft in gefährliche Orte kamen, da das Wild sie
zerriß. Sie waren ganz sich selbst überlassen, und jeder tat, was ihn gut dünkte – da
dann Blindheit, Unwissenheit, Verkehrtheit, böses Wesen überhaupt sie auf die
schlimmsten Wege führte. Sie hatten nicht nur keine Hilfe, wie sie sicher gehen und
sich halten sollten, sondern alles schien sich noch verschworen zu haben wider sie zum
Verderben. Da war denn auch weder Trost noch Aussicht da, wenn sie in Schlingen

und Netze sich verfangen hatten. So, sagt Petrus, ist's jetzt nicht mehr bei euch: Ihr wisset nun, wem ihr gehöret; ihr höret die Stimme des Guten Hirten, der euch nicht als Mietling hütet, sondern des die Schafe eigen sind. »Ihr seid bekehrt«, heißt es, »zu dem Hirten und Bischof – Aufseher – eurer Seelen«. Dieser hat Sein Leben gelassen für die Schafe, als Er den Wolf kommen sah. Er ist nicht geflohen vor den Schrecknissen, die Ihm drohten, um die Schafe dem Rachen des Wolfs zu entreißen. Denn Er achtete der Schafe und trug väterliche Sorge für sie. Der HErr hatte einst ausdrücklich gesagt: »Ich habe noch andere Schafe« – Heiden –, »die sind nicht aus diesem Stalle« – Israel –; »dieselben muß Ich auch herführen, daß es *ein* Hirte und *eine* Herde werde«. Zum voraus hat also der HErr ein Auge gehabt auch auf heidnische Sklaven, die nun zu Ihm bekehrt sind, sich zu Ihm gewendet haben und unter Seine Hut und Pflege gekommen sind. Über sie wie über die andern Schafe sagt der HErr: »Ich gebe ihnen das ewige Leben, und sie werden nimmermehr umkommen; denn niemand wird sie Mir aus Meiner Hand reißen.« Das alles gilt auch jenen Sklaven, die Er als Seine Schafe ansieht. Sie dürfen also nicht glauben, ihr Hirte habe sie verlassen, wenn's ihnen übel ging, und Er kümmere sich nicht darum, wenn sie's schwer haben und Unrecht leiden. Er behält sie in Seiner Hut; und ihre Widersacher dürfen nicht weiter gehen, als Er es ihnen zuläßt. Sie dürfen überhaupt nichts tun, das ihnen nicht von Ihm – der Seine guten Absichten dabei hat – zugelassen würde. Sie bleiben Sein, wie es ihnen auch gehe; denn sie können nimmermehr umkommen, auch wenn sie sterben müssen. Und sie haben als Unrecht Leidende nur um so gewisser das ewige Leben.

Solches nun ist ein mächtiger Trost für alle, die Unrecht leiden. Oft kann es scheinen, als frage der HErr nichts nach ihnen und gebe sie geradezu allem preis. Aber sie sind dazu berufen, so hat's vorher geheißen (V. 20), auch um Wohltat willen zu leiden, und sollen das für eine Gnade ansehen. Sie brauchen nichts als – wie sie es auch im Herzen fühlen können – es festzuhalten, daß sie bleiben in den Armen des Hirten, der's gut mit ihnen hinausführen wird. Selbst wenn sie nicht ganz unschuldig sind bei dem, was über sie verhängt wird, bleibt ihnen ihr Hirte treu, wenn sie nur sich wieder zu Ihm kehren. Wer seine Hände nach Ihm ausstreckt, wer Sein begehrt, wer sich unter Seine Hut und Pflege gibt und Heil haben will, der hat Ihn. Und in Zeit und Ewigkeit kann ihm nichts widerfahren, das ihm Schaden brächte. Er darf nicht umkommen, das verbürgt ihm sein treuer Hirte Jesus Christus.

Darum seid mutig alle, die ihr leidet, sei's, wie es wolle! Sorget nur dafür, daß ihr als bekehrt zum Hirten und Bischof eurer Seelen erscheint, so dürft ihr euch vor nichts fürchten, wenn's euch noch so hart ergeht. Euer Heiland, Jesus Christus, bleibt Sieger über euch bis in die selige Ewigkeit.

Möchte alle Welt Ihm zulaufen, und möchten alle unter der Trübsal sich bewähren als die echten Jünger, die sich selbst verleugnen und ihr Kreuz auf sich nehmen um Jesu willen! »Ihr sollt aus Gottes Macht durch den Glauben bewahrt werden zur Seligkeit, welche bereit ist, daß sie offenbar werde zu der letzten Zeit, in welcher ihr euch freuen werdet, die ihr jetzt eine kleine Zeit, wo es sein soll, traurig seid in mancherlei Anfechtungen, auf daß euer Glaube immer fester und bewährter erfunden werde, zu

Lob und Preis, wenn nun offenbart wird Jesus Christus, welchen ihr nicht gesehen und doch liebhabt, und nun an Ihn glaubet, obwohl ihr Ihn nicht sehet, und werdet euch freuen mit unaussprechlicher und herrlicher Freude und das Ende eures Glaubens davonbringen, nämlich der Seelen Seligkeit.« (1. Petr. 1, 5ff.) Amen.

Jubilate
An die Geliebten als die Fremdlinge und Pilgrime
1. Petr. 2, 11–17

Einleitung: *Geliebte Gottes als Fremdlinge damals und heute*

»Geliebte« sind's – so im Grundtext statt »Liebe Brüder« –, welche der Apostel als die »Fremdlinge und Pilgrime« anredet. Wenn er die um des Glaubens an Jesus willen zu Gnaden angenommenen lieben Kinder so bezeichnet, so überträgt er das, was man bisher nur von Juden sagte, nun auf alle Christen, die ja zusammen jetzt »das heilige Volk des Eigentums« sind (2, 9). Und diese Benennung hat eine tiefere Bedeutung: Wer nämlich sich zu Christus, »dem Hirten und Bischof unsrer Seelen, bekehrt« (2, 25), wird eben damit ein Fremdling und Pilgrim in dieser Welt. Er fühlt sich unter allen Unbekehrten fremd, muß sich auch von ihnen mehr oder weniger ferne halten. Denn der Unterschied zwischen den Bekehrten und Unbekehrten – vor allem in jener Zeit, da auf den Unbekehrten noch die ganze Last der heidnischen Finsternis lag – war gar zu groß. Die Kinder Gottes wurden auch den Unbekehrten fremd, mochten's Heiden oder Juden sein; von diesen heißt es deswegen (4, 4): »Das befremdet sie, daß ihr nicht mit ihnen laufet in dasselbe wüste unordentliche Leben, und sie lästern.« Die Heiden suchten ihr Teil in dieser Welt und hatten daher überall ihr Heim. Die Christen aber hatten nirgends ein Vaterland auf Erden, auch nicht in Palästina, sondern sie trachteten nach dem »unvergänglichen, unbefleckten und unverwelklichen Erbe, das behalten wird im Himmel« (1, 4). Sie hatten nichts anderes im Auge als mit Heimweh »das Ende ihres Glaubens, nämlich der Seelen Seligkeit« (1, 9). Es war daher wichtig, den Christen es recht nahezulegen und ihnen dafür den Namen »Fremdlinge und Pilgrime« zu geben, daß sie durch ihren Glauben an Christus in dieser Welt Fremdlinge geworden sind. Das sollte sie davor bewahren, daß sie nicht durch unrechte Vermischung mit den Heiden, die auf Erden zuhause sind, ins Irdische und Vergängliche verflochten werden und nicht in ihm sich einheimisch machen möchten.

Wie ist es nicht auch heute noch so wichtig, sich als Fremdlinge und Pilgrime in dieser Welt anzusehen, die ihren Teil nicht hier haben und allein nur sich zu strecken haben nach dem, das zukünftig ist, das droben ist im Himmel! Die Ermahnungen bekommen von diesem Standpunkt aus einen eigentümlichen Ernst, wie sie ihn sonst nicht hätten. Wir können übrigens diese Anrede auch sonst anwenden und überhaupt das, was Petrus sagt, auch auf die richten, welche, fern von der Heimat weg, auch in der Fremde leben unter ihnen ganz unbekannten Menschen, zu denen sie oft lange keinen Zug finden können. Denn das Heimweh nach den Ihren plagt sie. Oft treffen sie in der Fremde auch einen ganz anderen Geist an, als sie ihn in der Heimat haben walten sehen. So stehen sie auch dem Herzen und Gemüt nach fremd in den fernen Landen. Wievielen Versuchungen und Gefahren sind sie aber nicht auch da ausgesetzt, zumal sie sich ungesehen von den Ihrigen wissen und das Auge eines Vaters und einer Mutter nicht über ihnen wacht, sie sich auch als Unbekannte weniger vor den Fremden scheuen und zu schämen haben. Es wird nicht unangemessen sein, mit Rücksicht auch auf diese Fremdlinge und Pilgrime oder auf die im Ausland pilgernden Unseren den heutigen Episteltext zu besprechen. Der HErr gebe Segen dazu!

Der Apostel redet also mit »Geliebten Gottes«. O, daß unsre Jugend, wenn sie in die Fremde geht und unter fremde Leute kommt, auch mehr von einem himmlischen als einem irdischen Vaterlande wissen möchte! O, daß sie als die Geliebten Gottes ausziehen und soviel in sich haben möchten, um sich unterschieden zu fühlen von denen, die nicht Geliebte Gottes sind, weil sie dem Evangelium fernestehen! Bei uns aber: sind denn die Geliebten so zahlreich, die das mehr als andere Weltmenschen sind?! Ach, wohl nicht so sehr! Denn gar zu leicht nehmen sie, auch wenn sie den HErrn kennen, von der Welt und der Art der Welt etwas an, so daß sie doch auch wieder – bei all ihrem Trachten nach der Seligkeit – zuviel einheimisch werden in der Welt und bei allerlei Menschen (also keine »Fremdlinge« mehr sind)! Lernen wir doch von Petrus, wie sich die Geliebten Gottes zu halten haben, damit ihnen das Bewußtsein, der himmlischen Heimat anzugehören, verbleiben möge!

Auslegung

1) Enthaltet euch von fleischlichen Lüsten (V. 11)
2) Führet einen guten Wandel unter den Heiden (V. 12)
3) Seid untertan aller menschlichen Ordnung (V. 13–15)
4) Benehmet euch als Knechte Gottes, auch wenn ihr Freie seid (V. 16 f.).

1) Enthaltet euch von fleischlichen Lüsten

(11) »Liebe Brüder« – Geliebte – »enthaltet euch von den fleischlichen Lüsten, welche wider die Seele streiten«.

Beachten wir es wohl, wie oft die Apostel auf solche Ermahnungen in den Briefen zu reden kommen! Fleischliche Lüste freilich waren einst die größten Versuchungen für die Christen, weil ihnen unter den Heiden so ungescheut die Zügel gelassen wurden. Irgendwie wider die bösen Lüste zu kämpfen, sie nicht zu vollbringen, das fiel kaum einem Heiden ein. Wenn denn ein Christ das so sah und auch sah, wie ungestraft alles getrieben wurde, so konnte leicht auch er schlaff werden und gar sich einbilden, als hätten dergleichen Sünden nicht gerade soviel zu sagen! So war denn immer allerlei (Sündiges) von den Christen zu fürchten. Und doch zeigt der Ernst der Apostel, wieviel daran lag, daß die, welche Geliebte Gottes sein sollen, von dergleichen Sünden frei blieben. Auch in unsrer Zeit fühlt man sich oft wieder wie in die ehemalige Heidenwelt versetzt. Denn die Grundsätze sind so locker geworden und der Ernst gegen jene Sünden hat so nachgelassen, daß selbst besseren Christen nicht immer zu trauen ist, ob nicht auch sie sich dieses und jenes noch erlauben könnten, meinend, das ginge schon noch! Die Erfahrung wenigstens zeigt's so. Insbesondere die Jugend mag oft erstaunt sein, wenn sie noch unschuldig aus dem elterlichen Hause in die Welt kommt und es nur zu schnell wahrnimmt, wie gleichsam der Wolf sie überall packen will, weil so viele frech den Lüsten des Fleisches nachgehen. Wie oft wird's den Sittsamen zu verstehen gegeben, daß sie Narren seien, wenn sie nicht auch mitmachen wollten! Wenn denn doch die natürliche Verderbnis im Menschen steckt und auch bei den Frommen nicht aufgehoben ist, so kann die mitunter noch schlafende böse Lust gar leicht im Nu entzündet werden. Und wie schnell lassen sich auch Bessere betören, oder es wird ihnen der Kampf dagegen zu schwer und lästig! Da hilft nur ein wachgehaltenes Gewissen, die Erinnerung an die etwaige irdische Heimat und die vorgestellte Angst des Vaters, der Mutter, der Angehörigen um sie – vornehmlich der Gedanke an die himmlische Heimat, für die man sich nicht hienieden verderben dürfte. Aber wieviele sind nicht festgemacht durch dergleichen in der Furcht Gottes! Und die erwachte eigene Lust wird Meister, so daß sie's vergessen, daß sie um des HErrn willen sich enthalten sollten, koste es auch, was es wolle! Wie traurig ist es auch, wenn Reisende eben die Tatsache, daß sie von Bekannten und Angehörigen nicht gesehen werden, benützen, um sich allem hinzugeben! »Was tut's«, scheinen sie zu denken, »man sieht mich ja nicht, man kennt mich nicht, es kommt nicht heraus – und ich bleibe doch der ehrbare Mann!«

»Was tut's«?! Höre, was Petrus sagt: »Das Vollbringen der fleischlichen Lust streitet wider die Seele.« Ja, mit solcher Sünde tritt ein Geliebter Gottes, wenn er's etwa eben noch war, aus der himmlischen Heimat heraus. Die Seele selbst pilgert vom Himmel weg in den Schmutz der Erde. Sie vermählt sich statt mit dem Himmlischen, Göttlichen, Ewigen mit dem Fluch und Verderben des Fleisches, in den Moder des Todes sich versenkend – statt sich zu einem kräftigen Gottesleben emporzuschwingen! Wer sich nicht enthält, weil ihm der Kampf zu viel ist, gibt Leben und Seligkeit daran, um vom Fleisch das Verderben zu ernten; er pilgert zur Hölle, nicht zum Himmel. Wie wird's dann der Seele, wenn sie der Fleischeslust dient?: Keinen Frieden hat sie mehr, keine innere Ruhe – und statt deren den nagenden Wurm, keine Gemeinschaft mit dem HErrn, keine Vergebung der Sünden mehr. Mit dem Beten ist's ohnehin aus; und statt der Freude am Wort Gottes kommt der Widerwille davor. Die Heiterkeit des Sinnes, wie sie der Unschuld eigen ist, muß einem düsteren, schwermütigen, mürrischen, unverträglichen Wesen weichen. Was wird's vollends mit der Hoffnung des ewigen Lebens sein, wenn man, lüstern nach fleischlichen Lüsten, der nach oben weisenden Fahne den Rücken kehrt? Wir sehen's, wieviel die Seele einbüßt. Und was ließe sich noch alles sagen, wieviel Fluch doch an den fleischlichen Lüsten hängt, wenn der Mensch sich nicht gegen sie stemmt, sich ihrer nicht – auch wenn sie noch so stürmische Forderungen zu machen scheinen – mit gewissenhafter Treue gegen den HErrn enthält! Ihr Fremdlinge und Pilgrime, nach welcher Seite hin ihr's auch sein möget: Bleibet die Geliebten Gottes und waget den Kampf! Seid männlich und seid stark, daß ihr den Sieg davontraget!

2) Führet einen guten Wandel unter den Heiden

(12) »Führet einen guten Wandel unter den Heiden, auf daß die, so von euch Böses reden als von Übeltätern, eure guten Werke sehen und Gott preisen, wenn Er alles ans Licht bringt.«

Die Heiden sind eben die, unter welchen die Geliebten Gottes als Fremdlinge pilgern. Sie standen einst nicht anders als feindselig gegen die Christen, weil diese in allem plötzlich so gar anders wurden, als sie vorher waren, und durch ihre ganze Art – insbesondere durch ihre neuen Grundsätze – in einem den Heiden widrigen Gegensatz standen. Sie suchten alles Mögliche mit Verleumdung hervor, wie Petrus andeutet. Es kamen allerlei abenteuerliche Gerüchte unter ihnen über die Christen in Umlauf, nach welchen sie die Gläubigen für den Abschaum der Menschheit hielten, die ärger wären als alle, die man sonst Übeltäter nenne. Je greller das war, desto fremder fühlten sich die Christen unter ihnen – und konnten doch nicht anders als in ihrer Mitte wohnen, ja nicht einmal ohne die Heiden leben! In ähnlicher Weise haben's bei uns je und je ernstere Christen an vielen Orten und in vielen Kreisen. Wer in einem Gegensatz zum christlichen Glauben und Leben steht, hat's auch gegen die, welche ihm anhangen, und weiß gegen diese viel Verleumderisches auszusagen geheim und öffentlich, etwa auch ehrenrührige Dinge zu erzählen, so daß die Geliebten Gottes – um diesen Ausdruck nach dem Text zu gebrauchen – einen schweren Stand haben und sich scheu fühlen wie Schafe unter Wölfen, wie der HErr sagt. Aber wer in die Fremde zieht und nicht sitzen mag unter den Spöttern, wird bald die Zielscheibe des Spottes und geringgeschätzt und soviel wie nur immer möglich verhöhnt. Nicht einmal ungescheut in die Kirche gehen darf er; und über dem Beten oder Bibellesen darf er ohnehin nicht angetroffen werden, um sich nicht der äußersten Verachtung auszusetzen! Sehr häufig gehen die Widersacher von der Voraussetzung aus, als ob die Gläubigen lauter Schelme, Heuchler, Betrüger, arge Leute wären. In solcher Weise kann's mehr oder minder auch in der Christenheit zugehen, so daß man sich des Eindrucks nicht erwehren kann, man lebe nur als Fremdling und Pilgrim unter seiner Mitwelt.

Was aber soll man nun da machen? Petrus gibt den besten Rat, wenn er sagt: »Führet einen guten Wandel unter den Heiden, auf daß die, die von euch Böses reden als von

Übeltätern, eure guten Werke sehen und Gott preisen, wenn's nun an den Tag kommen wird.« Nicht allein unter sich, sagt Petrus, sondern unter den Heiden, d. h. eben jenen Heiden und Widersachern gegenüber, sollen sie sich so stellen, daß sie einen guten Eindruck auf sie machen. Sie sollen ihnen helfen, wo es not tut, und sich nicht immer nur gegen Brüder hilfreich zeigen. Sie sollen sich demütig, dienstfertig, teilnehmend, treu, aufrichtig – eben gegen die Heiden, fast als wären sie auch Brüder, obwohl sie sonst lästern – betragen; sie sollen ihre Sünden nicht an den Pranger stellen und nicht wegwerfend überall preisgeben, auch nicht mit Gebärden, Mienen, Benehmen ihnen nur immer zu erkennen geben, daß sie nichts mit ihnen zu tun haben wollen. Sondern sie sollen es eher ihnen zum Gefallen an keinem, auch nicht an einem aufopferungsvollen Liebesdienst fehlenlassen – wenn's sein kann, ohne daß es einer Schmeichelei oder Kriecherei gleichsieht. So zu sein neben dem Christenadel, den man zeigen darf, macht den tiefsten Eindruck. Dazu sollen sie stille sein, wenn sie gescholten werden, ohne so schrecklich aufzubegehren; sie sollen auch nicht die Beleidigten und Gekränkten spielen. Denn was von der Welt her sollte Geliebte Gottes beleidigen und kränken können?! Dagegen sollen sie sich stets als die Versöhnlichen und Vergebenden darstellen mit einer Art, bei der sie sich und dem HErrn doch zugleich nichts vergeben. Ferner dürfen sie Geiz, Habsucht, Stolz, ärgerliches Selbstbewußtsein ihren Gegnern nicht entgegenstellen. Kurz, alles sollen die Pilgrime Gottes so halten, daß die Heiden oder Widersacher nichts an ihnen zu tadeln hätten bezüglich ihres Lebenswandels. So werden die Feinde bald inne, daß die Christen nicht gerade Übeltäter sind; und wenn es etwa gerichtliche Verhandlungen gibt, wie Petrus andeutet, werden die Feinde eher zu der Christen Schutz und zu ihrer Ehrenrettung auftreten, weil sie nur »gute Werke« an ihnen gesehen haben. Das wäre die Weisheit, welche die Geliebten Gottes als Pilgrime in der Fremdlingschaft haben sollen.

Und wieviele Winke liegen nicht auch für uns in dem allen, daß wir uns eben den Widersachern gegenüber keine Blößen geben, vielmehr ihnen zu erkennen geben sollen, daß wir von unsrer Bruderliebe auch für sie etwas übrig haben. So bringen wir's am leichtesten durch und werden am wenigsten in unsrer Pilgrimschaft gestört, so daß wir unsre Bahn nach oben desto freudiger und sicherer einhalten können. Wenn dann vollends die Widersacher dazu kommen, über uns auch »Gott zu preisen«, wie Petrus sagt, so ist damit angedeutet, daß die Geliebten Gottes mit dem angezeigten guten Wandel ihrer viele sogar gewinnen können zum Loben. Was aber wollten sie doch mehr? Sie, die nichts sehnlicher wünschen können, als daß alle Welt Christi Joch auf sich nehmen möchte, um da ihre Rettung zu finden für Zeit und Ewigkeit – daß sie sich also an die Pilgrime anschließen, den gleichen Weg nach der himmlischen Heimat zu wandern?

3) Seid untertan aller menschlichen Ordnung

(13) »Seid untertan aller menschlichen Ordnung um des HErrn willen, es sei dem König als dem Obersten (14) oder den Statthaltern, als die von ihm gesandt

sind zur Strafe für die Übeltäter und zu Lobe den Rechtschaffenen. (15) Denn das ist der Wille Gottes, daß ihr mit guten Taten der Unwissenheit der törichten Menschen das Maul stopfet.«

Petrus kommt zu einer weiteren wichtigen Ermahnung für die Geliebten Gottes, die Fremdlinge und Pilgrime. Diese pilgern einstweilen auf Erden, um von da aus aufwärts zu kommen nach dem Willen Gottes. Da befinden sie sich in Verhältnissen aller Art, die sich meist dann doch zu gewissen Ordnungen gestaltet haben. Diese Ordnungen, wie sie geworden sind, haben keinen göttlichen Ursprung, wie das in Israel gewesen ist. Sondern sie sind von Menschen gemacht worden, sind menschliche »Schöpfungen«, wie es statt »Ordnung« im Grundtext heißt. Sie sind aber doch so, daß vor allem Geliebte Gottes erkennen können, daß unter ihnen eine göttliche Hand gewaltet hat. Deswegen sagt auch Petrus zu ihnen: »Seid untertan aller menschlichen Ordnung um des HErrn willen.« Letzteres sagt deutlich, daß man unter jeder menschlichen Ordnung die Hand des HErrn erkennen soll; deswegen ist ja ihr untertan zu sein, auch ein Gehorsam gegen Gott. Es sagt aber auch, daß man sich darum solcher Ordnung fügen müsse, weil dadurch für den HErrn und Seine Sache am meisten gewonnen werde – während Ungehorsam dem HErrn viel verderben könnte bezüglich Seines Reiches.

Unter der menschlichen Ordnung nun ist vor allem die Obrigkeit verstanden; und deren »Schöpfer« sind Machthaber, wie sie in der Weltgeschichte verschiedentlich emporkommen. Darum sagt Paulus: »Es sei dem König – oder Kaiser damals – als dem Obersten oder den Hauptleuten als den Gesandten von ihm.« Letztere vollführen des Obersten Aufträge und haben dazu Pflichten, Rechte und Stellungen. Sie fordern also von den Geliebten Gottes, die sich in der Fremdlingschaft fühlen, auch Anerkennung und Untertänigkeit. Das Wichtigste für die Geliebten ist, sich nicht rebellisch gegen solche Obrigkeiten oder das Bestehende zu benehmen. Denn eben schon mit einer solchen Widersetzlichkeit stellen sie sich mehr als Erdenpilger denn als Himmelspilger dar. Für sie nimmt sich's seltsam aus, wenn sie auf Erden trachten, ein Ewiges, wahrhaft Befriedigendes mitschaffen zu wollen – während sie's doch sehen, wieviele Wandlungen auf Erden vorkommen. Drum sollten sie's kaum mit einem Finger anrühren wollen – eingedenk der ewigen Heimat droben, der sie als Bürger zugewiesen sind. Wenn Petrus sagt: »Seid untertan *aller* menschlichen Ordnung«, so liegt darin, daß die Pilger eine jede Staatsverfassung sich gefallen lassen können und müssen, wie sie sich gemacht hat oder macht. Für sie und ihre himmlische Berufung hat's keine große Bedeutung, ob's so sei oder so. Drum können sie also alles ruhig an sich kommen lassen, ohne von sich aus in die Gestaltung der staatlichen Verhältnisse einzugreifen und ohne sich damit soviel zu befassen – wenn's nicht innerhalb ihres besonderen Berufes liegt. Wie soll sich's für sie schicken, gar Parteiführer zu sein zugunsten dieser oder jener staatlichen Richtung! Denn es kann nicht ohne Gegensatz abgehen mit solchen, die es anders wollen, oder mit dem Bestehenden. Daraus entstehen zumindest Verwicklungen und Feindschaften, auch große Gefahren für sie, die sie zu dem nicht gebrauchen können, was sie sonst um des HErrn willen zu leiden haben, und unter welchen sie aufhören, Lichter für alle zu sein zum ewigen Leben. Politische Treiberei in erregten Zeiten aufseiten der Geliebten Gottes schadet immer dem Reiche Gottes und der Sache des HErrn – eben weil sie im Widerspruch steht mit der Pilgrimschaft, in der sie hienieden stehen, vor allem, wenn Widersprüche und Gegenwirkungen gegen die Obrigkeit dabei mit unterlaufen. In unsrer Zeit werden da entsetzlich viele Fehler von manchen Gläubigen gemacht, welche doch als Geliebte Gottes Pilgrime nach der himmlischen Heimat sein wollen! Sie fehlen aber, wenn sie sich so sehr mit denen, die nur von einer irdischen Heimat wissen, diesen ganz gleich, als sogenannte Vaterlandsfreunde ereifern oder gar in solchem Patriotismus die höchste christliche Tugend finden. Es konnte nichts Schlimmeres in unserer Zeit aufkommen, als daß Gläubige sogar ihre Christlichkeit zu rein politischen Zwecken, die gar keine Beziehung zum Reiche Gottes haben, verwendeten (verwenden würden), für diese oder jene Staatsverfassung eifernd und sich mit aller Wucht gegen Gegner anstemmend – während ihnen als Pilgrimen doch jede andauernde Ordnung recht sein sollte. Denn keine hindert sie an der Pilgrimschaft nach oben. Dies gibt Petrus entschieden zu erkennen, wenn er uns heißt, jeder menschlichen Ordnung untertan sein! Wie sehr der Geliebten Gottes Sinn dadurch verweltlicht und von Höherem abgezogen wird, das Pilgern nach oben hinabgedrückt zu dem nach unten, wie überhaupt ihr ganzer innerer Mensch und am meisten ihr Leuchten für den HErrn notleidet: das liegt offen am Tage! Aber ihrer manche haben Augen und sehen nicht! Sie haben Ohren – und hören nicht und wollen's nicht verstehen! Auch Bibelsprüche wie den von Petrus lassen sie gar nicht an sich hinkommen.

Es ist wohl zu beachten, daß Petrus in jeder menschlichen Ordnung auch das sieht, daß unter ihr »Rache über die Übeltäter und Lob den Frommen« wird. Die Frommen sind nach dem Grundtexte die, »die das Gute tun«, womit eben die Untertänigkeit und Folgsamkeit gegen die Obrigkeit gemeint ist, mit der man sich als guter wohlgesinnter Bürger zu erkennen gibt. Jede, auch die menschliche Obrigkeit, oder Schöpfung, hat's doch eigentlich gegen die Übeltäter zu tun und immer nur gegen die Unfolgsamen, die sich nicht unter den Ordnungswillen der Obrigkeit oder Machthaber fügen wollen. Um auszukommen in einem Staate – sei dieser, welcher er wolle – bedarf's nichts Weiteres als ein guter Bürger zu sein, der das Bestehende oder Gewordene nicht antastet und das fürs Ganze Geforderte annimmt und sich darunterfügt, anderes den Kindern dieser Welt überlassend. Die, die es so machen, nennt Petrus Fromme – das Gute Tuende –, die anderen nennt er Übeltäter – das Böse Tuende. Man weiß, wen jede Obrigkeit als guten Bürger anerkennt und ungefährdet seinen Weg gehen läßt, unter Umständen auch mit Anerkennung. Man weiß aber umgekehrt auch, wen sie mit Mißtrauen und Argwohn ansieht und wem sie daher immer sozusagen auf der Ferse ist. Sollten denn die Geliebten Gottes, die Fremdlinge und Pilgrime, allein die Blinden sein und nicht wissen, wie sie's am besten durchbringen möchten – auch mit dem großen Schatze, den sie nebenher durch Christus haben, auch unter Obersten, die Gott nicht kennen? Bleibet ferne von dem, was die Augen der Obrigkeit auf euch zieht als auf verdächtige Bürger, und füget euch in ihre Anordnungen und Befehle!

In jener Zeit war's von größter Wichtigkeit, daß die Obrigkeit in den Christen gute und wenigstens ungefährliche Bürger erkannte; und wenn das so war, so »verstopften die Christen die Unwissenheit der törichten Menschen«, wie Petrus sagt, d. h. sie wurden selbst von der Obrigkeit geschützt vor den unvernünftigen Verleumdungen, mit welchen man vor ihr gegen sie auftrat, wie wir auch Beispiele in der Apostelgeschichte haben. Ungerechtigkeiten freilich können in jedem Staate vorkommen, vor allem durch die Willkür derer, welche Träger der Ordnung sein sollten. Aber davor ist man in keiner Verfassung geschützt, auch nicht in solchen, welche man vorzugsweise für christliche hält – und in diesen oft fast mehr als in einer anderen, die sich nicht so sehr mit einer gewissen Christlichkeit breitmachen will. »Wenn ihr aber«, sagt Petrus (V. 20), »um Wohltat willen«, d. h. als die, die das Gute tun, »leidet und erduldet, das ist Gnade bei Gott«. Sei ihm denn, wie ihm wolle, so liegt dem Apostel alles daran, die Geliebten Gottes, die nur Fremdlinge und Pilgrime auf Erden sind, innerlich und äußerlich so sich stellen zu sehen, daß ihnen die Obrigkeit das Zeugnis geben kann, sie seien die besten Untertanen, fügen sich am leichtesten in Gesetze und Anordnungen und seien am weitesten davon entfernt zu widersprechen und streitbar zu sein oder gar aufrührerische Bewegungen zu machen. Darum, ihr Geliebten Gottes, achtet auf das Wort des Petrus! Denn es kann auch für schwere Zeiten uns nichts Besseres gesagt werden. Mit stiller, fast stummer Unterwerfung – wenn nichts Widergöttliches gefordert wird! – kann man sich, auch in den gefährlichsten Lagen, selbst wenn alles durcheinanderzugehen scheint, am glücklichsten hindurchwinden – selbst wenn man leiden muß –, ohne für seine Pilgerfahrt nach der himmlischen Heimat etwas einzubüßen.

4) Benehmet euch, wenn ihr Freie seid, als Knechte Gottes

(16) »...als die Freien, und nicht als hättet ihr die Freiheit zum Deckmantel der Bosheit, sondern als die Knechte Gottes. (17) Tut Ehre jedermann, habt die Brüder lieb, fürchtet Gott, ehret den König!«

Petrus macht nun im Folgenden einen Unterschied unter den Geliebten, die als Fremdlinge hienieden pilgern, sofern sie entweder Freie oder Knechte, d. h. Sklaven sind. Er redet zuerst mit den Freien und dann mit den Knechten oder Sklaven. Das Wichtigste, was er den Sklaven zum Trost sagt, haben wir am vorigen Sonntag (s. S. 230) betrachtet. Für heute haben wir nur das vor uns, was er die Freien ermahnt.

Die Freien hatten in jener Zeit eine nicht geringe Stellung. Sie gebärdeten sich als Edle oder Adelige. Außer dem, das sie im allgemeinen dem Staate als Bürger schuldig waren – obwohl sie auch gerne viel dreinzureden sich herausnahmen –, hatte ihnen niemand etwas zu befehlen. Und sie fühlten sich in ihrer Würde als freie unabhängige Leute so hoch, daß sie sich vieles erlaubten, was nicht taugt; und sie durften sich das auch erlauben, weil niemand sie zur Rechenschaft zog. Selbst Arme durften, wenn sie frei waren, sich viele Freiheit herausnehmen. Besonders war das der Fall, wenn sie zugleich reich und wohlhabend oder durch ihre Haltung im Staate einflußreich oder von Oberen begünstigt waren. Ein Ähnliches haben bei uns manche der sogenannten Ehrbaren, welche die Bibel »weidliche Männer« nennt (Ruth 2, 1; 1. Sam. 9, 1), wenn sie eine gewisse Selbständigkeit haben, bei der sie weniger oder fast gar nicht von anderen abhängig sind. Je unangefochtener sie sind und je freier sie reden und sich benehmen dürfen, ohne etwas zu fürchten, und je mehr sie Frechheit und polterndes Wesen dazuzugesellen wissen, desto übermütiger können sie werden. Mitunter wissen sie auch mit Geld vieles wiedergutzumachen und Freunde zu gewinnen, so daß ihnen niemand beikommen kann und sie sich endlich vor nichts mehr scheuen.

Unter den Bekehrten nun zu des Petrus Zeiten gab es doch auch manche Freie und Edle – wiewohl es nicht sehr viele waren, wie es Paulus gegenüber den Korinthern ausspricht (1. Kor. 1, 26 ff.). Eben sie aber, wenn es auch nur wenige waren, die sich vermöge ihrer Freiheit frech verhielten, konnten der Gemeinde sehr viel schaden, wenn sie sich auch das herausnehmen wollten, was sonst Freie in der Welt taten. Deswegen sagt Petrus zu ihnen in unsrem Text: »Als die Freien«, d. h. soviele von euch Freie sind, »die sollen nicht die Freiheit zum Deckel der Bosheit haben, sondern als Knechte Gottes jedermann ehren, die Brüder liebhaben, Gott fürchten und den König ehren« – man hat in dieser Weise die Verse vom Vorigen zu trennen und untereinander zu verbinden. Petrus warnt sie also vor dem Mißbrauch ihrer Freiheit, den sie sich als Fremdlinge und Pilgrime, die hienieden nicht zuhause sind, um so weniger erlauben sollten. Sie sollen von sich aus nach eigenem Bestreben davon ferne sein, irgendwelches Böse mit ihrem Ansehen zuzudecken. Sünden, die zu tun man äußerlich Freiheit hat, sind ein besonderer Greuel vor Gott, weil man mit ihnen am meisten die Furcht vor Gott verleugnet. Ungestraft Sünde treiben wollen, weil man um seiner Stellung willen das besser kann als andere, das wird einmal ein schweres Gottesgericht nach sich ziehen. Verschiebt man ja doch ihre Bestrafung (mutwillig) geradezu auf das Jenseits. Häufig ist dabei auch das der Fall, daß solche freien Leute, die sich für sich selbst viele Freiheiten herausnehmen, nur um so schärfer und strenger sind gegen andere, und zwar bezüglich derselben Sünden. Wie wird man dort im Jenseits ihnen ein »volles, gedrücktes, gerütteltes und überfließendes Maß in ihren Schoß geben« (Luk. 6, 38)! Jedenfalls haben sie vergessen, daß sie Fremdlinge und Pilgrime sind nach der himmlischen Heimat, für welche das nicht gleichgültig ist, was man hienieden ist!

Auch wenn sie frei sind, sollen Geliebte Gottes als Fremdlinge hienieden doch mehr das Gefühl von Knechten haben, die nicht sich selbst gehören, sondern Gott, dem sie der HErr Christus mit Seinem Blute erkauft hat. Ein Knecht – und sei er auch ein Knecht Gottes – darf die Freiheitsgefühle nicht vorherrschen lassen, sondern muß sich beugen, ducken, demütigen wie einer, der für sich selbst gar nichts ist. Demut und Sinnesniedrigkeit ziert am meisten die Freien und hat bei niemandem einen so großen Wert wie bei dem, der seiner Stellung nach sich Gelegenheit nehmen könnte, stolz und herrschend zu sein. Große Leute, wenn sie demütig und »niederträchtig« sind – wie man in Schwaben sagt von denen, die sich gleichsam »niedrig tragen«, – sind immer eine liebliche Erscheinung. Dieser Demutssinn aber offenbart sich nach unsrem Texte auf eine vierfache Art, in vier Ermahnungen ausgesprochen.

a) »Lasset jedem seine Ehre«, auch den Geringsten und Niedrigsten, und scheut euch, irgendjemand, gemessen an euch, geringer anzusehen und zu behandeln, weil ihr etwa Ansehen, Rang, Geld habt wie ein anderer nicht.

b) »Habt die Brüder lieb«, d. h. stellet euch nicht freiherrlich gegen sie, als dürftet ihr geringer gestellte Brüder – die doch vor Gott nichts weniger gelten, auch von Gott nicht weniger geliebt sind – unter euch setzen und meiden.

c) »Fürchtet Gott.« Freiherrliche gesinnte Leute kommen leicht dazu, auch vor Gott weniger Respekt zu haben – wie wenn Gott sie auch darum ansähe, daß sie etwas wären in der Welt, und ihnen vieles nachsähe, wie man ihnen auf Erden vieles nachsieht.

d) »Ehret den König.« Freie konnten auch versucht sein, weniger Ehrerbietung gegen König oder Kaiser zu zeigen, freier gegen ihn zu raisonnieren und sich auszulassen – als wäre er ihrer Einer, die sich selbst als souverän zu stellen wissen.

In dieser vierfachen Weise sollen die Freien, die sich vor allem als Fremdlinge und Pilgrime zu stellen haben, sich, wenn sie zu den Geliebten Gottes gehören wollen, als Knechte Gottes beweisen gegenüber anderen, die nichts sind und nichts haben in dieser Welt. So geht's frischweg dem Himmel zu.

Möchten wir alle ungehindert dort ankommen – und nicht, als in dieser Welt einheimisch Gewordene, dort als Fremdlinge angesehen werden, die den HErrn sagen hören müßten: »Ich kenne euch nicht! Ich habe euch noch nie erkannt, weichet von Mir, ihr Übeltäter!« O daß solches Schreckenswort keines von uns hören müßten an jenem Tage! Amen.

Cantate
Wessen wir uns zu Gott versehen dürfen*

Jak. 1, 13–20

Wir können den Hauptteil unseres Textes wie folgt gliedern:
1) Gott versucht niemand (V. 13–15)
2) Von Gott kommt nur Gutes und Vollkommenes (V. 16f.)
3) Gott zeugt durchs Wort neue Kreaturen (V. 18)
Schluß: Warnung vor voreiligem Reden und zornigen Aufwallungen (V. 19f.)

---

* Diese Predigt, die nach der Umschrift aus der Handschrift noch 15 Schreibmaschinenseiten ausmachte, wurde hier für die Veröffentlichung stärker gekürzt.

1) Gott versucht niemand

(13) »Niemand sage, wenn er versucht wird, daß er von Gott versucht werde. Denn Gott kann nicht versucht werden zum Bösen, und Er selbst versucht niemand. (14) Sondern ein jeglicher wird versucht, wenn er von seiner eigenen Lust gereizt und gelockt wird. (15) Danach, wenn die Lust empfangen hat, gebiert sie die Sünde; die Sünde aber, wenn sie vollendet ist, gebiert sie den Tod.«

Was Jakobus sagt, steht eigenartig da: Gott könne niemand versuchen, indem jede Versuchung, in die der Mensch komme, ihren Grund in seiner eigenen Lust habe – daß mithin alles Böse, was es auch sei, nur allein vom Menschen selbst komme und nichts davon Gott selbst zugeschrieben werden dürfe. So komme auch die Versuchung zum Abfall aus dem Menschen selbst. Der Hauptnerv dieser Rede liegt in dem Wort: »Gott ist unversuchbar für das Böse«, Er kann nicht vom Bösen versucht oder berührt werden. Diesem Wort konnte nicht widersprochen werden. Daraus ergibt sich aber von selbst, daß Gott selbst nicht zum Bösen versuchen könne.

Jakobus ist veranlaßt, es allgemein zu nehmen und zu sagen, wie das Böse werde, das so verderblich für den Menschen sei und ihm den Tod bringe; und ungemein wichtig ist des Apostels kurze Erörterung: Nichts, was entfernt Gottes Heiligkeit und Gerechtigkeit in den Schatten stellen könnte, kann vernünftigerweise bei Gott vorausgesetzt werden. Das wäre aber dann der Fall, wenn Er selbst zum Bösen versuchen würde.

Wenn von der »Versuchung« die Rede ist, so muß man unterscheiden zwischen einer Versuchung zum Guten, d. h. einer Probe für die Bewährung, und einer Versuchung oder Anreizung zum Bösen. Wenn es im Alten Testament vorkommt, daß Gott wirklich »versucht« habe, so ist darunter kein Anreizen zu etwas Bösem verstanden; sondern Er hat nur etwa durch eigenartige und unbegreiflich scheinende Befehle den Gehorsam oder die Gesinnung auf die Probe gestellt. So war's bei Abraham. (Anm.: Blumhardt weist dann auch auf die 1. Chron. 21, 1 bzw. 2. Sam. 24, 1 berichtete Versuchung hin, bei welcher Satan an die eigene Lust Davids anknüpfen konnte. Gott läßt es häufig dem Satan zu zu versuchen, wie bei Christus, den Jüngern, ja den ersten Menschen überhaupt.) Aber Jakobus behält doch recht, wenn er sagt: »Ein jeglicher wird versucht, wenn er von seiner eigenen Lust versucht wird.«

So ist's heute noch: Erwehrt sich der Mensch durch Furcht Gottes seiner Neigung und seiner Lust, so kann Satan nichts bei ihm ausrichten. Nur kann man nach dem Sündenfall sagen, die eigene Lust des Menschen sei gleichsam eine Inwohnung des Satans. So ist man bei natürlichen und Gott entfremdeten Menschen zu denken versucht. Daher kommt die Stärke der Lust, wie sie bei verschiedenen Sünden – wie denen der Wollust, der Habsucht, der Herrschsucht, des Hochmuts, der Rachsucht, des Zorns usw. – hervortritt. Aber bei denen, die durch den Glauben wiedergeboren sind, kann weder Satan noch die eigene Lust eine unbezwingliche Macht sein. Sondern wer Christus hat, ist so gestellt, daß zu ihm gesagt werden kann (Röm. 6, 12): »Lasset nun die

Sünde nicht herrschen in eurem sterblichen Leibe, ihr Gehorsam zu leisten in seinen Lüsten.« Erst wenn der Mensch die Lust reden läßt, ihrem Drang Gehör gibt und sie in seinem Willen aufnimmt, bekommt die Lust eine Stärke und wird zum eigentlichen Versucher. Und sobald der Wille oder Gegenwille schwächer und nachgiebiger wird, kommt's zu einer »Empfängnis« der Lust, so daß der Mensch an diese verkauft ist – wenn Gott nicht noch helfend eintritt! Wer sich ernstlich an Gott wendet, auch wenn die Lust ihn schon gepackt hat, und wer, erschreckt über sich selbst, mit Entschiedenheit den eigenen Willen wieder abwendet von dem, zu dem er sich hat hinneigen wollen, wird Hilfe finden – so daß also Gott nicht nur niemand versucht, sondern gar sich als Helfer wider die Versuchung der Lust erbietet.

Alles steht freilich in Gefahr, wenn die Lust »empfangen«, den Willen des Menschen für sich gewonnen hat. Aber noch ist nicht alles verloren. Ein gläubiger Christ, der aufwärts blickt, hat sich immer noch in der Gewalt. Da kann sich's noch einmal erproben, ob der Mensch, wenn er so nahe an der Sünde steht, sich doch noch von der Furcht Gottes erfassen läßt, damit er sie nicht tue.

Ist die Sünde getan – worin sie auch bestehe –, so »gebiert sie den Tod«, ja den Tod auf allerlei Art. Denn »die Sünde ist der Stachel des Todes«. Innerlich und äußerlich stirbt der Mensch: Sein Gewissen ist befleckt, sein Frieden ist weg, seine Ruhe, seine Hoffnung ist dahin. Was kostet's doch da den Herrn Mühe, bis Er auch Sünder, die gesündigt haben und viel gesündigt haben und nicht von der Sünde lassen wollen, weil sie ihr Knecht geworden sind, wieder auf den Weg des Lebens zurückgebracht hat – wenn es überhaupt noch gelingen kann! O Mensch, »flieh vor der Sünde wie vor einer Schlange; wenn du ihr zunahekommst, so sticht sie dich, und ihre Zähne sind wie Löwenzähne und töten den Menschen!« Wer aber ist schuld an allem Verderben? Immer wieder bist du's und du allein, der sich verderbt! Denn du bist nicht Wächter über die in dir schlummernde Lust, sondern gibst ihr ungescheut Nahrung durch Leichtfertigkeiten aller Art. Der Verkläger darf dich – auch wenn er mitgeholfen hat zu deiner Sünde – kühn ob eben dieser Sünde verklagen, indem er nur zu sagen braucht, du habest dich verführen lassen, du habest's getan, mit deiner Gottesfurcht sei's also nichts!

Wollen wir denn Buße tun, ohne irgendwelche Entschuldigung für uns zu suchen, damit Christi Blut uns reinigen könne von aller Sünde!

2) Von Gott kommt nur Gutes und Vollkommenes

(16) »Irret nicht, liebe Brüder. (17) Alle gute Gabe und alle vollkommene Gabe kommt von oben herab, von dem Vater des Lichts, bei welchem ist keine Veränderung noch Wechsel des Lichts und der Finsternis.«

Man kann diesen Worten zweierlei entnehmen:
a) Nichts als Gutes kommt von Gott,
b) Was gut und vollkommen ist, kann nur von Gott kommen.

a) Jakobus will hier sagen: Das, was man sich von oben, vom Himmel her, von Gott selbst gekommen denkt, kann nichts anderes als ein Gutes, ja ein Vollkommenes sein. Es ist also nach allen Seiten, wie man's auch ansieht, gut und eben darum auch unvergänglich und ewig. Er ist ja »der Vater des Lichts«, von welchem aus nichts als Licht, wohltuendes Licht, ausströmen kann. Im Grundtext heißt Gott »Vater der Lichter«, womit verstärkt gesagt ist, daß Gott in einem Lichtreich wohne, da nichts als Licht strahle, dessen Vater oder Urheber Er sei. Auch die Gerechten werden »Lichter«, werden leuchten wie die Sonne (Dan. 12, 3; Matth. 13, 43). Ihre Persönlichkeit selbst soll ein selbständiges Licht sein oder werden, wie Gott es ist, so daß alles ein Lichtreich wird (Jes. 60, 19 f.). Wenn nun aus diesem Lichtreich etwas hernniederfällt – wie es die ganze Erscheinung Christi ist –, so kann es nichts anderes sein als ein Gutes und Vollkommenes, das in das Lichtreich hineinführen soll.

b) Wie aber nur Gutes von oben herab, vom Vater des Lichts, kommen kann, so kann auch andererseits alles, was gut und vollkommen ist, nur seinen Ursprung im Himmel haben, kann nur von dem Vater des Lichts kommen. Es kommt mancherlei Gutes vom Himmel, auch solches, das zeitlich ist und wenigstens auf Vollkommenheit zielt. Aber die Menschen beachten's nicht, wo es herkommt, und schätzen's darum auch nicht richtig. Sie beuten es nicht zur Vollkommenheit aus, wie das ebenfalls wieder mit der Erscheinung Christi gegeben war. Mitunter schreiben sie's einem bloßen Zufall, einem Ungefähr zu; sie heißen's keine Gabe, kein Geschenk Gottes und sehen nicht darüber die Güte, die Liebe, die Freundlichkeit Gottes an. So nehmen sie vieles hin und danken's nicht einmal ihrem Gott. Darum bekommen auch viele Seiner Gaben nicht den Charakter der Vollkommenheit. Sie kommen wohl – aber sie verschwinden wieder spurlos, ohne zu weiterem zu führen.

Man bedenke aber doch, wie sich der Himmel über uns auftun muß, wenn Gutes kommen soll! Auf Erden wächst das Gute nicht. Soll das Gute kommen, so muß sich der Himmel auftun. Dies ist vor allem bei allen geistlichen Gaben der Fall. Willst du Frieden, willst du Ruhe, willst du Vergebung der Sünden, willst du Kindesrechte zu Gott im Herzen haben: Es muß dir von oben gegeben werden – sonst kommt's von nirgends her! Wer's anderswo sucht, wer mit Sonstigem seine Seele sättigen und befriedigen will, ist betrogen. Er kann's nur vom »Vater des Lichts« haben. Wie wichtig ist's daher, daß man in allem Gott bitte, auch im Äußerlichen Gott bitte, daß Er es so gebe und so werden lasse, wie es gut sei und zur Vollkommenheit führe, das wahre Glück des Menschen nicht störe. Wievielmehr ist zu bitten, daß Er die göttlichen Güter gebe, die niemand sonst geben kann. Deswegen hatte Jakobus schon im Anfang gesagt (V. 5): »So jemand unter euch Weisheit mangelt, der bitte von Gott.« Gute Gedanken, weise Ratschläge, ferner Furcht Gottes, Buße und Selbsterkenntnis, Liebe zu Gott, Trieb zum Guten, ein zartes Gewissen, ein gut denkendes Herz, Kraft zum Widerstehen gegen das Böse: das sind lauter »gute Gaben«, die nur von Gott kommen können und die zur Vollkommenheit führen, wörtlich: »einer Vollkommenheit fähig sind«. Er aber gibt mit Freuden den Kämpfenden, in Versuchung stehenden Kindern das, was nötig ist zum Überwinden. »Können Väter, die doch arg sind«, sagt der Heiland, »ihren Kindern, wenn sie bitten, gute Gaben geben: wievielmehr wird ihr Vater im Himmel Gutes geben denen, die Ihn bitten« (Matth. 7, 11).

Wir sehen's schon, daß Jakobus vornehmlich an die große Gabe denkt, welche mit Christus, dem Sohne Gottes, zu den Menschen kam und welche die Juden so sehr mit verdächtigen Augen ansahen. Der Heiland nennt sich selbst eine Gabe Gottes, wenn Er zu der Samariterin sagt (Joh. 4, 10): »Wenn du erkenntest die Gabe Gottes und wer Der ist, der zu dir sagt: Gib mir zu trinken, du bätest Ihn, und Er gäbe dir lebendiges Wasser.« Auch in dem bekannten Spruche (Joh. 3, 16): »Also hat Gott die Welt geliebt, daß Er Seinen eingeborenen Sohn gab«, wird Er eine Gabe Gottes genannt. Ferner ruft einmal Paulus lobpreisend aus (2. Kor. 9, 15): »Gott aber sei Dank für Seine unaussprechliche Gabe«, Jesus meinend, der vom Himmel gekommen ist. Auch im Hebräerbrief (6, 4) wird Er »die himmlische Gabe« genannt. So heißt auch der Heilige Geist vielfach die »Gabe Gottes« (Apg. 8, 20; 10, 45); und von den Gaben des Heiligen Geistes wissen wir, mit Bezug auf welche Paulus zu den Korinthern sagt (1. Kor. 1, 7), sie hätten keinen Mangel an irgendeiner Gabe. Auch das ewige Leben, welches der HErr den Glaubenden gibt, wird die »Gabe Gottes« genannt (Röm. 6, 23). Ferner, daß man aus Gnaden durch den Glauben selig wird, ist gleichfalls Gabe Gottes (Eph. 2, 8). Der Himmel ist durch Christus geöffnet, so daß man nun allerlei »gute und vollkommene Gabe» haben kann. Solches alles sahen die Juden deutlich an Jesus und nach Ihm an Seinen Jüngern. Um so unbegreiflicher war es, daß sie von offenbaren Gaben Gottes, die sich nur als gut und vollkommen erwiesen, denken mochten, sie seien lauter Versuchung für sie, durch welche sie zum Abfall vom bisherigen Gottesdienst gereizt werden sollten. Denn je mehr Wunder geschahen, desto mehr fürchteten sich viele davor als vor gefährlichen Verführungskünsten. In ähnlicher Weise verstehen's viele Christen in unsren Tagen. Sie können heute noch Kräfte Gottes, wenn sie noch so sehr als gut und tadellos und vollkommen sich erweisen, für versuchliche Kräfte nicht Gottes, sondern Satans halten, bloß weil sie jetzt wieder als etwas Neues erscheinen. Da muß man's fest bei sich beschließen, daß man sich nicht von dem, was sich wirklich gut und tadellos und vollkommen ohne böse Schatten daneben darstellt – wie gar manches in unsren Zeiten wieder kommen könnte, nicht abwende, sondern sich beuge und Gott preise, daß Er Sein Volk wieder heimsuche mit Gaben von oben, wie wir ihrer bedürfen.

Um dem Gedanken an jene Verirrung noch weiter entgegenzutreten, sagt in unsrem Texte Jakobus: »Bei welche ist keine Veränderung noch Wechsel des Lichts und der Finsternis.« Im allgemeinen ist bei jedem Licht auch Schatten. Wie anders aber ist's bei dem, was von oben herabkommt, von dem Vater des Lichts! In Gott selbst ist nichts von Finsternis; und bei Ihm kann's keinen Wechsel geben – als ob auch um Ihn her Licht und Finsternis abwechseln würde wie bei uns. Ebenso kann Er nicht das eine Mal Gutes, das andere Mal Böses geben; und was Er gibt, kann nicht etwa versteckt auch Böses enthalten. Es ist ganz gut, vollkommen gut. Gott gibt nicht, wie der Heiland sagt, einen »Stein für Brot, eine Schlange für einen Fisch, einen Skorpion für ein Ei« (Luk. 11, 11 f.)! O wenn wir doch nur mehr vor den Thron der Gnade treten würden:

wieviel Gutes könnten wir erlangen! Denn mit jeder Bitte gibt Er Gutes, und nur Gutes, wie's Ihm wohlgefällig ist. Und am liebsten gibt Er die Gabe des Heiligen Geistes, wie es auch heißt (Luk. 11, 13): »Wieviel mehr wird der Vater im Himmel den Heiligen Geist geben denen, die Ihn bitten.«

3) Gott zeugt durchs Wort neue Kreaturen (V. 18)

(18) »Er hat uns geschaffen nach Seinem Willen durch das Wort der Wahrheit, auf daß wir wären Erstlinge seiner Kreaturen.«

Wir haben unsern Text in das Thema zusammengefaßt: »Wessen wir uns zu Gott versehen dürfen.« Jakobus antwortete zuerst, daß Gott niemand versuche, sodann zweitens, daß von Ihm nur Gutes und Vollkommenes komme. Nun kommt er noch auf ein drittes mit den Worten:»Er hat uns gezeugt nach Seinem Willen durch das Wort der Wahrheit, auf daß wir würden Erstlinge« – genauer: einiger Erstling – »Seiner Kreaturen«. Mit diesen Worten wird die höchste Gabe Gottes besonders angezeigt oder alles zusammengefaßt, was Gott mit den Menschen vorhat, wessen sich also diese zu Seiner Liebe und Freundlichkeit versehen dürfen. Sie sollen nämlich zu etwas Neuem, und zwar Gott Ähnlichem – daß sie in vollem Sinne Gottes Kreatur wären – gezeugt werden. Und damit wird ihnen das Beste, Vollkommenste, wird ihnen alles geschenkt, über welches hinaus es nichts Besseres für sie geben kann. Wenn Jakobus sagt:»Er hat uns gezeugt«, so nennt er nur sich, den Knecht Jesu Christi, und die, welche mit ihm an Jesus Christus glauben, bereits als solche, an denen die Zeugung vollbracht wäre. Er hält es aber denen vor, die er vor falschen Gedanken über Gott, vor einem groben Irrtum hatte warnen müssen. Es sind die, welche Juden sind und meist auch blieben, ohne sich zum Bekenntnis zu Christus herzugeben – wenn sie auch geneigt sind, Jesus als eine bemerkenswerte Erscheinung ehren zu wollen. Er hält's ihnen vor mit der Absicht, ihnen zu sagen, wie auch sie sich derselben Neugeburt zu Gott versehen dürften, wenn sie sich ganz für Christus, die große Gabe Gottes, hergeben wollten. Denn alle Menschen, Juden und Heiden, sind eingeladen, zur Kindschaft mit Gott vermittelst einer Zeugung zu gelangen oder zur völligen Umwandlung ihres ganzen Wesens durchs Wort.

Daß eine solche Zeugung vorgehen müsse, um ins Reich Gottes oder überhaupt zu Gott zu kommen, hat der HErr Christus selbst schon zu Nikodemus gesagt, da er von der Wiedergeburt sprach oder von der Geburt von oben – »wiederum« und »von oben her« ist im Griechischen einerlei Wort – aus Wasser und Geist. Denn das, was vom Fleisch geboren werde, sei Fleisch, und Geist sei nur das, was vom Geist geboren werde (Joh. 3, 5 f.). Es findet also mit der Annahme des Evangeliums eine Geburt, gleichsam eine neue Zeugung, statt, daß man nicht mehr Fleisch und fleischlich ist wie sonst von Natur her, sondern Geist, geistlich wird. »Wieviele Ihn aber aufnahmen«, sagt Johannes im Anfang seines Evangeliums (1, 12 f.), »denen gab Er Macht, Gottes Kinder zu werden, die an Seinen Namen glauben; welche nicht von dem Geblüt noch

von dem Willen des Fleisches noch von dem Willen eines Mannes, sondern von Gott
geboren sind.« Jakobus kann zur Bestätigung dieser Verheißung wohl auf sich und
seine neuen Glaubensgenossen hinweisen. Denn jedermann, auch die unbekehrten
Juden, mußten bekennen, daß wirklich schon nach dem Augenschein bei allen, die Jesus als den Christ annahmen, etwas Neues wurde – was aber auch zu einem Ansporn
dienen sollte für die, die noch ferne standen oder sich sogar feindselig stellten.

Von dieser neuen Zeugung sagt Jakobus dreierlei:
   a) sie geschieht nach Gottes Willen;
   b) sie geschieht durch das Wort der Wahrheit;
   c) sie macht zu Erstlingen Seiner Kreaturen.

a) »Er hat uns gezeugt nach Gottes Willen«, eigentlich: »da Er es gewollt hat«, d. h.
nach Seinem Ratschlusse. Es ist immer wichtig, wenn die Apostel alles auf einen ewigen Ratschluß Gottes zurückführen. Was mit Christus vorgekommen ist und was mit
den Menschen wird, ist nicht etwas zufällig Gewordenes, auch nicht von Menschen
Gemachtes oder Erfundenes, sondern etwas, das Gott schon von Ewigkeit beschlossen, in der Weissagung verheißen und endlich aus Gnaden ohne alles Verdienst der
Menschen hat werden lassen. Der Mensch hat nichts dazutun können, er hat es müssen
von oben herabbekommen, wie es denn der Heilige Geist ist, gesandt vom Vater durch
den Sohn, der die Zeugung durchs Wort vollbringt. Es ist also auch kein Selbstruhm,
wenn die, denen diese Gnade widerfährt, dieselbe auch vor anderen an sich preisen.
   b) Die Zeugung geschieht durch »das Wort der Wahrheit«, nämlich durch das Evangelium oder durch die Annahme des Evangeliums. Dieses Evangelium heißt auch sonst
ganz einfach »das Wort«. Es ist das Wort, das vom »Wort«, dem fleischgewordenen
»Wort«, kam, welches die Freundlichkeit Gottes darlegt, mit der Er alle Menschen
nun selig machen will. Hier heißt's »das Wort der Wahrheit«, d. h. das Wort, welches
wahrhaftig ist. Das Evangelium ist keine Lügenpredigt. Es ist eine wahrhaftige Predigt, ein festes und gewisses Wort, das dem nicht fehlt, der es aufnimmt, so daß Paulus
sagen kann (1. Tim. 1, 15): »Das ist gewißlich wahr und ein teuer wertes Wort, daß
Christus Jesus gekommen ist in die Welt, die Sünder selig zu machen.« Solches Wort
ist auch lauter und rein, so daß in ihm nichts mit Lüge gemischt erscheint – wie das
doch in allem ist, was von Menschen kommt. Eben darum tut es solch große Wirkung,
an der man wiederum die Wahrheit des Wortes erkennen kann. Es hat eine Zeugungs-
kraft, eine Kraft, aus dem Menschen etwas ganz Neues zu machen mit Abstreifung all
seines bisherigen verderbten Wesens. Solcher Mensch denkt fortan göttlich, sieht alles
mit geistlichen Augen an, wird mit heiligen und nüchternen Gesinnungen erfüllt, insbesondere mit einer nie gekannten Liebe gegen jedermann; er schätzt die Welt mit allem, was sie in sich schließt, geringe, nur nach dem fragend, was droben ist. Er führt
statt eines Wandels nach eitler väterlicher Weise – da alles durch Unfrieden, Unreinigkeit und irdischen Sinn lief – hinfort einen neuen Wandel in Gott. An dieser Wirkung
erkennt man die Wahrheit des Worts; und sie ist ein Zeugnis für seine Wahrheit, weil

der Wahrhaftige sich darinnen offenbart. Es gibt freilich einen Glauben, bei dem diese Wirkung nicht eintritt. Aber dann wird das Wort der Wahrheit mit einem leichtfertigen Geiste – als wollte man, und will doch nicht! – aufgenommen, bei dem dann die Lüge mächtig bleibt wie bisher. Aber sonst muß und kann sich die Wahrheit des Wortes rechtfertigen an dem, der das Wort hat.

c) Die Zeugung macht zu »Erstlingen der Kreaturen«, d. h., so daß man im eigentlichsten Sinne jetzt erst Seine, und nur Seine, Ihm ganz und gar zugehörige und in Ihn sich hineinlebende Kreatur wird. Die Kreaturen waren durch die Sünde ganz ferne von Ihm gekommen, so daß sie nicht eigentlich Sein, des Vaters, waren. Ihr eigener freier Wille sollte sich aber ganz in den des Vaters geben. Dazu ist Christus gekommen, damit das würde. Er hat sich selbst für sie »geheiligt«, daß sie unter sich alle eins würden, wie sie auch mit dem Vater eins würden, und zwar vollkommen eins, wie der Vater und der Sohn eins sind – damit sie auch zu der Herrlichkeit des Vaters kämen, in welcher der Sohn ist (Joh. 17, 19 ff.). Wer also an Jesus Christus glaubt, wird eine Kreatur des Vaters, ganz Ihm zugehörig und vor allem von der Gewalt des Satans – dessen Kreatur er geworden war – zu Gott geführt (Apg. 26, 18). Auch alles, was im Himmel ist, soll als von Gott zu Gott geschaffen ebenso durch Christus eins werden in Ihm – bis zuletzt Gott alles in allem würde, so daß außer Gott nichts wäre, das nicht Seine Kreatur in neuer Schöpfung, und eben damit auch Sein Kind, genannt werden könnte.

In unsrem Text nun heißt es: »Auf daß wir wären Erstlinge Seiner Kreaturen« – genauer übersetzt: »einiger Erstling«. Als eigentlicher Erstling dieser neuen Kreaturen, die in vollem Sinne Gottes werden, ist Christus selbst anzusehen. Er wird deswegen von Paulus (Kol. 1, 15) »der Erstgeborene aller Kreaturen« genannt – nicht: »vor allen Kreaturen«, wie dort unrichtig übersetzt ist, auch Kol. 1, 18 –; »der Anfang und der Erstgeborene von den Toten, auf daß Er in allen Dingen den Vorgang habe«, also sowohl in der Auferstehung als auch in der Darstellung der erneuerten Kreaturen Gottes.

Wie nun Christus der wirkliche Erstling dieser neuen Schöpfung ist, so waren die ersten Christen auch »einiger Erstling«. Denn das, was durch Christus werden sollte, hat doch einen Anfang nehmen müssen. Als die Ersten wurden die, welche im Anfang gläubig wurden, »Erstlinge«, gleich nach Jesus selber. Es könnte daher in unsrem Texte heißen: »auf daß bei uns der Anfang gemacht würde mit den Kreaturen, die des Vaters werden sollten.« Das zweite und dritte Geschlecht hat man schon nicht mehr Erstlinge nennen können wie die, bei welchen es angefangen hat – so verhältnismäßig klein, vor allem den Juden gegenüber, die Anzahl war; deswegen werden sie nur »einiger« d. h. geringer Erstling genannt. Begreiflich haben Erstlinge immer zugleich das Beste, Vorzüglichste. So hatten auch die ersten Christen mehr Gaben und Kräfte des Heiligen Geistes. Durch vollere Wirkung des Heiligen Geistes in ihnen empfanden sie mehr die neue Gnade; und um so auffallender erschien an ihnen die Zeugung durchs Wort. Freilich hatten die Erstlinge auch eine besondere Verpflichtung. Denn es hing alles Weitere an dem, wie sich die Erstlinge hielten. Denn wenn sie mißrieten, litt das Ganze not und kam ins Stocken. Sie hatten's also ernst und bedeutsam zu nehmen, damit die Nachkommenden nicht durch ihre Saumseligkeit und Trägheit, auch Untreue, zu kurz kämen. Sie fühlten auch den Unterschied am meisten zwischen dem, was vorher war und was jetzt ist. Das konnten die späteren Geschlechter nicht mehr in gleichem Grade wahrnehmen, weil sie vom Früheren (Heidnischen) nicht mehr genug wußten, nicht mehr, wie es durchs Ganze hindurch ohne Christus geworden ist. Was war doch in die Hände der Erstlinge gelegt, sofern mit ihnen der Anfang der Umwandlung aller Kreatur in ein Neues gemacht wurde! Aber man bekommt den Eindruck, daß einst viel versehen worden ist und daß es der echten und völligen Zeugungen durchs Wort immer weniger wurden – bis sie nahezu ganz aufhörten! Wie gering sieht sich doch unser Geschlecht an! Kaum weiß man Christen zu finden, die neu, ganz des Vaters, mithin ganz Seine Kreaturen sind! Da muß es denn wohl wieder von vorne anfangen, daß es für eine solche Erneuerung des Früheren abermals »einigen Erstling« wird geben müssen! Beten wir darum!

Warnungen zum Schluß

(19) »Wisset, liebe Brüder, ein jeglicher Mensch sei schnell zum Hören, langsam zum Reden, langsam zum Zorn. (20) Denn des Menschen Zorn tut nicht, was vor Gott recht ist.«

Wir haben es schon mehrfach berührt, daß Jakobus keine Leser vor sich hat, von denen er sagen konnte, daß die neue Zeugung durchs Wort mit ihnen schon Wirklichkeit geworden wäre. Schreibt er doch an die Gesamtheit der Juden, unter welchen nur wenige sogenannte Judenchristen ihm näher standen und mit Bezug auf welche allein er sagen konnte: »Gott hat uns gezeugt nach Seinem Willen durchs Wort der Wahrheit.« Die meisten, auch wenn sie etwa ernst und jüdisch fromm waren, konnten es nicht über sich bringen, mit den Christen zu gehen; und andere waren so feindselig, daß man mit ihnen von Weiterem gar nicht reden durfte. Um der letzteren willen macht Jakobus keine eigentlichen Ansprüche an seine Leser, gleichsam zufrieden damit, daß wenigstens »einiger Erstling« unter ihnen wäre. Doch will er das, was tiefen Eindruck hindern oder im Glauben aufhalten könnte, damit beseitigen, daß er ein richtiges Verhalten anrät zur inneren Ruhe gegenüber Aufregung, und daß er im übrigen Weisungen gibt. Er beginnt damit noch in unsrem Texte und setzt es bis ans Ende des Kapitels fort (s. Perikope von Rogate). Er rede sämtliche Leser abermals als seine »geliebten Brüder« an, um ihnen Liebe entgegenzubringen, und ermahnt zunächst zu dreierlei:
a) »Ein jeglicher Mensch sei schnell zu hören«;
b) »er sei langsam zu reden«;
c) »er sei langsam zum Zorn.«
Alles ist mit Bedacht gesagt.

a) Jakobus will sagen: Weil nämlich so Großes zu erlangen ist, soll man, wenn man Gelegenheit hat, es zu hören, schnell dazutun, es zu hören. Der Ausdruck »ein jeglicher Mensch« deutet darauf hin, daß Jakobus, wenn er auch »geliebte Brüder« anredet – wie es bei jüdischen Volksgenossen üblich war – doch nicht voraussetzt, daß der, den er hören heißt, bereits ein Bruder in engerem Sinne sei. Er ist einer, der noch nicht recht, nicht eifrig gehört hat, was ihm zu hören Gelegenheit gegeben war, seitdem die Predigt von Christus da ist, und der dadurch im Glauben zurückgeblieben ist. Wenn ihm doch gesagt wird, um was es sich handle – nämlich um ein Empfangen der guten und vollkommenen Gottesgabe mit Christus und um eine Umwandlung seines eigenen Wesens in ein Neues, Göttliches, so sollte er mit höchster Begierde wenigstens bedacht sein es zu hören. Denn mit einem schläfrigen Hören so wichtiger Sachen kann nichts gewonnen werden! Lernen's doch auch wir, sofort lauter Ohr zu sein, wenn vom Heil in Christus und allem, was damit zusammenhängt, die Rede wird! Was wir da versäumen, kann unwiderbringlich verloren sein, schon darum, weil träges Hören immer stumpfer macht bis man wirklich mit hörenden Ohren nicht mehr hört!

b) »Ein jeglicher Mensch sei langsam zu reden.« Viele hören immer lieber sich selber als andere, meinend, das, was ihnen einfällt, nur gleich sagen und auskramen zu müssen! Vor allem wollen sie dann keinen Augenblick warten, mit ihren Einwendungen einzufallen. So machten's damals viele Juden, die sich gleich mit ihrem eigenen Geschwätz im Wege standen, daß sie's nicht vernehmen konnten, um was sich's eigentlich handle, und die durch ihr Dreinreden – bei dem die Lehrenden gar nicht recht zu Wort kommen konnten – sich nur immer tiefer im Widersprechen verrammelten. Solchen vorlauten Menschen rät's Jakobus an, doch Geduld zu haben, sich sagen zu lassen, zu warten, sich zu besinnen, ehe sie reden. Denn sonst kommen sie nie dazu, das ihnen Notwendige zu erfassen und zu beherzigen. Wie wichtig wäre doch solche Ermahnung für viele auch in unsren Tagen, wenn sie gegnerisch gestimmt sind oder mit halbem Wissen schon meinen es zu haben, und niemanden mehr etwas sagen lassen. Selbst gereiftere Christen gibt es darunter. O möchten wir doch langsamer zu reden werden!

c) Endlich sagt Jakobus: »Ein jeglicher Mensch sei langsam zum Zorn.« Wer einmal sich nicht in das ergeben will, was man ihm nahelegt, der wird, wenn man eindringlicher und überzeugender redet, gerne zornig und aufgeregt und verliert darunter vollends gar alle Besinnung für das Verständnis dessen, um was es sich handelt. Viele können, wenn sie einmal merken, daß es sich darum handelt, ihr Bisheriges zu ändern – wie es vor allem im Anfange Folge der Annahme des Evangeliums war – nur mit Entrüstung und zorniger Aufwallung sich gegen das stellen, was man ihnen sagt. So ging's unzähligen Juden, und zwar bis auf den heutigen Tag. So geht's auch in der Christenheit den Ungläubigen oder Weltleuten, die über die Maßen aufgebracht werden, wenn man mit Ernst ihnen etwas sagt, damit sie zu einer Verleugnung gedrängt werden. Solcher Zorn aber, sagt Jakobus, »tut nicht, was vor Gott recht ist«; er kann gar in Scheltworte ausbrechen und sich bis zu persönlichen Angriffen steigern. Was aber wird der gerechte Gott einmal dazu sagen, wenn man auf solche Weise sich verbittert gegen das seligmachende Wort!?

O daß doch alle, denen man es so deutlich sagt, wessen sie sich bezüglich ihres Heils in Zeit und Ewigkeit zu Gott versehen dürften, klug werden möchten, wenn sie's hören und annehmen wollten! O daß sie doch nicht mit ungöttlichen Aufregungen sich selbst im Wege stehen, den Weg des Lebens zu ergreifen! Amen.

Rogate
An ferner Stehende
Jak. 1, 21–27

* Wir haben unsren ganzen Text als ein Wort an Juden aufzufassen, die der Annahme des Evangeliums noch fernestanden, die Jakobus aber ermuntern möchte, dasselbe doch auch anzunehmen, da es eine Kraft habe, seligzumachen, wie sie auch durch dasselbe mit zu Erstlingen der Kreaturen gezeugt werden könnten (V. 18).

Wir können das, was er sagt, insofern auch auf uns anwenden, als wir viele dem Evangelium wieder ferne stehenden Christen haben – obwohl dasselbe (wie damals unter Israel) nun in die Christenheit gepflanzt ist, in ihr wurzelt und gepflegt wird.

Auf sie kann der Text angewandt werden, der eben eine Aufforderung an sie ist, doch dem ihnen naheliegenden Wort näherzutreten. Wir nehmen also den Text als ein Wort

An ferner Stehende,

1) wie sie das unter ihnen aufgerichtete Heilswort annehmen sollten (V. 21);
2) wie sie nicht vergeßliche Hörer sein sollten (V. 22–25);
3) wessen Gottesdienst eitel sei (V. 26);
4) welcher Gottesdienst ein reiner und unbefleckter wäre (V. 27).

(21) »Darum so leget ab alle Unsauberkeit und alle Bosheit und nehmet das Wort an mit Sanftmut, das in (unter) euch gepflanzt ist, welches kann eure Seelen selig machen.«

---

* Ein abermals längerer Eingang über die Empfänger und das Ziel des Jakobusbriefes – s. Eingang zur vorigen Predigt – ist weggelassen, wie überhaupt auch wieder teilweise gekürzt wurde.

1) Der Annahme des Evangeliums steht in der Regel die Unart des Herzens entgegen. Was in unsren Zeiten viele sagen: daß das Evangelium Dinge lehre, welche die Vernunft nicht fasse, und sie es darum, weil sie nicht ihrer Vernunft bar werden wollen, nicht so annehmen könnten, wie man's ihnen vortrage oder wie es die Schrift gebe – das war's ehemals ganz und gar nicht, was die Juden vom Evangelium abwendig machte. Sie hatten noch mehr Begriffe von der Offenbarung überhaupt, und wenn diese sprach, wollten sie nicht ihr gegenüber zu klug sein. Auch das, was Hohes und Göttliches von der Person des kommenden Messias gesagt wurde, fand bei ihnen keinen Widerspruch; sie wollten es nur nicht gerade auf Jesus übertragen wissen. Der Gekreuzigte war ihnen ein Ärgernis, doch nur darum, weil Seine Erscheinung die höchsten Begriffe auszuschließen schien, die sie vom Messias hatten. Bei jenen Juden war es rein nur die Herzenshärtigkeit, welche sie das Edle Jesu über der scheinbaren Niedrigkeit übersehen ließ; und nach dieser Herzenshärtigkeit wollten sie überhaupt ihr Gewohntes nicht zum Opfer bringen.

Wenn man's genau besieht, ist doch auch bei vielen, welche in unsren Tagen so hart und schroff gegen das Evangelium auftreten, die Herzenshärtigkeit der letzte Grund, warum man ihnen nicht beikommen kann.

Die Herzenshärtigkeit zeigte sich bei jenen Juden in Verschiedenem; und zwar gerade auch in solchem, wie es auch bei uns zu erkennen ist: daß sie zu träge waren zu hören, schon gar nicht hören wollten. So wollen sie bei uns schon gar nicht mehr in eine Kirche gehen und fliehen wie verscheucht von da weg, wo sie ein christliches Wort reden hören. Es zeigte sich ferner darin, daß sie gleich ohne viel Besinnen in allem dreinredeten – wie wenn sie schon gar nicht darüber nachdenken wollten! Es zeigte sich endlich darin, daß sie gleich hitzig und aufgeregt wurden, wenn man ein bestimmtes Begehren an sie stellte.

Das alles kommt auch bei uns vor bei denen, die fernestehen. Und wo ein Mensch in einem solchen Zustand ist, daß er es so macht, da steht er auch ferne von der Annahme des Evangeliums. Soll diese Annahme doch möglich sein, so muß es zuerst in den angeführten drei Punkten anders sein!

Jakobus will aber bezüglich der Herzenshärtigkeit noch Weiteres aufräumen und fängt darum in dem heutigen Text an: »Darum so leget ab alle Unsauberkeit und alle Bosheit.« Oft ist es nur gar zu sehr der Fall, daß in widerwilligen und widersprechenden Leuten der Schmutz dieser Welt noch zuviel Geltung hat. Sie können sich der bösen Lust, welche sie auch sei, nicht entschlagen und wollen vor allem von ihren Lustwerkzeugen nicht lassen. So haben sie etwa das Häßliche der Sinneslust an sich, das Ekelhafte des Hochmuts und der Eitelkeit und das Gemeine des Geizes und der Habsucht. Sie stecken so tief in dergleichen Dingen, daß man ihnen mit nichts kommen darf, das dem entgegen wäre.

Ehe da aber nicht aufgeräumt und abgelegt wird, ist keine Hoffnung da. Es muß durch Buße und Selbsterkenntnis laufen und ein Verständnis dafür da sein, daß man, begraben in Schmutz und Unsauberkeit, nur in sein Verderben renne. Es muß ein Verlangen erwachen, aus solcher häßlichen Art herauszukommen. Und dann fände das

Wort Gottes Raum, welches auch Unsaubere rein machen und neue Kreaturen aus ihnen zeugen kann. Wer an sich selbst einen Ekel zu bekommen anfängt und dann merkt, wie ihm das Evangelium nach allen Seiten helfen kann, der ist der Annahme des Wortes nahe.

Ach HErr, laß doch die blinde Welt einen Ekel an sich und ihrer Unsauberkeit bekommen und den rechten Schatz im Evangelium erkennen!

Wenn es weiter im Text heißt: »Leget ab auch alle Bosheit«, so heißt's eigentlich: »alles, was überflüssig und darum böse ist.« Der selige Bengel sagt bei dieser Stelle: »In Gedanken, Worten, Gebärden und Werken ist der Exzeß« – das Übermaß oder Ausschreiten aus der ebenen Bahn – »und die Untugend beisammen nach dem Wort des HErrn (Matth. 5, 37): ›Eure Rede sei Ja, Ja, Nein, Nein, was darüber ist, das ist vom Übel‹«. Der Mensch ist gewohnt, zu allem – auch wenn's eine gute Grundlage hätte – nach der ihm innewohnenden Bosheit etwas Überflüssiges, Übertriebenes hinzuzuschlagen; und damit wird's immer böse und unrecht. So kommt einer, wenn man vom Evangelium etwas sagt, leicht dazu, von sich aus – und zwar meist aus seiner Verderbnis heraus – etwas dranzuhängen nach seiner bösen Art, seiner Gesinnung, seinem Charakter. Vor allem wittert er gerne bei denen, die ihm das Wort sagen, böse Absichten. Solange aber jemand die Unart und Bosheit seines Herzens so walten läßt, daß er sie auf alles überträgt und in allem mitspielen läßt – auch bei anderen dieselbe Unart des Herzens voraussetzend –, ist nichts mit ihm zu machen und kommt er nicht zu einem freien, fröhlichen Erfassen des Wortes, das ihm zum Heil dienen soll. Auch die geheime Bosheit muß zuvor abgelegt werden.

Die Herzenshärtigkeit zeigt sich vornehmlich auch im Mangel an Sanftmut, welche Jakobus noch besonders zur Annahme empfiehlt. Sanftmut, bei der man sich freundlich und liebreich, demütig und gelassen gegen andere benimmt, auch wenn diese etwas an sich zu wünschen übriglassen, setzt eine gewisse Selbstdemütigung voraus. Bei dieser wird man offen nach Sinn, Herz und Gemüt für das, was erquickt und wohltut, also auch für das Annehmen des seligmachenden Worts.

So hat Jakobus mit kurzen Worten vieles seinen bisherigen Glaubensgenossen gesagt, die noch ferne standen. Es traf gewiß sehr zu und machte den eigentlichen Grund aus, warum ihrer viele sich streitsüchtig und verschlossen zeigten gegen ein Wort, das soviel Licht und Klarheit in sich schließt und soviel unaussprechlich Herrliches verspricht und gleich zu fühlen gibt.

Ach, wie ist doch auch damit unsre ungläubige Welt gezeichnet, wenn gar nichts mit ihr anzufangen ist – sei's, daß sie förmlich widerspricht oder nur gedankenlos so hinschlendert! Wenn's nicht im Herzen fehlen würde, wäre es unbegreiflich, daß sie sich nicht beeifert, das Herrliche des Evangeliums zu ergreifen und ihres Seelenheils gewiß zu werden. O, daß der Geist Gottes in unsrer verhängnisvollen, so sehr sich verhärtenden Zeit bei ihrer vielen das Hindernde alles noch wegräumen möge, wie es Jakobus wünscht, damit die Pflanzer des Wortes Gottes ihnen ein »Geruch des Lebens zum Leben« würden!

(22) »Seid aber Täter des Worts und nicht Hörer allein, wodurch ihr euch selbst betrüget. (23) Denn so jemand ist ein Hörer des Worts und nicht ein Täter, der ist gleich einem Mann, der sein leiblich Angesicht im Spiegel beschaut. (24) Denn nachdem er sich beschaut hat, geht er davon und vergißt von Stund an, wie er gestaltet war. (25) Wer aber durchschaut in das vollkommene Gesetz der Freiheit und darin beharrt und ist nicht ein vergeßlicher Hörer, sondern ein Täter, der wird selig sein in seiner Tat.«

2) Hier ist angezeigt, daß beim Hören eine gewisse Annahme des Wortes sein könne, die aber zum Selbstbetrug führt! Dies ist dann der Fall, wenn man in alles einstimmt, alles, was das Evangelium sagt, schön und wahr und gut findet, eine Überzeugung davon bekommt und insofern auch einen Glauben daran. Der, bei dem's so wird, könnte meinen, er habe dann etwas und es sei das genug, wenn er nur mit dem Herzen einig wäre. Ein solches Hören und Annehmen wäre aber ein Selbstbetrug. Das Gehörte, Gedachte, Geglaubte, muß auch eine Tat im Menschen werden. Es muß ein freies, öffentliches Bekenntnis dabei stattfinden, ferner ein Anschluß an die, die dasselbe glauben, eine Verleugnung des Bisherigen gegen die, die nicht glauben, ein wirkliches Ergreifen der Gnade, nicht bloß ein Begriff davon, eine völlige Übergabe des Herzens an das Erkannte, ein persönliches Einswerden mit Christus, der Quelle des Heils. Auf diese Weise wird zur Tat, was man hört. Und wenn's nicht so wird, so steht man in einem Selbstbetrug, da man meint, man sei es, weil man einig damit sei – im Grunde aber doch noch nichts ist, am allerwenigsten eine neue Kreatur, gezeugt durchs Wort der Wahrheit!

O des Jammers, daß ihrer viele den Selbstbetrug nicht merken, in dem sie stehen! Denn in Christus gilt doch nur eine neue Kreatur (Gal. 6, 15)! Eine Wirklichkeit, eine Entschiedenheit, eine Tat muß das, was man hört und glaubt, werden, wenn es die Seelen seligmachen oder das volle Gefühl der Seligkeit geben soll!

Hörer, die nicht gerade auch Täter sind, haben oft sogar das Eigenartige an sich, daß sie für den Glauben eifern, andere zu überzeugen suchen. Und das Wort der Wahrheit kann wirklich gut auf diese anderen wirken, so daß sie aufwachen, in sich gehen und unvermerkt den guten Weg gehen mit Lauterkeit und Sinnesänderung, sich ganz dem Heiland ergebend. Jene aber bleiben doch zurück! Sie treiben andere vorwärts – und bleiben selbst dahinten! So weiß man von Heiden in der Mission, die vollkommen von dem Evangelium überzeugt sind, keine Predigt versäumen, alles lernen und alles wissen – aber nie zu einem Entschluß kommen, um auch herauszutreten für das von ihnen Erkannte und um etwa auch in den Taufunterricht zu gehen und sich taufen zu lassen. Ein solcher »predigt anderen und wird selbst verwerflich« (1. Kor. 9, 27).

Jakobus will es nun näher angeben, wie jemand dazukommen kann, stets nur ein Hörer, und zwar ein vergeßlicher Hörer, zu sein, ohne Täter zu werden: Er gibt einen Vergleich mit einem Spiegel. Das gewöhnliche Hineinsehen in einen Spiegel ist ein vorübergehendes, bei dem sich schnell wieder aller Eindruck verwischt. So ist's mit jemand, der bloß hört. Es geht immer alles zu schnell an ihm vorüber. Er nimmt sich nicht Zeit, tiefer in sein Herz und Gewissen zu gehen, läßt alles immer nur an sich herunterlaufen. Da gibt es wohl denn auch Eindrücke, die im Augenblick rühren und bewegen. Aber der Hörer geht schnell wieder in die Welt und das Seine zurück – und in ganz kurzer Zeit ist alles wieder vergessen; oder es hat nichts, was er hört, eine nachhaltige Wirkung. So viel er denn auch hört und so oft er's hört, so kommt's doch zu nichts, weil er nicht darauf beharrt, nicht für sich selbst in dem Gehörten arbeitet. So haben's bei uns unzählige Kirchgänger, die sich sogar die Kirche gar nicht nehmen lassen, weil sie jedesmal etwas von dem empfinden, was sie hören. Aber nur in der Kirche empfinden sie's – und gehen sie aus der Kirche, so ist's, wie wenn einer vom Spiegel wieder wegläuft. Macht man's denn freilich auch recht süß in der Kirche, indem man ihnen gar nichts anderes sagt, als wie gut es sei, einen Heiland zu haben, der die Sünden vergebe und ohne Verdienst aus lauter Gnade seligmache: so mundet ihnen das alles sehr. Sie hören's gerne und lassen sich's immer wieder sagen – aber zu tun gibt es ja dann weiter nichts! Und so bleiben sie schon darum nur Hörer. So liegt alles nur obenauf – und unter der Kirchtüre wartet schon der Teufel, der ihnen, einem Vogel gleich, ein Körnlein ums andere wegpickt. So haben's Tausende und Abertausende, die immer nur hören, die niemals Täter, d. h. gründlich bekehrte Leute werden; denn die Oberflächlichkeit läßt nichts zur Tat werden. Ihre ganze Art bleibt stets dieselbe, ist »Welt« und bleibt »Welt«, ist nicht Jesus und abermals Jesus, keine neue Kreatur!

Was Jakobus weiter sagt, sollte genau so übersetzt werden: »Wer aber durchgeschaut hat in das vollkommene Gesetz, nämlich das der Freiheit, und darinnen verblieben ist« – im Gegensatz zu dem Weglaufen vom Spiegel –, »der ist nicht ein vergeßlicher Hörer, sondern ein Täter.« Die Tat eines solchen Hörers besteht also darin, daß er nicht ruht bei sich selbst, bis er's fertiggebracht hat; bis er's ganz durchschaut und gründlich und völlig erfaßt hat, was ihn frei macht und wie er frei wird. Und das ist die Tat, »in welcher er selig wird.« Unter dem »Gesetz der Freiheit« ist die Gnadenordnung verstanden: wie wir durch Buße und Glauben und rechtschaffenes Wesen zur wirklichen Vergebung der Sünden gelangen, auch von der Sünde frei werden können. »Vollkommen« haben wir's, wenn es ein Völliges in uns ist; wenn wir es sozusagen zu einem Abschluß gebracht haben, um sagen zu können: »Ich habe Vergebung der Sünden! Ich fühle mich als ein Kind Gottes! Ich habe die gewisse Hoffnung des ewigen Lebens! Ich weiß es nicht nur als eine Lehre, sondern ich habe es als eine Erfahrung in meinem Herzen.« So hat er's nicht bloß gehört, sondern wirklich in Besitz bekommen, so ist's in ihm eine Tat geworden. Wir sehen schon, was da zum Hören hinzu noch not tut: Es muß eigener Eifer, eigene Herzensarbeit, eigenes Ringen und Kämpfen darum, eigenes Aushalten und standhaftes Fortmachen zum Hören kommen, damit es nicht bloß als von außen kommend und nur den Menschen betastend erscheine, sondern ein Eigentum des Herzens werde. Wo das fehlt, steht man immer nur im Anfang, da wird's nie etwas mit allem, was man Gutes und Köstliches hört; und man bleibt ein Fernstehender, der nie dem HErrn und dem Heil näherkommt.

In der alten Zeit ist's zur Tat geworden durch die Taufe, mit welcher jeder das Siegel des Heiligen Geistes empfing. Damit wurde es ein Verbleiben bei der Sache, ein

Durchbruch – während bloße Hörer, die es nicht so weit brachten, immer wie ein schwankendes Rohr hin und her schaukelten. Weil wir aber schon als Kinder getauft worden sind, bedarf's bei uns für eine Umkehr zum Heiland aus der Welt heraus, wo sie nötig ist, anderer Akte der Entscheidung. Zu diesen müssen wir uns entschließen, damit das, was wir hören und wissen, bei uns zur Tat werde. Das geschieht vornehmlich durch Buße und Bekenntnis der Sünde, dem auch die Zusage der Vergebung durchs Amt folgen kann nebst ernstem Genuß des Heiligen Abendmahls. Zu allem gehört dann auch, daß man Tag für Tag bei dem Empfangenen beharre und bleibe. Dies wird dem leicht, der auf die angegebene Weise aufgehört hat, ein vergeßlicher Hörer zu sein.

Wenn Jakobus sagt: »Seid Täter des Worts und nicht Hörer allein«, so gilt das nicht bloß fürs Ganze: daß man das Evangelium endlich bei sich zu einer Tat werden lasse. Sind wir auch tatsächlich durchs Wort der Wahrheit gezeugt zu einer neuen Kreatur, die wirklich des HErrn geworden sei, so gibt es doch unter dem ferneren Christenlauf vieles zu lernen und vieles abzulegen – also *immer wieder* etwas zu hören, das nicht bloß gehört, sondern auch getan sein will.

Da sind denn die Gläubigen, die nahegekommen sind und nicht mehr ferne stehen, nicht alle gleich. Und gar viele fangen bald wieder mit dem alten Liede an, daß sie nur Hörer, nicht Täter werden in allem, was ihnen ans Herz gelegt wird. In der Regel bleibt vieles von der alten Natur bestehen – und da hat sich's bald, daß man vieles denn auch bei sich beläßt, wie es nun einmal ist – als hätten »Unlauterkeit, Unsauberkeit«, Verkehrtheit, Untreue, ungöttliches Wesen, auch Weltart, nicht mehr viel zu besagen, ob man's ablege oder nicht! Das Wort Gottes sagt's zwar immer genau, auch im einzelnen und kleinen, wie es sein sollte: wie man in der Verleugnung stehen, wie man Feindesliebe üben, barmherzig sein soll, auch mit Fehlenden und Sündern; wie man Geduld haben soll mit jedermann, niemandem grollen, niemals zornig herausfahren, der Welt nicht zunahekommen, auch gegen Stolz, Eigennutz, Hartherzigkeit, Geringschätzung anderer zu Feld ziehen, friedfertig, versöhnlich, nachgiebig sein soll – aber man läßt's, wie es ist, und tut nichts dazu, dem Worte Gottes ganz und gewissenhaft zu entsprechen.

Wie not würde es doch auch da tun, daß man in allem, was man hört – vor allem, wenn's trifft –, ins Kämmerlein ginge und mit sich selbst es beriete, wie man's doch besser machen wollte in dem, worin man es hat fehlen lassen! Das geschieht aber wohl selten. Und so gibt's denn viele wunderliche »Heilige«, denen man in vielem durch die Finger sehen muß und für die man freundlicherweise hoffen muß, daß auch Gott ihnen durch die Finger sehen werde über dem, das hätte besser sein sollen! Aber alles, was nicht taugt, läuft durch ein Gericht Gottes. Bemühen wir uns doch darum mit allem, was an uns liegt, Täter zu werden.

(26) »Wenn sich jemand läßt dünken, er diene Gott, und hält seine Zunge nicht im Zaum, sondern betrügt sein Herz, dessen Gottesdienst ist eitel (gilt nichts).«

3) Dem lieben Gott geschieht ein schlechter Dienst, wenn man einerseits Ihm dienen will, andererseits mit verführtem und verderbtem Herzen die Zunge ihr Gift von sich geben läßt. Jakobus deutet an, daß immer bei dem, was die Zunge tut, das Herz beteiligt sei. Wenn die Zunge herausfährt, darf man immer auf ein Arges, auf einen Groll im Herzen rechnen. Und wenn's dem Menschen noch so schnell herausfährt, so geschähe es doch nicht, wenn das Herz anders wäre und unter der Zucht des Geistes Gottes stünde! Bemerkenswert ist da der Spruch (Pred. 5, 1): »Sei nicht schnell mit deinem Munde und laß dein Herz nicht eilen, etwas zu reden vor Gott; denn Gott ist im Himmel, du auf Erden. Darum laß deiner Worte wenig sein.«

Das Wort des Jakobus kann auch uns Christen wichtig sein, die wir oft so entsetzlich entzweit sind, eben in göttlichen Dingen. Wieviele, die mit anders Denkenden zu hadern gewohnt sind und da auch ihre Zunge nicht im Zaum halten – auch wo sie oft ganz im Unrecht sind – dürften sich's überlegen, ob ihre Andachten, ihre Gebete, ihre Gottesdienste, selbst ihre Teilnahme am Heiligen Abendmahl, nicht mehr oder weniger »eitel« seien, gar nichts vor Gott gelten, ihnen auch nichts fürs Herz einbringen könnten, solange sie sich nicht gleichmütiger, sanftmütiger, ruhiger, geduldiger, nachgiebiger zeigen, mit *einem* Worte nicht ihre Zunge im Zaum halten würden? Was gewinnen sie mit einer eifernden Hitze, wenn diese ihre Zunge entzündet? Auch sonst hindert nichts mehr die Gemeinschaft mit Gott und den Segen alles Gottesdienstlichen, darin man sich üben will, als wenn man ein freies Maul gegen andre hat, sie mit Geringschätzung oder Haß oder Ärger oder Neid oder Eifersucht behandelnd. Gott aber sieht bei dem, der Ihm dienen will, aufs Herz. Und ist dieses nicht richtig und bitter gegen andere, so wirkt kein Gebet; so ist der Trost des Evangeliums, der rechte Seelenfrieden, weg.

Der HErr bessere es bei jedem, der sich getroffen fühlt!

(27) »Ein reiner und unbefleckter Gottesdienst vor Gott, dem Vater, ist der: die Waisen und Witwen in ihrer Trübsal besuchen und sich selbst von der Welt unbefleckt erhalten.«

3) Rein ist ein Gottesdienst vor Ihm, wenn man überhaupt für Unglückliche – welche mit Witwen und Waisen repräsentiert sind – ein fühlendes Herz zeigt. Die das tun, benehmen sich ja »als Kinder ihres Vaters im Himmel« (Matth. 5, 45). Die einstige pharisäische Frömmigkeit hat lieber der Witwen Häuser gefressen (Matth. 23, 14), als daß sie liebende Fürsorge für sie gehabt hätte. Bei den frommen Juden hatte sich's bald, daß sie selbstgerecht und geistlich stolz, überhaupt heuchlerisch auftraten und viel von sich hielten, wenn sie sich nur in allen hergebrachten Formen und Sitten finden ließen; und dabei übersahen sie gerne die Armen und Elenden. So konnten sie auch leicht Väter im Hunger schmachten sehen, wenn nur das Leibgedinge, das man ihnen schuldig war, zum Opfer verwendet wurde (Matth. 15, 5)! War eine solche Frömmigkeit üblich, so war's bei besseren Juden hoch anzuschlagen, wenn sie das Gegenteil da-

von waren und darauf Bedacht nahmen, Barmherzigkeit zu üben und den Elenden und Armen ihre Aufmerksamkeit mit persönlicher Teilnahme zuzuwenden.

Wo aber sollten sie nun doch wieder Liebe und Barmherzigkeit lernen, wenn nicht bei Jesus, der so nachdrücklich an das Schriftwort erinnert hatte (Matth. 12, 7): »Ich habe Wohlgefallen an der Barmherzigkeit und nicht am Opfer«? Damit also, daß ihnen solche Liebe und Barmherzigkeit anbefohlen wird, ist ihr sonstiger äußerlicher Gottesdienst niedriger gestellt. Und nur um so leichter konnte bei vielen solche Barmherzigkeit eine Brücke werden zu dem Glauben, bei dem das Höchste das ist, daß dem Menschen von Gott Barmherzigkeit widerfahren soll. An den Christen jener Zeit konnte man es auch sehen, wieviele Liebe sie untereinander hatten und wie sie vor allem der Witwen und Waisen sich annahmen. Jakobus will so im stillen auch sagen, der Glaube, der die Barmherzigkeit vornehmlich als Frucht fordert, könne doch nicht verkehrt sein und dürfe von den fernestehenden Juden doch wohl besser ins Auge gefaßt werden. Denn nur er führe zu einem reinen Gottesdienst, mit welchem man in Wahrheit Gott wohlgefallen könne.

Jakobus redet auch noch von einem weiteren unbefleckten Gottesdienst. Ein solcher ist's, »wenn man sich von der Welt unbefleckt erhält«, oder wenn man sich von allem ferne hält, was dem Gewissen einen Makel beibringt – vor allem von leichtfertigen Menschen. Der natürliche Mensch aber hat soviel Welt in sich, daß es ihm schwer wird, sich von der Welt zu trennen oder frei zu erhalten. Will man jedoch Gott dienen, Gottesdienst üben, beten und Andacht haben – und kann man es dennoch mit dem Schmutz der Welt leicht nehmen: so konnte ein gewissenhafter Jude wohl auch merken, daß man mit einem solchen Gottesdienst vor Gott befleckt erscheine.

Wie aber, so fragen wir wieder, will er frei werden von dem Schmutz der Welt? Wie will er von den Ketten und Banden los werden, die ihn gebunden halten und unwillkürlich in alles mögliche hineinziehen? Da durfte ein solcher Jude nur auf die Christen hinsehen, um zu merken, wie die das Geheimnis hätten, eine Stärke zu bekommen wider alle Versuchungen der Welt.

So konnte auch die Hinweisung des Jakobus auf den unbefleckten Gottesdienst einladend für ferner Stehende sein, es doch zu versuchen, ob sie nicht durch eine völlige Hingabe des Herzens an Jesus, den HErrn und Christ, mehr gewinnen könnten für einen unbefleckten, also Gott wohlgefälligen Gottesdienst, als wenn sie ihre Feindschaft fortsetzten! Aber gewiß ist: Wer der Welt und ihren Lüsten huldigt, mag fromm tun, soviel er will, so gilt's nichts vor Gott, und er hat für die Errettung seiner Seele nicht gesorgt.

Wie aber? Kann man in unsrer Zeit auch auf die Christen hinweisen, um an ihnen den reinen und unbefleckten Gottesdienst zu erkennen? Kann man vor allem an ihnen sehen, wie man sich von der Welt unbefleckt erhalte? In etwas wohl schon, wenn's redliche Christen sind. Aber wieviel besser sollte es sein, als es ist!

Der HErr gebe Gnade, daß es in weitem Umfang besser werde! Amen.

Die Himmelfahrt Christi
1) Betrachtungen über die Himmelfahrt Christi
2) Die Geschichte der Himmelfahrt Christi
Apg. 1, 1–11

1) Betrachtungen über die Himmelfahrt Christi

Inhaltsangabe
Die dem ersten Menschen nach einer inneren Vollendung zugedachte Himmelfahrt wurde durch Sünde und Tod vereitelt. Christus, vom Himmel gekommen und nach Seiner Auferstehung dorthin zurückkehrend, wird gleichsam zur »Himmelsleiter« für alle, die sich von Ihm ziehen und in Sein Sterben und Auferstehen hineinnehmen lassen. Der Gottes-Himmel liegt »hinter« dem von den Sternkundigen zu beobachtenden Himmel. Er ist ein fester, wenn auch räumlich unendlicher Bereich. Aber trotz aller Ferne bleibt Christus uns zugleich ganz nahe.

Aufgrund der prophetischen Weissagungen wird die Himmelfahrt verbunden mit dem »Sitzen zur rechten Gottes« als Vertreter Gottes. Der Vater als der von den Menschen Gekränkte gibt dem Sohn all Seine Gewalt, um die Menschheit wieder zurückzuführen – was durch deren Glauben geschieht – und den Feinden das Gericht zu bringen. Der Erlösungsplan gilt auch außermenschlichen kosmischen Wesen, die, soweit möglich, eingeschlossen werden sollen in die versöhnende Kraft des Blutes Jesu. Das verursacht von der Himmelfahrt an bis zur Wiederkunft einen Kampf, an dem die Gläubigen mitzuarbeiten haben. Die Botschaft der Himmelfahrt soll sie dazu stärken.

»Der erste Mensch«, sagt Paulus (1. Kor. 15, 47), »ist von der Erde und irdisch, der andere Mensch ist der HErr vom Himmel«. Der erste Mensch, zunächst als irdisch auf die Erde gesetzt, war berufen, durch innere Vollendung ins Göttliche gehoben, dann entrückt zu werden oder aufzufahren in den Himmel, um zu Gott, seinem Ursprung, zu kommen und dann in Seiner himmlischen Gemeinschaft zu verbleiben. Zum Beweis dafür dienen die Entrückung eines Henoch vor der Sintflut und eines Elia in der Zeit der Könige Israels. Aber im übrigen blieb der Mensch irdisch, bekam keine Schwingen zum Himmel hinauf – er wurde vielmehr durch den Tod, den er in sich trägt, wieder Staub und Asche. Er blieb beschwert durch die Sünde, die ihn befleckt hatte.

Was sollte es nun werden? Sollte ihm noch eine Hilfe zuteil werden? Sollten ihm die Schwingen doch noch gegeben werden, um seinerseits aufwärtszufahren? Dazu, ja dazu ist Christus vom Himmel gekommen. Er kam herunter, um wieder siegreich hinaufzukommen und dann, wenn Er also erhöht ist, alle zu sich zu ziehen. Darum sagt der HErr schon zu Nikodemus, der Ihn auch um Seiner Zeichen willen als von Gott gekommen nimmt (Joh. 3, 13): »Niemand fährt gen Himmel« – wie das, so deutet Er an, beim Menschen eigentlich sein sollte – »denn Der, der vom Himmel herniedergekommen ist, nämlich des Menschen Sohn, der im Himmel ist«, d. h. der auch als Menschensohn Seine Wurzel im Himmel behalten hat. Auch sonst redet Er davon etwa wenn Er zu Jüngern, die Seine Rede hart finden wollten, sagt (Joh. 6, 61f.): »Ärgert euch das? Wie, wenn ihr denn sehen werdet des Menschen Sohn auffahren dahin, wo Er vorher war?«

Was kann es also Tröstlicheres und Herrlicheres geben als zu vernehmen, wie Jesus, der Auferstandene – nachdem Er auch als der Auferstandene wieder Fuß gefaßt hatte auf Erden, wie Er als Menschgewordener in dem Himmel verwurzelt verblieben war – wieder aufgefahren ist! Er wird so gleichsam die »Himmelsleiter«, an welcher nun, soweit es sich von den Seilen Seiner Liebe ziehen läßt, alles, was Mensch heißt, aufsteigen könnte, um da zu sein, wo Er ist. Dadurch können die Seinen das erreichen, was dem Menschen so wünschenswert, ja, was seine Bestimmung war – das er aber aus sich selbst nicht vermocht hätte; denn er war allein in die Erde gewurzelt und stand ferne von dem, was mit dem Himmel verbindet. Ja, Christus steht an der Spitze einer Himmelsleiter und hält Sein Wort, da Er sagte (Joh. 12, 32): »Und Ich, wenn Ich erhöht werde von der Erde« – zuerst ans Kreuz in den freien irdischen Himmel, dann in den höchsten Himmel –, »so will Ich sie alle zu Mir ziehen«. Wie herrlich, daß nun zu uns, die wir in Ihm sind, gesagt werden kann (Kol. 3, 1–4): »Seid ihr mit Christus auferstanden« – wie das im Geiste durch den Glauben geschieht –, »so suchet, was droben ist, da Christus ist, sitzend zu der Rechten Gottes. Trachtet nach dem, das droben ist« – wie es nun erreichbar ist –, »nicht nach dem, das auf Erden ist. Denn ihr seid gestorben« – d. h. ihr habt in Christus den Tod erlitten, den Sold der Sünde –, »und euer Leben« – weil ihr nun in Christus auferstanden seid –, »ist verborgen mit Christus in Gott« – noch nicht offenbar. »Wenn aber Christus, euer Leben« – euer himmlisches Leben, in das ihr euch von der Erde aus hineingelebt habt – »sich offenbaren wird« – bei Seiner Wiederkunft, da Er die Seinen holen wird –, »dann werdet ihr auch offenbar werden mit Ihm« – zu Ihm auffahrend – »in der Herrlichkeit!«

Nehmen wir daher das heutige Fest groß und seien wir ferne von denen, die heutzutage sagen, sie wüßten gar nicht, was sie aus einem Himmelfahrtsfeste machen sollten! Ihnen ist eine Auffahrt Christi undenkbar, weil man sich gar nicht denken kann, wohin Er doch auch gefahren sein möchte – wie wenn sie meinen würden, die Himmelskundigen müßten das längst ausgespäht haben. Vieles aber, lieber Christ, kannst du dir nicht denken – und es ist doch wahr! Das ist die Krone des Glaubens, daß er nicht nur glaubt, was er nicht sieht, sondern auch, was er sich nicht denken kann – wenn's nur durch das Wort Gottes wohlverbürgt erscheint! Was aber ist der Himmel? Tief hinaus geht er, so tief, daß der Mensch nicht hindurchschauen kann, sowenig als er die Ewigkeit durchschauen, das Wesen Gottes erkennen kann! Und so leicht sichtbar wird denn doch der höchste Himmel dem fürwitzigen Menschen nicht gestellt sein! Denke dir's aber, daß es hinter den ganzen Himmel ging, dessen Kreislauf mit seinen Welten den Sternkundigen bekannt ist oder zur Beobachtung offensteht: denke dir's hinter alles hinaus in den »dritten« Himmel, von dem Paulus redet (2. Kor. 12, 2) – so kannst du's merken, daß es wohl denkbar ist, wohin doch auch Christus gefahren sein werde. Und das geschah in einem Nu, mit einer Geschwindigkeit, die weit über die des Lichts geht, von dem man sagt, daß es zweitausend Jahre brauche, bis es von den äußersten Himmelsgestirnen zu uns komme. Dabei braucht es von der Sonne bis zu uns her kaum acht Minuten!

Sollen dergleichen Größen (und Maße) imstande sein, die Himmelfahrt Christi uns zweifelhaft zu machen? Sollte es uns denkbar sein, daß ein Auferstandener mit solcher Seelengröße, wie sie in Jesus war, in den Weltenräumen zerflossen und verschwunden sein sollte – als daß Er ein Festes für ein Leben in einer Herrlichkeit gewonnen haben sollte? Was wäre doch Gott, wenn an Ihm nicht nach allen Seiten eine Unendlichkeit bemerkbar wäre? Oder soll Er darin weniger Gott und weniger dein Gott sein, weil alles an Ihm, auch Seine Schöpfung, eine Unendlichkeit* hat? Wie armselig wäre doch unsre Vorstellung von Gott, wenn wir Ihn nicht mehr nahe denken wollten darum, weil die Unendlichkeit Ihn uns fernerücken will? Oder wenn wir Ihn, der sich mit lauter unendlichen Gedanken trägt, als Den nehmen, dem die Gedanken fürs Kleine, für den Menschen ausgehen? Freue dich, dir durch die Himmelfahrt Christi zugleich die Unendlichkeit Gottes wie Seine Nähe klargemacht zu sehen, und jauchze, einen Gott zu haben, der in der Höhe wohnt – und doch auch bei dir! Erschrick nicht, wenn du merkst, daß dein Heiland weitweggegangen ist, und denke nicht, daß Er dir um das ferner geworden sei! Er weiß es, wohin Er geht, und sagt doch: »Ich bin bei euch bis an der Welt Ende«! Glaube das, lieber Christ, und sei fröhlich dankbar!

Mit der Himmelfahrt Christi wird gewöhnlich Sein »Sitzen zur Rechten Gottes« verbunden. Dies hat seinen Grund in der Weissagung, da David sagt (Ps. 110, 1): »Der HErr hat gesagt zu meinem HErrn« – d. h. zu Dem, der als mein Nachkomme und Sohn kommen wird, der aber so groß ist, daß auch ich, Sein Ahne und Vater, Ihn als meinen HErrn ehren muß –: »Setze Dich zu Meiner Rechten, bis Ich Deine Feinde zum Schemel Deiner Füße lege.« Das hiemit Geweissagte kann man sich nicht anders als mit der Himmelfahrt verbunden denken. Es gibt uns also eine Anleitung, wie wichtig wir die Himmelfahrt Christi zu nehmen haben. Das nächste Auffahren Jesu war zwar, in eine geringe Höhe hinauf, sichtbar – aber das Weitere ist allen Augen verborgen. Was gleichsam geschichtlich mit Jesus weiter wird, indem Er auffährt, kann nicht mehr wahrgenommen werden. Und man mußte also hierfür ein prophetisches Wort, einen Ausspruch aus dem Munde Gottes selbst, haben. Ein solches Wort haben wir; und ihm gemäß hat sich Christus zur Rechten Gottes gesetzt, um fortzukämpfen, bis Er Seine und unsre Feinde alle unter Seine Füße gebracht und, was klar ist, damit alles irgendwie Gebundene freigemacht hätte. Wir finden daher im Neuen Testament öfters des Seins Jesu zur Rechten Gottes gedacht, und zwar häufig mit der Himmelfahrt verbunden, ja mit dieser zusammenfallend. So faßt schon Markus (16, 19) in seinem

---

* »Unendlichkeit« hier wohl vor allem im räumlichen Sinn gemeint.

Evangelium beides zusammen, indem er sagt: »Nachdem Er mit ihnen geredet hatte, ward Er aufgehoben gen Himmel und sitzt zur Rechten Gottes«, wie wenn er sagen wollte: »Und es geschah mit Ihm, wie über Ihn geweissagt wurde.« Ebenso sagt Petrus (1. Petr. 3, 22): »Welcher ist zur Rechten Gottes in den Himmel gefahren und sind Ihm untertan die Engel und die Gewaltigen und die Kräfte.« Paulus aber (Eph. 1, 19ff.) fährt, nachdem er erwähnt hatte die »überschwengliche Größe Seiner Kraft an uns, die wir glauben nach der Wirkung Seiner mächtigen Stärke«, weiter fort – ohne die Himmelfahrt selbst zu nennen –: »welche Er gewirkt hat in Christus, da Er Ihn von den Toten auferweckt hat und gesetzt zu Seiner Rechten im Himmel über alle Fürstentümer usw.« Jedenfalls sehen wir, wie das Sitzen Jesu zur Rechten Gottes erst Seine Himmelfahrt wichtig macht.

Die Rede vom Sitzen zur Rechten Gottes ist hergenommen von einem König, der neben sich einen Günstling setzt; wenn das zur Rechten erfolgt ist, wird damit angezeigt, daß er selbst sich sozusagen der Herrschaft begebe und den anderen als an seiner Statt herrschend und wirkend angesehen wissen will. Denn der zur Rechten hat seine eigene rechte Hand gleichsam freier und ungehinderter; er steht als der Machthabende da. Wenn nun Jesus zur Rechten Gottes sitzen soll, so ist damit angezeigt, daß eben Ihm, dem Menschensohn, hinfort alle Macht zu Gebot stehen solle, die der Vater, Gott selbst, hat. Er soll damit des Vaters Sache vertreten. Der Vater ist nämlich anzusehen als der von den Menschen Gekränkte, Zurückgesetzte und Mißachtete. Und Er kann, um menschlich zu reden, nicht eher zu seinem befriedigten Vatergefühl gegenüber den Menschen kommen, als bis die Abgefallenen selbst zu Ihm zurückkommen, um ihren Abfall von sich aus wiedergutzumachen – gerade wie der verlorene Sohn von selbst zurückkommen mußte, um dann erst mit offenen Armen vom Vater empfangen werden zu können. Solches vermochten aber vor Christus die Menschen, so wie sie waren, nicht aus sich selbst, auch die Besten nicht. Denn sie blieben doch immer wieder – selbst unter ihrem Bestreben. Gott die Ehre geben zu wollen – in ihren Sünden wider Gott hangen. Drum war keines Menschen Huldigung für Gott genug oder befriedigend. Christus nun, der Menschgewordene, verblieb auch als Mensch ganz Gott untertan, war auch gehorsam bis zum Tod, ja bis zum Tod am Kreuz – den Er erlitt im Drange, die Menschen zu erretten. Darum ist Er's allein, den Gott annehmen konnte und dem Er nun um des Opfers willen, das Er mit sich selbst gebracht hatte, die Macht gibt für die, welche auch gerne zum Vater zurückkehren wollten; dessen Fürsprache kann Er gelten lassen. So ist nun Jesus, der Menschensohn, als der Repräsentant der Menschheit Derjenige, der alles tut, daß die Menschen zuerst zu Ihm kommen, um durch Sein Blut versöhnt und gerechtfertigt zu werden. Er bringt sie mit sich zum Vater, da sie denn alle als aus eigenem Antrieb kommend vom Vater angesehen werden. Und des Vaters Würde bleibt mit Seiner Annahme gewahrt. Die Menschheit tut's selbst durch die Vermittlung Christi, daß sie zum Vater zurückkehrt. Schweigend läßt nun gleichsam der Vater den Sohn machen, jedoch diesem alle Macht überlassend, deren Er bedarf, um Sein Erlösungswerk zu vollenden. Für sich selbst tritt der Vater zurück und läßt an Seiner Statt Jesus alles ausführen.

Solcherlei Gedanken erklären uns den Ausdruck vom »Sitzen Jesu zur Rechten Gottes«, wie sie denn auch die große Bedeutung der Himmelfahrt Christi uns klarmachen, durch welche Jesus in den Besitz dessen kam, wodurch Sein auf Erden begonnenes Erlösungswerk vom Himmel aus vollendet werden sollte.

Reden wir noch weiter von den wichtigen Dingen, welche das heutige Himmelfahrtsfest uns ins Auge fassen heißt, indem wir auf die Himmelfahrt Christi folgend uns Sein Sitzen zur Rechten Gottes denken. Vor allem ist klar, wie wichtig zur Seligkeit der Glaube an Jesus ist als an den Vermittler zwischen Gott und den Menschen. Erinnern wir uns dabei der Worte Jesu, da Er sagt (Joh. 10, 9): »Ich bin die Türe. So jemand durch Mich eingeht, der wird gerettet werden und wird ein- und ausgehen und Weide finden.« Als solche »Türe« erscheint nun Jesus zur Rechten Gottes. Ein ander Mal sagt Er (Joh. 14, 6): »Ich bin der Weg, die Wahrheit und das Leben; niemand kommt zum Vater denn durch Mich«, d. h. der Vater nimmt niemand auf andere Weise an als aus der Hand Jesu, der Ihm zur Rechten sitzt. Wenn sodann das Sitzen des Sohnes auf dem Thron Gottes hauptsächlich gegen die Feinde Gottes gerichtet ist – wie es heißt: »bis Ich Deine Feinde zum Schemel Deiner Füße mache« –, so ist damit zugesichert, wie jedem, der zu Jesus kommt und Seine Vermittlung wünscht und dem es auch ernst ist mit seiner Rückkehr zum Vater, aller Schutz vonseiten Christi zukommt wider die Mächte der Finsternis, die ihn nur immer von Gott wegzuziehen trachten. Alle Heerscharen Gottes, die Engel insgesamt, stehen Jesus zu Gebot; und von Ihm werden sie »ausgesandt zum Dienst um derer willen, die das Heil ererben sollen (Hebr. 1, 14)«.

Was man also an Jesus hatte, während Er auf Erden wandelte – da Sein bloßes Machtwort sovieles ausrichtete –, das ist nun nach Seiner Erhöhung zur Rechten Gottes viel umfangreicher möglich. Deswegen konnte Er zu seinen Jüngern sagen (Joh. 14, 28): »Hättet ihr Mich lieb, so würdet ihr euch freuen, daß Ich gesagt habe: Ich gehe zum Vater; denn der Vater ist größer als Ich«, d. h. »Er ist unendlich mehr, als Ich auf Erden durch Ihn gewesen bin. Und stehe ich in Seiner Gegenwart, so steht Mir alle Seine Größe und Macht, euch zu helfen, offen.« Was also irgendwie der Feind verdorben hat oder im Banne hält, kann und wird unser erhöhter Heiland gutmachen. Und, befreit von der Übermacht der Finsternis, wenn auch das zutiefst Eingewurzelte im Menschen beseitigt ist – was im Laufe der Zeit auch werden muß, da auch alle »steinernen Herzen zu fleischernen« werden sollen –, kann nun der Mensch sein eigenstes Ich walten lassen, das Gott sucht. So kann nun alles mit ihm vollendet werden zu seinem ewigen Heil. Jetzt nach der Erhöhung Christi ist die Zeit da, von welcher die Weissagung spricht, in welcher der HErr sagt (Jes. 45, 22 ff.): »Wendet euch zu Mir, so werdet ihr gerettet, aller Welt Enden. Denn Ich bin Gott, und sonst keiner mehr!« d. h. alles, was auch nur als »Gott« sich aufgedrängt hat, soll keine Macht und keinen Einfluß mehr haben und muß nun der unüberwindlichen Macht Gottes weichen in der Erfüllung durch Christus. Daraufhin schwört der HErr ja noch dort und sagt: »Mir sollen sich alle Knie beugen und alle Zungen schwören und sagen: Im HErrn habe ich Gerechtigkeit und Stärke.« Gibt es denn doch auch solche, die von sich aus, ohne von finsteren Mächten gedrängt zu sein, »widerstehen«, so sind das die, die, wie es dort heißt, zuschanden werden, nämlich im Gericht: daß sie diesem anheimfallen.

Wir müssen aber noch weiter gehen. Der Abfall von Gott war ein viel umfangreicherer, als er uns vor Augen liegt, und ging durch die ganze Schöpfung. Es war nötig geworden, daß »alles durch Christus versöhnt würde, es sei auf Erden oder im Himmel«. Und auch das geschah, wie Paulus sagt (Kol. 1, 20): »dadurch, daß Er Frieden machte durch das Blut an Seinem Kreuz durch sich selbst«. Daher kommt's, daß die Vollmacht Christi eine allgemeine ist durch die ganze Schöpfung hindurch und daß Er sagen konnte: »Mir ist gegeben alle Gewalt im Himmel und auf Erden«, ferner: »Alle Dinge sind Mir übergeben von Meinem Vater.« Seine Selbsterniedrigung bis zum Tod am Kreuz ist von solcher Bedeutung geworden, daß Paulus sagen konnte (Phil. 2, 9 f.): »Darum hat Ihn auch Gott erhöht und hat Ihm einen Namen gegeben, der über alle Namen ist; daß alle Zungen bekennen sollen, daß Jesus Christus der HErr sei zur Ehre Gottes des Vaters.« Immer aber handelt sich's um Besiegung der feindseligen Kräfte und um Wiederbringung von Abgefallenen, wenn möglich. Auch solche Wesen, die nur nicht den nötigen Ernst und Eifer wider Satans Anmaßung bewiesen hatten – was selbst Engeln Gottes zum Vorwurf gemacht werden konnte – bedurften einer Versöhnung. Und alles geschieht durch Jesus und die Macht Seines Blutes. »Darum ist Er auch gesetzt zur Rechten Gottes im Himmel«, wie Paulus sagt (Eph. 2, 21), »über alle Fürstentümer, Gewalt, Macht, Herrschaft und alles, was genannt mag werden, nicht allein in dieser Welt, sondern auch in der zukünftigen«.

Die ganze Zeit von der Himmelfahrt Christi an bis zu Seiner Wiederkunft ist also ein unaufhörlicher Kampf wider die Feinde Gottes zugunsten derer, die auf das Gericht hin versöhnt werden sollen. Und weil dabei auch viel von dem Verhalten derer abhängt, die auf Erden Mithelfer Christi, »Gottes Mitarbeiter«, wie sie auch Paulus nennt (1. Kor. 3, 9), sein sollen – damit desto mehr hervortrete, wie die Rückkehr der Menschheit zu Gott durch Christus eine freiwillige sei –, so ist es leicht begreiflich, wie durch vorgekommene Versäumnisse auf Erden das Heil sich verzog. Um so ernster mahnt uns der heutige Tag, Eifer zu beweisen, um als Mithelfer und Gehilfen zu dem großen Ziel dazustehen und zu kämpfen und es an uns nicht fehlenzulassen gemäß der Aufgabe, die uns gegeben ist. Endlich wird aber doch alles, wie Paulus lehrt (1. Kor. 15, 24 ff.), Jesus unter Seine Füße getan. Zuletzt wird »der Gott des Friedens den Satan in Kürze unter unsre Füße treten« (Röm. 16, 20) – bis »aufgehoben sein wird alle Herrschaft und alle Obrigkeit und Gewalt« und Jesus das Reich als ein fertiges und zu Gott versöhntes »Gott und dem Vater überantworten« kann, da denn »der Sohn«, wie es heißt, »selbst untertan werden wird Dem, der Ihm alles untergetan hat, auf daß Gott sei alles in allen.« Gott wird dann die Herrschaft nach der ursprünglichen Ordnung als versöhnter Vater wieder in die Hand nehmen – daß es heißen wird (Offb. 21, 3): »Siehe da, eine Hütte Gottes bei den Menschen; und Er wird bei ihnen wohnen; und sie werden Sein Volk sein, und Er selbst, Gott mit ihnen, wird ihr Gott sein.«

O daß doch bald diese große Zeit erreicht wäre, auf die wir mit so großer Sehnsucht warten!

2) Die Geschichte der Himmelfahrt Christi

Einleitung: *Die Person und das Wirken des Verfassers Lukas*

Nach den bisherigen allgemeinen Bemerkungen über die Himmelfahrt Christi kommen wir jetzt an die Auslegung unsres Textes, der die Geschichte selbst erzählt und der Anfang der Apostelgeschichte ist.

Lukas, der diese geschrieben hat, erwähnt zuerst seine erste Rede, d. h. sein erstes Buch, das Evangelium, welches über Jesu Tun und Lehren berichtet. Seine zweite Rede ist also die Apostelgeschichte, in welcher einiges aus dem Wirken der Apostel erzählt wird. Zuerst spricht Lukas darinnen von der Entstehung und dem Wachstum der ersten Gemeinde in Jerusalem und von dem, was da und in der Umgegend vorfiel, bis er dann ausschließlich die Wanderungen des Paulus beschreibt mit Übergehung dessen, was von den anderen Aposteln geschah. Die beiden Bücher richtet er an einen gewissen Theophylus (Gottlieb), der nicht weiter bekannt ist. Von Lukas selbst weiß man auch nichts weiteres. Ohne sich zu nennen, wird er auf einmal von Troas an ein Begleiter des Paulus (16, 10); und er blieb das mit wenigen Ausnahmen durch die ganze weitere Apostelgeschichte hindurch. Das erkennt man an dem, wenn er in der Mehrzahl der ersten Person redet. Er scheint zuvor ein Heide gewesen zu sein; und Paulus nennt ihn zweimal neben Demas. Das eine Mal (Kol. 4, 14) nennt er ihn »den Arzt, den Geliebten«, und das andere Mal (2. Tim. 4, 11) sagt er von ihm: »Lukas ist allein bei mir.« Lukas soll zuletzt in Griechenland gepredigt haben und im Alter von 80 Jahren an einen Ölbaum gehenkt worden sein. – Aus allem geht hervor, daß er kein Augenzeuge für das war, was er von Jesus erzählte. Wenn er aber im Eingang zu seinem Evangelium sagt, er habe es alles von Anfang an wohl erkundet, so gilt das auch von dem, was er über die Himmelfahrt Christi schreibt.

Die Geschichte der Himmelfahrt Christi, welche unser Text gibt, können wir in drei Teilen näher besprechen:

a) Die 40 Tage nach der Auferstehung Jesu (V. 1–3)
b) die letzte Zusammenkunft auf dem Ölberg (V. 4–8)
c) das Auffahren Jesu (V. 9–11)

a) Die 40 Tage nach der Auferstehung Jesu

(2) »Jesus ward aufgenommen, nachdem Er den Aposteln, welche Er erwählt hatte, durch den Heiligen Geist Weisung gegeben hatte. (3) Ihnen hat Er sich auch als der Lebendige erzeigt nach Seinem Leiden in mancherlei Erweisungen und ließ sich sehen unter ihnen vierzig Tage lang und redete mit ihnen vom Reich Gottes.«

Inhaltsangabe
Lukas ist der Einzige, der von 40 Tagen redet, an welchen der HErr zeitweilig erschien; nicht allem Volk, aber außer den Aposteln doch noch einem größeren Jünger-

kreis, wodurch die Wirklichkeit der Auferstehung durch viele Augenzeugen verbürgt und von dem Verdacht befreit wurde, Erfindung oder Täuschung der Apostel zu sein. Der HErr redet vom Reich Gottes. Das den Jüngern anbefohlene Zeugnis vom HErrn soll zur Folge haben die Gründung von Völkerkirchen, in denen durch allgemeine christliche Sitten trotz mitlaufenden »Unkrauts« und »fauler Fische« durch die Predigt des Evangeliums und den Dienst des zur wirksamen Sündenvergebung besonders mit Heiligem Geist begabten geistlichen Amtes den Einzelnen der Eintritt ins wirkliche Reich Gottes ermöglicht werden sollte. Auch zu Wundern wurde der Heilige Geist als »Kraft aus der Höhe« verheißen. Zu Zeugendienst gehört aber auch das Leiden. Zwar gab es noch nach der Himmelfahrt vereinzelte Erscheinungen vor den Aposteln; aber sie hörten dann ganz auf. An ihre Stelle traten Täuschungen, Betrug oder Wirken der Finsternis. Doch bleibt die Nähe des HErrn auch als Unsichtbarer den Getreuen immer spürbar. Am Ende der Zeit ist wieder mehr zu erwarten.

Die Geschichte der Himmelfahrt Jesu wird in den Evangelien nicht umständlich erzählt. Matthäus und Johannes berühren sie gar nicht; und wenn Matthäus einmal Jesus bei einem Abschied sagen läßt: »Siehe Ich bin bei euch alle Tage bis an der Welt Ende«, so ist's, als ob er sich einen förmlichen Abschied gar nicht denken und dem Gedanken an jeweilige Erscheinungen Jesu auch für die Zukunft Raum lassen wollte. Es war übrigens damals noch nicht das Letzte. Markus sagt nur: »Und ward aufgehoben gen Himmel«; er mag sich's aber schon bestimmter als einen bleibenden Abschied gedacht haben, wenn er hinzusetzte: »und sitzt zur Rechten Hand Gottes.« Im Evangelium des Lukas ist vorläufig nur Weniges gesagt, jedoch hervorgehoben, daß Jesus »schied und auffuhr, indem Er segnete«.

Lukas ist's allein, der von 40 Tagen redet, innerhalb welcher Jesus sich den Jüngern und Brüdern zeigte. Wir haben das aber nicht so zu verstehen, als ob der Auferstandene beständig in dieser Zeit bei den Jüngern geblieben wäre. Sie sahen Ihn wie im Anfang oft nur auf Augenblicke, oft wenn gerade mehrere beisammen waren. Wir wissen, wie Er etlichen Frauen sich zeigte, nur um sie zu trösten, sich auch den Jüngern, die nach Emmaus gingen, beigesellte, um sie in ihrer Traurigkeit aufzurichten. So mag er auch dem Petrus (Luk. 24, 34) und dem Jakobus (1. Kor. 15, 7) nur auf kurz erschienen sein, nur, um sich ihnen zu zeigen. Sie hätten ja auch in der Überstürzung und Freude des Herzens ein Längeres nicht gleich ertragen. Den Jüngern zusammen erschien Er noch am Ostertage, und dann schon etwas länger, wie acht Tage, später noch einmal, da auch Thomas dabei war. Gewiß kam Er noch öfters zu ihnen. Ein längeres Beisammensein war es mit Jüngern am See Genezareth, da auch wie von selbst eine Mahlzeit zugerichtet wurde nach einem größeren Fischzug, den die Jünger auf Anweisung Jesu taten. Hier redete Er viel mit Petrus und über Johannes. Wenn Petrus sagt (Apg. 10, 41), sie hätten mit Jesus gegessen und getrunken nach Seiner Auferstehung, so sagt er's so, daß Kornelius sich ein öfteres Wiederholen solcher Mahlzeiten denken konnte. Ausdrücklich sagt dort auch Petrus, daß der HErr nicht allem Volk erschienen sei. Aber öfter mögen doch viele andere Jünger mit dabeigewesen sein, wenn Jesus mit den Aposteln redete und sie belehrte. So war auch später die Schar derer, die auf den Heiligen Geist warteten, bei 120 Personen groß. Da hatte es ganz das Ansehen von vorher, da stets hinter den Jüngern viele andere Personen als Zuhörer des Unterrichts standen. An solches erinnert der Bericht des Paulus (1. Kor. 15, 6) von mehr als 500 Brüdern, die auf einmal den HErrn gesehen hätten. Vergleicht man diesen Bericht mit einer Stelle bei Matthäus (28, 16), der sagt, daß »die elf Jünger in Galiläa auf einen Berg gegangen seien, dahin Jesus sie beschieden hätte«, so mag es da gewesen sein, da die größere Versammlung von 500 sich bildete, die dann ehrerbietig hinter den Elfen und um sie herum stand und zuhörte, wie Jesus diese beauftragte, Seine Boten zu sein unter allen Völkern. Da mag es eine ergreifende Szene gewesen sein, indem eben hier am auffallendsten die wirkliche Auferstehung – die man sonst auch als eine unter den Aposteln abgemachte Erfindung hätte ansehen können – unabhängig von den Jüngern weitherum erkannt und bezeugt werden konnte. Aus der Befürchtung heraus, man traue den Aposteln Täuschung oder Überspanntheit oder Betrug zu, wenn sie soviel von Erscheinungen vor ihnen redeten, mag es auch hervorgegangen sein, daß sie sparsamer mit Erzählung von Erscheinungen an sie selbst waren. Ohne viel Wesen von sich aus zu machen, verbreitete sich doch die Kunde von der wirklichen Auferstehung als eine von vielen Augenzeugen – wenn auch nicht von allem Volke – verbürgte.

In den Zusammenkünften, so sagt Lukas, habe der HErr mit den Jüngern vom Reich Gottes geredet. Zunächst nämlich legte Er ihnen ans Herz, wie sie sich's angelegen sein lassen sollten, von Ihm zu zeugen und durch Verkündigung des Evangeliums unter allen Völkern das Reich Gottes zu fördern: »Gehet hin in alle Welt und prediget das Evangelium aller Kreatur«, wozu Er ihnen auch Wunderzeichen verhieß, welche denen nachfolgen würden, die glauben (Mark. 16, 15ff.). Ebenso sagt Er: »Gehet hin in alle Welt und lehret alle Völker und taufet sie im Namen des Vaters und des Sohnes und des Heiligen Geistes« (Matth. 28, 18f.). Deutlich hat es der HErr zu erkennen gegeben, daß das Reich Gottes auf Erden vorläufig das sein solle, daß die Völker als Völker – um es gleich so auszudrücken – christlich würden; daß also aller Götzendienst und daran hängender Aberglaube abgeschafft und ein Zusammenschluß aller im Bekenntnis auf Christus stattfinde, indem sämtliche Genossen solcher Völker getauft und zu christlichen Gottesdiensten und Sitten angeleitet werden sollten, wenn es heißt: »Und lehret sie halten alles, was Ich euch befohlen habe.« Durch Gründung von Völkerkirchen, wie man sie später nannte, sollte der Anfang gemacht werden mit dem Reich Gottes. Darauf weist auch das Gleichnis mit dem »Netz« hin, womit man allerlei Gattung – unwillkürlich! – fängt (Matth. 13, 47). Wenn da auch viel Unkraut heranwüchse, sollte doch die allgemeine christliche Sitte und die Fortdauer der Predigt und des geistlichen Amts jeder einzelnen Seele den Eintritt ins wirkliche Reich Gottes zur Seligkeit ermöglichen; der Weg zu ihrer Vollendung sollte gebahnt bleiben. Auf das letztere zielend erwähnt Lukas (24, 46f.) die Rede Jesu, »daß Christus leiden und auferstehen mußte und predigen lassen in Seinem Namen Buße und Vergebung der Sünden unter allen Völkern«. Der, bei dem diese Predigt, die fort und fort verkündigt wird, anschlägt, ist des Eingangs ins wirkliche Reich Gottes, der Seligkeit, gewiß – ob auch am Jüngsten Tag noch soviele »faulen Fische« weggeworfen und noch soviele »Ärgernisse« als »Unkraut« aus Seinem Reich – der bisherigen äußeren Gemeinschaft (Matth. 13, 41 f.) – gesammelt und in den »Feuerofen« geworfen werden! Um auf die Bekehrung mit Nachdruck wirken zu können, sagt bei Johannes (20, 22 f.) der HErr nicht nur zu seinen Jüngern: »Gleichwie Mich der Vater gesandt hat, so sende Ich euch;« sondern Er »blies sie auch an und sprach zu ihnen: Nehmet hin (den) Heiligen Geist« – womit ihnen überhaupt die geistliche Befähigung erteilt wurde, wie sie auch ohne die außerordentlichen Gaben des Heiligen Geistes bestehen kann und dann auch heutzutage besteht. Dieser Beistand des Geistes sollte ihnen und denen, die nach ihnen sich der Seelen anzunehmen hätten, besonders dann zukommen, wenn sie Sündenvergebung erteilen würden, damit sie das so machen würden, daß das, was sie vergeben, wirklich vergeben sein solle. Im übrigen sicherte ihnen der HErr doch auch die Sendung der Verheißung Seines Vaters zu: daß sie angetan werden sollten mit »Kraft aus der Höhe« (Luk. 24, 49), um zu Zeichen und Wundern fähig zu werden (Mark. 16, 17 f.).

Daneben verhehlte der HErr, wenn Er vom Reich Gottes redete, den Jüngern nicht, wie Er schon zu Seinen Lebzeiten getan hatte: was sie alles um Seines Namens willen würden ausstehen müssen. So kündigte Er dem Petrus besonders an, wie er, wenn er »alt geworden wäre, seine Hände ausstrecken und ein anderer ihn gürten und führen würde dahin, wo er nicht hinwollte«. Damit wurde auf seinen Kreuzestod hingedeutet (Joh. 21, 18 f.). Vielleicht hat Er auch dem Jakobus (1. Kor. 15, 7), dem ersten Märtyrer unter den Aposteln (Apg. 12, 2), das ihm Bevorstehende angezeigt, damit es ihn nicht zu sehr erschüttern würde*, wenn es käme. Den endlichen Sieg aber hat Er, wenn Er vom Reich Gottes sprach, als sicher den Jüngern nahegelegt, vor allem, wie das Evangelium zuletzt durch die ganze Welt kommen und Er selbst dann erscheinen würde in der Herrlichkeit des Vaters. Von Seinem Fortgehen hören wir Ihn nicht gerade reden. Das war wohl darum der Fall, weil Er nicht den Eindruck zurücklassen wollte, als ob Er ganz fortginge und nimmer zu haben wäre. Darum sagt Er so nachdrücklich vor der Versammlung in Galiläa (Matth. 28, 20): »Ich bin bei euch alle Tage bis an der Welt Ende« – obgleich Er, was Er hier nicht hinzusetzt, nicht mehr persönlich da sein sollte.

Vierzig Tage nur sind's, da man Jesus noch sehen durfte. Daß eine Zeit kommen werde, da Er nicht mehr zu sehen wäre, hat Er schon zu Thomas geäußert, wenn Er sagte: »Selig sind, die nicht sehen und doch glauben.« Sie haben denn auch Ihn nicht mehr gesehen; und so mußte Petrus von Ihm an die Gläubigen schreiben (1. Petr. 1, 8): »Welchen ihr nicht gesehen und doch liebhabt und nun an Ihn glaubet, obwohl ihr Ihn nicht sehet.« Fortan mußte sich der Glaube durch Nichtsehen bewähren. Es ist aber

---

* Vielleicht handelt es sich hier aber um Jakobus, den vorher ungläubigen Bruder des HErrn, den späteren Führer der Jerusalemer Gemeinde, den Verfasser des Jakobusbriefs, der dann auch als Märtyrer starb.

eine eigentümliche Schwäche des Menschen, daß er allmählich vom Sehen nimmer gefördert, nimmer befriedigt wird. Auch die Jünger hatten gegen das Ende (des irdischen Lebens Jesu) hin nicht mehr recht gefühlt, was sie an Ihm hatten; und daher konnten auch Anfechtungen des Unglaubens an sie kommen. Wie murrten ferner ihrer manche in Seiner Gegenwart über eine Maria, die Jesus salbte! Nun geht Er – und welcher Eifer erwacht in ihnen! »Sie aber«, heißt es (Luk. 24, 52), »beteten Ihn an und kehrten wieder nach Jerusalem mit großer Freude und waren allgewege im Tempel, priesen und lobten Gott.« Das alles, noch ehe der Heilige Geist über sie ausgegossen ward!

Später aber ließ sich der HErr doch noch von Paulus sehen, der bekanntlich durch Seine Erscheinung von einem Verfolger Jesu in einen Apostel umgewandelt wurde. Ihm erschien der HErr später noch öfter, wie in Korinth durch ein Gesicht des Nachts, da Er sagt (Apg. 18, 9 f.): »Fürchte dich nicht, sondern rede und schweige nicht, denn Ich bin mit dir, und niemand soll sich unterstehen, dir zu schaden!« Ein ander Mal, da Paulus in Jerusalem gefangen saß, stand der HErr bei ihm in der Nacht und sagte (23, 11): »Sei getrost, Paulus, denn wie du von Mir zu Jerusalem gezeugt hast, also mußt du auch zu Rom zeugen.« Auch sonst gab sich der HErr dem Paulus persönlich zu erkennen, wie damals, als dieser dreimal den HErrn gefleht hatte, daß des Satans Engel von ihm wiche; da sagte der HErr zu ihm (2. Kor. 12, 9): »Laß dir an Meiner Gnade genügen; denn Meine Kraft ist in den Schwachen mächtig.«

Auch anderen Aposteln mag sich der HErr je und je persönlich zu erkennen gegeben haben. Aber nach der Zeit der Apostel kam's wohl nimmer vor; und wenn sich einzelne etwa dessen rühmen wollten, so ist's sicher in der Wahrheit nicht so, wie sie sagen. Meist ist's Täuschung oder gar Betrug der Finsternis – es wäre denn, daß sich ein Engel, aber nicht der HErr, verspüren ließe. Doch ist auch das kaum denkbar, weil Engel doch auch wieder Repräsentanten des HErrn wären. Auf die letzte Zeit des Kampfes und der Trübsal möchte es wohl sein, daß der HErr je und je Seinen Knechten begegne oder sie sonstwie Persönliches empfinden lasse, und zwar stärker, als ohnehin immer das Nahesein des HErrn empfunden werden kann. Den Treuen ist vieles aufbehalten.

Ach, daß nur bald die Zeit käme, da alle Seiner ansichtig werden, wenn Er kommt in der Herrlichkeit Seines Vaters!

b) Die letzte Zusammenkunft auf dem Ölberg

(4) »Und als Er sie versammelt hatte, befahl Er ihnen, daß sie nicht von Jerusalem wichen, sondern warteten auf die Verheißung des Vaters, welche ihr, so sprach Er, gehört habt von Mir; (5) denn Johannes hat mit Wasser getauft, ihr aber sollt mit dem Heiligen Geist getauft werden nicht lange nach diesen Tagen. (6) Die aber zusammengekommen waren, fragten Ihn und sprachen: HErr, wirst Du in dieser Zeit wieder aufrichten das Reich für Israel? (7) Er sprach aber zu ihnen: Es gebührt euch nicht zu wissen Zeit oder Stunde, welche der Vater in Seiner Macht bestimmt hat; (8) ihr werdet aber die Kraft des Heiligen Geistes empfangen, wel-

cher auf euch kommen wird, und werdet Meine Zeugen sein zu Jerusalem und in ganz Judäa und Samarien und bis an das Ende der Erde.«

Inhaltsangabe
Nocheinmal textklärende Fragen zu den Erscheinungen in Jerusalem, Galiläa und auf dem Ölberg. Das Hauptanliegen des HErrn ist das Kommen des Heiligen Geistes, der Jesu persönlichen Umgang mit den Jüngern ersetzen sollte. In der Frage der Jünger nach der alsbaldigen politischen Wiederaufrichtung Israels liegt Unverständnis für die Bedeutung des Gottesreiches und Übersehen der angekündigten Zerstörung Jerusalems und der Auflösung des Staates Israels. Die Antwort Jesu geht nicht eigentlich darauf ein, sondern weist sie weit über Israel hinaus mit dem missionarischen Zeugnis von Ihm als dem Retter vom zukünftigen Gericht. Noch ist das Evangelium nicht in alle Welt gekommen. Darum tut es abermals not, daß die Kraft des Heiligen Geistes auf die Zeugen komme. Es wird so geschehen.

Diese letzte Zusammenkunft erwähnt Lukas kurz schon in seinem Evangelium. Dort heißt es (24, 50): »Er führte sie aber hinaus bis nach Bethanien.« In unsrem Text heißt es (V. 12), sie seien auf dem Ölberg nahe Jerusalem gewesen. Die Örtlichkeit ist im ganzen dieselbe. Sonst aber haben wir noch einige Schwierigkeiten zu lösen. Von Anfang an nämlich hatte es nach Matthäus (26, 32) und nach Markus (14, 28) der HErr vornehmlich auf Galiläa abgesehen. Dorthin würde Er als Auferstandener vor den Jüngern hergehen. Auch nach der Auferstehung ließ es der Engel und dann der HErr selbst (Matth. 28, 7 ff.) durch die Frauen den Jüngern sagen, der HErr werde vor ihnen her nach Galiläa gehen, wo sie Ihn sehen würden. Dort muß also die bedeutendste Erscheinung gewesen sein. Ohne das hervortreten zu lassen, wie wir's dann erst aus Paulus ersehen (1. Kor. 15, 6), erwähnt Matthäus keine weitere Erscheinung in Jerusalem, sondern nur die eine, da die elf Jünger nach Galiläa auf einen Berg gingen, wohin Er sie beschieden hatte. Da ist dann zu ergänzen, daß viele, bis an die 500, sich dazugesellten. Indessen hatten doch die Frauen den HErrn gesehen – aber die Jünger glaubten ihnen nicht! Ebenso erschien Er den Beiden auf dem Weg nach Emmaus – und als die zu den Jüngern zurückkehrten, glaubten diese (zum Teil) immer noch nicht (Mark. 16, 11. 13). Dieses ihres Unglaubens wegen zögerte der HErr nicht, bis sie nach Galiläa gekommen wären (d. h. Er wartete nicht erst mit Seiner Erscheinung bis zur angeordneten Begegnung in Galiläa). Es war, als ob Er ihnen Mut machen wollte, dahinzugehen. So erschien Er noch am Abend des gleichen Tages den Jüngern (in Jerusalem), als sie, wie Markus sagt, eben zu Tisch saßen, und »schalt ihren Unglauben und ihres Herzens Härtigkeit, daß sie nicht geglaubt hatten denen, die Ihn gesehen hatten auferstanden« (Mark. 16, 14). Dieselbe Erscheinung erzählt auch Lukas (24, 36 ff.), nach welchem der HErr mitten unter sie trat und sagte: »Friede sei mit euch!« Hier hielten sie denn Jesus zuerst »für einen Geist, legten dann aber Ihm ein Stück von gebratenem Fisch und Honigseim vor«. Nach Johannes (20, 19) waren damals »die Jünger bei verschlossenen Türen versammelt aus Furcht vor den Juden«. Und acht Tage darauf kam der HErr noch einmal, um auch den Thomas zu überzeugen, daß Er auferstanden sei. Hier nun muß es geschehen sein, daß Jesus sie auf einen Berg beschied nach Galiläa mit der stillen Absicht, daß auch andere, die Jesus treu geblieben waren, sich ihnen zugesellten. So mag es hier zu der Versammlung von »500 Brüdern« gekommen sein, von welcher Paulus im Korintherbrief sagt. Und die Haupterscheinung Jesu, auf welche Er selbst ein Gewicht gelegt hatte, muß eben hier gewesen sein. Denn der HErr wollte doch auch von vielen gesehen sein, damit die Tatsache Seiner Auferstehung eine unbestrittene würde. Zwar erwähnt Matthäus die vielen nicht, die mit den Elfen auf den Berg kamen; aber wenn er hinzusetzt (28, 17): »Und da sie Ihn sahen, fielen sie vor Ihm nieder; etliche aber zweifelten«, so können das jetzt nur andere gewesen sein als die Jünger. Im übrigen erwähnen weder Markus noch Lukas diese Erscheinung auf dem Berge in Galiläa. In jener Zeit mag auch die Erscheinung am See Genezareth stattgefunden haben. Sonst aber wurde den Jüngern, sei's jetzt oder schon früher, der Befehl gegeben, in Jerusalem zu bleiben und da den Heiligen Geist zu erwarten (Luk. 24, 49). Indem nun alle frühzeitig nach Jerusalem kamen, mag der HErr je und je ihnen noch erschienen sein, bis »Er sie hinausführte bis nach Bethanien« (Luk. 24, 50) oder auf den Ölberg (Apg. 1, 12), wo nun die letzte Versammlung war und der HErr nun vor ihren Augen auffuhr. Auf die angeführte Weise werden am besten die Schwierigkeiten bezüglich der Zeiten und Örtlichkeiten der Erscheinungen Jesu gelöst, welche die Berichte zu haben scheinen.

In der letzten Versammlung, an welcher wohl auch andere als die Jünger teil hatten – obwohl der HErr nur mit den Jüngern redet –, wurde hauptsächlich die Verheißung des Vaters besprochen, derzufolge die Jünger auf den Heiligen Geist zu warten hatten (vgl. auch Luk. 24, 49). Der HErr erinnert dabei an Johannes den Täufer, der bestimmt vorausgesagt hatte, daß Der, welcher nach ihm komme, mit dem Heiligen Geist und mit Feuer taufen würde – während er selbst nur mit Wasser taufe. Der HErr wollte des Johannes Wort ehren und jedenfalls jetzt hervorheben, daß diese Verheißung demnächst »nicht lange nach diesen Tagen« erfüllt würde. Eben weil sich's jetzt um ein Weggehen des HErrn handelte, war die Verheißung des Geistes besonders wichtig für die Jünger. Sie brauchten für ihr schweres Werk, da sie als Zeugen in alle Welt ausgehen sollten, den Ersatz für Jesus. Und den Jüngern mußte das Wort des HErrn am Abend vor Seinem Tode einfallen: »Ich will den Vater bitten, und Er soll euch einen anderen Tröster geben, daß Er bei euch bleibe ewiglich«, d. h. beständig euer Begleiter wäre auf allen euren Wegen. Dieser »Tröster«, der Heilige Geist, soll bei ihnen sein, so daß sie sich nicht als Waisen fühlen. Unbeschreiblich groß war es, daß auf diese Weise das Fortgehen Jesu kein Abschied war. Soviel sie an Ihm bisher hatten, bekamen sie wieder durch den Heiligen Geist. Mit Diesem, der in vollem Maße in Jesus gewesen war, kam Jesus selbst ihnen wieder zurück, so daß sie hinfort nichts vermißten, auch wenn sie Seinen persönlichen Umgang entbehren mußten.

Wie schwer kann's uns in unsren Zeiten aufs Herz fallen, daß wir doch jetzt uns als Waisen fühlen müssen, da der bleibende Begleiter, der Heilige Geist als Der, der persönlich mit uns redet, doch eigentlich jetzt uns fehlt. Er treibt und mahnt uns wohl viel

– aber wie leicht sind wir unsicher, weil unsre eigenen Gedanken sich dreinmischen! Werden wir's wieder anders bekommen? Wenn's Zeit ist und die ernsten Zeiten, die vorausgesagt sind, kommen, wird's wohl zu hoffen sein. Harren wir des HErrn! Er wird's recht machen!

Von den Versammelten wurde noch eine Frage aufgeworfen: »HErr, wirst Du auf diese Zeit wieder aufrichten das Reich Israel?« Genau genommen war das eine politische Frage. Das Land Israel war ja jetzt eine römische Provinz, nichts Selbständiges mehr. Die Juden aber trugen sich immer mit dem Gedanken, daß der Messias, wenn er komme, die Selbständigkeit des Reiches Israel wiederherstellen, etwa sich selbst an seine Spitze gegen die Gewaltherrschaft der Römer stellen werde. Dergleichen Wünsche saßen zu tief in den Gedanken der Juden, namentlich der frömmeren, als daß ihre Hoffnungen nicht immer wieder darauf gerichtet gewesen wären. Sie waren auch den Jüngern noch nicht fernegekommen. Bei dieser Frage wurde also nicht entfernt an die demnächst erfolgende völlige Zerstörung Israels gedacht, nach welcher etwa in der Folgezeit eine Wiederherstellung zu erwarten wäre, wie in unsrer Zeit viele gewohnt sind, die Frage aufzufassen. Die Fragenden dachten um so weniger an die Zerstörung, als sie nun vom Auferstandenen nur das Beste hoffen mochten, auch für Israel – so sehr sich dieses auch an Ihm versündigt hatte. Und im übrigen hatten sie die große Bedeutung des Gottesreiches im Gegensatz zum Reich Israel noch gar nicht erfaßt: Letzteres sollte in jenem verschwinden oder in ein geistliches, die ganze Welt umfassendes Reich Israel verwandelt werden.

Da in der ganzen Frage viel Unverstand lag, welcher so schnell nicht berichtigt werden konnte, läßt sich der HErr in Seiner Antwort nicht eigentlich auf sie ein, sondern stellt sich auf den Standpunkt des Reiches Gottes als des erweiterten Reiches Israels, wie wenn Er gefragt worden wäre: »Wann wird das Reich Gottes vollendet sein?« Auf diese Frage wenigstens zielt Seine Rede: »Es gebührt euch nicht zu wissen Zeit oder Stunde, welche der Vater Seiner Macht vorbehalten hat.« Er redet also nicht von der kommenden Zerstörung, auch nicht von einer Wiederaufrichtung Israels nach der Zerstörung – er läßt überhaupt die Frage, was aus dem gegenwärtigen Israel werde, ganz aus dem Spiel. Politische Fragen in Sachen des Reiches Gottes sind immer Querfragen, die keine rechte Würdigung verdienen. Hätte der HErr antworten wollen nach dem, wie es die Fragenden meinten, so hätte Er sagen müssen: »Was meint ihr doch? Israel wird, wie Ich euch bereits gesagt habe, mit Stadt und Tempel einem völligen Untergang preisgegeben.« Und nach der übrigen Haltung der Schrift hätte Er hinzusetzen müssen: »Von einer Wiederaufrichtung Israels, wie es früher bestanden hat, kann gar keine Rede mehr sein.« Man denke sich, wie dergleichen Erklärungen für den Augenblick niederschlagend gewesen wären! So übergeht der HErr den Standpunkt der Fragenden und spricht nur von dem, was nunmehr zu einer Vollendung zu bringen war. Weil aber die Fragenden auf die Zeit der Ausgießung des Heiligen Geistes viel abstellten, indem sie fragen: »Wird's auf diese Zeit geschehen?« so weist der HErr hauptsächlich das in Seiner Antwort ab, wie wenn Er sagte, das jetzt Verheißene habe gar nichts mit dem Reich Israels zu tun, habe keinerlei politischen Einfluß. Was weiter in der

Vollendung des Reiches Gottes geschehe, da auch Israel die ihm gebührende Rücksicht finden werde, und wann das sei, darüber gebühre ihnen nicht, Zeit oder Stunde zu wissen. Die Antwort des HErrn enthält also nichts zugunsten derer, die in unseren Tagen in ihr doch eine Wiederherstellung Israels – wie man sich diese jetzt vorstellt – angedeutet finden. Im übrigen haben wir aus der Antwort zu ersehen, daß über die Zeit der Vollendung des Reiches Gottes nichts bestimmt werden könne und dürfe. Da bleiben wir, wenn's noch so lang währt, immer wieder aufs Warten verwiesen, bis der Vater es nach Seinem Rat und Wohlgefallen ausführt.

Daß jetzt an eine politische Wiederaufrichtung des Reiches Israel nicht zu denken sei, zeigt deutlich die weitere Rede des HErrn. Aus Seinen Aposteln hätte Er ja Machthaber und Große dieser Welt machen müssen. Diese aber hatten die Bestimmung, gar nicht im Lande zu bleiben. Sie bekommen wohl die Kraft des Heiligen Geistes, dieselbe, welche Er selbst in vollem Maße gehabt hatte – aber nur, um mit ihr ausgerüstet auszugehen und von Jesus, dem Erretter vom zukünftigen Gericht, allerwärts zu zeugen. Zunächst sollen sie zwar wohl in Israel zeugen, da doch viele jetzt anzufassen waren. Dann aber sollen sie durch ganz Judäa ziehen, sollen auch Samaria nicht stiefbrüderlich ansehen, sollen endlich weitergehen bis ans Ende der Welt. Überall sollen sie die Leute zu Jesus einladen und zu der Erlösung durch Ihn. Damit waren alle selbstsüchtigen Gedanken für Israel abgeschnitten.

Aber wie lange braucht es, bis in aller Welt allen Völkern das Evangelium verkündigt ist! Wieviel ist auch jetzt noch zu tun übrig! Sollten wir doch fast denken, daß der HErr Jesus mit schwerem Herzen in den Himmel fuhr, es ahnend und wissend, wie saumselig in der Folge das Werk der Bekehrung aller Völker getrieben werden würde! Jetzt sind wir wieder dran. Aber nun tut nichts mehr not, als daß abermals die Kraft des Heiligen Geistes vom Himmel komme auf die, die Zeugen sein sollen. Harren wir des HErrn! Denn Der, der das Ende will, wird auch Seine Kraft dazu bieten, wenn es Zeit ist. Endlich wird ein neuer Strom des Geistes doch das Evangelium zu allen Völkern der Erde bringen, damit die Zeit der Vollendung des Reiches Gottes und der Wiederkunft Christi nahekomme!

c) Das Auffahren Jesu

(9) »Und da Er solches gesagt, ward Er aufgehoben zusehends, und eine Wolke nahm Ihn auf vor ihren Augen weg. (10) Und als sie Ihm nachsahen, wie Er gen Himmel fuhr, siehe, da standen bei ihnen zwei Männer in weißen Kleidern, (11) welche auch sagten: Ihr Männer von Galiläa, was steht ihr und sehet gen Himmel? Dieser Jesus, welcher von euch ist aufgenommen gen Himmel, wird so kommen, wie ihr Ihn habt gen Himmel fahren sehen.«

Inhaltsangabe
Der Segen des Scheidenden bleibt auf den Seinen. Beschreibung dessen, was »zusehends« geschah, als Wirklichkeit. Jesus geht dahin, wo Gott im unzukömmlichen

Lichte wohnt. Nun hört das Sehen auf. Wir müssen aber glauben, daß Er nahe ist und für uns sorgt. Er ist für uns auch in den Engeln da, die wieder nahe sind. Sie weisen auf Seine Wiederkunft, die wohl infolge von Versäumnissen der Menschen verzögert wurde, aber keine Täuschung ist. Wie lange werden die auf Erden den längst zum Kommen bereiten HErrn noch aufhalten? Ziehe an Ihm, wer kann! Und seien wir bereit, daß wir nicht zuschanden werden vor ihm!

Lukas gibt nur Weniges von dem an, was Er gesprochen hatte. Das Erstaunen derer, die Jesus sahen und sprechen hörten, war zu groß, als daß ihnen viel Einzelnes dem Worte nach im Gedächtnis bleiben konnte. Und die Evangelisten mögen sich, auch wenn doch manches im Munde der Leute blieb, gescheut haben, Worte zu schreiben, die man nicht genau verstanden oder gehört oder behalten hatte. Denn jedes Wort war ihnen zu heilig, als daß sie es hätten mögen unsicher wiedergegeben sehen. Im Evangelium übrigens wird die Abschiedsszene etwas näher beschrieben: »Er hob die Hände auf und segnete sie« (Luk. 24, 50). Schon die Ausbreitung der Hände über die Versammelten hin, auch ohne Worte, war ein Segen, der gefühlt wurde und als eine Kraft hinausging. Deswegen kehrten diese Gesegneten nachher »mit großer Freude gen Jerusalem zurück« (V. 52). »Und es geschah«, fährt Lukas im Evangelium fort, »da Er sie segnete, schied Er von ihnen.« Dieser Segen behielt seine Bedeutung und Kraft. Segnend fährt Er auf; und von oben herab segnend müssen wir Ihn fort und fort denken, wenn wir uns als die bezeigen, die eines Segens wert sind. Das sind wir durch Treue und Anhänglichkeit des Herzens an Ihn, die mit Ihm, auch dem Hingeschiedenen, in steter Verbindung und Gemeinschaft bleiben. »Zusehends«, so heißt es nun in unsrem Text, »ward Er aufgehoben«. Man denke sich Ihn auf der Erde stehend, etwas höher gestellt als die anderen: Plötzlich hebt Er sich empor! Wie mag es doch da den Zuschauern zumute gewesen sein! Höher und höher steigt Er; und eine Wolke tritt unter Ihn. So wird Er »vor ihren Augen hinweggenommen«. Wieviel, wieviel hob sich da von der Erde hinweg, das man einst mit so großer Freude als vom Himmel gekommen erkannt hatte! »Siehe, ich verkündige euch große Freude«, hatte der Engel gerufen, als das Kindlein in der Krippe lag. Nun ist Er da gewesen – und fährt wieder auf in den Himmel! Wohl läßt Er die Freude in den Seinen; aber wieviel Schmerz, Weh und Sehnsucht nach Ihm ist zurückgeblieben!

Die Jünger nun und wer sonst da war, sahen dem HErrn nach gen Himmel. Wie wird es ihnen doch später gewesen sein, als müßten sie nur immer gen Himmel sehen, sich sagend: »Da hinauf ist Er gegangen!« Wohin doch?! Das sahen sie nicht. Schnell war Er ihnen aus den Augen; und wie weit und groß und tief ist doch der Himmel! Wer sieht sein Ende? Zu Seinem Vater, zu Gott stieg der HErr empor. Wo soll Der sein? Paulus sprach von Ihm (1. Tim. 6, 16): »Der da wohnt in einem Lichte, da niemand zukommen kann, welchen kein Mensch gesehen hat noch sehen kann.« Nicht nur Ihn sieht man nicht, sondern auch das Licht nicht, da Er wohnt. Eben dahin ist auch Jesus gegangen: Jesus, einst den Menschen so nahe! Nun müssen wir glauben, ohne zu sehen, ohne uns etwas denken zu können; glauben, daß Der, der in so unerreichbarer

Ferne steht, doch uns nahe ist! Glauben, daß Er doch für uns sorgt, doch an uns zieht, uns einst auch zu sich nimmt. Mit Vertrauen müssen wir hineinblicken in die scheinbar trostlose Tiefe des Himmels, im Glauben. Wir müssen, ohne irgend etwas zu sehen, »suchen, was droben ist, da Christus ist, sitzend zur Rechten Gottes, und trachten nach dem, das droben ist, nicht nach dem, das auf Erden ist«. Das bleibt unsre Aufgabe. O, daß wir's verstünden, vom Sichtbaren weg mit festem Glauben nach dem Unsichtbaren zu blicken und zu trachten!

Das Gefühl, mit welchem die Jünger Jesus nachsehen, läßt sich nicht beschreiben. Tief bewegt war ihr Herz. Sie denken an den Elia, dem sein Diener Elisa wie jammernd nachrief: »Mein Vater, mein Vater! Du Wagen Israels und sein Gespann!« Die Jünger waren gleichsam selbst hingenommen. Und plötzlich standen zwei Männer vor ihnen in weißen Kleidern. Es waren zwei Engel, die nun wieder zur Hand sind wie bei der Geburt Jesu. Was geben sie mit ihrer Erscheinung zu erkennen? Jesus geht, so mußten die Jünger denken – und Seine Engel bleiben! Ja, die Engel, »ausgesandt zum Dienst derer, die ererben sollen das ewige Leben«: diese Engel, die nun Jesus aussendet als Der, dem alles übergeben ist, die bleiben! Durch die Engel ist uns die persönliche Nähe auch Jesu fühlbar gemacht. Hat Er vor der Versammlung in Galiläa gesagt: »Ich bin bei euch bis an der Welt Ende«, so sind wir damit nicht ganz auf ein nur geistiges Nahesein angewiesen: Wir dürfen Persönlichkeiten um uns herum denken, welche Jesus repräsentieren, dessen dienstbare Geister sie sind. Denken wir sie denn um uns herum! Das gibt uns Gewißheit, daß Jesus bei uns ist. Wem aber wird's am fühlbarsten sein? Denen, die, Jesus nachblickend »suchen, was droben ist.« Bleiben wir mit unsren Gedanken und Sinnen hier unten in den Dingen dieser Welt, so mag eine Nähe der Engel uns nicht sehr fühlbar werden – und eben auch nicht die Nähe des Heilands.

»Ihr Männer von Galiläa«, sagen die Engel, »was steht ihr und sehet gen Himmel?« Als wollten sie sagen: »Warum seid ihr so verblüfft, betrübt, erschrocken – wie wenn euch dieser Jesus für immer weggenommen wäre? Einstweilen habt ihr uns in Seinem Namen – aber Er, welcher von euch weg aufgenommen ist gen Himmel, wird wiederkommen so sichtbar, wie ihr Ihn habt gen Himmel fahren sehen.«

Schluß

Dies ist nun seitdem die Erwartung der Christenheit. Im Anfang dachten sich die Jünger und Brüder, Er werde bald kommen. Denn sie waren ja doch so angeredet, als dürften sie es noch erleben. Die später Bekehrten alle glaubten mit Bestimmtheit, sie würden es noch erleben. Man sieht es auch aus allem, daß es so eingerichtet war, daß wohl ein schnellerer Verlauf der Dinge werden konnte. Deswegen hat der Heiland selbst mit Beziehung auf Seine Wiederkunft gesagt (Matth. 16, 28): »Wahrlich, Ich sage euch: Es stehen etliche hier, die nicht schmecken werden den Tod, bis daß sie des Menschen Sohn kommen sehen in Seinem Reich.« Nahegerückt erschien es hiermit doch – wenn man auch annehmen kann, der HErr habe nur sagen wollen, es werden

viele ohne Tod entrückt werden, also nicht sterben, bevor des Menschen Sohn komme
– und dann gar nicht sterben. Ferner hat der HErr gesagt: »Wahrlich, Ich sage euch:
Dies Geschlecht wird nicht vergehen, bis daß dieses alles geschehe« (Matth. 24, 34).
Hier wird aber ausdrücklich beigefügt, daß von dem Tage und von der Stunde niemand wisse, auch die Engel im Himmel nicht; und Markus setzt hinzu (13, 31): »auch
der Sohn nicht.«

Wollen wir uns aber durch nichts, wie es auch laute, irre machen lassen – als ob Täuschungen stattgefunden hätten oder überhaupt mit der Wiederkunft Christi nichts
werden würde! Die Schrift will mit ihrer Redeweise die bestimmte Versicherung geben, daß eine Möglichkeit da war, daß alles bald erfolgte, eine Möglichkeit, daß das
damalige Geschlecht nicht vergangen wäre, bis Jesus wiederkomme. Es war alles so
fertig, daß aufseiten des HErrn nichts mehr fehlte. Aber wir dürfen keinerlei Verheißungen als Wahrsagungen ansehen, die bedingungslos auch der Zeit nach eintreffen
müßten. Wenn es (aufseiten Gottes) an nichts fehlte: woran wird's aber doch gefehlt
haben?! Und woran wird's noch fehlen?

Ach, sie blicken nicht recht empor gen Himmel! Sie interessieren sich nicht genug
für Sein Reich und Sein Kommen! Sie leben zu irdisch, zu sinnlich dahin. Auch wenn
sie glauben, tun sie, wie wenn sie Seiner gar nicht bedürften! Sie sind schläfrig, träge,
ungläubig, saumselig im Gebet um das Kommen des Reiches Gottes – kurz: in der Erfüllung ihrer Aufgabe!

So hat sich das Bereitgehaltene verzogen und verzieht sich noch.

Wie lange wird sich's noch verziehen? Wie lange werden die auf Erden den HErrn
Jesus aufhalten? Im stillen wird jetzt schon viel am HErrn »gezogen« – man kann es
wenigstens glauben. Ach ziehe an Ihm im Glauben, wer nur immer kann!

Das wirkliche »Bald« mag doch jetzt da sein. In kurzem können die Zeichen da sein,
die das Ende unzweifelhaft machen.

Sorgen wir dafür, bereit zu sein, daß wir nicht vor Ihm zuschanden werden in Seiner
Zukunft! Amen.

Exaudi
Weisungen für die Nähe des Endes
1. Petr. 4, 7–11

Einleitung: *Was ist das nahe Ende, und wie verhält man sich?*

Unsrem heutigen Perikopen-Text gehen die Worte voran: »Es ist aber nahe ge-kommen das Ende aller Dinge.«

Man sieht es deutlich, daß Petrus mit Bezug hierauf die weiteren Ermahnungen gibt. Wir wollen daher unsrem Text diese Beziehung lassen. Denn wir können es nicht ernst genug mit unsrer Zeit nehmen, die soviele Anzeichen hat, daß sie nahe sein könnte am Ende aller Dinge, d.h. der großen Umwandlung aller Dinge, welche mit dem Kom-men des HErrn vorgehen wird – worin diese auch zunächst bestehen mag. Da sollte mehr und mehr unser ganzes christliches Wesen sich nach dem Eindruck gestalten, den wir von der Nähe des HErrn haben.

Wenn Petrus vom »Ende aller Dinge« redet, so faßt er die ganze Endzukunft in eines zusammen, ohne die einzelnen Stufen zu unterscheiden, welche dieselbe in sich schließt. Genaugenommen ist das Ende aller Dinge noch nicht da, wenn der HErr kommt; sondern Sein Kommen führt nur dazu. Denn wenn Er kommt, werden nur die, welche in Ihm sind, auferstehen oder verwandelt und nur die eigentlichen Feinde hinweggerafft werden. Dann kommt eine Ruhezeit von tausend Jahren, hierauf noch einmal ein Abfall und Kampf – und endlich die allgemeine Auferstehung, auf welche erst das Ende aller Dinge mit dem großen Gericht folgt. Weil aber zu diesem allen das Kommen des HErrn der Anfang ist, nennt Petrus dieses schon das Ende aller Dinge. In jener Zeit nun war man gewohnt, sich das Kommende nahe zu denken, wie wir das schon öfter besprochen haben. Denn es war auch wirklich immer an dem, daß es hätte kommen können; nur etwas Besonderes hat es »aufgehalten«. Dieses muß jeden-falls in der Hand der Gläubigen gewesen sein. Nun nach so langer Zeit sehen wir uns aber so gestellt, daß alles uns nahe scheint. Ob das bisher »Aufhaltende« weg ist – wer weiß das?! Aber vielleicht ist es doch weg, ohne daß es offenbar geworden ist! In kur-zem kann sich's zeigen, ob nun der Weg zum Ende gebahnt sei, so daß es jetzt ohne weiteres vorangehen werde, bis alles erfüllt wird.

Gesetzt nun, diese Zeit ist da: Was ist in ihr zu tun? Da müssen wir wohl beherzigen, daß die Apostel immer anderes wichtig nehmen, als man's in unsrer Zeit bei den Er-wartenden findet. Ohne der Pflege des inwendigen Menschen viel Aufmerksamkeit zuzuwenden, sind sie nur immer an dem, *wie* sich die äußere Zukunft machen werde. Was haben aber doch die Leute von dem allen? Werden sie dadurch innerlich tüchtig, um es mit Sicherheit durch alles hindurchzubringen? Werden sie dadurch ernster, hei-liger, christlicher, verleugnender, reifer, stärker? Sie bleiben, wie sie sind! Und man läßt sie, wie sie sind – nur daß sie sich in geistlichen Zukunftswonnen bewegen! Mancher kommt dadurch auch in eine geistliche Höhe (Hochmut), als sei er's, weil er von diesem oder jenem zu reden wisse! Man hadert und streitet auch, ist böse aufeinander, wenn man einander nicht recht gibt – und wie ungerecht wird man nicht auch gegen die sogenannte »Welt«, weil sie an dergleichen keinen Geschmack findet! Wenn man dann vollends allerlei Pläne macht und ausführt, zu Auswanderungen veranlaßt und sich separat stellt: welchen Verkehrtheiten, Täuschungen und Irrungen können da die Seelen anheimfallen – statt im Feuer auszuhalten!

Auslegung

Die Schrift nun, wenn sie an die Nähe des Endes aller Dinge erinnert, weiß etwas ganz anderes den Christen ans Herz zu legen. Sie übergeht dabei alle Ausmachereien (Spekulationen) über die Zukunft. Sie führt die Gläubigen in sich selbst hinein und gibt ihnen Räte, wie sie sich in ihrem ganzen christlichen Bezeigen zu stellen haben, um den Sicheren zu gehen. So führt auch Petrus in unsrem Text lauter Dinge an, durch welche der wartende Christ in die rechte Haltung kommen und sich in diese als in eine sichere Burg flüchten solle. Seine Weisungen für die Nähe des Endes sind:
1) Seid mäßig und nüchtern zum Gebet (V. 8)
2) Habt eine inbrünstige Liebe untereinander (V. 8)
3) Seid gastfrei untereinander (V. 9)
4) Dienet einander mit euren Gaben zu Gottes Ehre (V. 10 f.)

(8) »So seid nun mäßig und nüchtern zum Gebet.«

1) Ist das Ende aller Dinge nahe, so tut Beten not; und zwar muß ernstlich, nachdrücklich und dringlich gebeten werden. Wir wissen ja, wie der HErr sagt (Luk. 18, 7): »Sollte aber Gott nicht auch retten Seine Auserwählten, die zu Ihm Tag und Nacht rufen?« Da sehen wir's, wie man in der letzten Zeit ins Gebet getrieben werden wird. Der HErr stellt eine Witwe vor – als die Repräsentantin der Auserwählten – welche dem ungerechten Richter keine Ruhe läßt, bis er sie rettet von ihrem Widersacher. Da sehen wir schon, was wir zu beten haben. Vor allem muß gegen die Übermacht des Widersachers gebetet werden. Diese Übermacht ist jetzt wieder größer geworden, als sie damals war. Wieviel hat der Feind schon der Gemeine Christi auf Erden »geraubt«! Dahin gehören besonders die zur Eintracht und Kraft führenden Gaben des Heiligen Geistes, die durch des Teufels List und Betrug uns abhanden gekommen sind – weil die Christen sich wieder in seine Netze verfingen und nebenhin führen ließen vor allem durch Vertrauen auf falsche Kräfte des Aberglaubens, welche in furchtbarer Ausdehnung durch die ganze Christenheit herrschend wurden. Da ist also zu beten, daß das Verlorene zurückkommen möchte. Es ist zu beten, daß die durch Sünden jeder Art, auch durch den Dienst des Aberglaubens, Gebundenen frei werden möchten; daß überhaupt die Macht der Finsternis – die nur immer zerreißen und verderben und insbesondere die Auserwählten anfechten und in Hader und Zwietracht erhalten will ge-

brochen werden möchte, bis sie unter unseren Füßen läge durch Gottes Macht. Da
gibt's viel zu beten für einzelne und fürs Ganze. Zu beten hat jedes auch für sich selbst,
daß es in keine versuchlichen Netze verschlungen werden möchte, überhaupt lernen
möchte, vorsichtig durch alles hindurch in der Furcht Gottes zu wandeln. Zu beten ist,
daß doch, wenn auch dem Teufel noch viel Macht gegeben ist, den Redlichen und Aufrichtigen eine Verwahrung vor dem Argen zukommen möchte, die sie nicht verlorengehen lasse. Ferner gilt's zu beten, daß das Evangelium rascheren Laufes unter Mitwirkung des Heiligen Geistes durch die Welt kommen möchte; daß die Gottesfürchti-
gen unter allem Schweren und Schrecklichen, das kommen wird, unter der Hut des
Allmächtigen bleiben möchten. So soll gebetet werden – und vieles andere mehr, wie
es die Zeit erheischen wird. Welch ein Schreien wird es noch werden, wenn der Wider-
christ doch zuletzt noch alles unter seine Klauen gefaßt hat! »Rette uns vom Widersacher!« wird's von allen Seiten zum Himmel tönen – bis der HErr endlich erscheint
und Seine Auserwählten errettet in einer Kürze!

Gebetet muß also werden, und zwar viel gebetet! Denn wenn alles stille bliebe,
würde nicht vorgesorgt für das Ende. Darum sagt auch der HErr so ernst, daß wir »beten und nicht laß werden« sollen. So heißt uns denn auch Petrus mäßig und nüchtern
sein zum Gebet, weil das Ende aller Dinge nahe sei. Jene Bitten aber sind bedeutend
und tiefgehend. Es soll ja nicht bloß ein in der Luft verhallendes Beten sein, sondern
ein Bitten um große Dinge, die der HErr mit Auftun neuer Türen vom Himmel geben
muß.

Wer ist nun fertig, also zu beten und zu bitten? Die sind's wahrlich nicht, die immer
nur sich gütlich tun, die sich im Essen und Trinken nichts abgehen lassen, denen es
auch nicht so sehr darauf ankommt, zuviel in solchem zu tun! Solche werden nicht
sonderlich geschickt sein zum Beten; denn sie sind lahmgelegt, faul, träge, gleichgültig. Je ernster die Zeiten werden, desto mäßiger, enthaltsamer, unbeschwerter, nüch-
terner müssen wir werden, um eine Tüchtigkeit zum Beten zu behalten, vor allem zu
erhörlichem Beten. Bei dem, dem's ernst ist, dem die wichtigen Sachen nahe ans Herz
gehen, gibt sich ein gewisses Fasten von selbst.

Indessen gibt es noch viel anderes, außer dem Essen und Trinken und sonstigen Sinnengenüssen, worin der Christ Maß halten und nüchtern bleiben muß, um in der ernsten Zeit vom Gebetsgeist nichts zu verlieren. Wir wissen's ja, wievieles ihn so hinnehmen kann, daß er für nichts anderes mehr Augen und Sinne offen hat, mithin nimmer nüchtern ist, wie es zum Beten nötig ist: Nahrungssorgen, Geschäftssorgen, ferner Begierde nach Irdischem, Stolz, Eitelkeit und vieles andere. Wieder andere kommen bis zum Übermaß in Eifer, Zorn, Ärger, Erregung, besonders, wenn sie geringgeschätzt, zurückgesetzt, betrogen, verleumdet, mißhandelt werden. Oder es sind Ge-
sellschaften, Zeitfragen, Unternehmungen, Schwindeleien jeder Art, auch Politik,
was sie bis zur Berauschung hinnimmt – und dann ist's nichts mehr mit dem Gebet!
Viele können in nichts Maß halten, weder in Freude noch in Leid noch in Arbeiten;
und so sind sie immer im Geist gebunden, eingenommen, berauscht – und das Beten
geht nicht mehr! O daß wir beizeiten lernen möchten, in allem mäßig und nüchtern zu

sein, ehe die Not uns dazu drängt! Aber bete, bete doch, wer kann! Mit Gebet muß endlich alles errungen werden, selbst das Kommen des HErrn. Ach, daß wir's bald zum Sieg brächten!

(8) »Vor allen Dingen habt untereinander eine inbrünstige Liebe; denn ›die Liebe deckt auch der Sünden Menge‹ (Spr. 10, 12).«

2) Das, was an sich für den Christenlauf gilt, bekommt einen hohen Wert und seine besondere Bedeutung gerade in den letzten Zeiten der größten Erregung und Spannung. Soll die Liebe immer das Wichtigste sein, an dem man die Jünger Jesu erkenne, so ist's in der ernstesten Zeit noch mehr das, was vor allen Dingen bei allen gegeneinander hervortreten soll. Wenn's heißt: »untereinander«, so ist's die Liebe zwischen »Brüdern«, zwischen denen, die an Christus glauben. In unsrer Zeit ist eine andere Strömung herrschend geworden, welche allen Glauben an Jesus – in welcher Form er auch da sein mag – »hinwegglauben« will; so hat einer der freisinnigen Prediger unsrer Tage sich bereits ausgedrückt. Sollte uns da nicht jeder ein »Bruder« sein, der auch nur sich seinen Jesus nicht nehmen lassen will? Sollte man nicht mit jedem – wenn er auch in manchem verschieden von uns denkt – das heißeste Mitleiden empfinden, wenn er um des Namens Jesu willen verfolgt wird und in die Enge kommt? Zuletzt muß jeder uns ein Herzensbruder werden – o wäre er's heute schon! –, der nur glaubt, daß, wie Paulus sagt, Jesus gestorben sei für unsre Sünden nach der Schrift und daß Er begraben und daß Er auferstanden sei nach der Schrift und daß Er gesehen worden sei. Denn dieser Glaube ist's, der selig macht, wie dort Paulus sagt (1. Kor. 15, 1 ff.). Wenn es heißt »untereinander«, so wollen wir also das weiteste Herz dabei haben und in jedem, der auch nur einen solchen Heiland vom Himmel glaubt, mindestens eine Traube mit Most erkennen, die wir respektieren und nicht nur nicht verderben sondern zu erhalten trachten sollen. Gott selbst hat das ja für sich zu Seinem Grundsatz gemacht (Jes. 65, 8).

Die brüderliche Liebe soll eine inbrünstige sein, so daß die Herzen gegeneinander brennen. Liebe, Liebe soll's sein, was man gegeneinander fühlt, nicht Höflichkeit und Höflichkeit; nicht Steifheit und Steifheit! Ein Brennen der Herzen gegeneinander soll's sein, bei dem man sich gegeneinander aufschließt, mit Teilnahme einander tröstet, aufrichtet, stärkt, da man denn auch hintennach ein Gefühl der Gemeinschaft in dem HErrn füreinander fühlt, ein Gefühl des Einseins in dem HErrn, das auch im stillen beten und segnen kann. Und wie notwendig wird ein fester Anschluß der Herzen aneinander sein in Zeiten, da die, die Christus liebhaben, doch sonst nach allen Seiten nichts als Entfremdung, Haß, bitteren Groll, Feindschaft und Tücke, Bosheit, Arglist und dergleichen wahrnehmen müssen, wie das in der letzten Zeit am empfindlichsten zu fühlen sein wird. Brünstige Liebe kann alles versüßen und über den Bruderkreis eine paradiesische Luft verbreiten.

Ein eigenartiges Wort setzt Petrus hinzu, wenn er sagt: »Die Liebe deckt auch der Sünden Menge« oder eine Menge von Sünden. Was will er wohl damit sagen? Es ist ein Wort, welches mehrfältigen Sinn hat.

a) Das Wort sagt: Die Liebe, wenn sie einmal da sei, übersieht an dem Bruder – wie es dieser auch tun soll – eine Menge Sünden, wenn nur der Glaube an Jesus an solchem irrenden und sündigenden Bruder klar und offen zu erkennen ist! Und so bleibt doch die Gemeinschaft, ein heiliges Band wird nicht so schnell aufgelöst. Das geschähe aber doch, wenn es nicht ganz die Liebe ist, die das Band geknüpft hat. Es ist das eine höchst wichtige Regel für die Gemeinschaft der Brüder untereinander – welche der Teufel nur immer stören möchte –: daß man einander viel übersieht und zudeckt, auch so zudeckt, daß es im übrigen nicht ins Geschrei kommt! Gleichgültigkeit gegen die Sünde selbst darf's freilich nicht werden! Aber inbrünstige Liebe ist schonend, langmütig, barmherzig und hört nicht so bald auf, solange noch Liebe zum Heiland beim anderen erkannt wird! Wenn freilich der »Bruder« als ein stolzer Heiliger vor uns stünde, da könnten wir nicht warm werden – und die stille Kühle muß ihm fühlbar werden zur Besserung. Sieht man dagegen eine Weichheit, eine Milde, eine demütige Haltung, so kann man schon voraussetzen, daß der fehlende Bruder selbst im stillen über sich weine – und die Liebe wird wieder warm und soll warm werden!

b) Der Ausdruck »Die Liebe deckt auch der Sünden Menge« kann auch den Sinn haben: Mit Liebe wirken wir am besten auf den Sünder, daß er in sich geht, Buße tut und so zur Vergebung seiner Sünden kommen kann. Man macht oft die Erfahrung, daß die Liebe, die den Sünder schont, ein viel wirksamerer Prediger ist als jeder Vorhalt, dem's gerne an Liebe fehlt, oder als gar Bestrafung und ernste Zurechtweisung, von der man glaubt, daß sie am Platz sei. Oft ist's so, daß der, der sich hat etwas zuschulden kommen lassen, von jedermann, der ihm begegnet, Vorhaltung, Bestrafung, Zurechtweisung bekommt und strenge Behandlung erfährt – wie wenn der Richtende der einzige wäre, der dies täte –, so daß er sich nirgends sehen lassen darf, ohne fürchten zu müssen, daß man ihn darum ansehe und darnach behandle. Wenn dann ein solcher doch noch ein zartes Gewissen hat und noch einen Zug zum Heiland besitzt, so kann es ihn bis zur Verzweiflung bringen, sich gleichsam von jedermann gerichtet zu sehen. Kommt er dann einmal mit einem Bruder zusammen, der's ruhen läßt, nichts mehr äußert, der tut, wie wenn's vergessen wäre, und sich freundlich und liebreich benimmt, so macht das den tiefsten und nachhaltigsten Eindruck auf den Geächteten. Dieser vergißt jenem die milde Behandlung sein Lebenlang nicht. Er wird ein ganz anderer Mensch. Darum wollen wir lernen, auch den Sünder warm zu lieben! Denn die Liebe ist's, die damit eine Menge Sünder warm zu lieben! Denn die Liebe ist's, die damit eine Menge Sünden zudeckt, so daß sie dem Sünder zur völligen Besserung weiterhilft und zu der Gnade Gottes, die dem Reumütigen alles vergibt.

c) In dem Wort: »Die Liebe deckt auch der Sünden Menge« liegt noch ein viel Bedeutungsvolleres. Der Heiland hat zu Seinen Jüngern gesagt: »Was ihr auf Erden löset, soll auch im Himmel los sein.« Wer ist der Lösende, Vergebende? Mit Recht sagen und denken wir, daß es der Diener des Evangeliums sei, der, wie es die Lehre des Evangeliums ausdrückt, »die Schlüssel des Himmelreichs« habe und im Namen Jesu Christi Kraft und Befugnis bekommen habe zu vergeben. Solches liegt auch in dem, daß der HErr Seine Jünger, die an Seiner Statt stehen sollten, anblies und sagte: »Nehmet hin

(den) Heiligen Geist; welchen ihr die Sünden vergebet, denen sind sie vergeben.«
Es gibt aber doch auch eine Sündenvergebung durch Brüder – wenigstens im stillen.
Sie ist vor allem in unsrer Zeit wichtig, da das Amt vielfach nichts weniger ist als das,
was es sein soll.

Genaugenommen hat jeder, der in Wahrheit Christus liebt und in lauterer Gemeinschaft mit Ihm steht, etwas von der »Schlüsselgewalt«, ohne sich etwas anzumaßen,
das von der Art derer wäre, die das Amt haben. Mit seiner Liebe allein nämlich übt er
sie aus. Wenn du, der du etwa dem HErrn lieb und wert bist, den Sünder als vor dem
HErrn lieben kannst, wenn du trotz seiner Sünden ihm also bei dir selbst mit Aufblick
zum HErrn seine Sünden vergeben kannst – wie du das mit deiner inbrünstigen Liebe
zu erkennen gibst –, so hat das eine Bedeutung für den Sünder vor Gott. Demselben
kann um deinetwillen auch von Gott vergeben werden. Deine Liebe sieht Gott an als
eine vergebende, die er in ähnlicher Weise gelten lassen müsse, wie wenn Diener des
Amtes vergeben. O Bruder, o Schwester, wieviele Barmherzigkeit kannst du mit deiner Liebe ausrichten, wenn sie eine göttliche ist um des HErrn willen, weil auch dir
Barmherzigkeit widerfahren ist! Denn diese Liebe kann Sündern die Gnade Gottes in
Christus öffnen. Sie dürfen – auch wenn's, je nachdem es ist, bei ihnen noch durch vieles hindurchgehen muß – vorerst nicht mehr verlorengehen. Denn du liebst sie mit lau-
terem Herzen, und der Heiland tut für sie alles, um sie vor dem ewigen Tod zu retten.
So »deckt deine Liebe auch der Sünden Menge.«

Wie nötig wird das aber für die letzte Zeit werden, da man am Ende allerlei Menschen als Brüder annehmen muß, wenn sie – auch aus einem tiefen Sumpf heraus –, angeregt durch den Ernst der Zeiten, in Eile noch wie der Schächer am Kreuz Jesus erfassen. Da werden wir viele Gelegenheit haben, einfach nur durch nachsichtige, vergebende, im Herzen brennende Liebe vielen zur Schächersgnade zu verhelfen. Wie wir
uns erbarmen, erbarmt sich auch der HErr. Wieviele Seelenrettungen kann es da in
leichtester Weise noch geben auf den Tag der Zukunft Christi! Denken wir darüber
nach!

(9) »Seid gastfrei untereinander ohne Murren.«

3) Petrus kommt auf ein Drittes, worin die Christen nicht nachlässig werden durften, wenn sie sich das Ende aller Dinge nahe dachten. Und das ist etwas, das die inbrünstige brüderliche Liebe unterhalten soll. Denn diese wird eben da am stärksten,
wo man in die engste Verbindung mit anderen und dadurch gewissermaßen mit allen
zu stehen kommt. Da hilft die Gastfreundlichkeit besonders viel. Das war eine Tugend, die in der alten Zeit besonders viel galt, schon bei den Heiden. Deswegen waren
auch die Liebesmahle der ersten Christen so wichtig, und die Übung der Gastfreundschaft wurde besonders ausgedehnt. Es wanderten bereits viele umher im Dienst des
Evangeliums, um für seine Ausbreitung etwas zu tun. Da nahmen sie denn bei Brüdern
ihre Einkehr. Andere bezogen, wenn sie in Geschäften wohin kamen, gewöhnlich ihr
Quartier bei Brüdern, bei denen sie etwas für den Geist durch die brüderliche Liebe

suchten. Wieder andere mußten auf längere oder kürzere Zeit von ihrer Heimat flüchtig werden und waren so genötigt, die Gastfreundschaft der Brüder in Anspruch zu nehmen. Auch sonst war es Brüdern Bedürfnis, andere in Häusern zu besuchen und sich miteinander zu erbauen und zu erquicken, womit auch ein »Brotbrechen« verbunden war. Deswegen empfehlen die Apostel oft die Gastfreundschaft, es auch an die brüderliche Liebe anknüpfend, wie es Petrus in unsrer Epistel tut. So sagt auch der Hebräerbrief (13, 1): »Bleibet fest in der brüderlichen Liebe. Gastfrei zu sein, vergesset nicht; denn durch dasselbige haben etliche ohne ihr Wissen Engel beherbergt.« Hierbei ist auf Abraham und Lot hingewiesen.

Die Gastfreundschaft unter Brüdern entsteht in der Regel immer da, wo ein tieferes Christentum erwacht; und eine neue Bewegung nimmt man auch in dem wahr, daß unter den Brüdern viel Umhergehen entsteht. Denn ein unwiderstehlicher Drang treibt sie zusammen, vor allem, wenn sie es da, wo sie daheim sind, arm und armselig haben. Für viele gibt's gar kein anderes Mittel, sich auf einer gewissen Höhe des Glaubens zu erhalten, als daß sie da und dort – vor allem, wo sie Wichtiges hören können – Besuche machen und um brüderliche Aufnahme nachsuchen und sie finden. Je und je kann's freilich vorkommen, daß sie zuviel darin tun – wie denn alles mißbraucht werden kann! Aber etwas Schönes ist es doch, wenn man Brüder zusammengehen sieht! Wieviel Gutes schaffen doch da die Missions- und andere christlichen Feste! Wer sich nicht regt, wer weder besucht noch Besuche aufnimmt, wird innerlich nie viel gewinnen, sondern bleibt in einer gewissen Lahmheit und in unfertigem Wesen. Er wächst nicht in der Erkenntnis, nicht in der Liebe, nicht im Glauben, nicht in der Hoffnung. Wie oft wäre es auch wichtig, wenn Brüder auf Geschäftsreisen ihre »Brüderhäuser« hätten, in welchen sie neben dem äußeren Umtrieb, in dem sie sind, auch Geistliches empfangen oder mitteilen würden.

Die Übung der Gastfreundschaft wird besonders in der Nähe der Zeit des Endes von großer Wichtigkeit sein. Sie ist zuletzt das einzige Mittel, wodurch man vor Irrwegen und Täuschungen und Gefahren, in den allgemeinen Strudel des Abfalls verschlungen zu werden, verwahrt bleibt. »Ohne Murren« aber, sagt Petrus, soll's geschehen. Solches haben sich die Hausfrauen vornehmlich zu merken, für die aus der Gastfreundschaft allerlei Unbequemes erwächst. Im übrigen bedenke man, wie Gäste auch einen verborgenen Segen mitbringen können, und zwar oft so sehr, daß mit wenigen vielen gedient werden kann – ähnlich dem, da der Heiland Tausende mit wenigem speiste. In der letzten Zeit, wenn Not und Bekümmernis die Brüder zusammentreibt, läßt sich der Heiland auch wunderbar finden, besonders wenn Verfolgte zur Gastfreundschaft ihre Zuflucht nehmen. Er ist ja dabei, wo auch nur Zwei oder Drei beisammen sind in Seinem Namen. Und wo Er ist: wie kann's da an Segen und Frieden fehlen und an Stärkung, um in den letzten Versuchungen auszuhalten! O daß wir's glücklich durchbrächten, wenn wir durch viele gestärkt sind! Wie wird's uns dann einst so wohl sein, auch bei Ihm zu Tische sitzen zu dürfen, »da Er sich aufschürzen und vor Seinen Knechten gehen und ihnen dienen wird« (Luk. 12, 37)!

(10) »Dienet einander ein jeglicher mit der Gabe, die er empfangen hat, als die guten Haushalter der mancherlei Gnade Gottes: **(11)** wenn jemand redet, daß er's rede als Gottes Wort; wenn jemand ein Amt hat, daß er's tue als aus dem Vermögen, das Gott darreicht, auf daß in allen Dingen Gott gepriesen werde durch Jesus Christus.
Sein ist die Ehre und Gewalt von Ewigkeit zu Ewigkeit! Amen.«

4) In jener Zeit hatte jeder seine besondere Gabe von Gott erhalten, mit der er den anderen dienen sollte; und es war somit jeder ein »Haushalter« irgendeiner Gnade Gottes. Darum sagt Petrus, wie sie sich alle besonders beim Blick auf die Nähe des Endes bezeigen sollten, daß sie nämlich das Empfangene gebührend verwerteten würden. Der Gaben selbst erwähnt der Apostel nur zwei: die der Lehrer und die der Vorsteher.

Jeder wußte hiernach bestimmt, was er als von Gott empfangen zu nehmen hatte, und konnte es unterscheiden von dem, was er mehr nach eigenem Geiste ohne Eingebung dachte und sprach. Wer sich Eigenes gleichsam vorbehält und es neben dem Göttlichen bei sich stehen läßt – also letzteres nicht heilig genug, nicht als allein gültig nimmt –, kann auch finsteren Einflüssen ausgesetzt sein. Wo göttliche Eingebungen sind, gibt es gerne auch dämonische Einflüsterungen, wenn der Mensch nicht vorsichtig ist! Und dann kann das Vorgetragene außerordentlich getrübt werden. So konnte damals leicht auch einer, der durch ein Amt über andere gestellt war, durch Stolz oder Eigensinn oder Herrschsucht oder Mißgunst dazu kommen, in seinen Anordnungen weniger auf die Stimme Gottes zu achten, und sich gleichfalls dämonischen Einflüssen zugänglich machen. Dann tat er das, was er tat, nicht »als aus dem Vermögen, das Gott darreicht«. Unter solchem konnten viele irregeführt werden und Schaden leiden. Besonders auf die Zeit des Endes aller Dinge nun will Petrus es sehr beachtet sehen, daß alles rein göttlich wäre, was einer dem anderen böte, damit man dem Vorgetragenen und dem Befohlenen sicher trauen könne, daß nur nach göttlichem Sinn, ja göttlicher Eingebung, gesprochen und gehandelt werde. So würden sie alle miteinander vor empfindlichem Schaden verwahrt bleiben.

In unsrer Zeit haben wir die Gaben nicht mehr in derselben Art, wie sie sie damals hatten, und es fehlen uns die bestimmten Eindrücke, wenn wir reden, daß wir es als Gottes Wort reden, und wenn wir anordnen, es tun als aus einem Vermögen, das Gott darreiche. Von eigentlichen Eingebungen können wir kaum reden. Wir haben uns also um so mehr zu hüten, daß wir nicht Verkehrtem, Ungöttlichem, ja Widergöttlichem und darum Irreführendem hingegeben werden!

Uns liegt die Versuchung nahe, ganz nur den natürlichen menschlichen Geist walten zu lassen, uns allein rein menschlichen Gedanken und Einfällen zuzuwenden, wie sie der Verstand erzeugt und wie sie oft mit viel Geschick dargelegt werden. Insbesondere werden viele versucht, das mehr oder weniger fern von sich zu halten, was nicht natürlich erfaßt und begriffen werden kann, und so gerade nur bei dem zu bleiben, was als rein menschlich allen einleuchtend zu sein scheint. Aber statt dessen sollte uns, wenn die unmittelbaren Eingebungen uns fehlen, das geschriebene Wort um so höher stehen, welches uns die göttlichen Gedanken nahelegt, aus welchem heraus wir auch zu reden und zu zeugen und die Grundsätze für alles Handeln zu entnehmen haben. Tun wir das, so wird das, was wir reden, auch zu Gottes Wort. Und je freier wir uns von eigenem, natürlichem Wesen machen – uns ganz in das Göttliche versenkend, das wir vor uns haben –, desto mehr werden wir auch stille Unterweisungen durch den Geist Gottes bekommen. Dann fühlen es auch andere und wenden sich mit Zutrauen dem zu, was wir darbieten, als einem Gottesworte, das aus dem Vermögen komme, das Gott darreiche.

Auf die letzten Zeiten hin sind freilich auch kräftig Irrtümer vorausgesetzt, welche die Menschen verführen würden (2. Thess. 2, 9–13). Und der HErr redet von »falschen Propheten«, welche, so es möglich wäre, auch die Auserwählten in den Irrtum verführen würden (Matth. 24, 24). Da wird's also viele geben, die der Weisung des Petrus kein Gehör schenken und allerlei Fremdartiges an das Göttliche anheften, so daß dieses selbst nicht mehr als Gottes Wort erscheint. Hüten wir uns vor solchen Lehrern und achten wir auf das Gefühl, das der Geist Gottes immerhin den Aufrichtigen gibt: daß es mit dem, das gewisse Lehrer Absonderliches vortragen, keineswegs etwas Rechtes, daß es nicht Gottes Wort sei! Wer aber auf dieses Gefühl, das er haben kann und hat, nicht achten will, sondern blindlings auf alles Gleißnerische nur gleich zufährt: der mag zusehen, wie er in der widerchristlichen Zeit dem alles verschlingenden Irrtum entrinnen mag! Prüfe gründlich, was Gottes Wort ist, und fliehe weit von dem, was dir eine Ahnung gibt, als sei's nicht ganz das! Viele kommen in die Falle, wenn sie nur denken: »Ich versuch's – es wird so schlimm nicht sein!«

Das ganze Evangelium mit allem, was es in sich schließt, soll als eine Tat Gottes zu erkennen sein. Paulus sagt (Röm. 11, 31): »Wer hat des HErrn Sinn erkannt? Oder wer ist Sein Ratgeber gewesen?« Es sieht aber so aus, als ob ein Mensch »Gottes Ratgeber« wäre, wenn er Eigenes zulegt, das ihm Gott nicht gesagt hat – das also nicht Gottes Wort ist und nicht aus einem von Ihm dargereichten Vermögen kommt. Die Leute preisen dann solche Menschen neben Gott, als wollten sie sagen: »Gott hat's gut gemacht – aber dieser auch neben Ihm.«

Damit wird Gott die Ehre geschmälert. Denn Er ist da nicht mehr der Eine, der alles gibt und alles macht, und zwar alleine macht, zur Erlösung der Menschen. Es ist also immer der Ehre Gottes etwas geraubt, wenn man christliche Richtungen nach Menschen-Namen bezeichnet!* O wie hat doch da in unsrer Zeit die Ehre Gottes not gelitten, da sie so viel in guter und böser Meinung sagen, das nicht mehr Gottes Wort ist!

Gott ist es insbesondere, der Jesus Christus gesandt hat zur Erlösung der Menschen. Und durch Ihn, den Repräsentanten Seiner Liebe und den Mittler zwischen Ihm und den Menschen, will Gott gepriesen werden. Durch wen sind uns die Gaben zugekommen? Wer ist Ursache der mancherlei Gnade Gottes? Niemand als Jesus Christus, der sich für alle gegeben hat und die Versöhnung geworden ist für der ganzen Welt

---

* Zu dieser Sache gab es nähere Ausführungen in der Predigt zum 3. Advent.

Sünde, der also der Fürsprecher ist für alle bei dem Vater (1. Joh. 2, 1 f.). Alles, was immer von Liebe und Gnade, Friede und Freude, Hoffnung und Heil uns zugekommen ist, haben wir Jesus zu verdanken. Und wenn wir das erkennen, daß wir uns also uns selbst ganz und gar für nichts halten, um erst durch Jesus etwas zu werden: da wird Gott gepriesen. Wer anderswie Gott preisen will als durch Christus, wer einen anderen Grund legen will als Ihn, den Gekreuzigten, der preist mit allem, was er tut, Gott nicht. Denn er tut's nicht in dem Namen Jesu, des einzigen Fürsprechers, ohne welchen er ein Sünder bleibt, der, wenn er ohne Vermittlung zu Gott treten zu können meint, Gottes Heiligkeit mißachtet. Gott aber wird noch mehr entehrt, wenn Menschen sich selbst von der empfangenen Gabe her eine Ehre suchen und alles so geben und tun, als wäres es von ihnen und nicht von Gott; oder wenn sie auch nur den Eindruck geben, als sei's nicht ganz Gottes allein durch Christus.

Man bedenke vor allem, wie Gottes Ehre geschmälert wird, wenn man der Allgemeinheit der Erlösung durch Christus etwas abzieht. »Gott will doch, daß allen Menschen geholfen werde und sie zur Erkenntnis der Wahrheit kommen« (1. Tim. 2, 4), und »Er hat Geduld mit uns und will nicht, daß jemand verloren werde, sondern daß sich jedermann zur Buße kehre« (2. Petr. 3, 9). Wie weit ist doch da Gottes Herz! Und wie hat Er doch dafür gesorgt, daß Christus ein Opfer bringe, das zur Rettung aller genüge, welcher deswegen »das Lamm Gottes« heißt, »das der Welt Sünde trug«. Wir sehen es auch deutlich, daß diejenigen Gott am meisten preisen, welche es Ihm zutrauen, daß Er eine Gnade habe, die Er allen anbiete, ohne ihnen die Annahme so schwer zu machen.

Wie stimmt damit überein die Engherzigkeit so vieler in unsren Tagen, die wider den Charakter des Wortes Gottes die doch unverdient den Menschen zukommende Gnade von so vielen abhängig machen? Da bilden sie auf gewisse Grundsätze, Behauptungen, selbsterfundene Schriftauslegungen hin Gemeinschaften und Kreise und geben zu verstehen, daß sie's allein in rechter Weise hätten – die andern nicht! Sie haben kein priesterliches Gefühl für alle, sondern sehen auf alle herunter, die nicht mit ihnen gehen – als wollten sie ihnen sagen, bei ihnen stehe es sehr in Frage, ob Gott sie annehmen werde. Da sagen die einen, es fehle, wenn sie nur als Kinder (und nicht später neu- oder wieder-)getauft wären; andere sagen, es fehle, wenn sie Abendmahlsgenossen neben sich duldeten, welche nach ihrer Meinung unberechtigt seien; wieder andere sagen, es fehle bei denen, die sich überhaupt noch zur allgemeinen Kirche halten würden.

Gott aber hat doch so große Anstalten getroffen, um »Scharen, die niemand zählen kann, aus allen Völkern und Sprachen« zusammenzubringen, die alle im Blut des Lammes ihre Kleider helle machen sollen (Offb. 7, 9–14). Das ist gewiß, daß die vorgenannten Parteigänger Gott nicht preisen durch Jesus Christus, vielmehr Seine Ehre heruntersetzen! Sie ziehen sich große Verantwortung zu, wenn sie auf diese Weise den Weg zum Leben so vielen erschweren, ungewiß machen oder gar versperren wollen!

Wie übel wäre es aber, wenn man nicht auf die Zeit des Endes hin weitherziger würde, um alle aufzunehmen, die nur auch ein Ringen ums Seligwerden zu erkennen geben! Wir hoffen, der Geist Gottes werde bald wieder unmittelbar an die Herzen reden. Und dann wird's leichter werden, auch mit der Weitherzigkeit das Evangelium als Gottes Wort zu geben. Großes wird noch zur endlichen Vollendung der Erlösung unser HErr Jesus Christus tun, »welchem«, so schließen wir mit Petrus, »sei Ehre und Gewalt von Ewigkeit zu Ewigkeit«! Amen.

Pfingsten
Die Ausgießung des Heiligen Geistes
Apg. 2, 1–18 (–21)*

Einleitung

Auslegung

1) Das Kommen des Heiligen Geistes auf die Jünger (V. 1–4)
   a) beim Alten und Neuen »Pfingsten« geht es um das Gesetz
   b) die sichtbaren und hörbaren Erscheinungen
   c) der Feuerglanz an Pfingsten und später

2) Die Wirkungen der Inwohnung des Heiligen Geistes (V. 4)
   a) das Zungenreden als missionarische Sprachengabe
   b) wie sich die Sprachengabe äußerte
   c) das Zungenreden in den Gemeinden
   d) andere und wichtigere Geistesgaben

3) Das Entsetzen der Juden (V. 5–13)

4) Das Auftreten des Petrus (V. 14–18) (–21)
   a) die erste große Rede des Petrus
   b) allg. Gedanken der Joel-Verheißung
   c) Näheres zu der Verheißung bei Joel
   d) das Tröstliche und Gerichtliche der Weissagung
   e) das Ziel der Joel'schen Verheißung

5) Beziehungen zu unserer Zeit
   a) das Fehlen der Verheißung im allgemeinen und die Folgen davon
   b) die Gültigkeit der Schrift gibt Hoffnung
   c) was ist im Fall einer Neu-Ausgießung zu bedenken?

Schluß

---

* Damit diese das Volumen einer Predigt ja weit sprengenden Ausführungen bei ihrer außerordentlichen Wichtigkeit einsichtiger und auch evtl. in Teilabschnitten gelesen und betrachtet werden können, ist ausnahmsweise eine übersichtliche Einteilung vorangestellt.

Pfingstfest
Die Ausgießung des Heiligen Geistes
Apg. 2, 1–18

Einleitung

Inhaltsangabe

Der Pfingstgeist ist Derselbe, den Jesus Christus bei Seiner Taufe empfing; durch Ihn, den von den Propheten und von Christus Verheißenen, wird der Gläubige zum Tempel Gottes und empfängt das Bewußtsein der Kindschaft. So wie damals haben wir Ihn nicht mehr. Auch wenn treue Jünger genug Heiligen Geist haben um überwinden zu können, erhoffen wir Seine Wiederkehr auf alles Fleisch zur Vollendung des Ganzen.

Ein großes Fest feiern wir heute, das aber viele heutzutage nicht zu würdigen wissen. Denn das, was den Aposteln und den ersten Christen durch den Heiligen Geist gegeben wurde, wird uns nicht mehr in gleicher Weise von oben mitgeteilt. Wir haben also das, was jene hatten, einfach nicht mehr und können uns deshalb auch nicht recht in das hineinversetzen, was sie hatten.

Wie groß aber die Gabe des Heiligen Geistes war, mögen wir an dem erkennen, daß sie dem Wesen nach dieselbe ist, welche der HErr selbst bei Seiner Taufe durch Johannes erhielt. Denn da fuhr der Heilige Geist gleich einer Taube herab und kam auf Ihn. Dieser Geist war es, der – wenn Er auch nicht so kam wie beim HErrn – in der ersten Zeit allen geschenkt wurde, die sich auf Jesus taufen ließen, nach dem Wort Johannes des Täufers: Der, der nach ihm kommen würde, werde mit dem Heiligen Geist und mit Feuer taufen. Wenn auch der HErr »den Geist nicht nach dem Maß« empfing (Joh. 3, 34), d. h. nicht bis auf einen gewissen Grad gleichsam zugemessen, sondern ohne Maß nach allen Seiten vollkommen, so war's doch wenigstens derselbe Geist: Mit Ihm empfingen die Christen etwas Persönliches aus Gott. Wenn am Pfingsttage die Jünger den Geist empfingen ohne Taufe, so kann man daran denken, daß alle, die Ihn empfingen, doch durch Johannes getauft waren und nun hierzu nachträglich den Geist vom Himmel her bekommen. So wurden später Samariter getauft, ohne den Geist zu empfangen, da dann durch die Handauflegung der Apostel auch der Geist ihnen zukam (Apg. 8, 13 ff.). Nur ausnahmsweise bekam Kornelius, der Heide, mit den Seinen den Heiligen Geist ohne vorausgegangene Taufe, da diese erst nachfolgen mußte (Apg. 10, 47 f.).

Ehe Jesus verklärt war, »war der Heilige Geist noch nicht da«, wie es heißt (Joh. 7, 39), d. h. noch nicht in den Jüngern, vielmehr bei Jesus allein. Damit Ihn aber die Jünger bekommen könnten, mußte Jesus zuerst Seinen Opfertod leiden, »ein Fluch wer den für uns«, wie Paulus sagt (Gal. 3, 13 f.), »auf daß wir den verheißenen Geist empfingen durch den Glauben«. Dieser Geist war auch vielfältig durch die Propheten verheißen wie durch Amos, wie wir nachher hören werden; denn auch durch Hesekiel, da der HErr sagt: »Ich will euch ein neues Herz und einen neuen Geist in euch geben. Ich will *Meinen* Geist in euch geben« (36, 26 f.). Auch Jesaja sagt (44, 3 f.): »Ich will Meinen Geist auf deinen Samen gießen und Meinen Segen auf deine Nachkommen, daß sie wachsen sollen wie Gras, wie die Weiden an den Wasserbächen.« Vermittelst dieses Heiligen Geistes, durch den Gottes Persönlichkeit sich in die Herzen einsenkt, werden die Empfänger »Tempel des Heiligen Geistes«, der »in euch wohnt«, sagt Paulus (1. Kor. 6, 19), »welchen ihr habt von Gott, und seid nicht euer selbst«, ja »Tempel des lebendigen Gottes« (2. Kor. 6, 16). Sie werden »der göttlichen Natur teilhaftig« (2. Petr. 1, 4). Und dieser Geist ist es, der uns sogar das Kindesgefühl zum Vater gibt, so daß wir uns eins mit Ihm fühlen als Kinder, die der Vater gezeugt hat und die rufen können: »Abba, lieber Vater!«

Wir können uns also nichts Größeres denken, als das ist, was der Pfingsttag gebracht hat. Denn es soll uns dem Wesen nach mit Gott verwandt machen, so daß wir nun auch Christus und Sein und Gottes Wort nicht bloß außer uns, sondern auch in uns hören und haben und daß wir als »Kinder so auch als Erben, nämlich als Gottes Erben und Miterben Christi« angesehen werden (Röm. 8, 17).

Mit Schmerzen vermissen wir nun freilich von der Apostel Zeiten an die volle Gabe des Heiligen Geistes. Wir können zwar nicht sagen, daß der Geist Gottes uns gar verlassen habe; aber Seiner Persönlichkeit in uns sind wir nicht mehr bewußt, so daß wir oft selbst Mühe haben, Seine Stimme von anderen Stimmen in uns zu unterscheiden. Die Treuen und Redlichen, die sich völlig im Glauben Jesus zuwenden, fühlen und haben wohl mehr in sich, und zwar genug, um es als Überwinder zum Anschauen Gottes zu bringen. Aber je geringer die Zahl solcher besserer Jünger Jesu ist in unsrer Zeit, desto mehr verlangt's uns nach dem Völligeren, damit es wieder ins menschliche Geschlecht, ja »über alles Fleisch«, komme und so die Erlösung der seufzenden Kreatur durchs Ganze hindurch vollendet werden möge. Es ist gar nicht möglich, daß Gott mit dieser größten und wirksamsten aller Gaben gegen das Ende hin zurückhalten könnte! Denn sie ist, wie wir deutlich merken können, unentbehrlich zur Vollendung des Ganzen. Harren wir des HErrn, der einmal Gegebenes nicht für immer zurückziehen kann und eine einst mit so großer Bestimmtheit für *alle* gegebene Verheißung nicht bis auf Weniges zurückgehen lassen kann! Er bleibt bei Seinem Worte. Harren wir Sein! Es wird gewiß wieder anders werden, ein abermaliges »Pfingsten« kommen zur Verherrlichung Gottes und des Namens Jesu – bis wir das Ende sehen, dessen wir warten!

Auslegung

Wir teilen die Geschichte der Ausgießung des Heiligen Geistes in vier Teile:
1) Das Kommen des Heiligen Geistes auf die Jünger (V. 1–4)
2) die Wirkungen der Inwohnung des Heiligen Geistes (V. 4)
3) das Entsetzen der Juden (V. 5–13)
4) das Auftreten des Petrus (V. 14–18)
5) Beziehungen zu unserer Zeit

1) Das Kommen des Heiligen Geistes auf die Jünger

(1) »Und als der Tag der Pfingsten erfüllt war, waren sie alle beieinander an einem Ort. (2) Und es geschah plötzlich ein Brausen vom Himmel wie eines gewaltigen Windes und erfüllte das ganze Haus, da sie saßen. (3) Und es erschienen ihnen Zungen, zerteilt, wie von Feuer; und Er setzte sich auf einen jeglichen unter ihnen. (4) Und sie wurden alle voll des Heiligen Geistes.«

Inhaltsangabe
a) Beim jüdischen Pfingstfest kam das Gesetz äußerlich an den Menschen heran, beim christlichen kam die Kraft der Erneuerung zum Gehorsam gegen das Gesetz in den Menschen. Voraussetzung war die Einigkeit der engeren und erweiterten Jüngerschar.
b) Die Wichtigkeit der Kundgebung Gottes zeigte sich wie beim alten Pfingstfest so auch beim neuen durch erschütternde Erscheinungen; doch waren sie beim neuen freundlicher.
c) Der Feuerglanz beim Geistempfang, allermeist durch die Taufe, dauerte wohl in der ersten Christenheit an; er verlor sich aber nach der Apostelzeit.

a) Es waren einst gerade fünfzig Tage vom Auszug der Kinder Israel – da das erste Ostern (Passah) gefeiert wurde – bis zur Gesetzgebung auf dem Berge Sinai. Und dieser Tag wurde von den Juden alljährlich als der »fünfzigste Tag« gefeiert, woraus unser deutsches Wort »Pfingsten« gebildet wurde. Auf denselben Tag – wie es heißt: »Als der Tag der Pfingsten erfüllt war«, d. h. erschienen war – kam dann der Heilige Geist auf die Jünger. Beim jüdischen Pfingsten kam das Gesetz durch den HErrn von außen her an das Volk; und das war das erste Testament. Jetzt aber kam das andere Testament, von welchem Jeremia gesprochen hatte, daß es nicht sein sollte wie das frühere, sondern ein neues, welches der HErr mit den Worten verhieß (Jer. 31, 31 ff.; Hebr. 8, 10): »Ich will geben Mein Gesetz in ihren Sinn, und in ihr Herz will Ich es schreiben; und will ihr Gott sein, und sie sollen Mein Volk sein.« Letzteres soll jetzt erst recht erfüllt sein, weil es mit dem ersten Testament nicht recht gelingen wollte. Beide »Pfingsten« hatten dasselbe Ziel: die Gesetze und Gebote Gottes in Vollzug zu bringen. Bei dem einen kam's auf die Tafeln zur Bewahrung für die, welche es hörten und lasen; und bei dem neuen kam es in die Herzen, den Gewissen unmittelbar übergeben. Unser Pfingsten repräsentierte also die höchste Offenbarung Gottes an die Menschen, da diese nicht mehr von anderen außerhalb ihrer selbst abhängig sein, sondern es unmittelbar vom HErrn bekommen sollten. In der angegebenen Verheißung heißt es ja auch weiter: »Und soll nicht lehren jemand seinen Nächsten noch jemand seinen Bruder und sagen: Erkenne den HErrn! Denn sie sollen Mich alle kennen, von dem Kleinsten bis zu dem Größten.«

Am Tage der Pfingsten nun heißt es, »waren alle einmütig beieinander«. Wenn es heißt: »alle«, sind doch zunächst die zwölf Jünger gemeint – Matthias war bereits statt des Judas gewählt –, von denen keiner fehlte, was aus Anregung des Geistes geschah. An sie aber hatten sich viele angeschlossen. Und deren Schar war, als Matthias zum Apostel gewählt wurde, bei 120 (1, 15). Wenn es dort schon heißt: »Diese alle«, und zwar die namentlich angeführten Apostel, »waren stets beieinander einmütig mit Beten und Flehen samt den Weibern und Maria, der Mutter Jesu, und Seinen Brüdern«, und gleich darauf der 120 gedacht wurde, so liegt darin ein Fingerzeig, daß eben diese alle auch an Pfingsten beieinander gewesen sein und mit den Aposteln die Gabe des Heiligen Geistes empfangen haben mögen. In den Morgenstunden des Tages waren wohl die meisten im Tempel gewesen, da sie auch fleißig »allewege« (Lukas 24, 53) waren; und bis neun Uhr morgens, um die dritte Stunde des Tages, hatten sie sich in einem besonderen Hause versammelt. Dieses muß sehr groß gewesen sein, wiewohl sie auch in den Gemächern des Hauses zerstreut gewesen sein konnten. Dagegen waren wohl mehr nur die Apostel oben auf dem Söller, wo sie in Sicht waren und von wo herab mit den zusammenströmenden Juden gesprochen werden konnte.

Lieblich ist es zu lesen, wie die Vielen immer in gehobener Stimmung beieinander waren, wenn sie sich zusammenfanden. Sie standen in Erwartung dessen, was kommen sollte, und beteten, ja flehten darum (1, 14). Denn sie fühlten, wie nötig ihnen das Verheißene war. Von Zwistigkeit und Uneinigkeit oder einer kühlen Stimmung gegeneinander war nichts bei ihnen zu sehen. Denn das zuletzt Erfahrene hatte sie innigst miteinander verbunden, so daß sie sich alle mit gleicher heiliger Liebe ansahen und nur eines im Auge hatten: Jesus, wie Er sich weiter offenbaren würde. Das war denn auch die Stimmung, bei welcher der HErr am liebsten zu ihnen kam und in vollem Maße das Verheißene geben konnte. Bei uns hielte es schwer, ihrer viele so im Glauben und in der Liebe und Hoffnung je irgendwo vereinigt zu finden. Und wenn sie auch oft um den Heiligen Geist miteinander bitten – wie denn auch eigene Betstunden dafür, selbst durch die ganze Christenheit angeordnet werden –, so mag es doch durchgängig an der Einstimmigkeit und Einmütigkeit fehlen. Ihrer viele – wo nicht gar alle in unsrer Christenheit – denken nicht entfernt an ein Ähnliches, wie es jene Versammelten hofften: an eine wirklich alsbald erkennbare Gabe, die vom Himmel kommen würde. Wir werden wohl auch nie eine größere Schar solcher Gläubigen zusammenbringen. Wenn denn auch eine Erneuerung des Heiligen Geistes erwartet wird, so wird sie kaum in auffallender Weise kommen – vielleicht auch, weil das einmal Gekommene nicht wieder in gleicher Weise zu kommen nötig hat, um unser eigen zu sein. Als einst die sichtbare Herrlichkeit Gottes, bestehend in einer Wolken- und Feuersäule, über der Stiftshütte und dem ersten Tempel verschwunden war, kehrte sie später nicht wieder zurück, sondern mußte unsichtbar gefühlt und geglaubt werden. So mag ein erneuertes Pfingsten, wenn es kommt, mehr nur in seinen Wirkungen als daseiend erkannt, denn in auffallenden Erscheinungen als kommend wahrgenommen werden.

b) Wie sich bei der Gesetzgebung die Wichtigkeit dessen, was der HErr vernehmen ließ, zu erkennen gab mit äußerlichen erschütternden Erscheinungen, »da sich ein Donner und Blitzen erhob und eine dicke Wolke auf dem Berge und ein Ton einer sehr starken Posaune, auch der ganze Berg Sinai rauchte, darum, daß der HErr herabfuhr auf den Berg mit Feuer und sein Rauch aufging wie ein Rauch vom Ofen, so daß der ganze Berg sehr bebte« (2. Mose 19, 16 ff.): so machte sich auch jetzt das Kommen der Gabe des Heiligen Geistes als ein Kommen des HErrn von oben her fühlbar. »Es geschah«, so heißt es, »schnell ein Brausen vom Himmel als eines gewaltigen Windes und erfüllte das ganze Haus, da sie saßen«. Ein Tosen und Brausen durchzog das Haus; und wenn es auch einem gewaltigen Winde glich, so war's doch nicht als von einem Erdbeben her, auch nichts mit Schaden bringenden Wirkungen begleitet. Vielmehr lag, so sehr es erschütterte, etwas Wohltuendes und Erquickendes darin, als sei's von der Nähe des HErrn, der mit Freundlichkeit komme. Wenn es heißt: »Es geschah schnell ein Brausen vom Himmel«, so muß dieses zuerst über dem Haus hörbar gewesen sein, ganz deutlich als von oben herab kommend; und vom Himmel her senkte sich der Ton des Brausens ins Haus herein, so daß es dieses ganz durchfuhr. Es war also eine große Feierlichkeit, mit welcher der Heilige Geist hereinzog und sich auf die Jünger setzte. Das Tosen und Brausen war weithin hörbar, was alsbald die Nachbarschaft herbeizog. So lesen wir: »Da nun diese Stimme geschah« – offenbar das Brausen, das gehört wurde –, »kam eine Menge zusammen«. Nicht in der Stille, nicht gleichsam heimlich und unmerkbar, sollte es kommen, sondern laut, frei, offenbar, nichts scheuend, so daß jedermann, Freund und Feind, den Eindruck bekommen konnte, daß wirklich etwas von oben kam. Zuletzt müssen ja alle auch die Stimme des Richters vernehmen – sei's zu ihrer Seligkeit oder zur Verdammnis!

Aber nicht nur hörbar war es, sondern auch sichtbar. Genau übersetzt heißt es weiter: »Und es erschienen ihnen zerteilte Zungen, wie von Feuer; und es setzte sich auf einen jeglichen von ihnen.« Mit dem Brausen kamen also auch feurige Zungen vom Himmel, wobei man an das Züngeln von Feuerflammen denken muß, das in die Höhe leckt. Diese züngelnden Flämmchen erschienen ihnen, wurden gegenseitig von ihnen gesehen, als von obenher kommend. Und wie das Brausen von oben her ins Haus fiel und dieses erfüllte, so kamen auch die Flammenzungen herab auf die Jünger und erfüllten diese und alle, die sonst im Haus betend beieinander waren. Bei dem HErrn Jesus kam der Heilige Geist in Gestalt einer Taube und blieb auf Ihm ruhen; und bei den Jüngern kam Er in Gestalt von Feuerzungen, die sich auf die Jünger niederließen und sie als eine geistige Macht durchdrangen. Ihre ganze Person stand denn in einem Feuerglanz, mit Feuerzungen, die über ihrem Haupt emporloderten. Es erinnert solcher Feuerglanz an den Glanz in des Mose Angesicht, der, als er vom Berge herabkam, so stark war, daß ihn die Kinder Israel nicht ertragen konnten, weswegen er eine Decke über sich legen mußte, bis der Glanz allmählich wieder aufhörte (2. Mose 34, 29 ff.). Hierher mag auch wohl des Johannes Wort zu beziehen sein, da er sagte, daß Der, der nach ihm komme, »mit dem Heiligen Geist und mit Feuer taufen würde« (Matth. 3, 11), d. h. mit dem Heiligen Geist, der in Feuersgestalt herniederkommen würde. Auf diese Weise »wurden die Jünger alle voll des Heiligen Geistes«.

c) In ähnlicher Weise, wenn nicht mit gleicher Stärke, muß in der Folge der Heilige Geist immer auf die gekommen sein, von denen es heißt, daß Er auf sie gefallen sei oder daß sie Ihn empfangen hätten. So war's bei den Samaritern – die nicht bei der Taufe, sondern erst nachträglich durch Handauflegung den Heiligen Geist empfingen – in dem Grade auffallend, daß ein Zauberer Simon, besonders darüber betroffen, dem Petrus Geld anbot, um sich die Macht zur Mitteilung des Heiligen Geistes zu erkaufen (Apg. 8, 13–19). Besonders auffallend fiel auch auf Kornelius und die, die bei ihm waren, der Heilige Geist, da die gläubigen Juden sich entsetzten, als die sahen, »daß auch auf die Heiden die Gabe des Heiligen Geistes ausgegossen ward«. (Apg. 10, 44 f.) Mindestens muß auch um sie herum ein Feuerglanz sichtbar gewesen sein. Dasselbe hat man sich zu denken, als später auf die zwölf Johannesjünger, welche Paulus taufte, »der Heilige Geist kam« (Apg. 19, 6), als er ihnen auch die Hände auflegte. Allmählich mag nicht immer die Taufe allein schon alles gegeben haben, weil die Handauflegung so große Bedeutung dazu hatte. Aber immer konnte man mit Bestimmtheit sagen, wer den Heiligen Geist empfangen hatte, und wer nicht; denn stets ging etwas Bemerkbares dabei vor. So schrieb Paulus an die Galater (3, 3): »Habt ihr den Geist empfangen durch des Gesetzes Werke oder durch die Predigt vom Glauben?« Daß sie Ihn empfangen hatten, wußten sie selbst und andere gewiß, weil man's an etwas Sichtbarem wahrgenommen hatte.

Daß übrigens der bei der Taufe oder Handauflegung bemerkbare Feuerschein bald – wenn auch ganz erst nach der Zeit der Apostel – aufgehört haben werde, ist mit Gewißheit anzunehmen, zumal sich mehr und mehr auch Unlautere zu der Gemeinde drängten. Mit dem Verschwinden der außerordentlichen Gaben des Heiligen Geistes ging auch das sichtbare Zeichen der Annahme vonseiten Gottes an Kindesstatt (Röm. 8, 14 ff.) verloren. Eine Wiederkehr läßt sich nur denken, wenn auch die Gaben sich wieder erneuern sollten. Der Feuerglanz übrigens zog sich, wo er gesehen wurde, fürs Gewöhnliche wieder zurück wie der Glanz in des Mose Angesicht, konnte aber zuzeiten bei besonderer Erregung durch den Heiligen Geist wieder hervortreten, wie wir deutlich bei Stephanus sehen, da es heißt (6, 15): »Und sie sahen auf ihn alle, die im Rat saßen, und sahen sein Angesicht wie eines Engels Angesicht«, ferner (7, 55): »Als er aber voll des Heiligen Geistes war, sah er auf gen Himmel und sah die Herrlichkeit Gottes und Jesus stehen zur Rechten Gottes, und sprach: Ich sehe den Himmel offen und des Menschen Sohn zur Rechten Gottes stehen.« Von außerordentlicher Wirkung muß in den ersten Zeiten schon diese äußere Erscheinung an Jüngern Jesu gewesen sein, wenn sie irgendwo in der Kraft des Heiligen Geistes auftraten. Denn schon ihr Anblick hatte etwas Überwältigendes. Allerdings konnte es auf andere, wie die vom Hohen Rat, als sie es an Stephanus wahrnahmen, auch umgekehrt wirken, so daß sie nur um so erbitterter und verbissener wurden, weil sie in keiner Weise etwas von Gott an den Jüngern Jesu haben und sehen wollten. Hierher gehört das Wort des Paulus (2. Kor. 4, 3 f.): »Ist nun unser Evangelium verdeckt, so ist's in denen verdeckt, die verloren werden, bei welchen der Gott dieser Welt der Ungläubigen Sinne verblendet hat, daß sie nicht sehen das helle Licht des Evangeliums von der Klarheit Christi, welcher ist das Ebenbild Gottes.«

2) Die Wirkungen der Inwohnung des Heiligen Geistes

(4) »Und sie wurden alle voll des Heiligen Geistes und fingen an zu predigen in andern Zungen, wie der Geist ihnen gab auszusprechen.«

Inhaltsangabe

a) Das Zungenreden als missionarische Sprachengabe

Wie an Pfingsten selbst, so dürfte die Geistesgabe des Zungenredens das im Reich Gottes die Babylonische Sprachenverwirrung aufheben sollte, auch bei dem Missionsdienst der Apostel mitgewirkt haben. Auseinandersetzung mit dem Zungenreden der Irvingianer. Der eigentliche Zweck des Zungenredens ist die Verbreitung des Evangeliums. Mit dem Schwinden dieser Gabe schwand wohl auch die nahe Hoffnung auf die Wiederkunft Christi.

b) auf welche Weise sich die Sprachengabe äußerte:

sowohl aufseiten der Jünger als auch auf der der Hörer. Dieses Wunder in Verbindung mit den Wundertaten der Apostel bewirkte die schnelle Verbreitung des Evangeliums. Was an Pfingsten geschah, gibt uns Hoffnung für die Endzeit.

c) Das gemeindliche Zungenreden

Etwas anders gestaltete sich in der Folgezeit das Zungenreden in der Gemeinde: Es bedurfte des Auslegers und hatte keine öffentliche Bedeutung, sondern nur ganz persönliche. Zwar hatte die Weissagung in gewöhnlicher Rede – die aber in rein menschliche Schönrednerei ausarten konnte – den Vorrang; doch hatte auch das Zungenreden Bedeutung als ein rein übernatürliches Offenbarungszeugnis der Gegenwart des HErrn.

d) Andere und wichtigere Geistesgaben

Der anderen vielfältigen Geistesgaben wird hier nicht gedacht; die wichtigste ist die Heilungskraft. Die Gaben an sich verbürgen nicht die Seligkeit, sondern vermehren zunächst die Verantwortung und bei Untreue die Gefahr des Verlustes der Seligkeit. Immer bleibt der Kampf der Heiligung das Wichtigste. Vielleicht hat Gott die großen Geistesgaben zurückgezogen, damit der Mensch unter der stillen Leitung des Geistes zu seinem Heil Gott fürchten lerne. Wenn sie wiedergegeben werden sollten zur Missionierung der Welt, so geschähe das nur zur Verherrlichung des Namens Jesu.

a) Das Zungenreden als missionarische Sprachengabe

Die nächste Wirkung der Inwohnung des Heiligen Geistes war also die, daß die Jünger »mit anderen Zungen« redeten. Der HErr hatte so nach Markus vorausgesagt (16, 17), daß sie »mit neuen Zungen« reden würden. Sonst heißt es nur, wenn der Heilige Geist auf Gläubige fiel – wie bei Kornelius und bei den Johannesjüngern, welche Paulus taufte –, daß sie »mit Zungen redeten« (Apg. 10, 46; 19, 6).

Eine rechte Anschauung von diesem Zungenreden haben wir nicht mehr, da diese Gabe von der Zeit der Apostel an durchaus fremd geworden ist. Eine gewisse Sekte zwar, die Irvingianer – die aber jetzt nicht mehr so heißen, auch keine Sekte sein wollen, sondern sich »Apostolische Kirche« nennen – will von dieser Gabe etwas verspürt haben. Aber alle ihre Berichte haben ein Unklares in so hohem Grade, daß man versucht ist, die Erscheinungen, auf die sie sich berufen, eher für dämonische zu erklären als für eine herrliche Gottesgabe. Ein Licht über das Zungenreden geben sie überall nicht. Man muß ihre Sache auf sich beruhen lassen auch als eine Winkelsache, die nie frei öffentlich vorgetreten ist. Dagegen ließ das Reden mit anderen Zungen an Pfingsten sich frei vor allerlei Leuten, Freunden und Feinden, hören. Jene aber sagen nur ein paar Worte, um alsbald auszuweichen und über alles herzufallen, was nicht sie selbst sind. Sie sagen hartnäckig durchaus nichts Sachliches von Bedeutung in allen ihren Schriften. Ihnen gegenüber ist durchaus nichts anderes möglich, als daß man entweder blindlings in ihr Wesen hineinfällt oder gar nichts nach demselben fragt. Wahrheit ist ja doch nur da, wo Licht ist; wo man aber alles nur in ein verworrenes Dunkel hüllt, da ist nicht Wahrheit!

Betrachten wir das Zungenreden, wie es in unsrem Texte hervortritt, so sollte es offenbar ein Mittel sein, die einst gekommene Babylonische Sprachverwirrung, wenigstens für das Reich Gottes, oder die Schwierigkeiten aufzuheben, welche der schnellen Verbreitung des Evangeliums infolge der vielen herrschenden Sprachen im Wege standen. Wenn die Apostel »in alle Welt« ausziehen und »alle Völker« taufen sollten, so konnte ihnen aller Mut dazu vergehen, wenn sie dachten, wie sie sich doch den verschieden redenden Menschen deutlich machen sollten! Wir sehen ja noch heutzutage, was für ein Übelstand es für die Missionare ist, überall unbekannte Sprachen anzutreffen – zum Teil solche, die noch gar nicht in die Schrift gebracht worden sind. Da erscheint es als ein besonders großes Wunder, wie die Apostel gleich in den ersten Jahrzehnten so weit mit der Verkündigung des Evangeliums kommen konnten. Man sagt wohl, die griechische Sprache sei allgemein bekannt gewesen. Aber dem war eigentlich nicht so, weil die Apostel sich mehr an die niederen Stände machten, die in den meisten Ländern – selbst in Kleinasien und noch mehr in Italien – nichts vom Griechischen verstanden. Um ein Beispiel zu geben: Man sagt, die heutige Bevölkerung der russischen Ostseeprovinzen sei eine deutsche – wobei man aber die viel größere Zahl der einst unterjochten Urstämme wie der Letten, Esthen, Finnen und anderer ganz übersieht, welchen man nur in ihren verschiedenen Ursachen predigen kann. So gibt's auch in England eine große Provinz, in welcher das niedere Volk nur einen englischen Urdialekt, nicht aber das heutige Englisch versteht. Ähnliche Beispiele könnten noch viele angeführt werden. Wenn denn nun auch Paulus seine Briefe wie den an die Römer und den an die Galater griechisch schrieb, so kann man sich das nur damit erklären, daß die Gabe des Zungenredens, welche in der Gemeinde bestand – wie sie nun auch immer sein mochte – solche Briefe allen verständlich machte.

Man nimmt an, daß das Evangelium von den Aposteln durch Persien und Mittelasien bis nach Indien gekommen sei; und große Völkerschaften im nördlichen Indien wurden damals schon christlich, wie es auf anderem Wege (dem Seewege) im südlichen Indien ganz besonders der Fall war. Von den letzteren sind die heute noch bestehenden Thomaschristen Zeugen. Was sollte doch ein Thomas in Indien ausrichten etwa

mit seinem unbeholfenen Aramäisch? Wie sollte er die komplizierten indischen Sprachen überwinden und mit dem Evangelium tief zu gehen imstande sein? Aber es gelang
den Aposteln überall – und nirgends hielt die Sprache auf! Es wurde auch nicht die
mindeste Bemerkung irgendwie gemacht, daß die Sprache ein Hindernis gewesen
wäre. Nach Illyrien, nach Spanien: überall will Paulus hin und hofft überall etwas auszurichten – völlig unbekümmert um die Sprachen, die er antraf! Denn er konnte sagen
(1. Kor. 14, 18): »Ich danke meinem Gott, daß ich mehr mit Zungen rede denn ihr
alle.«

Eben diese Gabe des Zungenredens war es auch, welche die Hoffnung unterhielt,
daß in kurzer Zeit das Evangelium zu allen Völkern gekommen sein würde und darum
die Zukunft des HErrn in früher Zeit zu erwarten wäre. Und man kann sagen: Von der
Zeit an, da diese Gabe aufhörte, sei auch der Zeitpunkt der Zukunft Christi in eine
Ferne gerückt worden. Wenn nun in unsrer Zeit von der oben erwähnten Seite (von
den Irvingianern) her die erneuerte Gabe des Zungenredens behauptet werden will, so
ist klar, daß man nichts davon halten kann, weil der eigentliche Zweck des Zungenredens nicht im mindesten dabei hervorgetreten ist: für die Verbreitung des Evangeliums
unter allen Sprachen behilflich zu sein. Überhaupt hat dort die erneuerte Gabe – sie
währt nun auch schon mehr als vierzig Jahre – gar keinen Einfluß von Bedeutung auf
das Reich Gottes gehabt – als daß man durch sonderbare Auslegung gewisser hinge-
stammelter Worte auf den Gedanken kam, das Reich Gottes könne nicht zum Ziel
kommen, ehe man nicht die ursprünglichen Ämter wieder habe: die der Apostel, der
Propheten, der Evangelisten und der Hirten. Diese Ämter haben sie nun unter sich,
denn sie machen ihre Anhänger beliebig zu dem, was sie wollen. Aber erreicht ist damit nichts, als daß des Zwiespalts und Haders, des Schmähens und Richtens innerhalb
der christlichen Kirche – und vor allem unter dem gläubigen Teil derselben – mehr geworden ist.

b) Auf welche Weise sich die Sprachengabe äußerte

Dies ist schwer zu sagen. »Sie fingen an«, so heißt es, »zu reden mit anderen Zungen, je nachdem der Geist ihnen gab auszusprechen«. Nachher heißt es: »Es hörte ein
jeglicher, daß sie mit seiner Sprache redeten.« Was sie redeten, waren »die großen Taten Gottes«, worunter das zu verstehen ist, was Gott durch Christus zum Heil der
Welt hat geschehen lassen. Man kann es nur so nehmen, daß sie wirkliche »andere«
und verschiedene Sprachen redeten, vom Geist angeregt, je nachdem sie Zuhörer
wahrnahmen, denen mit ihrer eigenen Sprache nahezukommen war. Man muß es sich
dann nicht gerade so denken, als ob sie die fremden Sprachen fließend gesprochen hätten. Sondern sie mögen nur kurze Sätze in denselben ausgesprochen haben, wobei anzunehmen ist, daß derselbe Geist, der es ihnen auszusprechen gab, aufseiten der Hörer
auch wirkte, gleich den tiefen Sinn der Worte zu verstehen und in ihrer Sprache wie-
derzugeben. Es war also immer ein doppeltes Wunder: Einerseits redeten die Jünger
anders als gewöhnlich und andererseits wurden die Zuhörer innerlich zum Verständnis des Gesprochenen angeregt. Den Zuhörern war ja das das Rätsel, daß sie hörten

»ein jeglicher seine Sprache, darinnen sie geboren waren«. Sie hörten's so; und daß sie das Gesprochene so hörten, als spräche man ihre eigene Sprache, war ihnen das Auffallende – während sie doch wußten, daß die Jünger alle aus Galiläa waren, welches der minder gebildete Teil Judäas war. Das Evangelium läßt sich im übrigen überhaupt mit ganz kurzen Sätzen vollständig sagen. Und dann kam es nur darauf an, daß der Geist Gottes diese kurzen Sätze für die Zuhörer befruchtete, um jenen Eindruck zu geben, der zur Umwandlung des Sinnes nötig ist. Es lief also beides nebeneinander: einerseits redeten die Jünger mit anderen Zungen, und andererseits hörten die Zuhörer alles so, als wäre es ihre eigene Sprache. Wenn denn auch nachher Petrus eine längere zusammenhängende Rede in ruhigem Tone hielt, so wurde auch diese Rede von allen, die da waren, verstanden – als hörten sie alle nur ihre besondere Sprache. Ein außerordentlich großes, menschlich nicht zu begreifendes Wunder war das. Und vermittelst dieser Gabe war, oder sollte sein, alle Verkündigung des Evangeliums in aller Welt ein fortgehendes Wunder, sofern alles, was Mensch war, hörte und verstand, was die Apostel redeten – wie immer diese auch reden mochten. Die Jünger selbst standen so überall da als lauter Wunder. Wenn sich dann die anderen Wunder dazugesellten, so darf man sich nicht verwundern über die großen Wirkungen, welche die Verkündigung des Evangeliums allerwärts hervorbrachte. Offenbar war es auch vom HErrn auf eine Eile abgesehen, mit der zur Vollendung des großen Erlösungswerkes gedrängt werden sollte. An der Treue aber mag's vielfältig gefehlt haben – und so wurde, wie wir schon öfters bemerken mußten, aus der Eile ein Verzug.

Wie wird's doch noch werden, wenn zuletzt das Evangelium vollends schnell zu allen Völkern kommen soll? Wir brauchen nicht darum zu sorgen. Der HErr hat am Tage der Pfingsten gezeigt, was Er vermag, um jeder Seele das zukommen zu lassen, was ihr zum Leben dienlich ist. Er wird alles herrlich hinausführen zum Ziele!

c) Das Zungenreden in den Gemeinden

Etwas anders gestaltete sich in der Folge das Zungenreden, wie es innerhalb der Gemeinde üblich war. Aus dem, was Paulus an die Korinther schreibt (1. Kor. 14), können wir mancherlei entnehmen. Von sich selbst sagt er, wie schon berührt (V. 18): »Ich danke meinem Gott, daß ich mehr mit Zungen rede als ihr alle.« »Aber«, setzt er hinzu: »ich will in der Gemeinde lieber fünf Worte reden mit meinem Sinn« – d. h. im allgemeinen in gewöhnlicher Rede –, »auf daß ich auch andere unterweise, als sonst zehntausend Worte mit Zungen«. Das Zungenreden war also da etwas für andere Unverständliches, denn es lag kein Bedürfnis dazu vor. Paulus sagt daher (V. 14): »So ich mit Zungen rede, so betet mein Geist; aber mein Sinn bringt niemand Frucht.« Denn der wird nämlich nicht mit Zungenreden verstanden, sondern nur nach gewöhnlicher Sprechart. Wer mit Zungen redete, bekam einen Eindruck des Geistes für sich selbst, sich zu bessern (V. 4) – und wenn es dabei blieb, hatte niemand weiter etwas davon. Nur stand es ihm frei, das, was er mit Zungen redete, auch auszulegen (V. 13); oder es mußte einer da sein, der das, was etliche mit der Zunge redeten, für alle auslegte (V. 27). War kein solcher Ausleger da, dem dies auch als besondere Gabe zukam, so sollte der, der mit der Zunge redete, in der Gemeinde schweigen und nur für sich selbst und Gott reden (V. 28). Wenn daher alle mit Zungen redeten und nicht auf eine Auslegung dabei achteten, so konnten Ungläubige, wenn sie in die Gemeinde kamen, nichts verstehen und sie alle für unsinnig halten. Dagegen konnten sonst (bei normaler Predigt) diese Ungläubigen durch Offenbarung des Verderbens ihres Herzens gestraft und gerichtet werden, so daß sie auf ihr Angesicht fielen, Gott anbeteten und bekannten, daß Gott wahrhaftig in ihnen sei (V. 24 ff.). Wir sehen also, wie die große Gabe der »Sprachen«, die zunächst für die Mission gegeben war, innerhalb der Gemeinden nicht unbekannt bleiben sollte. Hier aber bekam sie eine andere Bedeutung und Haltung: Sie sollte mehr zu eigener Erbauung und Besserung und einem persönlichen Verkehr mit Gott dienen. Sie blieb daher, wenn sie sich zeigte, anderen unverständlich, wenn nicht besondere Auslegung dazukam – eben weil das Gesprochene zunächst nicht für alle bestimmt war.

Die Besitzer der Gabe, mit Zungen zu reden, hatten nach allem, was Paulus sagt, ziemlich viel Freiheit in der Benutzung der Gabe. Sie konnten sie bei sich fördern oder zurückhalten, konnten angemessen und unangemessen sich dabei verhalten, konnten die Gabe auch für sich zu einem Verkehr mit Gott durch den Geist zum Zweck eigener Besserung benutzen. Eben deswegen konnten sie auch Fehler machen, Mißbrauch mit der Gabe treiben, unrecht handeln, aufdringlich sein mit ihrer Gabe, auch störend werden für die anderen. Solches alles war möglich, weil sie nicht bloße Maschinen für unwillkürlich kommende Eingebungen sein sollten. So konnten sie auch nach der Gabe streben oder sich gleichgültig gegen sie verhalten; sie konnten auch »zur Unzeit« mehr Gewicht gerade auf diese Gabe legen – als etwa auf die Weissagung, die in gewöhnlicher Rede geschah und in den Gemeinden je nach Umständen größeren Wert hatte (14, 1). Immer kam viel an auf Treue, Aufmerksamkeit auf den Willen Gottes, auch Liebe gegen andere (1. Kor. 13); und Besitzer der geistlichen Gabe, die es hierin fehlen ließen, konnten sich große Verantwortung zuziehen und Gefahr laufen, trotz der Gabe an jenem Tage nicht »erkannt zu werden« (Matth. 7, 22 f.).

Das Zungenreden hatte doch für die Gemeinde eine nicht geringe Bedeutung, auch wenn die Weissagung in gewöhnlicher Rede vorrangig war. Wenn immer in gerader, freier, natürlicher Rede gesprochen wird, bekommt man nicht so leicht den Eindruck einer Eingebung von oben. Wenn aber Worte ausgesprochen werden, welche anderen nicht verständlich, aber doch durch Auslegung klar wurden, so war der Eindruck von Eingebung sicherer. Auch wenn der mit Zungen Redende sich selbst besserte, allein mit Gott redete, wurde ihm selbst dadurch der wirkliche Verkehr mit dem HErrn klar. Und es wurde ihm mithin leichter, das ihm Zukommende als eine Offenbarung aufzufassen, der er volles Gehör zu schenken habe, als wenn er sich vorstellen mußte, durch einfaches Nachdenken zu seinen Gedanken gekommen zu sein. Alle Rede wurde durch das Zungenreden über die Gewöhnlichkeit, über das Natürliche emporgerückt ins Übernatürliche und Göttliche. Und so wurde ein allerwärts gefühltes Wandeln des HErrn inmitten der Gemeinde repräsentiert. Die Schönrednerei wurde durch das Zungenreden ganz unmöglich gemacht. Und wer weiß es nicht, wie jene nur zu häufig schädliche Wirkung hat, weil sie alles zu sehr vermenschlicht und ihm den göttlichen Charakter und Ursprung raubt, so daß auch mehr Ehre den Menschen zukommt als Gott.

d) Andere und wichtigere Geistesgaben

Von anderen geistlichen und außerordentlichen Gaben, die mit der Ausgießung des Heiligen Geistes ins Leben traten und derer Paulus oft in seinen Briefen gedenkt (vgl. 1. Kor. 12), redet Lukas in unsrem Text nicht, weil er nur die Tatsache der Ausgießung erzählen wollte. Aber mancherlei Gaben, Ämter, Kräfte wurden gleichzeitig in verschiedenster Weise ausgeteilt; und »in einem jeglichen sollten sich die Gaben des Geistes erzeigen zum gemeinen Nutzen« (1. Kor. 12, 7). Doch auch des Wichtigsten, das mit der Geistesausgießung verbunden war, nämlich der Heiligungskräfte, hier besonders zu gedenken, hatte Lukas nicht Veranlassung. Wir wissen aber nach vielen Stellen der Schrift, auch nach den Äußerungen des HErrn selbst, wie der Heilige Geist der Wahrheit sein sollte, der in alle Wahrheit führt; wie Er innerlich heiligen und zu allem guten Werk tüchtig machen; wie Er zur Erneuerung des ganzen Menschen und zur Umbildung in das Ebenbild Gottes dienen, überhaupt die Gottähnlichkeit nach allen Seiten wirken; wie Er auch Frieden geben, der Vergebung der Sünden versichern, die Kindschaft mit Gott befestigen und die Hoffnung des ewigen Lebens versiegeln solle: daß hierin alles von Gott gewollte mit freiem Willen geschehe, vor allem die Kreuzigung des Fleisches samt seinen Lüsten und Begierden, das durfte keiner außer acht lassen, dem die hohen Gaben zukommen. Nur so konnte er einmal – da ja bis dorthin »die Weissagungen aufhören werden und die Sprachen aufhören werden und die Erkenntnis aufhören wird« – vor dem Thron Gottes etwas haben, mit dem er vor dem HErrn bestehen kann, damit ihm nicht, »wenn er nicht hat, auch das genommen werde, was er hat.«

Paulus läßt es überall deutlich durchblicken, wie alle außerordentlichen Gaben dem, der sie hat, die Seligkeit noch nicht gerade verbürgen. Das ist schon darum der Fall, weil von dem, dem viel gegeben ist, auch viel gefordert werden wird. Es konnte nämlich ein Gläubiger im Namen Jesu viel tun, auch große Wunder verrichten – und doch nicht einmal frei werden von niedrigen Leidenschaften! Das soll nicht mechanisch, gleichsam zwangsweise von oben her durch den Geist werden. Sondern jedem bleibt sein freier Wille, alles Empfangene zu dem in Anwendung zu bringen, daß er »prüfen sollte, welches da sei der gute, der wohlgefällige und der vollkommene Gotteswille« (Röm. 12, 2). Hierin kann er treu und untreu sein. Er kann mit allem auch sich selbst dienen oder Gott. In dem Besitz der Gaben liegt somit eine große Gefahr, als der, der sie hat, sich gerne etwas darauf zugut tut – meinend, er sei nun unter den Ersten im Himmelreich! Aber wie ernst wird der HErr einmal mit allen denen reden, die, statt auf den Geist, den sie empfangen haben, auf das Fleisch säten! (Gal. 6, 7 f.) Wie mag auch gerade das, daß es mit der Christenheit im allgemeinen so wurde, daß sie die empfangenen Gaben nicht für das innere Leben verwertete, Ursache gewesen sein, daß der HErr die außerordentlichen Gaben wieder zurückzog. Dadurch sollten die Christen lernen, ohne sie – immerhin unter dem verborgenen Einfluß des Heiligen Geistes – sich in die Furcht Gottes hineinzuleben und hineinzuringen, um für sich wenigstens des ewigen Lebens gewiß zu werden, das ihnen unter dem Besitz der Gaben zu entrinnen drohte. Freilich ging aber damit auch die Macht verloren, das Unbekehrte durch alle Völker der Erde hin zu gewinnen. Um letzteres nun doch auch noch zum großen Ziele hin zustande zu bringen: Was wird der HErr etwa wieder tun? Sollten die Gaben etwa irgendwie – wenn auch anders gehalten als im Anfang – wiederkehren, so dienen sie wieder nur zur Verherrlichung und Anerkennung des Namens Jesu in aller Welt. Aber der Kampf und die Sorge um die eigene innere Vollendung und Heiligung bleibt für jeden stets dasselbe. Wer dieses versäumt, kann auf jenen Tag alles verlieren – wer er auch sei! Solche Betrachtungen lehren aufmerken!

3) Das Entsetzen der Juden

(5) »Es waren aber Juden zu Jerusalem wohnend, die waren gottesfürchtige Männer aus allerlei Volk, das unter dem Himmel ist. (6) Da nun die Stimme geschah, kam die Menge zusammen und wurde bestürzt; denn ein jeder hörte sie in seiner eigenen Sprache reden. (7) Sie entsetzten sich aber, verwunderten sich und sprachen: Siehe, sind nicht diese alle, die da reden, aus Galiläa? (8) Wie hören wir denn ein jeglicher seine Sprache, darin wir geboren sind? (9) Parther und Meder und Elamiter, und die wir wohnen in Mesopotamien und in Judäa und Kappadozien, in Pontus und der Landschaft Asien, (10) Phrygien und Paphylien, in Ägypten und der Gegend von Libyen bei Kyrene und Ausländer von Rom, (11) Juden und Judengenossen, Kreter und Araber: wir hören sie in unsren Zungen die großen Taten Gottes reden! (12) Sie entsetzten sich aber alle und wurden bestürzt und sprachen einer zu dem andern: Was will das werden? (13) Die andern aber hatten ihren Spott und sprachen: Sie sind voll süßen Weins!«

Inhaltsangabe
Das Pfingstgeschehen sollte allgemeines Aufregen bewirken, denn seine Botschaft gilt allen. Nun sollte die Predigt von Jesus und Seinem Heil öffentlich erfolgen. Die Zuhörer aus vielen bekannten Ländern waren für die Apostel ein Hinweis auf den Umfang ihrer zukünftigen Missionsarbeit und auf die »große Schar« am Ende aller Zeiten.

Hier finden wir zunächst das große Erstaunen beschrieben, welches allerwärts entstand, Juden aus allerlei Volk, das unter dem Himmel ist, waren eben des Festes wegen anwesend in Jerusalem. Sie heißen »gottesfürchtig«, weil sie zur Feier des Festes gekommen waren. Das Haus, in welchem die Jünger saßen, muß an einem belebten Ort gelegen gewesen sein. Indessen konnten die Leute auch aus weiterer Ferne zusammengeströmt sein, da das vom Himmel senkrekcht herabkommende Tosen und Brausen gewaltig gewesen sein muß, und zwar so, daß jedermann die Richtung dorthin einschlug, wo sich's konzentrierte. Und weil man da gleich der Jünger ansichtig wurde, die sich durch einen Feuerschein bemerklich machten, so blieb gleich alles, was der Sache nachgehen wollte, eben hier stehen.

Die große himmlische Gabe sollte nicht heimlich und unmerklich kommen, sondern so, daß es eine große Aufregung gab und die Sache sich von Mund zu Mund verbreiten konnte. Denn das Kommende war ja etwas für jedermann, wie Petrus nachher zu den Versammelten sagte (V. 39): »Denn euer und eurer Kinder ist diese Verheißung und aller, die ferne sind, welche Gott, unser HErr, herzurufen wird.« Früher, solange der HErr selbst unter den Jüngern war, hatte Er sie viel im stillen unterwiesen; und manches mußten sie einstweilen für sich behalten. Sie durften schon nicht einmal aussagen, daß Jesus der Messias sei; sie durften nichts von der Verklärung auf Tabor sagen, und so manches mehr, das vorerst nicht ohne Nachteile öffentlich werden konnte. Jetzt aber ist die Schranke durchbrochen. Jetzt soll das, was Jesus ihnen sagen will, Gemeingut der Menschen werden. Und jetzt mußten sie mutig auftreten als solche, die aller Welt zu sagen hätten, was sie wußten und ihnen anvertraut war – mochten die Folgen sein, welche sie wollten! Ohne im mindestens vor dem Hohen Rat, den Schriftgelehrten und Pharisäern sich zu fürchten, redeten sie gleichsam in Entzückung von den »großen Taten Gottes«, die aller Welt zugut kommen sollten. Da ging buchstäblich in Erfüllung, was der HErr zu Seinen Jüngern einst gesagt hatte (Matth. 10, 26f.): »Darum fürchtet euch nicht vor ihnen. Es ist nichts verborgen, das nicht offenbar werde; und es ist nichts heimlich, das man nicht wissen werde. Was Ich euch sage im Finsteren, das redet im Licht, und was ihr hört in das Ohr, das predigt auf den Dächern.«

Die Schar der Versammelten war ein buntes Gemisch von Leuten aus allerlei Nationen, wie wenn ein Überblick über ihre Zukunft den Aposteln gegeben werden sollte, als hieße es: »Sehet, das sind die Leute, zu denen ihr ausgehen und denen ihr predigen sollt!« Die Versammelten waren – neben manchen »Judengenossen«, wie man judenfreundliche Heiden nannte – meist Juden, welche bekanntlich damals schon in aller Welt zerstreut waren als Ausländer, die im Ausland ihren festen Wohnsitz hatten. Dort waren sie auch von früher ausgewanderten Eltern geboren, wie es heißt: »Wie hören wir denn ein jeglicher seine Sprache, darinnen wir geboren sind?« Sie hatten da, wo sie wohnten, sich an die Landessprache gewöhnt, meist so, daß sie die jüdische kaum mehr verstanden. Die Länder, woher sie kamen, werden mit Namen genannt: Zuerst werden angeführt die gegen Morgen (Osten) wohnenden Parther und Meder und Elamiter und weiter die von Mesopotamien, zwischen dem Euphrat und Tigris. Dorthin kam denn auch wirklich das Evangelium frühzeitig, ja weiter hinaus bis nach Indien. Eben dort waren die Sprachen ganz verschieden von den in Judäa gesprochenen; und vor allem das Griechische war fast ganz unbekannt. Dann nennt Lukas Judäa und im Anschluß an dieses Völkerschaften von Kleinasien, wo später Paulus den Anfang mit der Verkündigung des Evangeliums machte, wie Kappadozien, Pontus, die Provinz Asia, Phrygien und Paphylien. Die meisten dieser Stämme hatten eigene ganz besondere Sprachen, in welchen das Volk als solches fast ausschließlich redet (vgl. Apg. 14, 11, wo des Lykaonischen gedacht wird). Dann erwähnt Lukas noch Ägypten, Lybien und Cyrene, am mittelländischen Meere hin, wo gleichfalls bald das Evangelium vielen Eingang fand. Auch Ausländer von Rom, d. h. Juden, die ganz in Rom wohnten, werden genannt. Und neben Juden und Judengenossen auch Kreter von der Insel Kreta im Mittelmeer und Araber, südlich von Judäa gelegen. Daß das Evangelium durch Paulus nach Kreta kam, wissen wir aus dem Brief des Paulus an Titus (1, 5); und auch unter den Arabern machte Paulus einen Anfang (Gal. 1, 17). Doch wurde Arabien nie ganz vom Evangelium durchdrungen, weswegen es da im siebten Jahrhundert einen Mohammed möglich war, ein Gemisch von Judentum und Christentum, entstellt durch herkömmliche Wahnvorstellungen, zu einer neuen Religion gestalten zu können, die der christlichen in vielen Ländern große Einbuße brachte – vor allem alle vorhin genannten Länder erfüllte und zum Teil ganz entchristlichte.

Das waren die Versammelten. Ihre Anzahl muß sehr groß gewesen sein, wenn aus ihnen gleich am selben Tage Dreitausend getauft wurden. Das nächste, was die Zuströmenden zu erkennen gaben, war ein Entsetzen – weniger über das, was sie sahen, als über das, daß sie alle sich in ihrer Sprache angeredet fanden. Sie wußten, daß die Jünger aus Galiläa waren; und so war ihnen die Erscheinung völlig unerklärlich. Sie sahen einander an und merkten, daß alle verstanden, was die Apostel redeten, und daß das, was diese redeten, tiefen Eindruck auf alle machte. Sie wurden irre, d. h. sie konnten sich's nicht erklären und dachten, ob es wohl mit ihnen selbst nicht richtig stünde! So war denn auch ihre Frage natürlich: »Was soll das werden?« Indessen gab es auch widrige Zuhörer – wohl solche, die von Jesus schon gehört hatten und wider Ihn gestimmt waren –, die auf das, was sie hörten und sahen, nichts hielten und spöttisch sagten: »Sie sind voll süßen Weines!« Übrigens zeugen auch solche Spottreden oft von einem (starken) Eindruck, den man empfangen hat – den man nur nicht aufkommen lassen will!

Wie schnell hatte sich doch da etwas Großartiges gestaltet; und wie wundersam mag's den Jüngern, die zum ersten Mal das sahen, zumute gewesen sein, wenn sie die Scharen vom Söller ihres Hauses aus überblickten! Wir aber werden unwillkürlich erinnert an »die große Schar«, welche Johannes im Gesicht sah (Offb. 7, 9 f.) und von welcher er sagt: »Darnach sah ich, und siehe, eine große Schar, welche niemand zählen konnte, aus allen Heiden und Völkern und Sprachen vor dem Stuhl stehend und vor dem Lamm, angetan mit weißen Kleidern und Palmen in ihren Händen, schrien mit großer Stimme und sprachen: Heil sei Dem, der auf dem Stuhl sitzt, unsrem Gott, und dem Lamm!«

4) Das Auftreten des Petrus (V. 14–18) (–21)

(14) »Da trat Petrus auf mit den Elfen, erhob seine Stimme und redete zu ihnen: Ihr Juden, liebe Männer, und alle, die ihr zu Jerusalem seid, das sei euch kundgetan, und lasset meine Worte zu euren Ohren eingehen. (15) Denn diese sind nicht trunken, wie ihr wähnet, ist es doch erst die dritte Stunde am Tage; (16) sondern das ist's, was durch den Propheten Joel zuvor gesagt ist (Joel 3, 1–15): (17) ›Und es

soll geschehen in den letzten Tagen, spricht Gott, da will Ich ausgießen von Meinem Geist auf alles Fleisch; und eure Söhne und eure Töchter sollen weissagen, und eure Jünglinge sollen Gesichte sehen, und eure Ältesten sollen Träume haben; (18) und auf Meine Knechte und auf Meine Mägde will Ich in jenen Tagen von Meinem Geist ausgießen, und sie sollen weissagen.‹«

(19) (»Und Ich will Wunder tun oben am Himmel und Zeichen unten auf Erden: Blut und Feuer und Rauchdampf; (20) die Sonne soll sich verkehren in Finsternis und der Mond in Blut, ehe denn der große Tag der Offenbarung des HErrn kommt. (21) Und soll geschehen: Wer den Namen des HErrn anrufen wird, soll gerettet werden«).

Inhaltsangabe

a) *Petrus hält seine erste große Rede, um die seltsamen Erscheinungen zu erklären, die Jünger von dem Verdacht der Trunkenheit, die Sache selbst von dem der Schwärmerei zu bewahren, indem er auf die Tageszeit und die prophetische Verheißung verweist. Diese besagt, daß Gott bereit ist, nach größten Nöten und Entbehrungen mit Seinem Geist die höchste aller Gaben zu geben.*

b) *Allgemeine Gedanken der Joel-Verheißung:*
Hier sind wieder irdische Geschehnisse und Aussagen Hinweise auf geistliche. Im Wesen ihrer Größe liegt die Allgemeingültigkeit für alle Menschen. Wie die Heuschreckenplage voranging, so fand sich Verderben vor dem Kommen des Heiligen Geistes, und so wird es auch in unserer Zeit geschehen.

c) *Näheres zu der Verheißung bei Joel:*
Die Prophetie meint »die letzten Tage«. Bisher ging von Abraham über Mose, David und Propheten bis zu Christus eine stufenweise Offenbarung Gottes »von außen« an die Menschen; nun kommt sie durch den Geist »innerlich« – bis sie sich beim Wiederkommen Christi beidseits vollendet.

d) *Das Tröstliche der Weissagung für die Freunde, das Gerichtliche für die Feinde Gottes*
A) Der Heilige Geist wird der Lehrer zur Erleuchtung, worin auch – aber nur als Mittel zur Sache und nicht unbedingt nötig – die ursprünglich vorhandenen »außerordentlichen Gaben« eingeschlossen waren. Dabei sollen aber nicht neue Offenbarungen kommen, sondern nur Verständnis für die alten. Ein Haschen nach außerordentlichen Vorgängen kann zu großen dämonischen Verirrungen und Verblendungen führen, wie auch schon zur Apostelzeit.

B) Das gerichtliche Wirken zielt auf die Umkehr der Widerstrebenden zu Buße und Rettung.

e) *Das Ziel der Joel'schen Verheißung*
ist der anrufende rettende Glaube an Jesus Christus aufgrund der Buße zum Empfang des Heiligen Geistes durch die Taufe, wie es Petrus am Ende anweist. – Das gilt und geschieht noch heute – ob in stiller oder, wie damals, in außerordentlicher Weise.

a) Die erste große Rede des Petrus

Im Anfang bestand alles Reden der Apostel mehr in kurzen, abgebrochenen Sätzen und feierlichen Ausrufungen, ohne daß es an die Leute besonders gerichtet gewesen wäre. Sie redeten von den »großen Taten Gottes«, also von der großen Erlösung, die durch Christus eingeleitet sei, und von den zukünftigen Herrlichkeiten, die mit ihr verbunden sein würden; auch von den Wunderwegen, die Gott eingeschlagen hatte, damit es so würde. Mitunter mag auch eine Frage vonseiten der Menge – die sich im übrigen begreiflicherweise still verhielt – an die Redenden gerichtet worden sein, was denn das alles zu bedeuten habe, was da vorgehe? Und man hörte sie sagen: »Was will das werden?« Darunterhinein wurde auch den Aposteln bei der sonstigen Stille die Spottrede einzelner hörbar.

Dies wurde Veranlassung, daß jetzt Petrus als Redner auftrat – zum ersten Male in seinem Leben! Man sieht es, wie gehoben er war und wie mutvoll und tüchtig, auch gewandt und klar, um vor vielen ein mächtiges Wort zu reden. Weil es heißt: »Er trat auf mit den Elfen«, so müssen diese um ihn herumgestanden sein, so daß er als Repräsentant aller erschien, der nur das sage, was sie auch sagen würden. »Er hob seine Stimme«: er stellte sich nun hin als einer, der eine Rede halten wolle; er winkt wohl auch dabei mit der Hand, bis alles Ohr wurde. So begann er denn auch mit einer umständlichen Anrede. Wie wir oben schon sagten, so wurde er auch hier von allen verstanden, und zwar so, als spräche er zu jedem besonders in seiner Sprache – wie das nun auch sein mochte.

Es handelte sich darum, die ganze Erscheinung, die sich den Zuhörern darbot, zu erklären und den Eindruck zu geben, daß es nicht etwas Seltsames und Schwärmerisches wäre, das da vorging – dagegen etwas, das alle anginge und allen in gleicher Weise widerfahren könne. Vor allem weist er den Verdacht ab, als ob er und die, die bei ihm waren, sich im Zustand der Trunkenheit befänden. Durchschlagend war da das einfache Wort: »Ist es doch erst die dritte Stunde am Tag!«, nämlich morgens 9 Uhr, um welche Zeit niemals Betrunkene gesehen wurden. Dann geht er gleich darauf über zu erklären, wie jetzt eine große Verheißung der Propheten in Erfüllung gehe, die Zuhörer also die Erscheinung als von Gott kommend wichtig zu nehmen hätten: Endlich werde das, worauf alles Volk bisher mit Sehnsucht gewartet habe, erfüllt, so daß ein neuer Geist alles Volk beleben würde, um das Heil, welches alle Offenbarung zum Ziel hatte, zu seiner Vollendung zu bringen.

Petrus geht von dem aus, was der Prophet Joel (3, 1 ff.) einst geweissagt hatte. Joel hatte in seiner Schrift vorher eine Heuschreckenplage geschildert, wie sie zu seiner Zeit einmal, um 750 vor Chr., im Gelobten Land besonderen Schaden angerichtet hatte, da alles Grüne durch das ganze Land hin vollständig aufgezehrt wurde. Er erwähnt vier Arten von Heuschrecken, welche die Verstörung vollendeten und welche in unserer Bibel »Raupen, Heuschrecken, Käfer, Geschmeiß« genannt werden (Joel 1, 4). Der Prophet hatte weiter dargetan (2, 12 f.), wie dann, wenn alles sich von ganzem Herzen mit Fasten, mit Weinen, mit Klagen, mit Zerreißen der Herzen – statt der Kleider – zum HErrn bekehren würde, dieser – der ja »gnädig, barmherzig, geduldig und von

großer Güte sei und den bald die Strafe reue«, wie Er von sich zu Mose schon gesagt
hatte (2. Mose 34, 6) – alles wieder ersetzen würde, so daß es in nichts am Überfluß
fehlen werde. Dadurch würden sie erfahren, daß Er mitten unter Israel sei und daß Er,
der HErr, ihr Gott sei und keiner mehr; dann sollte auch Sein Volk nicht mehr zuschanden werden (2, 24 ff.). Nach der Schilderung nun des Guten, das Gott geben
werde, kommt Joel auch darauf, wie Gott schließlich die größte aller Gaben, Seinen
Heiligen Geist ausgießen werde. So hören wir auch den HErrn Jesus sagen (Luk. 11,
13): »So denn ihr, die ihr arg seid, könnt euren Kindern gute Gaben geben: wievielmehr wird der Vater im Himmel den Heiligen Geist geben denen, die Ihn bitten«, d. h.
der Gaben höchste.

b) Allgemeine Gedanken zur Joel-Verheißung

Vergegenwärtigen wir uns die Art dieser Prophetie näher mit Bezug auf das Wort
Joels (3, 1): »Und nach diesem will Ich Meinen Geist ausgießen über alles Fleisch.«
Das Eigentümliche der Prophetie ist, daß sie alles Geschehende ins Licht des Reiches
Gottes stellt und so alles ein Vorbild sein läßt für göttliche Dinge, welche das Höchste
sind, das ein Menschenherz begreifen mag. So ist es auch mit der Heuschreckenplage
und dem nachfolgenden Rückersatz. Die Verheerung durch Heuschrecken ist nicht
das Ärgste, was einem Menschen widerfahren kann; aber sofern sie das Leben des
Menschen bedroht, ihn völlig aufzureiben und in den Tod hinunterzuziehen scheint,
wird sie Vorbild des höchsten geistlichen Verderbens, das über einen Menschen
kommt. Ebenso ist Rückerstattung von Korn, Most und Öl (Joel 2, 24 ff.) nicht das
Höchste, was der Mensch von Gott haben kann. Aber sie stellt doch eine Rückkehr
vom Tod ins Leben vor, vom Fluch in die Gnade – und weist somit vorbildlich auf das
Höchste, das wirklich Gott geben will. So schildert denn Joel – oder vielmehr der
HErr durch ihn, denn nicht Joel, sondern der HErr redet – bei Erwähnung des äußeren Segens den höchsten Segen, den Er zu Seiner Zeit dem Volke zu geben zugedacht
habe, die höchste Gabe, die über alle Gaben ist. Diese läßt die äußeren Gaben, auch
wenn sie für dieses Leben die wichtigsten sind, als ein Nichts erscheinen. Denn Er will
nicht nur Gaben Seiner Hand darbieten, sondern sich selbst den Menschen als Gabe
vermittelst Seines Geistes, den Er ausgießen werde. Wie wurden doch dereinst die
Israeliten durch die zeitlichen Gaben von den Propheten stets so lieblich an die himmlischen erinnert! Wie sollten darum nicht auch wir bei allen zeitlichen Gaben, die Gott
schenkt, unseren Geist sich höher schwingen lassen vom Zeitlichen weg ins Himmlische, vom Vergänglichen weg ins Ewige!

Je größer aber die Gabe des Heiligen Geistes ist, desto weniger kann sie sich auf ein
einzelnes Volk wie Israel beschränken. Schon ihre Erhabenheit und Größe macht das
undenkbar. Wie sie nach ihnen in die Herzen volles Genüge gibt, so muß sie auch nach
außen sich ausbreiten – als fände sie in einem einzigen Volk nicht genug Gefäße, sich
ganz zu geben! Sie will also ihre Segnungen über »alles Fleisch«, über die ganze
Menschheit kommen lassen. Hat also Joel zuerst, solange er nur den zeitlichen Segen
schildert, stets nur Israel, »das liebe Land« (2, 21), »Sein Volk« (V. 26 f.) im Auge, so

heißt es, wenn er an die höchste Gabe kommt: »Ich will Meinen Geist ausgießen über alles Fleisch.« Sofort erweitert sich der Blick der Propheten über alle Völker der Erde, sobald das Höchste, das kommen soll, im Anzug ist. So beginnt einmal Jesaja mit den Worten (40, 1 ff.): »Tröstet, tröstet Mein Volk, spricht euer Gott, redet mit Jerusalem freundlich!« Als er aber an die Offenbarung der Herrlichkeit des HErrn zu reden kommt, sagt er: »Und ›alles Fleisch‹ miteinander wird sehen, daß des HErrn Mund redet.« Denn diese Herrlichkeit ist zu groß, als daß sie nur ein einzelnes Volk haben kann. In gleicher Weise hat Gott einst dem Volk eine schwere Sünde nicht vergeben können, ohne zu Mose zu sagen (4. Mose 14, 20 f.): »Ich hab's vergeben; aber so wahr als Ich lebe, so soll alle Welt der Herrlichkeit des HErrn voll werden.« Denn diese Herrlichkeit ist zu groß, als daß sie nur einem einzigen Volk auf die Vergebung hin zuteil werden kann.

Wie nun die zeitlichen Gaben Gottes hinzielen auf schließliche Spendung der höchsten Gabe, so hat auch die vorausgehende Heuschreckenplage – welche in vollständiger Aufzehrung alles dessen bestand, was der Mensch zum Leben bedarf – für die Weissagung ihre besondere Bedeutung. Sie stellt bildlich die der Ausgießung des Heiligen Geistes vorausgehende geistliche Not vor, die Macht einer feindseligen, alle Lebenskräfte verzehrenden Finsternis, wenn alles im Argen liegt und den satanischen Kräften preisgegeben scheint. Die Weissagung deutet also an: Wie dem überreichen Segen die Heuschreckenplage voranging, so werde der großen Gabe, die Gott sende, die größte geistliche Verderbnis vorangehen – eine Dürre in den Herzen, ein Ausgesogensein von allem geistlichen Leben, eine Versunkenheit in ungöttliches Wesen auf allerlei Weise. Eben dann, wenn alles Leben zu erlöschen scheint, alles verödet und verwüstet dasteht und wenn schmachtende Seelen lauter Hoffnungslosigkeit ergreift, werde die Zeit für die höchste Gnade und Gabe Gottes dasein, auf daß man's sehe, wie alle Hilfe allein von dem Gott Israels komme! So war's damals nach der Himmelfahrt Christi: Man kann sich kaum eine größere geistliche Dürre, eine von allem höheren Leben mehr ausgesogene Zeit durch alle Völker hindurch denken, als sie damals war. Denn es hatte auch alles menschliche Große gezeigt, daß es ohnmächtig ist, Heil und Befriedigung zu bringen.

Nun kam die große Verheißung eines neuen Geistes, die mit einem Male alles zu ändern versprach!

Wollten wir also auch in unsrer Zeit eine Erneuerung der großen Gabe des Heiligen Geistes erwarten, so wird sie eben dann eintreten, wenn das rechte geistliche Leben nahezu überall am Erlöschen ist, wenn überall der eigentliche Lebensborn versiegen will und alles in eine unaufhaltsame Tiefe zu versinken droht; wenn man auch Frömmigkeit übt, ohne Kräfte zu haben, sich aus seiner Armut und Armseligkeit emporzurichten; wenn alles gänzlich darniederliegt, so daß man sagen möchte wie Joel (1, 4): »Was die Raupen übriglassen, das fressen die Heuschrecken, und was die Heuschrecken übriglassen, das fressen die Käfer, und was die Käfer übriglassen, das frißt das Geschmeiß.« Aber dann darf, wer glauben mag, das Beste hoffen! Und so mögen wir eben jetzt unter der größten Hoffnungslosigkeit uns in einer Zeit fühlen, da wir nach der Verheißung das Höchste zu erwarten berechtigt sind: eine plötzliche Verwandlung des Fluches in Segen, der Ungnade in Gnade, des Todes in Leben, der Ferne Gottes in eine Nähe – durch erneuerte Ausgießung des Heiligen Geistes. Das solle geschehen, um auf den ernsten Tag, den Tag des Gerichts, der nahe ist, alles zuzurüsten zu einer größtmöglichen Errettung aus der Verdammnis (V. 21 vgl. Joel 3, 4).

c) Näheres zu der Verheißung bei Joel

Gehen wir über zur näheren Erklärung der Joel'schen Verheißung. Schon die Worte »Es soll geschehen in den letzten Tagen« – bei Joel selbst heißt es nur »nach diesem«, ein Ausdruck, der öfters in den Propheten vorkommt und stets auf das kommende Höchste, mithin Letzte, hinweist, weswegen die Tage, in denen es wird, die »letzten Tage« heißen –, deuten darauf hin, daß die Weissagung von der letzten Offenbarung redet, die Gott senden werde auf Erden. Stufenweise gingen diese Offenbarungen vorwärts, und zwar bisher von außen her an die Menschen kommend: bei Abraham, dem als einem einzelnen Mann Gott sich durch Erscheinungen offenbarte; bei Mose, dem die Offenbarungen durch den Engel des HErrn für ein ganzes Volk zukamen; ferner bei David, welcher der Vater des kommenden Heilands heißt; dann bei den Propheten, auf welche das Wort des HErrn fiel. Immer völliger wurde auf den Einen hingewiesen, in welchem sich alle Offenbarung vereinigen sollte. Dieser, das Fleisch gewordene Wort von Gott, wurde sodann der Vermittler der Offenbarung, nachdem es bisher die Engel gewesen waren. Aber auch durch Jesus kam's zunächst nur von außen her an die Menschen. Jetzt aber sollten sie alle von Gott unmittelbar gelehrt werden. Dies geschah durch den Heiligen Geist, dessen Ausgießung auf alle einzelnen Menschen in Joel verheißen ist. Eine höhere Stufe konnten die Offenbarungen auf Erden nicht erreichen. Denn von dem Heiligen Geist sagt auch der HErr (Joh. 14, 17): »Er bleibt bei euch und wird in euch sein.« Indessen steht doch noch über dem der Tat nach die Offenbarung der sichtbaren Herrlichkeit Gottes vom Himmel her, wie sie bei der Zukunft Christi stattfinden wird. Diese ist äußerlich und innerlich zugleich und nicht für dieses, sondern für jenes Leben. Denn sie schließt mit dem völligen Einswerden Gottes mit den Menschen zu ewiger Wonne und Seligkeit; da dann das Ziel erreicht ist, zu welchem überhaupt alle Offenbarungen führen sollten. Joel nun, mit seiner Weissagung auf das Ziel blickend – da er auch diejenigen im Auge haben muß, welche fortgehend Feinde Gottes geblieben sind und bleiben – deutet auch auf die gerichtliche Bedeutung der letzten Offenbarung hin und redet von »Blut, Feuer und Rauchdampf«, wie auch von »Verfinsterung der Sonne und des Mondes«, mit den Worten schließend: »Wer den Namen des HErrn anrufen wird, soll gerettet werden.« Auch dieses, was nicht mehr in unsrem Episteltext steht, führt Petrus in seiner Rede an (V. 19–21); und wir können's in der Auslegung nicht übergehen.

d) Das Tröstliche der Weissagung für die Freunde, das Gerichtliche für die Feinde Gottes

A) Das Tröstliche ist die Ausgießung des Heiligen Geistes, infolge deren Söhne und Töchter weissagen, Jünglinge Gesichte sehen, Älteste Träume haben sollen; auch

Knechte und Mägde, über welche gleichfalls der Heilige Geist kommt, sollen weissagen. »Weissagen, Gesichte, Träume« bezeichnen die Arten, wie einst Gott sich den Propheten mitteilte. Sie schließen jetzt im Neuen Bunde auch die außerordentlichen Gaben und Kräfte in sich, welche in der ersten Zeit vorhanden waren. Für gewöhnliche Zeiten aber hat man darunter – ohne daß sie nach dem Wortlaut einzutreten brauchten – auch die unmittelbare Erleuchtung zu verstehen, welche die Gläubigen alle von Gott bekommen sollen. Es soll ja hinfort nicht jemand seinen Nächsten noch jemand seinen Bruder lehren und sagen: »Erkenne den HErrn. Denn sie alle sollen Mich kennen vom Kleinsten an bis zum Größten.« Was also bisher mit vieler Mühe gelehrt werden mußte, ohne daß Auffassungskraft dafür genug vorhanden gewesen wäre, das soll von dem Heiligen Geist den Herzen deutlich gemacht werden, soweit sich's auf das Erkennen des HErrn zum Seligwerden bezieht. Dabei sind freilich auch Weissagung – tieferes Erkennen der Wahrheit nach dem Geist –, Gesichte und Träume nicht gerade ausgeschlossen; aber sie sind nicht notwendig. Ohne viele Umstände wird sofort vermittelst des Heiligen Geistes jedes fassen können, was nur mit kurzen Worten angedeutet wird. Dadurch sieht man, daß nicht Menschen die eigentlichen Lehrmeister sind, sondern der Heilige Geist – wenn jene auch nicht als überflüssig zu nehmen sind. Denn das stünde ja im Widerspruch mit der Gemeinschaft und gegenseitigen Handreichung, die unter Christen bestehen soll.

Neue fortgehende Offenbarungen sollen bei der angeführten unmittelbaren Erleuchtung *nicht* mit verheißen sein, sondern nur Verständnis für die alten. Drum sagt auch der HErr von dem Tröster, dem Heiligen Geist (Joh. 14, 26): »Derselbe wird's euch alles lehren und euch erinnern an alles das, das Ich euch gesagt habe«, ferner (Joh. 16, 14): »Derselbe wird Mich verklären; denn von dem Meinen wird Er's nehmen und euch verkündigen.« Die Mitteilungen des Heiligen Geistes enthalten keine neuen Aufschlüsse mehr – außer soweit sie etwa zum Abschluß der Geschichte des Reiches Gottes den letzten Kämpfern und Arbeitern nötig werden sollten. Es kann auch nichts dem Inhalt nach Höheres mehr geben als die bisher gegebenen Offenbarungen. Deswegen wird der Heiland auch nur »Propheten und Weise und Schriftgelehrte« senden, d.h. Propheten, die es als Schriftgelehrte sind (Matth. 23, 34). Wenn es schwärmerisch gesinnte Christen in unsren Tagen gibt, die mit Berufung auf Joel ein Hauptgewicht auf Weissagen, Gesichte und Träume legen – die ein wahrhaft Erleuchteter haben sollte! –, so irren sie sehr, indem sie nicht bedenken, daß das nur Mittel zur Sache, nicht die Sache selbst sind. Es sind Mittel, deren sich Gott nicht bedienen wird, wenn ohne sie genügende Erleuchtung, auch Fortgang und Vollendung des Reiches Gottes möglich ist. Ein Haschen nach solchen außerordentlichen Vorgängen kann zu großen dämonischen Verirrungen und Verblendungen führen. In der apostolischen Zeit war das Außerordentliche freilich mit dabei, weil's nötig war für die Verbreitung des Evangeliums. Was für die Zeiten gegen das Ende hin abermals an Mitteln nötig sein wird, wissen wir nicht. Aber zum Zeitvertreib, zum Phantasiespiel und dem Fürwitz zulieb, ohne Bedeutung für das Ganze, wird der Heilige Geist nie etwas Außerordentliches geben. Wo man überhaupt in jetziger Zeit – so wie sie jetzt ist – von vorhandenen

»Weissagungen«, von »Gesichten und Träumen« redet, da dürfen wir sicher darauf
rechnen, daß ein falscher Geist darunter waltet. Es haben ja schon in der apostolischen
Zeit falsche Geister sich kundgetan, wie es heißt (1. Joh. 4, 1): »Ihr Lieben, glaubet
nicht einem jeglichen Geist, sondern prüfet die Geister, ob sie von Gott sind; denn es
sind viel falsche Propheten ausgegangen in die Welt.«

B) Das Gerichtliche, von welchem bei Joel die Rede ist, lautet so (V. 19 f.): »Und Ich
will Wunder tun oben am Himmel und Zeichen unten auf Erden« – nämlich Zeichen
vom kommenden großen Tag –: »Blut, Feuer und Rauchdampf; die Sonne soll sich
verkehren in Finsternis und der Mond in Blut, ehe denn der große und offenbare« – bei
Joel: »schreckliche« – »Tag des HErrn kommt«. Klar ist es, daß hierunter allerlei
schwere Ereignisse verstanden sind, welche kurz vor der Entscheidung eintreten werden um der Feinde Gottes willen, die sich mit Übergewalt emporgemacht haben. Es
werden sein Krieg, Erdbeben, Städtebrände, unerhörte Naturerscheinungen, da selbst
große Veränderungen in der Gestalt und Haltung der Sonne und des Mondes vorkommen werden, wie wir's auch in der Offenbarung des Johannes beschrieben finden.
Wie aber die Gnadenbezeigungen durch den Heiligen Geist zur Buße helfen sollen auf
den kommenden Gerichtstag, so sollen es auch dergleichen Schrecknisse. Und wer
sich beugt und den Namen des HErrn anrufen lernt, d. h. sich zum HErrn nach Seinem Rat bekehrt, so schließt Joel, der wird selig werden. Daß die Menge derer, die
dem Gericht entkämen, recht groß werde, daraufhin wirkt Gott auf jede Weise. Und
wenn Er sich's, daß wir so sagen, soviel kosten läßt, um Seelen dem Gerichtseifer zu
entreißen, den die Gerechtigkeit erforderte, so geht daraus hervor, wie über die Maßen
schrecklich der Tag sein wird, der die Widerspenstigen zur Verdammnis spricht. Ach,
daß wir doch in Zeiten Buße täten, um den Heiligen Geist zu empfangen, »welchen
Gott gegeben hat und gibt denen, die Ihm gehorchen«! (Apg. 5, 32).

e) Das Ziel der Joel'schen Verheißung

Wir sehen, daß Joel über die Erscheinung Jesu hinüberblickt und von dem redet,
was sie zur Folge haben sollte, damit der Mensch dem zukünftigen Gericht entrinne.
Er spricht von dem, was ihn sicherstellen soll vor Gericht, was also in ihm gewirkt
werde, damit er als wahres Kind Gottes vor Gott stehen könne. Darauf hat auch Christus selbst Sein Augenmerk, indem Er es verlangt, daß man an Ihn glaube, um dann des
ewigen Lebens versichert zu sein. Er drückt das bestimmt aus mit den Worten (Joh. 5,
24): »Wer Mein Wort hört und glaubt Dem, der Mich gesandt hat, der hat das ewige
Leben, und er kommt nicht in das Gericht, sondern er ist vom Tode zum Leben hin-
durchgedrungen.« Also schließt auch Joel seine Weissagung mit den bereits angeführten Worten: »Wer den Namen des HErrn anrufen wird, soll selig werden« – was neu-
testamentlich übersetzt sagen will: »Wer in Christus, im Glauben und Vertrauen auf
Den, den Gott gesandt hat, den HErrn anrufen wird, soll vom Gericht befreit werden.« Wie aber auch der HErr Jesus im Menschen selbst die Zuversicht des Friedens
mit Gott festmachen und versiegeln will – und eben damit die Zuversicht der Befreiung
vom Gericht vermittelst des Heiligen Geistes, der tröstet und Frieden bringt –, so

weist schon der Prophet Joel auf den Heiligen Geist hin, der das machen würde. Denn Dieser soll denen, die den HErrn anrufen, das sicherste Gefühl der Gemeinschaft mit dem HErrn verleihen, bei welcher von keinem Gericht die Rede sein kann, das der Mensch zu fürchten hätte. Beides, die Versiegelung durch den Heiligen Geist und die Gerichtsvorgänge vor dem großen Tag des HErrn, faßt Joel in *ein* Gesicht zusammen, so daß bei ihm schon die Ausgießung des Heiligen Geistes, wenn sie erfolgen würde, die Nähe des kommenden Gerichts anzeigt.

Erwägen wir solches, so bot sich jetzt für die Zuhörer des Petrus – welche zugleich Zuschauer des wunderbaren Ereignisses waren – das dar, was vom Jüngsten Gericht befreien konnte: die höchste Gabe, welche Gott im Neuen Bunde geben wollte. Und diese zu bekommen, das sollte fortan aller Menschen Streben sein. Ihretwegen wird jetzt Buße und Vergebung der Sünden gepredigt, weil sie nur denen zukommen kann, die Buße tun und durch die Buße Vergebung der Sünden empfangen. Darum sagt auch Petrus am Schluß seiner ganzen Rede (V. 38 f.): »Tut Buße und lasse sich ein jeglicher taufen auf den Namen Jesu Christi, zur Vergebung der Sünden, so werdet ihr empfangen die Gabe des Heiligen Geistes« – und mit ihr die Befreiung vom kommenden Gericht –; »denn euer und eurer Kinder ist diese Verheißung und aller, die ferne sind, welche Gott, unser HErr, herzurufen wird.« So finden wir's immer in allen Reden, die in der Apostelgeschichte vorkommen: daß auf Buße und Vergebung der Sünden hingewirkt wird zum Empfang des Heiligen Geistes durch die Taufe, auf das nahe bevorstehende Gericht. Die Zuhörer des Petrus verstanden das auch sogleich und wurden tief erschüttert, weil sie merkten, daß das, was die Apostel erfuhren, auf das Gericht zielte, und daß sie und alle die, die sie in deren Kreisen sahen, nun als die dastanden, die von dem kommenden Gericht gesichert wären. Darauf bezogen sich auch die freudigen Ausrufungen, mit welchen sie die »großen Taten Gottes« aussprachen. Daher kam es, daß ihrer 3000 noch am gleichen Tage sich taufen ließen. Ähnlich war einst die Wirkung der Predigt des Johannes, als er von der »Taufe zur Vergebung der Sünden« predigte, damit man dem zukünftigen Zorn entrinnen möchte.

So hat denn auch alle Predigt des Evangeliums bis heute ihr Hauptgewicht in dem, daß jedermann zur Buße und Vergebung der Sünden kommen solle, um also die Versicherung der Gnade Gottes durch den Heiligen Geist zu empfangen – ob nun diese Versicherung mehr in stiller Weise wie zu unseren Zeiten gegeben werde, oder auf außerordentliche Art wie an Pfingsten. Alle Predigt soll, bis der HErr kommt, vor allem Bußpredigt sein auf das kommende Gericht hin und fort und fort jene »Stimme in der Wüste« repräsentieren, die da sagt (Jes. 40, 3–5): »Bereitet dem HErrn den Weg, macht auf dem Gefilde eine ebene Bahn unsrem Gott. Denn die Herrlichkeit des HErrn soll geoffenbart werden, und alles Fleisch miteinander wird sehen, daß des HErrn Mund redet.«

5) Beziehungen zu unserer Zeit

Inhaltsangabe
*a) Da der Heilige Geist nach Pfingsten nicht »auf alles Fleisch« ausgegossen wurde,
ist vieles anders geworden. Deshalb kam es bis heute wieder bis zu einem fast gänzlichen Versiegen des Evangeliums, seiner Kräfte und Ausblicke.*
*b) Die Verheißung der Schrift, »die doch nicht gebrochen werden kann«, läßt uns auf
erneutes großes Wirken des Heiligen Geistes hoffen.*
c) Was bei einer etwaigen Wiederkehr des vollen Heiligen Geistes zu beachten wäre.

a) Unterdessen ist ein langer Zwischenraum eingetreten zwischen der Ausgießung
des Heiligen Geistes und dem zukünftigen Gericht, oder, wie es jetzt im Neuen Bunde
zunächst heißt, der Zukunft des HErrn. Und solcher Verzug geschah darum, weil der
Heilige Geist nicht so schnell »auf alles Fleisch« ausgegossen wurde, wie Joel sagt,
d. h. weil noch nicht »allem Fleisch« das Evangelium oder die Predigt zur Buße und
Vergebung der Sünden so zugekommen ist, daß, wer nur immer wollte, den Heiligen Geist zur Befreiung vom Gericht empfangen konnte. Damit hat sich vieles gegenüber dem Anfang anders gemacht. Die Kräfte der Finsternis, welche eigentlich mit der
Ausgießung des Heiligen Geistes gleichzeitig im Menschen verdrängt werden sollten,
fanden doch nach und nach wieder Eingang in der Menschheit; und so mußte alle Sorgfalt der Besseren – besonders, als die Christen nach und nach in Völkergruppen da waren – angewendet werden, um in ihrer Mitte das Empfangene zu bewahren. Hierzu
gehörte schon die Predigt von dem seligmachenden Evangelium selbst. Ferner mußte
auch alle Sorgfalt darauf verwendet werden, um Träges vom Schlaf aufzurütteln, Er-
sterbendes zu wecken und Kräfte zu gewinnen, durch welche einzelne unter den Vielen zur Gewißheit des Lebens kommen sollten. Dies hatte zur Folge, daß die *Gaben*
des Heiligen Geistes – welche vornehmlich zur raschen Ausbreitung des Evangeliums
gegeben waren – gleichsam überflüssig wurden. Wichtig war, daß nur die stille Wirkung des Heiligen Geistes auf die verblieb, welche sich mit vollem Herzen Ihm gläubig
hingaben. Auch sonst noch hinderte vieles das Verbleiben der *Gaben.*
Daher kam es, daß der Blick aufs Ganze bei den einzelnen sich verlor und daß diese
sich mehr darauf angewiesen sahen, für sich selbst zu sorgen, damit ihnen die Hoffnung des ewigen Lebens bliebe. Außerdem wurde das Evangelium, welches das immer
mehr sich vollendende Reich Gottes geschichtlich machen sollte, zu einer Religion
umgewandelt, welche nur eine Anweisung zu bester Art der Gottesverehrung wäre –
ohne daß man besondere Geschichtsentwicklungen zur wirklichen Verklärung der
Menschheit von ihr erwartete. Begreiflicherweise verzog sich denn auch die Zukunft
Christi, und der Tod herrschte wie vorher. Drum lernte man's mehr und mehr – und
die Not drängte dazu –, nur auf ein seliges Sterben oder auf ein Sterben mit der Gewißheit des ewigen Lebens bei sich und anderen hinzuweisen. Das Gedenken an die Zukunft Christi aber trat zurück, und der Glaube an sie verschwand auch nahezu. Und
mit ihm verschwand auch der ernste Gedanke an die Nähe des zukünftigen Gerichts.

Das wiederum wiegte die Mehrzahl in eine Sicherheit. Deshalb ist die Predigt des Evangeliums nicht mehr imstande, die Früchte durchs Ganze hindurch zu tragen, die es bringen sollte. Mit der Buße hält es schwer bei Unzähligen – und darum auch mit der Gewißheit der Vergebung der Sünden. Unter den Christen ist dazu noch eine träge Sicherheit eingetreten – als sei's genug, getauft zu sein, zum Tisch des HErrn zu gehen und Glauben oder Bekenntnis im Munde zu haben. So ist nach und nach der traurige Zustand eingetreten, der in unsrer Zeit aufs höchste gekommen zu sein scheint. Denn nun erhebt auch der Unglaube mit immer größerer Dreistigkeit auf allen Seiten sein Haupt. Das Pfingstfest aber hat für Unzählige alle Bedeutung verloren; und in den letzten Jahren ist es im höchsten Grade betrübend, wie die Pfingstfesttage nur als Vergnügungstage angesehen werden, an welchen man weltlichen Lüsten alle Zügel läßt. So ist es bis auf heute fast zu einem gänzlichen Versiegen dessen gekommen, was der große Tag des ersten Pfingsten vom Himmel herab gebracht hat. Der HErr sehe darein und helfe!

b) Können wir nach dem Angeführten noch lange fragen, ob es nach der Verheißung so bleiben könne, wie es geworden ist?! Oder können wir zweifeln, daß doch noch eine Zeit kommen werde, da das einmal Dagewesene wieder erscheine, sich etwas von den ersten Pfingsten wieder erneuern werde? Oder kann der lange Zwischenraum zwischen jenem Pfingsten und dem noch zukünftigen Tag des Gerichts die Verheißung selbst aufgehoben haben, daß das, was zur Sicherstellung vor dem Gericht gegeben wurde, gerade in der Zeit unmittelbar vor diesem fehlen werde? Kann der HErr etwas zu einem bestimmten Zweck geben – und es wieder nehmen, ehe dieser Zweck damit erreicht ist?!

Wir dürfen schon die Joel'sche Verheißung noch nicht aufgeben; wir dürfen sie nicht als bereits erfüllt nehmen. Denn sie verheißt doch eine Ausgießung *»über alles Fleisch«*! Und diese Ausgießung ist nicht gekommen! Wenn solch ein pfingstliches Wort trügt, so haben wir nichts mehr in der Schrift, woran wir uns mit Sicherheit halten können. Nun aber darf und »kann die Schrift nicht gebrochen werden«, wie der HErr Jesus selber sagt (Joh. 10, 35). Und darum müssen wir harren auf einen Tag, da Gott nochmals Seinen Geist ausgießen wird, damit derselbe über alles Fleisch komme. Des Tages, da Gott heimsuchen wird die Menschheit mit Strömen des Heiligen Geistes, die um so reichlicher fließen werden, je mehr sie seit so langer Zeit gleichsam verhalten worden sind! Mindestens wird der HErr wieder mit der Vollkraft des Heiligen Geistes ausgerüstete Propheten, Weise und Schriftgelehrte senden (Matth. 23, 24). Diese werden mit apostolischer Kraft Buße und Vergebung der Sünden predigen, um das Fünklein Geist, das in den Herzen vieler zurückgeblieben ist, unter neuem Anhauchen und Wehen des Geistes wieder zu einem Feuer zu entzünden. Dann werden die Leute wie an den ersten Pfingsten fragen: »Ihr Männer, lieben Brüder, was sollen wir tun?« Solches wird und muß werden in weitestem Umfang – bis das andere prophetische Wort (Hab. 2, 14) erfüllt sein wird: »Und die Erde wird voll werden von Erkenntnis der Ehre des HErrn wie Wasser, das das Meer bedeckt.«

c) Wenn wir übrigens eine neue Ausgießung des Heiligen Geistes erwarten, so ist dabei zu bedenken:

A) daß etwas ihr Ähnliches nur dann werden kann, wenn die Endzeiten im Anzug sind. Und das wird – wenn es allgemein und schnell alle Heiden und Völker erfaßt – darum eben die wieder gewordene Nähe des großen Tages anzeigen als ein Zeichen, das sicherer ist als alle sonst vorkommenden Zeichen.

B) daß zunächst das bereits Vorhandene, das durch die Heilige Taufe, das Heilige Abendmahl und die Predigt bis heute fortgesetzt und erhalten worden ist, eine neue Kraft und Bedeutung bekommen wird, damit es seine Wirkung tue und ihrer viele aus dem Schlaf wecke. Es wird auch solche, die dem Evangelium ganz fremd geworden sind – ja die ihm entgegenstehen – erschüttern und hinnehmen, um sie zur Buße zu bringen und dadurch zur Vergebung der Sünden.

C) daß aber auch ein Weiteres – dem entsprechend, was an den ersten Pfingsten gegeben wurde – an außerordentlichen Gaben werde vom HErrn wiedergegeben werden, wie und soviel es dem HErrn gefallen mag. Dadurch soll die Predigt auf alle Völker wirksam gemacht und die Joel'sche Verheißung, die allem Fleisch gilt, desto völliger erfüllt werden.

Schluß

Der HErr wird nichts versäumen, um derer, die den HErrn anrufen, »aus allen Völkern, Sprachen und Geschlechtern«, recht viele zu machen, damit sie gerettet und selig werden: »Aus dem Kleinsten sollen Tausend werden, und aus dem Geringsten ein mächtiges Volk«, sagt Jesaja (60, 22); »Ich, der HErr, will solches zu seiner Zeit eilends ausrichten.«

Ja, käme es bald! Amen.

Trinitatis
Die Führungen Gottes zum fertigen Heil
Röm. 11, 33–36

I
Allgemeines
»O welch eine Tiefe!«

Inhaltsangabe

Trinitatis als der Schlußstein aller Feste wurde dankenswerterweise von den Vätern angeordnet zur ernsthaften Erinnerung an das durch Christus von Gott dem Vater im Heiligen Geist für den Menschen geschaffene Heilswerk, das ausschließlich und ganz von Gott kommt und in dem Er sich in dreifacher und doch wesenthaft einer Persönlichkeit offenbarte. Der Mensch aber widersteht immer – und besonders in heutiger Zeit – Gott und Seiner Gabe, wodurch er sich statt des Heils Gerichte zuzieht, und das Ziel Gottes, den Menschen zu retten, gefährdet und auf nur ganz wenige Gläubige beschränkt zu sein scheint.

Aber der Dreieinige Gott, der das so überaus schwierige Heil geschaffen hat die Rettung einer möglichst großen Zahl in Aussicht gestellt hat, wird bei Wahrung der Freiheit des Menschen in Seiner Weisheit dazu kommen – auch wenn weitgehend christliche Arbeit vergeblich schien und daher Gerichte scheinbar hoffnungsloser Verstockungen, wie bei den Juden, unbegreifliche Wege dazu sind. Zuletzt, nachdem auch die Einflüsse der Finsternis zerbrochen sind, wird Christus Sieger bleiben. Das verbürgt uns die Botschaft von Trinitatis.

Das heutige Fest, das Fest der Dreieinigkeit genannt, soll uns in Erinnerung bringen und mit besonderem Ernst ans Herz legen, wie alles, was zum Heil der Menschen vor allem durch Christus geschehen ist, ausgeführt worden ist durch Gott als den Vater, den Schöpfer Himmels und der Erden, und durch Jesus Christus, Seinen Sohn als Mensch gewordene »Wort« vom Vater, und durch den Heiligen Geist, den der Vater durch den Sohn vom Himmel sendet – wie also in allem Gott selbst in Person tätig gewesen ist. Wir werden angewiesen, es im Geist uns zusammenzufassen, wie das Evangelium durch und durch eine Sache von oben, durch dreifache Persönlichkeit von Gott uns zugekommen ist. Fühlen wir uns doch mit dem Evangelium in allem, was es in sich schließt, über die Erde, über alles Irdische und Vergängliche emporgehoben zu Gott selbst im Himmel, von dem alles kommt und zu dem alles führen soll. Wir sollen uns lebhaft vergegenwärtigen, wie immer wieder Gott selbst eingetreten ist: im Alten Bunde als vorsorgender Vater, im Neuen Bunde als Menschensohn zur Sühne für die Sünden der Menschen und endlich als Tröster und Unterweiser in den Herzen der Menschen durch den Heiligen Geist aus Ihm. Überall, in Worten und Werken, tritt

Gott ein, bietet Gott selbst sich dar – und zwar persönlich so wie es erforderlich war. Solches haben wir zu beherzigen, um einerseits ein volles Zutrauen zu dem Gegebenen zu gewinnen, andrerseits von aller Fahrlässigkeit und Gleichgültigkeit fernzubleiben und noch weniger uns durch natürliche, rein menschliche Gedanken ablenken zu lassen von dem, was gegeben ist. Denn wir haben es immer wieder mit Gott selbst zu tun.

Ein solches Fest, das uns, schon nach der Geschichte, eine dreifache Persönlichkeit von Gott wichtig macht – die aber doch wieder als Einheit zu nehmen ist –, hat eine um so größere Bedeutung in der Christenheit, als der Mensch gerne auch im Evangelium seinen Naturgeist walten lassen und dasselbe nach menschlichen Denkgesetzen meistern und deuteln will – als ob Menschen es wären, die es ausgedacht oder die in irgendeinem seiner Teile, aber nur als Menschen, mitgewirkt hätten, so daß er selbst sich das Recht herausnimmt, alles nur nach dem, wie er's versteht, sich deuten zu dürfen. Verkehrt ist es daher schon, wie wir's bei manchen großen Theologen sehen, wenn sie alles als in dem Selbstbewußtsein des Menschen liegend und von diesem gleichsam in natürlicher Weise kommend sich auslegen und zurechtlegen – wie sie es sogar mit dem ganzen Christus tun. Bei ihnen ist im Grunde nichts von oben gekommen; sondern alles ist nur eine endlich gewordene Selbstoffenbarung des Menschen, wie es in seinem Wesen von Natur liegt. Da gibt's keine Taten Gottes von oben her, keinen Zug Gottes zum Menschen her von oben! Sondern alles ist nur ein natürliches Drängen des Menschengeistes von sich aus nach oben. Die es so nehmen, wissen nichts von einem Evangelium oder einer Freudenbotschaft, die von oben her in die Nacht des Menschen hereingekommen wäre. Auch sonst, wenn man etwa Gottes Wirken beim Evangelium nicht gerade ausschließen will, machen ihrer viele aus Christus allerlei, verblümt und offenbar – nur nicht einen von Gott ins Fleisch gekommenen Heiland! Und der Heilige Geist ist ihnen nicht viel mehr als der sich selbst erleuchtende Geist des Menschen überhaupt, indem sie sich darauf berufen, daß dieser ja auch von Gott sei. Aber wenn die Worte Christi nichts gelten, da Er sagt: »Philippus, wer Mich sieht, der sieht den Vater. Glaubst du nicht, daß Ich im Vater bin und der Vater in Mir ist?«, so ist aller Halt verloren, den ein geängstetes Gemüt an Jesus und Seinem Evangelium wünscht. Wenn wir nicht schon in der Person Christi Gott haben und wenn wir nicht in dem, was den Aposteln und Christen geoffenbart wird durch den Heiligen Geist – als etwas, das sie ohne Diesen nicht wissen und haben könnten –, eine wirkliche Offenbarung Gottes haben, so liegen wir noch in Nacht und Finsternis, weil der natürliche Mensch nur, sich selbst aufgebend, fragen kann: »Was ist Wahrheit?«. Es blüht uns also dann auch keinerlei Hoffnung des ewigen Lebens.

Das Trinitatisfest nun, welches bestimmt den Vater und den Sohn und den Heiligen Geist als unser Heil schaffende Personen in der Einheit Gottes uns festhalten heißt, soll uns damit den Besitz des ganzen Evangeliums sichern. Wir können daher unsren Vätern nur Dank wissen, daß sie zum Schlusse aller christlichen Feste noch ein Fest angeordnet haben, das uns erinnert an die dreifache Persönlichkeit, zusammengeschlossen in dem *einen* Wesen Gottes, wie sie sich zur Begründung unsres Heils geoffenbart und kundgegeben hat. Dieses Fest wurde angeordnet, damit wir's nie aus dem Auge verlieren möchten, wie im Evangelium durch alles hindurch Gott selbst in Person sich uns darbietet. Unsre Väter haben das dreifach Persönliche im Wesen Gottes: Vater, Sohn und Geist, auch in dem Spruche unsrer Epistel gesehen: »Denn von Ihm und durch Ihn und zu Ihm sind alle Dinge«; der Spruch will eigentlich sagen, der Ratschluß des Heiles komme von Ihm, werde auch durch Ihn ausgeführt und habe zum Ziel, alles zu Ihm zurückzuführen – aber in allem so, wie Johannes sagt (1. Joh. 5, 7): »Drei sind, die da zeugen im Himmel: der Vater, das Wort und der Heilige Geist; und diese Drei sind Eins.«

Unsre Epistel gibt uns übrigens Veranlassung, das heutige Fest als den Schlußstein aller Feste noch von einer anderen Seite wichtig zu nehmen, indem er uns unter Ausrufungen höchsten Erstaunens zeigt, wie zu allem Wunderbaren, mit welchem der Dreieinige Gott Grund gelegt hat zur Erlösung der Menschen, noch das Wunderbare hinzukommt, wie Gott Wege geht, auf welchen Er möglichst viele zur Annahme des Heils zu bringen weiß. Denn der Text ist mit Bezug auf Juden gesagt, die, obwohl sie jetzt ungläubig sind, doch zuletzt insgesamt durch Christus selig werden sollen (V. 26 ff.). Und der Text kann denn auch auf Heiden, ja auf einzelne Menschen, angewendet werden, die sich etwa gleichfalls lange widersetzlich zeigen – und doch noch durch göttliche Wunderwege zum Heil kommen sollen. Wir wollen im voraus hierüber ein Eingehendes reden.

Alles ist zugerichtet zum Heil der Menschen: Die Offenbarungen sind alle da, soweit sie Bedürfnis sind; der HErr Jesus, das Fleisch gewordene »Wort«, ist gekommen, und Er ist durch das Kreuz uns zugut zur Herrlichkeit emporgestiegen; auch die Apostel stehen da, ausgerüstet mit Gaben und Kräften des Heiligen Geistes, das Evangelium aller Kreatur zu verkündigen. Nun kommt alles nur darauf an, daß es die Menschen – denen doch ein freier Wille gegeben ist, die also mit ihrem Willen sich zur Sache hergeben müssen – auch annehmen, um wirklich durch das ihnen im Evangelium Dargebotene zu dem Heil zu gelangen, das Gott für alle will. Es ist der Gott, der »nicht will, daß jemand verloren werde, sondern daß sich jedermann zur Buße kehre« (2. Petr. 3, 9), oder, wie Paulus sagt (1. Tim. 2, 4), »welcher will, daß allen Menschen geholfen werde und sie zur Erkenntnis der Wahrheit kommen«. War es nun, ehe Christus kam, schwierig, einen Weg zu finden, um der Barmherzigkeit Gottes gegen die Anforderungen Seiner Gerechtigkeit Raum zu lassen – denn es sollten ja abgefallene, verlorene, schon zur Verdammnis gerichtete Menschen noch errettet und zum ewigen Leben, ja zur Herrlichkeit Gottes geführt werden –, so entstehen jetzt wieder neue Schwierigkeiten daraus, daß vorerst so viele sich nicht geben wollen unter den Gehorsam des Glaubens, der doch da sein muß, wenn die Barmherzigkeit freien Spielraum zur Errettung der Menschen haben soll. Soll nun Gott dann, wenn Ihm Widersetzlichkeit entgegentritt, es schnell mit den Widersetzlichen aufgeben, so daß sie verlorengehen? Soll Er sie, wenn sie die Prediger des Evangeliums verachten und verhöhnen, ohne Umstände dem ewigen Verderben preisgeben? Groß, und nicht groß genug, können wir uns die Schwierigkeit denken, die selbst sozusagen für den lieben Gott entsteht, wenn Er nicht alles umsonst getan haben und geschehen sein lassen will, was die

Möglichkeit der Errettung aller anbahnen sollte – während doch »von Ihm und durch Ihn und zu Ihm alle Dinge sind«.

Wir wissen, wie der natürliche Mensch sich sperrt, wieviel Widrigkeit sich in ihm regt, wenn ihm Übernatürliches entgegentritt. Viele scheinen so gestellt zu sein, als ließen sie sich alles sagen, wenn's nur natürlich geht und allseitig von ihnen begriffen werden kann! Wird aber mehr von ihnen verlangt und ihnen zugemutet, zu glauben, Gott habe persönlich geredet, gewirkt, vom Himmel etwas gegeben, vom Himmel gar Seinen Sohn gesandt, der's mit Wundern bewies: so können sie das alles nicht ertragen! Es widert sie das an als etwas Unbegreifliches – und sie wenden sich ärgerlich davon ab. Prüfen wir uns selbst, wie armselig wir uns zu den Offenbarungen Gottes etwa schon gestellt haben, ja noch stellen. In unsrer Zeit und in der Christenheit lassen sie sich's denn schon gefallen, daß in der Vorzeit die erzählten Wunderdinge geschehen seien, und sie glauben an sie, bauen auch, wie der Heiland sagt, »der Propheten Gräber« – aber wenn Neues geschehen müßte und würde: wer weiß, ob selbst die sogenannten Gläubigen einen Sinn dafür hätten? Wer aber Neues, das Gott tut, nicht glauben kann, steht auch zu dem Alten, das er glaubt, nicht richtig. Er steht zu dem letzteren nur notgedrungen, nicht von Herzen; denn sonst müßten ihm ein irgendwie persönlich nahender Heiland oder Gott das Höchste sein, was seine Seele sich hienieden wünschen mag. Aber wie zur Zeit Christi gerade die Ersten und Frömmsten der Juden am meisten wider das Göttliche in Christus sich auflehnten, so würden wir dasselbe Spiel auch in unsrer Zeit bald wieder finden, wenn es Gott gefiele, mit neuen persönlichen Bezeigungen durch Zeichen und Wunder sich zu erkennen zu geben, um dem Alten wieder mehr Anerkennung zu verschaffen.

Im übrigen ist es ja bekannt, wie man zu allen Zeiten und jetzt wieder vielfältig sich auch zu den alten Wundern zweifelnd und widersprechend stellt, vor allem über den ganzen Inhalt dessen, woran uns das Trinitatisfest erinnert. So sind von jeher unzählige viele Ungläubige gewesen – und deren erste waren der bei weitem größere Teil der Juden, über welche sodann geradezu eine Verstockung kam, so daß sie nicht mehr glauben konnten. Es schien daher, als ob Gott gleichsam beschämt sein müsse darüber, daß Er nicht so könne, wie Er gewollt habe, und daß Er habe helfen wollen und das Äußerste getan und gewagt habe, um zu helfen – es aber schließlich doch nicht zu tun vermöge! Es schien, daß Er nun nahezu allein bleibe mit Seinem Sohn auf Seinem Thron, nur von einem kleinen Häuflein, das Ihn umgibt, anerkannt und geehrt?!

So kann man unter den Gläubigen unsrer Tage viele finden, die das Häuflein der selig werdenden Kinder Gottes – wie sie meinen, nach Erfahrung und Schrift – sich verschwindend klein vorstellen! Und doch entspricht das nichts weniger als dem, was Johannes im Gesicht sah, wenn er sagt (Offb. 7, 9): »Darnach sah ich, und siehe, eine große Schar, welche niemand zählen konnte, aus allen Heiden und Völkern und Sprachen vor dem Höchsten und dem Lamm, angetan mit weißem Kleide und Palmen in ihren Händen.« Wie diese große Schar im Gegensatz zu dem, was vor Augen zu liegen scheint, werden könne, darüber gibt uns unsre Epistel große Ahnungen, wenn sie mit dem Hinweis auf Israel – »welches alles Gott unter den Unglauben beschlossen habe, auf daß Er sich aller erbarme« (V. 32), von den unbegreiflichen Gerichten und unerforschlichen Wegen« redet, die alle zur Rettung verloren geglaubter Seelen führen müssen.

Wenn wir die Zustände der jetzigen Christenheit überschauen, so kann uns leicht eine Angst überfallen, als wolle alles Herrliche, das man sich von Wirkungen des Evangeliums versprach, in ein Nichts zerfließen. Schon über unsrer eigenen Seele, die sich so schwer zu etwas Völligem heraufhebt, kann es uns bange werden, ob der gekommene Heiland wirklich auch unser Heiland sei! Noch mehr kann es wie ein großer Stein auf uns liegen, was doch aus den vielen Menschen werden solle, die das Evangelium hören – und doch so fern von ihm dem Herzen nach bleiben? Und noch mehr: was aus denen werde, die es nicht zu hören bekommen? Und überhaupt: was es mit dem Reiche Gottes werden solle, zu welchem alle Völker eingeladen sind – und das sich doch so gar nicht machen wolle, zumal auch halb Gewordenes sich wieder ganz verweltlicht hat?! Alles sieht sich so trostlos an, daß man denken könnte, auch der liebe Gott komme nicht aus der Sorge heraus für die Menschen, welche zu erretten, Sein Herz gleichsam gebrannt hat, da Er Seinen eingebornen Sohn gab – und doch will's mit der Errettung nicht gelingen! Selbst nachdem Er die großen Gaben des Heiligen Geistes gesandt hatte, welche die »steinernen Herzen« brechen sollten – die aber zurückgetreten sind, weil die Menschen ihrer nicht wert waren –, ist Ihm gleichsam die Sorge geblieben, wie Er's doch anzugreifen hätte, um eben »die Schar, die niemand zählen kann«, zusammenzubringen, damit sie einmal als solche vor Ihm stehen könnten, die »ihre Kleider gewaschen und ihre Kleider helle gemacht hätten im Blute des Lammes« (Offb. 7, 14).

Wie ihm nun sei, so brauchen wir Ihn, den Dreieinigen Gott, Vater, Sohn und Geist, immer wieder. Und auf Ihn müssen wir fort und fort unsre Hoffnung stellen, daß Er nicht nur nicht aufhöre weiter zu sorgen und weiter zu helfen, sondern auch Verderbtes und Versäumtes wiedergutzumachen, um so Unzählige – bei denen alles verloren scheint und doch etwas möglich wäre – noch zum Heil und zur Rettung vor dem Gericht zu bringen. Wir müssen immer wieder den Glauben an Gottes unwandelbare Geduld und Langmut festhalten, mit der Er bei der Sache bleibt und nimmer ruht. Zum voraus müssen wir denken: Wenn Er doch eine ewige Erlösung erfunden hat, wenn Er über alle Menschen Vatersorgen im Herzen trägt und darum den wunderbaren Heilsweg eröffnet hat, so wird Er Seine Sache nicht so gemacht haben, daß nur wenig dabei herauskomme und dennoch die meisten verlorengehen! Zu Seinem Heilsplane, der schon fertig ist, müssen also noch größere Gedanken gehören, die Er hat, um mit den Plänen wirklich an den Herzen zum Ziel zu kommen. Darum sollte nichts unseren Glauben stören; und wenn wir Gerichte eintreten sehen, unter welchen Unzählige hinweggerafft werden, ja wenn selbst Verstockungen eintreten und die Haltung der Christen immer öder und armseliger wird, so dürfen wir darnach nicht das Endziel bemessen – als ob schließlich nur Weniges als Frucht des Todes Jesu erscheinen werde! Wir müssen vielmehr glauben, daß zuletzt eben die scheinbaren Niederlagen und Versiegungen des Gotteslebens auf Erden mithelfen müssen, daß alles desto glorreicher zur Verherrlichung der Gnade und Kraft Gottes ausschlagen werde. Darauf zielen in unsrem Texte die Worte des Paulus, mit welchen er die »Tiefe des Reichtums, beides der Weisheit und Erkenntnis Gottes«, rühmt, darauf hinweisend, wie das Unbegreiflichste vonseiten Gottes geschehe: daß auch unter Gerichten – selbst unter Gerichten der Verstockung! – alles siegreich hinausgeführt werde; wie vorweg bei Israel, von welchem es, trotz der schwersten Gerichte, die über dasselbe gekommen sind, heißt, daß dennoch ganz Israel selig werde, »wie geschrieben steht: Es wird kommen aus Zion, der da erlöse und abwende das gottlose Wesen von Jakob« (V. 26).

Die Langmut Gottes an und für sich hat freilich noch einen besonderen Grund, der die Barmherzigkeit Gottes erregt. Die Menschen sind wohl im allgemeinen Feinde Gottes und Widersprecher, verkauft in Sündengreuel aller Art – aber sie sind auch nicht ihrer selbst! Sie stehen von Natur unter der Gewalt des Teufels, unter der Macht der Finsternis, in Netzen gefangen, aus welchen sie nicht herauszukommen vermögen und nur nach langen und großen Kämpfen – in welchen Jesus zur Rechten Gottes unermüdet wider die Feinde steht – herausgerungen werden können. Solange sie gebunden sind, hat Gott Geduld; und wenn Er auch – da die eigene Schuld immerhin nie fehlt – züchtigen, ja äußerlich verderben muß, so ist's doch noch nicht ein Gericht bis in die Hölle hinab. Denn Sein Erbarmen auch für die so Gerichteten (vgl. 1. Kor. 11, 30 u. 32) hat immer noch verborgene Gedanken der Rettung. Deren Ausführungen geht freilich weit über unseren Gesichtskreis hinaus und ist darum für uns ganz unbegreiflich und unfaßbar. So sagt es auch Paulus nach unsrem Texte, da er auf das größte Wunder hinweist, das Gott tue und noch tun werde, wenn Er zuletzt selbst Juden, die der Verstockung preisgegeben worden sind, loszumachen und selig zu machen weiß.

Schon die Weissagung weist darauf hin, wenn sie von dem kommenden Messias sagt (Jes. 61, 1; vgl. Luk. 4, 18), daß »Er gesandt sei zu verkündigen das Evangelium den Armen, zu heilen die zerstoßenen Herzen, zu predigen den Gefangenen, daß sie los sein sollen, und den Blinden das Gesicht und den Zerschlagenen, daß sie frei und ledig sein sollen«. Aus seiner Gebundenheit und Finsternis muß also vor allem jeder Mensch herausgerettet werden; und ehe das nicht geschehen ist, geht der HErr nicht vor mit dem eigentlichen Gericht – selbst wenn im Verlauf der Heilszeit wie bei den Juden neue Gebundenheiten vorgegangen sind wie die unter Zulassung Gottes durch Kräfte der Finsternis gewirkten Verstockungen. Erst wenn der Mensch, ob auch freigestellt, doch noch gottwidrig bleibt, macht er sich reif zur Verdammnis. Solange man also dergleichen gebundene Menschen und Völker in so großer Menge vor sich sieht oder denken muß, daß sie so seien, kann man noch nichts über den Stand der Dinge sagen, ob viele oder wenige selig werden. Denn unter ernsten Gerichten selbst geschehen große Wunder der Gnade durch den Geist Gottes und durch das kämpfende Wirken Christi zur Rechten Gottes: daß Unzählige noch zur Freiheit kommen und unter dieser sich das gute Teil erwählen, das man sich bei ihnen als bereits verscherzt denken konnte – wie es bei den Juden der Fall war, nachdem sie Jesus zweimal verworfen hatten (zuerst Ihn persönlich, dann Ihn bei der Predigt der Apostel).

Der Teufel hat nämlich im Augenblick des Todes Jesu keineswegs alle Menschen freigegeben. Es war vorerst nur die Möglichkeit gegeben, sie aus seiner Gewalt herauszubringen. Einstweilen aber seufzt noch alles unter dem Druck der Finsternis. Im allgemeinen machte wohl schon die bloße Verkündigung des Evangeliums, wie es schon am Pfingstfest geschah, viele frei; denn sie war getragen durch die Kräfte des Heiligen Geistes. Aber bei Unzähligen war die Gebundenheit viel zu groß – besonders wenn eigene Sünde die Stricke des Teufels gleichsam fester angezogen hatte –, als daß so rasch hätten freiwerden können. Als Paulus in Philippi predigte, war's zunächst nur die Purpurkrämerin Lydia, »welcher der HErr das Herz auftat«, d. h. auftun konnte, was auf eine innere Befreiung hindeutet, »daß sie darauf acht hatte, was von Paulus geredet ward«. Und erst in der Folge gingen auch anderer Herzen auf. In Antiochia in Pisidien ferner »wurden Heiden gläubig«, heißt es (Apg. 13, 48), »wieviel ihrer zum ewigen Leben verordnet waren« – eigentlich geordnet, zugerichtet, weil sie, wie man hinzudenken muß, von innerer Gebundenheit losgemacht waren. Damit will aber keineswegs gesagt sein, daß es mit den anderen gar nichts geworden sei noch werden konnte. Alle Bekehrung war zuerst eine Bekehrung »von der Gewalt des Satans zu Gott« (Apg. 26, 18), eine »Errettung von der Obrigkeit der Finsternis« (Kol. 1, 13) – die aber nicht mit einem Male bei allen werden konnte, sondern mehr oder weniger große und langandauernde Kämpfe im Sichtbaren und Unsichtbaren erforderte.

Die Befreiung wurde sonst auch durch Feinde aufgehalten, welche, angestachelt durch den Widerstand der Finsternis, den Aposteln entgegentraten, so daß diese nie ruhig an einem Orte fortmachen und ungehindert alle anfaßbaren Seelen zusammenbringen konnten. Denn kaum hatten sie irgendwo angefangen, so wurden sie wieder verscheucht – und wievieles blieb da hinten, das bei längerem Verweilen der Apostel, wie wir denken können, noch möglich gewesen wäre! So ging's bei der ganzen damaligen Verkündigung des Evangeliums in aller Welt. Nirgends konnte wegen des Widerstands, den die finsteren Kräfte entgegenboten, alles erreicht werden, was erreicht werden sollte. Freilich war bei Widersprüchen auch der eigene Wille der Menschen mit beteiligt – aber auch dieser Wille war gebunden. Der wirkliche Wille trat, weil er nicht frei war und die Finsternis ihn blendete, nicht überall zutage. Das war vor allem bei den Juden der Fall; und so blieben nicht nur viele hart Gebundenen, sondern auch wieder neu Gebundenen fern vom HErrn, zu dem sie doch noch mit der Zeit gebracht werden konnten. Selbst an Reisen fühlte sich oft Paulus durch Satan verhindert, wie bei der zu den Thessalonichern (1. Thess. 2, 18). Weil denn alles unter Mitwirkung von Knechten Gottes geschah und bis heute geschehen soll, so bedenke man, wie groß die Kämpfe wurden und wieviel immer im Rückstand blieb – besonders wenn auch die Treue der Knechte viel zu wünschen übrigließ. Unter den Kämpfen gab es auch Niederlagen, weil durch alles hindurch der Freiheit des Menschen ein Spielraum gelassen werden mußte. Daher kamen Gerichte, daher Verstockungen, die bis in die neueste Zeit so umfangreich geworden sind, daß es bereits den Anschein gewinnen will, als behielte der Feind die Oberhand.

Kann das aber sein? Muß nicht zuletzt Christus Sieger bleiben? Ja, Er wird siegen!

Aber durchaus, daß bis auf den heutigen Tag sovieles unfertig geblieben ist, ergab sich der Verzug mit der Zukunft Christi. Diesen Verzug nennt Petrus »die Geduld Gottes, welcher nicht will, daß jemand verloren werde, sondern daß sich jedermann zur Buße kehre« (2. Petr. 3, 9). Zuletzt, wenn alles darniederzuliegen scheint, wird offenbar werden, daß dann die Zeit da ist, alles zu gewinnen. Da werden dann die »Tiefen des Reichtums, beides der Weisheit und der Erkenntnis Gottes« offenbar werden und die Wunderwirkungen Seiner »Gerichte und Wege« auf das Ziel hin, daß alle Dinge, wie sie »von Ihm und durch Ihn sind«, so auch »zu Ihm« werden, so daß man sich gedrungen fühlt auszurufen: »Ihm sei Ehre in Ewigkeit!« Amen.

II

Auslegung

(25) »Blindheit ist Israel zum Teil widerfahren solange, bis die Fülle der Heiden eingegangen ist, und alsdann wird das ganze Israel gerettet werden...
(33) O welch eine Tiefe des Reichtums, beides, der Weisheit und der Erkenntnis Gottes! Wie gar unbegreiflich sind Seine Gerichte und unerforschlich Seine Wege! (34) Denn ›Wer hat des HErrn Sinn erkannt, oder wer ist Sein Ratgeber gewesen?‹ (Jes. 40, 13). (35) Oder ›Wer hat Ihm etwas zuvor gegeben, das ihm werde wiedervergolten?‹ (Hiob 41, 3). (36) Denn von Ihm und durch Ihn und zu Ihm sind alle Dinge. Ihm sei Ehre und Ewigkeit! Amen.«

1) Einleitung

Inhaltsangabe

Der Text hängt zusammen mit des Apostels Aussagen über die Verstockung Israels. Diese ist durch Zulassung Gottes vom Satan bewirkt infolge der Schuld des Volkes: als es konnte, wollte es nicht glauben – nun kann es nicht mehr! Doch hat Satan über Verstockte keine Allmachtskraft, denn Verstockungen sind keine absoluten – immer können einzelne Redliche befreit werden, weshalb auch die Judenmission geboten und segensreich ist – und keine dauernden. So ist deren Aufhebung für Israel verheißen; und das gilt auch für Verstockungen von Christen. Es wird allgemein geschehen durch kommende Gerichte über den Satan.

Wir kommen nun zur eigentlichen Auslegung und Besprechung der Epistel.
Erinnern wir uns, daß Paulus sich viel mit der Frage beschäftigt hatte (Röm. 9–11), wie es sich doch mit Israel verhalte und in der Folge sein werde, da es jetzt als Volk den Rat Gottes zur Seligkeit oder den Messias verschmähte. Im allgemeinen hat es sich angesehen, als ob das Volk verworfen, ja ewig verworfen wäre. Weil es den Weg des Glaubens sich nicht gefallen ließ, hat Gott es dem Gericht der Verstockung hingegeben, so daß ihm jetzt das Glauben eigentlich zur Unmöglichkeit gemacht ist. Solches liegt in den Worten (V. 23): »Blindheit ist Israel einesteils widerfahren«, wie Paulus

sich mild ausdrückt, weil der Tat auch nicht nur »eines Teils«, sondern dem größeren
Teile nach Israel der Blindheit hingegeben wurde.

Solche Blindheit, Verblendung, Verstockung haben wir uns als vom Satan gewirkt
vorzustellen – aber unter Zulassung Gottes, der die Widerspenstigen und Unbußferti-
gen zu einem Gericht über sie dem nachstellenden Feinde ungehindert preisgibt. Der
Schutz Gottes wider den Satan wird ihnen entzogen – und so fallen sie dem Satan anheim, der sie durch geheime Inbesitznahme umnebelt, geistlich bindet und gefühllos
macht für das, was ihnen das Leben bringen könnte. »Sie sehen also«, sagt der HErr
(Matth. 13, 13) »mit sehenden Augen nicht, und mit hörenden Ohren hören sie nicht;
denn sie verstehen es nicht«, weil Satan alles Verständnis dafür ihnen verdeckt und geraubt hat. Der HErr führt dort (Matth. 13, 14 f.) die Worte des Propheten Jesaja, welche ein Bild von jeder Verstockung geben, also an: »Mit den Ohren werdet ihr hören,
und werdet es nicht verstehen; und mit sehenden Augen werdet ihr sehen, und werdet's nicht vernehmen. Denn dieses Volkes Herz ist verstockt; und ihre Ohren hören
übel, und ihre Augen schlummern, auf daß sie nicht dermaleinst mit den Augen sehen
und mit den Ohren hören und mit den Herzen verstehen und sich bekehren, auf daß
Ich ihnen hülfe!« Man sieht es, wie der HErr mit einer Art Wehmut diese Worte anführt und wie eigentlich eine fremde und feindselige Macht es ist, die den Bestrebungen des HErrn zu helfen widersteht. Aber die Gerichte gehen ihren Weg und müssen
ihren Weg gehen nach der Heiligkeit und Gerechtigkeit Gottes – solange der Verkläger
Recht hat mit seinen Beschuldigungen. Und somit erscheinen die Verblendeten und
Verstockten in Satans Hände hingegeben.

Eine große Schuld liegt solchen Gerichten zugrunde. Denn zu der Zeit, da Augen
und Ohren und Herzen offengestanden wären für die Wahrheit, hat der eigene Sinn
der Menschen, mehr der Sündenlust zugekehrt, widerstanden und Gottes Wort mißachtet. Zur Strafe dafür wird dem Satan gestattet, nun ihre Sinne gar zu verschließen,
damit es ja, nach des Verderbers Sinn, dabei bliebe, daß sie nicht sich bekehrten und
ihnen geholfen würde. Man sieht daraus, wie groß die Gefahr der Geringschätzung des
Wortes Gottes ist. Und wenn Gott nicht weitere Gedanken hätte, von solchem Gericht wieder zu befreien – welches eigentlich nur durch Gerichte über den Satan selbst
aufgehoben werden kann –, so könnte man keine Möglichkeit vor sich sehen, daß je
solchen Menschen noch geholfen werden könnte. Aber der HErr läßt sich da noch
einen Hoffnungsschimmer übrig. Und Er weiß es auch auszuführen wie für Israel so
für Verstockte jedes Geschlechts und Volks. »Ihm sei Ehre in Ewigkeit. Amen.«

Schon bei dem Bisherigen geht hervor, daß wir bei den Verstockungen zweierlei zu
beachten haben:

a) Sie sind keine absolut gewordenen und geltenden. Trotz ihrer können sich doch –
wenn sie auch über ganze Geschlechter oder Völker kommen – einzelne unter gnädiger
Mitwirkung Gottes aus solchem Gericht herauskämpfen, wenn sie mit Schmerz den
Druck fühlen und von innen heraus sich dagegen stemmen. Denn so bekommt die Gerechtigkeit Gottes wieder ein Recht dazu, besonders nun im Neuen Bunde. Daher hat
es immer Ausnahmen von Seelen gegeben, die sich trotz der allgemeinen Verstockung

doch bekehrt haben. Deswegen sind Judenmissionen auf keinen Fall aufzugeben, wie sie sich denn auch eines vielfachen Segens erfreuen. Zu allen Zeiten hat es gründliche Judenbekehrungen gegeben; und es wird sie auch ferner geben, noch ehe das eigentliche Gericht der Verstockung aufgehoben ist. So waren einst die kananitischen Völkerschaften der Verstockung preisgegeben, »den Kindern Israel mit Streit zu begegnen, auf daß sie verbannt würden und ihnen keine Gnade widerführe, sondern sie vertilgt würden«. Und dennoch »haben die Hewiter, die zu Gibeon wohnten, sich mit Frieden den Kindern Israels übergeben«, daß sie am Leben blieben (Josua 11, 19 f.). Eine Allmachtskraft hat also Satan nicht über Verstockte; und deren Herz kann immer noch aufgeweckt werden, so daß der HErr der Mächtigere bleibt. So wollte einst im Rate Gottes ein böser Geist ausgehen und ein falscher Geist in aller Propheten Munde sein. Es wird ihm gestattet – und über 400 Propheten gewinnt er's, nur nicht über Micha (1. Kön. 22, 20 ff.). Selbst Pharao hätte sich der *satanischen* Verstockung erwehren können, und zwar immer wieder, wenn er erschüttert war, wenn er nicht stets *sich selbst* verstockt hätte, statt seinen Stolz und Trotz brechen zu wollen. Drum heißt es denn ebensooft 11mal! – er habe sich (selbst) verstockt, als: der HErr habe ihn verstockt, d. h. Er habe ihn der verstockenden Satansmacht hingegeben.

b) Daraus geht weiter von selbst hervor, daß die Verstockung keine notwendig bleibende ist, sondern nur eine vorübergehende. Sie führt auch nicht unwiederbringlich in die Verdammnis. Sondern Gott hat sich's als Recht vorbehalten, Satans Macht über die Seelen aufzuheben, also auch Blindheit und Verstockung wiederaufzuheben, wenn Seine Zeit käme. Dies geschieht, wie wir oben bemerkt haben, unter Gerichten, die über den Satan selbst kommen. Daher gehört schon das Wort des Jesaja (25, 7): »Er wird auf diesem Berge die Hülle wegtun, womit alle Völker verhüllt sind, und die Decke, mit der alle Heiden zugedeckt sind.« Schon der Tod Christi hatte die Folge, daß Gott Ihm »große Menge zur Beute gab und die Starken zum Raube« (Jes. 53, 12). Wie oft hebt sich nicht auch bei uns auf Sterbebetten eine deutlich vorhanden gewesene Verstockung auf! So ist es auch dem Apostel Paulus als ein Geheimnis geoffenbart, das vor ihm niemand wußte, er aber jetzt sagen darf: daß die Blindheit oder Verstockung Israels nur solange dauern werde, bis die Fülle der Heiden eingegangen sein würde (V. 25). Es kommt also die Zeit, da Israel trotz der Verstockung sich bekehren kann – und dann hört die Verstockung selbst auf, wie Paulus sagt (2. Kor. 3, 16): »Wenn es sich aber bekehrt zum HErrn, so wird die Decke abgetan. Denn der HErr ist der Geist. Wo aber der Geist des HErrn ist, da ist Freiheit.«

Hat man sich's also zu denken, daß auch in der Christenheit vielfältige Blindheit und Verstockung durch Einwirkung der Finsternis verbreitet ist, so ist für sie wie für Israel dasselbe noch zu hoffen: daß die Verstockung werde aufgehoben werden in der Zeit der großen Entwicklungen der Dinge auf das Ende oder die Zukunft des HErrn hin. Wenn es denn von Israel heißt (V. 32): »Gott hat es alles« – vermittelst der Blindheit der Verstockung – »beschlossen unter den Unglauben« – da die Glaubensfähigkeit fehlt – »auf daß Er sich aller erbarme«, so mögen wir daraus ersehen, welch große Hoffnungen auch für die Christenheit, ja die ganze Welt, von einer neuanbrechenden

Gnadenzeit festzuhalten sind. Der Gedanke, daß überhaupt die Verstockung nur eine zeitliche sein könnte – die sich schon mit dem Scheiden aus dieser Zeit löst –, ist jedenfalls nicht völlig abzuweisen. Denn wenn Paulus sagt, daß zuletzt ganz Israel selig werde, so kann dieses nicht bloß von den – nun etwa nach fast 2000 Jahren – eben lebenden Geschlechtern der Juden gemeint sein. Jedenfalls hat's Gott auf ein großes Erbarmen abgesehen, dessen Tragweite wir gar nicht übersehen können.

Die Verstockung Israels läuft also auf eine Erbarmung über alle hinaus, daß zuletzt das ganze Israel selig werde. Obwohl sie jetzt vom Ölbaum ausgehauen sind und verdorrt einhergehen, so mögen Gott »Seine Gaben und Berufung nicht gereuen« (V. 29). Er kann die Ausgehauenen wieder einpfropfen – leichter als jetzt die Heiden, die vom wilden Ölbaum stammen, durch den Glauben an das Evangelium in den edlen Ölbaum eingepfropft werden (V. 23 f.). Das alles sind hohe Gedanken, die der Mensch in seiner Kurzsichtigkeit nicht zu fassen vermag. Daher kommt der Ausruf des Paulus: »O welch eine Tiefe des Reichtums, beides der Weisheit und der Erkenntnis Gottes!«: der »Weisheit«, die, wenn auch alles verloren scheint, es doch so zu richten weiß, daß alles gut hinausgeführt wird, ja die eben darin, daß alles verstockt wird, darin, daß Er also alles auf die äußerste Neige kommen läßt, das sicherste Mittel findet, alles zu retten. Und der »Erkenntnis Gottes«, die mit Rücksicht auf den verborgensten Stand des einzelnen, den nur Er kennt – denn nur Er weiß es, wie einer stehen muß, um endlich unfaßbar zu werden –, ihre Wege geht!

In dem allen liegt auch ein »Reichtum«. Denn unermeßlich umfangreich sind die sich ineinanderverschlingenden Knoten des großen Planes Gottes. So entdeckt man immer wieder neue Wunder: wie Er nicht nur von den Menschen aus gemachte Fehler und Versäumnisse gutzumachen, sondern zu einem Gewinn auszubeuten weiß – als wären sie mit in das Ganze berechnet gewesen! –, damit ja auch nicht eine einzige Seele, die zu retten wäre, nebenhin fiele und verloren ginge! Es ist ferner eine »Tiefe« darin mit sicherstem Erfolg, in welche unser Geist nicht hinabzusteigen vermag und welche zu erkennen für uns auch dort Ewigkeiten erforderlich sein werden! Diese unergründliche Tiefe ist es, bei der wir vielen Trost haben können in Betreff dessen, wieviel dem HErrn auch unsret- und der Unsrigen wegen möglich ist, um es mit uns und ihnen zu einem guten Ziele zu bringen. Wir können's mit gestrostem Mut, wenn wir nur ein treues Herz haben, dem HErrn überlassen, daß Er's recht machen werde – ohne daß wir uns mit sovielen Sorgen abzuquälen hätten, die wir je und je für uns und andere haben, bei denen es den Anschein hat, als könne sie nichts mehr retten. »Denn von Ihm und durch Ihn und zu Ihm sind alle Dinge. Ihm – dem Vater und dem Sohne und dem Heiligen Geiste – sei Ehre in Ewigkeit. Amen.«

2) Einzelaussagen des Textes zu dem Gesamtthema:
»Die Tiefe der Führungen Gottes zum Heil für Israel und alle Völker.«
   a) die unbegreiflichen Gerichte Gottes
   b) die unerforschlichen Wege Gottes
   c) die unabhängig freien Ratschlüsse Gottes

a) Die unbegreiflichen Gerichte Gottes

»Wie gar unbegreiflich sind Seine Gerichte«, sagt Paulus. Die Unbegreiflichkeit ist nicht mit dem zu verwechseln, was wir rätselhaft nennen. Wir sagen oft: »Gott ist unbegreiflich«, fast mit einem Sinn, als wollte man Ihn tadeln und könne man Ihn nicht begreifen, wie Er entgegen Seinem Charakter der Liebe und Barmherzigkeit handeln und sich so rätselhaft bezeigen könne! In diesem Sinne will es Paulus nicht nehmen, sondern er will einfach sagen, man verstehe es nicht, begreife es nicht, wie Er richtet – wobei vorausgesetzt ist, daß es dennoch recht sei. Allerdings, wenn man das Volk Gottes ansieht, in welcher Herrlichkeit es einst stand durch die Bevorzugung, die es erhalten hatte – und wie es jetzt heruntergekommen ist, so sind das Gerichte, die der Mensch nicht verstehen kann, vor allem nicht, wenn sie doch zu etwas Gutem führen sollten! Insbesondere, wenn jetzt die Juden sogar unfähig geworden sind zum Glauben – weil Satan sie hat verstricken und verstocken dürfen –, so scheint das ein Gericht zu sein, in das man keine Einsicht hat. Der natürliche Mensch möchte sagen, so tief hätte Gott Sein Volk nicht fallen lassen sollen – wenn Er doch noch mit ihnen etwas bezwecke! Sie, die vorher die Empfänglichsten gewesen sind für das Wort Gottes, sollen jetzt unfähig sein, das neue Heil zu verstehen?! Sie, die von Abraham an die Muster des Glaubens gewesen sind – denn ein Glaubensvolk war Israel immerhin in vielen seiner Glieder –, sie sollen jetzt des Glaubensvermögens, das sie bisher vor allen anderen gehabt haben, beraubt sein und an der Heiden Statt dastehen als solche, die nicht zu glauben verstehen?! Das scheint etwas Unbegreifliches zu sein, wiewohl der Unglaube sich zunächst doch nur auf die Person Jesu als des Messias bezog!

Freilich, daß die Gerichte über Israel verdient waren, das kann man schon verstehen:

A) Sie widerstanden doch mit frecher Stirne den Kundgebungen Gottes durch Jesus. Seine Taten, auf welche hin ganz Israel hätte glauben sollen, haben es nicht über sie vermocht, an Den, den Gott gesandt hat zu glauben. Sie sind im Gegenteil mit ihrem Widerspruch so weit gegangen, daß sie selbst Den, der als der Heilige Gottes erschienen war, verwerfend ans Kreuz schlugen. So etwas konnte doch wahrlich von Gott gerichtet werden! Einstweilen aber ist Gott noch gnädig.

B) Auch dem Volke, welches Jesus verworfen hatte, läßt Gott – wie wenn sie nichts Böses getan hätten – frei das Evangelium noch einmal predigen durch die Apostel; denn der auferstandene HErr hat ausdrücklich zu den Jüngern gesagt, sie sollten Seine Zeugen sein zu Jerusalem und in ganz Judäa und Samaria und bis ans Ende der Erde (Apg. 1, 8). Der Heiland hat also Seine Mörder nicht ausschließen wollen. Sie sollen noch einmal eingeladen werden – wie wenn ihre Tat ganz übersehen worden wäre! So groß war die Barmherzigkeit Gottes, daß ihnen ihre Sünde als Unwissenheit nicht angerechnet wird, und der Heiland umarmt sie mit freier Liebe – wie wenn sie Ihn in höchsten Ehren gehalten hätten! »Tut Buße und glaubet«, heißt's noch einmal, »und lasset euch taufen«. Tun sie's, so sind sie Kinder Gottes, und die schreckliche Volkssünde, die sie an Jesus begangen hatten, wird völlig übersehen. So ging es im Anfang noch einige Jahrzehnte lang.

Aber weil sie mit ihrem Widerspruch fortfuhren und nun ebenso gottlos auch die Apostel behandelten, ihnen das Leben sauer machten, sie zum Tode brachten, wo sie nur konnten, mit immer größerer Wut auch gegen die neuen Christen verführen, da kam das Gericht, und zwar zuerst das Gericht der Verstockung – und was weiter hintennach folgte, das wissen wir! Da war's, wie wenn ihnen jetzt erst alle ihre Sünden, an Jesus begangen, aufgerechnet würden; und wenn sie sich bisher nicht hergegeben hatten, soll es jetzt aus sein und wird dem Feind Raum gegeben, die Israeliten einesteils, soweit sie sich feindselig stellten, zu verstocken und zum Glauben an Jesus unfähig zu machen.

Wenn man das alles erwägt, werden die Gerichte, als Erweise der Gerechtigkeit Gottes, schon begreiflich, auch an dem bisher so hoch bevorzugten Volke Gottes.

Das Unbegreifliche aber liegt hauptsächlich darin, daß man nicht begreift, was dabei und was vor allem für Israel selbst Gutes herauskommen sollte, wenn Gott das Volk nun verstockte, ohne es gleich gar zu vernichten. Denn bei den Verstockten sah es doch aus, als wären sie nun ewig verloren, weil es heißt: »Wer aber nicht glaubt, der wird verdammt werden.« Daß sie aber, als der Verdammnis hingegeben, noch länger leben und noch weitere Störungen in den Sachen des Reiches Gottes machen sollten, das konnte unbegreiflich erscheinen – wenn man nicht dachte, daß Gott noch etwas darunter vorhabe. Man bedenke, daß Verstockung noch nicht Vernichtung ist; und wenn es das doch wäre, so wäre es doch auch noch nicht wirkliche Verdammnis. Für den Verstockten, wenn er am Leben bleibt, muß doch Gott noch Sorge tragen, wie der HErr sagt (Luk. 6, 35): »Er ist gütig über die Undankbaren und Boshaftigen.« Wozu doch das, wenn das Gericht schon (völlig) ausgemacht ist (wäre)? Ein Aufhalten eines Gerichts gibt aber schon wieder Hoffnung. Wie also einst Gott verheißen hat, keine Sintflut mehr über die Erde kommen zu lassen, »obwohl der Menschen Dichten und Trachten böse ist von Jugend auf«, und wie Er solche Verheißungen gab, weil Er Großes im Sinne hatte für alle – das dann selbst den in der Sintflut Umgekommenen noch zugut kam (1. Petr. 3, 20), so hat man sich's auch bei den Verstockten zu denken: Gott läßt sie leben, weil Er noch etwas Gutes für sie im Sinne hat. Und schon aus dem, daß sie leben und unter der Fürsorge Gottes in dieser Zeit verbleiben, ist zu erkennen, daß Verstockung nicht notwendig auch die Verdammnis in sich schließt, sondern daß es mit ihr wieder ein Ende nehmen kann. Wie aber nun aus der Verstockung das noch werde, »daß Gott sich aller erbarme«: wer will das begreifen? Man kann's nicht fassen, wie Gott zwar richtet – weil nach der Gerechtigkeit gerichtet werden muß –, aber dann selbst das Gericht einen Rettungsversuch sein läßt.

Da staunen wir und beten an die Tiefe des Reichtums der Liebe und Barmherzigkeit Gottes!

b) Die unerforschlichen Wege Gottes

Noch weiteres können wir anschließen an den Ausruf des Paulus: »Wie unerforschlich sind Seine Wege!« – nämlich die Wege, die Er auch mit der Verstockung geht, daß selbst diese ein Heilsweg für Israel und schließlich ein Mittel alle zu gewinnen sein soll. Wie das zugeht, in welchem Zusammenhang die jetzt gekommene Verstockung mit der zukünftigen Errettung und Wiederaufnahme des ganzen Israels steht – welcher Mensch wird imstande sein, das zu erforschen? Und doch hat es Gott als »Geheimnis« geoffenbart, es werde zuletzt ganz Israel selig werden, obwohl ihm einesteils Blindheit widerfahren ist. Und es ist wiederum geoffenbart: »Gott hat alles beschlossen unter den Unglauben, auf daß Er sich aller erbarme.« Also, es steht fest, daß Er sich aller erbarme! Und die Verstockung, welche alles Erbarmen auszuschließen scheint, ist der Weg dazu!

Können wir uns denn etwas denken, wie die Verstockung mit der zukünftigen Errettung Israels im Zusammenhang stehen könne? Denken wir daran, daß Israel in der Zeit, ehe es verstockt war, sich selbst verstockte, seinen Willen nicht hergab, weil es zu sehr eingewöhnt war in andere Gedanken, als daß es sich hätte beugen wollen unter die neue Predigt. Gott sah, daß sich so vorderhand nichts mit den Juden machen ließ, ja daß sie vielmehr, wenn sie mit eigener Wahl als zurechnungsfähig fortfahren würden, Widerstand zu leisten und den Glauben von sich zu weisen und sich damit nur bis in die Verdammnis hinab verderben würden. Damit aber dies nicht geschähe, hat Er ihnen alles Vermögen, an Jesus zu glauben, wegnehmen lassen. Und Satan, der Verkläger, der die Verblendung wirkte, wird nur um so mehr zuschanden werden auf den Tag des Gerichts. Denn er darf die von ihm und durch seine Macht verstockt Gewordenen nicht mehr verklagen, indem all ihr Unglaube bis auf den Tag der Befreiung von der Verstockung ihnen nicht angerechnet wird – wenn sie sich nicht sonst durch andere Gottlosigkeit den Weg zur Seligkeit versperrten. Denn wenn jemand kann und nicht will, das zieht das ewige Gericht nach sich! Wer aber nicht kann und darum nicht will, ist nicht verdammt. Denn infolge seines Unvermögens ist die Schuld genommen. Hört dieses Unvermögen auf, und er glaubt dann, so wird alles gut. Hört nun – was nur unter erneuerten Bezeigungen der Herrlichkeit Christi durch Zeichen und Wunder geschehen kann – mit einem Male die Verstockung auf, so daß der verstockende Satansengel sie verlassen muß, so werden sie, wenn sie in mancherlei Elend und Trostlosigkeit in völliger Austrocknung bis gegen die Zukunft Christi haben verharren müssen, sich wie neugeboren fühlen und unendlich glücklich sein nach so langer Zerfahrenheit ihres ganzen Wesens, sich dem HErrn Jesus zuzuwenden. Sie werden es mit einer Hast und Begierde ergreifen, daß auch nicht einer zurückbleibt! Die Erlösung wird dann, wie Gott vorausgesehen hat, so groß sein, daß jetzt ganz Israel dem Glauben zufällt und plötzlich wieder vor aller Welt zu erkennen gibt, wie es doch das innerlich bestgestellte Volk auf Erden gewesen ist. Denn schwerlich wird sonst ein Volk angetroffen werden, welches in allen seinen Gliedern zum Leben erwacht, wenn ihm die Augen des Verständnisses aufgetan werden, wie dies bei den Juden der Fall sein wird. Daß dann auch die unter dem Verstockungsgericht Dahingeschiedenen nicht ganz unberücksichtigt bleiben – wie die unter der Sintflut Umgekommenen nach dem Tode Jesu –, ist ein Gedanke, den wir nicht abweisen dürfen. Da sehen wir denn etwas von den »unerforschlichen Wegen« Gottes, auf welchen Er, wenn alles verloren zu sein scheint, alles zu gewinnen weiß.

Wie aber das alles zugleich ein Vorbild ist auch für andere Völker und wie demgemäß Gott auch die unter diesen fortdauernde Zeit der Unwissenheit und Entfremdung von Ihm zu einer desto gewisseren Errettung vieler dienen lassen wird, das mögen wir denn wohl erkennen. Auch sonst erscheinen in unzähligen Fällen »die Gerichte Gottes unbegreiflich und Seine Wege unerforschlich«. Bedenken wir nur, wie die ganze erste Christenheit zerstört worden ist, wie zum Teil große Länderstrecken, in welchen einst das Evangelium geblüht hatte, gänzlich verödet und verwüstet dastehen und nahezu alles Christliche in ihnen erloschen ist! Denken wir an das Eindringen des Mohammedanismus, der nebenbuhlerisch in großen Weltteilen sich ausgebreitet, das Christentum verdrängt und sich als die allein wahre Religion mit bitterstem Haß gegen das Evangelium aufgeworfen hat! Denken wir an die vielen alten und neuen Kirchen, die zum Teil verwittert dastehen, zum Teil mit großen Finsternissen umhüllt sind und jedenfalls einander feindselig gegenüberstehen in einer Weise, daß mehr geistlicher Tod als geistliches Leben daraus hervorwächst! Denken wir an die unzähligen sonstigen Zerwürfnisse, die durch größere oder kleinere Genossenschaften entstanden sind! Denken wir nun auch an das Umsichgreifen eines alles zerstörenden und alles überwuchernden Unglaubens, auch an die Schwäche des vorhandenen Besseren, sich aufzuraffen und zur Geltung zu bringen: so sind das alles »unbegreifliche Gerichte und unerforschliche Wege Gottes«. Denn unter all diesem scheint eine Art Ohnmacht des Evangeliums hervorzutreten – als habe es nichts weniger als eine welterobernde Macht in sich! Mit einem Worte: wie Israel, so steht jetzt nahezu die Christenheit selbst – mit verhältnismäßig sehr geringen Ausnahmen – in einem verödeten Zustande da. Und wir stehen staunend davor und jammern oft auch, ob es mit dem Christentum nicht noch gar ausgehen solle, wenn kein Neues komme – zumal wir in der Erwartung stehen, ein alles vollends zerschmetterndes Antichristentum sei nahe am Ausbruch!

Was wollen wir zu dem allen sagen? Wir können nicht anders – denn dazu haben wir ja heute Gottes Wort in der Epistel vor uns –, als mit demselben uns trösten, womit Paulus sich und seine christlichen Volksgenossen tröstete, und müssen mit ihm sagen: »Gott hat es alles beschlossen, nicht nur unter den Unglauben, sondern auch unter greuliche Zerfahrenheit, auf daß Er sich – wenn nicht aller, doch wenigstens recht vieler – erbarme.« Selbst diese Verwüstungen, Zerfahrenheiten, Verderbnisse aller Art sind, so unbegreiflich und unerforschlich es ist, Wege Gottes zu desto größerem Heil, das über alle Völker und deren Seelen noch sich ausbreiten soll, damit wirklich die »große Schar« werde, von der geweissagt ist, »welche niemand zählen kann, aus allen Heiden und Völkern und Sprachen«. Und weiter müssen wir, das Herrlichste hoffend und erwartend, mit Paulus ausrufen: »O welch eine Tiefe des Reichtums, beides der Weisheit und der Erkenntnis Gottes!« Denn über alles herrlich wird's doch der HErr hinausführen – bis »aller Knie sich beugen und alle Zungen«, soweit sie Gerechtigkeit suchen, »Mir schwören und sagen: Im HErrn habe ich Gerechtigkeit und Stärke« (Jes. 45, 23 f.). »Denn von Ihm und durch Ihn und zu Ihm sind alle Dinge. Ihm sei Ehre in Ewigkeit! Amen.«

c) Die unabhängig freien Ratschlüsse Gottes

Paulus sagt noch einiges, um das Dreinreden der Menschen abzuweisen, das sie so gerne zeigen. Wenn die Menschen etwas nicht verstehen, so klügeln sie dran herum und schütteln den Kopf, als sei's nicht recht, was geschehe. Schon im täglichen Leben machen sie's so, daß sie, wenn ihnen etwas nicht klar ist, nur gleich meistern, als würden sie's besser machen! Diesem Unverstand Gott gegenüber entgegenzutreten, macht Paulus noch zwei Fragen, von denen die eine darauf hinweisen soll, daß Gott unabhängig und frei handle, ohne nach jemandes Sinn und Meinung zu fragen, und die andere darauf hin, daß Er Seine Heilswege gehe, ohne daß der Mensch ein Verdienst dabei habe.

A) Er fragt also zuerst: »Denn wer hat des HErrn Sinn erkannt? Oder wer ist Sein Ratgeber gewesen?« Gewöhnlich nehmen's die Menschen alles geradeaus nur nach dem Ansehen. Verderben sich die Menschen: so sollen sie verderbt sein (und bleiben)! Ist ihre Sache vor Augen verloren, so bleibt sie verloren! Sind die Menschen in ein Gericht gekommen, so bleiben sie darin! Hierin können sie eine unausstehliche Härte und Gleichgültigkeit beweisen, wie das die sogenannten Pessimisten an sich haben, die alles immer nur beim Schlimmsten belassen, ohne Besseres zu hoffen. Indem sie aber alles so einseitig nehmen, kommt ihnen wohl auf der anderen Seite der Gedanke, Gott sei zu rasch verfahren, habe zuviel (an Gerichten) getan; Er hätte besser schonen und Geduld haben sollen! Er habe nicht genug Barmherzigkeit und Gnade gezeigt – wie Er es doch verheißen habe! Hiegegen fragt Paulus: »Wer hat des HErrn Sinn erkannt?« Wer merkt es, was Er unter dem, was Er tut – auch wenn Er zerstört und scheinbar den Garaus macht – noch im Sinn hat? Wir sollen also, auch wenn Er hart verfährt, niemals denken, daß das alles sei, was Gott vorgehabt habe. Ehe nicht die Reichsgeschichte vollendet ist, darf man sich an nichts stoßen, was Er tut. Wir müssen vielmehr hinter allem, auch wenn's das Unbegreiflichste ist, noch Heilsgedanken aufseiten Gottes voraussetzen – um so mehr, da meist doch der Verkläger es ist, durch den die Vorgänge so grauenvoll werden. Auch das hart Verderbte, Untergegangene, Verlorene noch mit Heil zu bedenken, behält Gott im Sinn, ehe die Entscheidungsgerichte da sind. Weil das niemand merkt und sieht, kann Ihm auch sozusagen niemand raten, sich niemand aufwerfen wollen, als wüßte er Ihm etwas zu raten oder Ihn um etwas zu bitten, wie Er's doch machen solle; es vermag auch niemand, Seine Gerichte durch Fürbitte aufzuhalten (vgl. Jer. 7, 16; 11, 14; 14, 4.12). Und eben darum kann auch niemand klagen, wenn scheinbar ihr Wunsch, ihre Bitte keine Berücksichtigung vor Gott findet. Frei und unabhängig geht Gott Seinen Weg – aber immer zum Guten hin, zu einem Heile hin, soviel es nur immer möglich ist, in größtem Umfange. Dies ist die Bedeutung der Worte des Paulus: »Oder wer ist Sein Ratgeber?«

B) Weiter sagt Paulus: »Oder wer hat Ihm etwas zuvor gegeben, das ihm werde wiedervergolten?« Es konnte etwa jemand darauf hinsehen wollen, was doch Israel in alten Zeiten und wie es das einzige gläubige Volk gewesen sei, wenigstens das einzige Volk, das gläubige Leute hervorgebracht habe – weswegen Gott hätte glimpflicher mit

Israel verfahren sollen! Aber niemand – sei er ein Jude, welcher er auch wolle, sei er ein Abraham, ein Isaak, ein Jakob – hat dem lieben Gott soviel vorausgegeben, daß für eine Wiedervergeltung Raum blieb! Auch das, was sie am HErrn einst hatten, blieb alles unverdient. Bei allem, auch dem Besten, was einzelne waren, blieb's immer weit unter dem Maß dessen, was Wiedervergeltung verdiente. Es ist alles vor Ihm wie nichts anzusehen, so daß Gott mit gar nichts bewogen oder von Menschen darum beansprucht werden kann, etwa dem Volke Israel sein Gericht zu ersparen, wenn sich's doch gar zu widersetzlich zeigte! Denn niemand gab Ihm etwas, für das Er nach Recht erkenntlich zu sein bräuchte. So muß sich jedermann beugen unter die unerforschlichen Wege, die Gott geht. Denn auf keiner Seite ist das mindeste Verdienst vorhanden, auf das Gott Rücksicht zu nehmen genötigt wäre. Aber dennoch führt Er alles in wunderbare Weise zum Heil hinaus – aus lauter unverdienter Gnade und Barmherzigkeit!

Schluß

So wird uns denn am Schluß der Feste, die wir vom Adventsfest an bis zum Pfingstfest gefeiert haben, noch das Große nahegelegt, wie Gott – der unter lauter Wundern und herrlichen Erweisungen zur Vorbereitung auf die Erlösung aller Kreatur vorgegangen ist – fortfährt, der Wunderbare zu bleiben, bis das Gewonnene alles wirklich auch durch die Kreatur erfaßt werde und deren Erlösung wirklich zustandekomme – wenn auch »unbegreifliche Gerichte« darunter vorkommen und »unerforschliche Wege« von Ihm eingeschlagen werden müssen! Denn es sind Zeiten eingetreten, die fürchten lassen, als sei alles umsonst gewesen, was Christus für uns getan, gelitten und erkämpft hat, und als könne auch das nicht die verlorene Kreatur von ihrer Verdammnis erretten. Denn allerwärts tritt Ihm Stumpfsinn, Unglaube und Verstockung entgegen. So seltsam es also auch in der langen Zeit von Christi Erhöhung zur Rechten Gottes bis zu Seiner alles vollendenden Wiederkunft zugeht, so wird's doch Gott unaussprechlich herrlich hinausführen, daß es zu einem unaussprechlichen Jubel kommt im Himmel und auf Erden. Denn alles macht sich so, wie es Gott von Anbeginn der Welt an beschlossen und fort und fort im Auge behalten hat.

»Denn von Ihm und durch Ihn und zu Ihm sind alle Dinge. Ihm sei Ehre in Ewigkeit! Amen.«

Bibelstellenverzeichnis

Nachwort der Herausgeber:

Das Erscheinen des vorliegenden Predigtbandes wurde durch schwere Krankheit und den Tod der Bearbeiterin um einige Jahre verzögert. Mit dem Heimgang von Frau Anneliese Böhringer haben wir eine engagierte Blumhardt-Kennerin verloren. Ein ihrer liebevollen Gründlichkeit entsprechender Anmerkungsteil konnte infolge des Verlustes von Manuskripten den Predigten nicht mehr beigefügt werden. Möge dieser Band, dem Anliegen Frau Böhringers entsprechend, vielen eine Hilfe sein, das »Bessere in Christus« glaubend zu erfassen!

Johann Christoph Blumhardt Gesammelte Werke

Reihe I: Schriften. Hrsg. von Gerhard Schäfer.
Band 1 und 2: **Der Kampf in Möttlingen**
Hrsg. von Gerhard Schäfer und Dieter Ising.

Band 1: Texte. LXIII, 400 Seiten, Leinen

Band 2: Anmerkungen. 204 Seiten, 1 Falttafel, Leinen

»Mit diesen Bänden wird das Quellenmaterial zu den Geschehnissen in Möttlingen in den Jahren 1840–1843 und der sich anschließenden Erweckung in ansprechender Form vorgelegt. Der interessierte Leser erhält ein eindrucksvolles Bild vom Wirken Blumhardts in seiner Gemeinde und von den Zeitverhältnissen.« *Die Diakonie-Schwester*

»Eine interessante pastoral-, theologie-, aber auch medizingeschichtliche Dokumentation.« *Lebendige Seelsorge*

In Vorbereitung: Briefe.

Reihe II: Verkündigung. Faksimileausgabe mit einem Vorwort und erläuterndem Anhang. Hrsg. von Paul Ernst.

Blätter aus Bad Boll

Band 1: **1. Jahrg., von Juli bis Dezember 1873 und 2. Jahrg., erstes Halbj. 1874.** XVI, 208 und IV, 211 Seiten, Leinen

Band 2: **2. Jahrg., zweites Halbj. 1874 und 3. Jahrg., erstes Halbj. 1875.** VIII, 208 und IV, 210 Seiten, Leinen

Band 3: **3. Jahrg., zweites Halbj. 1875 und 4. Jahrg., erstes Halbj. 1876.** IV, 207 und IV, 210 Seiten, Leinen

Band 4: **4. Jahrg., zweites Halbj. 1876 und 5. Jahrg., erstes Halbj. 1877.** IV, 207 und IV, 210 Seiten, Leinen

Band 5: **Erläuterungen und Register.** X, 282 Seiten, Leinen

Vandenhoeck & Ruprecht in Göttingen und Zürich